KB260359

중앙문화재연구원 학술총서 46

Balhae Archaeology

발해 고고학

강현숙
송기호
양시은
정석배
최종택

渤海

진인진

일러두기

1. 중국과 일본의 행정지명과 인명은 국립국어원의 외래어 표기법을, 유적, 산, 강과 하천 등의 명칭은 한자음으로 표기하였음.

2. 러시아의 행정지명과 인명은 현지인의 발음으로 표기하였음.

3. 그림의 출전을 밝히는 것을 원칙으로 하였으나, 개별 그림의 수가 많아 모두 표기하기 어려운 경우에는 참고문헌을 참조하기 바람.

4. 참고문헌은 국문, 중문, 노문, 일문 순으로 배치하였고, 개별 문헌의 순서는 가나다 순으로 배열하였음.

5. 본문 집필은 다음과 같음.

   I장과 II장의 1, 2절은 송기호, II장의 3절과 III장, IV장은 양시은, V장, VIII장은 강현숙, VI장은 최종택, VII장은 정석배

발해 고고학

초판 1쇄 발행 | 2021년 9월 30일

엮 음 | 중앙문화재연구원
지 음 | 강현숙, 송기호, 양시은, 정석배, 최종택
발행인 | 김태진
발행처 | 진인진
등 록 | 제25100-2005-000003호
본문편집 | 배원일, 김민경
주 소 | 경기도 과천시 별양상가 1로 18 614호(별양동 과천오피스텔)
전 화 | 02-507-3077~8
팩 스 | 02-507-3079
홈페이지 | http://www.zininzin.co.kr
이메일 | pub@zininzin.co.kr

ⓒ 진인진 2021
ISBN 978-89-6347-483-0 93900

책을 펴내며

발해는 698년에 건국되어 926년에 멸망하기까지 통일신라와 함께 남북국시대를 이루었습니다. 남북국시대라는 설정을 통해 통일신라와 더불어 발해를 우리의 역사로 편재하였습니다. 발해는 고구려를 계승한 국가로서 고구려 이전의 부여를 비롯하여 북방의 제 민족들을 우리의 역사로 인식하는 주요 키워드가 되었습니다.

발해의 영토는 현재의 중국 동북3성과 북한·러시아 연해주에 걸쳐 있어 물질문화를 기초로 하는 고고학적 연구는 쉽지 않은 실정입니다. 1990년대부터 중국과 러시아의 개방이 이루어지면서 유적답사는 물론 공동발굴도 진행되어 진척된 연구 성과를 이루어 낼 수는 있었으나, 2000년대 초반부터 시작된 중국의 동북공정으로 인하여 다시금 어려운 시기를 겪고 있습니다.

중국은 동북공정이라는 역사전쟁을 통해 고구려와 발해에 대한 예속을 진행하고 있습니다. 발해의 영토였던 대부분의 땅이 중국에 예속되었지만, 역사마저도 그들의 역사로 예속된 것은 아닙니다. 막대한 자본과 인력을 투입해 국제사회에 압력을 행사하고 있는 중국과 일본, 이들의 삐뚤어진 역사인식은 우리 민족의 정체성과 근간을 무시하는 것으로서 우리의 역사를 확실히 지킬 수 있도록 물질문화에 대한 다각적 연구를 바탕으로 역사 바로 세우기에 앞장서야 할 것입니다.

우리 연구원에서는 학문연구의 기초가 될 수 있는 개론서 출판을 2010년대부터 진행하여 신석기시대부터 남북국시대까지 완성하기에 이르렀습니다. 입문 연구자분들과 국민들께서 우리의 역사를 통시적으로 이해하는데 도움이 되었으면 합니다. 개론서의 편찬은 개인의 연구 성과는 물론 관련 자료를 아낌없이 제공해 주신 많은 연구자들의 도움이 있었기에 가능한 일이었습니다. 특히 『발해고고학 개론』의 경우 어려운 환경에서도 강현숙(동국대) 교수님을 비롯하여 송기호(서울대)·양시은(충북대)·정석배(한국전통대)·최종택(고려대) 교수님이 공익을 위한 대의적 결정으로 개인 연구성과물과 소장자료를 아낌없이 이 책에 실어 주셨습니다. 다시 한번 감사의 인사를 드립니다.

또한 총서가 간행될 수 있도록 애써준 우리 연구원 연구기획실 직원 여러분, 어려운 여건에서도 간행을 맡아주신 김태진 사장님과 진인진 관계자 여러분께 감사드립니다.

중앙문화재연구원 원장   조 상 기

발해를 우리의 고대 역사로 인식하고 있지만, 정작 발해사 연구는 한국사 연구에서 주류가 되지 못한 채 한쪽으로 비켜있었다고 할 수 있다. 이는 고고학도 마찬가지이다. 유적과 유물을 직접 조사하여야 하는 고고학의 학문적 특수성으로 인해 발해 유적과 유물에 대한 고고학적 관심은 단편적이었다.

발해 고고학에 대한 관심 역시 순수한 학문적 요구에 의해 시작되었다기 보다는 중국의 동북공정이 커다란 계기가 되었다고 할 수 있다. 동북공정으로 야기된 역사 분쟁은 중국 동북지방에서 흥망성쇠를 하였던 우리 역사에 대한 일반인들의 관심을 불러 일으켰고, 이는 고조선이나 고구려뿐만 아니라 발해의 역사와 문화 연구에도 자극이 되었다. 그렇지만, 발해 고고학은 비슷한 연구 여건을 가진 고조선이나 고구려 고고학 연구에 비해서 상대적으로 부진한 실정이다. 중앙문화재연구원에서 발해 고고학 개론서 발간 계획을 세운 것도 이러한 이유에서라고 생각된다.

이 작업은 2014년 중앙문화재연구원 조상기 원장의 제안에 의해 시작되었다. 첫 결실이 2020년에 발간된 『고구려 고고학』이고, 발해 고고학은 그 후속 작업이다. 발해 고고학은 북방지역에 관심을 갖고 있는 고고학 전공 학생이나 북방사나 한국 고·중세사에 관심을 갖고 있는 연구자들이 발해 유적과 유물에 쉽게 다가갈 수 있도록 하는데 주안점을 두었다. 그렇지만 현재 발해의 옛 영토를 공유하고 있는 중국, 북한, 러시아 학계에서조차 발해를 보는 인식이 서로 다르고, 유적과 유물의 명명은 물론 고고학 조사 방법이나 유적, 유물에 대한 해석도 달라 이를 일관된 기준으로 정리하는 것은 쉽지 않은 일이었다.

그럼에도 이 책에서는 가능한 최신 자료를 망라하려고 노력하였다. 중국, 북한, 러시아에서 제시한 발굴조사 보고의 내용을 기초로 지금까지의 연구 성과를 폭넓게 정리하고 소개하면서 가능한 한 객관성을 유지하고자 하였다. 특정한 일방적인 주장은 최대한 배제하였지만 주요 연구 성과나 해석에서 쟁점이 되는 내용은 함께 다룸으로써 편향된 시각을 갖지 않도록 노력하였다.

발해 고고학 저술에는 고구려 고고학 발간에 참여했던 강현숙, 양시은, 최종택 외에도 발해사 전공의 송기호, 연해주에서 발해 유적을 직접 조사하였던 고고학 전공의 정석배를 포함하여 5인이 참여하였다. 책은 8장으로 구성하였다. I장에서는 발해사를 개괄하고 발해 고고학 연구 현황을 개관함으로써 발해의 역사와 문화에 대한 기초적 이해를 돕고자 하였다. II 장에서 VI장까지는 분야별로 그간의 발해 고고학 조사 성과와 연구 현황을 정리하는 내용으로 구성하였다. II장, III장, IV장, V장은 발해 유적을 도성, 성곽, 건축과 고분으로 나누어 정리하였고, VI장에서는 발해 유물을 종류별로 설명하였다. 그리고 러시아 연해주 일대의 고고학 조사와 연구 성과는 VII장에서 별도로 다루었다. 이는 최근 연해주 일대에서 발해 고고학 자료가 많이 축적되었기 때문이다. VIII장에서는 발해 고고학 연구의 현주소를 되짚어 보고, 향후 연구 방향과 과제를 전망하면서 이 책을 마무리하였다.

발해 고고학이 출간되기까지는 많은 분들의 도움이 있었다. 당초 계획보다 한없이 늦어졌지만, 충실한 책을 만들기 위한 노력이려니 이해하고 인내해 준 중앙문화재연구원의 조상기 원장을 비롯한 담당자들께 우선 감사드린다. 그리고 바쁜 일정에도 불구하고 끊임없는 수정 요청에도 묵묵히 출판을 담당해준 ㈜진인진과 배원일 팀장에게도 감사드린다.

발해에 관심을 가지고 있으나, 발해 고고학 전공을 주저하고 있는 학생이나 관련 분야의 연구자들에게 꼭 필요한 책을 만들어야겠다는 의도로 시작하였지만, 남한 연구자에 의해 처음으로 출판되는 발해 고고학 개설서이다 보니, 크고 작은 오류가 있을지도 모르겠다. 그런 오류가 새로운 연구를 촉발하는 계기가 되기를 바란다. 발해 고고학의 연구 여건이 예나 지금이나 녹록하지 않지만, 이 책이 발해 고고학 연구에 관심을 가지고 있는 여러 분들에게 격려와 자극이 되길 바란다. 조금 더 욕심을 내자면 우리 역사의 한 흐름을 차지하는 발해사 연구의 진전에 이 책이 기여할 수 있기를 바란다.

2021년 여름

강현숙 · 송기호 · 양시은 · 정석배 · 최종택

목차

I

개관

1. 발해사의 전개 과정

발해는 698년에 건국되어 926년에 멸망하기까지 남쪽의 통일신라와 함께 남북국을 이루었다. 228년간 15명의 왕이 재위하였으나, 13대 이후의 계승관계는 명확하지 않다. 그 역사는 10대 선왕이 즉위한 818년을 경계로 전기와 후기로 나뉜다. 전기는 다시 1대 고왕의 건국기, 2대 무왕과 3대 문왕의 발전기, 4대부터 9대 왕까지의 내분기로 세분되고, 후기는 10대부터 14대 왕까지의 융성기, 15대 왕의 멸망기로 세분된다.

1) 건국과 발전의 시대

대조영(大祚榮)이 698년에 동모산(東牟山)에서 진국(振國)을 건국함으로써 발해 역사가 시작되었다. 이보다 2년 전인 696년 영주(營州)에서 거란족이 당나라에 반기를 들었고, 이 틈을 타고 이곳에 거주하던 걸걸중상(乞乞仲象)과 걸사비우(乞四比羽)가 각각 고구려 유민과 말갈 무리를 이끌고 요동으로 탈출하였다. 당나라에서는 이들을 진국공(震國公)과 허국공(許國公)으로 봉하여 포용하려고 하였으나, 걸사비우가 거부하자 군대를 보내 토벌에 나섰다. 이에 걸사비우가 전사하고 걸걸중상도 이미 사망하자, 대조영이 무리를 통합하여 동쪽으로 피신했다. 천문령(天門嶺)을 넘어 추격해오는 당나라 군대를 격파하고, 동모산에 이르러 성을 쌓고 건국하였다. 동모산은 현재 지린성 둔화시에 있는 성산자산성(城山子山城, **도I-2**)으로 추정된다.

그런데 건국을 언급한 모든 기록이 696년 거란의 반란이 아니라 이보다 훨씬 전에 있었던 668년의 고구려 멸망을 서술의 출발점으로 삼았다. 대조영 집단이 영주를 탈출할 때에는 동북쪽의 말갈 원주지가 아니라 당나라 세력이 있는 동쪽의 요동으로 위험을 무릅쓰고 건너왔다. 당나라 추격 군대에 쫓길 때도 계루(桂婁) 즉 고구려의 옛 땅에 있는 동모산으로 피신하였고, 이에 따라 당 조정에서는 대조영의 아들, 손자를 계루군왕(桂婁郡王)에 봉하였다. 대조영 집단이 오랫동안 영주에 머물렀음에도 건국 집단의 묘역인 둔화 육정산(六頂山)고분군에서는 당나라식 전축묘가 발견되지 않고, 고구려식 석실묘와 말갈식 토광묘가 주류이면서 각각 지배층 안에서 상층과 하층을 대변한다. 이들은 왕실을 포함한 주도층이 고구려 정

체성을 잃지 않았던 증거들이다. 사실 대조영은 말갈계 고구려인으로서 말갈보다는 고구려에 근접한 정체성을 지니고 있었고, 추후 국가 운영에서도 고구려를 많이 따랐다.

대조영, 즉 건국자 고왕(高王, 698~719)은 건국 직후에 주변 세력들과 연계하면서 당나라의 위협에 대한 보호막으로 삼았다. 먼저 몽골 고원을 중심으로 당나라와 격돌하던 돌궐(突厥)과 손을 잡았고, 당나라와 원만하지 않던 남쪽의 신라에도 사신을 파견하였다. 신라는 그에게 진골 관등인 제5품 대아찬(大阿飡)을 주었다.

이렇게 되자 당나라는 먼저 화해의 신호를 보냈다. 707년경에 중종이 장행급(張行岌)을 보내서 대조영을 위로하였으니, 돌궐과 가까운 발해를 떼어내려는 의도가 있었다. 발해는 당나라 조치에 호응하여 아들 대문예(大門藝)를 장안에 숙위(宿衛) 인질로 보내 충심을 표시하였다. 이에 당나라가 대조영을 책봉하려 했으나 뜻을 이루지 못했고, 드디어 713년에 현종이 최흔(崔忻)을 보내서 좌효위원외대장군(左驍衛員外大將軍), 발해군왕(渤海郡王), 홀한주도독(忽汗州都督)으로 책봉하고, 아들 대무예(大武藝)를 계루군왕(桂婁郡王)으로 삼았다. 발해국왕이 아닌 발해군왕이라 하였고, 발해 땅을 기미주(羈縻州)의 하나인 홀한주(忽汗州)로 삼았으므로 당나라가 형식적으로는 독립국으로 인정하지는 않았다. 이것이 발해가 당나라 지방정권이라는 중국 측 주장의 빌미가 되었다.

대조영의 책봉을 계기로 국호가 진국(振國)에서 발해로 바뀌었다. 첫 국호를 진국(震國)

으로 표기한 경우도 있는데, 발해 국호가 책봉호에서 유래했듯이 당나라가 걸걸중상에게 봉하려 했던 진국공(震國公)에서 국호를 따왔을 가능성도 배제할 수는 없다. 일본 기록에서는 8세기 후반에 20년간 발해 대신에 고려(高麗)로 적기도 하였다.

무왕(武王, 719~737)이 즉위하자 인안(仁安)이란 독자적 연호를 사용하기 시작하여 독립국 의지를 내외에 천명하였다. 727년에는 일본에 사신을 처음 파견하면서 왕래가 시작되었다. 동모산에서 현주로 도읍을 옮긴 것도 이 왕 때일 것이다.

무왕은 그 시호에서 알 수 있듯이, 정복을 통하여 영토를 확장하는 데에 크게 기여하였다. 이리하여 발해 초기 영토가 대체로 확정되었다. 727년 일본에 보낸 국서에서 "저 무예는 욕되게 여러 나라를 주관하고 외람되게 여러 번국을 병합해서, 고구려의 옛 터전을 수복하고 부여의 풍속을 소유하게 되었습니다."(『속일본기』)라고 했듯이, 고구려와 부여 지역이 이미 판도에 들어와 있었다. 732년 9월에 발해 군대가 산둥반도의 등주(登州)를 공격하였으므로, 압록강 수로도 장악되어 있었다.

그가 북쪽으로 흑수말갈을 공격한 것도 그 사이에 있던 다른 말갈 집단이 복속되었기에 가능했다. 이에 따라 "영토를 크게 개척하자 동북쪽의 여러 오랑캐가 두려워하여 신하가 되었다."(『신당서』 발해전)라고 적었다. 남쪽의 신라 방면으로도 진출하였으니, 721년 7월에 신라가 장정을 동원하여 동해안에 장성을 쌓은 것은 발해의 남하에 대응한 조치였다. 735년에 패강(대동강)에 수자리를 둔 것도 서해안으로 내려오는 발해 세력을 방비하기 위한 것이었다.

정복 활동은 필연적으로 주변 세력과 갈등을 빚었고, 드디어 흑수말갈, 당, 신라가 개입된 국제전으로 비화하였다. 무왕의 정복에 위협을 느낀 흑수말갈이 독자적으로 당나라에 사신을 보내서 발해를 견제하려 하였고, 이를 기화로 10년간 대립이 이어졌다.

당나라는 726년에 흑수말갈에 흑수주(黑水州)를 설치하고 장사(長史)라는 감독관을 파견하여 직접 관할하려는 의지를 드러냈다. 이에 무왕은 동생과 장인이 이끄는 군대를 보내서 흑수말갈을 치게 하였다. 숙위 경험이 있던 동생 대문예는 당나라에 대적하면 안 된다고 간언하다가 오히려 주살 위기에 처하자 당으로 망명하였다. 그의 송환을 둘러싸고 공방을 주고받으며 발해와 당 사이에 긴장이 조성되었고, 마침내 730년 9월에 장문휴(張文休)가 지휘하는 발해 군대가 바다를 건너 등주(登州)를 공격하였다. 733년 윤3월에 돌궐과 거란이 당을 공격할 때에도 발해가 동참하였다. 발해군은 바다를 통하여 마도산(馬都山)까지 이른 뒤에 평로(平盧, 차오양)로 진격하다가 격퇴되었다.

발해가 등주를 공격하자 당 조정은 장수를 보내 방어하게 하는 한편, 733년 정월에 망명객 대문예를 유주(幽州, 베이징)로 보내 군사를 동원하게 하고, 숙위하던 왕족인 김사란(金思蘭)을 신라로 귀국시켜 발해 남쪽을 치게 명하였다. 오랑캐로서 오랑캐를 공격하는 이이제이(以夷制夷) 수법이다.

당나라는 604명에 이르는 대규모 사신단을 신라에 파견하였고, 김유신의 손자가 참전하도록 요구하였다. 또 성덕왕에게 개부의동삼사(開府儀同三司)·영해군사(寧海軍使)를 더해 주며 격려하였다. 신라는 733년 겨울에 김윤중(金允中)과 동생 김윤문(金允文) 등 4명의 장군을 출전시켰다. 이때 당나라 유주의 군대도 합세하여 발해 남쪽을 공격하였다. 대문예도 유주 군대에 속해서 향도를 맡았을 것이다.

두 나라 군대는 압록강을 거슬러 올라갔을 것이나, 겨울 추위에 대설까지 겹쳐서 인명 피해를 안고 소득 없이 회군하였다. 이후 무왕은 자객을 낙양으로 보내서 대문예를 살해하려다가 실패로 끝났다. 734년 2월에 신라 김충신(金忠信)이 당 현종에게 글을 올려 발해를 재차 공격하는 허락을 받아냈으나, 공격은 더 이상 실행되지 못하였다. 735년에 현종은 신라의 참전 대가로 패강 이남의 영유권을 인정하였다.

발해는 735년 봄에 당에 사죄사를 보냄으로써 양국의 분쟁이 종식되었다. 발해와 연합 세력을 이루었던 거란, 돌궐이 속속 힘을 잃었던 데도 원인이 있었다. 이에 당은 칭찬하는 칙서를 보내는 한편 강등시켰던 무왕의 책봉호를 원상으로 복원하였다.

문왕(文王, 737~793)은 57년간 재위하여 전체 역사의 4분의 1을 통치하였다. 무왕이 국력을 외부로 발산하였다고 한다면, 문왕은 내부로 수렴하여 국가 기틀 마련에 공헌하였다. 발해는 네 번 수도를 옮겼는데, 상경 천도와 동경 천도가 그의 통치 시기에 이루어졌다. 대체로 현주 시기(737~755)에 문치(文治)를 추진하기 시작하여 상경 시기(756~780년대 후반)에 크게 발전하였다가 말년인 동경 시기(780년대 후반~793)에 위축되는 경로를 밟았다.

무왕의 사업을 이어받아 철리(鐵利), 불녈(拂涅), 월희(越喜), 우루(虞婁)의 말갈을 정복하였다. 또 757년에 신라가 탄항관문(炭項關門)을 쌓았으므로 이 왕 때에 신라도(新羅道)가 개설되고 교류 창구도 마련되었을 것이다.

그가 야심차게 추진한 것은 내부 제도의 정비였다. 건국한 지 40년이 흐르면서 비대해진 중앙 정치 세력을 재편하고 효율적인 행정 제도를 마련하는 한편, 아버지 무왕이 넓혀놓은 국토를 효율적으로 통치할 수 있는 지방 제도를 마련하는 것이 그에게 주어진 역사적 사명이었다. 이를 위해서 당나라에 사신을 자주 파견하여 문물제도를 수입하였으니, 많을 때는 한 해에 4~5회에 이를 정도로 사신 발길이 잦았다.

　　문왕 때의 변화는 일본에 파견된 사신의 관직에서 유추할 수 있다. 무왕 때에는 정복에 기여한 무관 중심으로 국가가 운영되었으나, 문왕이 문치 정책을 추진하면서 이제는 문관 중심으로 바뀌었다.

　　정당성(政堂省)이나 사빈시(司賓寺)와 같은 통치기구, 개국공(開國公)이나 개국남(開國男) 같은 봉작 제도가 마련되었고, 지방 제도도 고구려식까지 혼용되다가 당나라식 경부주현(京府州縣)으로 일원화되었다. 760년대 중반에는 5경도 갖추어졌다. 존호에 유교와 불교 용어가 혼합되어 있듯이 유교와 불교를 진흥하면서, 특히 이상적인 군주인 금륜성왕(金輪聖王)을 꿈꾸었다.

　　제도 개혁의 성공은 국력 신장과 위상 강화로 나타났다. 774년에 내부적으로 유신(維新)을 단행하면서 연호를 보력(寶曆)으로 고쳤고, 천손(天孫, 도 I-3), 황상(皇上), 황후(皇后)와 같은 황제 용어를 사용하였으며, 전륜성왕 이념을 표방하였다. 천손은 고구려로부터 이어받은 용어이다. 당으로부터는 발해군왕(渤海郡王)에서 발해국왕(渤海國王)으로 승격되었고, 정1품 지위까지 올려 받았다. 일본 기록에 보듯이 고려국을 일정기간 표방하기도 하였다.

　　그가 사망하자 왕위 계승이 정상적으로 이루어지지 못하였고, 그 후 내분이 지속되면서 9대 왕까지 25년간 6명의 왕이 교체되었을 정도로 재위 기간도 짧게 이어졌다. 앞 시기에 왕권을 중심으로 정국이 운영되었던 반면에, 내분기에 들어서는 문왕 시대부터 성장하기 시작한 귀족세력이 왕권을 제약하였다. 이 틈을 타서 복속된 말갈족 일부가 이탈하였다.

　　그나마 6대 강왕(康王, 794~809)이 15년간 통치하면서 다소 나라를 안정시켰으니, "조정의 기강이 옛날처럼 되고, 나라의 영토가 처음처럼 되었다."(『일본일사』)고 일본에 보낸 국서에서 언급하였다. 당나라로부터도 문왕 다음으로 자주 책봉을 받았다.

2) 융성과 멸망의 시대

10대 선왕(宣王, 818~830)이 즉위하면서 왕위 계승이 대조영의 직계손에서 그의 동생 대야발의 직계손으로 바뀌었고, 이에 따라 국가 분위기도 일신되었다. 연호 건흥(建興)은 선왕의 중흥 의지를 드러낸 것이었다. 그의 시대에 정복 활동이 재개되어 "바다 북쪽의 여러 부락을 토벌하여 큰 영토를 여는 데 공이 있었다."(『신당서』 발해전)고 하였다.

또 남쪽으로는 요동과 한반도 서북부 방면으로 더 진출하였다. 요동 남부로 확장함에 따라 9세기 중반에 일본과의 교류에서 발해를 가리켜 요양(遼陽)으로 표현하였고, 908년에는 발해 사신을 '요수(遼水)의 손님'으로 지칭하였다. 신라는 발해의 남진에 대응하여 826년 7월에 대동강 이남에 300리나 되는 패강(浿江) 장성을 쌓았다. 이리하여 대동강과 니하(泥河, 현 금야강)를 경계로 신라와 마주하였다.

선왕 때에 대외 정복 활동이 거의 마무리 되어, 5경 15부 62주의 행정 구역도 이 무렵에 완비되었다. 그의 재위 12년간 상업성을 강하게 띤 사신단을 일본에 5회나 파견하였고, 일본에서는 이를 규제하는 조치까지 내렸다.

11대 왕 대이진(大彝震, 831~857)으로부터 12대 왕 대건황(大虔晃, 858~871), 13대 왕 대현석(大玄錫, 872~895 이전)에 이르기까지 크게 융성하여 마침내 당으로부터 '해동성국(海東盛國)'이란 영예의 칭호를 얻었다. 선왕 때에 대외 정복이 완결됨에 따라 그 이후의 왕들은 주로 문치에 족적을 남겼다.

당나라 기록에 "처음에 그 나라 왕이 학생들을 자주 파견하여 당나라 수도의 태학(太學)에 가서 고금의 제도를 익히게 하였는데, 이때에 이르러 드디어 해동성국이 되었다."(『신당서』 발해전)고 적었다. 해동성국이라 불린 '이때'는 바로 대현석 시대를 의미한다. 당나라 시인 온정균(溫庭筠, 812?~866?)은 837년 당나라를 방문한 발해 왕자를 보내며 지은 시에서 "나라 비록 바다로 떨어져 있지만, 수레와 책은 본래 한 집안"(『전당시』)이라고 하여, 중국과 문화적 일체감을 표시했다.

이런 표현 외에는 아쉽게도 해동성국의 모습을 구체적으로 보여줄 사료가 남아 있지 않다. 9세기가 전성기에 해당되지만 오히려 이 시기에 관한 사료는 8세기 때보다도 적다. 자신의 역사를 전하지 못한데다가 주변 국가들마저 혼란해져서 발해에 관한 기록을 제대로 남가지 못하였기 때문이다. 다만 몇 가지 정황을 통해 그 모습을 유추할 수 있다.

당나라 사신이 832년에 귀국한 뒤 발해가 좌우신책군(左右神策軍)과 좌우삼군(左右三軍), 120사(司)를 설치하였다고 보고하였다. 대이진 초기인 이때나 아니면 조금 앞서서 발해 관제가 확충되거나 변화된 것이다.

발해 학생들이 840년대 후반부터 당나라 빈공과(賓貢科)에 급제하기 시작하였으니, 오소도(烏昭度, 872년 급제), 고원고(高元固, 894년), 오광찬(烏光贊, 906년)을 비롯하여 모두 10명 정도를 배출하였다. 신라 다음으로 많은 급제자를 낸 나라였다.

문학적 소양이 있는 인물을 사신단의 일원으로 자주 파견하여 문장력에서 일본에 자신감을 드러냈다. 사신의 소속 관청이나 사신단 인원수 등에서도 이 무렵에 고정된 격식이 마련되었다.

897년에 당나라에서 윗자리를 놓고 신라와 다툼을 벌였던 것도 국력에서 자신감을 드러낸 사건이었다. 당나라는 "나라의 선후는 본래 강약으로 따지는 것이 아니니, 조정에서의 지위를 지금 어찌 성쇠를 근거로 바꿀 수 있겠는가?"(『동문선』)고 하여, 국력에서는 발해가 앞서지만 과거의 관례를 따라 신라를 우위에 놓는 조치를 내렸다.

마지막 왕 대인선(大諲譔, 906?~926)이 통치하는 10세기 초반에는 동아시아 정세가 혼란에 빠졌다. 당나라가 멸망하고 5대 10국의 역사가 시작되었으며, 신라는 후삼국으로 분열하여 세력 각축이 벌어졌다. 이 혼란을 틈타서 북방에서 거란이 세력을 키웠다.

거란은 중원으로 진출하려 하였고, 이를 위해서는 배후세력들을 먼저 제거하여야 했다. 발해도 그 대상이었으니, 거란이 발해를 압박하자 발해는 이에 대응하여 신라 등과 제휴하거나 거란과 화친을 모색하였다.

거란은 먼저 발해의 요동을 빼앗은 뒤에 마침내 발해 수도 공략에 나섰고, 불과 보름만인 926년 정월에 발해 왕이 항복하여 종말을 고했다. 이렇게 힘없이 무너지고 만 것은 발해 내분도 겹쳤기 때문이었다.

3) 후예의 시대

발해가 멸망한 뒤에 유민과 그 후예의 향방은 몇 가지로 나뉜다. 첫째, 강제 이주되어 요나라나 금나라에 흡수되어 간 사람들이다. 이들 가운데는 출세하여 지배층으로 편입된 경우도 있었다. 발해인의 존재는 멸망 후 300여 년이 흐른 금나라 말기에 몽골군이 남하하던 시기까지 확인된다. 둘째, 이주민 가운데 요나라나 금나라의 지배에 저항하면서 후예국가를 세운 사람들이다. 발해인의 저항은 멸망 후 190년이 지난 요나라 말기까지 간헐적으로 나타났다. 셋째, 멸망 전후부터 고려에 망명한 사람들이다. 한반도로 들어온 이들은 한국사의 한 부분을 이루었다. 넷째, 이주되지 않고 원주지에 남아서 여진으로 변모해간 사람들도 있었다.

거란은 발해 국왕을 거란 수도로 옮기고 발해 땅에는 동쪽 거란국이란 의미의 동단국(東丹國)을 세웠으며, 3년 뒤에는 발해 주민과 함께 요동으로 옮겼다. 발해인의 강제 이주는 거란(요) 태조, 태종 때에 집중되었고, 그 후에도 간헐적으로 이루어졌다. 이주 지역은 상경도(上京道)와 동경도에 집중되고 중경도에도 일부 있었다. 발해 멸망 후 주민은 발해인과 여진인으로 분리되었다. 거란은 농경민과 유목민으로 양분하여 통치하였는데, 발해인은 농경민, 여진인은 유목민으로 대우하였다.

유민 가운데는 고모한(高模翰, ?~955)처럼 태조에서 목종까지 거치면서 고위직에 오른 인물도 있었다. 그렇지만 요나라는 발해인을 이민족으로서 차별하였고, 발해인의 저항도 말기까지 지속되었다. 후예들이 세운 국가로는 열씨·오씨의 정안국(定安國, 970 이전~1018?), 연파(燕頗)의 발해국(975~1003?), 오씨의 오사국(烏舍國, 975 이전~1004?), 대연림의 흥료국(興遼國, 1029~1030), 고영창의 대발해국(大渤海國, 1116)이 있었다.

금나라가 일어나자 '여진과 발해는 본래 한 집안'이라는 동질 의식 아래 발해 후예들이 먼저 협조하였고, 금나라는 이들을 요직에 기용하였다. 이에 따라 금나라 치하에서는 저항이 발생하지 않았다. 정치에 두드러졌던 요양(遼陽) 장씨와 문장에 두드러졌던 웅악(熊岳) 왕씨는 금나라에서 출세한 대표적인 가문이었다. 전자는 장호(張浩, 1102~1163), 후자는 왕정(王政, 1073~1138)과 왕정균(王庭筠, 1151 또는 1156~1202)으로 대표된다. 발해인의 정치 활동은 특히 4대 해릉왕과 5대 세종 때에 두드러졌다. 황제의 배우자가 된 여성도 해릉왕 생모 대씨를 비롯하여 여럿 있었다.

발해인은 멸망 직전부터 시작하여 1117년까지 190여 년에 걸쳐 40회 가까이 고려로 들어왔다. 확인된 숫자만 1,600여 명과 4,180여 호가 되고, 여기에 수만 명이 망명한 기록이 두 번 나타나므로, 적어도 5만 명은 넘었을 것이다. 멸망 전후 혼란기에 망명하기 시작하였고, 그 뒤에는 후예국가들의 저항이 실패로 돌아갈 때마다 고려로 피신해 와서 이후 한국사의 흐름에 동참하였다.

대표적인 망명객으로는 세자 대광현(大光顯)이 있다. 그는 부여부를 공격했던 왕의 동생처럼 피신하여 저항 운동을 벌이다가 여의치 못하자 934년 7월에 수만 명을 이끌고 뒤늦게 고려로 들어왔다. 고려 태조는 그에게 왕계(王繼)라는 성명을 내려 고려 종실로 대우하였다. 또 원보(元甫) 위계를 내리고 백주(白州, 황해도 연백)를 지키게 하여 제사를 받들게 했다. 이 때문에 고려 태조는 후진(後晉)에 발해는 '친척의 나라'라고 하였다.

망명 인물 가운데는 박어, 박승이란 두 사람의 박씨가 있다. 박씨는 중국에 없는 신라 고유의 성씨이니 신라계 인물이 발해에서 활동한 증거이다. 현재 국내에는 태씨와 대씨가 있는데, 대다수는 태씨이고 대씨는 아주 적다. 태씨 본관으로는 영순(永順)과 협계(陝溪)를 합친 백주(白州)가 있고, 대씨 본관으로는 밀양(密陽)이 있다.

2. 발해 고고학 연구 현황

발해 영토는 현재의 중국 동북3성, 북한, 러시아 연해주에 걸쳐 있었으므로, 고고학 연구도 이 세 나라에서 주로 이루어진다. 중국과 러시아의 개방이 이루어지면서 1990년대부터는 남한과 일본 연구자도 현지의 유적 답사가 가능해졌고, 연해주 발굴에 동참할 수 있게 되었다. 이제 발굴 자료를 중심으로 연구 동향을 살피고자 하나, 각국의 발굴 정보가 달라서 연대순으로 일관성 있게 정리하기는 어렵다.

1) 중국 동북 지역

발해 유적은 중국 땅에서 처음 발굴되었다. 러일전쟁 후에 일본은 뤼순(旅順)에 있던 최흔(崔忻)의 홍려정비(鴻臚井碑)를 전리품으로 반출해갔고(酒寄雅志 2001), 연구자들이 만주에 대한 관심을 가지며 발해 유적을 답사하곤 하였다. 발굴은 1930년대에 일본이 만주국을 세운 뒤에 이루어졌다. 일본 동아고고학회가 1933, 34년에 상경성을 발굴하였다(東亞考古學會 1939, **도I-4**). 이때 궁전지와 절터를 대대적으로 발굴하고, 가까운 곳에 방치되어 있던 삼릉둔(三靈屯, 현 三陵屯)고분도 조사하였다. 이렇게 발굴을 통하여 발해 유적이 처음으로 세상에 실체를 드러냈다. 상경성은 발해 때에만 사용되고 멸망 직후 폐기되었기에 이때 발굴된 자료는 추후 발해 유적을 판별하는 지표가 되었다. 이 보고서에는 러시아인 뽀노소프 V.V.(Поносов В.В.)의 1931년 조사 보고서가 첨부되어 있다.

도리야마 기이치(鳥山喜一)와 후지타 료사쿠(藤田亮策)가 1937년부터 몇 차례 팔련성과 함께 서고성(西古城)을 조사·발굴하였고(鳥山喜一·藤田亮策 1942). 1941년과 이듬해에는 사이토 진베이((齋藤甚兵衛, 즉 齋藤優)가 반랍성(半拉城, 현 八連城)을 조사·발굴하였다(齋藤甚兵衛

도I-4 상경성 발굴(ⓒ동경대학, 『해동성국 발해』 106쪽)

1942). 이로써 상경에 이어 중경과 동경의 소재지도 확인되었다.

중국 정부가 수립된 해인 1949년에 둔화 육정산(六頂山)고분군에서 정혜공주(貞惠公主) 묘지(墓誌)가 발굴되어 발해 초기 지배층이 묻힌 곳으로 확인되었고(王承禮·曹正榕 1961; 王承禮 1979), 건국지인 동모산도 이 부근에서 찾게 되었다. 이때 도굴된 9기를 정리하였고, 1959년에 이 9기에 대한 재정리를 포함하여 모두 12기를 정리하였다.

1957~60년 사이에는 목단강(牡丹江) 유역을 답사하여 다수의 유적을 찾아냈다. 중·하류에서는 성터와 보루, 고분군, 교량 유적이, 상류에서는 성터와 보루, 건축지, 고분군이 보고되었다(黑龍江省博物館 1960; 王承禮 1962). 특히 둔화 일대의 조사 자료는 이곳을 발해 건국지로 지목하는 중요 근거가 되었다.

1963, 64년에는 북한과의 공동 발굴대가 육정산고분군과 상경성을 대대적으로 발굴하여 양국의 우의를 과시하였다. 육정산고분군에서는 20기를 발굴하고, 상경성에서는 성의 전체적인 구조를 파악하는 한편 절터, 침전지(寢殿址), 관청지 등을 발굴하였다. 1960년에 확인된(呂遵祿 1962) 상경성 부근의 대주둔(大朱屯)고분군에서 2기 무덤이 이때 시굴되었다. 1호는

묘실 가운데서 1차장 4인, 북벽 아래에서 2차장 4인이 확인된 다인장(多人葬) 무덤인데, 1차장 2인은 목관을 사용하였고 2인은 목관과 좌우 벽체 사이에 각각 끼어 있는 것처럼 보여 매장법이 특이하였다. 발굴 보고서는 두 나라에서 각각 간행되었는데(조중공동고고학발굴대 1966; 中國社會科學院考古研究所 1997), 2010년대에 이들 유적에 대한 또다른 보고서가 간행되기까지 육정산고분군과 상경성에 관한 기본 자료집이 되었다. 이는 중국 정부 수립 후 최초의 계획 발굴로서 발해 연구 수준을 한 차원 끌어올리게 하였다. 요동의 강상, 루상 등의 무덤도 이때 발굴되어, 고대국가 발생기를 연구하는 중요 자료가 되었다.

1966, 67년에는 하이린(海林) 산저자(山咀子)고분군에서 29기의 고분이 발굴되었다(孫秀仁 1980). 발해 도성으로부터 벗어난 지역에서 다수의 고분이 처음으로 확인되어 말갈 지역에 고구려 전통의 석묘(石墓)를 도입한 지방 세력의 무덤 양상이 드러났다.

1970년대부터 발굴이 활기를 띠었다. 1971년에 허룽(和龍) 하남둔(河南屯)고분 2기가 우연히 확인되었는데(郭文魁 1973), 천정을 판석으로 덮은 전곽묘(塼槨墓)이다. 벽돌무덤으로는 처음 조사되었고, 특히 허리띠 장식을 비롯하여 순금제 장식물 다수가 출토하여 눈길을 끌었다.

1972년에는 둥닝(東寧) 대성자(大城子)고성이 조사되었는데, 북벽 중간이 돌출된 장방형 평지성으로서 상경성과 유사한 구조임이 밝혀졌다(張泰湘 1981). 수분하(綏芬河) 유역에서 발견된 최대의 성터로서, 솔빈부의 소재지로 여겨진다. 1977년에는 부근에서 3기의 석실묘와 1기의 돌로 덮은 토광묘가 발굴되었다(黑龍江省文物考古工作隊 외 1982). M1호 방형 석실묘에서는 16인 인골이 출토되어 주목되는데, 북쪽 격벽 안에 6인, 그 남쪽의 현실 안에는 3층에 걸쳐 10인이 매장되어 있었다.

1973년에는 허룽 북대(北大)고분군에서 석실묘가 대다수인 무덤 54기를 발굴하였다(延邊朝鮮族自治州博物館 외 1982). 1988년에 다시 11기 무덤을 발굴하였는데(延邊博物館 외 1994), 이때에 처음으로 온전한 발해 삼채 도기 2점이 출토하였다. 이 해에 훈춘 마적달(馬滴達) 탑을 정리 발굴하였다(張錫瑛 1984). 이 당시는 탑과 지궁(地宮)으로 보고되었으나, 처음으로 확인된 전실탑묘(塼室塔墓)에 해당한다.

1977년에 댐 수몰지구인 푸쑹(撫松) 전전자(前甸子)유적에서 고분 3기를 발굴하였다(龐志國·柳嵐 1983). 이해에 둥닝 단결(團結)유적에서 주거지 4기(黑龍江省文物考古工作隊 외 1978), 1990년에는 부근의 소지영(小地營)유적에서 주거지 3기가 발굴되어(黑龍江省文物考古研究所 2003a), 온돌을 사용한 발해 지방민의 생활 모습을 엿볼 수 있게 되었다.

　　1979년에 허룽 고산(高産)절터가 확인되어 추후 발굴이 이루어졌다(何明 1985). 1979, 80년에는 양툰(楊屯) 대해맹(大海猛)유적에서 70기의 고분이 발굴되고(吉林市博物館 1987; 吉林省文物工作隊 외 1991), 1985년에는 가까운 곳에 있는 사리파(査里巴)고분군에서 고분 2기가 발굴됨으로써(尹鬱山 1990), 발해 시기 속말말갈의 무덤이 처음 조사되었다. 1980, 81년에도 위수(楡樹) 노하심(老河深)유적에서 같은 시기 고분 34기가 발굴되었다(吉林省文物考古研究所 1987). 1980년에는 상경성의 벽돌과 기와를 굽던 가마터가 인근에서 발굴되었다(黑龍江省文物考古研究所 1986).

　　1980, 81년에는 허룽 정효공주(貞孝公主)묘가 발굴되었다(延邊朝鮮族自治州博物館 1982). 정혜공주묘에 이어서 묘지(墓誌)가 두 번째로 출토하고, 12명의 인물 벽화도 손상 없이 드러나고, 무덤 위에 탑을 세웠던 사실이 확실해짐으로써 발해사 연구에 한 획을 긋는 발견이 되었다. 용두산고분군은 현재 석국(石國)구역, 용해(龍海)구역, 용호(龍湖)구역으로 나뉘는데, 정효공주묘는 용해구역에 속한다. 이 때 발견한 용해중학교 부근의 고분 7기는 1982년에 발굴하였다(延邊博物館 1983). 1993년에는 용호 구역에서 1기를 발굴하였다(延邊朝鮮族自治州文物管理委員會 외 1993).

　　1980년과 82년에 창바이(長白) 영광탑(靈光塔)이 조사되어 발해 유일의 온전한 탑임이 인정되었다(邵春華 1983). 또 1982, 84년에는 남성자(南城子)고성 부근의 화린(樺林) 석장구(石場溝)고분군에서 18기의 고분을 발굴하였다(黑龍江省文物考古研究所 1991). 1984년에는 룽징(龍井) 영성(英城)고분군과 부민(富民)고분군에서 각각 1기 고분이 정리되었다(李正鳳·李強 1986a; 1986b). 같은 해에 훈장(渾江) 영안(永安)유적에서 백산말갈과 관련된 것으로 보이는 주거지 6기가 발굴되었다(吉林省文物考古研究所 1997).

　　1988년에는 훈춘(琿春) 동육동(東六洞) 2호 유적과 솔만자(甩彎子), 1990년에는 자오허(蛟河) 칠도하촌(七道河村), 1991년에 왕칭(汪清) 홍운(紅雲)유적에서 건물지가 1기씩 발굴되었다(吉林省圖琿鐵路考古發掘隊 1990; 圖琿鐵路考古發掘隊 1991; 吉林市博物館 1993; 吉林省文物考古研究所 1999).

　　1991, 92년에 삼릉둔고분군에서 2호 석실묘가 발굴되었다(鄭永振·嚴長錄 2000: 241~250). 15명의 인물과 꽃 등이 그려져 있었으나 일부 꽃그림을 제외하고 대부분 탈락된 상태였다. 10여 구의 인골이 확인되어 다인장의 풍습도 엿볼 수 있다. 추후 조사를 통하여 일대에서 5호묘까지 존재하는 것을 확인했다. 역시 1991, 92년에 안투(安圖) 동청(東清)고분군에서 13기 고분이 발굴되었는데(옌볜박물관 1992), 고구려 전통을 강하게 띤 지방 수령의 무덤으로

추정된다.

1992~95년에는 상경성 부근에서 홍준어장(虹鱒魚場)고분군이 대규모로 발굴되었다(黑龍江省文物考古硏究所 2009b). 최초의 전면 발굴로서 323기 고분, 7기 방단(方壇), 1기 주거지가 드러났다. 무덤은 거의 모두가 석실묘이고 벽돌무덤이 극히 일부가 있다. 반면에 유물에서는 말갈식 토기인 장복관(長腹罐), 즉 통형관(筒形罐)이 대다수를 이룬다. 횡구식 석실묘(보고서의 장방형 석실묘) 유형이 처음으로 보고되었으니, 다른 곳의 석곽묘에도 이런 유형이 포함되어 있을 가능성이 있다. 중국의 다른 보고서와는 달리 고구려 요소를 분명히 지적한 것도 주목된다. 1995년에는 닝안 동연화촌(東蓮花村)에서 석실묘 1기가 발굴되었다(黑龍江省文物考古硏究所 2003b).

1992~96년에는 목단강 하류 하이린(海林) 경내의 연화(蓮花)댐 수몰지구에 대한 구제 발굴이 진행되었다. 1994, 95년에 발굴된 하구(河口)유적과 진흥(振興)유적이 대표적이다. 발해에 속하는 유구로서는 하구유적에서 주거지 6기, 진흥유적에서 주거지 4기가 발굴되었다(黑龍江省文物考古硏究所 외 2001). 1993년 도구(渡口)유적에서 건국 이전까지 걸쳐 있기도 한 발해 주거지 7기가 발굴되었고(黑龍江省文物考古硏究所 외 1997a), 1994년에 목란집동(木蘭集東)유적에서 주거지 1기(黑龍江省考古硏究所 1996), 1995, 96년에는 세린하(細鱗河)유적에서 주거지 8기가 발굴되었다(黑龍江省文物考古硏究所 외 1997b; 黑龍江省文物考古硏究所 외 2018). 1994년에 흥농(興農)고성을 조사하고 성 안에서 주거지 3기를 발굴하였다(黑龍江省文物考古硏究所 외 2005a).

1996년에 양초구(羊草溝)고분군에서 26기 석실묘를 발굴하였는데(黑龍江省文物考古硏究所 1998), 이전에는 두도하자(頭道河子)고분군으로 불리던 곳으로 1958년에 이곳에서 2기가 발굴된 적이 있다(呂遵祿 1962). 수몰지구 조사의 일환으로 이미 1983년에 이도하자(二道河子)고분군에서 4기(黑龍江省文物考古硏究所 1987a), 북참(北站)고분군에서 3기를 시굴 또는 발굴하였다(黑龍江省文物考古硏究所 1987b). 이상이 연화댐 수몰지구에 대한 발굴 내용이다.

1994, 2009년에 발해 주요 거점 도시의 하나로 여겨지는 푸쑹 신안(新安)고성에 대한 부분 발굴이 이루어졌다(吉林省文物考古硏究所 2000, 2013b). 1996년에 닝안 삼릉둔 4호묘에서 삼채 향로가 출토하였고(趙哲夫·李陳奇 2013: 219), 1998년에는 허룽 용두산고분군 석국(石國)구역의 고분에서 삼채 여자 도용(陶俑)과 교태(絞胎) 베개가 출토하였다(國家文物局 외 1999: 242~243).

2천 년대에 들어서는 중요 유적에 대한 대규모 발굴이 많이 이루어졌다. 먼저, 상경성이다. 1980년대부터 지속적인 조사가 이루어졌으니, 1981~85년에 궁성 정문(오봉루), 3호 문지, 1호 궁전과 동서 회랑 등이 정리 발굴되었고(黑龍江省文物考古工作隊 1985; 黑龍江省文物考古研究所 1987c), 1985~91년에도 소규모 발굴이 이루어졌다. 그러다가 1997~2007년 사이에 체계적인 대규모 발굴이 진행되었다(黑龍江省文物考古研究所 외 1999; 黑龍江省文物考古研究所 2009a). 이로써 상경성의 평면과 외성의 규모, 궁전지의 구조 등을 상세히 파악하게 되었다. 2009, 10년에도 일부 발굴이 이루어졌다(黑龍江省文物考古研究所 2015).

이와 함께 서고성과 팔련성, 육정산고분군과 용두산고분군에 대한 대대적 발굴도 진행되어, 발해 주요 유적의 면모가 드러났다. 서고성은 2000~05년 사이에 내성의 5개 궁전지, 외성 성벽과 남문지 등을 중심으로 발굴이 이루어졌고(吉林省文物考古研究所 외 2007, **도I-5**), 팔련성은 2004~09년에 내성의 2개 궁전지, 내외 성벽, 외성 남문지와 내성 남문지 등이 발굴되었다(吉林省文物考古研究所 외 2014). 발굴 결과 두 성은 상경성과 비슷한 시기에 축조된 것으로 추정되었다. 2007, 09년에는 서고성에 대한 추가 발굴이 이루어졌다(吉林省文物考古研究所 외 2016).

2004~09년에 육정산고분군에서 홍준어장고분군에 이어 두 번째 전면 발굴이 이루어

도I-5　2001년 서고성 발굴(ⓒ송기호)

저 243기 고분이 드러났다(吉林省文物考古研究所 외 2012). 발굴 결과 말갈적인 토광묘가 과반을 차지하되, 순수 토광묘보다는 돌을 일부 섞어 사용한 무덤이 더 많아서 석묘(石墓)의 영향이 짙게 나타났다. 또 말갈식 토기는 상대적으로 매우 적은 편이다. 석실묘(보고서의 광실묘壙室墓 포함)가 숫자는 적지만 최상층을 이루므로, 발해 건국집단의 성격을 유추할 수 있다.

2004, 05년에는 용두산고분군 용해구역에서 고분 14기가 발굴되었다(吉林省文物考古研究所 외 2009). 고분 유형은 석실묘, 전실묘, 전곽묘(塼槨墓)인데, 전실묘와 전곽묘는 천정을 판석으로 덮은 것이 특징적이다. 무덤 위에 탑으로 추정되는 건축 시설이 있던 사실도 다시 확인되었다. 고구려 조우관을 연상시키는 순금제 관식, 효의황후(孝懿皇后)와 순목황후(順穆皇后)의 묘지, 삼채 도용, 은 상감 칠렴(漆奩) 등 최상급 유물이 출토하였으나, 아직 발굴보고서가 간행되지 않았다.

이밖에 2002, 03년에 발해 초기 도읍지로 지목되어 온 둔화 오동성(敖東城)과 영승(永勝)유적을 발굴하였으나, 금대 유적만 확인하였다(吉林大學邊疆考古研究中心 외 2004, 2006, 2007). 2003, 04년에는 안투 중평(仲坪)유적에서 석곽묘 11기를 발굴하였다(吉林省文物考古研究所 외 2007). 2004년에는 우창(五常) 향수하(香水河)고분군에서 48기 고분을 발굴했는데(黑龍江省文物考古研究所 2016), 납림하(拉林河) 유역에서 처음 발견된 발해 고분군으로서 육정산고분군이나 연해주 체르냐찌노-5고분군처럼 석실묘와 토광묘가 섞여 있었다.

2005년에는 둔화 강동(江東) 24개석을 발굴하고 임승(林勝) 24개석을 정리하였다(吉林省文物考古研究所 외 2009a). 강동 24개석 옆에서는 주거지 1기도 발굴되었다. 중국에서 처음 발굴된 24개석 유적이지만, 기대와는 달리 출토된 기와는 발해 시기 유적인지 단정할 수 없게 하였다.

2011년 투먼(圖們) 곡수(曲水) 양묘장에서 발해 시기로 추정되는 옹관묘 1기가 처음 발굴되었다(吉林省文物考古研究所 2013a). 2013~15년에는 투먼 마반촌(磨盤村)산성이 발굴되었는데, 동하국(東夏國) 남경(南京)과 관련된 유적 외에 고구려 내지 발해 초기 기와들도 출토하여 초기 도읍지 문제가 재론되는 계기가 되었다(吉林省文物考古研究所 외 2018).

2013년에는 화뎬(樺甸) 소밀성(蘇密城)을 발굴하여 발해 때에 내성만 축조하였고 후대에 외성이 부가된 것을 확인하였다(吉林省文物考古研究所 2014). 비슷한 구조를 띤 둔화 오동성을 조사할 때 참고할 필요가 있다. 2014년에는 허룽 하남둔고성으로 알려진 곳을 조사하여 성터가 아니라는 사실을 확인하였고, 오히려 이곳에서 절터를 발견하였다(吉林大學邊疆考古研究中心 외 2017).

이상으로 정리해보았듯이, 발해 유적은 고분군, 성터, 절터, 가마터와 24개석 유적, 기타 건물지 등으로 대별할 수 있다. 발해 유적 조사는 지린성과 헤이룽장성에서 이루어지고 있다. 지린성에서는 문물고고연구소, 지린대학, 옌볜대학이 중심이고, 헤이룽장성에서는 문물고고연구소가 중심이다. 2천 년대에 들어서 이루어진 상경성, 서고성, 팔련성에 대한 대대적인 발굴을 제외하면, 대체로 고분군 위주로 조사가 진행되었다.

발해는 '속말말갈을 주체로 한 당나라 지방정권'이란 명제 때문에 말갈사의 연장에서 발해를 바라보고, 당나라 영향을 강하게 받은 요소를 강조하면서 고구려 요소는 경시하는 경향이 있다. 이런 시각이 고고 자료 해석에 영향을 끼치고 있다. 또 발굴 현장뿐 아니라 유적조차 개방하지 않는 점은 다양한 연구에 지장을 초래한다.

발해사에 대한 주요 개론서로는 진위푸(金毓黻)의 『발해국지장편(渤海國志長編)』(1934)을 비롯하여 왕청리(王承禮)의 『발해간사(渤海簡史)』(1984)와 주궈천(朱國忱)·웨이궈중(魏國忠)의 『발해사고(渤海史稿)』(1984), 리뎬푸(李殿福)·쑨위량(孫玉良)의 『발해국(渤海國)』(1987), 웨이궈중·주궈천·하오칭윈(郝慶雲)의 『발해국사(渤海國史)』(2006), 정영진(鄭永振)·이동휘(李東輝)·윤현철(尹鉉哲)의 『발해사론(渤海史論)』(2011) 등이 있다.

또 주요 고고 자료 및 연구서는 다음과 같다. 왕위랑(王禹浪)·왕홍베이(王宏北)의 『고구려발해고성지연구회편(高句麗渤海古城址研究滙編)』(1994), 주궈천·김태순(金太順)·리옌톄(李硯鐵)의 『발해고도(渤海故都)』(1996), 정영진·엄장록(嚴長錄)의 『발해묘장연구(渤海墓葬研究)』(2000), 방학봉(方學鳳)의 『발해성곽(渤海城郭)』(2001), 주궈천·주웨이(朱威)의 『발해 유적(渤海遺跡)』(2002), 정영진의 『고구려발해말갈묘장비교연구(高句麗渤海靺鞨墓葬比較研究)』(2003), 류샤오둥(劉曉東)의 『발해문화연구(渤海文化研究)』(2006), 웨이춘청(魏存成)의 『발해고고(渤海考古)』(2008), 리천치(李陳奇)·자오저푸(趙哲夫)의 『해곡화풍(海曲華風)』(2010), 자오훙광(趙虹光)의 『발해상경고고(渤海上京城考古)』(2012), 자오저푸·리천치의 『발해삼채(渤海三彩)』(2013), 자오훙광의 『발해상경성존진(渤海上京城存真)』(2014), 웨이춘청의 『고구려발해고고논집(高句麗渤海考古論集)』(2015) 등이 있다.

2) 북한 지역

한반도 북부에서의 고고 조사는 일제 강점기에 이미 시작되었다. 1912년에 찍은 청해토성과 부거리고분군 조사 사진이 국립중앙박물관에 남아있고(서울대학교박물관 외 2003: 110~116, **도Ⅰ-6**), 부거토성에서 출토한 토기가 서울대학교박물관에 소장되어 있다(서울대학교

도 I-6 부거고분군 1, 2호 발굴(ⓒ국립중앙박물관, 『해동성국 발해』 115쪽)

박물관 외 2003: 83).

북한 정권이 들어선 뒤에는 1950년대에 함경북도 화대군(옛 명천군)에 소재한 고분군을 답사하면서 조사가 시작되었다. 1960년대에는 중국의 유적 발굴에 참여함으로써 발해사 연구에 활기를 띠게 되었다. 1963년 공동 발굴에 합의하였고 이로부터 1965년까지 모두 4차에 걸쳐 만주 지역의 유적에 대한 답사, 시굴 및 발굴을 진행했다. 답사 및 발굴의 결과는 별도로 발간되었다(주영헌 1966; 조중공동고고학발굴대 1966). 답사 유적은 성터 7개, 고분군 5개, 둔화 24개석이고, 발굴 유적은 닝안 동경성(상경성), 둔화 육정산고분군, 닝안 대주둔고분군이다. 주영헌의 『발해문화』는 이때의 자료를 바탕으로 집필한 것이다(주영헌 1971).

1967년 초에는 사회과학원 고고학연구소에서 동해안 일대의 고조선 관계 유적을 조사하면서 청해토성과 교성리토성을 지표 조사하여, 청해토성을 발해 시기의 성으로 추정하였다(리정기 1967).

한편 1960년대 후반 이후에는 북한에서도 중국의 태도 변화로 인해 그쪽의 새로운 자료를 제대로 접할 수 없게 되었고, 또 주체사관의 영향도 있어서 북한 지역 내 발해 유적에 관심을 돌리기 시작하였다. 1970년대에는 유적 조사가 활발하지 못하여 1972년에 청해토성만 조사하는 데에 그쳤다. 따라서 새로운 고고학 자료가 별로 추가되지 못한 채 1960년대에 발표된 내용들을 확대, 발전시킨 글들이 1970년대 전반에 나타났다.

1980년대에 북한에서 발해 유적, 유물을 찾는 작업이 본격적으로 수행되어 다수의 유적이 조사되었다(리준걸 1986). 1980년대 말까지 확인된 북한 지역의 발해 유적은 모두 함경도에 소재한 것들이고, 청해토성을 제외하면 1980년대에 들어와 처음 조사한 것들이다. 1980년대 초부터 조사된 유적들은 류병흥과 김종혁의 글에 정리되어 있고(류병흥 1997; 김종혁 1997), 장철만은 동해안 일대의 발해 고분을 따로 정리하였다(장철만 1997). 1997년까지의 조사 내용은 국내에서 출간된 김종혁의 책에서 자세히 정리되어 있다(김종혁 2002). 이 책에는 평지성인 청해토성과 성상리토성; 산성인 청해토성 주변의 산성, 가응산성, 운두산성; 건축지인 오매리절골 일대 건축지, 개심사; 고분군인 평리, 오매리, 정문리 창덕, 주의리 룽산동과 송정동, 금성리, 궁심, 부거리; 가마터가 소개되어 있다.

이제 1980년대 이후 발굴의 경과를 정리하고자 한다. 북한의 보고에서는 발굴 연도를 전하지 않은 것이 대부분이니, 다른 자료에서도 확인되지 않으면 따로 연도를 밝히지 않겠다.

1987년에 화대군 정문리 창덕 3호분에서 출토한 금귀걸이가 소개되었는데(리준걸 1987), 고구려 계승성의 주요 근거로 활용되는 이 귀걸이는 실은 고구려 것일 가능성이 있다. 1987년에 신포시 오매리절골의 금산 중턱에서 정면 5간, 측면 1간의 온돌 건물지를 발굴했고(김종혁·김지철 1989), 그 후 제2건물지도 발굴했다(김종혁·김지철 1991). 오매리절골 1호의 2개 건물지도 발굴했다(김종혁·김지철 1990). 오매리절터에 대해서는 그 뒤 한인호가 연구 논문 형식으로 절터의 전반적 상황을 소개하였다(한인호 1997).

화대군 정문리 창덕고분군에서 발굴된 석실묘 6기 및 토원리 석실묘 1기가 보고되었다(김종혁·리준걸 1990). 김종혁은 청해토성과 그 주변의 발해 유적들을 소개하였다(김종혁 1990). 회령군 궁심고분군에서 5기 석실묘를 발굴했다(리준걸 1991a). 화대군 주의리 룽산동고분군에서 석실묘 2기, 송동리 송정동고분군에서 석실묘 3기를 발굴했다(리준걸 1991b). 김책시 동흥리에서 24개석이 새로 확인되었으니(한인덕 1991; 동북아역사재단 2011), 북한 지역에서는 청진시 송평구역, 어랑군 회문리에 이어 세 번째로 발견되었다.

1991년에 화대군 금성리고분군에서 석실묘 2기, 석곽묘 1기를 발굴했다(김종혁·김광남 1992). 석곽묘는 석곽 위에 자갈을 덮은 형식이었다. 1992년에 단천시 화장리에 있는 가응산성을 조사했는데(김종혁 1992), 함경남북도 경계의 길목에 위치한다. 김책시 성상리에 있는 성상리토성도 조사하여, 발해 동경 관할의 염주 해양현 소재지라고 주장하였다(한인덕 1993; 한인덕 1997).

신포시 오매리에서 자기 가마터 1기를 발굴했다(리창진 1995; 리창언 1998). 1997년 청진시 부거리의 연차골고분군에서 발굴이 이루어져 제1지구에서 석실묘 16기가 발굴되었고, 이 가운데 1호묘가 소개되었다(한인덕 1998; 김남일 2005). 이때 발굴한 제2지구 1호묘도 소개되었다(한인덕·김남일 2000). 2000년에 부거리의 다래골에서 석실묘 2기, 독동에서 석실묘 1기가 발굴되었다(사회과학원 고고학연구소 2002; 김남일 2002; 동북아역사재단 2011). 2002년에는 부거리의 옥생동고분군에서 석실묘와 석관묘 4기가 발굴되었다(장철만 2004; 동북아역사재단 2011). 김남일은 부거리 일대의 고분 분포 정황을 소개하였다(김남일 2011).

회령시 성북리에서는 청동 판불상이 출토하였다(사회과학원 고고학연구소 2007). 2008, 09년에 부거리 다래골에서 석실묘 5기씩 발굴했고(지화산·김광혁 2013; 김재용·김영일 2013; 동북아역사재단 2011), 2009년에 연차골 2지구에서도 석실묘 3기를 발굴했다(김남일·김성철 2013; 동북아역사재단 2011). 2014년에는 화대군 창춘리에서 석실묘 1기를 발굴했다(장철만·최춘혁 2015). 1983, 85, 87년에 회령시 궁심고분군 1지구에서 27기 고분, 2지구에서 19기 고분이 발굴되었고, 이 가운데 2지구에서 발굴한 석관묘 4기가 소개되었다(김남일·리정희 2016). 2012, 13년에 회령시 궁심 2지구에서 70여 기, 3지구에서 4기 석실묘를 발굴했다(고고학연구소 고적발굴대 2018; 김남일·김대영 2019).

2008년부터는 옌벤대학교 발해사연구소가 공동으로 조사 및 발굴에 참여하여 보고서 3책을 국내외에서 출간하여 이제껏 볼 수 없었던 풍부한 자료를 제공하였다. 먼저 2008년부터 2010년까지 청진시 부거리 일대의 유적을 조사하거나 발굴하였으니(동북아역사재단 2011), 부거석성, 부거토성, 연대봉봉수대, 독동토성, 독동고분군, 옥생동고분군, 다래골고분군, 합전고분군, 토성고분군, 연차골고분군을 조사하였고, 다래골고분군에서 10기, 연차골고분군에서 3기 고분을 발굴하였으며, 개심사, 금성리 벽화묘, 동흥리 24개석 유적을 답사하였다.

북한에서는 부거석성을 동경 소재지로 보려는 주장이 있으나, 팔련성과 비교해보면 근거가 없다. 고분 발굴은 2008, 09년에 이루어졌다. 다래골고분군에 대해서는 2000년 발굴 2기를 포함해서 12기 석실묘가 수록되어 있다. 연차골고분군에 대해서는 제1지구에서 1997년에 발굴한 16기, 제2지구에서 1997년에 발굴한 1기 및 2009년에 발굴한 3기 석실묘가 수록되어 있다. 이전에 북한에서 단독으로 발굴한 자료도 수록했으니, 합전고분군의 석실묘, 석곽묘, 석관묘 51기, 옥생동고분군의 석실묘 1기와 석관묘 3기, 토성고분군의 석관묘 4기, 독동고분군의 7기 발굴 무덤 가운데 석실묘 1기, 석관묘 2기, 석곽묘 1기가 정리되어 있다.

2004년에 발굴한 화대군 금성리 벽화묘도 부록으로 실려 있다.

2012, 13년에는 회령시 일대의 인계리토성, 운두산성, 동건산성, 궁심고분군을 조사하였다(동북아역사재단 2015). 특히 궁심고분군은 1983년부터 87년 사이에 3차에 걸쳐 27기를 발굴했고, 2012, 13년에 4차에서 6차까지 62기를 발굴하여 그 결과를 수록하였다. 고분 유형은 석실묘, 석곽묘, 석관묘로 다양하다.

2014, 15년에는 북청 일대의 유적을 조사하거나 발굴하였으니(鄭永振 외 2018; 동북아역사재단 2020b), 2014년에는 청해토성, 안곡산성, 용전리산성, 거산성, 평리고분군을 조사하였고, 평리고분군에서 14기를 발굴하였으며, 2015년에는 안곡산성, 오매리절터, 금산건물지를 조사하고 평리고분군에서 17기를 발굴하였다.

청해토성은 둘레가 1,289m의 방형 토성인데, 김종혁의 글에 따르면 1967년 조사부터 2,132m의 장방형 토성으로 보고 있다(김종혁 2002). 이것은 실제 성벽보다 동쪽으로 길게 추정한 것인데, 조선시대 지도를 보아도 방형이 옳다. 이 성에 대해서는 1986년에 전면 조사와 발굴이 이루어졌다. 평리고분군에 대해서는 1986년 1차, 1987년 2차, 1988년 3차에 걸쳐 50여 기 고분이 발굴되었고, 2014, 15년 4, 5차에 걸쳐 31기 고분이 발굴되었다. 이 책에는 31기만 수록했다.

북한에서는 유적과 유물의 도록을 편찬하였다(조선유적유물도감 편찬위원회 1991). 또 발해 고고학 자료를 정리하여 시리즈 가운데 3책으로 편집하였는데, 국내로 들여와서 출간하였다(사회과학원 고고학연구소 2009).

이상으로 보건대, 발해 유적은 청진을 중심으로 한 함경북도 해안가, 함경북도 회령 일대, 북청을 중심으로 한 함경남도 해안가에 퍼져 있다. 청해토성, 오매리절터 일대를 제외하면 발굴은 주로 고분에 집중하였다. 북한에서는 대체로 함경도의 유적은 발해 유적으로, 평안도의 유적은 고구려 유적으로 귀속시키는 경향이 있다. 이들 지역은 고구려에서 발해로 격절 없이 자연스럽게 이어졌기에 두 시기를 정확히 구분해내기가 어렵다. 따라서 발해로 분류된 유적 가운데는 고구려 유적에 속하는 것이 포함되어 있을 가능성이 크다.

북한에서의 발해사 연구는 단순한 편이다. 1962년에 박시형 논문에서 '발해는 고구려의 계승자'라는 명제가 제시되었고, 주영헌이 고고학적으로 뒷받침하는 연구를 진행했다. 1980년대에 함경남북도의 발해 유적을 조사하는데 집중한 뒤로는 이런 경향이 더욱 짙어졌다. 발해 유적이나 유물은 오로지 고구려와 비교하고, 당나라 유소나 말갈 요소에 대해서는 도외시 한다.

러시아 연해주에서는 소규모 발굴을 다년간에 걸쳐 발굴하는 경우가 대부분이고, 발굴을 보고할 수 있는 정기 학술지도 없어서, 연도별로 발굴 사항을 정리하는 것은 어렵다. 이에 따라 유적별로 조사 내지 발굴 사항을 정리하겠다.

국내의 국립문화재연구소가 러시아와 공동으로 2006~13년에 연해주의 유적을 답사하여 474개소 유적의 현황을 수록한 『연해주의 문화유적』(2007, 2008, 2010, 2014)을 4권으로 출간하였다. 이를 통하여 연해주 발해 유적의 분포 상황이나 발굴 및 조사 연혁을 확인할 수 있다. 다만 연구자마다 발해 유적 여부를 달리하는 곳이 많아서, 공통적으로 인정하는 유적은 성터 15곳, 주거 유적 9곳, 절터 6곳을 포함하여 30여 곳에 불과하다.

이미 19세기부터 연해주에서 유적 조사가 진행되었지만, 1953년에 오끌라드니꼬프 A.P.(Окладников А.П.)를 단장으로 하고 샤브꾸노프 E.V.(Шавкунов Э.В.)도 참가한 극동고고학조사단이 조직되어 조사가 본격화되었다. 최초의 발굴은 꼬쁘이또(Копыто) 산 위의 절터에서 1958, 59년에 이루어졌다. 이때 아브리꼬스(Абрикос) 산기슭에서도 절터를 확인하여 1960년에 발굴하였다.

1960년대와 70년대에는 샤브꾸노프 E.V.의 주도 아래 노보고르데예브까(Новогордеевка, 과거의 *끄루글라야 소쁘까 Круглая Сопка*)성터와 취락지, 마리야노브까(Марьяновка)성터, 니꼴라예브까(Николаевка) I 및 II성터들이 조사되었다. 그리고 1980년대 이후에는 *끄라스끼노*(Краскино)성터 발굴과 함께, 아브리꼬스절터와 꼬쁘이또절터에 대한 후속 발굴이 이루어졌고, 새로운 유적으로서 꼰스딴띠노브까(Константиновка)취락지, 스따로레첸스꼬예(Старореченское)성터 등도 발굴되었다.

1990년대에 들어서는 한·러 공동 발굴이 주를 이루었다. 고려학술문화재단에서는 1993년에 아브라모브까(Абрамовка) III 말갈 주거지, 1995년에 마리야노브까성터를 발굴하고(**도 I-7**), 여러 유적을 답사하여 보고서를 출간했다(연해주 문화유적 조사단 편 1999). 대륙연구소에서는 1993년에 *꼬르사꼬브까*(Корсаковка)절터, 우쑤리스크(Уссурийск)절터 등을 발굴하고, 1994, 98년에 *끄라스끼노절터*를 발굴하여, 보고서를 출간했다(원호식 편 1994: 문명대 외 2004).

2천 년대에 들어서는 국내 참여 기관이 늘어나 활발한 발굴과 학술 교류가 이루어졌다. 고구려연구재단(동북아역사재단)에서는 대륙연구소의 사업을 이어받아 *끄라스끼노성터*를 2004년부터 2018년까지 2016년을 제외하고 매년 발굴했다(볼딘 V.I.·겔만 E.I. 2005; 고구려

도 I-7   1995년 마리야노브까성터 발굴(©송기호)

연구재단 외 2006; 동북아역사재단 2007; 동북아역사재단 외 2008, 2010, 2011a, 2011b, 2012, 2013, 2014, 2015, 2018, 2019a, 2019b). 2021년에는 그간의 발굴 성과를 총정리한 책을 출간하였다(김은국·정석배 2021).

국립문화재연구소는 아무르강 하류의 신석기 유적을 발굴한 다음 2003년부터 연해주로 무대를 옮겼다. 2008~2014년에 꼭샤로브까(Кокшаровка)-1성터를 발굴하였고(국립문화재연구소 외 2012; 국립문화재연구소 외 2015), 2015, 16년에는 시넬니꼬보(Синельниково)-1산성을 발굴하였다(국립문화재연구소 외 2018). 2017~19년에는 스따로레첸스꼬예(Старореченское)평지성을 발굴하였고, 추후 1회 더 발굴할 예정으로 있다.

한국전통문화학교도 2003~08년에 체르냐찌노-5고분군, 2007~08년에는 체르냐찌노-2주거유적을 발굴했다(한국전통문화학교 외 2005, 2006, 2007, 2009a; 한국전통문화학교 2008, 2009b, 도 I-8).

일본에서는 다무라 고이치(田村晃一)를 중심으로 1992년에 연해주를 답사하고, 1996년에는 스따로레첸스꼬예성터와 시넬니꼬보산성을 측량하고 발굴하였으며, 1997년에는 시넬니꼬보산성을 측량하고 발굴하였다. 그 뒤로는 끄라스끼노성터 발굴에 집중하였는데, 한국

팀이 성내 북서부의 절터와 주거 유적의 발굴에 집중한 반면에 일본 팀은 성벽과 동문지 조사에 주력하였다(田村晃一 외 1997; 田村晃一 1998, 1999; 田村晃一 외 2001, 2002; クラスキノ土城發掘調査團 2003; 田村晃一 2011).

이밖에 겔만 E.I.(Гельман Е.И.)를 중심으로 2000년부터 고르바뜨까(Горбатка)성터에서 주거지, 우물, 수혈 등을 지속적으로 발굴했는데(겔만 E.I. 2005), 우물이나 쪽구들에서 고구려 문화의 영향이 많이 확인되어 주목된다.

연해주의 조사 자료는 샤브꾸노프 E.V.의 『발해국과 연해주의 발해 문화 유적』(1968)과 『발해(698~926년)와 러시아 극동의 종족들』(1994)에 정리되어 있다. 후자는 국내에 『러시아 연해주와 발해 역사』(1996)로 번역되었다. 최근까지의 연구 성과는 『중세 제국의 도시들』(2018)에 반영되어 있다.

연해주에서 발해시대의 성터와 절터는 많이 발견되었지만, 그에 비해서 고분의 존재가 제대로 드러나지 않는 숙제를 안고 있었다. 다행히 1997년에 체르냐찌노-5고분군이 발견되었고, 2003년에는 끄라스끼노성터 주변에서 발해 석실묘의 존재가 확인되었다. 체르냐찌노-5고분군은 연해주에서 본격적으로 발굴된 유일한 고분 유적이다. 이를 제외하면, 연해주에서는 성터를 중심으로 발굴이 이루어졌다.

러시아 연구자는 발해사를 중국에 종속되지 않은 독립국으로 바라보는데, 이것은 러시아 역사의 일부로 보려는 의도와 연계되어 있다. 발해를 '러시아 역사에 속하는 말갈계 국가'로 규정하기 때문이다. 그러면서 문헌 자료의 이해에 취약하여, 연해주 일대의 고고 자료에 크게 의존한다. 발해가 말갈계 국가라고 주장하는 것도 말갈 땅인 연해주 지역에 대한 해석을 발해사 전체로 확대하는 것과 무관하지 않다. 한국과의 공동 발굴을 진행하면서 고구려 요소에 대한 관심이 높아진 것도 사실이다.

4) 몽골 지역 및 기타

『요사(遼史)』 지리지에 따르면, 요나라가 1004년에 진주(鎭州)를 설치하고, 발해, 여진, 한인(漢人) 유배자 700여 호를 진주, 방주(防州), 유주(維州)에 나누어 거주시켰다고 한다. 몽골 친톨고이 발가스(Чинтолгой балгас)성터가 진주의 소재지인데, 2004년에서 2008년까지 성 북부의 남북과 동서의 중앙대로가 만나는 곳을 중심으로 몽골학자와 러시아학자들이 공동으로 발굴을 진행하였다(끄라딘 N.N. 2011). 이때 발굴된 건물지 5기에서 온돌이 모두 노출되었으니, 이것이 바로 발해인이 이곳으로 이주한 기록을 뒷받침하는 증거였다. 온돌은 2010~2012년 헤르멘-덴즈(Хэрмэн-дэнж)성터를 발굴할 때도 2기가 확인되었다. 부근의 엠겐틴-헤렘(Эмгэнтийн-хэрэм)성터와 우글루친-헤렘(Углучийн-хэрэм)성터에서도 성벽 축조 방식에서 발해인의 흔적이 남아 있었다.

일본에서는 발해 사신과 관련된 유물이 발굴되거나 전해져서 이를 포함한 전시회가 몇 회 열렸다(石川縣立歷史博物館 1990, 1996; 北海道開拓記念館 1994).

국내에서는 국립문화재연구소가 발해 토기 자료집을 펴냈고(국립문화재연구소 2014), 중앙문화재연구원은 발해 고분 자료를 집성하였다(중앙문화재연구원 편 2014, 2017). 서울대학교박물관은 국내 유일의 발해 유물 소장처란 인연으로 몇 차례 발해 관련 전시회를 열었다(서울대학교박물관 외 2003; 2008) 부산박물관과 한성백제박물관에서도 연해주 유물 전시회가 열렸다(한성백제박물관 외 2014).

원벽성
9절터
8절터
제11호 도로
서액성
궁 성
제9호 도로
제8호 도로
동액성
이궁
(내성)
황 성
3절터
제5호 도로
제6호 도로
제3호 도로
V
5절터
1절터
4절터
제2호 도로
제7호 도로
제11호 도로
외 곽 성
제1호 도로
제4호 도로
6절터
2절터
제10호 도로
제11호 도로
北

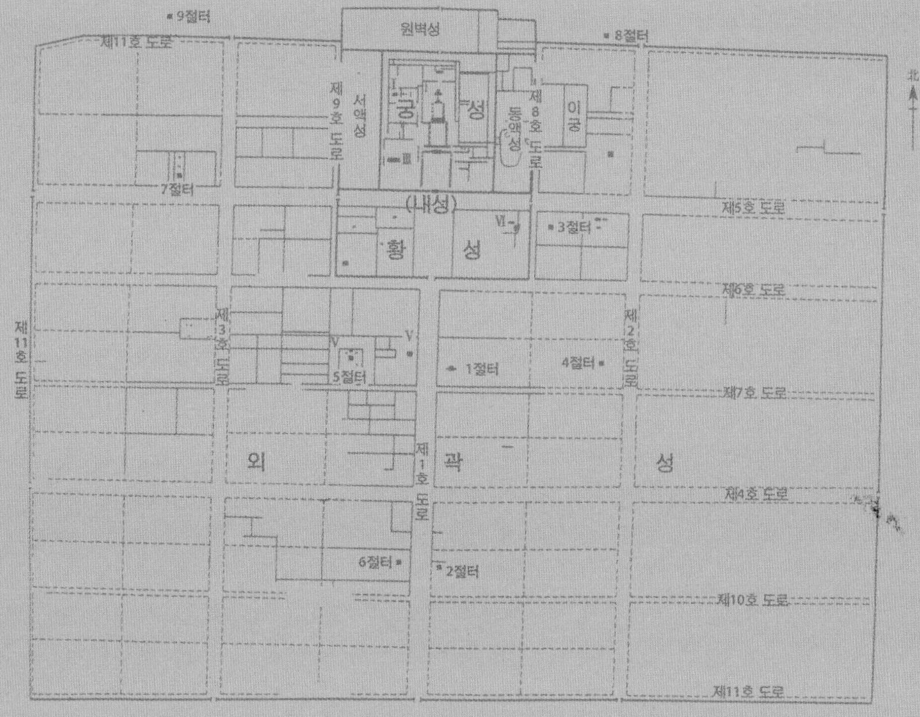

II

5경과 도성

1. 통치제도

발해 통치제도는 『신당서(新唐書)』 발해전에 기본 골격이 실려 있다. 이제 이 기록을 중심으로 중앙 관제부터 서술하겠다.

1) 중앙 관제

최고 통치자는 왕이었다. 비록 왕이었으나 내부적으로 황상(皇上)이라 부르고 왕비를 황후(皇后)라 불렀으므로 황제적인 왕이었다. 연호(年號), 시호(諡號), 존호(尊號)도 황제처럼 독자적으로 사용했다. 이러한 이중적인 체제는 그 뒤에 고려에서도 활용하였다.

왕을 민간에서는 가독부(可毒夫)라 하였는데, 현지 고유어를 표현한 것일 터이지만 뜻은 알 수 없다. 대면해서는 성왕(聖王)이라 하고, 왕에게 올리는 문서에서는 기하(基下)라 적었다. 왕의 명령을 교(敎), 왕의 아버지를 노왕(老王), 어머니를 태비(太妃), 처를 귀비(貴妃), 맏아들을 부왕(副王), 나머지 아들을 왕자(王子)라 불렀다. 왕, 비, 교란 단어처럼 중국 사료에는 제후국 용어로 기술되어 있다.

그런데 정효공주(貞孝公主)묘지에는 문왕을 가리켜 황상(皇上)이라 하였고, 후술하는 선조성(宣詔省)이나 조고사인(詔誥舍人)에서 보듯이 왕의 명령을 조(詔)·고(誥)라 하였고, 효의황후(孝懿皇后)나 순목황후(順穆皇后) 묘지에서는 처를 황후(皇后)라 하여 실제로는 황제 용어도 사용하였다. 신라와 고려에서 그랬듯이 발해에서도 두 가지 용어를 혼용하였을 가능성이 크다.

왕 아래에는 왕을 보좌하던 명예직으로 3사(師) 3공(公)이 있었다. 발해 멸망 시에 대소현(大素賢)이 사도(司徒)의 직책에 있었으니, 사도는 3공의 하나이다. 당나라에서 파견된 감독관으로 추정되는 장사(長史)가 있었던 적이 있다. 840년대에 당에서 발해 국왕에게 보낸 칙서에서 선물 수여 명단으로 비(妃), 부왕(副王), 장사, 평장사가 나열되어 있다. 장사는 동궁과 평장사 사이에 위치하는데, 당에서 파견한 것이 아니라 발해에서 대내상이나 좌우상이 겸한 직책이었거나 일시적으로 설치된 관직이었을 수도 있다.

중앙의 핵심 조직은 당나라 제도를 본받은 3성 6부였다. 한국 역사상 3성6부제를 도입한 나라는 발해와 고려였다. 3성은 선조성(宣詔省), 중대성(中臺省), 정당성(政堂省)이고, 정당

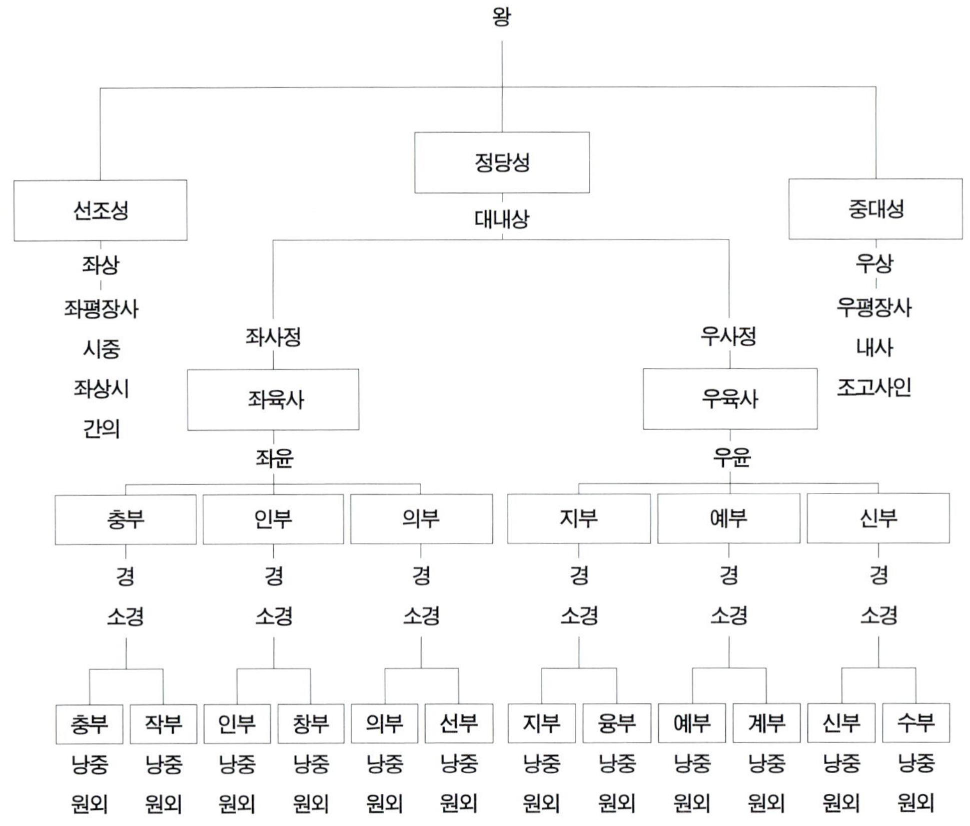

성 아래에 둔 6부는 충부(忠部), 인부(仁部), 의부(義部), 지부(智部), 예부(禮部), 신부(信部)로서 독자적인 명칭을 사용하였다(**표Ⅱ-1**).

　　선조성은 당의 문하성(門下省)에 해당하므로, 임금의 명령을 출납(出納)하고, 예의(禮儀)에 관한 일을 보좌하였다. 중대성은 당의 중서성(中書省)에 해당하므로, 임금을 도와서 정책을 집행하고 임금의 명령서를 작성하였다. 833년 당에 사신으로 간 고보영(高寶英)이 동중서우평장사(同中書右平章事)였으므로, 중대성을 당처럼 중서성이라고도 하였다. 정당성은 당의 상서성(尙書省)에 해당하여, 6부를 관할하고 관리와 행정을 총괄하였다.

　　충부는 당의 이부(吏部)에 해당하여, 문관의 선발과 임면, 훈봉(勳封), 고과(考課) 등 인사를 담당하였다. 인부는 당의 호부(戶部)에 해당하여, 토지와 백성, 화폐와 곡식 및 공물과 부세 등 주로 재정을 관장하였다. 의부는 당의 예부(禮部)에 해당하여, 예의, 제사, 공거(貢擧), 접객 등 의례와 시험, 외교를 담당하였다. 지부는 당의 병부(兵部)에 해당하여, 무관 선발, 지도(地圖), 거마(車馬), 무기 등 주로 군사를 담당하였다. 예부는 당의 형부(刑部)에 해당하여,

율령, 형법, 형벌 노예, 심문, 재판 등 주로 사법을 담당하였다. 신부는 당의 공부(工部)에 해당하여, 산과 늪, 둔전(屯田), 공장(工匠) 등 주로 토목을 담당하였다.

선조성의 장관은 좌상(左相)이고, 그 아래에 좌평장사(左平章事), 시중(侍中), 좌상시(左常侍), 간의(諫議)가 있었다. 중대성의 장관은 우상(右相)이고, 그 아래에 우평장사(右平章事), 내사(內史), 조고사인(詔誥舍人)이 있었다. 정당성의 장관은 대내상(大內相)으로서 좌상, 우상보다 위에 있었다. 그 아래에 좌사정(左司政)과 우사정(右司政)이 있는데, 당의 좌복야(左僕射), 우복야(右僕射)와 같으며, 좌평장사와 우평장사보다 아래에 있었다. 그 다음에 좌윤(左允)과 우윤(右允)이 있는데, 당의 좌승(左丞), 우승(右丞)과 같으며, 각각 충부, 인부, 의부에 속한 좌6사(左六司)와 지부, 예부, 신부에 속한 우6사(右六司)를 거느렸다.

부(部)에는 하부 기관으로서 정사(正司) 하나, 지사(支司) 하나씩 6부에 12사를 두고, 이를 좌6사와 우6사로 양분하였다. 충부에는 정사인 충부, 지사인 작부(爵部)가 있었고, 인부에는 인부와 창부(倉部), 의부에는 의부와 선부(膳部), 지부에는 지부와 융부(戎部), 예부에는 예부와 계부(計部), 신부에는 신부와 수부(水部)가 각각 있었다. 6부의 장관은 경(卿)으로서 사정 아래에 있었다. 배구(裴璆)가 920년에 신부소경(信部少卿)이었으므로, 경 아래에 소경(少卿)이 있었다. 사(司)에는 낭중(郎中)과 원외랑(員外郎)을 두었다.

810년에 일본에 사신으로 간 고남용(高南容)의 관직이 화부소경겸화간원사(和部少卿兼和幹苑使)였고, 925년 5월 후당(後唐)에 사신으로 간 배구의 관직이 수화부소경(守和部少卿)이었다. 920년 3월에 작성된 일본의 칙서에는 대사 배구를 신부소경(信部少卿)으로 적었으므로, 화부는 신부의 별칭이었을지 모르겠다. 그런가 하면 795년 일본에 대사로 간 여정림(呂定琳)이 공부낭중(工部郎中)이었고, 925년 고려로 망명한 대복모(大福謨)가 공부경(工部卿)이었으므로, 신부는 공부로도 불렸다.

877년 일본에 도착한 대사 양중원(楊中遠)은 정당성공목관(政堂省孔目官)이었으므로, 공문서를 관리하는 관리인 공목관도 정당성에 있었다.

발해 멸망 후 동단국에서 중대성을 설치하고 야율질랄(耶律迭剌)을 좌대상(左大相), 발해의 노상(老相)을 우대상, 사도 대소현을 좌차상(左次相), 야율우지(耶律羽之)를 우차상으로 삼아 네 재상을 두었는데, 이는 발해의 좌·우상(左右相)과 좌·우평장사(左右平章事)에 해당한 듯하다. 야율우지의 묘지에서는 중대우평장사(中臺右平章事)에 임명되었다고 했기 때문이다.

3성 6부 외에 1대(臺), 7시(寺), 1원(院), 1감(監), 1국(局)을 두었다. 중정대(中正臺)는 관리의 감찰을 담당하였는데, 책임자는 대중정(大中正)으로서 당의 어사대부(御史大夫)에 해당하며, 사정 아래에 있었다. 대중정 아래에 소정(少正) 1인을 두었다.

7시에는 전중시(殿中寺)·종속시(宗屬寺)·태상시(太常寺)·사빈시(司賓寺)·대농시(大農寺)·사장시(司藏寺)·사선시(司膳寺)가 있었다. 전중시는 국왕의 의식주 등을 담당하고, 종속시는 왕족 사무를 담당하였는데, 책임자는 각각 대령(大令)이고 그 아래에 소령(少令)이 있었다. 태상시는 의례와 제사를 관장하고, 사빈시는 사신 접대와 장례를 담당하고, 대농시는 녹미(祿米)와 창고 등을 주관하였는데, 책임자는 경(卿)이었다. 776년 일본에 간 사도몽(史都蒙)이 사빈소령(司賓少令)이었으므로, 경 아래에 소령이 있었다. 사장시는 재화와 교역을 관장하고, 사선시는 궁중의 술과 음식을 담당하였는데, 책임자는 각각 영(令)이고 그 아래 승(丞)이 있었다.

문적원(文籍院)은 도서를 관리하고 축문이나 제문 등을 짓던 곳으로서, 책임자는 감(監)이고 그 아래 소감(少監)이 있었다. 819년 일본에 파견된 대사 이승영(李承英)이 문적원 술작랑(述作郞)이었으므로, 소감 아래에 술작랑도 있었다. 주자감(胄子監)은 교육 기관으로서, 책임자는 감(監)이고 그 아래에 장(長)이 있었다. 924년 후당에 사신으로 간 대원겸(大元謙)이 학당친위(學堂親衛)였는데, 아마 주자감 소속 관직일 것이다. 일찍이 국학비(國學碑) 파편이 상경성에서 발견된 적이 있는데, 주자감 소재지였을 것이다. 항백국(巷伯局)은 후궁 업무를 담당하였고, 책임자는 환관이 담당한 상시(常侍)였다.

이밖에 758년 일본에 간 대사 양승경(揚承慶)이 병서소정(兵署少正)이었고, 810년에 일본에 사신으로 간 고남용(高南容)이 궁궐 정원을 맡은 것으로 보이는 화간원사(和幹苑使)였는데, 이들의 소속 관청은 알 수 없다. 고남신은 의장과 시위를 담당하던 압아관(押衙官)이었다.

중앙 군대로서 좌·우맹분위(左右猛賁衛), 좌·우웅위(左右熊衛), 좌·우비위(左右羆衛), 남좌·우위(南左右衛), 북좌·우위(北左右衛)의 10위가 있었다. 각각 대장군(大將軍) 1인, 장군(將軍) 1인을 두었다. 871년 일본에 사신으로 간 이흥성(李興晟)이 우맹분위소장(右猛賁衛少將)이었으므로, 장군 아래에 소장이 있었다. 925년 고려로 망명한 대심리(大審理)가 좌우위장군(左右衛將軍)이라 했는데, 남북위 가운데 한 장군이었을 것이다. 1960년 상경성에서 발견된 도장에 천문군(天門軍)이 새겨져 있는데, 832년 왕종우(王宗禹)가 당에 보고한 좌우신책군(左右神策軍), 좌우삼군(左右三軍)과 함께 국왕의 친위군인 금군(禁軍)의 하나이거나 좌우3군의 하나로 여겨진다. 신라의 시위부(侍衛府)와 유사한 성격이었을 것이다.

이 밖에 외국에 사신을 파견할 때에는 대사(大使), 부사(副使), 판관(判官), 녹사(錄事), 역어(譯語), 사생(史生), 천문생(天文生), 의사(醫師), 수령(首領), 뱃사공으로 임시조직이 편성되었

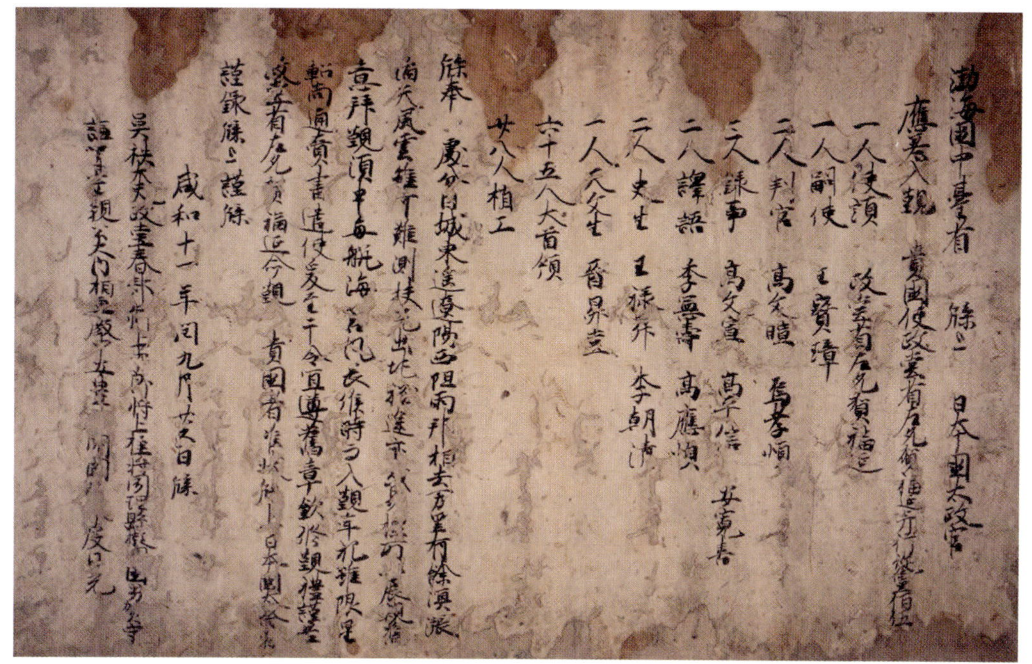

도Ⅱ-1 사신단 구성을 보여주는 발해 중대성첩 사본(일본 궁내청 소장, KBS 최훈근 PD 제공)

다(**도Ⅱ-1**). 말갈 사신을 대동할 때는 압말갈사(押靺鞨使)라는 칭호가 부가되었으니, 양길복(楊吉福)이 그러하였다.

2) 강역과 지방 관제

강역은 『구당서(舊唐書)』 발해말갈전과 『유취국사(類聚國史)』에서 사방 2천 리라 했고, 『신당서』 발해전에서는 사방 5천 리라 했다. 전자는 초기 상황이고, 후자는 9세기의 최대 판도일 것이다. 그렇다면 산술적으로 6배 가량 넓어진 것이다.

전성기의 강역은 『신당서』 발해전에 "남쪽은 니하(泥河)를 경계로 신라와 접했고, 동쪽은 바다까지, 서쪽은 거란에 이르렀다."고 하였다. 오늘날 중국 지린성 동부와 헤이룽장성 남부에 중심을 두면서, 남쪽으로 대동강과 금야강을 잇는 선에서 신라와 국경을 이루고, 남서쪽으로 요동반도에서 당과 경계를 이루고, 서쪽으로는 눈강과 송화강 합류점부터 요하까지 잇는 선에서 거란과 접하고, 북쪽으로 송화강 좌안(이북)을 거쳐서 흑룡강으로 이어져 흑수말갈과 접하고, 동쪽으로는 연해주 북부를 제외한 전체 지역을 포괄하여 동해에 이르렀다.

발해는 전국에 걸쳐 5경(京), 15부(府), 62주(州) 및 200개 이상의 현(縣)을 두었다(**도Ⅱ-2**). 부에는 도독(都督), 주에는 자사(刺史), 현에는 현승(縣丞)을 두었다. 경·부-주-현제는 통

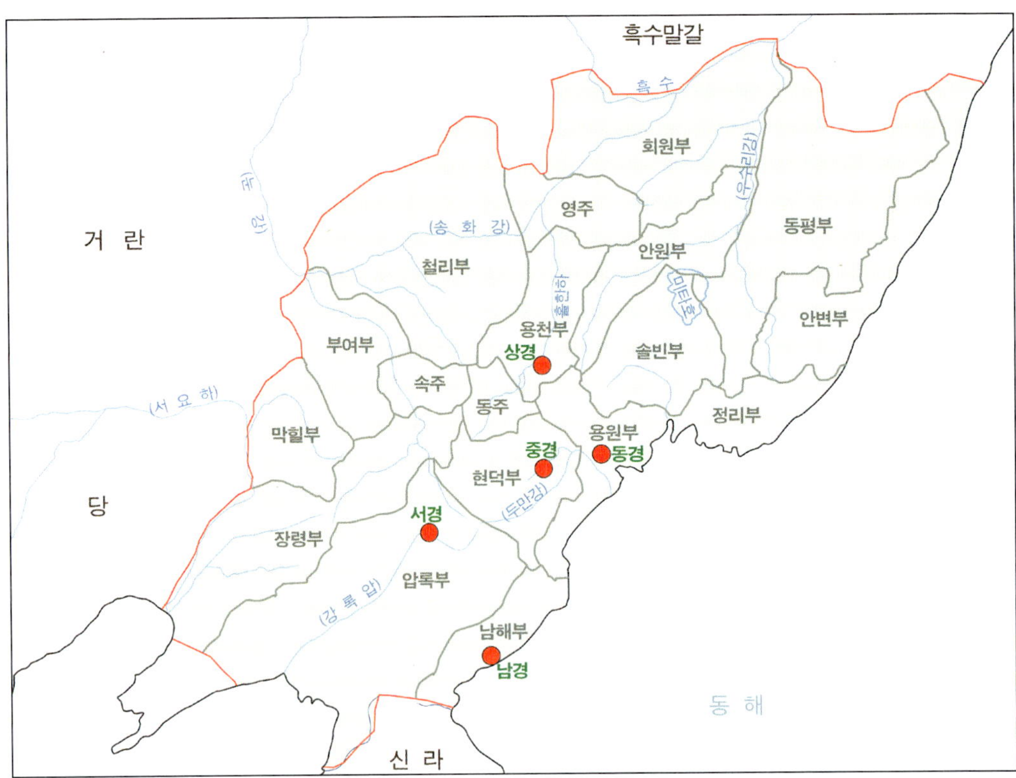

도Ⅱ-2　발해의 행정 구역(ⓒ송기호)

일신라의 주-군-현제와 비교된다. 도독이 말갈 번장을 겸하는 경우가 있었으니, 798년에 당나라 사신으로 간 여부구(茹富仇)가 우후루번장·도독(虞侯婁蕃長都督)이었다. 지방관 아래에는 백성 위에 군림하는 수령(首領)이 있었다. 지방관은 수령을 매개로 간접적으로 백성을 통치하였다. 통일신라의 촌주(村主)가 재지 유력자라고 한다면 수령은 더 독립적이어서 재지 지배자라고 부를 수 있다.

　　5경은 15부 가운데서 핵심적인 5부를 선정해 주요 거점으로 삼은 것이다. 5경은 문왕 통치기인 760년대 중반 경에 당나라의 영향을 받아 설치했을 것이다. 발해 멸망 후 요, 금에서도 발해를 본받아 5경제도를 실시했다.

　　과거 숙신족의 터전에 수도인 상경(上京) 용천부(龍泉府)를 두었다. 현재의 헤이룽장성 닝안(寧安) 상경성(上京城)에 해당한다. 남서쪽 600리 떨어진 곳에는 중경(中京) 현덕부(顯德府)를 두었다. 현재의 지린성 허룽(和龍) 서고성(西古城)에 해당한다. 예맥족이 살던 두만강 하류에는 용원부(龍原府)를 두었는데, 고구려 책성이 있던 곳이라서 책성부(柵城府)라고도 불렀다. 현재의 지린성 훈춘(琿春) 팔련성(八連城)에 해당한다. 용원부는 일본과 왕래하던 일본도(日本

道)의 거점이었다. 이곳에서 신라의 국경지대인 천정군(泉井郡)까지 39개의 역(驛)이 있었다. 옥저 땅에는 남해부(南海府)를 두었는데, 신라와 왕래하던 신라도(新羅道)의 거점이었다. 현재의 함경남도 북청 청해토성(靑海土城)에 해당한다. 고구려 땅에는 압록부(鴨涤府)를 두었는데, 압록강과 바다를 통해 당나라 산둥반도로 향하는 조공도(朝貢道)의 거점이었다. 현재의 지린 성 린장(臨江)으로 비정된다.

나머지 10부는 5경의 주변에 배치했으나, 정확한 위치를 모르는 것도 있다. 고구려 땅에 장령부(長嶺府)를 두었다. 장령부는 당나라로 연결되는 육로인 영주도(營州道)의 거점이었다. 현재의 화뎬(樺甸) 소밀성(蘇密城)에 치소가 있었다. 부여가 있던 곳에는 부여부(扶餘府)와 막힐부(鄚頡府)를 두었다. 부여부에는 항상 군사를 주둔시켜 거란을 방비하게 했다. 부여부는 현재의 지린성 눙안(農安)에 치소가 있었고, 막힐부는 부여부와 장령부 사이에 있었을 것이다.

읍루(挹婁) 지역에는 정리부(定理府)와 안변부(安邊府)를 설치했다. 읍루는 아마 우루말 갈(虞婁靺鞨) 지역이라는 의미의 우루(虞婁)일 것이다. 연해주 동남부에 있었을 것이다. 솔빈 말갈(率賓靺鞨) 지역에는 솔빈부(率賓府)를 두었다. 현재의 수분하(綏芬河) 유역으로서, 헤이룽

표Ⅱ-2   발해의 행정구역

15부	62주
용천부(상경)	용주(龍州), 호주(湖州), 발주(渤州)
현덕부(중경)	현주(顯州), 노주(盧州), 철주(鐵州), 탕주(湯州), 영주(榮州, 또는 숭주崇州), 흥주(興州)
용원부(동경)	경주(慶州), 염주(鹽州), 목주(穆州), 하주(賀州)
남해부(남경)	옥주(沃州), 청주(晴州, 또는 정주睛州), 초주(椒州)
압록부(서경)	신주(神州), 환주(桓州), 풍주(豊州), 정주(正州)
장령부	하주(瑕州), 하주(河州)
부여부	부주(扶州), 선주(仙州)
막힐부	막주(鄚州), 고주(高州)
정리부	정주(定州), 반주(潘州, 또는 심주(瀋州))
안변부	안주(安州), 경주(瓊州)
솔빈부	화주(華州), 익주(益州), 건주(建州)
동평부	이주(伊州), 몽주(蒙州), 타주(沱州), 흑주(黑州), 비주(比州)
철리부	광주(廣州), 분주(汾州), 포주(蒲州), 해주(海州), 의주(義州), 귀주(歸州)
회원부	달주(達州), 월주(越州), 회주(懷州), 기주(紀州), 부주(富州), 미주(美州), 복주(福州), 사주(邪州), 지주(芝州)
안원부	영주(寧州), 미주(郿州), 모주(慕州), 상주(常州)
독주주	영주(郢州), 동주(銅州), 속주(涑州)
누락 주	집주(集州), 녹주(麓州)

장성 둥닝(東寧) 대성자고성(大城子古城)에 치소가 있었다.

불녈말갈(拂涅靺鞨) 지역에는 동평부(東平府)를 두었는데, 미타호(湄沱湖)에 둔 타주(沱州)와 흑수에 둔 흑주(黑州)가 있으므로 연해주 북서부에 우쑤리강을 따라 설치되었을 것이다. 철리말갈(鐵利靺鞨) 지역에는 철리부(鐵利府)를 두었는데, 부여부 북동부, 용천부 서쪽에 있었을 것이다. 월희말갈(越喜靺鞨) 지역에는 회원부(懷遠府)와 안원부(安遠府)를 설치했는데, 용천부와 솔빈부 북쪽으로, 우수리강 서안에 있었을 것이다.

신라 금석문에 서원부(西原部, 즉 西原府), 통화부(通化府), □강부(□江府) 등이 등장하는데, 신라도 하대에 당나라를 따라서 부(府)를 설치한 흔적으로 여겨진다.

15부 아래에는 62주가 있었으나 『신당서』 발해전에는 60주만 나열되어 있다. 누락된 2주는 『요사(遼史)』 지리지에 보이는 집주(集州)와 녹주(麓州)일 것이다.

62주 가운데 직할주로서 세 개의 독주주(獨奏州)가 있었다. 영주(郢州)는 용천부 북쪽의 송화강변, 동주(銅州)는 첫 도읍지인 둔화(敦化) 일대, 속주(涑州)는 속말말갈 거주지인 현재의 지린성 지린 일대에 있었을 것이다.

62주 아래에는 현이 있었으나, 몇 개의 현이 있었는지는 알 수 없다. 현재 23개 주에 93현이 설치된 사실이 확인되므로, 전국에는 대략 200~250개쯤 있었을 것으로 추산된다.

주 아래에는 리(里)가 있었던 사실이 최근에 확인되었다. 발해 후예인 고위구(高爲裘, 994~1056) 묘지명에 따르면, 그의 선조는 부여부 어곡현(魚谷縣) 오철리(烏悊里) 출신이라 하였다. 어곡현은 『요사』 지리지에 나오는 어곡현(漁谷縣)이다. 그 아래에는 촌(村)이 있었으니, 통일신라에서는 현 아래에 촌이 있었다.

지방 군대에 대해서는 기록이 없지만, 당나라처럼 부병제도(府兵制度)를 채택했을 것이다. 727년 일본에 사신으로 간 덕주(德周)가 과의도위(果毅都尉)였고, 사항(舍航, 또는 사나루舍那婁)이 별장(別將)이었다.

지방 특산물도 전하는데, 백두산의 토끼, 남해부의 다시마, 책성부의 된장, 부여부의 사슴, 막힐부의 돼지, 솔빈부의 말, 현주의 삼베, 옥주의 누에솜(綿), 용주의 명주(紬), 위성현의 철, 노성(盧城) 즉 노성현의 벼, 미타호의 붕어, 환도현의 오얏(자두), 악유(樂游) 즉 낙랑현의 배가 유명하였다.

발해에는 5개의 주요 대외교통로가 있었다. 『신당서』 발해전에 "용원부는 동남쪽으로 바다에 접해 있는데, 일본도에 속한다. 남해부는 신라도에, 압록부는 조공도에, 장령부는 영주도에, 부여부는 거란도에 속한다."고 설명하였다.

동경 용원부는 일본으로 가는 거점이니, 동경 관할의 염주(鹽州, 현재의 끄라스끼노성터)
에서 배를 타고 일본의 해안에 도착했다. 남경 남해부는 신라로 가는 거점이니, 여기서 국경
인 니하(泥河)를 건너고 신라의 천정군(泉井郡, 정천군)을 거쳐 왕경으로 들어갔다. 서경 압록
부는 당에 조공하는 경로이니, 여기서 압록강에 배를 타고 내려간 뒤에 해로로 요동반도의
연안을 따라 뤼순(旅順)에 도착했다. 다시 묘도열도(廟島列島)를 따라 발해만을 횡단해 산동반
도의 등주(登州)에 상륙한 뒤에 육로로 당나라의 수도인 장안으로 향했다. 발해에서 당나라
로 향하는 또 하나의 통로로서 영주로 가는 육로가 있었다. 휘발하(輝發河) 유역의 장령부에
서 랴오닝성의 푸순, 선양을 거친 다음 요하를 건너 영주에 도달했는데, 길이 자주 막혀서 조
공도에 비해 활용도가 낮았다. 거란도는 부여부가 있던 눙안에서 서쪽의 거란 본거지에 도달
하는 길이었다. 이밖에 상경성에서 북쪽으로 목단강 상류와 송화강 하류를 거쳐 흑수말갈과
왕래하였다.

3) 등급제도

당나라 벼슬에는 담당 직무를 표시하는 직사관(職事官), 관원의 지위를 표시하는 산관
(散官), 공로를 표시하는 훈(勳), 가문의 혈통을 나타내는 작(爵)이 있었고, 발해도 이를 따랐
다. 이들에는 각각 등급이 있었다.

당나라의 문관은 1품(品)부터 9품까지 각각 정·종(正從)으로 나뉘고, 정4품 이하는 다
시 상·하의 구별이 있었으니, 모두 30등급이 있었다. 이 세 가지 등급을 각각 품(品), 급(級),
계(階) 또는 자(資)라 하고, 이 모두를 총칭하여 질(秩)이라 하였다. 발해에는 품과 정·종의 구
별이 있었고, 상·하의 구별도 있었을 것이다. 따라서 18등급으로 이루어진 것 같다. 발해에
서는 품 대신에 질(秩)이라 불렀다고 한다.

산관(散官)에는 문산관(文散官)과 무산관(武散官)이 있었다. 당나라 문산관은 종1품 개부
의동삼사(開府儀同三司)에서 종9품하 장사랑(將仕郎)까지 29등급이 있었고, 무산관은 종1품 표
기대장군(驃騎大將軍)에서 종9품하 귀덕집극장상(歸德執戟長上)까지 45등급이 있었다. 발해의
문·무산관은 일본에 파견된 사신에게서 일부 사례들이 보인다.

발해의 문산관으로는 영질대부(英秩大夫), 자수대부(紫綬大夫), 청수대부(青綬大夫), 헌가
대부(獻可大夫), 광간대부(匡諫大夫) 등이 있었고, 무산관으로는 보국대장군(輔國大將軍)을 비롯
하여 운휘장군(雲麾將軍), 귀덕장군(歸德將軍), 충무장군(忠武將軍), 영원장군(寧遠將軍), 유격장
군(遊擊將軍), 위군대장군(慰軍大將軍) 등이 있었다.

문산관은 762년부터 보이는데, 모두 당나라 명칭과 달라서 독자성을 보인다. 무산관은 727년부터 759년까지는 당과 동일하고, 798년과 871년의 위군대장군만 다르다. 따라서 문무 산관 제도가 760년경을 경계로 발해 고유 명칭으로 변경되었던 것 같다.

직사관과 산관의 등급이 일치하지 않을 때에는 행수법(行守法)을 사용했다. 일본에 사신으로 간 왕신복(王新福)이 행정당성좌윤(行政堂省左允)이었고, 배구가 수화부소경(守和部少卿)이었으니, 직사관이 낮으면 행(行), 높으면 수(守)를 붙였다. 문손재(門孫宰)의 경우처럼 정원 외에 임시로 임명하는 검교관(檢校官)도 있었다.

질의 구별은 복장에도 적용되었다. 3질 이상은 자주색 옷(紫衣)·상아홀(牙笏)·금어대(金魚袋)를 착용하고, 4·5질은 짙은 붉은색 옷(緋衣)·상아홀·은어대(銀魚袋)를 착용하고, 6·7질은 열은 붉은색 옷(淺緋衣)·나무홀(木笏)을 착용하고, 8질은 녹색옷(綠衣)·나무홀을 착용했다. 9질에 대한 규정은 전하지 않는데, 8질과 동일하였을 듯하다.

당나라의 작은 정1품 왕(王)에서 종5품상 개국현남(開國縣男)까지 9등급이 있었는데, 발해에서도 개국공(開國公), 개국자(開國子), 개국남(開國男)의 사례가 확인되나, 구체적인 등급 체계는 알 수 없다.

834년에 만든 비상(碑像) 명문에 조문휴(趙文休)가 허왕부(許王府)에서 참군(參軍), 기도위(騎都尉)를 역임했다고 했으므로(도Ⅱ-3), 허왕으로 봉해진 인물이 있었다. 허왕을 위해서 왕부(王府)가 개설되었고, 그에 속한 관직으로 참군이 있었다. 따라서 발해에도 왕부관(王府官) 제도가 있었다.

당나라의 훈은 12전(轉) 상주국(上柱國)에서 1전 무기위(武騎尉)까지 12등급이 있었는데, 발해에서도 상주장(上柱將), 기도위의 사례가 확인되나, 구체적인 등급 체계는 알 수 없다.

4) 변화와 특징

『신당서』 발해전의 관제는 장건장(張建章)이 목격한 830년대의 사실을 전하는 것이다. 장건장이 834년 9월에 발해에 도착했다가 이듬해 귀국해서 지은 『발해기(渤海記)』에 의거한 것으로 여겨지기 때문이다.

도Ⅱ-3　발해 비상(ⓒ송기호)

질	1, 2, 3	4, 5	6, 7	8
옷 색깔	자주색	짙은 붉은색	옅은 붉은색	녹색
홀	상아홀	상아홀	나무홀	나무홀
어대	금어대	은어대		

이보다 앞서 당 사신 왕종우(王宗禹)가 832년 12월 귀국한 뒤에 발해가 좌우신책군(左右神策軍)과 좌우삼군(左右三軍), 120사(司)를 설치했다고 조정에 보고했다. 이 무렵에 관제가 확충되거나 변화가 있었던 듯하다. 좌우신책군과 좌우삼군은 금군인데, 『신당서』 발해전에서는 언급이 없다. 좌우신책군은 당나라에서 안사의 난 이후에 금군이 되었는데, 이를 모방했을 것이다.

925년에 고려로 망명한 모두간(冒豆干)의 관직이 좌수위소장(左首衛小將)이었는데, 좌수위는 10위에 속하지 않으므로, 장건장 이후 중앙 관제의 변화를 보여준다.

초기에는 몇 가지 제도가 혼재된 상태였을 것이다. 중앙 관제는 불명이나 지방 관제에서 이 사실이 확인된다. 발해 중심지에는 당나라식 행정구역을 설치하되, 옛 고구려 지역에는 고구려식 행정구역을 계승하였고, 말갈 부락은 주·현 대신에 대촌, 소촌으로 구분하여 다스렸다. 천보 연간(742~756)에 현주가 설치되어 있었지만, 다른 한편으로 약홀주(若忽州), 목저주(木底州), 현도주(玄菟州)도 등장하는 것은 이 때문이다. 739년 일본에 파견된 서요덕(胥要德)은 약홀주도독(若忽州都督)이었고, 758년에 파견된 양승경(楊承慶)은 행목저주자사(行木底州刺史), 759년에 파견된 고남신(高南申)은 현도주자사(玄菟州刺史)였다. 목저주, 현도주는 고구려 지명이었고, 약홀주도 그럴 것이다. 고구려는 주 명칭이 2자로 된 반면에 당은 외자로 되어 있다. 주(州)의 책임자들이 도독(都督)과 자사(刺史)로 나뉘어 있는데, 고구려 성이 크기에 따라 욕살(傉薩)이나 처려근지(處閭近支)가 임명된 것과 유사하다. 이후 당나라 관제로 일원화되었을 것이다.

『요사』 지리지에 따르면 일부 주(州)가 군(郡)으로도 불렸다. 염주(鹽州)는 용하군(龍河郡), 목주(穆州)는 회농군(會農郡), 하주(賀州)는 길리군(吉理郡) 등으로 나온다. 이것은 어느 시기엔가 주를 군으로 개편했거나, 적어도 별칭으로 사용했음을 보여준다. 발해가 멸망한 직후에 안변부, 막힐부, 남해부, 정리부 등과 함께 여러 도의 절도·자사(諸道節度刺史)가 내조(來朝)했다고 하여, 도(道)와 절도사(節度使)가 설치되어 있었던 듯하다. 또 1948년 함경북도에 있는 개심사 대웅전을 수리할 때에 "발해 선왕 9년(826) 병오 3월 15일 룡강성, 석두현, 해성사, 금강곡, 칠보산, 개심사 창건자는 대원화상이고 목수는 팽가와 석가이다.”라는 글씨가 확인되어, 성(城)-현(縣)으로 이어지는 행정 체계도 보인다.

발해의 정치제도는 기본적으로 당나라 제도를 모방했기 때문에 동일 시기의 신라보다 훨씬 세련된 모습을 띤다. 하지만 이것은 오히려 그만큼 발해의 전통적 기반이 미약했음을 반영한다.

발해는 국가 규모에 맞게 당나라 제도를 줄여서 도입하였다. 당에서는 6부 아래에 24사(司)를 두었는데, 발해에서는 12사를 두었다. 당에서는 1대(臺), 9시(寺), 3성(省)을 둔 반면에 발해에서는 1대, 7시, 1원, 1감, 1국을 두었다. 또 당에서는 16위 군대를 둔 반면에 발해에서는 10위를 두었다.

그러면서 명칭이나 운영에서 독자적인 면도 보인다. 문무 산관처럼 처음에는 당 제도를 그대로 수용했다가 점차 독자적인 명칭을 사용하였을 것이다. 특히 6부 명칭으로 충부(忠部), 인부(仁部) 등 유교 덕목을 사용한 것은 독특한 것으로서, 일본의 관제에도 영향을 미쳤다.

당나라에서는 3성이 병립하면서 중서성과 문하성 중심으로 운영되었고, 고려에서도 중서문하성(中書門下省)이 합해져 최고 정무기관 역할을 하였다. 반면에 발해에서는 실행기관인 정당성에 권한이 집중되었다. 정당성의 장관인 대내상(大內相)은 선조성의 장관인 좌상(左相)이나 중대성의 장관인 우상(右相)보다 상위였다. 발해가 멸망한 뒤에 동단국(東丹國)에서는 중대성 중심으로 바뀌어 야율우지(耶律羽之)가 실권을 쥐었다.

발해는 정치제도의 운영에서 황제국가의 체제를 따랐다. 발해는 거의 전 기간에 걸쳐 독자적인 연호(年號)를 사용했고, 3성6부 등 황제의 정치기구를 모방하였다. 왕을 황상(皇上)으로 불렀고, 왕비를 황후(皇后)라 불렀으며, 왕의 명령을 조(詔), 고(誥)라 칭했다. 또 왕 아래에 허왕 등 여러 왕이 임명되었다. 이처럼 발해는 대외적으로 왕국이면서도 내부적으로 황제국을 지향한 외왕내제(外王內帝)의 국가였다. 이러한 체제는 고려에서도 활용되었다.

2. 도성의 변천

발해는 특이하게도 도읍을 네 번 옮겼고, 도성이었던 곳도 네 곳이나 된다(도Ⅱ-4). 건국 및 천도의 장소에 대해서는 상경과 동경을 제외하고는 이설이 분분한데(임상선 1988), 이제 이 문제들을 하나하나 짚어보겠다(도Ⅱ-5).

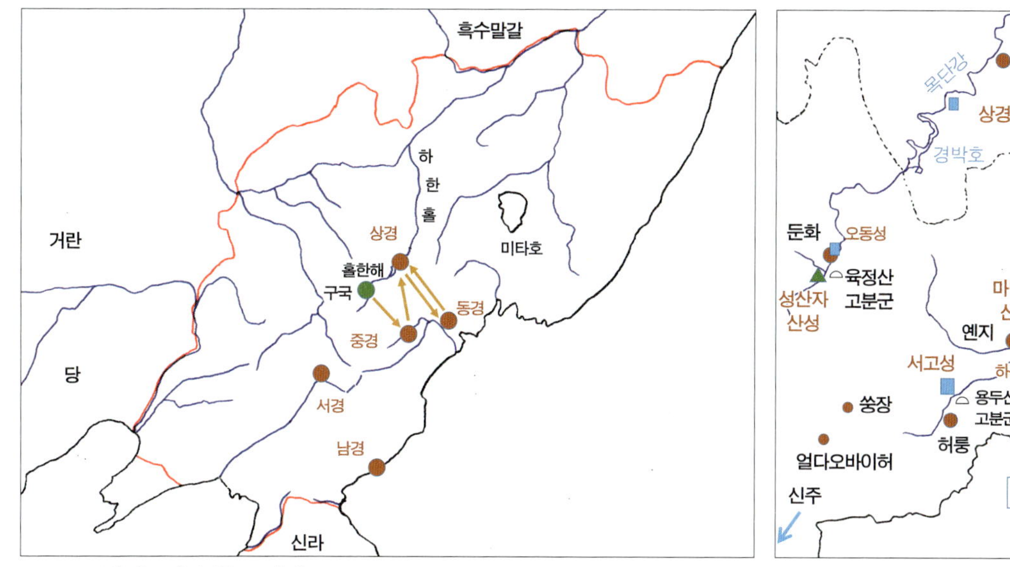

도Ⅱ-4 발해 5경과 천도 과정(ⓒ송기호)　　　도Ⅱ-5 천도 관련 지명과 유적(ⓒ송기호)

1) 동모산 건국

첫 도읍지는 건국지인 동모산(東牟山)이었다. 『구당서(舊唐書)』 발해말갈전에는 "동모산을 근거로 삼아 성을 쌓고 거주하였다."고 하였고, 『신당서(新唐書)』 발해전도 이와 다르지 않다. 다만 그곳이 앞에서는 계루부(桂婁部)의 땅이었다고 하였고, 뒤에서는 읍루(挹婁)의 땅이었다고 하였다.

동모산은 다른 기록에 보이지 않아서 그 소재지를 알기 어려웠다. 이에 따라 여러 설이 난무하다가(王禹浪·都永浩 2002: 59~62), 1949년에 둔화 육정산(六頂山)고분군에서 정혜공주(貞惠公主) 묘지가 발굴되면서 전기가 마련되었다. 이 고분군이 발해 초기 지배자들의 묘역이므로, 이 부근에서 동모산을 찾게 된 것이다. 1982년부터 류중이(劉忠義)가 성산자산성이 동모산이라는 글을 발표하였고(劉忠義 1982; 劉忠義·馮慶餘 1984), 이후 통설이 되었다.

그런데 2013년부터 발굴한 투먼(圖們) 마반촌산성(磨盤村山城)이 동모산이라는 주장이 제기되었다(吉林省文物考古研究所 외 2018; 王培新 2018b). 이 산성은 이전에 성자산산성(城子山山城)이라 부르던 곳으로서 동하국(東夏國) 남경(南京)의 소재지로 알려진 곳이다. 여기서 고구려 전통의 기와와 대형 건물지들이 발굴되어 고구려 중·만기에서 발해 초기까지 사용된 대형 산성이었음이 확인되었다. 이 발굴에 앞서 이 산성이 동모산이라는 주장이 제기된 적이 있으나(王禹浪·都永浩 2000), 이때 제시된 논거들은 수긍하기 어려웠다. 이번에는 고고학 자료를 토대로 재론된 것이다.

이 산성이 동모산이라는 주장은 문헌 기록과 일치하지 않는 약점을 지녀서, 아직은 둔화설이 더 유력하다. 당나라는 대조영의 건국지를 홀한주(忽汗州)로 삼아 그를 홀한주 도독에 임명했다. 그곳에 홀한하가 흐르기 때문에 이렇게 명명했다. 상경성을 홀한성이라고도 불렀으니 홀한해(忽汗海)라고 부를 만한 곳은 경박호(鏡泊湖) 밖에 없고, 홀한하는 당연히 목단강(牡丹江)이 된다. 이 강 중류에 상경이 있었으니, 동모산은 그보다 상류에서 찾을 수밖에 없다. 첫 도읍지는 구국(舊國)으로 불렀는데, 상경에서 구국(舊國)까지 300리 거리이고 현주까지는 600리 거리라고 했다. 상경에서 300리에 부합되는 곳은 둔화이다. 둔화 육정산고분군에는 용두산고분군(龍頭山古墳群)보다 이른 초기 고분들이 있다. 기록에 따르면 북쪽으로 간 건국집단이 1천 명 규모이고 당 추격군에 쫓겨서 급히 피신했으므로 동모산의 산성은 그리 크지 않았을 것이다. 이런 점들을 고려하면 마반촌산성보다 성산자산성이 더 부합한다.

둔화 지역은 중경이나 상경 관할에 속하지 않는 중간 지대이니, 독립 구역으로서 동주(銅州)란 독주주(獨奏州)가 있었을 것이다. 이렇게 직할 행정 구역을 설치한 것은 건국지였기 때문일 것이다.

동모산은 '계루의 땅' 또는 '읍루의 땅'이었던 곳이라 하였다. '계(桂)'와 '읍(挹)'은 필사 시 혼동하기 쉬운 글자로서, 어느 하나가 오기일 것이다. 15부 가운데 정리부와 안변부가 '읍루의 땅'에 설치되었는데, 동모산은 이들과 거리가 있다. 읍루가 두 곳으로 나뉘어 있었다고 보기 어려우므로, 읍루가 아니라 계루가 맞을 것 같다. 동모산이 고구려 계루부의 발상지란 의미는 아닐 것이고, 고구려 부활을 바라지 않고 이름조차 드러내기 꺼렸던 당나라에서 고구려 땅을 에둘러 표현한 듯하다. 계루군왕(桂婁郡王)도 여기서 유래하였다.

2) 현주 천도

『신당서』에 인용된 가탐(賈耽)의 『도리기(道里記)』에 '현주(顯州)는 천보(天寶) 중에 왕이 도읍한 곳'이라는 구절이 나온다. 천보 연간(742~756)에는 현주가 수도였으므로, 언젠가 동모산에서 이곳으로 천도한 것을 추측할 수 있다. 이전에는 동모산과 현주를 동일 장소로 보는 설도 있었는데, 이렇게 되면 천도하지 않은 것으로 해석된다. 그러나 동모산이 동주 치소인 둔화에 있었다면 현덕부(顯德府) 소속인 현주와는 별개 지역으로 보아야 한다. 구국(舊國) 즉 둔화에서 상경까지는 300리, 현주에서 상경까지는 600리 거리에 있었으니, 동일 지역일 수 없다.

천도 시기는 2대 무왕 대로 여겨진다. 『신당서』에 인용된 『도리기』에서는 '천보 중'이라 하였지만, 『무경총요(武經總要)』에 인용된 『황화사달기(皇華四達記)』에서는 '천보 이전'이라고 적었다. 이름은 달라도 둘은 동일한 책이다. 어느 쪽이 가탐의 원문에 충실한지 따지기 어렵지만, '천보 중'이 되면 문왕 때에 세 번이나 천도한 것이 되어 너무 빈번한 듯하다. 그런 점에서 '천보 이전', 나아가 무왕 때에 천도했을 가능성이 더 커 보인다(송기호 2004: 120~121).

다음은 현주의 소재지이다. 『신당서』 발해전에 중경 현덕부의 속주로서 노주(盧州), 현주(顯州), 철주(鐵州), 탕주(湯州), 영주(榮州), 흥주(興州) 6주를 나열했다. 다른 부에서는 수주(首州)를 맨 앞에 내세웠는데, 현덕부에서는 명칭으로 보아서 현주가 수주여야 하는데 노주가 그 자리를 차지하였다.

이 문제는 현주가 중경 소재지인 서고성(西古城)에 있었는지 여부와 직결된다. 원래는 현주가 수주였다가 나중에 노주로 옮겨갔다는 주장이 있다(李健才·陳相偉 1982; 孫進己 1982; 丹化沙 1983). 구체적으로 허룽 하남둔고성(河南屯古城)에 현주가 있었고 서고성에는 노주가 있었다는 주장도 있으나(秋山進午 1986; 田村晃一 2001), 이 고성은 근래의 발굴로 성터가 아닌 것으로 판가름이 났다(吉林大學邊疆考古研究中心 외 2017).

『요사(遼史)』 지리지에 따르면 발해 말년에는 현주가 수주였다. 현주는 현덕부라고 하고, 노주는 여기서 동 130리, 철주는 서남 60리, 탕주는 서북 100리, 숭주(崇州) 즉 영주는 동북 150리, 흥주는 서남 300리에 있다고 하였다. 따라서 『신당서』 발해전에서 나열 순서가 잘못되었을 가능성이 있다.

그렇다면 서고성에 현주가 있었던 것으로 된다. 이곳이 현주의 제1후보지이다. 그렇지만 서고성의 축조 연대가 발해 초기로 올라가지 않는다면 현주는 이곳에 있지 않았을 수 있다. 서고성은 발굴 결과를 토대로 문왕 때에 5경이 마련되면서 팔련성(八連城)과 비슷한 시기에 축조된 것으로 추정하는가 하면(吉林省文物考古研究所 외 2007: 340~341), 팔련성에 앞서서 축조한 것으로 보기도 한다(宋玉彬·王志剛 2008; 宋玉彬 2009). 고고학 자료로는 서고성의 상한 연대를 확증할 수 없으나, 후자의 견해에 따르면 현주는 서고성에 있었을 수 있고, 전자의 견해에 따르면 다른 곳에 있었을 수 있다.

제2의 현주 후보지로서 투먼 마반촌산성(도 Ⅱ-6)을 제기할 수 있다. 두 하천이 만나는 곳에 자리 잡은 산성의 입지도 둔화 성산자산성과 유사하다. 아직은 제대로 면모가 드러나지 않았지만 발해 초기에 사용되었을 가능성이 큰데다가, 성산자산성이 둘레 약 2km의 테뫼식 소규모 산성이라 한다면, 마반촌산성은 둘레 4.5km가 넘는 포곡식 대형 산성이다. 훈춘(琿春)과 거리가 있어서 이 성이 발해 책성부(柵城府)와 연결되는 고구려 책성일 가능성은 적다.

따라서 무왕 대까지 세력을 키운 뒤에 이곳으로 옮겨 갔을 만하다. 정복 전쟁을 치렀기에 평지성보다는 안전한 산성을 선호했을 수 있다. 당나라와의 전쟁이 후대의 압록도를 통하여 이루어진 점을 감안한다면, 이와 관련하여 현주로 옮긴 것 같기도 하다. 이곳이 제2후보지이다.

이럴 경우 문왕 때에 와서야 중경의 소재지로 서고성을 축조하였을 것이다. 서고성에 중경을 두면서 현주가 마반촌산성에서 이곳으로 이동하였고, 마반촌산성 부근에는 평지성인 하룡고성(河龍古城)을 쌓아 노주(盧州)로 삼았을 것이다. 노주는 현주에서 동쪽 130리에 위치하는데, 서고성에서 하룡고성까지 동북동으로 60킬로 정도 거리에 있어 기록과 부합한다. 이렇게 현주가 이동하는 과정에서 『신당서』 발해전에서 중경의 수주가 노주인 것처럼 잘못 표기된 듯하다.

제3의 장소에 현주가 있었을 가능성도 있다. 『도리기』에 "신주(神州)에서 육로로 400리 거리에 현주가 있고, 여기서 정북으로 향하다가 동쪽으로 가면 600리 거리에 왕성(王城)이 있다."고 하였으므로, 거리와 방위가 맞는다면 현주의 소재지로서 현재의 안투현(安圖縣) 남부의 얼다오바이허(二道白河)나 쑹장(松江) 일대가 적절하다. 신주는 현재의 린장(臨江)에 있었고, 왕성은 상경성이다. 이 경우에는 현재의 허룽이나 옌지(延吉)를 거치지 않고 곧바로 북쪽으로 둔화를 지나 동북으로 수도를 향했을 것이다. 다만 이 일대에서 마땅한 성터가 아직 보고되지 않았다.

천보 말년에 이르러 상경으로 다시 천도하였다. 상경은 현주에서 600리 거리에 있었다. 현주에서 현재의 둔화를 거쳐 상경으로 향한 거리일 것이다.

상경성(도Ⅱ-7)은 헤이룽장성 닝안(寧安) 둥징청(東京城)에 있었다. 현지에서는 막연히 동경성으로 불려 내려왔고 1939년에 간행된 보고서의 제목도 『동경성』이었는데, 1933, 34년의 발굴로 발해 수도임이 확증되었다. 이에 따라 지금은 상경성으로 고쳐 부른다. 여러 차례 발굴이 이루어졌지만, 특히 1963, 64년의 발굴(조중공동고고학발굴대 1966; 中國社會科學院考古研究所 1997)과 1997~2007년 사이의 발굴(黑龍江省文物考古研究所 외 2009a)로 그 면모가 자세히 드러났다.

이곳은 숙신의 땅이었다. 『도리기』에 도성에서 서남 30리에 옛 숙신성이 있다고 하였는데, 방위와 거리로 보아서 징푸호 부근일 것이다. 아마 발해 성터로 여겨지는 성장립자(城牆砬子)산성을 지목한 듯하다. 상경 지역은 옌볜(延邊)보다 상대적으로 문화적 축적이 적어서 불모지나 다름없던 곳이다. 또 상경성은 북위 44도에 위치하여 요 상경이나 금 상경과 유사하다. 그렇지만 요·금의 상경은 그들의 발상지로서 그 후 남쪽으로 이동한 데 비하여, 발해는 추운 북쪽으로 수도를 옮겨간 것은 불가피한 사정 때문이었을 것이다. 이를 추측할 수 있는 것이 발해 멸망 후 야율우지(耶律羽之)가 올린 표문에 보인다. "발해는 옛날에 남쪽 조정을 두려워하여 험한 곳에 의지하여 스스로 방어하며 홀한성에 거주하였다."고 하였다. 남쪽 조정을 두려워하여 천보 말년에 도읍을 옮긴 것이다.

여기서 남쪽 조정은 당나라를 가리키고, 두려워한 사건은 바로 755년 11월에 일어난

도Ⅱ-7　상경성 제1궁전지(ⓒ송기호)

안녹산(安祿山)의 난이다. 발해는 안녹산이 서쪽으로 공격하다가 여의치 않으면 언젠가는 동쪽으로 자신을 공격해올 것으로 판단하였고, 발해로부터 이 소식을 들은 일본도 자신들에게까지 화가 미쳐올 것으로 생각하여 대비책을 마련하였다. 따라서 발해는 난이 일어나자 이에 두려움을 느껴 멀리 떨어진 상경으로 피신하였다.

그렇다면 천보 말년은 구체적으로 천보 15년(756) 초가 될 것이다(송기호 1995: 98~99; 송기호 2004: 127~130). 난이 일어난 직후가 아니라 추이를 지켜본 뒤에 천도하였을 것이기 때문이다. 『속일본기(續日本紀)』에 따르면, 평로유후사(平盧留後事) 서귀도(徐歸道)가 장원간(張元澗)을 파견하여 병마(兵馬)를 징발하려 하였지만 발해가 이를 의심하여 사신을 돌려보내지 않았고, 서귀도를 죽이고 권지평로절도(權知平盧節度)를 자칭하였던 왕현지(王玄志)도 왕진의(王進義)를 보내 당나라 사정을 얘기하였지만, 역시 이를 믿지 않고 따로 사신을 보내서 탐문하였다. 이런 일련의 과정을 겪은 뒤에 천도하였을 것이다. 따라서 상경성은 준비되지 않은 채 급히 마련되었고, 천도 후에야 그 면모를 갖추어갔을 것이다. 그리고 비슷한 시기에 중경성과 동경성도 축조하였을 것이다.

이후 발해는 당나라 제도를 모방하여 5경 제도를 채택했다. 5경은 15부 가운데에서도 핵심적인 지역에 설치하였다. 당나라에서 5경이 갖추어진 것은 757년이고, 5도(都)로 완비된 것은 762년이지만, 서도(西都)와 남도(南都)가 곧 폐지되었다. 당에서 5도를 폐지한 뒤에 발해가 제도를 도입하지는 않았을 것이다. 또 당 수도를 상도(上都)라 부른 것이 762년이니, 발해 상경의 명칭이 여기서 유래했다면 762년 이후가 된다. 아마도 문왕이 상경에 도읍하고 국력 신장을 바탕으로 한참 자신감에 젖어 있었을 때인 762년부터 760년대 말까지, 좀 더 범위를 좁힌다면 760년대 중반쯤에 5경 제도가 마련되었을 것이다(송기호 2011: 173~177). 『도리기』에 중경이 아니라 현주라 적은 것은 천보 연간에 아직 5경이 마련되지 않았기 때문이었다.

5경은 당나라 영향을 받은 것이지만, 당에서는 5경의 존속 기간이 짧은 반면에 발해에서는 오랫동안 유지되었다. 또 당은 수도인 서안(西安)을 서경(西京), 중경(中京), 상도(上都)로 삼았던 반면에 발해에서는 북쪽에 상경을 두고 동·서·남·중에 경을 두었다. 앞서 말한 급박한 사정 때문에 북쪽에 수도를 두었던 것 같다. 신라에서는 수도 경주 외에 5개의 소경(小京)을 두는 5소경 제도가 있었으나, 당·발해의 5경 제도와는 성격이 달랐다. 발해 멸망 후 요·금도 발해 5경을 본받아서 5경 제도를 채택하였다.

상경 용천부(龍泉府)는 현재의 헤이룽장성 닝안(寧安) 상경성(上京城), 중경 현덕부(顯德府)는 지린성 허룽(和龍) 서고성(西古城), 동경 용원부(龍原府)는 지린성 훈춘(琿春) 팔련성(八連

城)에 해당한다. 남경 남해부(南海府)는 함경남도 북청 청해토성(青海土城)에 해당하고, 서경 압록부(鴨淥府)는 지린성 린장(臨江)에 있었을 것으로 추정되나 아직 성곽이 제대로 확인되지 않았다.

5경 가운데 상경의 규모가 가장 크고, 중경과 동경은 이를 본받아 조영되었다. 반면에 남경은 규모가 작은 방형 토성이다. 성곽 구조와 규모로 보건대 5경 가운데서도 3경이 핵심이었던 것을 알 수 있다.

4) 동경 천도 및 상경 복귀

정원(貞元) 연간(785~805)에 이르러 동남에 있는 동경으로 다시 천도하였다. 이때의 천도 장소는 훈춘 팔련성(吉林省文物考古研究所 외 2014, **도Ⅱ-8**)으로 보는데 이견이 없다. 팔련성은 과거에 반랍성(半拉城), 팔뢰성(八磊城), 팔루성(八壘城) 등으로도 불렀다. 천도 시기는 정원 연간이라 하였지만 문왕이 793년에 사망하고 그 후에 상경으로 돌아간 사실을 염두에 둔다면, 그 시기는 780년대 후반이 유력하나 연도를 특정하기는 어렵다.

문왕 통치의 후반기는 30여 년간의 상경 시대와 10년에 가까운 동경 시대로 다시 나뉜다. 상경 시대는 국력 신장과 왕권 강화의 시기였던데 비하여, 동경 시대는 그의 통치가 한계에 직면하면서 모순이 드러나던 시기였다. 상경 시대에 만든 정혜공주(貞惠公主) 묘지에서는 유신(維新)을 표방하면서 보력(寶曆)이란 연호로 개원한 사실이 확인되지만, 동경 시대에 만든 정효공주(貞孝公主)묘지에서는 그 이전의 대흥(大興) 연호로 되돌아가 있었다. 이런 퇴조

도Ⅱ-8 팔련성 유적(ⓒ송기호)

분위기에서 동경으로의 천도가 이루어졌을 것이다(송기호 1995: 125; 송기호 2004: 132).

동경은 고구려 책성(柵城)이 있던 곳이라서 책성부(柵城府)라고도 불렸다. 책성은 팔련성 부근에 있는 온특혁부성(溫特赫部城)으로 추정된다. 발해 초기에는 이곳이 중심지였다가, 뒤에 팔련성을 축조하면서 그곳으로 옮겨갔을 것이다.

문왕이 사망하고 대원의(大元義)를 거쳐 성왕(成王)이 즉위한 직후에 상경으로 재천도 하였다. 『신당서』 발해전에 "대굉림의 아들 화여를 왕으로 삼고, 상경으로 되돌아 왔으며, 중흥(中興)으로 개원했다."고 한 것으로 보아서는 즉위하고 개원도 하기 전에 즉시 상경으로 옮긴 느낌이다. 다른 왕들의 경우에 즉위 사실에 이어서 곧바로 개원을 밝힌 것과 대비된다. 문왕이 793년 3월 4일 사망한 뒤에 왕권을 빼앗은 것으로 추정되는 대원의가 '1세(一歲)' 동안 재위하다가 성왕에게로 계승되어 794년에 사망한 점을 고려한다면, 성왕의 즉위는 793년 후반기가 될 것이고 상경으로의 재천도는 그가 즉위하자마자 이루어졌을 것이다. 그리고 개원 이전에 실행된 것이라면 793년 말일 가능성이 커진다. 성왕은 대원의가 왕권을 찬탈하였다가 피살된 도성을 빨리 떠나고 싶었을 것이고, 그런 까닭에 엄동설한의 한겨울에 수도를 상경으로 다시 옮기게 되었다.

3. 도성의 구조와 특징

문헌에 따르면 발해는 동모산에서 건국하여, 당나라 천보(天寶) 연간(742~756년)에 현주로 천도한 뒤, 천보 말에 상경으로, 정원(貞元) 연간(785~905년)에 동경으로, 그리고 8세기 말에는 다시 상경으로 복귀하여 926년 멸망할 때까지 모두 4곳을 도읍으로 삼았다.

발해 도성 위치에 대한 연구는 역사지리학적인 고증을 통해 시작되었다. 20세기 들어 동경성(東京城, 현재의 상경성), 서고성, 팔련성, 오동성, 마반촌산성 등에 대한 발굴조사가 진행되면서, 서고성, 팔련성, 상경성은 발해 도성임이 분명해졌다. 이하에서는 중국의 지린성 옌볜조선족자치주와 헤이룽장성 닝안시에 있는 이들 유적에 대한 그간의 고고학적인 조사 내용을 중심으로 살펴보도록 하겠다.

1) 개별 유적

(1) 성산자산성(城山子山城)

대조영이 698년 진국(振國)의 건국을 천명한 동모산은 지린성 둔화시에 있는 성산자산
성으로 추정되나 정식 발굴조사는 이루어지지 않았다. 산성은 둔화시에서 서남쪽으로 10km
가량 떨어져 있는 목단강 지류인 대석하(大石河) 남안의 성산자산(해발 600m)에 있다. 발해 초
기의 왕실귀족무덤이 있는 육정산고분군과는 6km 가량 떨어져 있다.

성산자산성은 독립 구릉의 정상부에 성벽을 쌓은 일종의 산정식 산성이다(도Ⅱ-9). 평
면 형태는 타원형이며, 성의 전체 둘레는 2km 내외이다. 토석혼축의 성벽으로, 기초 너비는
5~7m, 잔존 성벽의 높이는 1.5~2.5m이다. 북쪽 성벽은 대석하와 접해있는 단애 위에 축조
되어 상대적으로 낮다. 문지는 서문지(너비 4m)와 동문지(너비 3m)가 있는데, 모두 옹성이 설
치되어 있다. 치는 남서벽에서 3개가 확인되었다.

성 내부의 동쪽 평탄지에는 동서 6~8m, 남북 4~6m 규모의 장방형 수혈주거지 50여
기가 분포하는데, 그 외곽에는 높이 20~40cm 가량의 흙벽이 잔존한다. 주거구역 인근에는
저수시설 1기가 확인된다. 서문지에서 100m 가량 떨어진 곳에는 직경 4.6m, 깊이 1m인 집
수정으로 추정되는 석축 저수시설이 있는데, 북쪽의 배수로를 통해 성벽 밖으로 빗물을 내보
내도록 되어 있다(방학봉 2020).

이 밖에도 성에서는 당나라 화폐인 개원통보(開元通寶)와 철제 무기(창끝, 대도, 철촉)가
출토되었다.

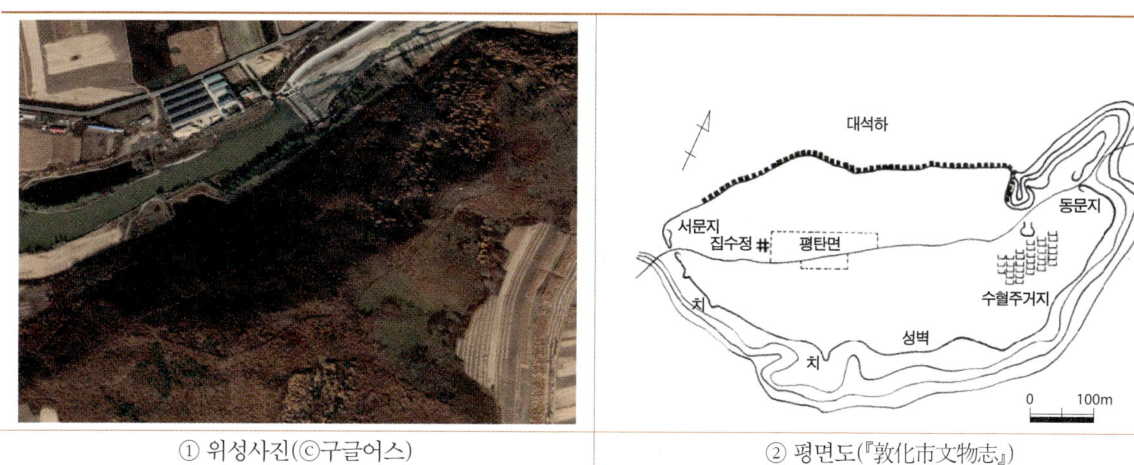

| ① 위성사진(ⓒ구글어스) | ② 평면도(『敦化市文物志』) |

도Ⅱ-9 성산자산성

지린성 투먼시 모판춘의 서성자산(西城子山)에 있는 산성으로, 본래는 성자산산성(城子山山城)이었는데 근래 마반촌산성으로 이름이 바뀌었다. 최근에 동모산(東牟山)으로 비정하는 견해가 제기되었으며(王培新 2018), 현주(顯州)로 추정하기도 한다.

산성은 삼면이 부르하통하로 둘러싸인 성자산(해발 388m)의 지세를 활용하여 축조한 산상형 포곡식(산복식)산성으로(도Ⅱ-10), 전체 둘레는 4,549m이다. 지린성문물고고연구소에 의해 2013년부터 2020년까지 발굴조사가 진행되었는데, 고구려 후기에서 발해, 그리고 금대(金代) 동하국(東夏國) 시기의 유적과 유물이 확인되었다. 최근 '2020년 중국 10대 고고 신발견'으로 선정되면서, 발해의 동모산과 동하국의 남경성(南京城)이었음이 강조되었다(국립문화재연구소 편 2021).

발굴조사에서 고구려~발해 시기에 쌓았던 석축 성벽[1]을 금대에 성돌을 추가하여 보강한 뒤 토루로 이를 감싸 사용하였음이 밝혀졌다. 성문은 총 7개소인데, 1호, 2호, 3호, 6호 문지에는 옹성이 설치되었다. 고구려~발해 시기의 유구는 1호와 7호 문지로, 1호(북문지)에는 적갈색 승문 암키와와 망격문 암키와가 발견되었고, 7호 문지는 부르하통하로 이어지는 교통로와 관계된 것으로 보인다.

성 내부에는 다수의 건물지가 발견되었는데, 특히 중앙 구역에서 '監支納印'이라는 물

| ① 평면도 | ② 7호 성문지 |

도Ⅱ-10　마반촌산성(ⓒ吉林省文物考古研究所)

1　성벽에서 발견된 목탄에 대한 방사성탄소연대 측정 결과는 656년에서 727년 사이로 측정되었다고 한다. https://blog.naver.com/zhn8261/222358939843

품의 출납을 관장하는 종8품의 금대 관직명이 새겨진 도장(銅印)과 조와 팥 등의 탄화곡물이 다량으로 출토되면서, 동하국 시기의 관창(官倉)이 있었음이 밝혀졌다. 그리고 성 내부 동쪽 구역에는 초석 건물지와 8각형 건물지 그리고 석축 기초 벽체를 가진 건물지 등이 열지어 분포하고 있음이 확인되었는데, 다량의 적갈색 기와와 함께 8엽의 연화문와당도 1점 출토되어 고구려 시기로 추정된다. 탄화곡물에 대한 방사성탄소연대 역시 고구려 후기에서 발해 초기에 해당하며, 연화문와당과 문자와 부호가 새겨진 수키와 등은 지안(集安)의 환도산성(丸都山城) 출토품과 유사하다.

(3) 서고성(西古城)

지린성 허룽시 시청진(西城鎭)에 있는 평지성으로, 발해의 두 번째 도성으로 알려져 있다. 두도평원(頭道平原)의 서북부에 위치하며, 남쪽으로 2km 남짓한 곳에 해란강이 서남쪽에서 동북쪽으로 흘러간다. 성에서 남쪽으로 2.5km 가량 떨어진 곳에는 금제 허리띠와 팔찌, 귀걸이 등이 출토된 하남둔고분이, 서남쪽 5.5km의 거리에는 효의황후(孝懿皇后), 정효공주(貞孝公主), 순목황후(順穆皇后) 등의 발해 왕실 무덤이 있는 용두산 용해고분군이 있다. 그간 서고성은 중경현덕부(中京顯德府) 터로 비정되어 왔으나, 최근에는 『신당서』 발해전에 중경현덕부의 수주(首州)가 노주(盧州)로 기록되어 있다는 점에 주목하여 발해 오경제와는 관련이 없고 천보연간에 천도한 현주(顯州)로만 봐야한다는 주장도 제기되었다(宋玉彬·曲轶莉 2008).

서고성에 대한 고고학 조사는 일제강점기부터로, 도리야마 기이치(鳥山喜一 1968)가 1923년과 24년에 제국학사원(帝國學士院)의 연구비 지원을 받아 함경북도와 간도 지방의 발해와 금대 유적조사를 실시하면서 서고성과 팔련성을 발해 유적으로 비정한 바 있다. 발굴조사는 만주국이 성립된 1930년대 이후 도리야마와 후지타 료사쿠(藤田亮策), 사이토 마사루(齊藤優) 등에 의해 이루어졌다. 해방 이후의 본격적인 조사는 지린성문물고고연구소가 2000년대에 5개의 궁전지와 외성벽, 남문지 등을 중심으로 진행하였다(吉林省文物考古研究所 외 2007, 2016).

서고성은 외성과 내성으로 구성되어 있으며, 평면 형태는 장방형이다. 외성의 규모는 남북 길이 720m, 동서 너비 630m로, 전체 둘레는 2,720m이다. 토축 성벽의 기저부 너비는 13~17m이며, 잔고는 1.5~2.5m이나 부분적으로 4m에 달하는 곳도 있다. 성문은 남문지(너비 15m)와 북문지(너비 14m)만 발견되었으나, 네 방향 모두 문지가 있었을 것으로 추정하기도 한다(王培新 2018c). 그리고 외성 밖에는 해자로 추정되는 도랑이 있었다고 하며, 외성 내부의 서남쪽에는 저수지와 평탄 대지(20×18m)가, 그리고 동남쪽 모서리에도 평탄 대지(20×18m)가 확인된다.

내성은 외성의 중앙 북쪽에 치우쳐 있는데, 남북 길이 309m, 동서 너비 183m로, 전체 둘레는 992.8m이다. 내성과 외성의 북벽은 70m 간격을 두고 평행하게 배치되어 있다. 내성의 성벽은 마을과 경작으로 인해 심하게 훼손되었다. 내성의 남문지는 서고성의 중심에 위치하며, 내성의 중앙과 북쪽에는 5개의 궁전지가 배치되어 있다. 내성의 중심은 제2 궁전지로, 전체 궁전의 배치는 十자형을 이룬다. 남문지에서 남북방향으로 중축선상에 있는 제1·2·5 궁전지는 너비가 4m에 달하는 회랑으로 연결되어 있다. 제3·4 궁전지는 제2 궁전지의 동쪽과 서쪽에 각각 위치한다(도Ⅱ-11). 서고성의 이러한 궁전 배치 방식은 팔련성과 상경성의 궁성과도 유사하다.

서고성 내성의 기단부는 제1 궁전지가 가장 높고, 제2 궁전지가 그 다음이다. 제1 궁전지는 왕이 정사를 보던 대조정전(大朝正殿)으로, 제2 궁전지는 침궁(寢宮)과 관련된 것으로 보인다. 제5 궁전지는 가장 북쪽의 독립된 공간에 위치하는데, 그 성격은 아직까지 밝혀지지 않았다.

한편, 궁전 기단부는 축조 방식에 따라 강자갈과 점토를 교대로 축조한 제1·2·3·5 궁전지와 점토로 성토한 제4 궁전지로 구분이 가능하다. 제2·4 궁전지에는 자갈층의 보강시설이 확인된다. 제1 궁전지 회랑의 경우에는 동서 회랑간의 초석 위치에 차이가 있어, 서고성이 도성으로 사용된 이후에도 여러 차례 개축이 있었을 가능성이 있다(김진광 2010).

① 위성사진(ⓒ구글어스)

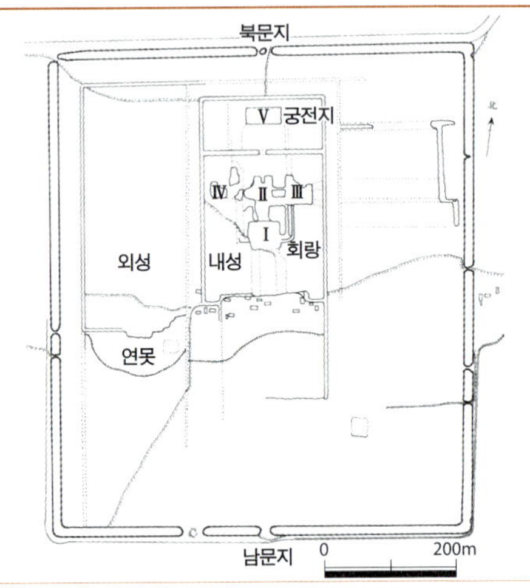

② 평면도(鳥山喜一·藤田亮策 1942)

도Ⅱ-11　서고성

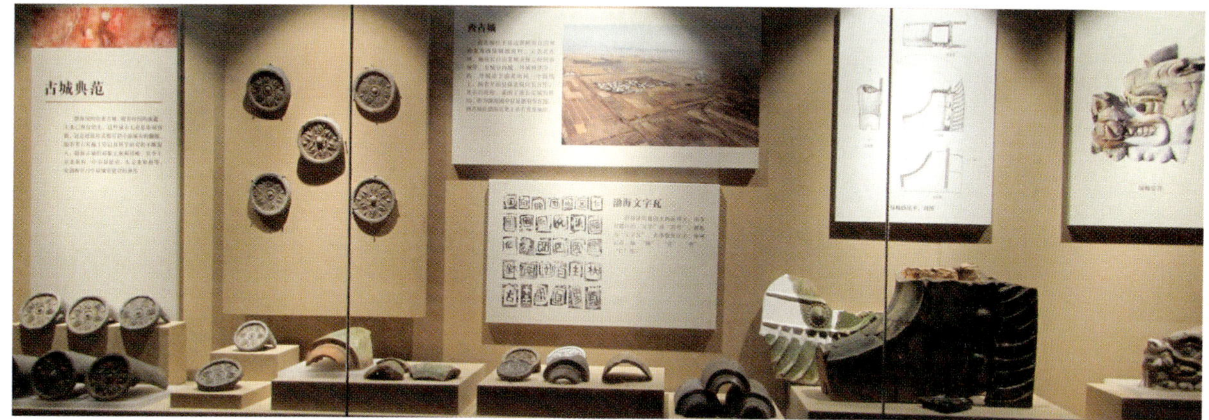

도Ⅱ-12 서고성 출토 유물(지린성박물원, 2016년)

서고성에서는 그간 많은 유물이 출토되었는데, 건축 부자재가 대다수를 차지한다(도Ⅱ
-12). 특히 도성 유적에서만 확인되는 녹유 건축 부자재(와당, 치미, 귀면 장식, 일반와)와 함께 발
해의 전형적인 역하트형(심엽형) 연화문을 포함한 연화문와당, 인동무늬와당, 지압문과 대롱
문 암키와, 수키와, 문자와, 보상화 문양전, 그리고 토기와 철기 등이 출토되었다.

(4) 팔련성(八連城)

지린성 훈춘시에 있는 평지성으로, 반랍성(半拉城)이라고도 한다. 서쪽의 두만강과 훈
춘하 사이의 평탄한 충적대지에 자리한 팔련성은 문왕이 780년대 후반에 상경에서 천도를
단행한 동경으로 비정된다. 성왕이 상경으로 재천도한 시기는 793년 말 혹은 794년경이므로,
동경이 발해의 수도였던 기간은 10년 남짓으로 매우 짧다. 그렇지만 팔련성은 상경용천부에
서 신라로 가는 주요 길목이자, 일본으로 건너가는 기점이라는 점에서 상경으로 천도한 이후
에도 전략적으로 중요한 곳이었다.

팔련성에 대한 고고학 조사 역시 도리야마 기이치에 의해 시작되었다. 1937년에 후지
타 료사쿠와 함께 제2·3 궁전지와 성 외곽 남동쪽에 있는 절터를 조사한 도리야마는 「발해
동경고(渤海東京考)」를 통해 팔련성이 발해의 동경용원부였음을 주장하였다(鳥山喜一 1938).
1942년에는 사이토가 내성의 여러 궁전지와 문지, 성 남쪽의 절터 3곳을 발굴조사 하였다.
사이토는 상경성과 마찬가지로 팔련성에 더 큰 규모의 외성이 있을 것으로 보고 현재의 외
성을 내성으로, 내성을 궁성으로 추정하였다(齋藤甚兵衛 1942). 해방 이후에는 지린성문물고
고연구소가 2004년부터 2009년까지 내성의 주요 궁전지를 비롯한 문지와 성벽 등을 발굴조

① 위성사진(ⓒ구글어스)

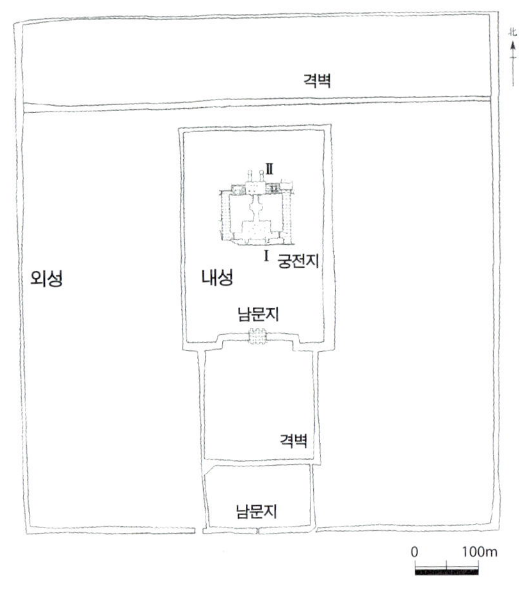

② 평면도(吉林省文物考古硏究所 외 2014)

도Ⅱ-13   팔련성

사하였다(吉林省文物考古硏究所 외 2014).

　　팔련성 역시 서고성과 마찬가지로 내성과 외성으로 이루어져 있는데, 평면 형태는 방형에 가깝다. 외성의 규모는 남북 길이 774m, 동서 너비 707m로, 전체 둘레는 2,894m이다. 토축 성벽은 훼손이 심하다. 너비 3.2m인 남문지가 발굴조사 되었으나, 나머지 성문은 현재 확인되지 않는다. 일제강점기의 자료로 보면 성문은 네 방향에 모두 존재하였을 가능성이 있고, 외성 밖에는 해자가 있었을 것으로 보인다. 그리고 외성 내부에는 서고성과 달리 격벽으로 구분된 몇 개의 구획 공간들이 확인된다(**도Ⅱ-13**).

　　내성은 외성의 중앙에서 약간 북쪽으로 치우쳐 있으며, 평면 형태는 장방형이다. 남북 길이 317m, 동서 너비 216m로, 전체 둘레는 1,072m이다. 내성에는 남, 동, 서문지가 발견되었다. 특히 내성 남문지는 남벽에서 북쪽으로 13.5m 가량 들어와 설치되었다. 남문지 기단의 평면은 장방형이며, 남북 길이 16m, 동서 너비 28m 가량의 규모로, 전면과 후면 세 곳에 각각 계단이 설치되어 있다. 초석의 배치에 따르면 남문은 정면 5칸, 측면 2칸 규모이다.

　　궁전지는 내성의 북반부에 집중적으로 분포하고 있다. 제1·2 궁전지가 가장 크고, 성의 전체 중축선상에 배치되어 있다. 내성의 중앙에 위치한 제1 궁전지는 기단부(동서 42m, 남북 26m, 잔고 2m) 역시 높고 커서 전조대전(前朝大殿)으로 추정된다. 제2 궁전지는 제1 궁전지

도Ⅱ-14　팔련성 출토 유물(지린성박물원, 2016년)

의 북쪽에 있는데, 기단의 규모는 제1 궁전지에 비해 작다. 주전과 동서 양쪽에 배전이 있는 구조로 배전은 모두 온돌을 갖추고 있어 침전으로 추정된다. 팔련성의 제5~8 궁전지는 조사가 불충분한 관계로, 그 성격이 명확하지 않다.

팔련성은 성의 전체적인 구조와 규모가 서고성과 유사하지만, 외성의 평면 형태나 내성의 위치, 세부적인 궁전 배치 등에서는 다른 점도 확인되므로 축성 시기에 따른 약간의 차이가 있는 것으로 보인다.

팔련성 역시 서고성이나 상경성과 마찬가지로 도성 유적에만 확인되는 녹유 기와와 시유 귀면 장식(용두) 등이 출토되었고, 이 밖에도 치미, 연화문와당과 일반 평기와, 문자와, 주좌, 화문전 등과 같이 건축물에 쓰이는 유물들이 다수 발견되었다(도Ⅱ-14).

(5) 상경성(上京城)

헤이룽장성 닝안시 보하이진에 있는 평지성으로, 목단강 중류에 있는 동경성 분지 내의 충적 평원에 위치한다. 남쪽에서 뻗어온 백두산 자락인 장광재령(張廣才嶺)과 북쪽의 노야령(老爺嶺)이 천연장벽을 이루고, 목단강이 도성의 북쪽과 서쪽의 자연적인 경계를 형성하고 있다. 상경성은 천보 연간 말기(755~756년 경)에 문왕이 천도한 이후 정원 연간에 동경으로 천도한 10여 년을 제외하면 926년까지 160여 년간 발해의 수도였던 곳으로, 발해가 오경제를 실시한 이후에는 상경용천부라 불렀다. 발해의 멸망 이후 폐허가 되면서 여러 명칭으로 불렸으나 청(淸)대에 와서 와서 동경성(東京城)으로 굳어졌다.

상경성에 대한 고고학 조사[2]는 20세기에 시작되었다. 우선 시라토리 구라키치(白鳥庫吉)는 1910년 7월부터 9월까지 만주의 지리와 역사 연구를 위한 답사를 진행하는 과정에서 상경성에 대한 간략한 조사를 실시하고 연화문와당과 보상화문전 등을 수습한 바 있다(양시은 2010). 도리야마 또한 뽀노소프 뻬.뻬.(Ponosov B.B.)와 함께 1926년 상경성의 성벽과 궁전지 등을 조사하였는데, 1923년과 1924년에 본인이 서고성과 팔련성에서 수습한 와전과의 비교를 통해 이들 유적이 모두 발해의 성터임을 밝혔다(鳥山喜一 1929). 상경성에 대한 본격적인 발굴조사는 만주국 성립 이후로, 동아고고학회(東亞考古學會)는 1933년과 1934년에 외성벽, 내성벽, 남문지, 제1~5 궁전지, 금원(어화원), 사찰터, 주거지 등을 대대적으로 조사하였다. 1939년에 발간된 『동경성(東京城)』 보고서 고찰에는 유적과 유물에 대한 종합적 서술과 함께 당과 발해, 일본(奈良)의 관계, 그리고 발해의 유적이나 유물에서 확인되는 고구려의 영향 등이 서술되었다.

해방 이후에는 1963년과 1964년에 북한과 중국의 공동 발굴조사에서 상경성에 대한 전체적인 구조 파악이 이루어졌다(조중공동고고학발굴대 1966; 中國社會科學院考古研究所 1997). 상경성은 1980년대 이후에도 꾸준히 조사가 이루어졌는데, 특히 헤이룽장성문물고고연구소에 의해 1997년부터 2007년까지 제2~5, 제50 궁전지를 비롯하여, 외성 정남문지와 북문지, 11호 문지, 황성 남문지, 도로유구 등이 발굴조사 되었다(黑龍江省文物考古研究所 2009a).

상경성은 크게는 내성과 외성(외곽성)으로 이루어져 있는데, 외성과 내성, 궁성 중심 구역을 두르는 성벽까지 3중성 구조로 보기도 한다(도II-15). 다만 외성, 황성, 궁성이라는 3중성 구조로 보기는 어려운데, 이는 황성이 궁성을 포함하고 있는 구조가 아니라 궁성의 남쪽에 황성이 별도로 분리되어 위치하기 때문이다(김은옥 2021). 성 내부는 중심축의 주작대로(제1호 도로)를 중심으로 격자 도로로 정연하게 구획되어 있어 방리제가 실시되었음을 짐작해볼 수 있다. 외성은 주민들의 주거 구역이고, 내성은 3성6부 등의 행정관청 구역, 궁성은 대전과 침전 등의 궁전 구역으로 추정된다.

외성의 대체적인 평면 형태는 장방형으로, 각 성벽의 길이는 동벽 3,364m, 남벽 4,590m, 서벽 3,402m, 북벽 4,952m로, 전체 둘레는 16,313m이다. 성벽은 토축 기단 위에 성돌을 쌓아 올렸는데, 기단의 너비는 6~7m, 석축 성벽 너비는 2~3m이고, 잔고는 0.2~3m

---

2 상경성에 대한 고고학 조사의 기본 현황과 내용은 김은옥(2013)의 논문에 잘 정리되어 있다.

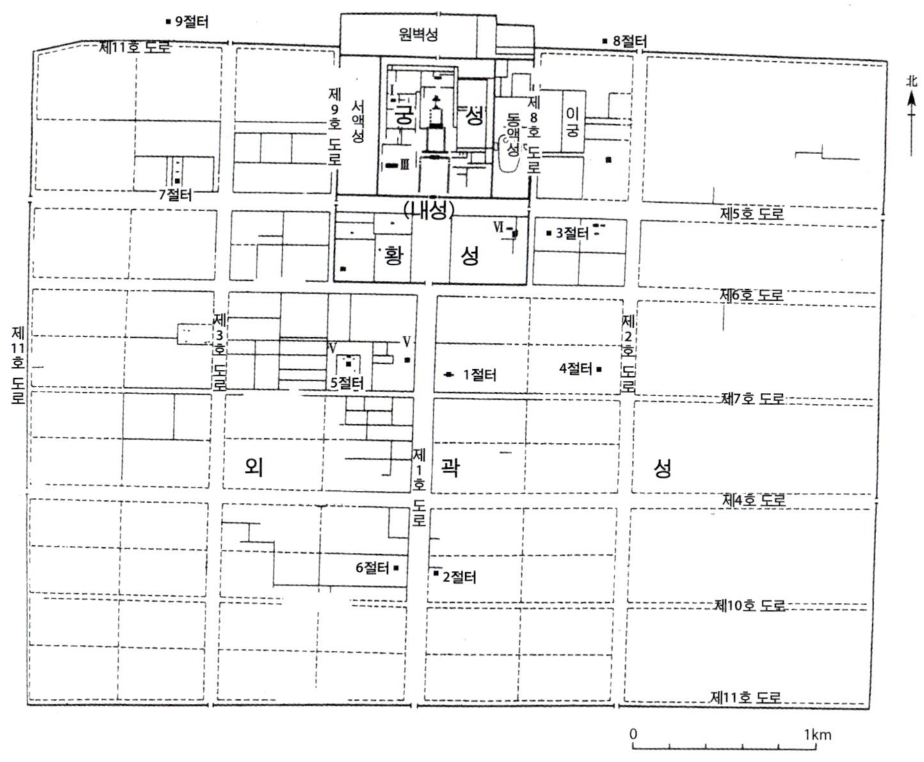

도Ⅱ-15 상경성 평면도(黑龍江省文物考古研究所 2009a)

이다. 『요사(遼史)』에 따르면 성벽 위에는 여장이 설치되어 있었다고 한다. 외성 밖으로는 너비 3m, 깊이 1.5m 규모의 해자가 둘러져 있다.

외성에는 11개의 성문이 있는데, 남쪽 3개, 동·서쪽 각 2개, 북쪽 4개이다. 정남문과 정북문은 3개의 문(중앙문과 양쪽 측문)으로 구성된 성루 건축이고, 나머지는 모두 1개의 문길만을 가지고 있다. 북벽의 서측 성문은 수문으로 추정되며, 1997년 조사에서 확인된 11호 문지(북벽 동측)는 그 위치가 특이하여 시기에 대한 논란이 있다(趙虹光 2012).

외성(외곽성) 내의 건축 배치는 남북 방향의 중축선을 기준으로 동서가 대칭되는데, 동성이 서성보다 약간 크다. 5개의 남북 방향 도로와 7개의 동서 방향 도로를 따라 리방(里坊)이 확인된다. 남북 중축선을 따라 조성된 제1호 도로는 너비가 약 110m이며, 측구는 따로 마련되어 있지 않다.

성 내부는 도로를 기준으로 80개의 방(坊)으로 나눌 수 있다. 방의 평면 형태는 장방형이나 크기에 차이가 있다. 큰 방의 길이는 465~530m, 너비는 350~370m이고, 작은 방의 길이는 큰 방과 동일하나 너비는 235~265m이다. 각 방과 내부는 담장으로 구분되어 있다. 이

밖에도 외성의 안팎으로 현재까지 10개의 절터가 발견되었다.[3]

내성에는 궁성과 황성이 있다. 황성은 궁성의 남쪽에 있는데, 그 사이에는 너비가 92m에 달하는 제5호 도로가 지나간다. 궁성과 황성은 동서 너비가 동일하다. 내성의 성벽 전체 둘레는 3,291m이다. 원래의 지면을 단단한 부분까지 삭평한 다음 그 위에 석축 성벽을 쌓았다. 내성의 성문은 동·서·남문지가 있는데, 남문만 문길이 3개이고 나머지는 1개이다.

황성의 평면은 가로로 긴 장방형인데, 동·서 구역과 가운데 T자형의 넓은 광장으로 이루어져 있다. 동·서 구역은 대칭으로, 동서 413m, 남북 355m 규모이다. 동·서 구역 사이의 광장은 제1호 도로와 같은 중축선에 있으나 그 너비가 222m로 훨씬 넓다.

상경성에서 가장 핵심이라고 할 수 있는 궁성은 궁성 중심구역과 동액성(東掖城), 서액성(西掖城), 북쪽의 원벽성(圓壁城) 등의 부속구역으로 이루어져 있는데(도Ⅳ-4), 모두 53개소의 건축유적이 확인되었다. 궁성 성벽의 전체 둘레는 2,680m이며, 가장 잘 남아있는 성벽의 높이는 3m 가량이다. 북서 모서리와 북동 모서리에는 각루가 설치되었다. 궁성벽은 우선 넓게 지면을 판 다음 이층 계단 형태로 기저부를 조성한 이후, 석축 성벽을 축조하였다.

궁성 중심구역의 평면은 장방형이며, 동서 너비는 620m, 남북 길이는 720m이다. 내부는 동구, 중구, 서구로 구분된다. 중구의 중축선에는 남북으로 5개의 궁전이 배치되어 있는데, 제1·2·5 궁전지는 각각 상대적으로 독립적인 정원(원락)이 있다. 제1·2 궁전지의 규모가 가장 크며, 조회와 전례가 이루어졌던 장소로 추정된다.

궁성의 남쪽에는 3개의 문이 있다. 궁성의 정남문은 오봉루(五鳳樓)로 불리는데, 동서 42m, 남북 27m, 높이 5.2m의 기단부 위에 정면 9칸, 측면 6칸의 건물이 세워져 있었다. 정남문은 기본적으로는 하나의 문돈에 문길이 2개인 구조이다. 정남문의 양쪽에는 측문이 있는데, 서쪽의 문은 궁전 서구로 바로 통하는 문이지만, 동쪽의 문은 문루만 있고 문길이 나있지 않은 장식을 위한 문이다. 북쪽에는 정남문과 대칭되는 곳에 정북문 하나만 있다.

궁성의 동쪽에 위치한 동액성은 어화원(御花園)으로 불리는데, 남부에는 가산(假山), 연못, 정자가, 북부에는 대형 건축지(제50호 궁전지)가 있다. 서액성은 훼손이 심하여 구체적인 내용은 알 수 없다. 원벽성은 궁성 북쪽의 부속구역으로 凸자형으로 돌출되어 있다. 궁성과 동·서액문 북벽으로 감싸진 구역으로, 궁성을 보호하는 역할을 하였던 것으로 추정된다.

한편, 외성과 내성 그리고 궁성 중심구역의 성벽 축조 방식이 서로 다르고, 외성과 황

성, 궁성과 황성을 연결하는 성벽 또한 따로 떨어져 있어 내성과 외성은 그 축성 시기에 차이가 있는 것으로 보기도 한다.

　　이 밖에도 상경성에서는 건축 부자재, 생산 도구, 무기 및 마구류, 생활 용기, 소조불상 등 다양한 유물이 출토되었다. 건축 부자재는 기와(암키와, 수키와, 마루기와, 문자와 등)와 전돌(무문 및 화문전), 건축 장식물(치미, 용두, 주좌 등) 등으로, 도성 유적에서만 출토되는 시유 건축 부자재가 다수 포함되어 있다(도Ⅱ-17).

<table>
<tr><td>① 시유 용두(제2 궁전지, ⓒ黑龍江省文物考古研究所)</td><td>② 시유 치미(상경성 북사지, ⓒ中國社會科學院 考古研究所)</td></tr>
</table>

도Ⅱ-17 상경성 출토 유물

2) 도성의 구조와 특징

발해의 도성 구조와 체제에 대한 연구는 2000년대 후반부터 『西古城(서고성)』(2007), 『上京城(상경성)』(2009), 『八蓮城(팔련성)』(2014)의 발굴조사 보고서가 간행되면서 한층 활발해졌다. 중국학계는 그간의 발굴 성과를 바탕으로 발해 도성은 당 장안성을 기본 모델로 하였음을 강조한다. 반면 한국학계는 발해 궁전의 계보를 고구려 안학궁에서 찾기도 하지만(양정석 2010), 대부분의 연구자들은 당의 영향을 인정하면서도 발해의 주체적 특징을 강조한다.

발해의 초기 도읍과 관련하여서는 둔화 성산자산성을 대조영이 건국을 선언한 동모산으로, 오동성 혹은 영승유적을 평지 궁성으로 보기도 한다(임상선 2006; 김진광 2012; 윤재운 2013 등). 이는 『周書(주서)』의 기록을 바탕으로 고구려의 평양 도성의 구조가 평지 궁성(안학궁 또는 청암동토성)과 산성(대성산성)으로 이루어졌다고 보고, 이를 발해가 계승한 것으로 본 것이다(박윤무 1994). 그렇지만 전술한 고구려 도성제는 국내성이 축조되는 4세기 이후에나 적용 가능한데, 최근에는 전기 평양 도성마저도 대성산성만 왕성으로 사용되고 평지성은 별도로 이용되지 않았을 가능성도 제기되고 있는 상황이다(奇庚良 2017). 더욱이 고구려는 6세기 후반에 외성, 중성, 내성, 북성으로 이루어진 장안성(후기 평양성)으로 천도하면서 기존의 도성 구조와는 전혀 다른 새로운 형태로 변화하였는데도 이를 전혀 고려하지 않고 있어 문제가 있다.

그리고 둔화의 오동성과 영승유적의 경우에도 시굴조사에서 금대 문화층이 확인되어 발해 초기 도읍으로의 가능성이 부정된 만큼(王培新 2013), 보다 신중한 접근이 필요하다. 그렇지만 둔화지역에는 육정산고분군을 비롯한 발해 초기의 유적이 다수 분포하고 있고, 발해 건국 초기에는 평지성이 아닌 평지 거점 등의 형태였을 수도 있으므로 이들 유적에 대한 추가적인 조사가 필요하다.

따라서 이하에서는 발굴조사를 통해 성격이 명확히 밝혀진 서고성, 팔련성, 상경성을 중심으로 발해 도성의 구조와 특징에 대해 살펴보도록 하겠다.

우선 발해 도성은 강을 낀 넓은 평원에 자리하고 있어 무엇보다 교통이 편리하다. 서고성은 두도평원의 북쪽에 있으며, 남쪽에는 해란강이 흐른다. 팔련성은 훈춘평원의 서북부에 위치하며, 주변에 두만강과 훈춘하가 있다. 상경성 역시 넓은 평야 지역으로, 목단강이 도성의 북쪽과 서쪽을 지나간다. 다만 수도로 향하는 교통로에는 산성 외에도 평지성이 다수 축조되어 있어, 산성을 중심으로 하는 고구려의 방어체계와는 차이를 보인다.

그리고 팔련성을 제외한 서고성, 상경성 일대에는 발해의 주요한 왕실 묘지가 조영되어 있다. 성산자산성이 있는 둔화에는 정혜공주무덤이 있는 육정산고분군이, 서고성이 있는 허룽에는 효의황후, 정효공주, 순목황후 등의 무덤이 있는 용두산고분군이, 상경성 일대에는 삼릉둔고분군을 비롯한 다수의 무덤이 분포한다. 이와 관련하여 발해에서도 『수서(隋書)』에 기록된 도성 7리(약 3.2km) 밖에 매장한다는 '경외매장(京外埋葬)'이 지켜지고 있다는 점에서 도성이 계획적으로 조영된 것으로 이해하기도 한다(김동우 2017).

한편 이들 도성의 기본 구조는 내성과 외성으로 이루어진 것이 특징이다. 물론 팔련성과 서고성은 내성이 궁성인 반면, 상경성은 내성에 궁성과 황성이 포함된다는 점에서 차이가 있다. 상경성의 외성을 제외한다면 이들 세 유적의 규모와 평면은 대체적으로 유사하다. 도성 내 건축은 중축선에 의한 좌우대칭을 기본으로 하며, 궁성에는 남문지를 시작으로 대전과 침전 등의 궁전지가 순차적으로 배치되어 있다. 이상의 구조적 동질성은 잘 계획된 설계 하에 이들 도성 유적이 건설되었음을 보여주는 증거이다.

그럼에도 불구하고 서고성에는 외성의 중심점이 내성 남문에 있고, 팔련성에는 내성 남문이 좀 더 남쪽으로 치우쳐있는 반면, 상경성에는 그 중심점에 제2 궁전지가 위치한다(양정석 2010). 발해는 천보연간에 현주를 도읍으로 삼았고 천보연간 말에 상경으로 천도하였으므로, 사실 서고성과 상경성의 축조 시기에는 그다지 큰 차이가 없다. 상경성은 발해 도성 중에 규모가 가장 크고 기능적인 공간이 잘 갖춰져 있는데, 특히 상경성의 궁성은 서고성의 구조와도 상당 부분 유사하다.

서고성에는 내성의 중축선을 따라 제1·2·5 궁전지가 남에서 북으로 배치되어 있는데,

회랑이 공자전(工字殿) 형식으로 연결된 제1·2 궁전지가 중앙에 위치한다. 이러한 양상은 중구 남부에 대형 궁전지가 결여된 것을 제외하면 상경성의 궁성에서도 계승되고 있다. 서고성 제1 궁전지의 규모와 위치는 상경성 궁성의 제3 궁전지와 대응되며, 서고성 제1 궁전지의 북쪽에 나란히 배치된 제2·3·4 궁전지 역시 상경성 궁성의 제4·4-1·4-2 궁전지와 대응된다. 서고성의 제5 궁전지 또한 상경성 궁성의 제5 궁전지와 대응된다.

다만 상경성 궁성의 제1·2 궁전지에 해당하는 부분은 서고성에서는 확인되지 않는데, 이는 궁성형(宮城型) 왕성이었던 서고성의 경우 실용성이 강조되었기에 내외에 별도의 조구(朝區)를 계획할 필요가 없었기 때문이며, 이러한 설계 이념은 이후 서고성과 동일한 구조의 팔련성에도 계승되었다(王培新 2018c).

그렇지만 팔련성은 기본 구조에서 서고성이나 상경성과는 약간의 차이를 보인다. 중심 구역 및 핵심 건축물의 위치에 있어서 상경성 궁성과 서고성은 북쪽으로 치우친 반면, 팔련성은 비교적 내성의 중심에 가깝다. 그리고 상경성 궁성과 서고성의 동서 너비는 2,100척인 반면, 팔련성의 동서 너비는 2,400척이다(도Ⅱ-18). 특히 척도와 평면의 경우 상경성 궁성과 서고성은 거의 차이가 나지 않는데, 팔련성의 동서 너비만 300척 정도 더 넓다. 남북 길이가 거의 같음에도 불구하고 이러한 차이가 발생하는 것은 주작대로의 너비 차이일 가능성이 크다. 이는 팔련성이 다른 두 성이 존재한 상태에서 건설되었음을 보여주는 또다른 근거가 될

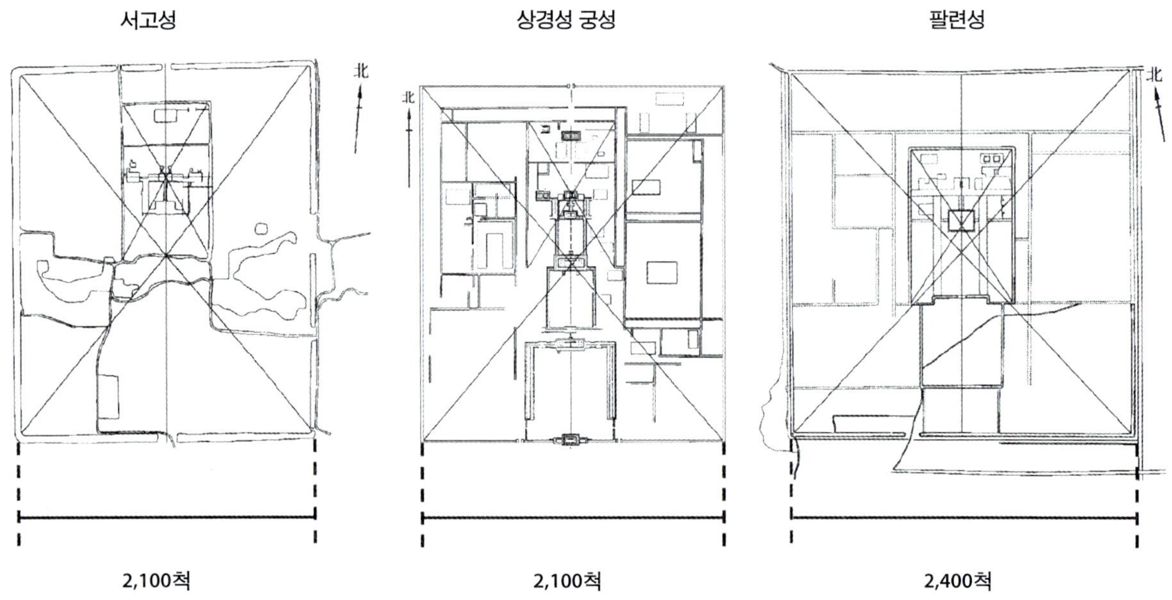

도Ⅱ-18　　서고성, 상경성 궁성, 팔련성의 도시계획 비교(권순홍 2020)

수 있다(권순홍 2020).

　한편, 상경성 궁성지에 대한 발굴 결과에 따르면, 제3·4 궁전지는 상경성이 처음 축조되었을 때 만들어진 것이다. 이후 제1·2 궁전지가 추가되면서 제3 궁전지의 기단부는 당초보다 남북방향으로 0.5m 확장되었으며, 전체 기단도 0.85m 높아져 초석의 배치도 바뀌게 되었다(黑龍江省文物考古研究所 2009a).

　중국학계는 상경성 궁성의 제1·2·3의 궁전이 『주례(周禮)』의 삼조제도(三朝制度)를 따른 것으로 본다. 『주례』에는 왕궁을 내조(內朝), 중조(中朝), 외조(外朝)로 구분하고 있는데, 내조는 천자가 휴식하는 곳, 중조는 천자가 직접 정사를 보는 곳, 외조는 군신들이 정사를 의논하는 곳이다. 이에 상경성의 제1·2 궁전은 왕이 정사를 보는 곳, 제3·4 궁전은 내부에 구들이 확인된다는 점에서 침전으로 추정된다.

　이와 관련하여 수대 대흥궁(大興宮)을 고쳐 정궁으로 삼은 당대 장안성의 태극궁(太極宮)의 사례를 살펴보면, 남쪽 중앙의 문이었던 승천문(承天門)은 정지(正至)의 대조회와 조공, 대사면 등의 의식이 거행되는 곳으로, 대조(大朝) 또는 외조라고 칭해지는 태극궁 내의 가장 중요한 곳 중의 하나였다. 승천문 안쪽에는 태극전(太極殿)이 있는데, 황제가 삭망(朔望)으로 청정(聽政)하는 중조(中朝) 혹은 일조(日朝)의 공간이었다. 삭망을 제외한 격일(隔日)로 황제가 신하들을 소견하여 의정(議政)하는 상조(常朝)는 양의전(兩儀殿)에서 행해졌다. 이들 삼조의 공간은 남북 중심축선 상에 일직선으로 배치되었으며, 양의전 뒤에는 침전인 감로전(甘露殿)이 놓여 있었다. 한편, 대명궁(大明宮)은 태극궁의 동북쪽에 이궁(離宮)으로 건립되었는데, 남쪽으로부터 함원전(含元殿), 선정전(宣政殿), 자신전(紫宸殿)이 중축선상에 일직선상으로 배치되었다. 함원전은 문전(門殿)의 성격을 강하게 가지고 있었으며, 기능상 대조(大朝)에 해당한다. 선정전은 일조에, 자신전은 상조의 공간으로 활용되었다(조재모 2011).

　당대의 삼조제가 발해의 상경성 궁성 건축에 미친 영향에 대해서는 중국에서도 몇 가지 견해로 나뉜다. 첫 번째는 수당 장안성의 태극궁 모델로, 외조:승천문-중조:태극전-내조:양의전을 상경성 궁성의 남문-제2 궁전지-제3 궁전지와 연계한 것으로, 발해 11대 왕인 대이진(大彝震)에 의해 삼조제의 모습이 갖춰졌을 것으로 본다(劉曉東·李陳奇 2006). 두 번째는 태극궁과 대명궁을 조합한 모델로, 첫 도성 시기에 내성 남문을 궁전지로 개축하여 상조정전(上朝正殿)으로 사용하고, 뒷부분의 제3·4 궁전지는 침전으로 변경하였다가(前朝後寢), 두 번째 도성 시기에는 당 장안성 대명궁의 함원전과 선정전을 참고하여 기존의 궁전지보다 더 큰 제1·2 궁전지를 건설함으로써 전체 배치를 완성하였다는 것이다(魏存成 2004). 세 번째도

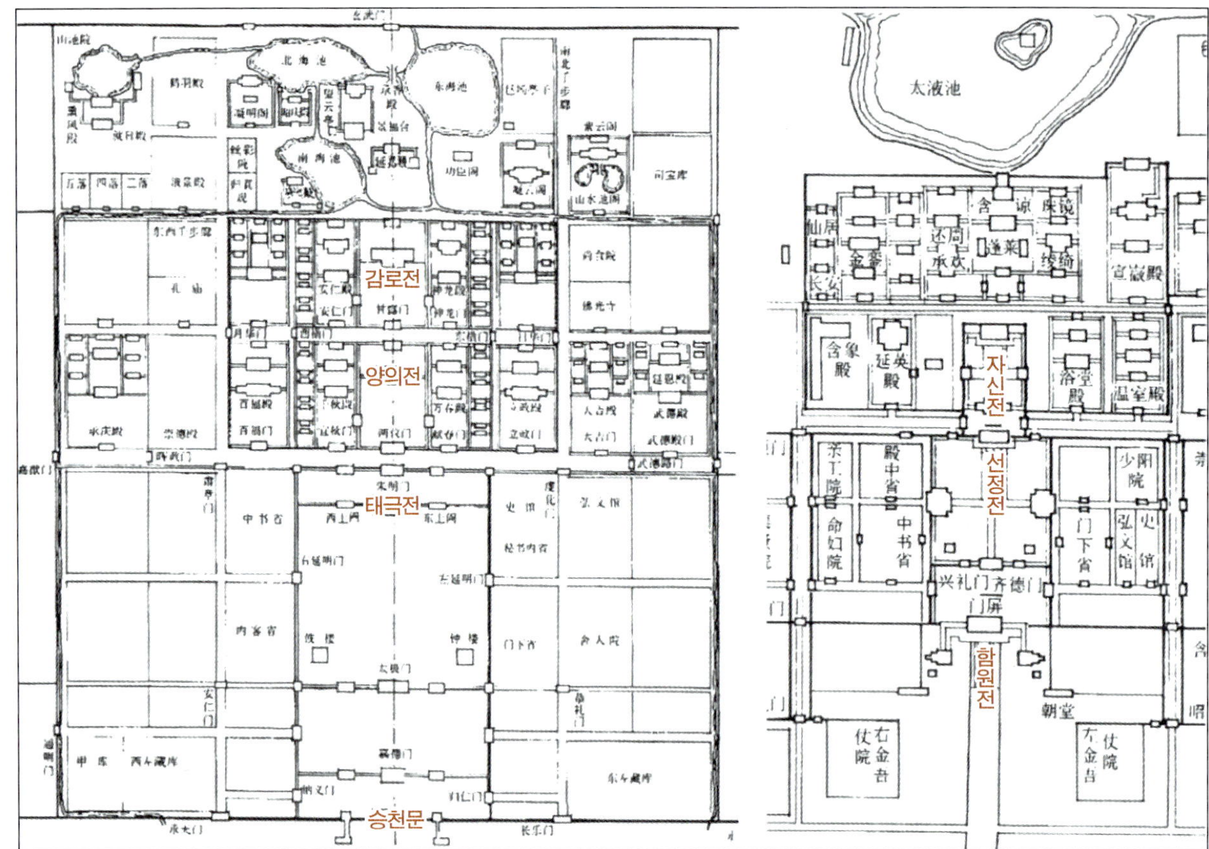

도Ⅱ-19　당 장안성의 태극궁(좌)과 대명궁(우) 복원배치도(국립문화재연구소 2005)

기본적으로는 당의 태극궁과 대명궁의 단계적 차이를 모델로 한 것인데, 상경성 궁전지의 축조 및 개축 시점에만 약간의 차이를 보인다. 구체적으로는 상경성을 처음 축조할 당시부터 삼조제의 관념이 확립되어 있다고 보고 외조:궁성의 남문-중조:제2 궁전지-내조:제3 궁전지로 이루어진 것으로 파악한 것인데, 이는 당대 태극궁에서 승천문-태극전-양의전의 삼조제와 비교된다. 이후 대이진 시기의 '의건궁궐(擬建宮闕)' 과정에서 제1 궁전지가 새로 지어지면서 상경성 궁성의 현 모습이 완성되었고 제1 궁전지-제2 궁전지-제3 궁전지가 당 대명궁의 함원전-선정전-자신전의 역할을 하였으며, 이는 태극궁이 북쪽으로 물러난 현상과도 비교된다는 것이다(조홍광(정원철 역) 2014).

　그런데 이러한 견해를 그대로 따를 경우 상경성 궁성의 구조 전체가 당의 영향으로 변화하는 과정에서 만들어진 것이 되며, 서고성은 단순히 초기 상경성의 원형으로만 여겨지게 된다. 그리고 삼조제도의 적용에 대해서도 중국 연구자간에 의견이 다른 것은 상경성의 궁전

배치 현상이 당의 태극궁이나 대명궁과도 일정한 차이를 보이기 때문이다. 특히 발해는 당으로부터 책봉을 받는 관계였기 때문에 당의 대명궁이나 태극궁과는 달리 외국사신을 접견하였던 제1 궁전지가 내조대전(內朝大殿)인 제2 궁전지에 비해 규모가 작을 수밖에 없다는 인식에서 비롯된 것이다(양정석 2010).

그렇지만 발해의 상경성과 당의 장안성은 지리적으로 멀리 떨어져 있고, 지형과 축조집단이 다르기 때문에 당연히 그 구조에 차이가 있을 수 밖에 없다. 실제로 도성의 기본 계획은 당의 영향을 받았으나, 발해 고유의 건축 문화 또한 유지하고 있음이 확인된다(趙虹光 2009). 도성의 기본 설계와 관련하여 상경성은 궁성 앞에 T자 형태로 대로를 개설하여 그 폭이 궁성의 외곽대로 폭의 거의 두 배가 가까울 정도로 넓은데 이는 태극궁이나 대명궁과는 달리 궁성의 남문 앞 공간을 특별한 목적으로 사용할 수 있도록 계획하였기 때문이다. 그리고 제1 궁전지부터 제4 궁전지까지 조성된 중정(中庭) 구성 역시 내부로 진입할수록 크기를 점차 줄여 각각의 용도에 맞게 계획하였을 뿐 아니라 중정을 구성하는 방식을 모두 달리하여 변화를 준 것도 특징적이다. 또한 정면 19칸, 측면 4칸의 제2 궁전지는 발해의 궁전지 가운데 가장 규모가 클 뿐만 아니라 당 장안성을 포함한 동아시아 궁전 건축 중에서도 가장 길다(한동수 2011).

한편 서고성-상경성-팔련성의 계기적인 발전에 주목한 중국학계의 단계적 조영설은 발해 도성제도가 장안성의 형태를 모방하여 치밀하게 조영한 서고성이 9세기 중엽에야 완벽하게 체현되었다는 인식을 바탕으로 한 것이다. 이는 발해의 역량과 문화 수준이 그만큼 높았음을 입증하는 또다른 증거로도 볼 수 있다.

III

성곽

『신당서(新唐書)』 발해전에 따르면, 전성기 발해는 영토가 사방 5천리에 달했고, 이러한 넓은 영토를 다스리기 위하여 5경(京) 15부(府) 62주(州)를 두었다. 주 아래에는 현(縣)을 두었는데, 전국에 걸쳐 200개 이상의 현이 있었던 것으로 알려져 있다. 부에는 도독(都督), 주에는 자사(刺史), 현에는 현승(縣丞)이 파견되었다. 지방의 이러한 행정 조직 아래에는 부락(촌락)이 있었다. 기본적으로는 중앙에서 임명된 관리가 지방의 성(城)으로 파견을 나갔으나, 지역에 따라 실질적으로 수령(首領)이 통제하는 지방 사회의 경우에는 일정한 자치권을 부여하며 간접 통치하였을 가능성이 있다(양시은 2015).

현재까지 알려진 발해의 성은 200여 곳이 넘는다. 중국에는 목단강과 두만강 유역을 중심으로 200여 기가 넘게 분포하며(王禹浪·王宏北 2002), 북한에 26기, 러시아 연해주에도 15기 이상이 분포하는 것으로 알려져 있다(스토야킨 막심 2017). 이들 성은 고구려나 말갈이 축조한 것을 발해가 연용한 것도 있지만, 새롭게 축조한 것도 상당수이다. 발해 멸망 후에도 성은 개축되어 재사용되었는데, 도성을 제외하면 전면적으로 발굴조사 된 유적이 없어 구체적인 정보[4]를 파악하기가 쉽지 않은 상황이다. 또한 연구자마다 발해 성에 대한 인식이 달라, 성의 전체 개수나 분포 양상, 구조적 특징에 대해서도 각기 차이를 보인다.

1. 성곽의 분포 양상

발해에서 성은 고구려와 마찬가지로 영토 방어뿐만 아니라 지방을 다스리기 위한 행정 치소로도 활용되었다. 발해는 이들 행정 단위에 성을 쌓아 지방을 통치하였으며, 주요 교통로에도 성을 축조하여 영토를 방어하였다. 대민 기능을 담당하는 행정 치소는 주로 평지성이, 영토 경계와 주요 교통로를 따라 도성으로 향하는 길목을 감시하고 방어하는 역할은 평

---

[4] 발해 성에 대한 기본 정보는 王禹浪·王宏北(1994), 방학봉(2001), 사회과학원 고고학연구소(2009), 스토야킨 막심(2012), 방학봉 편(2012, 2013, 2014, 2016), 국립문화재연구소 편(2014), 구난희 외(2015) 등의 자료를 참고하기 바란다.

도Ⅲ-1 발해 성곽 분포도(ⓒ정석배)

① 니꼴라예브까-1성 (ⓒ송기호)

② 시넬니꼬보-1산성 (ⓒ국립문화재연구소)

도Ⅲ-2 발해의 평지성과 산성

원지대가 많은 발해의 특성상 평지성과 산성이 함께 담당하였다. 산성은 평지성에 비해 규모가 작으며, 대개는 강을 끼고 있는 산에 축조하여 방어력을 강화한 것이 특징이다.

Ⅱ장에서 살펴본 바와 같이, 발해는 동모산에서 건국하여, 천보(天寶) 연간에 현주를 거쳐 상경으로 천도한 뒤, 정원(貞元) 연간에 동경으로, 그리고 8세기 말에는 다시 상경으로 복귀하여 모두 4곳을 수도로 삼았다. 수도에는 동모산을 제외하면 모두 평지성이 축조되었고, 이들 도성은 기본적으로는 외성과 내성의 2중 구조를 갖추고 있다.

발해의 5경은 상경용천부(상경성), 중경현덕부(서고성?), 동경용원부(팔련성), 남경남해부(청해토성), 서경압록부(?)로, 15부 가운데 핵심적인 5부를 선정한 것이다. 이 중 상경은 헤이룽장성의 닝안, 중경은 지린성의 허룽, 동경은 지린성의 훈춘이었음이 고고학 조사를 통해 밝혀졌다.

서경의 위치는 현재로서는 지린성 린장시(臨江市)로 보는 것이 유력하지만, 고구려의 국내성이었던 지안(集安) 내지는 압록강 건너의 북한 지역이라는 견해도 있다. 이는 린장시 주변으로 서경에 해당하는 성터 유적이 발견되고 있지 않기 때문이다.

남경은 현재 북한 함경남도 북청의 청해토성으로 비정된다. 넓은 벌판에 자리한 청해토성은 서쪽에 북청강이 흐르고, 남쪽에는 동해가 있다. 평면형태 정방형의 평지성인 청해토성은 기존에는 장방형의 토성으로 그 둘레를 2.1km로 추정하였으나(김종혁 1997), 최근 북한과 중국의 공동조사 결과 북벽과 남벽이 동쪽으로 확장될 수 없다는 판단 하에 둘레를 1.34km로 정정하였다(鄭永振 외 2018). 성문은 각 방향마다 1개씩 확인되며, 남문에는 직경 10m 가량인 타원형 평면의 옹성이 설치되어 있다. 남벽의 서남모서리 부근에서 길이 5~6m

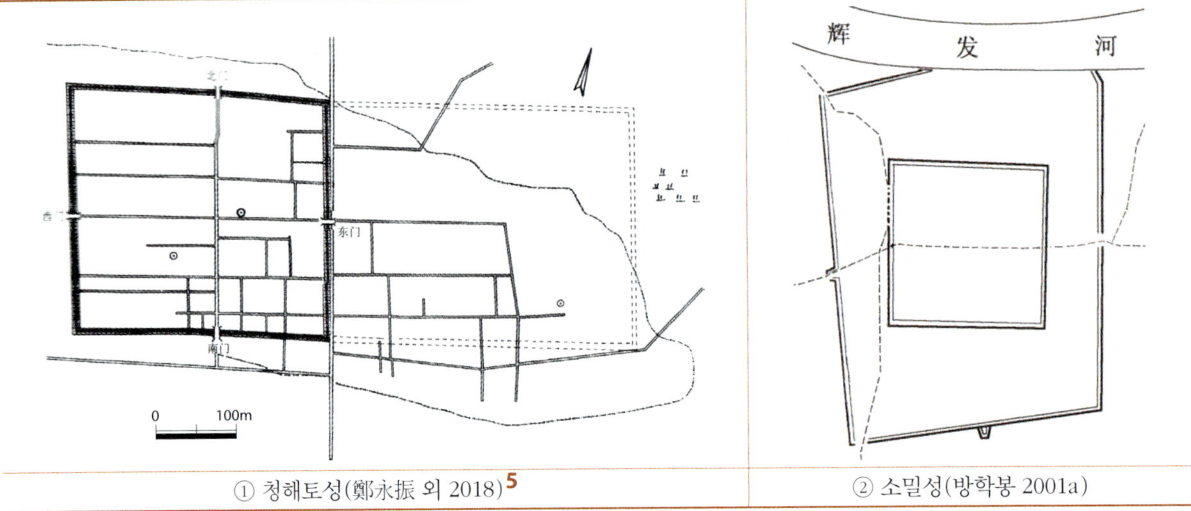

| ① 청해토성(鄭永振 외 2018)[5] | ② 소밀성(방학봉 2001a) |

도Ⅲ-3　청해토성과 소밀성의 평면도

가량의 치가 확인되는데, 1960년대에는 5개의 치가 있었던 것으로 알려져 있다(리정기 1967). 이 밖에도 성 바깥쪽에는 해자가 조성되어 있다. 그리고 성 내에서는 발해 시기의 연화문와당과 치미, 지압문 암키와를 비롯한 철촉과 토기 등이 출토되었다.

　　발해의 나머지 10부 중, 장령부(長嶺府)는 현재 지린성 화뎬(樺甸)의 소밀성(蘇密城)으로 비정된다. 성은 북으로 송화강 지류인 휘발하에 접해있어 방어가 용이하며 교통이 편리하다. 현재의 소밀성은 回자형의 이중성이나, 발해 시기에는 내성만 있었고, 요금대에 외성이 추가된 것이다. 내외성 모두에서 해자가 확인된다. 둘레가 2.59km인 외성은 남북으로 긴 장방형 형태인데, 내성과 축조 시기가 달라 평면 구조가 잘 맞지 않는다. 발해가 축조한 내성은 방형으로, 성벽의 전체 둘레는 1.28km이다. 토축 성벽의 기저부 너비는 7m 가량이다. 동벽과 서벽에 문지가 있었던 것으로 보인다. 성에서는 발해 시기의 연화문와당을 비롯한 각종 기와편과 토기편, 철기 등이 출토되었다(방학봉 2001a; 吉林省文物考古研究所 2014).

　　솔빈부(率賓府)는 헤이룽장성 둥닝시(東寧市)의 대성자고성(大城子古城)으로 비정된다. 수분하(라즈돌나야강) 남안 대지에 위치하며, 장방형 평면의 토석혼축성으로, 전체 둘레는 3.75km이다. 서문에는 옹성이 부가되어 있으며, 성벽의 각 모서리에는 각루가, 성 밖에는 해자가 조성되어 있다. 성에서는 발해 시기의 동경, 사리함, 청동제 불상, 연화문와당 등이

5　좌측의 굵은 실선이 성벽이고, 오른쪽 점선은 북한에서 과거 토성의 범위로 설정하였던 부분인데 최근 성벽이 아님이 밝혀졌다.

출토되었다(朱國枕·朱威 2002).

『신당서』에 따르면, 발해에는 5개의 주요 대외교통로가 있었다. 용원부를 거점으로 동해를 건너는 일본도(日本道), 남해부를 거점으로 니하(泥河)를 지나 신라로 들어가는 신라도(新羅道), 압록부를 거점으로 압록강과 해로를 이용하여 뤼순(旅順)-묘도열도-산동반도에 이르러 다시 육로로 당으로 가는 조공도(朝貢道), 장령부에서 육로로 선양(瀋陽)과 영주를 거쳐 당으로 가는 영주도(營州道), 부여부에서 서쪽의 거란 본거지로 가는 거란도(契丹道)가 바로 그것이다. 이 밖에도 『구당서』를 참고해볼 때, 발해 후기의 국내 교통로에는 상경성 북쪽으로 목단강 상류와 송화강 하류를 거쳐 동북쪽의 흑수말갈로 이르는 흑수도(黑水道)가 있었을 가능성이 있다.

여러 대외 교통로 중 당으로 향하는 조공도(또는 압록도)는 발해 역사에서 가장 활발하게 이용된 것으로 알려져 있다. 『신당서』에 전하는 가탐(賈耽)의 『도리기(道里記)』에 따르면, 이 경로는 발해의 구국(舊國), 중경(현주), 동경, 상경에서 떠나 신주(神州, 서경압록부)에 이르고, 신주(린장)에서 다시 배를 타고 압록강을 따라 환도(丸都, 지안)와 박작구(泊汋口, 단둥)에 이

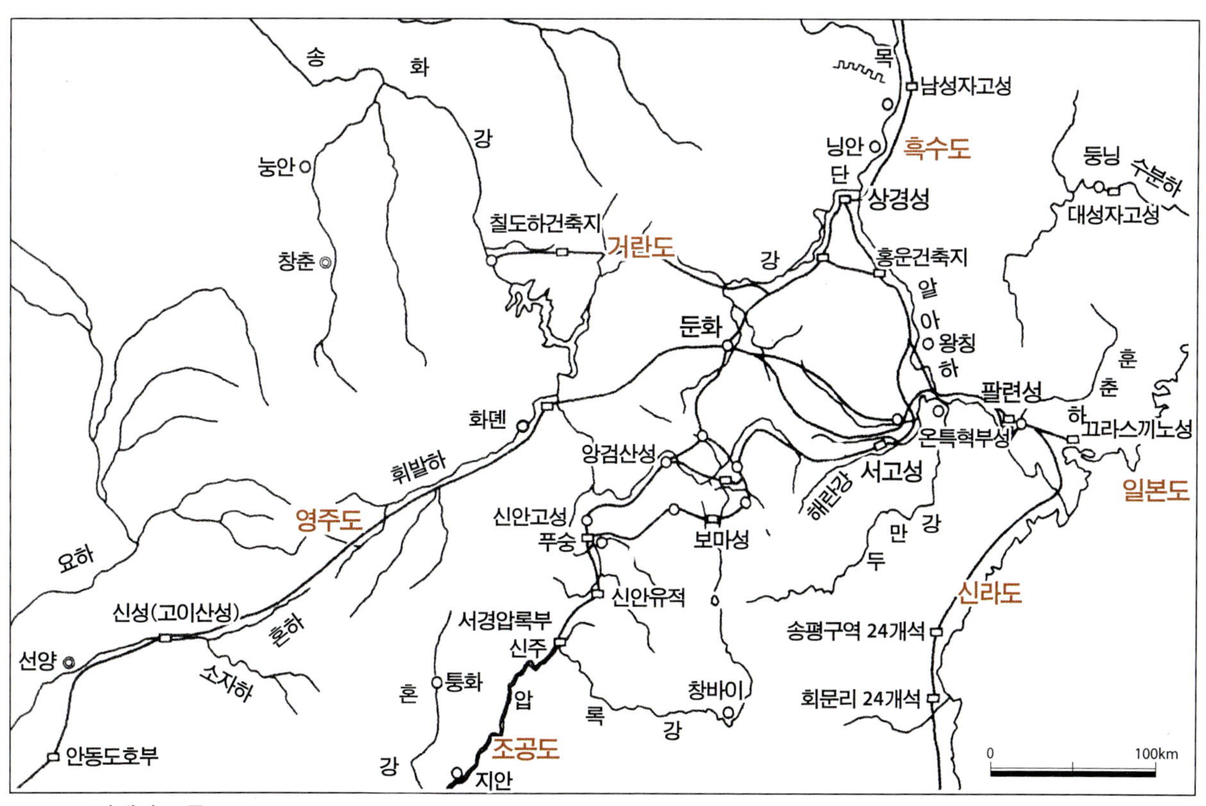

도Ⅲ-4　발해의 교통로(魏存成 2008)

르렀다가 그곳에서 다시 압록강 어귀를 나가 해로로 요동반도 끝(다롄)과 발해 해협(묘도열도)을 거쳐 산동반도의 등주(登州)에 이른 후 육로로 당의 수도인 장안(長安)에 도달한다.

압록강에서 요동반도 남단에 이르는 해당 교통로의 주요 지점에는 고구려 시기의 성들이 분포하고 있어, 기존 교통로를 발해가 다시 연결하였을 가능성이 있다(이성제 2009). 다만 신주(서경)에서 현주(중경)에 이르는 육로는 발해가 새로 개척한 것으로, 발해 성의 분포 상황으로 볼 때 린장에서 동북으로 푸숭(撫松)과 안투(安圖)를 거쳐 서북의 융칭향(永慶鄉)과 류수둔(柳樹屯)에 이르고, 다시 부이하(富你河)를 따라 서북의 다푸차이허진(大浦柴河鎮)을 거쳐 북쪽으로 목단강을 따라 둔화(敦化, 구국)에 이른다. 중경으로 가기 위해서는 안투에서 융칭향과 류수둔을 거쳐 고동하(古洞河)를 따라 동북으로 만보고성(萬寶古城)과 신허향(新合鄉), 그리고 다시 해란강(海蘭江)의 지류를 따라 장항고성(獐項古城)을 거쳐 동쪽으로 가면 된다. 한편, 중경에서 상경으로 가기 위해서는 해란강을 따라 동쪽으로 가면서 옌지(룽징)의 여러 발해 성들을 거친 뒤, 이후 알아하(嘎呀河) 유역의 발해 성을 따라 북쪽으로 가면 된다(윤재운 2018).

영주도는 압록강의 수로와 발해 연안의 해로로 구성된 조공도(압록도)와는 달리 고구려 시기부터 있었던 내륙의 육상 교통로로, 발해 초기에 주로 이용되었다. 관련 자료가 많지는 않지만 영주도에는 장령부의 치소로 비정되는 소밀성과 고구려의 신성(新城)으로 알려진 고이산성이 중요한 역할을 담당하였을 가능성이 있다(구난희 2018).

거란도는 요(遼: 916~1125년)의 건국 이후를 기준으로 하면 발해 상경성에서 서쪽으로 요의 황도(皇都, 상경 임황부)까지 연결된 교역-교통로를 말한다. 『신당서』에서 부여부(扶餘府)에는 늘 강한 군대를 주둔시켜 거란을 방어하였다고 하므로, 부여부가 거란도의 핵심임을 알 수 있다. 부여의 옛 땅에 설치하였다는 부여부의 치소로는 그간 창춘 눙안(農安), 류화 나통산성(羅通山城), 랴오위안 용수산산성(龍首山山城) 등이 후보지로 논의되어 왔다(정석배 2018).

일본도는 동경 관할의 염주(鹽州) 즉, 러시아 연해주 하산지구에 있는 끄라스끼노성에서 일본으로 건너간 것으로 알려져 있다. 끄라스끼노성은 연해주 일대의 성 중에서 유일하게 해안가에 있는 평지성이다. 평면형태는 말발굽형으로, 성의 둘레는 약 1.2km이며, 토심석축 공법으로 축조한 석성이다. 그간 여러차례 조사된 끄라스끼노성에서는 옹성이 부가된 3개의 문지와 절터, 기와 가마, 우물, 온돌주거지 등이 발굴되었다. 성 내부에서는 금동불상을 비롯한 발해 시기의 다양한 유물들(와당, 평기와, 토기, 철기, 석기, 수입자기 등)이 출토되었다.

신라도는 한반도 동해안을 따라 연결된 발해와 신라의 중요한 교통로로, 『삼국사기』에 인용된 가탐(賈耽)의 『고금군국지(古今郡國志)』에 따르면, 신라의 천정군(泉井郡, 정천군)에서

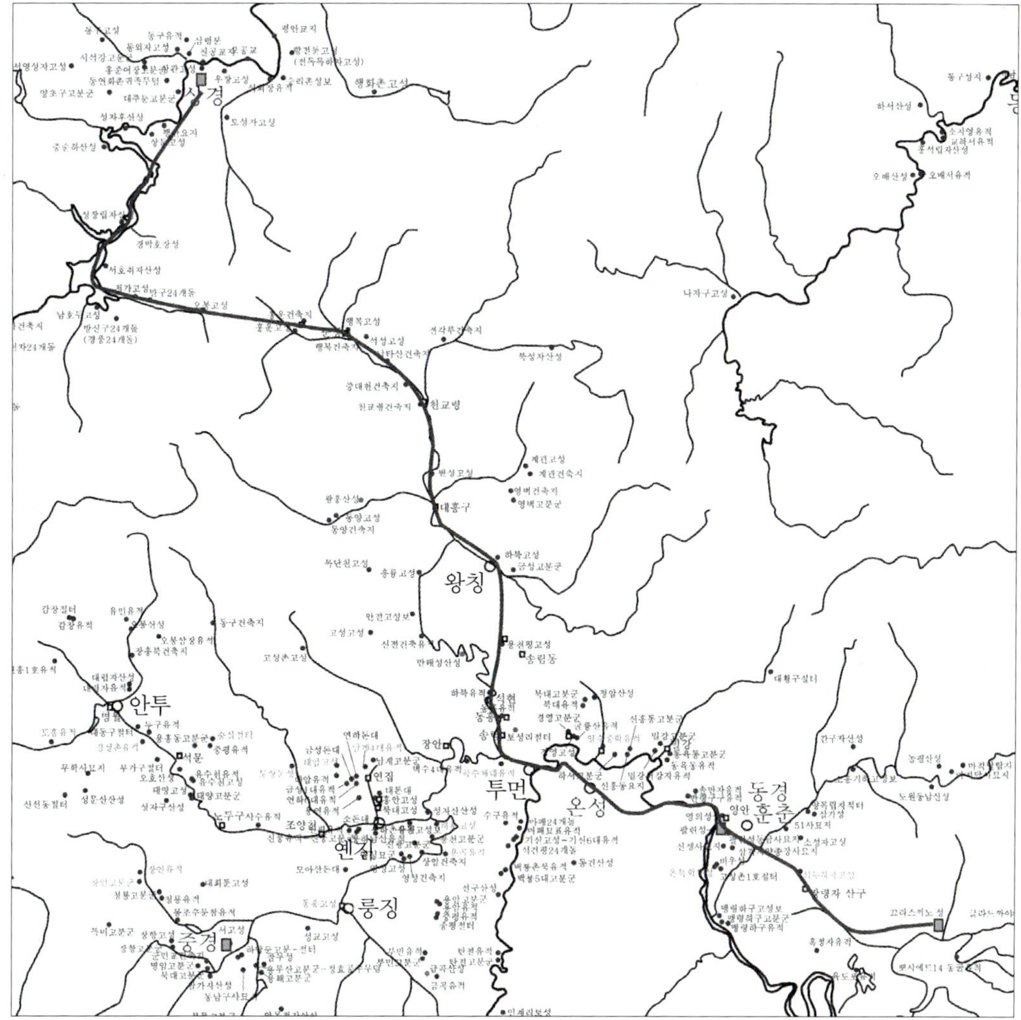

도Ⅲ-5　발해 일본도(정석배 2021)

책성부(柵城府, 동경용원부)까지는 39개의 역이 있었다고 한다. 신라도의 핵심은 남경남해부의 치소로 알려진 청해토성이었으며, 신라도에도 중요 요충지에는 성을 축조하여 방어하였음이 확인된다.

　　흑수도는 상경성에서 동북쪽으로 덕리진(德理鎭)을 거쳐 남흑수말갈(南黑水靺鞨)에 이르는데 천리(500km)가 된다는 『신당서』의 지리지가 참고가 된다. 덕리진은 흑수도의 중요한 경유지로, 상경용천부 관할 발주(渤州)의 치소인 남성자고성(南城子古城)으로 비정된다(劉曉東·祖延苓 1988). 남성자고성은 장방형 평면의 토성으로, 전체 둘레는 2.06km이다. 성은 훼손이 심한데, 옹성을 갖춘 남문지와 함께 해자의 흔적이 확인된다. 성 내부에서 발해 시기의 기와

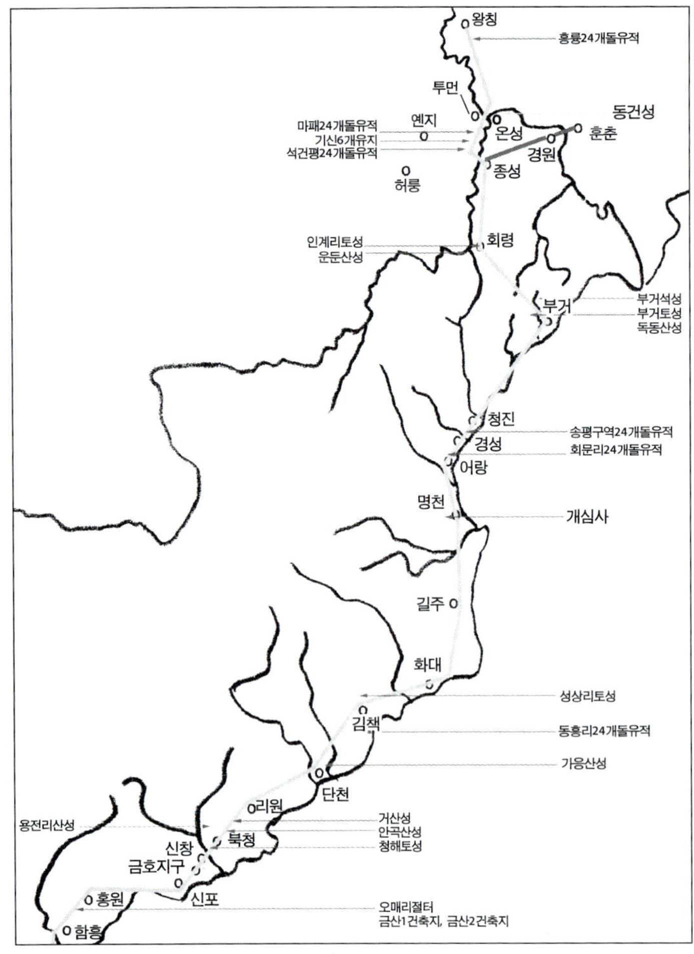

도Ⅲ-6 발해 신라도(이병건 2021)[6]

편이 출토되었다. 인근에는 흑수말갈을 방어하기 위해 축조한 50km 길이의 목단강장성(牧丹江長城)이 성의 서남쪽에서 서북쪽 방향으로 지나간다.

이상에서 언급한 발해 시기의 대외 교통로에는 인적, 물적 교류를 위한 거점과 함께 일부 성(평지성, 산성)이 분포하고 있으나, 평원 지대가 많은 발해의 지리적 특성상 방어에 특화된 관방 체계를 갖추고 있지는 않았다.

다만 발해는 오랜 기간 수도였던 상경성을 중심으로 하는 도성 방어체계를 갖추었다. 목단강과 경박호 일대에는 발해 시기의 성이 집중 분포하고 있음이 확인된다(도Ⅲ-7).

우선 상경성 북쪽에는 외부로부터 들어오는 길목을 차단할 수 있도록 남성자고성(南城子古城)과 목단강장성(牧丹江長城)이 배치되어 있다. 다음 방어선은 목단강을 따라 해랑고성(海浪古城), 용두산고성(龍頭山古城),[7] 복흥고성(福興古城)이, 그 다음으로는 대왕산성(岱王山城)과 강동장성(江東長城)이 그리고 다시 목단강을 따라 대목단고성(大牧丹古城), 향전둔고성(向前屯古城), 동구고성(東溝古城), 동외

---

6 이병건(2001)은 신라도를 훈춘-경원-종성-회령-부거-청진을 거치는 구간으로 상정하였으나, 웨이춘청(2008)은 훈춘에서 두만강을 거쳐 동해안을 따라 내려가는 것(도Ⅲ-4)으로 이해하고 있어 차이를 보인다.

7 용두산고성은 목단강과 해랑하가 합류하는 지점의 강안절벽 위에 있는 강안평지성이다. 유적의 입지와 평면 형태 등에서 임진강 유역의 호로고루나 당포성 등 고구려 성과 매우 유사하다(송기호 2011: 365).

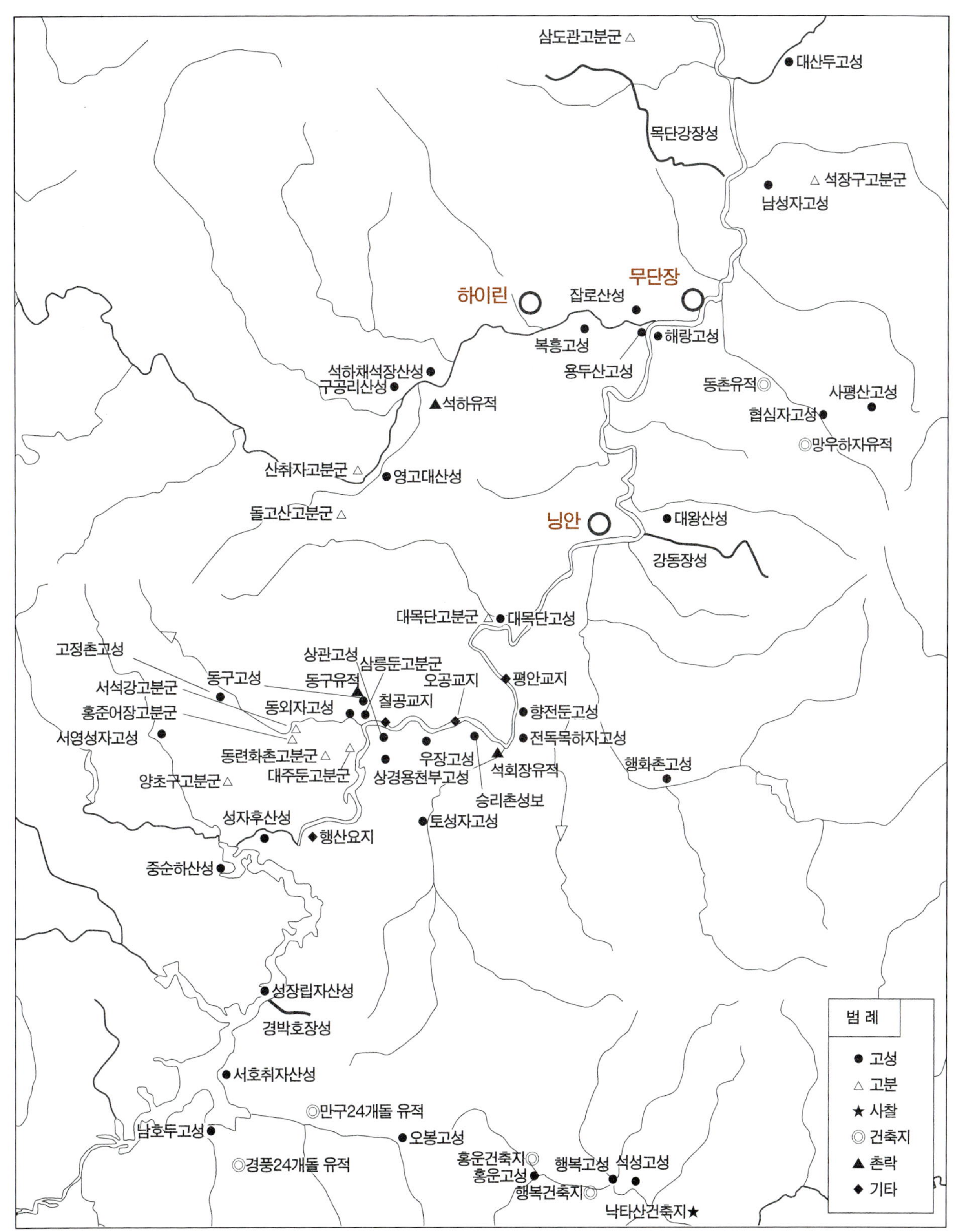

도Ⅲ-7　상경 일대의 발해 유적(구난희 외 2015)

자고성(東崴子古城), 행화촌고성(杏花村古城) 등이 차례로 방어벽을 형성하고 있다. 최종적으로 도성인 상경성에는 목단강을 자연 방벽으로 삼고 주변에 상관고성(上官古城), 우장고성(牛場古城), 승리촌성보(勝利村城堡) 등이 배치되어 있다.

가장 북쪽에 있는 목단강장성은 장광재령의 동남지맥을 따라 목단강의 서안까지 대략 50km에 달한다. 성벽은 주변에서 구하기 쉬운 재료를 이용하였는데, 주로 토축이나 석축 혹은 토석혼축도 일부 확인된다. 적을 막기 위한 치(雉) 또는 호성(弧城)이 성의 북쪽 방향으로 나 있고, 수혈 주거지로 추정되는 토광들이 성벽 안쪽, 즉 남쪽 방향에서 확인되고 있어, 장성은 북쪽의 적을 방어하기 위해 축조된 것임을 알 수 있다. 목단강장성 보다 남쪽에 있는 강동장성은 닝안의 동쪽에 있는 목단강 우안에서 시작하여 남동 방향으로 약 28km 가량 이어지는데, 대부분 토축이고 일부 구간만 토석혼축이다. 성벽의 잔존 높이는 대략 2m, 기저부 너비는 5~8m 가량이다. 성벽에는 25m 간격으로 북쪽을 향해 치가 설치되어 있어, 목단강장성과 마찬가지로 북쪽을 방어하기 위한 것임을 알 수 있다(이종수 2012).

상경성의 남쪽 역시 경박호 남단의 남호두고성(南湖頭古城)과 오봉고성(五峰古城), 서호취자산성(西湖嘴子山城)을 외곽 방어선으로 삼고, 그 다음에는 성장립자산성(城牆砬子山城)과 경박호장성(鏡泊湖長城)[8]을, 마지막에는 중순하산성(重脣河山城), 성자후산성(城子后山城), 토성자고성(土城子古城) 등이 차례로 배치되어 있다.

물론 이들 성이 모두 발해 시기의 것인지는 현재까지의 고고학적인 조사가 미흡하여 확인하기 어렵지만, 성의 분포 양상으로 볼 때 발해 도성의 주 방어는 동북 방향과 서남 방향임을 짐작해볼 수 있다. 상경성의 동북쪽은 흑수말갈을, 서남쪽은 당과 거란을 방어하기 위한 것으로 판단된다. 발해는 평원지대가 펼쳐지는 지리적인 환경으로 인해 수도 주변을 중심으로 한 관방체계를 운영할 수밖에 없었다(강성봉 2015).

이는 변경에서의 1차 방어, 수도로 향하는 주요 교통로를 중심으로 하는 2차 방어, 그리고 도성에서의 최종 방어 등으로 이어지는 다중의 방어체계를 갖추었던 고구려와는 큰 차

---

8 경박호장성은 경박호에서 동남방향으로 축조되었는데, 주로 토축 성벽이나 토석혼축과 석축 성벽도 일부 확인된다. 북쪽 방향으로 치가 설치되어 있어, 앞서 언급한 목단강장성과 강동장성과 마찬가지로 북쪽에서 내려오는 적을 막기 위해 축조되었음을 알 수 있다. 상경성의 남서쪽에 위치하고 있음에도 방어 대상이 북쪽이라고 한다면, 경박호장성은 상경성이 아닌 구국이 위치하는 목단강 상류지역을 방어하기 위해 축조되었을 가능성이 있다(정석배 2014).

이를 보인다. 발해 또한 주요 교통로를 따라 성이 분포하고 있으나, 험준한 산악 지형을 최대한 활용하여 산성 중심의 방어체계를 갖추었던 고구려와는 달리 평원이 많은 지형적인 요건으로 인해 평지성이 다수 축조되어 있다.

이로 인해 거란왕 야율아보기(耶律阿保機)는 925년 12월 21일에 군사를 움직여 같은 달 29일에 발해의 부여성을 포위하여 3일만에 함락시키고, 926년 1월 9일에는 다시 수도인 상경성을 포위하여 3일 뒤인 1월 12일에 발해의 항복을 받아낸 바 있다. 거란의 침입 당시 발해가 무기력하게 무너졌음은 발해의 관방체계가 제대로 작동하지 않았음을 보여준다(김기섭 2008).

한편, 일본의 『유취국사(類聚國史)』에는 발해의 지방은 말갈 부락이 대부분으로 대다수의 말갈인과 소수의 토인(土人)으로 구성되어 있었다고 한다. 중앙에서 임명한 관리가 지방의 성(城)으로 파견을 나갔을 것인데, 발해의 지방 사회는 실질적으로 수령(首領)의 통제 하에 있었기에 일정한 자치권을 부여하며 간접 통치하였을 가능성이 있다.

러시아 연해주 지역의 발해 성 역시 평지성과 산성이 모두 확인되는데 지방 지배를 위한 행정 치소는 평지성이었을 가능성이 크다. 그럼에도 불구하고 연해주의 평지성에서 기와 건물지가 거의 발견되지 않는다는 점은 발해의 지방지배와 관련하여 시사하는 바가 크다. 평지성 중에서 전체 둘레가 1.2km가 넘는 성으로는 고르바뜨까성, 꼭샤로브까-1성, 끄라스끼노성 등이 있다. 성 내 유구나 발해 삼채나 수입 자기 등과 같은 출토 유물로 보면 이들 성은 모두 행정 치소로 활용되었을 가능성이 충분한데, 이 중 기와가 발견된 곳은 끄라스끼노성이 유일하다. 이러한 양상은 발해가 연해주 지역을 간접 통치하였음을 보여주는 또다른 증거로 볼 수 있다.

그리고 발해 토기에서 고구려계와 말갈계가 차지하는 비중 역시 지역별 그리고 유적의 성격과 시기에 따라 차이를 보인다. 실제로 연해주 지역의 발해 성에는 고구려계 발해 토기가 대다수를 차지하고 있는데, 끄라스끼노성에서 출토된 발해 토기는 약 90%가 고구려계 전통을 따르고 있고, 꼭샤로브까-1성 역시 마찬가지이다. 이는 말갈계 발해 토기가 큰 비중을 차지하는 연해주 지역의 발해 고분이나 취락과는 다른 양상이다. 이처럼 발해 성에서 출토되는 토기의 대부분이 고구려계 발해 토기라는 점은 중앙에서 파견된 지방관이 성을 중심으로 활동하였음을 보여준다(양시은 2015).

2. 성곽의 구조와 특징

1) 성벽

성벽은 성 방어에 가장 중요한 시설로, 축성 과정에서 가장 많은 공력을 기울이는 부분이다. 성벽을 구성하는 주된 재료에 따라 발해 성은 토성과 석성, 토석혼축성(토루+석재 피복)으로 구분이 가능하다.[9] 성벽은 주변에서 쉽게 구할 수 있는 재료를 이용하는 경우가 대부분이지만, 성문과 같이 방어를 강화해야할 필요가 있는 곳에는 판축기법을 이용한 토성벽이나 석축 성벽을 축조하기도 한다.

(1) 토성

토성은 평지 내지는 얕고 편평한 구릉에 입지하는 것이 일반적이다. 성벽의 축조를 위해서는 우선 지반을 강화하는 작업을 한다. 팔련성은 성벽이 들어설 곳의 지면을 넓게 파서 흙으로 층다짐(基槽)을 하였으며, 서고성이나 상경성의 경우에는 굴광 후에 강자갈과 정제된 사질점토를 교대로 겹겹이 쌓아 단단하게 다져 기저부를 조성하였다. 이 밖에도 소밀성은 별도의 굴광작업 없이 원래의 지면을 편평하게 정지한 다음 그 위로 강돌과 모래를 이용하여 기초부를 조성하였다.

지정공사가 완료된 후에는 본격적으로 성벽을 축조하게 된다. 토축 성벽의 축조방식은 흙을 깎아서 축조하는 삭토법(削土法), 흙을 쌓아올려 축조하는 성토법(盛土法)과 판축법(版築法) 등이 있다. 평지성에는 성토법이나 판축법과 같이 흙을 쌓아 올려 성벽을 쌓는 방식이 일반적이다. 산성에는 지형이나 필요에 따라 다양한 방식을 사용하는데, 능선이나 경사면에는 삭토법과 성토법을, 성문이나 계곡 입구 등에는 판축법과 성토법을 주로 이용한다(양시은 2016).

판축법은 단위 구간별로 판재를 대고 안쪽으로 흙을 부어 달구질을 하거나 발로 밟아 층층이 다져 올라가는 공법이다. 이와 같은 과정을 무수히 반복하여 흙이 여러 번 다져지게 되면 굉장히 단단해져서 토축 벽체가 장기간 버틸 수 있게 된다. 판축을 위한 기본 구조물에는 목주(永定柱)와 판목(板木), 횡장목(橫長木), 종장목(縱長木) 등이 있다. 판축을 위해서는 우

---

[9] 발해 성 중에는 노보고르데예브까성처럼 목책이 설치되었을 가능성이 있는 유적도 있으나(정석배 2017), 아직까지 명확하게 밝혀진 것은 아니므로 여기에서는 다루지 않았다.

선 나무 기둥을 설치하고, 목주와 목주 사이는 종장목과 횡장목으로 결구하여 기본 구조를 갖춘다. 이후 판축토가 밀리는 것을 방지하기 위하여 판재(판목)를 연결한 뒤, 흙을 수평으로 다져 성벽을 높여가게 된다.

그간 우리 학계에 판축공법이 적용된 것으로 알려진 서고성이나 팔련성의 경우 성벽의 축조 기법에 대해서는 재검토가 필요하다(이종수 2009). 판축이라 함은 글자 그대로 '판을 대고 쌓는다'라는 뜻이기 때문에, 협판이나 이를 고정하기 위한 기둥, 협판을 받치기 위한 횡장목, 흙을 견고히 다진 달구질 흔적 등의 증거들이 검출되어야 하나, 현재로서는 이를 입증할 만한 증거가 확인되지 않았기 때문이다.[10] 이에 대해 기존의 '단순 성토'나 '유사 판축' 등의 개념과는 차별화하여 물성(物性)이 다른 흙을 교호로 성토한 방식을 '교호성토(交互盛土)'라는 용어로 부르자는 제안도 있었다(권오영 2011). 반면 현상적으로 뚜렷한 판축의 증거를 제시하기는 어렵다고 하더라도 일정 구간에 수평으로 흙을 겹겹이 다져 견고하게 쌓은 토성은 폭넓게 판축토성으로 분류하여야 한다는 주장도 있다(신희권 2017).

실제로 서고성의 성벽(도Ⅲ-8)은 사질점토를 층층이 쌓아 축조한 것으로, 엄밀한 의미의 판축기법은 확인되지 않는다. 성벽은 1차 토루의 축조와 경사절취, 2차 토루의 덧쌓기와 경사절취, 그리고 성벽의 내외면 피복(護城坡)[11] 순으로 축조되었다. 즉 중심 토루를 1차로 완성한 다음, 토루의 안쪽면을 경사지게 절취한 후, 이를 골조로 삼아 안쪽 면에 토루를 덧쌓는 방식(판괴연접법)으로 중심 체성벽을 축조하였다. 토루에서 보이는 경사절취는 덧쌓기 공정에

---

10 서고성의 토성벽과는 달리 카이저우 청석령산성(고려성산성)이나 지린 용담산성 등의 고구려 토성벽에는 판축의 흔적이 잘 드러난다. 토축 성벽에서 세로로 갈라지는 곳은 판축 당시 종장목을 세웠던 부분이고, 가로로 여러 겹 쌓여있는 것은 흙을 여러 번 다져 판축한 결과물이다. 개별 판축 토층의 두께는 10cm 내외이며, 세로로 나누어지는 부분은 유적마다 다르나 대체로 1.5m 내외이다(양시은 2016).

①카이저우 청석령산성	②지린 용담산성

11 보고서에는 붕괴토(倒塌堆積)로 서술하고 있으나, 체성벽을 보호하기 위해 추가적으로 성토한 것으로 보는 것이 합리적이다.

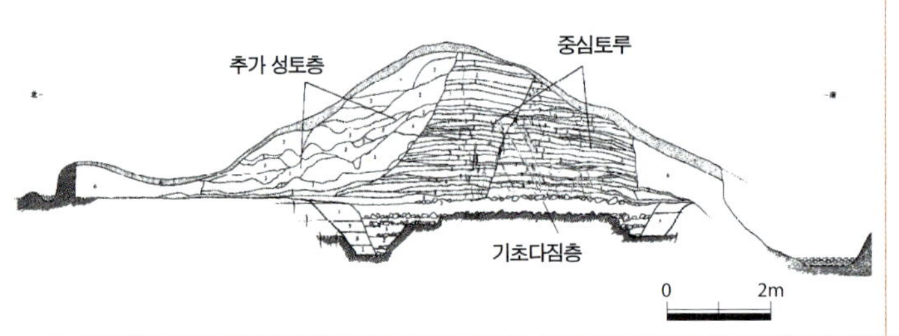

도Ⅲ-8　서고성의 외성 남벽(吉林省文物考古研究所 외 2007)

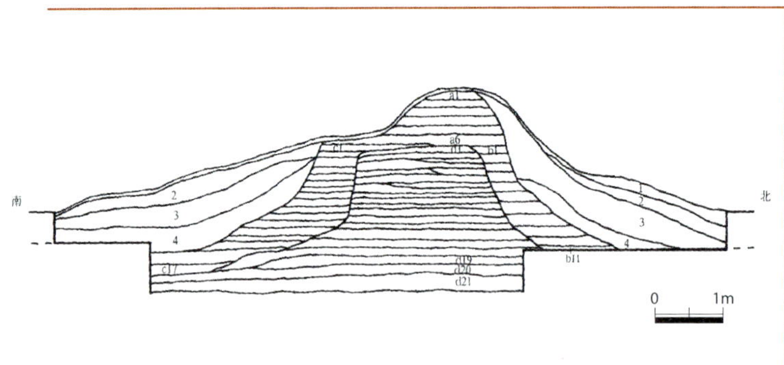

도Ⅲ-9　팔련성의 내성 남벽(吉林省文物考古研究所 외 2014)

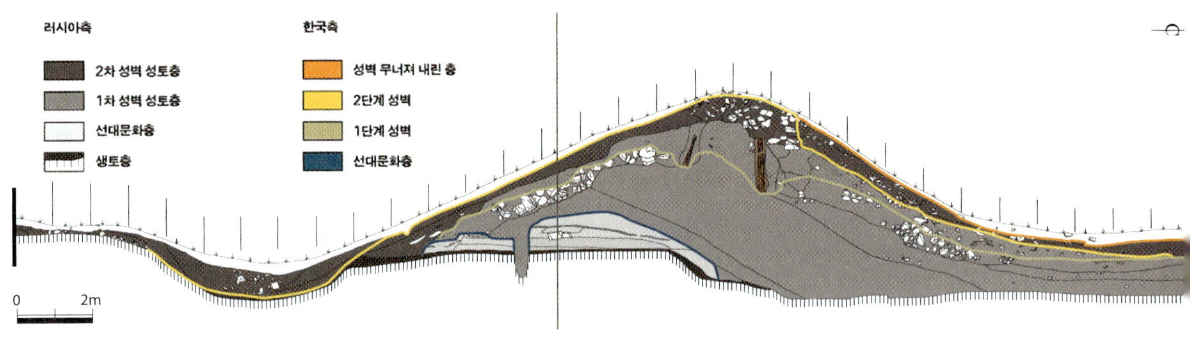

도Ⅲ-10　꼭샤로브까-1성의 층위 모식도(국립문화재연구소 외 2015)

서 성벽의 구조적인 안정성을 확보하기 위한 사전조치였을 가능성이 크며(이성준 외 2013), 동일한 방식이 팔련성 내성 남벽에서도 확인된다(**도Ⅲ-9**).

　꼭샤로브까-1성의 체성벽 역시 성토기법으로 축조하였다. 성벽은 기저부 폭이 10~14m, 잔고는 4~6m 가량이다. 성벽은 발해 시기의 초축 성벽(토성)과 발해 이후 시기에 개축된 성벽(석벽 부가)으로 구분된다. 초축 성벽은 주변의 흙을 여러 차례 부어 다지면서 성벽을 쌓는 성토기법으로 축성하였으며, 체성벽이 완성된 이후 외면에는 할석(산돌)을 깔았다(**도Ⅲ**

-10). 그리고 돌 사이에는 성벽을 기어오르지 못하도록 방어용 철제 미늘을 뿌려두었다.

한편, 토석혼축성은 토루 외면에 성벽을 보호할 목적으로 석재를 피복한 경우가 많은데 토축 성벽을 축조하는 과정에서 주변의 잔돌이 섞여 들어가는 경우는 토성으로 본다. 토루의 외면에 일정 높이까지 석축을 보강하기도 하나, 성벽 외면 전체를 석축한 것이 아니기 때문에 석성으로 보기도 어렵다. 토루를 축조하고 석재로 외면을 피복하더라도 자연스럽게 흙이 쌓이는 경우가 많아 겉으로 보기에는 토성과 토석혼축성의 구별이 쉽지 않고, 체성벽이 토루라는 점에서 토석혼축성은 토성의 범주에 포함된다(양시은 2016). 이러한 토석혼축(토축즙석) 성벽은 꼭샤로브까-1성과 니꼴라예브까-1성 등에서 확인이 가능하다.

(2) 석성

석성은 돌을 쉽게 구할 수 있는 곳에 입지한 경우가 많은데, 평지성이나 산성에서 모두 확인된다. 축성법은 내탁식(內托式)과 협축식(夾築式)으로 구분된다. 내탁식은 경사면을 정리하여 석축을 쌓고 그 안쪽을 흙과 돌로 채워 넣는 방식으로, 석축부와 토축부(뒷채움구간)로 이루어진다. 협축식은 성벽의 내외면 모두를 돌로 쌓는 방식인데, 주로 평지나 얕은 경사면, 그리고 성문 인근의 성벽을 축조할 때 이용된다. 성벽 축조에 사용되는 돌은 형태가 다양한데, 고구려 석성의 경우 외면에 쐐기꼴이나 장방형의 돌을 사용하여 쌓는 것이 일반적인데,[12] 발해 성에서는 고구려의 이러한 전통이 엄격히 지켜지지는 않은 것으로 보인다.

---

12 고구려의 석축 성벽은 정면에서 보면 잘 다듬어진 장방형 형태의 성돌 하나에 위아래로 각각 2개, 좌우로 1개가 맞물리게 쌓아 1개의 성돌이 6개의 성돌과 한 단위로 서로 접하는 육합(六合) 구조를 특징으로 한다. 위에서 보면 앞부분에 비해 뒷부분의 뿌리 쪽이 좁고 길쭉한 쐐기형(4각추형) 성돌 사이에 길쭉한 북꼴 돌(능형석)이 맞물리게 하고, 그 위로는 쐐기형 성돌을 엇갈리게 쌓아 그 꼬리 부분이 북꼴을 눌러주어 고정되도록 한다(양시은 2016).

① 品자형 쌓기
(환련 고검지산성)

② 쐐기형성돌 겉쌓기
(쟝허 성산산성)

③ 쐐기형성돌&북꼴돌
(쟝허 성산산성)

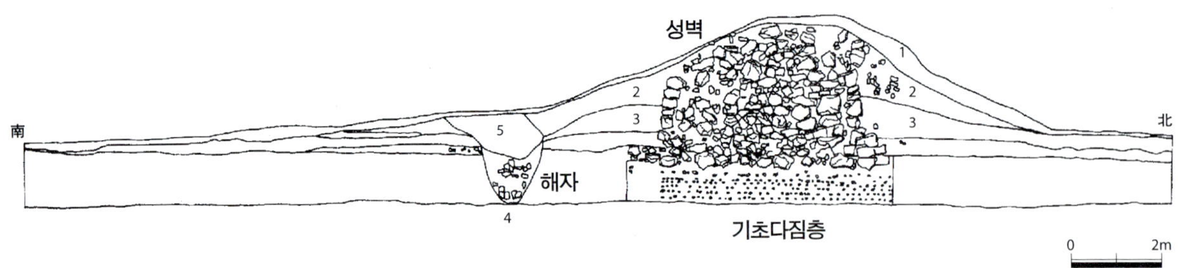

도Ⅲ-11　　상경성의 궁성 남벽(黑龍江省文物考古研究所 2009a)

석축 성벽을 축조하기 위해서는 석재의 하중을 지탱할 수 있도록 지반을 다지는 기초 공사가 필수적인데, 이는 지반의 상태에 따라 달라진다. 지반이 암반인 경우에는 그대로 사용하지만, 그렇지 않은 경우에는 일정 깊이 까지 파서 점토를 다져 성토하거나 또는 점토와 잡석을 채워 넣어 평탄한 기초부를 조성하는 것이 일반적이다(양시은 2016).

협축식으로 축조한 성벽의 대표적인 사례는 상경성의 궁성벽을 들 수 있다(**도Ⅲ-11**). 궁성 남벽은 너비 6m, 깊이 1m 가량의 기초를 파고, 강자갈과 황토를 반복하여 6단(높이 0.8m)을 채워 넣었으면서 동시에 기초의 남단(외벽쪽)에는 0.8m 너비를 황토로만 채웠다. 이후에는 현무암 돌들을 0.6m 가량의 높이로, 그 양쪽에는 0.4m 높이로 황토를 깔아 기저부를 조성하였다. 체성벽은 그 위에 쌓았는데, 밑면의 너비는 4.7m, 높이는 2.5m 이상이다. 주변이 용암대지인 관계로, 치석이 쉽지 않음에도 현무암을 이용하여 성벽을 쌓았다. 체성벽은 대략 3번의 과정을 거쳤다(黑龍江省文物考古研究所 2009a). 우선 안쪽 벽(북쪽)을 2.8m 정도의 폭으로 안에서 바깥쪽으로 약간 경사지게 쌓은 다음, 바깥쪽 벽(남쪽)을 1m 폭 정도로 쌓아올리면서 점차 안쪽벽 위로 겹치게 쌓았다. 그리고 마지막으로 체성벽의 내외면을 비교적 큰 석재로 쌓았는데, 가지런한 면이 바깥으로 향하게 하였다. 면석과 속 채움 사이는 황토를 이용하여 메웠다. 체성벽이 완성된 이후에는 성벽의 내외면 밖으로 황사토를 쌓아 성벽의 기초를 보강하였다. 성벽에서 바깥쪽으로 2.6m 떨어진 곳에는 상면 너비 1.35m, 깊이 1.4m 가량의 해자(護城河)도 발견되었다.

고구려 후기에는 성벽의 기저부나 중심부는 흙으로 쌓고, 외벽만 석축하거나 또는 내외벽을 모두 석축으로 쌓는 토심석축공법(土芯石築工法)이 일반화되었다(심광주 2018). 토성은 석성에 비하여 축성이 용이하지만 외벽의 경사가 완만하여 방어에 취약하고, 석성은 수직에 가깝게 외벽을 쌓을 수 있지만 토성에 비하여 축성에 지나치게 많은 인력과 비용이 소모된다는 단점이 있다. 토심석축공법은 토성과 석성의 장점을 결합한 공법으로, 성벽은 두꺼운

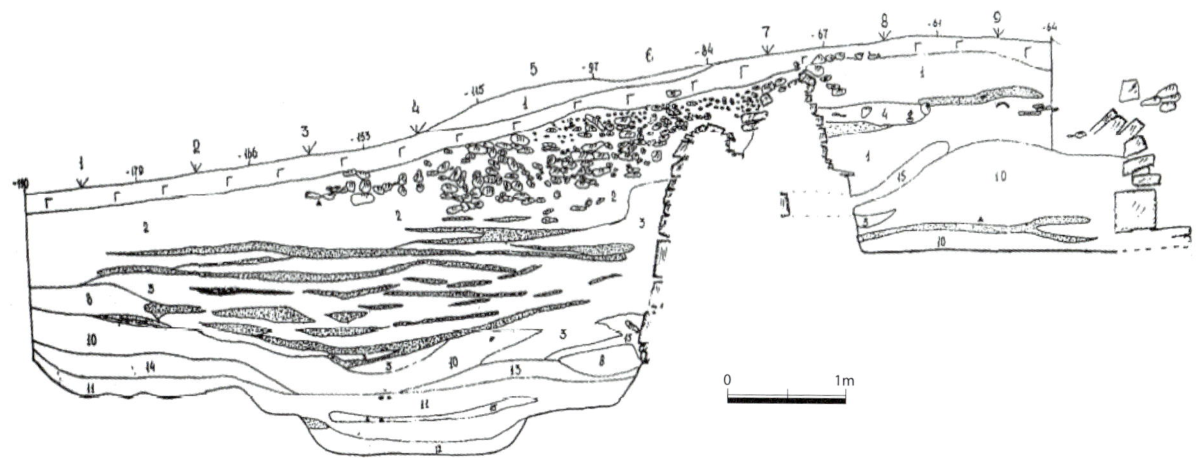

도Ⅲ-12　　끄라스끼노성 서벽 단면(정석배 2017)

도Ⅲ-13　　시넬니꼬보-1성의 성벽(국립문화재연구소 외 2018)

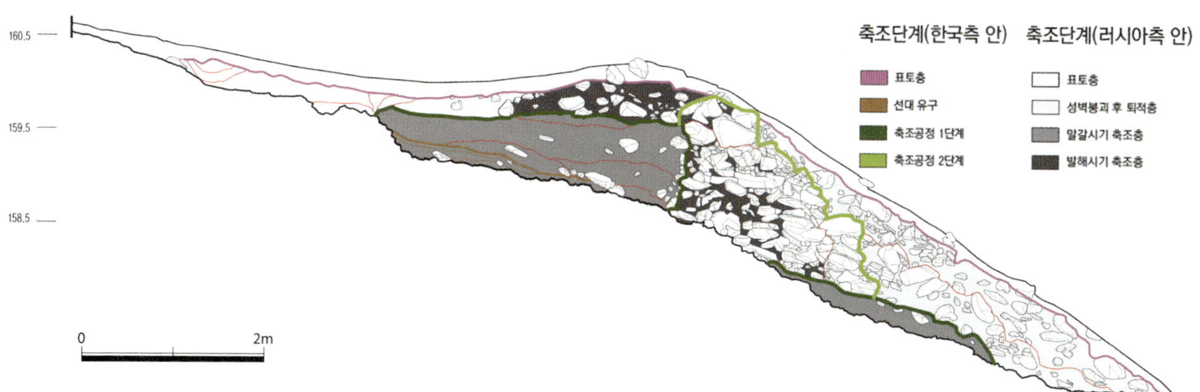

도Ⅲ-14　　시넬니꼬보-1성의 남동벽 단면도(국립문화재연구소 외 2018)

토축부와 얇은 석축부로 구성된다. 토축부는 성벽의 안정성을 유지해주고, 석축부는 성벽의 외벽경사를 유지시키고 빗물로 성벽이 침식되는 것을 막아주는 역할을 한다. 이러한 토심석축공법은 평지성인 끄라스끼노성과 산성인 시넬니꼬보-1성 등에서 확인된다.

끄라스끼노성의 성벽은 전형적인 토심석축공법으로 내외면은 석축이나 그 내부는 흙으로 채웠다(도Ⅲ-12). 2차례에 걸쳐 축조된 서벽은 바깥쪽은 너비 1.4~1.8m, 높이 2.6m 가량으로 석축하였는데, 기저부는 장대석을 이용하였다. 안쪽 석벽 역시 하단부에 큰 장대석을 놓고 성돌을 쌓아 올렸다. 내부 토축부의 너비는 2.2m 가량이다. 이후 개축은 기존 석성의 바깥쪽에 사질점토와 사질토를 이용하여 성토하고 마지막에는 자갈로 덮었는데, 석축 성벽의 아래쪽에는 성벽 인근의 저지대에 모이는 지하수를 배출하기 위한 배수시설도 추가로 마련하였다(정석배 2017).

시넬니꼬보-1성은 그동안 말갈 시기의 토루를 발해 시기에 석축을 덧댄 것으로 알려져 왔으나, 근래 발굴조사를 통해 처음부터 석축성벽을 쌓으면서 흙으로 뒷채움한 발해 성으로 밝혀졌다(국립문화재연구소 외 2018). 내탁식 성벽의 기저부에서 수습된 목탄의 방사성탄소 연대 측정 결과와 뒷채움층에서 출토된 발해 토기편 등이 이를 뒷받침하고 있다.

2) 성문

성문은 문의 설치 방식에 따라 기본적으로 평문(平門)과 현문(懸門)으로 구분이 가능한데, 지금까지 조사된 발해의 성문은 모두 평문이다. 다만 상경성과 같은 발해 도성에는 기단을 조성하고 그 위에 문길을 낸 성문 구조가 확인되는데, 이러한 구조의 문을 통과하기 위해서는 계단이나 비탈길을 이용해야한다.[13]

발해의 성문으로는 그간 발굴조사가 많이 이루어진 도성의 사례가 가장 잘 알려져 있다. 도성의 성문은 기본적으로 문돈(門墩), 문길(門道), 격벽(隔壁), 연결벽(隔牆), 누문기단(樓門基壇), 누각기단(樓閣基壇) 등으로 이루어져 있다. 문돈은 문길의 양측에서 성벽을 마감하는 부분으로, 성벽보다 더 넓게 앞뒤로 돌출하는 것이 특징이다. 격벽은 성벽과 직교하는 방향의 벽체를, 연결벽은 성벽과 평행하는 방향의 벽체를 지칭한다.

문돈이 있는 성문은 문돈-문길-문돈 혹은 문돈-문길-격벽-문길-문돈의 구조 즉, 문

13　기단 위로 문을 낸 성문의 형식을 평문이나 현문과 구분하여 기단문(基壇門) 혹은 기대문(基臺門)으로 불러야한다는 견해도 있다(정석배 2018b).

		양면돌출형식						동일선상 형식
		문돈문식		문돈문 중복식	문돈문결합식		누문식	누문절충식
		문길1	문길2		누문기단	누각기단		
상경성	외성 남벽 정문			○				
	외성 남벽 동문	○						
	외성 북벽 정문				○			
	외성 북벽 11호문	○						
	내성(황성) 정문						○	
	궁성 남벽 정문					○		
	궁성 남벽 서문(3호문)	○						
	궁성 북문		○					
서고성	외성 남문	○						
	외성 북문							○?
	내성 남문						○	
팔련성	외성 남문							○
	내성 남문						○	

길이 1개인 것과 2개인 것으로 나누어볼 수 있다. 성문의 건축물은 좌우의 문돈 위를 서로 연결하여 기초를 만들고 그 위에 누각을 세우는 초루식(譙樓式)으로 복원이 가능하다. 누문은 문길의 바닥 혹은 기단 위에 정면이 여러 칸인 건물을 세우고 그 사이로 출입을 할 수 있는 통로를 낸 것으로, 누문식(樓門式) 성문으로 복원해볼 수 있다. 마지막으로 누각기단은 누각 건물을 세운 높은 기단으로, 출입을 위한 문길은 존재하지 않는다. 따라서 그 자체만으로는 성문이라 할 수 없다(정석배 2018b).

발해 도성의 성문에는 문돈문만 있는 문돈문식(門墩門式), 3개의 문돈문이 연결 벽을 사이에 두고 중복되는 문돈문중복식(門墩門重複式), 문돈문이 연결 벽을 사이에 두고 누문기단과 결합된 문돈문누문결합식(門墩門樓門結合式), 문돈문이 연결 벽 없이 누각기단과 결합된 문돈문누각(기단)결합식(門墩門樓閣基壇結合式), 누문기단만 있는 누문식(樓門式), 문길사이와 성벽 위에 각각 기둥자리가 있는 누문절충식(樓門折衷式)의 성문 구조가 확인된다.

문돈문식 성문은 수당시기 장안성의 외성 남벽 정문인 명덕문(明德門)과 대명궁 남벽 정문인 단봉문(丹鳳門) 등에서 찾아볼 수 있다. 초루식 성문 역시 당대 벽화에서 그 사례를 찾아볼 수 있다.

도성을 제외한 발해의 일반적인 성에서는 평문과 어긋문(시넬니꼬보-1성) 등이 확인된

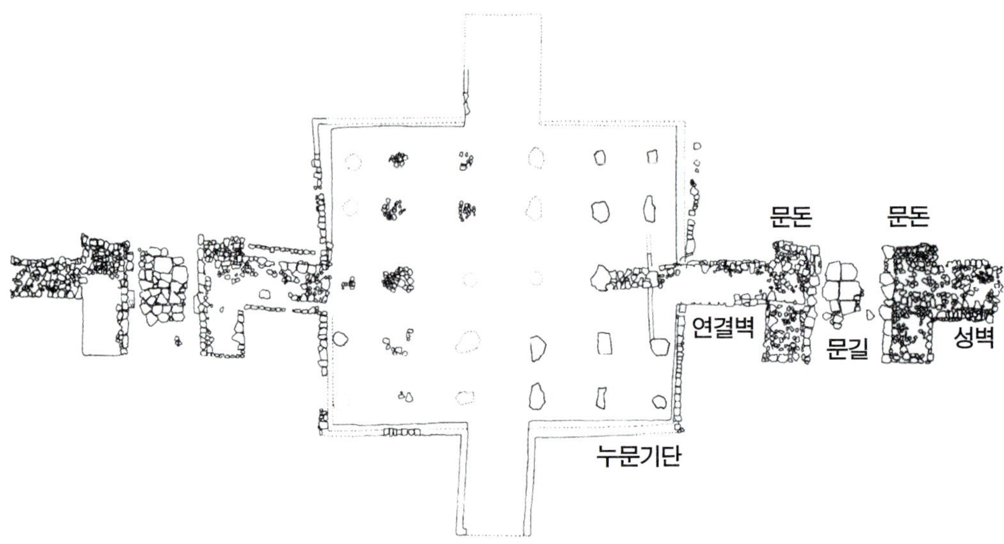

① 문돈문누문기단결합식: 상경성 외성 북벽 정문(黑龍江省文物考古研究所 2009a)

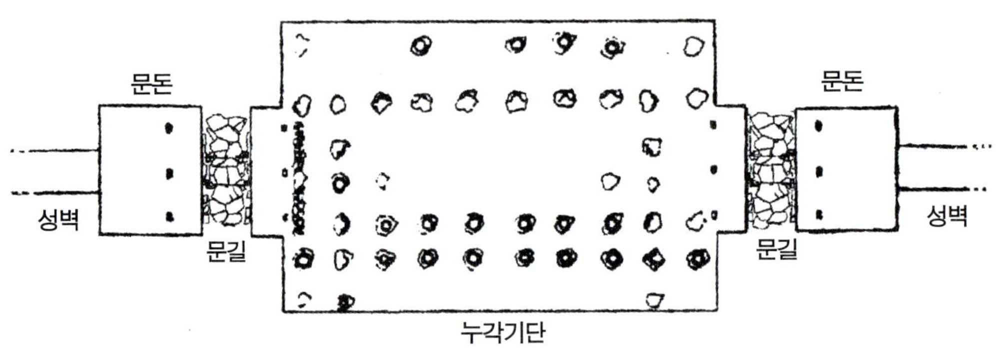

② 문돈문누각기단결합식 성문: 상경성 궁성 남벽 정문(魏存成 2008)

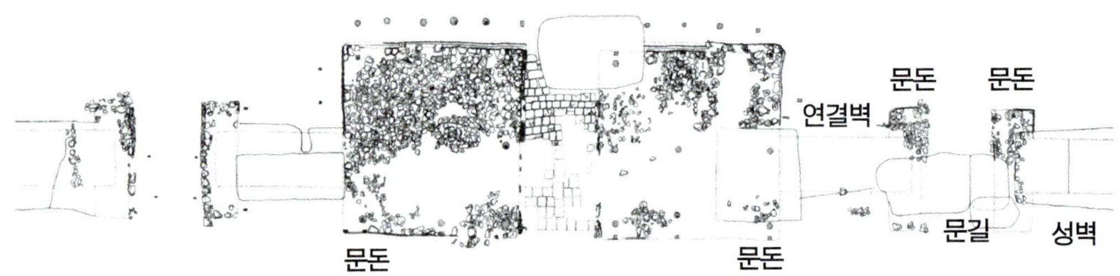

③ 문돈문중복식: 상경성 외성 남벽 정문(黑龍江省文物考古研究所 2009a)

도Ⅲ-15 　발해 도성 성문의 여러 구조

다. 어긋문은 두 성벽이 서로 이어지지 않고 어긋나 마치 11자와 같은 형태로, 한정된 인원만이 어긋난 성벽을 우회하여 진입하게 되므로, 좁은 통로에서 성문을 공격할 수밖에 없어 마치 옹성과 같은 비슷한 방어 효과를 기대할 수 있다.

3) 성벽 부속시설

성벽과 성문에는 성을 보호하기 위한 다양한 시설이 설치되어 있다.

우선 옹성(甕城)은 성문 바깥쪽에 일정한 형태의 성벽을 덧대어 쌓은 시설로, 성문이 직접 노출되지 않으면서 한정된 수의 적군만이 들어올 수 있게 하여 측면과 후면에서 공격 가능하도록 만든 효과적인 방어시설이다.

옹성이 확인된 사례는 끄라스끼노성, 꼭샤로브까-1성, 니꼴라예브까-1성, 마반촌산성, 청해토성 등으로, 평면 형태는 ㄱ자형과 반원형이 있다. 그런데 끄라스끼노성을 제외한 대부분의 발해 성은 요금시기에 재사용된 것들이 많고, 성문과 옹성에 대한 발굴조사가 이루어지지 않은 관계로 그 시기를 특정하기 어렵다. 투먼 마반촌산성 역시 여러 기의 옹성문이 확인되었으나, 발굴조사 결과 반원형의 북문지 옹성에서는 금대의 유물이, 부채꼴 평면의 동문지 옹성에서는 고구려-발해-금대의 유물이 출토되었다(국립문화재연구소 편 2021).

발해의 평지성 외곽에는 해자(垓字)가 확인되는 경우가 많다. 해자는 적이 건너올 수 없도록 설치한 도랑인데, 해자를 설치하는 과정에서 나온 흙을 성벽의 축조에 이용하는 것이 일반적이다. 해자 중에 그 너비가 좁은 것은 방어보다는 배수를 위해 축조된 것으로 추정된다.

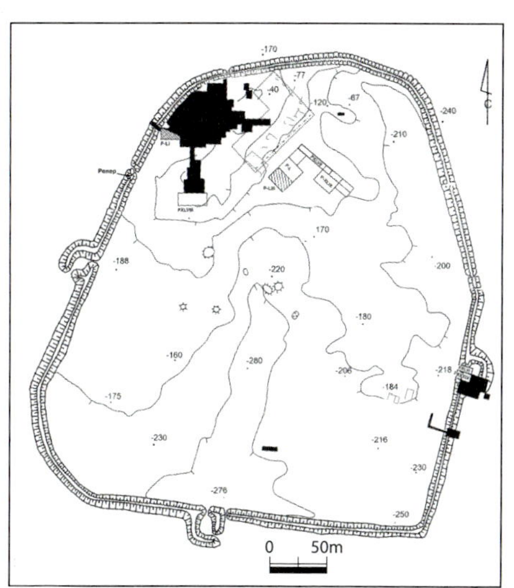

도Ⅲ-16　끄라스끼노성의 평면도(ⓒ정석배)와 항공사진(ⓒ송기호)

치(雉)는 성벽에 방형으로 돌출시켜 쌓은 성벽 구조물로, 적을 관측하기 쉬운 곳이나 추가 방어의 필요가 있는 곳에 설치한다. 치는 일자형 성벽과 달리 ∏형태로 돌출되어 있어 성벽으로 접근하는 적을 정면과 양쪽 측면에서 공격할 수 있어 방어에 효과적이다. 성문 방어를 위해 성문 옆 성벽에 축조한 것을 적대(敵臺), 성의 모서리에 축조한 것을 각루(角樓)로 구분하기도 한다.

옹성과 마찬가지로 치 역시 발해 시기의 것을 구별해내기가 쉽지 않다. 산성에 설치된 치는 주로 고구려 전통으로, 평지성에 설치된 치는 요금 시기의 전통으로 판단하기도 한다(스토야킨 막심 2012). 그렇지만 청해토성과 끄라스끼노성과 같이 평지성에서도 발해 시기에 축조된 치가 발견된다. 이 밖에도 성산자산성을 비롯한 여러 산성에서도 치가 확인된다.

이 밖에도 발해 성에는 성 내부의 물이 바깥으로 빠져나갈 수 있도록 성벽이나 성문 아래쪽에 수구와 같은 배수시설이 갖춰져 있다. 산성의 경우 큰 비가 내렸을 때 빗물이 성벽을 포함한 성 내외의 여러 시설물을 파괴할 수 있기 때문에, 사전 대비책의 일환으로 배수시설을 마련해놓고 있다. 배수시설은 성벽의 하단부에 위치하는 경우가 대부분이어서 성 관련 시설 중 가장 먼저 축조하는 것이 일반적이다.

서고성 내성에서는 궁전에서부터 이어지는 성벽 하부에 배수시설이 확인된다(吉林省文物考古研究 외 2007). 배수시설은 성벽의 기저부 중앙에 마련되어 있는데, 통로는 길이 2.4m, 입수구의 너비는 0.32m, 높이는 0.24m 가량이다. 배수로의 입수구와 출수구는 약간의 가공을 거친 돌을, 성벽 통로의 중간은 기저부의 강자갈을 이용하여 통로의 벽체를 만들었다. 배수로의 윗부분은 판석으로 덮었으며, 출수구 바닥 역시 판석을 깔았다. 성벽 배수시설의 입수구에서 0.4m 가량 떨어진 배수로에는 상감된 철제 호란망(護欄網)이 확인되었다. 호란망은 각종 이물질로 인해 배수로가 막히는 것을 방지하기 위한 것이다.

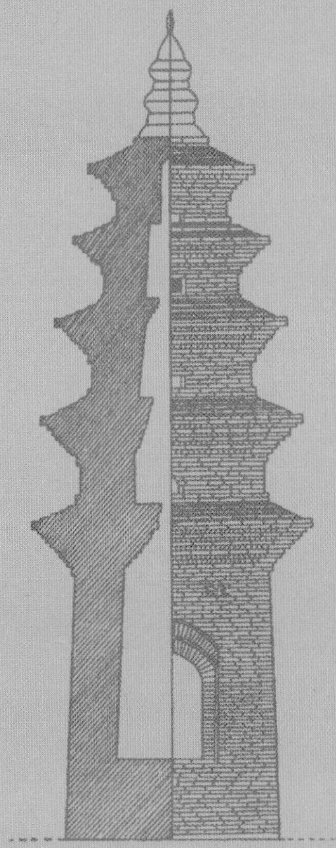

IV

건축

발해의 건축 유적으로는 궁전 건축, 관청 등의 기와 건물지, 그리고 일반 주거지 외에도 사찰이나 탑과 같은 불교 건축, 24개석과 교각 등이 있다.

1. 궁전건축

궁전(궁궐) 건축은 최고 통치 계층의 권력과 부를 상징하는 수단으로 어느 시대를 막론하고 당대 최고의 재료와 기술, 장인이 총동원되어 만들어진 가장 출중한 건축물이라고 할 수 있다. 궁전은 한대부터 사용된 용어로, 후세에 널리 사용되면서 점차 황제의 전용 건축군만을 가리키게 되었다. 일반적으로 예의를 거행하고 사무를 처리하는 중심건축물은 모두 전(殿)이라 하고, 생활하고 기거하는 부분은 궁(宮)이라 하였다. 궁궐이라고 하는 본래의 의미는 거주 주체를 나타내는 궁전과 달리 궁정의 문궐과 같이 건축의 형식을 지칭하는 말이었으나, 후대에 궁의 의미가 축소 해석되면서 둘 다 황제의 거처를 뜻하는 단어로 통용되었다(한동수 2011).

궁전 건축은 지배자의 권위를 표현하기 위해 대규모로 축조되는 것이 일반적이어서 수많은 전각이 한 구역에 밀집되어 조성된다. 『조선왕조실록』의 태조 3년(1394) 11월 기사에 '종묘(寢廟)는 조종(祖宗)을 봉안하여 효성과 공경을 높이는 것이요, 궁궐(宮闕)은 〈국가의〉 존엄성을 보이고 정령(政令)을 내는 것이며, 성곽(城郭)은 안팎을 엄하게 하고 나라를 굳게 지키려는 것으로, 이 〈세 가지는〉 모두 나라를 가진 사람들이 제일 먼저 해야 하는 것입니다'라는 도평의사사(都評議使司)의 전언처럼 궁전은 국가의 중요한 각종 의례행사가 거행되는 공간이었다.

발해는 자체 역사서가 남아있지 않아 궁전 건축에 대한 구체적인 모습이나 내용을 파악하기 어렵다. 『요사(遼史)』를 통해 상경성 내 궁전의 명칭 중 하나가 '영흥전(永興殿)'이었다는 것과 상경성 궁성 남문지 밖에서 수습된 '天門軍之印(천문군지인)' 도장을 통해 궁성 남문을 '천문(天門)'이라 불렀을 가능성 정도가 전부이다. 그렇지만 발굴조사에서 궁전의 기초부에 대한 잔존 양상과 와전과 같은 건축 부재 등을 통한 건물의 구조에 대한 부분적인 추론은 가능하다.

발해의 궁전 건축은 기본적으로는 남북방향의 종축선을 따라 문지, 정원(마당), 궁전지(전각)가 겹겹이 배치되는 전형적인 중국식 궁전 배치 양상을 보인다. 궁성과 황성의 위계적인 배치나 남문 앞의 주작대로, 중축선을 따라 좌우대칭을 이루는 공간 구조는 한반도와 일본, 베트남 등 동아시아 전역에 걸쳐 공유된 당 장안성의 전형적인 계획수법이다(조재모 2011).

발해는 일본에 보낸 국서에 '고려국왕(高麗國王)'이란 호칭을 사용하여 고구려를 계승하였음을 천명하였고, 실제로 토기나 온돌, 석실분 등을 통해서도 고구려 문화를 계승하고 있음이 확인된다. 그럼에도 발해는 당나라의 제도와 문화를 수용하기 위해 많은 노력을 기울였는데, 특히 문왕은 재위 57년간 61회에 걸쳐 당으로 사신을 파견한 바 있다. 발해의 궁전 건축 역시 이러한 배경 하에서 이해될 수 있을 것이며, 이하에서는 발굴조사를 통해 그 구조가 명확히 밝혀진 유적을 중심으로 살펴보도록 하겠다.

1) 서고성

서고성의 내성에는 5개의 궁전 건축이 十자형으로 분포한다. 제1·2·5 궁전지는 남에서 북으로 순차적으로 성의 남북방향의 중축선상에 위치하고, 제4·2·3 궁전지는 서에서 동으로 순차적으로 동서방향의 중축선상에 위치한다. 내성의 남문은 외성의 중심점에 위치하고, 제2 궁전지는 내성의 중심점에 위치한다. 제1~제4 궁전지는 내성의 남부에 모여 있으면서 회랑으로 연결되지만(도Ⅳ-1), 제5 궁전지는 내성의 북부에 따로 위치한다.

제1·2 궁전지는 복합식 건축 구조이다. 제1 궁전지는 좌우 양측에 동서의 회랑이 배치되어 있다. 궁전 기단의 남과 북쪽에는 출입시설이 있으며, 기단 주변에는 바닥에 깐 돌과 물받이 시설(散水)이 남아 있다. 제2 궁전지도 중심 건물의 좌우 양측에는 동서 배전(配殿)이 배치되어 있다. 기단 남쪽에는 제1 궁전지와 연결되는 문이 있으며, 기단 북쪽의 양쪽 가장자리에는 연통이 놓이는 배연구로 보이는 시설이 있다. 배전은 중심 건물보다 기단의 높이가 낮다.

제3·4·5 궁전은 단독 건축 구조이다. 제3 궁전지는 제2 궁전지의 동쪽에 있다. 제1 궁전지의 동쪽 회랑과 제2 궁전지의 회랑이 만나 제3 궁전지로 연결된다. 제4 궁전지는 제2 궁전지의 서쪽에 있다. 다른 궁전지의 기초가 자갈과 점토를 교대로 쌓는 방식인 것에 비해 제4 궁전지의 기초는 점토 다짐으로만 이루어졌다. 제3 궁전지와 비슷한 규모이지만, 주실의 내부와 서북쪽 회랑에서 난방 시설이 발견되었다. 그리고 제4 궁전지 북쪽에는 소형의

	제1호	제2호	제3호	제4호	제5호
건물전면칸		7	9	8	11
건물측면칸		4	5	5	5
기단전면m	41	27	27.8	26.7	46.7
기단측면m	22.5	15.5	18	18.2	24.5
기단높이m	1.05	0.3	0.52	0.4	0.45
연결부	회랑	배전			
비고				온돌건물지 부가	감주기법?
기능	정전	침전			연회?창고?

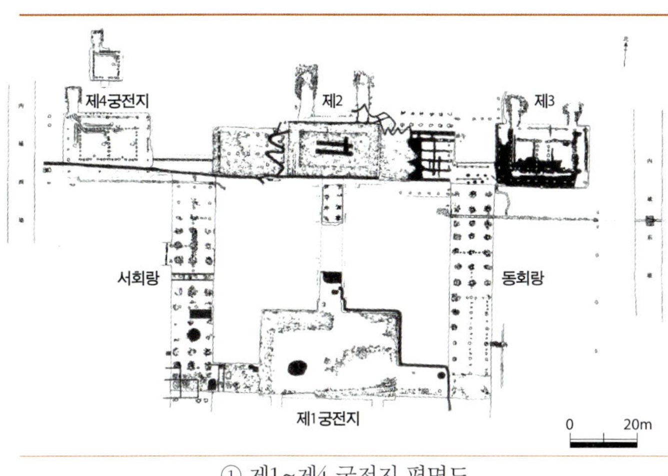

① 제1~제4 궁전지 평면도

② 제4 궁전지 항공사진

도Ⅳ-1　서고성 궁전지(吉林省文物考古研究所 외 2007)

　　온돌 건물지 1기가 별도로 확인된다. 이 밖에도 내성 북부에 따로 떨어져 있는 제5 궁전지는 정면 11칸, 측면 5칸 구조이나 심하게 훼손되어 세부 건축 방식은 파악하기 어렵다.

　　궁전지 중 초석 배열이 비교적 명확한 제2·3·4 궁전지의 경우 바깥쪽은 회랑으로 둘러싸여 있고 가운데는 주실(主室)이 두 칸 있다. 각 주실의 가로와 세로 길이는 모두 9m를 넘지 않는데, 제5 궁전지만 남북의 길이가 12~12.5m에 달한다.

　　서고성 내성의 이들 궁전 건축은 기본적으로 회랑이나 건축물 모두 중축선을 기준으로 좌우대칭을 이루고 있어, 서고성을 축조할 당시 발해가 당의 궁전 건축 양식을 충분히 이해하고 설계에 반영하였음을 알 수 있다. 5개의 궁전 건축 가운데 궁전의 기초가 가장 높은 제1 궁전지가 정전(正殿)으로 사용되었을 것이며, 제2 궁전지는 침전이었을 가능성이 크다(吉林省文物考古研究所 외 2007). 다만 제5 궁전지에 대해서는 그 성격이 명확하게 밝혀지지 않았다.

2) **팔련성**

　　팔련성의 궁전 건축 역시 중축선을 중심으로 궁전지와 회랑 등이 대칭되는 구조이다. 제1·2 궁전지는 남북방향의 중축선상에, 제4·2·3 궁전지는 동서방향으로 일렬로 배치되어 있다.

　　팔련성 내성은 서고성에 비해 남쪽으로 치우쳐 있어, 외성의 중심이 제1 궁전지에서 남쪽으로 50m 가량 떨어진 곳에 있다. 서고성 내성 북부에서 발견되는 상대적으로 독립된 구획은 팔련성에서는 보이지 않으며, 내성의 중심은 제1 궁전지의 남벽 중앙에 위치한다.

　　제1·2 궁전지는 복합식 건축 구조로, 두 궁전지는 회랑으로 연결되어 있어 건물은 工자 형태를 이룬다. 제1 궁전지에는 기단 남벽의 좌우에 계단이 있으며, 정전의 양측에는 회랑이 배치되어 있다. 궁전지의 남쪽에는 양쪽의 회랑과 내성의 남벽이 함께 만들어 낸 동서 78m, 남북 136m에 달하는 광장이 마련되어 있다. 제2 궁전지는 제1 궁전지에 비해 기단이 낮고 작으며, 중심 건물 양측에는 동서 배전이 있다. 배전에는 감주(減柱)기법이 사용되었으며, 온돌과 연통시설이 마련되어 있다. 그리고 제1·2 궁전지 사이에도 동서 78m, 남북 54m 규모의 정원이 있다.

　　제1 궁전지의 기초는 터를 파서 점토로 절반 가량을 채운 후 자갈과 점토를 교대로 쌓아 다짐을 하였다. 그리고 기단부에서 장방형의 전돌과 방형의 보상화문전과 무문전이 발견되는 것으로 볼 때, 기단의 남벽은 목재로 벽을 감싼 다음 전돌로 외면을 장식한 것으로 추정된다. 기단 바깥쪽에도 전돌을 깔고 산수시설을 하여 빗물이 스며들지 못하도록 하였다. 기단 위쪽은 훼손이 심하나 일부 초석과 함께 기와열의 흔적이 남아 있어 기와지붕을 한 목조 건축 구조였음이 확인된다. 건물의 출입은 기단의 양쪽 끝에 마련된 계단을 이용하였는데, 전돌로 마감하였다.

　　제2 궁전지의 기단부 역시 제1 궁전지와 유사한 구조이나 훼손이 심하다. 기단부 상단의 초석은 남북 3줄, 동서 6열로 배치되어 있어, 정면 5칸, 측면 2칸의 건물이 세워져 있었던 것으로 보인다.

　　제3·4 궁전은 단독 건축 구조로, 자세한 내용은 알려지지 않았다. 다만 0.5m 이상의 높이를 가진 기단 건축으로, 길이 1m, 너비 1.3m 가량의 석축 계단 시설이 갖추어져 있었음이 확인된다.

　　이들 궁전 건축 가운데 가장 남쪽의 제1 궁전지가 기단이 가장 높고 클 뿐만 아니라 내성 남문과 마주하며 앞에는 광장이 있어 정전으로 사용된 것으로 보인다. 서고성과 마찬가지

	제1호	제2호	제3호	제4호	제5호	제6호	제7호	제8호
건물전면칸		5	3	3				
건물측면칸		2						
기단전면m	42.4	30.6	18.6	20	50			40
기단측면m	26.3	18.5	11.7	9.1	9			20
기단높이m	2.2	1	0.5	0.5				
연결부	회랑	배전						
비고		감주기법						
기능	정전	침전						

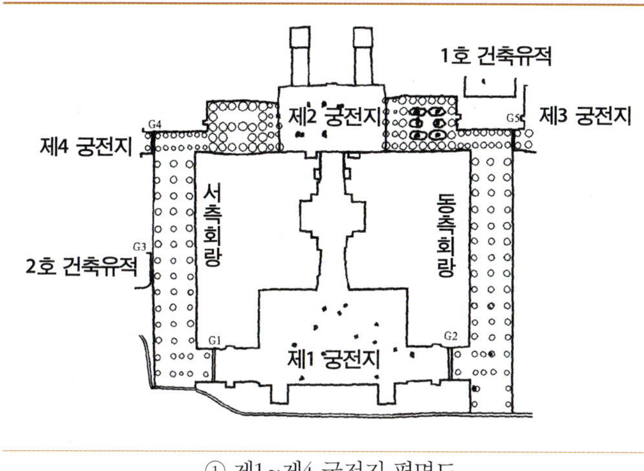

① 제1~제4 궁전지 평면도

② 제1~제4 궁전지 항공사진

도IV-2   팔련성 궁전지(吉林省文物考古研究所 외 2014)

도IV-3   팔련성 제1 궁전지 동쪽 계단 기초부(吉林省文物考古研究所 외 2014)

로 제1 궁전지와 회랑으로 연결되는 제2 궁전지는 양쪽 배전에 온돌 시설을 갖추고 있어 침전으로 추정된다.

한편, 제1 궁전지 앞에 있는 내성 남문은 외성 남문보다 훨씬 큰 규모로 좌측, 중앙, 우측에 계단이 있고, 정면 5칸, 측면 2칸의 목조 긴축이 세워져 있었다. 문지의 남쪽으로는 격벽으로 공간을 감싼 광장이 마련되어 있어 조회나 행사가 열렸을 가능성이 있다(吉林省文物考古研究所 외 2014).

3) 상경성

상경성 궁성 구역의 중앙부에는 중축선을 따라 남북으로 5개의 궁전지가 배치되어 있다. 제1·2·5 궁전지는 독립된 공간을 이루고 있는데 비해, 제3·4 궁전지는 하나의 공간에 있다.

제1 궁전지는 궁성의 정남문[14]에서 북쪽으로 175m 떨어진 곳에 있는데, 양 옆으로는 길이 6m 이상의 익랑(翼廊)있어 회랑과 연결된다. 궁전지의 기단은 점토다짐으로 기저부를 조성하고 석축기단을 쌓았는데, 회벽에 인동무늬 방형전을 이용하여 마감하였다. 기단 남벽(전면)의 좌우측과 북벽(후면) 중앙에는 계단 시설이 있다. 기단 상부에는 동서 50.27m(11칸), 남북 18.28m(4칸) 규모에 초석이 5줄에 12개씩 배치되어 있으며, 중앙부에는 6개의 초석이 생략되어 있다(감주기법). 궁전지 주변에서 석사자상 머리 7개와 녹유 치미(용마루 장식)와 귀면 장식(추녀마루 장식)이 출토되어, 궁전지가 화려하게 장식되어 있었음을 알 수 있다.

제2 궁전지는 제1 궁전지에서 북쪽으로 135m 떨어진 곳에 있는데, 훼손이 심하다. 기단의 기본 구조는 제1 궁전지와 동일하다. 기단 위로는 동서 85.3m(19칸), 남북 18.05m(4칸) 규모의 목조 건물이 있었을 것으로 추정된다. 궁전은 전당을 중심으로 양쪽에 각각 한 개의 문을 설치하였는데, 이들 전당과 액문(掖門), 회랑은 석벽으로 연결되어 있다. 제2 궁전지는 다른 궁전지 보다 규모가 크고 궁성의 교차점이 위치하고 있을 뿐만 아니라, 동쪽의 문루 남쪽에서 품위(品位)라는 글자가 새겨진 회청색 전돌의 판위(版位: 국가 의례시 백관의 순서를 정하는 품계석)가 출토되어 정전(正殿)이었음을 짐작해볼 수 있다.

다만 정면 19칸의 제2 궁전지는 당나라 대명궁 함원전이 11칸이라는 점에서 당 장안성의 규범에서는 벗어나는 규모로 발해 상경성 궁전 건축의 특수한 상황으로 이해된다. 그렇

---

[14] 궁성의 정남문(오봉루)은 동서 42m, 남북 27m, 높이 5.2m의 기단부 위에 정면 9칸, 측면 6칸의 목조기와 건물이 세워져 있는 구조이다.

지만 중국측 발굴조사단은 궁전지의 동, 서 계단이 제6칸과 제14칸에 대응한다는 점을 들어, 제2 궁전지를 중심 건축(9칸)과 양쪽의 부속건물로 이루어진 구조로 보기도 한다(黑龍江省文物考古研究所 2009a).

제2 궁전지에서 70m 가량 북쪽에 위치한 제3 궁전지는 제4 궁전지와 회랑으로 연결되어 있다. 제4 궁전지에는 동쪽과 서쪽으로도 궁전지가 연결되어 있는데, 제4-1, 제4-2 궁전지로 명명되었다. 북쪽에는 격벽으로 제5 궁전지와 분리되어 있어 이들 궁전지는 하나의 궁전 건축구조물에 속한다. 제3궁전지는 편전으로, 제4 궁전지는 침전으로 추정된다.

제3 궁전지는 제1 궁전지와 마찬가지로 점토다짐 기저부에 석축을 쌓아 조성한 기단 건축물이다. 기단 벽체는 회를 바른 다음 전돌로 마감하였으며, 주변에는 산수시설이 남아있다. 기단 남쪽에는 너비 4.5m 내외의 동, 서 계단이 있다. 기단 위로는 정면 26.95m(7칸), 측면 15.4m(4칸) 규모의 건물지가 조성되었다. 초석에는 녹유 기둥밑장식이 남아있었는데, 붉은 색을 칠한 못의 존재로 볼 때 기둥에 붉은 색을 칠했던 것으로 보인다.

제4 궁전지는 토축부에 회청색 전돌로 벽을 감싼 기단 건축물로, 배전과 연결된다. 기단 바깥에는 전돌로 만든 산수시설이 남아있다. 기단 위로는 정면 21.6m(9칸), 측면 12m(5칸) 규모의 건축물이 조성되었다. 중심 건물은 주변에 회랑을 두르고 3개의 주실이 있는데, 가운데 방이 작고 양쪽 방이 더 크다. 양쪽 방에는 2열 온돌이 갖춰져 있어 침전의 기능을 하였음을 알 수 있다. 또한 중심 건물 옆 부속(배전) 건물은 정면 3칸, 측면 2칸의 규모인데, 방형의 부뚜막 흔적과 생선뼈와 동물뼈가 출토된 배수구가 발견되어 부엌이었음을 짐작케 한다.

제4-1 궁전지는 제4 궁전지 동쪽에 있는 건축물로, 주전 건물과 동북쪽과 서북쪽에 있는 건물, 그리고 동쪽 회랑과 서쪽 행랑채(곁방)으로 이루어져 있다. 주전 건물의 기본 구조는 제4 궁전지와 동일하다. 제4-2 궁전지는 제4 궁전지의 서쪽에 있는 건축물로, 그 구조는 제4-1 궁전지와 유사하다.

제5 궁전지는 독립된 공간에 조성된 궁전 건축으로, 점토다짐 기저부에 전돌로 감싼 기단이 있다. 기단 위에는 6줄과 12열로 된 초석이 놓여 있어, 정면 11칸, 측면 5칸의 건축물이 들어서 있었음을 짐작해볼 수 있다. 제5 궁전지의 성격에 대해서는 연회를 위해 만들어진 궁전 건축(張鐵寧 1994) 내지는 『요사(遼史)』에서 언급된 창고(府庫)(田村晃一 2005) 등의 가능성이 제기된 바 있다.

이 밖에 상경성 궁성의 동쪽 구역에서도 궁전지 1기가 발굴조사 되었다. 제50 궁전지로, 남쪽에는 어화원(禦花園)이라고 부르는 금원(禁苑)이 있다. 해당 궁전지는 궁전 건물과

표Ⅳ-3　상경성 궁전지의 형태

	제1호	제2호	제3호	제4호[15]	제4-1호	제4-2호	제5호	제50호
건물전면칸	11	19	7	9			11	7
건물측면칸	4	4	4	5			5	4
기단전면m	55.5	92.3	32.75	28(46)	28.7		40.4	27.9
기단측면m	24	22.5	21	17(33)	16.4		20.4	16.6
기단높이m	2.7	2.16	1.6	0.3			0.5	1.2
연결부	회랑	배전	익랑	배전				회랑
비고	감주기법	감주기법	감주기법					감주기법
기능		정전	편전	침전				

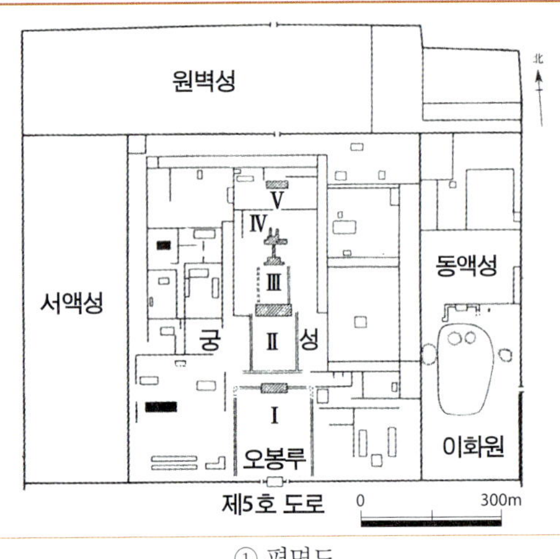

① 평면도

② 항공사진(북에서 남으로, 2004년)

도Ⅳ-4　상경성 궁성 구역(黑龍江省文物考古硏究所 2009a)

① 제4-1 궁전지

② 제5 궁전지

도Ⅳ-5　상경성 궁전지(黑龍江省文物考古硏究所 2009a)

15　기단의 괄호 안의 수치는 제4호 주전과 부속 건물을 포함한 것이다.

동·서 양쪽의 누각(정자)이 포함된 회랑 구조로 이루어져 있다. 점토다짐의 기단부를 석축으로 감쌌으며, 상면에는 정면 7칸, 측면 4칸의 규모의 초석이 놓여 있다. 기단 남쪽에는 월대가 설치되어 있는데, 월대의 3면과 기단 북쪽에 궁전으로 올라갈 수 있는 답도가 4개 확인된다. 이 궁전지의 서북쪽에서도 온돌이 설치된 건물지 1기가 발견되었다.

한편, 이노우에 가즈토(井上和人 2008)는 상경성의 내성 안 모든 건축과 외성 내의 사찰 유적이 공통적으로 29.34cm를 기준으로 한 당대척(唐大尺)을 사용하여 조성되었음을 주장한 바 있다. 해당 논의는 2000년대 이전에 보고된 현황 자료를 기본으로 한 것인데, 최근 이종봉·이동휘(2020) 역시 당대척을 29.7cm로 정정하였을 뿐 동일한 의견을 제시하였다. 이는 발해 상경성이 당 장안성을 기본 모델로 삼아 건설되었고, 특히 발해가 『당례(唐禮)』를 적극적으로 수용한 이후의 시점에 상경성의 건축이 이루어졌다는 점에 주목한 것이다. 그렇지만 상경성이 장안성을 모델로 하였다고 하더라도 당척의 도입은 또 다른 문제이기 때문에, 최신 발굴 자료를 토대로 한 검증이 필요하다.

발해에서 도성과 궁전 건축에 척(尺)을 사용했음은 분명해 보인다. 발해가 고구려척을 계승하였다는 주장도 있으나(장상렬 1971), 고구려척의 존재에 대해서도 다양한 견해가 존재하는 만큼 명확한 실체를 파악하기가 쉽지 않다. 일본의 『영해집(令集解)』에 따르면 고구려척의 5척은 당대척(唐大尺)의 6척에 해당하므로,[16] 고구려의 1척은 35.6cm를 기준으로 한다. 이와 관련하여 하남 이성산성 8차 발굴조사 당시 C지구 저수지에서 출토된 35.6cm의 고대 자가 고구려척이라는 보고가 있었으나, 이성산성에서 고구려 유구와 유물이 발견되지 않았을 뿐만 아니라 눈금 새김 방식에서 중국과 일본 출토 고대 자와 유사한 것으로 볼 때 23.7cm를 1척으로 하는 1척5촌 자로 추정된다는 견해도 있다(윤선태 2002).

앞에서 살펴본 바와 같이 상경성의 궁전 배치는 기본적으로 당의 장안성에서 비롯된 것으로 알려져 있다. 특히 『주례(周禮)』의 삼조제도(三朝制度)에 따라 장안성의 태극궁이나 대명궁과 비교하는 방식으로 논의가 이루어지고 있는데, 삼조제는 궁전 건축을 천자가 휴식하는 내조(內朝)와 천자가 직접 정사를 보는 중조(中朝), 그리고 군신들이 정사를 논하는 외조(外朝)로 구분하여 살펴보는 것이다. 발해의 궁전 건축 조영 계획에 당의 영향을 무시할 수는 없겠지만, 상경성에서는 발해의 고유한 문화적 특징도 발견된다. 온돌 건물지는 물론이고, 정면 19칸, 측면 4칸의 제2 궁전지는 당 장안성에서는 볼 수 없는 독특한 것이다.

16　即以高麗五尺, 准今尺大六尺相當(『令集解』 卷12, 田令 凡田條).

2. 불교건축

발해에는 불교가 성행하였는데, 이는 정효공주무덤의 묘지명에 기록된 3대 문왕의 존호가 '대흥보력 효감금륜성법대왕(大興寶曆 孝感金輪聖法大王)'임에서도 잘 드러난다. 발해의 불교 문화는 기본적으로 고구려로부터 계승되었으나, 이후 당나라의 영향을 받았으며 그 과정에서 자신의 독창적인 요소가 가미되었다.

이는 발해의 불상을 통해서도 확인이 가능하다. 상경성에서 출토된 여러 소조불상들은 기본적으로 고식의 전통을 바탕으로 하고 거기에 당의 사실적이고 세속화된 요소가 가미된 형식을 보인다. 더구나 소조관음보살입상의 경우 중당기의 특징은 물론 헤이안(平安)시대 전기의 일본 보살상에서 보이는 여러 특징도 공유하고 있다. 그리고 일면육비관음보살상은 북방문화의 영향을 받아 발해에서 독자적으로 형성된 것이다. 이처럼 발해의 불상은 신라나 일본보다도 오히려 당의 불교미술 도상을 다양하게 수용하고 있을 뿐 아니라 북방에 위치하는 발해의 지정학적 상황으로 발해 특유의 도상이 형성되는 등, 발해 불교의 국제성과 함께 고유의 독자성이 잘 드러난다(최성은 2010). 발해의 불교조각에서 보이는 이러한 고유성과 독자성은 불교 건축에서도 마찬가지였을 것으로 추정된다.

1) 절터

절터는 지금까지 40여 곳 이상이 보고되었으나(표Ⅳ-4), 전면적으로 발굴된 사례가 없어 절터의 전체 배치 구조를 추정해보기는 쉽지 않다.

우선 상경성 일대에는 14개의 절터가 있다고 하나(解峰 2019), 그 중 동아고고학회에서 조사한 제4·5·6 절터와 조중공동발굴대가 1964년에 조사한 제1·9 절터에 관한 내용만 일부 알려져 있다. 당시 발굴은 금당지를 중심으로 이루어졌는데, 이들 금당(金堂)은 안칸과 바깥칸의 2중 구조(겹실)를 이루고 있다. 그리고 안칸과 바깥칸이 모두 벽체로 구성되어 있고, 안칸이 역凹형을 이루고 있는 것 역시 발해 불교 건축의 특징으로 간주되고 있다.

발해의 절터 중 가장 잘 알려진 상경성 제1 절터의 경우 금당지는 남향으로, 본전(本殿) 건물지와 동·서편에 별도의 건물지(좌우 전각)가 통로로 연결되어 있다(도Ⅳ-6). 본전 건물지 기단의 규모는 동서 50.66m, 남북 20.0m이고, 동·서편의 건물지 기단의 길이는 9.23m이며, 전체 기단의 높이는 1.2m이다. 기단은 점토다짐을 한 뒤 둘레를 석축하였다.

기단 위 본전은 18개의 초석에 기둥을 배치한 바깥칸과 10개의 초석으로 구성된 안칸

| 소재지 | 이름 | 기단(m) | | | 초석 | | 금당(m,칸) | | 비고 |
		동서	남북	높이	개수 동서×남북	간격 (m)	형태	건물규모 동서×남북	
상경 용천부	제1절터(쌍묘자)	50.7	20.0	1.2	6×5	3.58	장방형	17.9×14.3	소조불, 청동불
	제2절터(남묘자)				4×3	4.00	장방형	3×2칸	석등, 석불, 대좌
	제3절터(토대자)	20.0	18.0		6×5	3.85	장방형	5×4칸	소조불
	제4절터	25.0	10.0				장방형		소조불, 벽화
	제5절터(쌍묘자)	28.0	18.0		6×5	3.50	장방형	5×4칸	금동불, 벽화
	제6절터(남묘자)			1.5	8×5	3.85	장방형	7×4칸	소조불, 벽화
	제7절터(백묘자)	20.0	15.0				장방형		
	제8절터	14.0	10.0				장방형		소조불
	제9절터	16.6	13.2	1.25	6×5	3.00	장방형	13.5×10.1	소조상, 녹유와
	제10절터								
구국	묘둔절터	14.4	8.6				장방형		
중경 현덕부	동남구절터	30.0	50.0	1.00			정방형	10.0×10.0	소조불, 기와
	군민교절터		1.00						기와
	고산촌절터				16개		팔각형	직경7, 12	소조불, 기와
	용해촌절터	40.0	30.0	1.50			장방형		묘+절터
	수칠구절터								
	영성고성절터								사리장엄구
	중평촌절터								소조불, 석불
	무학동절터	10.0	5.0				장방형		기와
	대동구절터	37.0	40.0				정방형		기와, 전돌
	신성동절터	20.0	50.0	1.00			장방형		기와
	낙타산둔절터	50.0	20.0				장방형		기와
	동청동절터	14.0	22.0	1.00			장방형		기와, 전돌
	부가구절터								기와, 전돌
	숭실촌절터	30.0					장방형		기와
	감장촌절터	30.0	30.0				정방형		석함, 와전
	신전촌절터	30.0	30.0				정방형		기와, 전돌
	홍운절터								
동경 용원부	신생촌절터	37.0	25.0	1.50	6×3		장방형	19.0×14.8	석불, 기와
	오일촌절터								석불, 동불
	팔련성동남절터	12.0	12.0	1.50	5×5	2.45	정방형	9.8×9.4	대좌, 불상
	마적달촌절터	32.0	23.0	1.00	16개		장방형	4×2칸	묘+절터
	양목림자절터	20.0	15.0	1.00	4개				석불, 기와
	대황구절터	15.0	7.0		4개				석불, 기와
	양종농장절터	29.0	25.0	0.70	4×2	3.00	장방형	3×1칸	문자와

| 소재지 | 이름 | 기단(m) | | | 초석 | | 금당(m,칸) | | 비고 |
		동서	남북	높이	개수 동서×남북	간격 (m)	형태	건물규모 동서×남북	
러시아 연해주	꼬쁘이또절터	7.3	6.2		15개		정방형	7.3×6.2	기와
	아브리꼬스절터	8.5	8.5		15개	1.70	정방형	4×4칸	소조불,기와
	끄라스끼노절터	11.8	10.4		6×5		정방형	5×4칸	금동불,석불
	꼬르사꼬브까절터	6.0	6.0		4×4	1.50	정방형	3×3칸	기와
	보리소브까절터					1.10	정방형		소조불,청동상
남경 남해부	오매리절터	12.0	8.45	0.35	4개	3.45	장방형	12×8.45	1탑3금당 금동/청동불
	개심사절터	15.1	10.9	1.4			장방형	3×2칸	목함,기와
	청해토성절터								금동광배
기타	칠도하자촌절터								기와,전돌
	백도고성절터								소조불,동불

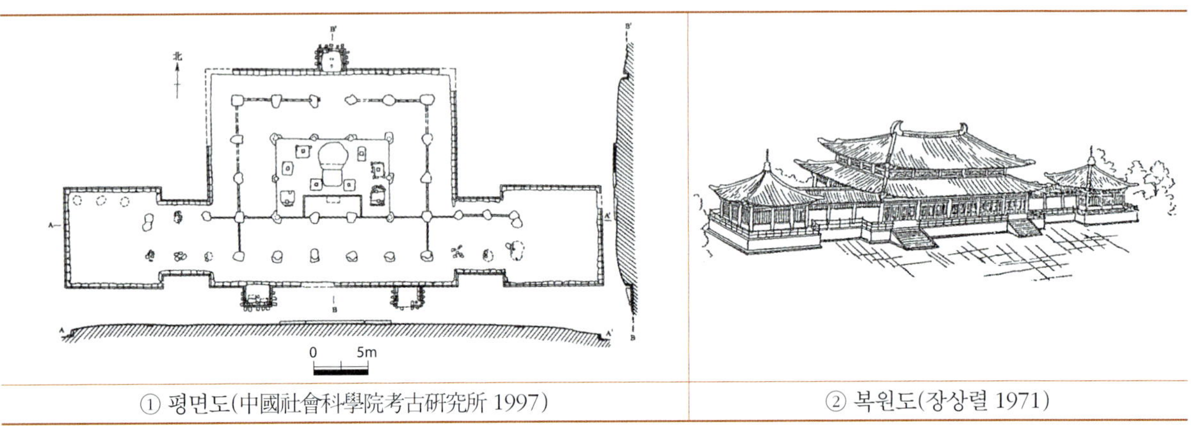

| ① 평면도(中國社會科學院考古研究所 1997) | ② 복원도(장상렬 1971) |

도IV-6 상경성 제1 절터

(불단)으로 구성되어 있다. 초석에는 나무기둥의 흔적이 남아 있는데, 직경은 40cm 내외이다. 안칸의 초석 사이에는 벽체의 흔적도 발견되었는데, 기둥과 기둥 사이에 중깃을 세워 나무심으로 삼고 산자를 엮은 후 그 사이를 진흙으로 바른 다음 그 위를 회로 미장하였다.

본전 건물지는 동서 17.9m, 남북 14.32m인 장방형의 평면에, 초석 배치로 보면 정면 5칸, 측면 4칸의 건물이다. 본전 중앙에는 동서 10.74m, 남북 7.16m인 정면 3칸, 측면 2칸의 불단(佛壇)이 마련되어 있다. 불단 역시 흙으로 쌓고 회로 마감하였다. 본전 바닥보다 높은 불단은 역凹형을 이루며, 불단 위에는 불상을 놓았던 것으로 추정되는 받침돌(佛臺石) 9개가 놓여 있다. 불단 중앙의 불대석은 8각형에 가깝고, 나머지 불대석은 1개 혹은 2개의 구멍이 뚫린 방형 혹은 장방형이다. 중앙의 본존은 좌상으로 추정되며, 나머지 8구의 소상은 입상이었을 가능성이 있다. 본존 양쪽 좌우에 있는 소상은 협시불이고, 남쪽에 있는 두구는 보살상이며, 남면 양쪽은 시동이 서있던 장소이고 더 남쪽에 있는 좌대석은 신장이 서 있던 곳이었을 가능성이 있다(김왕직 2015). 불단 앞쪽에는 길이 5.3m, 너비 1.95m의 역凹형으로 공간을 내었는데, 불공을 드리던 공양석(供養席)으로 보인다.

본전의 평면형태와 주초석의 배열에 근거하면, 본전의 지붕은 단첨식 맞배지붕이거나 팔작지붕일 가능성이 있다.[17] 본전 부근에서 발견된 귀면은 4개 이상인데, 보고서에는 당시 8개의 귀면이 있었을 것으로 보고 해당 건물이 팔작지붕이었을 것으로 추정한 바 있다(中國社會科學院考古研究所 1997).

본전의 남쪽에는 동서로 나란히 2개의 계단이 있으며, 북쪽 중앙에도 1개의 계단이 있다. 계단의 길이는 각각 1.9m이고, 너비는 2.7m이다. 둘레에는 잘 다듬은 돌로 바닥대석을 깔고 그 안에 점토를 다져넣은 다음 양 옆에 돌을 세우고 가운데에 디딤돌을 놓아 계단을 조성하였다. 계단을 튼튼하게 하기 위해 돌이 서로 맞물리도록 하였으며, 바닥대석 둘레에는 멈추개돌을 박았다.

본전 건물지의 동·서편에 위치한 동전(東殿)과 서전(西殿)은 한 변의 길이가 9.23m인 정방형 기단 위에 있다. 초석의 흔적으로 볼 때, 정면 3칸, 측면 3칸으로 구성된 한 변의 길이가 6.9m인 정방형 건물이다. 동전과 서전은 본전과 복도를 통하여 연결되어 있는데, 두 복도는 길이 8.4m, 너비 3.6m로 구조와 크기가 동일하다. 주초석의 배치상황으로 볼 때, 이들 곁채에는 정방형의 평면 건물에 주로 사용되는 사모지붕을 하였을 가능성이 있다.

장상렬(1971)은 이 두 건물의 성격에 대해 불경과 종을 배치한 경루(經樓)와 종루(鐘樓)로 추정한 바 있다. 상경성 제1 절터의 가장 큰 특징은 본채(본전, 금당)와 곁채가 복도각으로 연결된 일체형이라는 점인데, 제1 절터 외에 상경성 일대에서 종루와 경루를 발견한 사례는 확인되지 않는다. 당대의 여러 사찰과 비교해볼 때, 종루와 경루가 금당 앞에 배치되거나 금당과 직접 연결되는 것은 흔치 않은 일이고, 일본의 호죠지(法成寺)처럼 부속불전일 수도 있으므로, 해당 건물지의 성격에 대해서는 추가 논의가 필요하다. 그리고 상경성 제1 절터는 구조를 포함한 여러 정황상 아미타여래를 중심으로 하는 정토교의 사찰이었을 가능성이 있다(김왕직 2015).

---

17 장상렬(1971)은 겹처마의 우진각지붕으로 추정하였다.

제1 절터에서 출토된 유물로는 소조상, 기와, 도자기, 청동기(청동불 손), 철기 등이 있다. 소조상은 불단과 그 주변에서 많이 출토되었으며, 본전 주변에는 녹유 기와류(치미, 귀면, 일반 기와)와 일반 평기와 등이 출토되었다. 이 밖에도 벽화가 그려진 벽체편도 수습되었다(中國社會科學院考古研究所 1997; 이병건 2006; 양은경 2010).

한편, 제7·8 절터를 제외한 나머지 7개의 상경성 절터와 중경의 고산촌절터와 낙타산둔절토, 동경의 신생촌절터와 팔련성 동남절터, 연해주의 꼬쁘이또절터, 아브리꼬스절터(도Ⅶ-19), 끄라스끼노절터(도Ⅶ-21) 등은 모두 금당지로만 구성되어 있는 특징을 보인다. 그간 부분적인 조사에 그쳐 단언하기는 어렵겠지만, 삼국시대와는 달리 발해 절터에는 반드시 탑이 조성되지 않았을 가능성도 배제할 수 없다(양은경 2010). 이는 발해와 동시대인 통일신라의 절터에서는 쌍탑이 건립되고 있지만, 중국 당대에는 탑을 불전보다 중요시하지 않은 예외적인 사례들도 확인되고 있기 때문이다.

물론 발해 절터 중에는 함경남도 오매리절터, 팔련성 동남쪽의 제1 절터, 상경성 제6 절터, 영성자고성절터 등과 같이 탑의 흔적이 확인되는 곳은 있으나, 현재까지 탑이 남아있는 곳은 없다.

이와 관련하여 오매리절터에서는 남북 길이 100m, 동서 너비 60m의 범위에, 1탑 3금당의 구조가 확인되는데, 방형의 탑지는 절터 중앙부에 위치한다. 절터에서 출토된 금동불상 등은 상경성 출토품과 유사하여 발해시기로 인정된다. 그렇지만 출토 유물 중에는 '太和 三

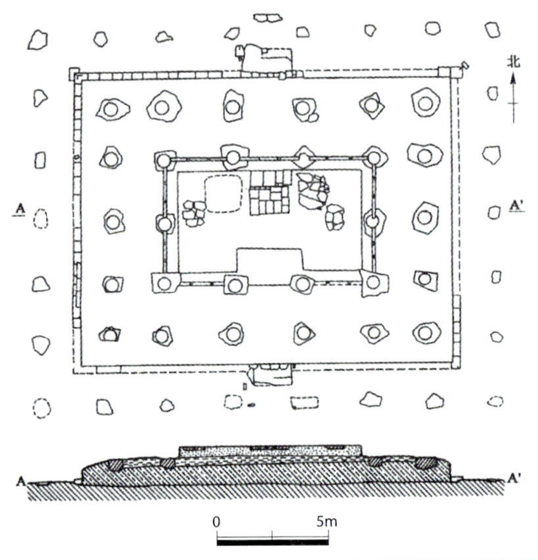

도Ⅳ-7　상경성 제9 절터(中國社會科學院考古研究所 1997)

年 歲次 丙寅'이라는 명문이 음각된 금동판(도I-3)이 있는데, 해당 시기는 고구려 양원왕 2년(546)이다. 따라서 오매리절터의 탑은 고구려 때 세운 5층탑이 발해시기까지 이어졌을 가능성이 크므로 발해의 탑으로 논하기는 적절하지 않다.

팔련성 동남쪽의 제1 절터의 탑지(도Ⅳ-8)는 1930년대에 조사되었다. 방형의 평면 형태로, 한 변의 길이가 12m, 잔존 높이 1m인 토축부를 조사하는 과정에서 발견되었다. 바깥 초석은

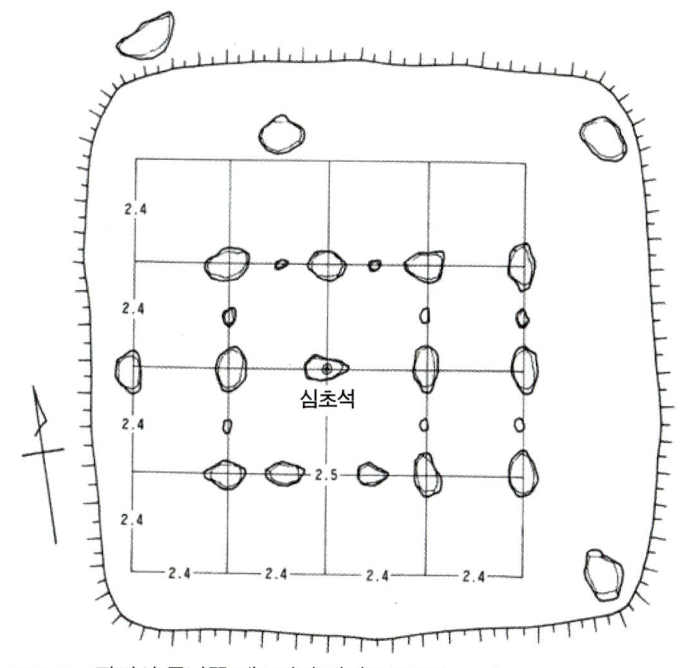

도Ⅳ-8　팔련성 동남쪽 제1 절터 평면도(齋藤優 1978)

동서 9.8m, 남북 9.4m 범위에, 안쪽 초석은 동서 5m, 남북 4.6m 범위로 배치되어 있어 도리야마 기이치(鳥山喜一)는 『간도성고적조사보고(間島省古迹調査報告)』(1942)에 금당지로 보고하였으나, 이후 사이토 마사루(齋藤優 1978)가 다시 발굴하는 과정에서 다른 초석들보다 0.35m 깊은 곳에서 심초석(心楚石)이 발견되어 탑지로 보고되었다.

이와 관련하여 영성자고성절터에서도 한 변의 길이가 8.8m인 방형의 초석 기초가 확인되었다. 초석의 배치가 팔련성 동남 탑지와 유사하다(방학봉(임상일 역) 1998). 상경성 제6 절터의 경우에는 절터 서쪽에서 규모가 큰 기초석 일부가 확인되었는데, 소조불과 함께 석탑의 보주로 보이는 석조물이 출토되었다. 이 밖에 상경성 토대자촌과 백묘자촌 등에서도 사리함이 발견되어 탑의 존재 가능성이 제기되었다.

만약 팔련성 동남쪽에서 확인된 방형의 초석 유구가 탑의 기초부가 분명하다면, 발해의 절터에 조성된 탑은 기본적으로 방형의 목탑이었을 가능성이 있다. 그렇지만 지금까지 발해 탑지로 추정된 유구가 거의 발견되지 않고 있다는 점에서 발해시기는 삼국시대와는 달리 절터에 탑이 차지하는 비중이 크지 않았던 것으로 보인다.

이상의 내용을 종합해보면, 발해 절터는 상경성 제1 절터를 제외하면 대체로 1동의 건물(본채) 즉 금당만 확인되는 것이 일반적이다. 금당은 장방형의 토단 위에 조성었으며 금당

내부의 중앙에는 장방형의 불단이 마련되었다. 불단의 평면 형태는 불공을 드릴 수 있도록 역凹형을 이룬다(도IV-7). 발해 절터의 이러한 기본 구조는 중국의 용문석굴이나 막고굴 등에서 유사성을 찾을 수 있으며, 역凹형 불단의 형태나 금당이 본전과 좌우의 배전으로 구성된 형태 등은 당 장안성 내 궁전 건축의 평면 구조와도 비교된다.

2) 전탑

발해에는 앞서 언급한 절터에서 확인되는 고구려 계통의 방형 탑 외에도 중국 계통의 전탑도 확인된다. 발해의 전탑은 기본적으로 무덤 위에 세워진 것이 특징인데, 대표 유적으로는 영광탑(靈光塔)을 꼽을 수 있다.

영광탑은 지린성 창바이현에서 서북쪽으로 1km 떨어진 탑산의 서남 끝 평탄한 구릉 (해발 820m) 위에 있는데, 창바이현과 압록강 맞은편의 혜산시가 한눈에 조망된다. 영광탑은 1908년 창펑타이(張鳳臺)가 관리로 부임하였을 때, 수많은 전란에도 탑이 훼손되지 않은 것을 보고 서한의 제후국이었던 노(魯)의 궁전인 영광전(靈光殿)에 비유하여 영광탑이라고 지칭한 것이 지금에 이르게 되었다.

영광탑은 벽돌로 축조한 누각 형태의 탑이다. 탑 내부에 빈 공간을 두고 4면을 쌓아 올린 공심방탑(空心方塔)으로, 북쪽에서 남쪽을 향하고 있다. 영광탑은 탑 아래 지하 무덤을 두고 남쪽으로 통로를 만든 것으로, 전체적으로는 묘도(墓道)와 용도(甬道)·지궁 (地宮)·탑신(塔身)과 탑찰(塔刹)의 5개 부분으로 구성된다(방학봉(임상일 역) 1998).

묘도는 용도 바깥쪽에 있으며, 용도 전방의 좌우 양 날개에서 지면에 이르기까지 모두 11개의 계단이 조성되어 있다. 용도 (연도)는 묘도 안쪽에 있다. 묘실(지궁) 앞과 용도 좌우는 모두 돌로 쌓았으며, 바닥에는 3층의 벽돌을 깔았으나 천장에는 판석을 덮지 않았다.

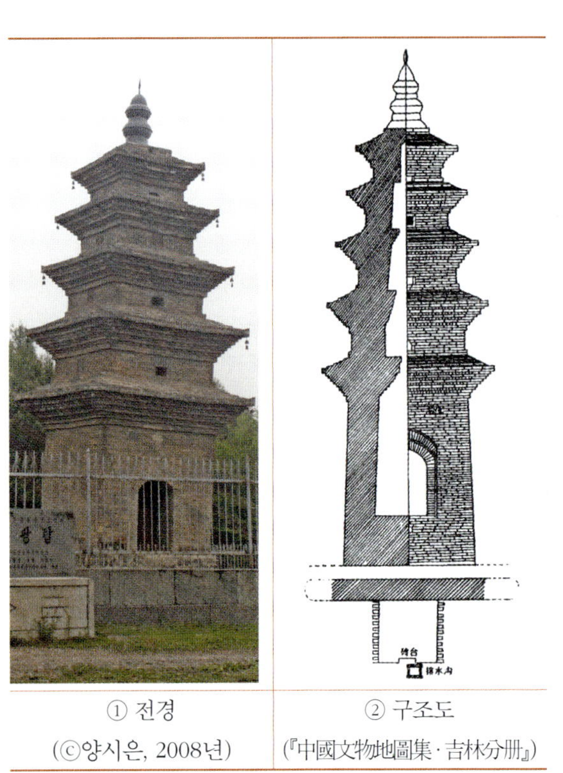

① 전경
(ⓒ양시은, 2008년)

② 구조도
(『中國文物地圖集·吉林分冊』)

도IV-9 영광탑

용도 안쪽에 있는 묘실은 협소한 장방형으로, 동서 길이 1.42m, 남북 너비 1.9m, 높이 1.49m이다. 묘실의 벽체는 벽돌을 쌓아 만들었는데, 그 방향이 탑의 방향과 유사하다. 묘실의 바닥에는 3층으로 벽돌을 깔았고, 위 천장에는 판석을 덮었다. 벽면과 천장에는 모두 백회를 발랐는데, 대부분 떨어져 나갔다. 일부 벽면에 붉은색이 칠해져 있어 기둥을 그린 간단한 벽화가 있었을 것으로 추정된다. 묘실 뒷벽의 중앙 동쪽 바닥에는 돌로 쌓은 관대가 있다.

탑의 기단은 묘실 덮개돌 위에 있다. 탑신은 탑 기단의 판축층 위에 있고, 전체 높이는 12.86m이다. 탑신의 평면은 방형이고 5층으로 구성되어 있다. 층이 거듭될수록 안쪽으로 좁아지는데, 1층은 한 변의 길이가 3.3m, 높이 5.07m이고, 2층은 3m, 1.65m이며, 3층은 2.4m, 1.5m, 4층은 2.1m, 1.2m, 5층은 1.9m, 1.98m이다. 각 층마다 격자 창문이 있다. 옥개석은 처마를 내기 위해 방형과 마름모형 벽돌로 촘촘히 내쌓기 방식으로 구축하였고, 추녀 부분에는 날렵한 처마선을 강조하기 위해 끝이 뾰족한 벽돌을 따로 제작하였다.

그리고 탑신 제1층의 정면에는 지면에서 80cm 떨어져 아치형 문(拱卷門)이 있는데, 너비는 0.9m, 높이는 1.65m이다. 네 변에는 문자를 형상화한 문양벽돌이 있다. 동서쪽은 연화문벽돌로 '國(국)'과 '王(왕)'의 형태이며, 남북쪽은 운문벽돌로 '立(입)'과 '土(토)'의 형태이다. '국립왕토' 또는 '왕립국토'로 읽히므로, 탑이 발해의 왕실과 관련되어 있을 수 있다. 탑신의 제2·3·5층에는 사각형의 감실이 1개씩 있으며, 탑신의 정면 제4층과 동서 양쪽면의 제2·3·4·5층에는 세로로 긴 창이 있다. 벽감의 길이와 너비는 각각 20cm이며, 창의 가로 길이 역시 20cm이다.

마지막으로 탑찰은 호리병박 형태로 탑신 꼭대기에 있으며, 그 높이는 1.98m이다.

한편, 한인호(1988)는 영광탑의 지붕 처마선이 곡선을 이루고 있음을 주목한 바 있다. 중국 흥교사(興教寺)의 현장탑(玄奘塔)은 지붕의 모든 요소가 직선으로 되어 있고, 지붕 처마선 역시 추녀들림 없이 평평하며, 처마가 짧게 뻗어 나온다. 그리고 체감율도 아래에서 위층으로 가며 일정한데, 영광탑은 위로 가며 점차 두드러지는 특징을 보이고 있어, 중국에서 기원한 전탑임에도 불구하고 중국의 탑과는 차이를 보인다.

이러한 영광탑의 구조는 훈춘현의 마적달탑(馬滴達塔)과도 기본적으로 유사하다. 마적달탑(**도V-12**)은 마적달촌에서 동북쪽으로 1km 가량 떨어진 산중턱에 있다. 탑지는 동서 40m, 남북 28m 가량의 평평한 둔덕에 있는데, 탑은 이미 무너져 벽돌들만 남아있다. 영광탑과 마찬가지로 지상탑, 지하 무덤, 용도(연도), 묘도 구조로 구성되어 있다. 탑은 남북 13m, 동서 10m 규모의 암회색 방형전 위에 기초를 조성하였는데, 기초 벽의 평면은 남북 4.95m,

남북 4.8m 가량이다. 묘실의 벽체는 벽돌로 쌓고, 벽과 천장에는 백회를 발라 마감하였다. 묘실은 길이 2.7m, 너비 1.86m, 높이 2.3m의 규모이다. 천장은 평행고임으로 정효공주묘와 같은 구조이다. 1973년 조사 당시 묘실에서 인골이 발견되어, 지하에 시신을 안장한 탑이었음이 확인되었다(방학봉(임상일 역) 1998).

한편, 마적달탑은 마적달 절터와는 약 1km 가량 떨어져 있다. 이처럼 산 위의 무덤에 탑을 세우고, 그 아래에는 절터를 짓는 방식은 허룽현의 용두산 용해고분군에 있는 정효공주 묘에서도 확인되고 있어, 발해의 특징적인 장례 문화로 추정된다.

3) 석등

발해의 불교 건축과 관련하여서는 상경성의 제2 절터인 흥륭사(興隆寺)에 있는 석등도 빼놓을 수 없다. 발해의 석등 중에는 유일하게 남아있는 것이다.

석등은 현무암으로 만들어 졌는데, 높이만 6.3m에 달한다. 석등은 지대석, 하대석, 간석, 중대석, 화사석, 상륜으로 구성되어 있다. 아래에서부터 팔각형의 지대석 위로 연꽃 모양의 원형 하대석이 있고, 그 위로 배흘림 형태의 간석이 있다. 다시 그 위로 연꽃 모양의 원형 중대석이 있으며, 그 위로 8개의 화창이 뚫

① 전경
(ⓒ양시은, 2007년)

② 구조도
(黑龍江省文物考古研究所 2009a)

도Ⅳ-10　발해 석등

린 화사석이 잇다. 화창 사이에는 원형 주춧돌 위에 기둥이 묘사되어 있고, 기둥머리에는 창방이 끼워져 있다. 그 위로는 주두가 있고, 다시 그 위로 공포가 베풀어져 있다. 처마는 각재의 서까래가 묘사되어 있는 홑처마이며, 각 지붕 끝에는 막새기와까지 표현되어 있다. 상륜은 보륜까지만 남아있다(구난희 외 2015).

3. 24개돌 유적

발해의 건축유적 중에는 24개돌(24개석)유적이라고 불리는 특수한 유형의 건축 기초가 확인된다. 커다란 초석이 한 줄에 8개씩 3열로 배치되어 있어 24개돌이라 명명된 이들 유적은 그간 발해의 영역에서만 발견되어 특수한 용도로 인식되어 왔는데, 특히 발해의 주요 교통로 상에서 발견된다는 점에서 흥미롭다.

지금까지 발견된 24개돌 유적은 총 12개로, 그 중 6개가 상경성에서 둔화를 거쳐 화뎬 그리고 차오양(朝陽)에 이르는 영주도(營州道)에 분포한다. 구체적으로는 경박호 부근에 2개 (경풍 24개돌, 만구 24개돌), 둔화에 4개(강동 24개돌, 관지 24개돌, 해청방 24개돌, 요전자 24개돌)가 있다. 그리고 서경압록부에서 압록강의 수로를 이용하여 단둥, 다롄, 묘도열도, 산동반도의 등주를 거쳐 당의 장안에 이르는 소위 조공도(朝貢道)에는 기존 영주도의 6개 외에도 가야하 연안의 왕칭현에 1개(흥륭 24개돌), 두만강 유역에 2개(마패 24개돌, 석건평 24개돌)가 있다. 또한 신라도(新羅道)와 관련하여서는 두만강 유역 외에도 동해안 지역에 3개소(송평구역 24개돌, 회문리 24개돌, 동흥리 24개돌)가 있다.

둔화의 강동 24개돌 유적의 경우, 정면 길이는 9.4m, 측면 너비는 7.95~8.25m로 장방형의 평면 구조이다. 줄간 간격은 4m 내외이며, 초석별 간격은 1.5m 내외이다. 초석의 형태는 원형, 삼각형, 사각형, 다각형 등 다양하며, 현무암을 다듬은 관계로 그리 정교하지는 않다. 초석의 직경은 0.6~0.9m이다. 그리고 초석별 독립기초가 아닌 각 줄별로 도랑을 파고 강자갈을 다져 넣어 기초를 구축한 연속줄기초 방식으로 상당히 견고한 기초를 하였다. 바깥쪽

<table>
<tr><td></td><td></td></tr>
<tr><td>① 전경</td><td>② 초석 상부의 결구 홈</td></tr>
</table>

도Ⅳ-11　둔화 강동 24개돌 유적(ⓒ양시은, 2016년)

초석에는 종방향으로 목재를 걸치기 위한 홈이 파져있는데, 이를 통해 강동 24개돌 유적은 개별 초석에 하나의 기둥을 세우는 가구식 구조가 아니라 목재를 가로로 뉘어 쌓는 귀틀(井) 식 구조였음을 짐작해볼 수 있다. 유적 주변에서 기와는 발견되나 벽체를 구성했을만한 건축 재료는 발견되지 않는다는 점에서, 건물지의 벽체는 토벽이나 벽돌이 아니라 목재가 주재료 였던 것으로 추정된다(이병건 2003).

이러한 구조적 특징으로만 보자면 강돌 24개돌 유적은 고상식(高床式)의 귀틀집 구조 였을 가능성이 크다. 실제 중국 동북지역에는 옥수수와 같은 곡물을 저장하는 용도의 고상식 가옥이 여전히 사용되고 있어 참고가 된다.

앞서 언급한 바와 같이 24개돌 유적이 발해의 주요 교통로상에 위치하고 있는 관계로 그간 많은 연구자들은 역참(驛站)의 가능성을 제기해 왔다(한인덕 1991; 李建才 1992; 李殿福 1992 등). 그렇지만 계절에 상관없이 늘 이용해야하는 역참을 군이 고상식 구조로 할 필요가 있었는 지가 의문이다. 중국 동북지역의 추운 겨울을 나기 위해서는 온돌이 필요한데, 24개돌 유적에 서는 온돌과 관련된 흔적은 찾아볼 수 없다. 그리고 역참은 그 성격상 상주 인원이 반드시 필 요한 곳으로, 여러 사람이 생활하였다고 보기에는 건물지의 규모 또한 너무 협소하다. 이 밖 에도 역참이라면 역참간 거리가 어느 정도 일정해야할 것인데, 현재까지 발견된 24개돌 유적 간 거리는 가깝게는 10km, 멀게는 50km까지 차이가 난다는 점에서 역참으로 보기 어렵다.

이 밖에도 24개돌 유적을 신앙과 관련된 제례를 지내는 건축물과 연결시키거나 사람 들이 숭배하던 종교적인 대상물로 보기도 하지만(김인철 2011), 이 역시 관련 증거가 부족하 다. 따라서 24개돌 유적은 구조적인 특징으로 볼 때, 고구려 고분벽화에서 보이는 부경(桴京) 과 기능이 유사한 고상식 창고로 판단하는 것이 현재로서는 가장 적절해 보인다(이병건 2018).

4. 온돌 건물지

고구려의 여러 문화적 요소를 계승한 발해는 초기부터 온돌을 사용하였다. 그렇지만 기와 지붕을 가진 초석 건물지가 아닌 일반적인 주거지에만 온돌(쪽구들)이 설치되던 고구려 와는 달리 발해에는 지배계층이 사용하던 지상건물지에서도 온돌이 확인된다.

특히 서고성과 상경성 등과 같은 발해 궁전지에서도 온돌을 쉽게 찾아볼 수 있는데, 이 는 고구려와는 확연히 다른 점이다. 왕실에서의 쪽구들 사용은 한반도의 역사상 처음 등장한

현상이다. 이에 대해 송기호(2019)는 쪽구들이 고구려와는 달리 발해 지배층의 문화에 편입
되었다는 점은 발해의 건국 세력이 고구려 최고 지배층과는 거리가 있었음을 보여주는 증거
로 본다. 발해의 지상건물지에서 쪽구들이 본격적으로 사용되는 양상은 수혈주거지 중심으
로 전개된 통일신라 시기까지의 남방 쪽구들과는 대비되는 현상이다.

1964년에 발굴된 상경성 궁성의 서구 침전지는 발해 온돌 건물지의 특징을 잘 보여준
다(도Ⅳ-12). 해당 유구는 궁성의 서쪽 구역 제2원 서북쪽의 작은 정원 안에 있다. 침전은 기와
지붕을 갖춘 기단 건축물로, 기단의 규모는 동서 길이 28.95m, 남북 너비 17.31m이다. 벽
면은 모두 백회를 발라 마감하였고, 그림을 그려 장식한 고급 건축이다. 방에는 기본적으로
ㄱ자형 구들이 설치되었는데, 건물 양쪽에 각각 고래가 설치되어 마치 '曲'자와 같은 평면 형
태를 보인다. 구들은 두 줄 고래로 이루어져 있다. 고래는 연기를 건물 밖으로 뺄 수 있도록
집 밖으로 이어져 북쪽의 연통으로 통하는 구조로 되어 있다.

전체 침전에는 모두 7개의 아궁이가 확인된다. 4개는 건물 내(동쪽 방과 중간에 있는 방에
각각 1개, 서쪽 방에 2개)에 있고, 3개는 회랑에 있다. 아궁이는 원형으로 지름은 0.75~1.1m로

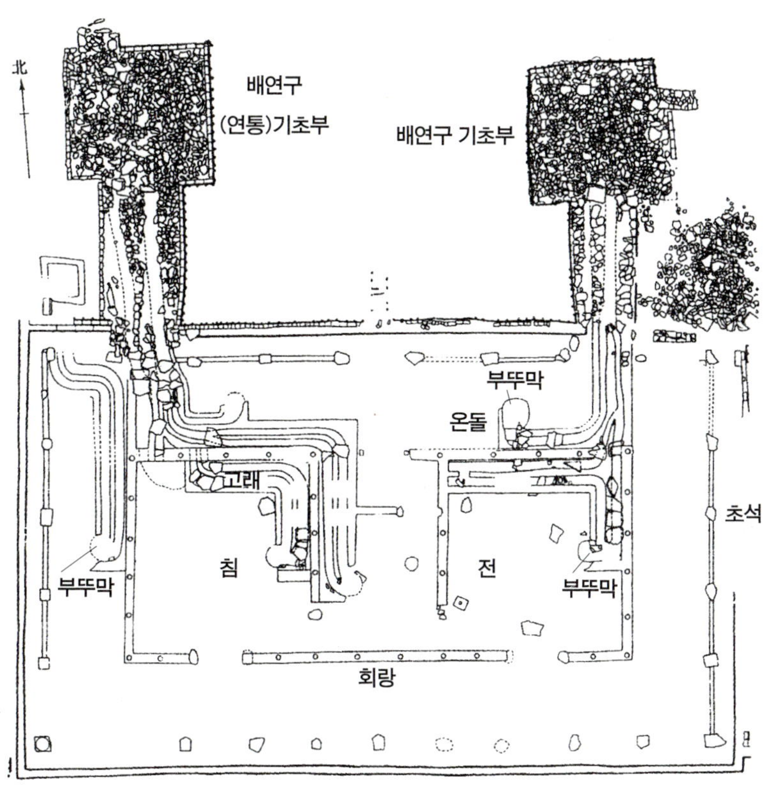

도Ⅳ-12   상경성 궁성 서구 침전지 평면도(中國社會科學院考古硏究所 1997)

일정하지 않다. 아궁이 바닥은 안쪽으로 파여 있으며, 재로 가득 차 있다. 고래는 모두 벽에 나란히 붙어 있는데, 아궁이와 이어진 곳은 직각을 이루거나 약간 굽어있다. 모든 고래는 흙벽으로 만들었는데, 보존 상태가 양호한 경우 높이는 0.3m, 안쪽 너비는 0.4m, 바깥쪽 너비는 0.6~0.7m 가량이다. 고래의 안쪽 벽에는 진흙과 풀을 섞은 것을 약 5cm 두께로, 바깥쪽 벽에는 가늘고 고운 황사를 5cm 두께로 바른 다음 백회를 1cm 두께로 발랐다. 북쪽 회랑의 동쪽과 서쪽 아궁이의 고래가 한 줄인 것을 제외하면 나머지 고래는 모두 두 줄로 그 너비는 1.2~1.4m에 달한다. 아궁이의 윗부분은 판석으로 덮었는데, 가장 큰 판석은 길이 78cm, 너비 69cm, 두께 12.5cm이다.

침전의 북쪽에는 두 개의 연통이 있는데, 하나는 동쪽에, 다른 하나는 서쪽에 있다. 동쪽 방과 북쪽 회랑 동쪽에 있는 아궁이의 고래는 모아진 이후에 동쪽에 위치한 연통과 이어지는 구조이다. 가운데 방과 서쪽 방에 있는 아궁이의 고래는 북쪽 회랑 서쪽에 있는 고래와 이어진 이후 서쪽에 위치한 연통으로 이어진다. 두 개의 연통은 그 위치가 서로 대칭적이며, 크기와 형태 및 구조도 서로 비슷하다.

연통의 앞부분에는 길쭉한 통로(過道)가 있는데, 그 길이는 약 5.2m, 너비는 약 3.2m이다. 동서 두 벽은 백회를 발랐으며, 통로의 높이는 약 1.0~1.4m에 달한다. 앞부분의 높이는 0.4m, 뒷부분은 0.8m로 비스듬하게 경사져 있다. 그 윗부분을 돌로 두 줄의 고래를 쌓았는데, 그 너비는 0.4~0.5m, 깊이는 0.6m에 이른다. 연도 남쪽에서는 고래 위에 암키와로 덮은 후 다시 판석을 덮은 구조물이 발견되었다.

연통의 기단부는 방형을 띠고 있으며, 남북 길이는 5.3m, 동서 너비는 5.0m에 이른다. 바닥은 토축이지만, 윗부분은 돌로 겹겹이 쌓았다. 바닥은 비교적 크고, 위로 올라갈수록 점차 좁아진다. 연통의 윗부분은 붕괴되어 1.7m의 높이 정도만 남아있다(中國社會科學院考古研究所 1997).

안변부(安邊府)의 소재지로 비정되는 러시아 연해주 꼭샤로브까-1 발해 성터에서도 상경성과 유사한 온돌 건물지가 발견되었다(국립문화재연구소 외 2012). 낮은 석축 담장을 두른 장방형 구획(동서 90m, 남북 70m) 안에 평면 由자형의 건물지 7기가 동서방향으로 나란히 발굴되어(도Ⅳ-13) 학계의 관심을 끌었다. 각 건물지는 정면 5칸, 측면 5칸으로 서로 구조가 동일하고 건물 앞줄은 동일선상에 맞추어져 있으나, 뒷줄은 조금씩 변하고 건물폭도 다른 것이 특징이다. 그리고 가운데 건물(4,5호 건물지)이 가장 크고 좌우로 갈수록 작아지는 형태를 띠고 있어, 건물지 간에 위상의 차이가 있었음을 짐작해볼 수 있다. 건물마다 동서 양쪽 벽

도Ⅳ-13　꼭샤로브까-1성터의 온돌 건물지(ⓒ국립문화재연구소)

에 아궁이가 있고, 이어지는 쌍고래의 구들이 북벽의 중간에서 만나 북쪽 연도로 빠져 나간다. ㄱ자형 쪽구들 두 개가 합쳐진 형태로, 전체적으로 보면 ㄷ자형이다. 건물 사이의 폭은 0.6~2m로 매우 좁아 용마루가 동서로 배치된 맞배지붕이었을 것으로 추정되며, 전체 지붕의 건물 규모에 따라 단을 지어 하나로 연결되었을 가능성이 있다. 벽체는 판재를 수직으로 세워 골조 기둥 사이 홈에 끼우고, 진흙에 풀을 개어 메웠는데, 기와가 전혀 출토되지 않아 너와지붕이었을 가능성이 크다.

송기호(2012)는 해당 온돌 건물지의 성격을 발해의 유민 세력이 독자적으로 세운 종묘(宗廟) 시설로 추정한다. 7개의 건물이 위계를 달리하며 독립적으로 나란히 서 있고 제사 용기로 사용되었을 것으로 보이는 기대들이 발견되었기 때문이다.

이상과 같이 발해 지배층이 사용하던 온돌 건물지는 대체로 曲자형 평면 내지는 由자형 평면 구조를 보인다. 고구려 시기와는 달리 기와 지붕을 갖춘 지상식 건물지에 쪽구들이 설치된 양상이 매우 특징적이라 하겠다. 물론 고구려와 마찬가지로 발해 시기에도 수혈식 주거지에 쪽구들이 설치된 경우도 많이 확인된다. 발해의 쪽구들은 고구려의 것을 계승하면서도 이를 더욱 발전시켰다. 고구려와 발해 모두 ㄱ자형의 고래를 가진 쪽구들이 주류였으나, 발해 후기로 가면 점차 一자형과 ㄱ자형이 줄어들고 건물지의 세 벽에 고래가 설치되는 ㄷ자형이 늘어나는 추세를 보인다. ㄷ자형은 발해 멸망 후 여진족의 쪽구들로 이어져 유행하게 된다(송기호 2020).

V

고분

발해는 698년 건국한 이래 926년 멸망하기까지 229년 남짓한 기간 중에 넓은 영토를 차지하였다. 중국 동북지방과 러시아 연해주 남부, 한반도 북부를 포함하는 넓은 범위에 걸친 영토는 울창한 삼림과 초원, 강변의 충적대지와 습하고 온난한 해안가, 높은 산에 의해 형성된 곡간지대 등의 다채로운 자연 환경을 가지고 있고 그만큼 생업도 다양하였다. 주민 구성 또한 통념적으로 고구려 유민과 말갈족으로 설명되지만, 시간을 거슬러 올라가면 이 일대에는 부여, 옥저, 숙신, 읍루, 물길 또는 말갈 등으로 불렸던 여러 북방 민족들이 점유하였던 곳이다. 시간과 지역에 따라서 주민 구성과 자연 환경이 복합한 만큼 발해의 고분도 다양한 양상을 띠어서 통상적으로 고대 국가에서 관찰되는 구조와 장속, 부장품의 정형화된 모습은 잘 보이지 않는다.

발해의 영토가 중국, 북한, 러시아 연해주에 걸쳐있다 보니 나라별로 자국 내 고분을 조사하였고, 가장 넓은 범위를 차지하고 있는 중국에서 발해 고분 조사의 대부분을 차지하고 있다. 그러나 중국의 조사는 주로 도성과 그 주변일대에 치중되어 있고, 지방 각지의 고분은 경제개발계획에 따른 산발적이고 단속적인 구제발굴조사의 성격을 띠고 있다. 때문에 현재까지 보고된 자료만으로는 발해의 고분 문화를 일목요연하게 설명하기가 쉽지 않다.

1. 고분의 조사 및 연구 현황

1) 고분 조사

발해 고분 조사는 일제강점기까지 소급된다. 헤이룽장성 하얼빈시에 있던 러시아인에 의해 닝안(寧安) 삼릉둔의 무덤 한 기가 발굴되었고, 이후 이 무덤은 삼릉둔 1호분으로 편호되었다. 삼릉둔 1호분은 1932년 일본인 학자에 의해 다시 정리 조사되었으나 당시의 조사내용은 알려지지 않는다(鄭永振·嚴長錄 2000: 95). 발굴조사는 아니지만, 1939년에는 미야게(三宅宗悅)가 허룽(和龍) 북대고분을 조사하였다. 이후의 고분 조사는 발해의 가장 넓은 범위를 차지한 중국이 그 중심에 있다고 할 수 있다.

중국에서 발해 고분 조사의 시작은 1949년 둔화 육정산고분군에서 정혜공주무덤이 발견되면서이다. 이후 도성과 그 주변 지역의 고분을 중심으로 헤이룽장성문물고고연구소, 지린성문물고고연구소, 옌벤대학 그리고 옌벤자치주박물관에서 조사를 주도하였다. 도성과 그 주변에서는 능역으로 보고있는 둔화 육정산고분군, 닝안 삼릉둔고분군, 허룽 용두산고분군을 중심으로 조사가 이루어졌고, 지방 각지의 고분은 구제발굴 조사의 성격을 띠거나, 문물지 편찬을 위한 지표에 드러난 현황 조사의 성격을 띤다.

가장 먼저 조사된 고분은 발해의 첫 도읍인 구국으로 비정되는 둔화의 육정산고분이다. 1949년 조사에서 육정산고분군의 I묘구에서 정혜공주무덤을 포함하여 도굴된 무덤 9기를 조사하였고, 1953년부터 1957년에 걸친 조사에서 I구역에서 30여 기, II구역에서 50여 기의 무덤을 확인하였다. 1959년에 I구역에서 1949년에 확인된 9기를 포함한 12기를 조사한 결과, 육정산고분군을 왕실과 귀족의 묘지로 판단하였고 육정산고분군은 1961년 전국중점문물단위로 지정되었다. 1964년 북한과 공동으로 I구역에서 5기, II구역에서 15기를 조사하여 중국에서는 1997년에 『육정산여발해진(六頂山與渤海鎭)』을 발간하였고(中國社會科學院考古學硏究所 1997), 북한에서는 1966년에 『중국동북지방의 유적발굴보고(1963-1965)』를 출간하였다(조중고고학발굴대 1966). 이후 중국에서는 1977년에 물리탐사를 통하여 고분군의 범위를 확정하고 I구역에서 56기, II구역에서 110기의 무덤을 확인하였다. 그리고 1977년에 확인된 고분을 정비차원에서 2004년부터 2005년에 걸쳐 다시 조사하였고, 2009년에 재차 정비조사를 하여서 2010년도에 육정산고분군의 조사를 일단락 지었다. 2004년부터 2009년에 걸친 조사는 『육정산발해묘장(六頂山渤海墓葬)』으로 출간되었다(吉林省文物考古硏究所 외 2012).

닝안시 일대는 일찍부터 상경 용천부로 비정되어서 많은 관심을 받던 곳이다. 이 일대의 능역으로 주목을 끈 것은 삼릉둔이다. 일제강점기에 삼릉둔 1호분이 알려졌고, 1963년에서 1964년에 걸친 중국과 북한의 중국 동북지역에 대한 공동조사에 삼릉둔고분이 포함되었다(주영헌 1966: 50-52). 1980년대에서 1990년대 중반에 걸쳐 상경 용천부를 정비함에 따라서 상경 용천부 이북의 4km 범위를 삼릉지구로 정하고 1호분을 재조사하였다. 개발에 따른 발굴조사에서 삼릉둔 2호, 3호, 4호, 5호 무덤을 확인하고, 2호, 4호 무덤을 발굴하였다(魏存成 2008: 226-227). 삼릉둔고분군의 정식 발굴조사보고서는 간행되지 않았지만, 2호분은 석실봉토벽화분임이 확인되었고, 1호분, 4호분과 함께 삼릉둔고분군은 상경성 시기의 왕릉귀족 무덤으로 보고 있다.

닝안을 중심으로 한 목단강 유역에서는 1958년 목단강 중하류지구 개발에 따라서 100

여 기의 발해 고분이 지표조사에서 확인된 이래 산발적이지만 지속적으로 발해 고분이 조사되었다(黑龍江省博物館 1960). 1960년 대주둔에서 확인된 70여 기의 무덤 중 1기를 발굴하고, 하이린 산저자, 두도하자 등 목단강 중하류역에서 산발적인 조사가 있었다. 닝안 홍준어장, 동연 화촌, 화린 석장구, 하이린 이도하자, 삼도하자 등지에서도 발굴조사가 있었다. 특히 1992년부터 1995년에 걸쳐 헤이룽장성문물고고연구소에서 조사한 홍준어장고분군은 상경 용천부에서 서북 방향으로 10km 떨어진 곳에 위치하여 상경성과 관련 있는 사람들의 무덤으로 보고 있다(黑龍江省文物考古研究所 2009). 모두 323기의 무덤이 조사된 홍준어장고분군은 육정산고분군과 마찬가지로 발굴조사보고서가 간행된 발해를 대표하는 고분군이라고 할 수 있다.

이외에도 1977년 수분하 유역의 둥닝(東寧) 대성자고분군이 조사되었다(黑龍江省文物考古工作隊 외 1982). 대성자고분군의 남쪽으로 대성자고성이 있고, 고분군은 수분하를 사이에 두고 러시아 연해주 체르냐찌노 유적과 마주한다. 특히 대성자 1호분은 석실에서 16개체의 인골이 확인되어서 다인합장의 성격에 대한 관심을 갖게 하였다.

허룽 일대와 옌볜 지역은 발해 고분군이 가장 많이 조사된 곳이다. 특히 허룽은 발해의 둘째 도읍인 중경 현덕부 치소로 보는 서고성이 있는 곳이다. 허룽 일대를 대표하는 고분군은 용두산고분군이다. 1980년 옌볜시박물관에 의한 정효공주무덤 조사를 계기로 정효공주무덤 주변의 고분을 조사하였다. 그 결과 용두산고분군은 용해구역, 용호구역, 석국구역으로 나뉘게 되었다(박윤무 1993). 1982년 용해고분군에서 7기를 발굴하였고(延邊博物館 1983), 지린성문물고고연구소와 옌볜조선족자치주문물관리위원회가 공동으로 2004년과 2005년 두 차례에 걸쳐 용해고분군을 조사하여 12기의 무덤을 발굴하였다. 그 중 2호 무덤은 3대 문왕(文王, ?-793년) 효의왕후(孝懿皇后)무덤으로, 3호 무덤은 9대 간왕(簡王, ?-818년) 순목황후(順穆皇后, ?~830년)무덤으로 비정하였다. 13호와 14호 무덤을 왕실 가족 무덤으로 비정하면서, 용해고분군은 발해 왕실의 주요 능역으로 평가하였다(吉林省文物考古研究所 2009). 이로써 용두산고분군을 대표하는 고분구역은 용해고분군이라고 할 수 있다.

용두산고분군보다 먼저 조사된 것은 허룽 북대고분군이다. 일제강점기에서 북대고분군은 수백 기의 고분이 확인된 이래 고분의 상당수가 도굴되거나 파괴되었다. 1973년 옌볜박물관에서 무덤 54기를 조사하였고, 1988년에는 11기를 더 조사하였는데, 그 중 일부만이 보고되었다(엄장록·박룡연 1991).

이외에도 허룽의 하남둔고성 부근에서도 고분이 발견되었고, 여기서 수습된 금제품으로 인해 하남둔고분을 귀족무덤으로 보기도 한다(嚴長錄 1984). 그러나 하남둔고성이 성터가 아님이 드러났고, 고분에서 출토된 금동제 허리띠장식이 발해보다 늦은 것으로 보는 견해도 있어서 하남둔고분의 시기와 성격에 대해서는 재검토가 필요하다.

훈춘 일대의 발해 고분 자료는 단편적이다. 1973년 조사한 훈춘 마적달탑묘가 대표적이다. 마적달탑묘는 지상의 묘탑이 확인되어서(張錫瑛 1984), 정효공주무덤과 같은 형식임이 밝혀졌다. 이외에도 묘탑이 있는 무덤으로는 1980년대 실측 조사한 압록강 상류의 창바이 영광탑이 있다. 묘탑을 가진 무덤은 지상 건물을 가진 삼릉둔 1호분과 함께 발해 무덤의 한 형식으로서 기록에 전하는 '총상가옥(塚上家屋)'에 관심을 갖게 하였다.

옌벤 일대에서는 1970년대 도로건설이나 1983년에서 1985년에 걸친 옌벤지구 개발에 따른 구제성 발굴조사로 여러 곳에서 크고 작은 고분군이 발견되었다. 투먼(圖們)과 훈춘 연결도로 공사와 관련하여 여러 곳에서 고분이 확인되었다. 당시 알려진 고분 가운데 1990년대 안투(安圖) 동청고분군, 왕칭(汪淸) 중평고분군, 룽징(龍井) 부민, 영성 등의 고분군이 발굴조사되었고, 옌지(延吉)시에서도 고분군이 알려지게 되었다.

이외에도 제2송화강 유역과 지린 지역에서도 발해 건국을 전후한 시기의 고분이 확인되었다. 이 일대의 토광묘는 발해 건국 전의 말갈무덤으로 보고, 이외에도 산(山)형 비녀나 발해를 대표하는 심발인 심복통형관(深腹筒形罐)이 부장된 무덤을 발해 고분으로 판단하게 되었다. 지린(吉林) 모아산, 푸쑹(撫松) 전전자, 통화(通化)시 강남촌 활설장, 화뎬(樺甸)현 마안석, 환런(桓仁) 봉명 등지에서도 단편적이지만 발해 고분이 확인되었고, 푸순(撫順) 시가고분군과 선양(瀋陽) 석대자산성 주변 고분군의 일부 고분은 발해와 시간적으로 중복된다(강현숙 2009). 한편, 고구려 국내도성이 자리하였던 지린성 지안 일대의 일부 고분에서도 발해의 표지유물이 출토되기도 하였다.

이처럼 중국에서의 발해 고분은 헤이룽장성과 지린성 내에서 수천 기가 확인되었으나, 주요 무덤은 상경성 부근 목단강 중하류지구와 둔화, 허룽, 훈춘 등 옌벤지구로 주로 도성을 중심으로 그 주변에 분포하고 있다.

(2) 북한

북한의 발해 고고학 조사는 고구려에 비해 늦게 시작하였고, 중국에 비해서도 늦게 시작한 편이다. 이는 발해의 도성이 북한 영역 내에 자리하지 않았기 때문이며, 고구려의 평양 도성이 현 수도인 평양에 소재한 것과는 달리 발해의 주요 유적들이 동북쪽으로 멀리 떨어져 있기 때문이기도 할 것이다.

북한이 처음으로 조사한 발해 고분은 중국 둔화의 육정산고분군이었다. 1964년에 중국과 공동으로 조사하였는데, 중국에서는 육정산고분군을 당대(唐代) 발해국(渤海國)의 귀족 묘지로 보았지만, 북한에서는 정혜공주무덤의 구조와 무덤에서 출토된 묘비를 근거로 발해는 고구려를 계승한 독립국이라는 입장을 확고히 하였다. 공동으로 조사한 두 나라가 발해를 보는 인식의 차이로 인해 북한에서는 1966년에, 중국에서는 1997년에 각각 보고서를 발간하였다.

북한의 역사인식은 1960년대부터 발해는 고구려의 계승자이며, 이를 유적, 유물로 증명하는 것이 발해 고고학 조사와 연구의 목적이라는 입장이다. 1950년대 함경북도 청진시 화대군 일대를 답사하였지만, 본격적인 고분 조사는 1980년대 이후 사회과학원 고고학연구소 주도로 이루어졌다. 2000년대에는 옌볜대학 발해사연구소와 공동으로 함경북도 회령과 화대군 부거리 그리고 함경남도 북청 평리일대 성과 고분을 조사하였다.

1980년대의 고분 조사는 동해안 일대 유적 조사의 일환으로 진행되었으며, 1986년에서 1988년에 이르기까지 세 차례에 걸쳐 함경남도 북청 청해토성 주변의 평리고분군에서 50여 기의 무덤을 조사하였다.

1990년대 들어와서 함경북도 회령 궁심리 일대와 화대군 일대 그리고 함경남도 북청, 신평 오매리 일대에서도 고분이 조사되었다. 화대군 부거리 일대에서는 부거리고분군을 중심으로 주변의 다래골고분군, 합전고분군, 옥생동고분군, 독동고분군, 토성고분군 등이 조사되었다. 당시 조사된 발해 고분은 부거리토성과 관련지어 부거리 일대를 동경 용원부로 비정하는 근거로 사용되기도 하였으나, 2000년대 이후 동경 용원부의 속주인 목주로 비정하는 견해도 제시되었다(정영진 2016).

이외에도 청진시 일대에서 연차골고분군, 창덕고분군, 릉산동고분군, 송정동고분군, 금성리고분군 등이 조사되었다. 금성리고분군에서 확인된 벽화분은 함경도일대에서 확인된 유일한 발해 벽화분이며(김종혁·김광남 1992), 연차골 1호분은 다량의 금동제품이 확인되어서 북한에서는 발해 왕릉급 무덤으로 비정되기도 하였다(한인덕 1998). 무덤의 구조와 벽화에 초점을 두어 이 두 무덤을 발해가 고구려를 계승하였음을 입증해주는 증거로 보았다. 한편, 조사 내용이 보고되지 않았지만 동해안 일대의 함경북도 청진시 화대군 정문리, 하평리, 자가리 일대에 수백 기에 달하는 무기단과 기단 적석총이 있다고 하므로(장철만 1997) 이 일대의 고분군을 일률적으로 발해 고분으로 볼 것인가 하는 문제와 함께 동해안 일대 고분의 시대와 성격에 대해서도 재검토가 필요하다.

함경남도 북청 일대의 조사로 청해토성과 평리고분군, 안곡산성, 거산성 그리고 용전리산성과 가까이 있는 오매리절터와 오매리고분군 등을 종합하여 북청 일대를 남경 남해부로 비정하고(김종혁 1997), 동해안의 적석총(돌각담무덤), 석실봉토분(돌칸흙무덤) 등은 고구려를 계승한 발해의 무덤으로 판단하였다. 이외에도 북한에서는 러시아 연구진과 동해안과 연해주 일대 유적을 공동으로 발굴조사하고, 학술좌담회에서 발해의 고구려 계승을 강조하고 있으나, 자세한 내용은 소개되지 않았다.

2000년대 들어와서는 중국 옌벤대학 발해사연구소와 북한의 사회과학원 고고학연구소가 공동으로 발해 유적을 조사하였고, 그 과정에서 발해 고분도 조사되었다. 공동으로 조사한 유적의 발굴조사 보고서는 동북아역사재단에서『부거리 일대의 발해유적』(2011),『회령 일대의 발해유적』(2015),『북청일대의 발해유적』(2020b)으로 발간하였다.

회령, 화대, 북청 일대의 발해 고분은 중국이나 연해주의 발해 고분과 비교하였을 때 구조와 장속에서 일부 차이가 있고, 일부 부장유물은 고구려의 것과 계통을 같이 하는 등 지역색을 보인다. 북한에서는 이를 일률적으로 발해가 고구려를 계승하였음을 증명하는 자료로 평가하고 있다. 그렇지만, 내륙의 함경북도 회령과 동해안 일대의 함경북도 청진시와 함경남도 북청 일대의 고분은 구조와 내용에서 세부적인 차이도 있고, 중국이나 연해주의 발해 고분과도 차이가 있으므로, 북한에 분포하는 발해 고분의 구조와 부장품 등을 종합한 성격 검토가 필요하다.

(3) 러시아와 남한

러시아는 발해를 말갈의 나라로 생각하여서 연해주에서 말갈과 발해의 고고학적 구분은 명확하지 않다. 따라서 고고학 시기 구분에서도 4세기에서 10세기까지를 말갈·발해시기로 비정하여 말갈 시기 중의 일부를 발해로 보기도 한다.

러시아에서의 발해에 대한 관심은 1900년대 초부터 있었다. 하얼빈에 거주하였던 러시아인에 의해 1928년에 삼릉둔 1호분이 조사되기도 하였지만, 러시아의 연해주에서 발해 유적 조사는 성터나 주거지 등 생활유적이 중심이 되었고, 고분조사는 소규모이고 단편적이었다.

현재 연해주의 발해 고분은 발해 솔빈부(率濱部) 관할 영역으로 추정되는 범위에서 15곳이 알려졌다(정석배 2011). 발해 고분으로 알려진 15곳은 하산지구의 끄라베14, 알레우트15, 끄라스끼노2유적, 우쑤리스크의 루드니꼬브까, 옥자브리스끼의 체르냐찌노5, 15유적, 호롤의 아브라모브까2(루자노브까고분군), 라조 소꼴로브까, 글라즈꼬브까1, 추구예브까 꼭샤로브까, 달네고르스크 모나스뜨이르까3, 끄라스노아르메이스끼 노보뽀끄로브까, 로쉬노4유적 등인데, 모두 말갈·발해시기로 비정된다. 이 중 끄라베14와 알레우트15유적의 고분은 지상에 분구가 있다.

알려진 발해 고분 15곳 가운데 발굴조사를 통해 발해 무덤으로 밝혀진 고분군은 체르나찌노5고분군과 끄라스끼노2고분군 2개소이며, 로쉬노고분군과 모나스뜨이르까3고분군은 말갈·발해문화에 대응되는 고분군으로 추정된다. 그 가운데 1986년도에 조사된 모나스뜨이르까3고분군과 1990년에 조사된 로쉬노고분군은 러시아 연구자에 의해 조사되었고, 체르냐찌노5고분군과 끄라스끼노2고분군은 러시아인이 발견하고 2000년대 들어와 한국의 연구자와 공동으로 발굴 조사한 유적이다.

체르냐찌노5고분군은 1997년에 발견되어 1998년부터 2002년까지 러시아 연구자에 의해 1구역, 2-1구역과 2-2구역에서 41기의 고분을 조사하였고, 2003년부터 한국전통문화대학교와 극동국립기술대학교 및 러시아과학원 극동지소 역사학고고학민족학연구소에서 공동으로 조사하여 188기의 고분을 발굴하였다(한국전통문화학교 외 2005, 2006, 2007, 2009a). 끄라스끼노2고분군은 끄라스끼노성을 조사할 때 발견되어서 2003년 러시아와 한국 동북아역사재단(당시 고구려연구재단)에서 공동으로 조사하였다. 끄라스끼노성은 러시아 연해주 최남단의 하산지구 끄라스끼노 마을에서 남서 방향으로 약 2.5km 거리에 위치하며, 성의 북쪽에 있는 고분이 조사되었다. 이외에도 국립문화재연구소에서 조사한 뜨로이쯔꼬예고분은 8-9세기 말갈인 또는 발해인이 서아무르유역으로 이주한 결과 조성된 것으로 본다.

2) 고분 연구 현황

발해의 영토가 중국, 북한, 러시아 연해주에 걸쳐 있고, 발해를 바라보는 역사 인식도 세 나라가 각기 달라 발해 고분의 연구에 일정한 영향을 미치고 있다.

(1) 중국

중국에서는 발해를 중국 북방에 거주한 말갈족의 나라로 중국 당나라와 신속관계에 있는 지방 정권으로 보고 있다. 이러한 관점에서 발해 고분의 구조나 부장품에서 중국 중원 왕조의 영향을 강조하거나 말갈 요소를 부각시켜서 발해 고분에 대한 평가와 해석은 북한과 대척점에 있다고 할 수 있다. 50여 곳에서 2000여 기 넘는 고분이 조사되었지만, 중국에서의 발해 고분 연구는 주로 구조 형식에 따른 분류, 장법 그리고 묘주 비정과 함께 왕릉, 귀족 무덤에 관심이 모아졌고, 분류된 구조나 장법은 족속과 발해 주민구성이나 문화의 다원성 등으로 해석되고있다.

① 고분 구조와 전개

중국에서는 발해 고분의 유형 분류가 고분연구의 가장 큰 비중을 차지하고 있다(**표V-2 참조**). 연구자마다 차이는 있으나, 매장부의 축조재료가 가장 많이 이용되는 유형 분류의 기준이다. 이는 토광묘는 말갈의 무덤이고, 석실분은 고구려를 계승한 무덤이라는 이분법적 인식에 따른 것이다. 따라서 분류된 고분의 각 유형은 종족과 관련지어 말갈 또는 고구려의 영향으로 해석하거나 토광묘에서 석실분으로 시간에 따른 변화로 설명한다. 무덤의 전개는 상경성 혹은 둔화 육정산고분군이나 허룽 용두산고분군을 기준으로 삼아 전·후 두 시기로 나누어 설명하기도 한다.

쑨슈런(孫秀仁)은 하이린 산저자고분군 조사에서 발해 무덤을 적석묘라 부르고, 무덤의 규모와 평면형에 따라서 대형적석묘, 소형적석묘, 방형석판묘로 나누었다(孫秀仁 1980). 그렇지만 여기에서 말하는 적석묘는 적석분구를 의미하는 것이 아니라 매장부를 돌로 쌓았다는 의미로 돌을 사용하지 않은 토광묘에 대응되는 표현이며, 석판묘는 석곽(관)에 대응되는 표현이다. 그리고 매장부 축조에 돌을 이용한 것은 서단산문화의 석관묘와 고구려 무덤 축조방법을 계승한 것으로 해석하였다.

리뎬푸(李殿福)는 발해 무덤을 봉토분구는 공통되지만, 매장부에 차이가 있다고 보아서 매장부 축조재료를 기준으로 토광묘, 석광묘, 석관묘, 석실묘, 전실석정묘로 분류하였다(李殿福 1981). 토광봉토묘가 가장 이른 무덤으로 장기간 지속되었으며, 석실봉토묘와 벽돌로 축조하고 천정을 돌로 마무리한 전실석정봉토묘는 대형분에서 나타나는 것으로 보았다.

웨이춘청(魏存成)은 매장부를 기준으로 토광묘, 석광묘, 석실봉토묘, 전실봉토묘로 나누었고, 석실봉토묘는 연도의 위치에 따라서 치우친 연도를 도형(刀形), 중앙에 있는 것을 산형(鏟形)으로 세분하였다(魏存成 1990). 토광묘는 말갈 고유의 무덤이며, 석실봉토묘와 고구려는 관련이 없다고 평가하고, 시간에 따라서 발해 무덤은 토광묘에서 석광묘, 석실묘로 변화한다고 보았다.

박윤무는 발해의 무덤은 전석혼축묘, 석묘(석실묘), 토묘(토광묘)가 있으며, 토묘에서 석광묘, 석실묘로 전개된다고 보았다(박윤무 1991a). 특히 발해 고분의 중심은 봉토석실묘이며, 봉토석실묘의 천장가구는 삼각평행고임, 삼각고임, 평행고임, 평천정으로 세분하고, 석실묘의 고임식 천장은 고구려 후기 석실봉토분과 연결된다고 보아서 발해 고분에는 말갈요소와 고구려 요소가 함께 하는 것으로 해석하였다.

류샤오둥(劉曉東)은 발해 무덤을 토광묘, 유곽묘, 묘실묘로 대분류하고, 곽묘는 목곽과 석곽으로, 묘실은 석실과 전실로 세분하였다. 토광묘에서 관, 곽의 유무는 신분 차이에 따른 것으로 보고, 시간에 따라 토광묘에서 곽묘, 묘실묘로 변화한다고 설명하였다. 그리고 고분의 전개는 세 시기로 나누어 건국 전과 발해 전기의 무덤은 토광묘이고, 전기와 중기의 무덤은 유곽묘, 중기와 후기의 무덤은 묘실묘로 보았다. 따라서 목곽묘에서 석곽묘로 변화하고, 석곽묘에서 묘실묘로의 축조에는 고구려 무덤의 영향이 있다고 평가하였다(劉曉東 1996).

김태순(金太順)은 홍준어장고분군 조사에서 발해 무덤을 토광묘, 석묘, 전묘로 나누고, 석묘는 석실, 석광(곽), 석관으로 세분하였다. 석광과 석곽, 석관의 분류 기준을 구체적으로 제시하지는 않았으나, 토광묘는 발해 건국을 전후한 말갈의 무덤으로 보고, 석광이 석실보다 먼저 등장하고, 석실은 발해 건국 후에 등장한 것으로 보았다(金太順 1997). 홍준어장 보고서에 의하면 김태순이 사용하는 석광은 석곽에 해당된다.

손병근(孫秉根)은 축조재료와 묘도의 유무에 따라서 5가지 유형을 설정하고 각 유형에 시간적 의미를 부여하였다(孫秉根 1997). I유형은 연도와 묘도없는 수혈토광묘이며, 수혈토광묘는 부가되는 시설에 따라서 순수토광묘, 토석혼축묘, 토광석개묘로 세분하였다. II형은 석재를 사용한 것으로 석광묘와 석곽묘로 세분하였고, III형은 묘도만 있는 산형평면(연도가 중앙에 있는) 묘실, IV형은 묘도와 연도가 있는 산형평면 묘실, V형은 전실묘로 묘탑의 유무에 따라서 세분하였다. 그러나 횡혈식 구조의 묘실 중에는 묘도나 연도가 오른쪽으로 편재된 평면형(도형刀形) 무덤도 적지 않아서 세분될 여지가 있다. 한편, 묘도와 연도를 갖춘 무덤은 정효공주무덤이나 삼릉둔 2호분처럼 주로 대형분에서만 확인된다고 보았다. 그리고 시간에 따라서 발해 무덤은 토광묘에서 석곽묘로, 다시 석실묘와 전실묘로 변화한다고 설명하면서 석실과 전실은 시간적으로 병행관계에 있는 것으로 파악하였다. 따라서 무덤의 전개는 세시기로 나누어 설명하였다. 1기는 위수 노하심상층과 융지 대해맹 3기 토광묘로 그 시기는 7세기 전반에서 말로 비정하여 발해 건국 이전부터 건국을 전후한 시기의 무덤으로 보았다. 2기는 둔화 육정산고분군과 둥닝 대성자고분군이 중심이 되며, 8세기 후반까지로 비정하였다. 3기는 허룽 북대고분군으로 8세기말부터 9세기 전반으로 비정하였으나, 9세기 전반 이후의 고분에 대해서는 구체적으로 설명하지 않았다. 이처럼 고분의 시기구분은 결국 도성과 그에 대응되는 고분군으로 설명하여서, 고분 자체의 변화는 설명되지 못하였다.

정영진(鄭永振)은 축조재료에 따라 전묘와 석묘, 토묘로 나누고, 각각을 다시 세분하였다(鄭永振 2003). 토묘는 토석벽봉토묘, 토광개석정(蓋石井)봉토묘, 토광수혈봉토묘, 적토묘로 세분하고, 적토묘는 연해주 끄라스끼노에서 확인된다고 하였다. 석묘는 묘실과 묘도, 묘문 여부와 분구를 고려하여 석실과 석광과 석관으로 세분하는 한편, 분구를 고려하여 방단계제

석광묘를 별도로 세분하였다. 전묘는 지상의 시설을 기준으로 묘탑결합, 향당건축, 전실봉토로 분류하였다. 여러 형식으로 나눈 고분의 시기구분은 755년 서고성에서 상경성으로 천도(천보(742-756) 말년)를 기준으로 전, 후 두 시기로 나누고, 후기는 다시 전, 후 두 시기로 세분 가능하다고 보았다. 전기를 대표하는 고분군으로 둔화 육정산고분군과 안투 동청고분군으로, 이 시기의 고분은 고임식과 평천정의 석광봉토묘, 석관봉토묘, 방단계제석광적석묘, 토광봉토묘 등 여러 유형이 병존한다고 보았다. 후기는 토광봉토묘와 방단계제적석석광묘가 사라지고, 석광봉토묘가 줄어들며, 고임식과 평천정 석실봉토분이 중심이 된다고 보았다. 그리고 석실봉토분과 병존하는 전묘(벽돌무덤)는 왕실 귀족의 무덤으로 설명하였다.

　　　리수레이(李屬蕾)는 축조재료에 따라서 수혈토광묘, 석광묘, 석곽(관)묘, 봉토석실묘, 토석혼축묘, 전실묘로 대별하였다(李屬蕾 2005). 수혈토광묘는 장구에 따라서 무장구, 장구, 그리고 뚜껑의 여부에 따라서 세분하였다. 뚜껑의 여부를 기준으로 한 것으로 미루어 수혈토광묘에는 덮개가 없었다고 본듯하다. 석광묘는 흙과 돌이 함께 한 것과 석벽 석광으로 세분하였는데 석벽이 있는 석광묘는 석곽묘일 가능성이 있다. 봉토묘는 묘도의 유무에 따라서 나누고, 전실은 규모를 기준으로 대형과 소형으로 나누었다. 고분을 자세하게 분류하였지만, 무덤은 축조에 따라서 토묘에서 석묘, 전묘로 변화한다고 설명하였다.

　　　이상과 같이 발해 고분 구조에 대한 설명은 연구자마다 조금씩 차이가 있지만, 의견을 같이하는 것은 매장부의 축조재료이며, 매장부는 토묘에서 석묘로 변화하며, 석묘는 전묘와 시간적으로 병존한다는 점이다. 이처럼 매장부 축조재료가 1차 기준이 된 것은 토광묘를 말갈의 무덤으로 인식하였기 때문이다.

　　　발해 고분의 전개과정에 대한 설명에서도 토광묘는 발해 건국 이전부터 축조된 이른 시기의 무덤이라는 점에 연구자들은 의견을 같이한다. 그러나 토광묘에서 석실묘로의 전개에 대한 해석에는 관점의 차이가 발견된다. 즉 토묘에서 석실묘로의 변화에서 고구려의 계승이나 영향을 인정하는 입장과 그렇지 않은 입장이 바로 그것이다. 가령, 천장가구를 기준으로 석실을 세분하는 것은 고구려의 계승을 염두에 둔 것이며, 고구려와의 관련을 인정하지 않고 중국 당나라의 영향을 부각시키려는 입장은 산형 또는 도형을 기준으로 분류하거나 연도나 묘도, 묘도의 길이와 형태 등을 기준으로 석실을 분류하는 경향이 있다.

② 묘주 비정과 무덤 등급

　　　묘주와 무덤의 등급은 발해 고분 연구에서 가장 먼저 관심을 보인 주제라고 할 수 있

다. 처음으로 알려진 상경성 부근의 닝안 삼릉둔 1호분은 대형의 고임식 천장을 가진 석실봉
토분이며, 정혜공주무덤 또한 대형분이어서 대형분의 묘주에 관심을 두었다. 특히 구국 소
재지인 둔화 육정산고분군의 정혜공주무덤이나 허룽 용두산고분군의 정효공주무덤이 대형
분이다보니 대형분은 왕릉이나 귀족의 무덤으로 여겼다. 그리고 왕릉이나 귀족의 무덤은 석
실과 전실이며, 이를 정혜공주무덤이나 정효공주무덤에서 출토된 묘비와 결부시켜 중국 당
나라와의 관련을 부각시키고 석실이나 전실은 고구려와 관계가 없다고 하였다(魏存成 1991).

묘주와 관련한 또 하나의 주제는 진릉(珍陵)과 귀장의 문제이다. 이는 정혜공주무덤이나
정효공주무덤의 묘비를 통해 무덤의 주인공과 조성 시기를 알 수 있게 되면서 제기된 관심이다.
정혜공주무덤이 '진릉'의 서원(西原)에 배장되었다는 묘비의 내용에 따라서 '진릉'과 진릉의 주
인공에 대한 관심을 갖게 되었다. 따라서 둔화 육정산고분군에서 진릉을 찾고자 하였으며, 진
릉을 육정산고분군 I구역 또는 II구역 내의 무덤으로 비정하였다. 그러나 정혜공주의 동생인 정
효공주의 무덤이 허룽 용두산고분군에서 발견됨에 따라서 진릉의 주인공이 누구인가에 관심이
모아졌다. 과연 진릉이 정혜, 정효공주의 부왕인 문왕의 무덤인가 하는 의문이 제기된 것이다.

2004년과 2005년에 걸친 정효공주무덤 주변의 용해고분군 조사로 용해 12호(효의황
후)와 3호(순목황후) 무덤을 황후의 무덤으로 비정하고, 금관식 등 금은 부장품이 출토된 14호
무덤(13·14호 무덤 묘상건축이 있는 동분이혈전곽묘)을 왕실 가족 무덤으로 비정하게 됨에 따라
진릉의 주인공에 대해서는 아직도 의견이 모아지지 않고 있다.

아울러 정혜공주나 정효공주무덤이 조성된 시기는 상경성 시기로, 둔화 육정산고분군
에서 정혜공주무덤이 조사됨에 따라서 첫 건국지인 구국에 귀장하였다고 생각하였으나, 허
룽 용두산고분군에서 정효공주무덤이 조사되면서 정효공주는 구국에 귀장하지 않았음이 밝
혀졌다. 이어, 용두산의 용호고분군에서 효의황후, 순목황후의 무덤이 조사됨에 따라서 아직
까지 귀장여부에 대한 논의는 구체적으로 이루어지지는 않았다. 이외에도 지상묘탑이 있는 정
효공주무덤과 같은 구조의 훈춘 마적달탑묘는 승려의 무덤으로 추정하기도 한다(張錫英 1984).

③ 매장방법과 장속

장법이나 장속에 대한 연구는 대형분보다는 지방 각지의 고분이 주로 대상이 되었다.
왕이나 왕족의 무덤으로 본 삼릉둔 1호분이나 정혜공주무덤, 정효공주무덤에서 여러 차례
에 걸친 다인합장이 확인되지 않았지만, 지방 각지 중,소형의 발해 고분에서는 1차장뿐 아니
라 2차장, 단인장과 다인장, 1차장과 2차장이 혼용되는 등 여러 방식으로 매장이 행해졌음이

확인되었다. 특히 둥닝 대성자 1호분이나 닝안 대주둔 1호분의 경우 다인합장이 관찰되어서, 원시 가족장의 모습이 남아있는 것으로 보고, 합장된 인골 중에는 부곡과 노비 등이 주인공의 무덤에 천장된 것이 포함되었을 것으로 해석하기도 한다(魏存成 1981; 방학봉 1992; 정영진·이동휘 2006).

2차장으로서의 화장과는 별도로 주검을 안치한 후 매장상태에서 주검을 태우는 번소의식도 관찰된다. 번소는 화소(火燒)로도 표현하는데(魏存成 2008), 번소는 중국 북방의 여러 족속들 사이에서 보편적으로 행해졌던 장속으로 이에 대해서는 옥저, 말갈의 매장 습속과 관련이 있을 것으로 해석한다(魏存成 1981).

이처럼 매장방법이나 장속 등에서 보이는 복합성은 발해 주민 구성의 다양성을 보여주는 증거로 설명된다(정영진·이동휘 2006).

(2) 북한

북한에서는 발해는 고구려를 계승한 황제국이라는 입장에서(박시형 1962, 1976) 발해 고고학 조사와 연구의 목적을 발해의 고구려 계승을 증명하는 것에 두었다(주영헌 1967). 이러한 지침에 따라 조사된 유적, 유물에 대한 평가와 해석은 고구려의 계승과 발해 문화의 우수성에 초점이 맞추어져 있다.

발해 고분에서 고구려 계승의 고고학적 근거로 석실의 평면 구조와 천장가구 그리고 분구 위의 건물 외에도 묘실 벽화를 들고 있다. 둔화 육정산고분군의 정혜공주무덤과 허룽 용두산고분군의 정효공주무덤에서 묘비와 석사자가 출토되었고, 묘비는 정혜, 정효 두 공주가 대흥보력효감성법대왕(大興寶曆孝感聖法大王)의 둘째, 넷째 딸임을 밝히고 있다. 따라서 정혜공주, 정효공주의 묘비는 발해가 독자적으로 보력 연호를 쓰는 황제국임을 증명하며, 또한 이 두 무덤은 발해가 고구려를 계승하였음을 보여주는 증거로 보고 있다(채희국 1988).

발해가 독자적 연호를 사용한 독립국이라는 입장에는 남한의 연구자들도 동의한다. 무덤 내에 묘비와 석사자를 세운 것은 고구려의 계승으로 보기 어렵지만, 정혜공주무덤이 방형 현실의 중앙연도이며, 현실의 삼각고임식 천장가구가 고구려의 석실과 같은 방식으로 축조하였다는 점에서 석실 구조에서 고구려 계승을 보여준다. 반면, 정효공주무덤은 벽돌이 사용되고 묘탑이 있는 무덤이라는 점에서 고구려 석실분을 계승했다고 단정짓기 어렵다.

무덤 주인공에 관한 연구는 허룽 용두산고분군의 용해고분군에서 왕실의 무덤과 육정산고분군에서의 조사 내용을 보고하기도 하고(장철만 2011a, 2011b), 황실귀족 무덤의 특징에 대한 연구도 진행되어서(리창진 2014a) 왕실 무덤의 구조적 특징으로 긴 묘도, 묘상 건물이나 탑을 들기도 하였다.

　　석실 구조를 통한 고구려 계승은 함경북도와 함경남도에서 조사된 발해 고분에도 그대로 적용된다. 연차골 1호분은 방형 현실의 중앙연도 평면이며, 천장부가 남아있지 않지만 현실 내부의 석재로 미루어 궁륭상 천장이었을 것으로 추정하고, 이러한 구조는 고구려 고분의 계승한 것으로 보았다. 또한 여기서 출토된 금동제 마구 등을 근거로 부장품에서도 고구려 고분을 계승한 것으로 보았다(김남일 2005). 그렇지만 연차골 1호 무덤에서 출토된 마구 중에는 신라 고분에서 출토된 바 있는 삼엽문이 장식된 행엽과 같은 형태이어서 부장된 마구는 여러 관점에서 생각해 볼 여지가 있다. 한편, 연차골 1호분을 왕릉으로 보는 견해는(한인덕 1988) 부거리성을 동경 용원부로 보는 견해(김남일 2011)와 서로 대응되기도 하였다. 그러나 부거리 일대를 동경 용원부의 목주로 비정함에 따라(정영진 2016) 연차골 1호분이 왕릉급 무덤이라는 주장은 설득력을 잃게 되었다. 이외에도 화대군 정문리, 하평리, 자가리 일대에 무기단적석총과 기단적석총이 수백 기가 있다는(장철만 1997) 의견을 고려해 볼 때 함경도 동해안 일대에 분포하고 있는 무덤을 모두 발해의 무덤으로 볼 것인가하는 점은 검토가 필요하다.

　　한편, 닝안 삼릉둔 1호분과 같이 규모가 큰 고분에서 보이는 분구 위의 건축(묘상건축)도 고구려 적석총을 계승한 것으로 보았으나(리창진 2014a), 묘상건축이 상정되는 고구려 적석총은 천추총, 태왕릉, 장군총 등 4세기말에서 5세기 전반에 걸쳐 조성되어서 발해 고분과는 300여 년의 시간적 공백이 있다. 오히려 발해 고분과 시간적으로 연결되는 고구려 후기 묘제라고 할 수 있는 석실봉토분에서 분구 위에 건축물은 확인되지 않아서 발해 고분의 묘상건축을 고구려 계승으로 단정하기 어렵다. 반면, 중국에서는 물길(勿吉)의 장법인 '총상작옥(塚上作屋)'의 풍습으로 해석하기도 하여서(鄭永振 2003) 북한과 결을 달리한다.

　　묘실 벽화에서도 고구려 계승이 강조되었다. 금성리 벽화분에 일부 남아있는 인물형상에 근거하여 금성리 벽화분은 고구려의 생활풍속 벽화를 계승하였다는 입장이다(최웅선 2005). 아울러 여기서 출토된 벼루를 발해 문화의 고유한 우수성을 보여주는 것으로 평가하였다. 그러나 4, 5세기대에 성행하였던 고구려의 생할풍속도 벽화는 6세기에 들어서면서 사신도 벽화분으로 변하기 때문에 인물이 묘사되었다는 것으로 묘실 벽화의 고구려 계승을 주장하기에는 설득력이 떨어진다. 오히려 금성리 벽화분은 장방형 현실의 중앙연도 평면이며, 천장은 평천장에 가까워서 고구려의 봉토석실벽화분과 구조 차이를 보일 뿐 아니라 여기서 출토된 벼루는 상경 용천부에서 출토된 것과 유사하며, 청동관고리 등은 고구려의 관고리와는 차이가 있다. 고구려 벽화분과의 구조적 차이, 벽화 내용의 시간적 차이 등을 고려해 볼 때 금성리 벽화분은 고구려 계승이라고 단정하기 보다는 여러 측면에서 복합적인 검토가 필요하다.

다음으로 석실분의 규모를 통한 무덤의 등급 연구도 있다. 둔화 육정산의 정혜공주 무덤이 알려짐에 따라서 발해 무덤의 중심은 석실분(돌칸흙무덤)이며, 석실분은 고구려를 계승하였고, 석실분을 규모에 따라 큰 석실분, 중간 석실분, 작은 석실분으로 나누었다(주영헌 1971).『조선고고학개요』(1977)에서는 발해 고분은 고구려와 마찬가지로 외칸 구조의 석실분이 중심이며, 석실은 지상식과 반지하식이 있다고 보고, 석실의 규모에 따라 세분하여 등급을 나누었다. 석실분을 규모에 따라 세분하는 것은 1960-70년대 북한이나 중국에서 모두 공통되는 경향인데, 이는 육정산 정혜공주무덤의 조사가 배경이 되었을 것이다.

이러한 관점에서 정혜공주무덤, 정효공주무덤, 용해 3호, 7호, 8호, 10호, 14호 무덤과 묘탑이 있는 훈춘 마적달탑묘, 닝안 삼릉둔 1호, 허룽 하남둔무덤 등 대형분에서 보이는 묘탑이나 분구 위의 기와 건물, 묘비와 벽화, 부장품 등이 세부적 차이를 보이는 것을 피장자의 신분에 따른 결과로 보기도 하고(리창진 2014a), 발해 고분은 피장자의 사회경제적 처지와 계급 신분에 따라서 4등급으로 세분되었다고 해석하기도 한다(장철만 2015). 이러한 관점에서 보면, 함경도에서 조사된 발해 고분 중에는 최상위의 무덤이 없는 것이 되므로, 중국과 북한의 발해 고분을 아우른 등급 구분이 필요하며, 무덤 등급의 의미에 대해서도 고민이 필요하다.

(3) 남한과 러시아

남한에서 발해 고분 연구는 발해 다인장에 관한 연구에서 시작되었다고 할 수 있다(송기호1984). 1990년대까지만 하여도 발해 고분 연구는 고구려 계승이라는 관점에서 고분과 주거를 살핀 연구(한규철 1997) 정도이었고, 2000년대 들어와서야 발해 고분에 초점을 둔 연구가 시작되었다고 할 수 있다.

남한에서의 발해 고분 연구의 주된 연구 대상은 중국에서 조사한 고분이다. 석실분을 통해서 발해의 북방경영을 설명하거나(김진광 2008). 정효공주묘를 중국 당과 비교한 연구(한정인 2010)나 육정산고분군을 통해 발해 건국집단을 살피거나(송기호 2011), 용해고분군의 조사 성과에 따른 발해국의 성격을 논하거나(송기호 2010), 용해고분군의 13·14호 무덤 주인공을 유추해 본(김진광 2018) 연구 등이 있다.

고분에 초점을 두고 홍준어장고분군의 발굴성과를 정리하거나(김은옥 2011), 홍준어장 고분의 사회적 성격을 추정해보기도 하였다(김진광 2012). 또한 발해의 석실 구조를 분석한 연구(박규진 2011), 발해 고분의 지역성을 살핀 연구(김하늘 2019) 외에도 화장묘를 통한 정치세력의 변화를 추정하기도 하였다(김진광 2019).

이외에도 동북아역사재단과 그 전신인 고구려연구재단에서는 고분을 포함하여 여러 관점에서 발해와 고구려 계승이나 발해의 연구 동향분석 등을 내용으로 한 연구서를 발간하였다(동북아역사재단 2008, 2020a). 그리고 연해주 지역의 연구로는 체르냐찌노5고분군의 조사 결과를 기반으로 발해 고분의 유형과 출토 유물을 분석한 연구(정석배 2007, 2008, 2020b) 등이 있다.

유적, 유물을 대상으로 연구하는 고고학의 학문적 특수성으로 인해 남한의 고고학 연구자들은 발해에 큰 관심을 두지 않았다. 발해사 연구의 일환으로 시작되었다고 할 수 있는 발해 고고학은 주로 중국 자료를 대상으로 여러 관점에서 연구가 진행되었으나, 향후 객관적인 시각에서 중국 뿐 아니라 북한, 연해주 자료를 망라한 연구가 필요하다.

러시아는 중국과 마찬가지로 발해를 말갈의 나라로 보고 말갈의 역사 범주에서 발해를 바라본다. 따라서 4세기부터 10세기까지의 시간범위를 말갈·발해시기로 구분한다. 연해주에서의 고고학 조사가 성터와 주거 유적에 치중되다보니, 연구의 관심은 발해 고분에 있다기보다는 성터에 치중되었다. 그동안 암묵적으로 연해주 일대를 발해 영역으로 생각했었지만, 연해주에서의 고고학 조사가 증가에 따라서 발해의 경계에 관심을 갖고 있다. 연해주에서의 발해 영역을 북쪽은 흥개호를 따라서 우쑤리강의 상류와 중류역의 시호테-알린 산맥을 경계로 하고, 동쪽은 피터대제만 지역에서 동해로 이어지는 경계를 삼아서, 연해주의 북부지역은 발해 영역이 아니라고 보는 등 연해주 내에서 말갈유적과 발해 유적을 구분하기도 한다(정석배 2011). 이처럼 연해주에서의 발해 문화가 시, 공간적으로 매우 복합적인 양상을 띠다보니, 근래의 관심은 러시아에서는 말갈·발해 시기로 비정되는 유적에서 말갈과 발해의 상관관계나 연대비정에 있고 이를 통하여 연해주에서의 발해 영역 또는 경계를 규명하는데 있다.

2. 5경과 지방의 고분

발해 건국 이전의 한반도 북부와 중국의 동북부 그리고 러시아 연해주 일대는 고구려, 부여, 옥저, 읍루, 물길 또는 말갈, 숙신 등 여러 민족의 생활공간이었던 만큼 종족들 간의 묘제와 장속은 차이가 있을 수 밖에 없다. 도성을 벗어난 각지에서 조사된 중, 소형분 중에는 석실 외에도 토광묘, 석광묘, 석관(곽)묘 등 여러 형태의 무덤이 있고, 매장 방법도 1차장의 신전장도 있지만 여러 차례에 걸친 2차장 등 복잡한 양상을 보여서 묘제와 장법에서의 정형성은 관찰되지 않는다.

그렇지만 왕족이나 귀족의 무덤으로 비정되는 대형분들은 비교적 정형화된 모습을 갖고 있다. 특히 둔화 육정산고분군, 닝안 삼릉둔고분군, 허룽 용두산고분군 등 도성 주변의 발해 대형분은 일부 벽돌로 축조하기도 하지만, 주로 돌로 축조하였고, 석실이나 전실 모두 횡혈식 장법이라는 점 등은 공통된다.

지방 각지의 고분군은 주로 중, 소형분으로 이루어져서 도성 주변의 고분과 조금 다른 양상이다. 따라서 수계 및 중심지와의 관련성을 고려해 볼 때 지방의 발해 고분은 크게 몇 개의 지역으로 나누어 볼 수 있다. 북부지역은 송화강 하류와 목단강 유역이 중심이 되며, 지린성 동북부와 헤이룽장성 일부를 포함한다. 수분하 유역이지만 중국 영토 내에 위치한 둥닝 대성자고분과 연해주 일대의 고분군은 동부지역에 해당된다. 서부지역은 제2송화강 유역을 중심으로 하며, 지린성과 랴오닝성의 일부 지역을 포함하며, 북서부와 서남부로 나눌 수 있다. 남부지역은 두만강 유역과 함경도와 동해안을 포함한다(**도V-1, 표V-1**).

1) 5경 일대

발해 정치, 행정의 중심은 5경이다. 5경은 15부의 주요 거점으로, 상경은 용천부, 중경은 현덕부, 서경은 압록부, 동경은 용원부, 남경은 남해부가 된다. 여기에 건국초 도읍이었던 구국이 발해의 중심지에 포함된다. 구국은 둔화, 중경 현덕부는 허룽, 상경 용천부는 닝안, 동경 용원부는 훈춘, 남경 남해부는 함경남도 북청으로 비정된다. 동경 용원부를 대표하는 고분군이 아직 훈춘일대에서 확인되지 않았다. 서경 압록부는 지린성 린장으로 비정하지만 린장고성은 현재 남아있지 않고, 이 일대의 발해 고분군도 확실하지 않다. 따라서 5경을 대표하는 고분군으로는 둔화 육정산고분군, 허룽 용두산고분군, 닝안 삼릉둔고분군과 북청 평리고분군이 있다.

(1) 둔화 육정산고분군

대조영이 목단강 상류인 동모산에 성을 쌓고 발해를 세웠다고 하는 구국은 현재 둔화시 일대로 비정되며, 둔화시는 현재 중국 지린성 옌벤조선족자치주에 속한다. 육정산은 둔화시 남쪽에 있는 6개의 산봉우리가 동서 방향으로 이어진 산이다. 서쪽에서 두 번째 가장 높은 산봉우리는 남쪽으로 뻗어 내리며 동, 서 두 방향으로 갈라져 나오는데 고분군은 갈라져

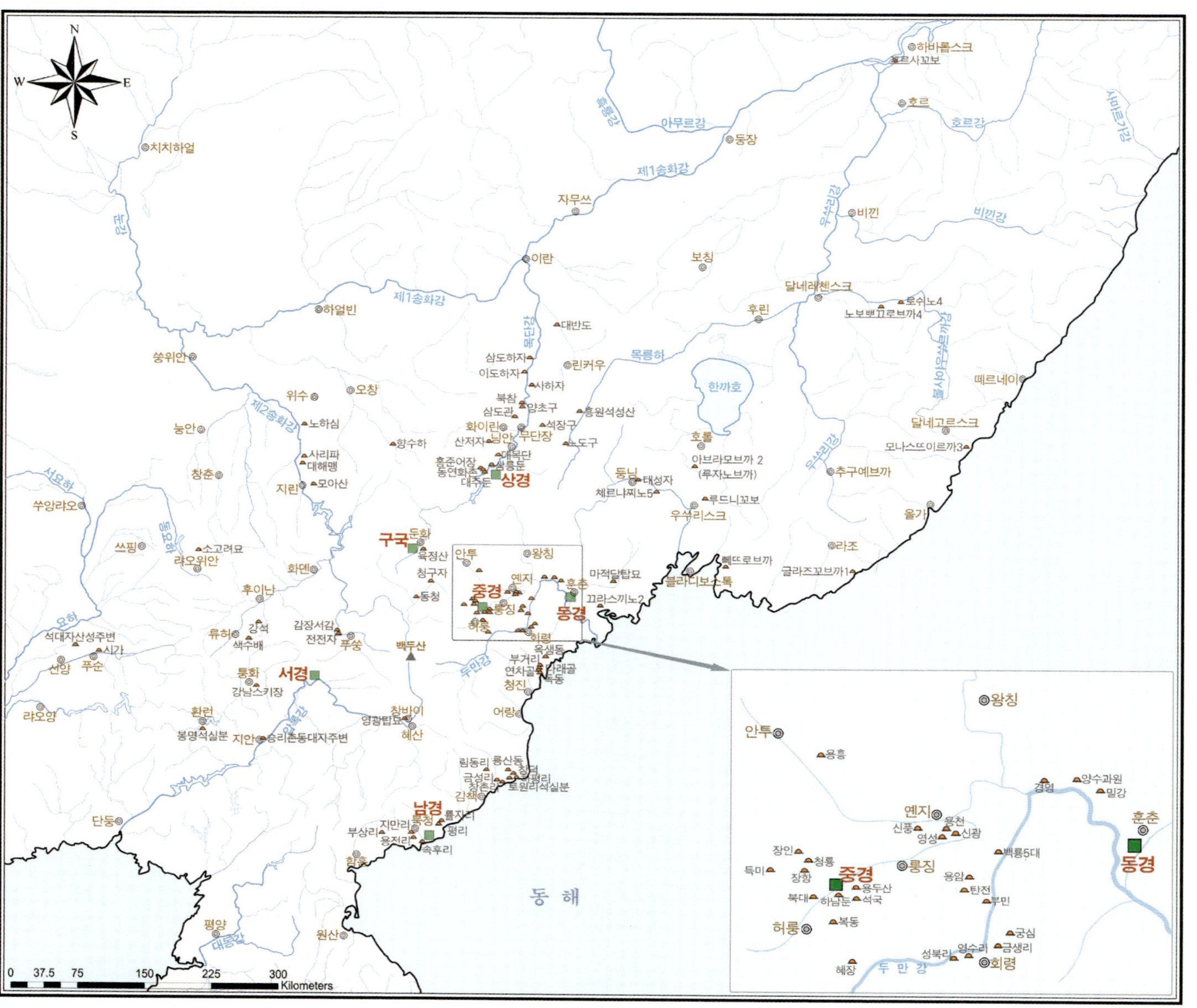

도 V-1 발해 고분 분포 (ⓒ정석배)

V. 고분 **151**

지역		고분군	고분 내용	장법과 장속	비고
5경	둔화	육정산	토광묘(목관,목곽,토광석변,토광포석) 석관, 석곽, 석실(지상, 반지상, 지하식/ 방형, 장방형현실, 중앙연도, 우편재연도)	다인장, 2차장, 화장	구국 정혜공주묘
	허룽	용두산	전실탑묘, 전실묘 전곽목관묘 석실(횡구식, 횡혈식/대형, 중형, 소형/방형, 장방형현실, 중앙연도,우편재연도) 석광봉토묘	1차장, 단인장, 다인장, 2차장,	중경 정효공주묘, 효희황후묘 (용해12호) 순목황후묘 (용해3호)
		북대	지하식 봉토석실(횡구, 횡혈식)	1차단인장, 2차 2인장, 다차 다인장, 1, 2차 혼합장	중경
	닝안	삼릉둔	지하식 석실봉토분과 벽화분	2호분(다인합장)	상경
		홍준어장	석광, 석관 석실(장방형, 방형 현실, 중앙연도, 편재연도) 전실(장방형, 방형 현실, 중앙연도, 편재연도)	2차 다인합장, 1차장 소수, 화장	
	훈춘	마적달	탑묘, 석실(방형 현실, 중앙연도)		동경
	북청	평리	석실묘(장방형 현실·우편재연도, 장방형 현실·중앙연도, 방형 현실·우편재연도) 석곽묘		남경
북서부	융지	대해맹	수혈토갱묘(순수토갱묘와 목관)	단인장, 다인장, 다인2차합장	말갈
		사리파	수혈토갱묘(순수토갱묘와 목관)	다인합장, 화장	말갈
	위수	노하심	수혈토갱묘(순수토광묘, 목관묘), 석광묘(토광에 돌돌림)	단인장 〉 다차2인합장 화장(목관묘)	말갈
	푸쑹	전전자	석실봉토분(장방형 현실·중앙연도, 장구목관)		
서남부	환런	봉명	석실봉토분(장방형 현실·중앙연도)		산자형비녀
	선양	석대자산성 부근	석실봉토분(장방형 현실·중앙연도, 방형 현실·중앙연도) 횡구식 석실	다차 다인합장, 화장	고구려말기- 발해초기
	푸순	시가	석실봉토분(장방형 현실·중앙연도, 방형 현실·중앙연도) 횡구식 석실	다차 다인합장, 화장	고구려말기- 발해초기
북부 목단강 유역	뤄베이	단결	수혈토갱묘	화장, 다인합장, 돼지뼈	흑수말갈
	하얼빈	황가외자	수혈토광	말턱뼈와 치아 소량의 개뼈와 돼지뼈	흑수말갈
	하이린	산저자	적석묘(대형-석실봉토분, 소형-석광 또는 석곽), 방형석판대묘	1인1차장, 다차다인합장, 1차장후+2차장의 다인합장	
		북참촌	지하식 석실봉토분(횡구식 구조)	다차 다인합장, 화장	

지역		고분군	고분 내용	장법과 장속	비고
북부 목단강 유역		이도하자 중학	봉토석실분(장방형 현실·중앙연도, 평천장) 횡구식석실	화장, 말치아	
		이도하자 동사대대	석실묘 추정		
	화린	석장구	횡혈식 석실(장방형 현실·중앙연도, 평천정), 횡구식 석실(장방형석실), 석곽묘	1차장, 다차 다인합장, 화장	
	린커우	두도하자-양초구	지하식 석실묘(장방형 현실, 방형 현실, 평천정/중앙연도) 일부 무덤 바닥-벽돌, 벽에 백회	2차 다인장, 화장	
동부 수분하 유역 · 연해주	둥닝	대성자	석실(방형 현실·중앙연도, 장방형 현실·중앙연도) 석개목관묘	다차 다인합장, 화장	
		체르냐찌노5	지하식토광묘-바닥돌, 벽돌돌림, 목관묘, 순수토광묘 석실묘-횡혈식구조, 횡구식 구조, 지상식무덤	화장	
		끄라스끼노	횡혈식 석실		
		로쉬노	토광묘		
		모나스뜨이르까3	토광묘, 토석혼축묘(대형)		
남부 두만강 유역	안투	동청	계단적석총 기단봉토분 봉토분 수혈토갱묘	단인장, 다차 다인합장, 화장	
	왕칭	중평	석실봉토분(장방형 현실, 우편재, 중앙연도) 석곽묘 지하식 토광묘, 석광묘	다인합장, 화장	토광묘, 석광묘-말갈
	옌지	신광	지하식 석곽묘		
		신풍	지하식 석곽묘		
		발전	지하식 석곽묘	다인합장	
	투먼	양수과원	석실봉토묘-장방형 현실, 중앙연도, 우편재연도 석곽묘 석광봉토묘, 석관봉토묘	다인합장, 2인합장	
	룽징	부민	석곽묘(목관)	1인장	
		영성	석곽묘	1인장	
남부 함경도	회령	궁심	횡혈식 석실봉토분(장방형, 타원형, 말각육각형 현실, 중앙연도, 우편재연도/말각천정)	화장	궁심2-13호 금동태환이식
	청진	부거리	봉토석실분-장방형, 타원형 현실·중앙연도, 우편재 중앙연도, 장방형 현실과 좌편재연도 석곽묘-판상석축조		

지역		고분군	고분 내용	장법과 장속	비고
남부 함경도	청진	다래골	석실봉토분, 석실내 석관(판상석) 석실 현실-원형에 가까운 방형, 타원형 　　연도-중앙연도, 우편재중앙연도, 좌편재연도		
		연차골	석실봉토분-현실: 말각방형, 말각장방형, 타원형 　　연도: 중앙연도, 우편재중앙연도, 궁 　　륭식천정/석실 내 석관(판상석)		연차골1호분-왕릉비정
		합전	석관묘-판상석 축조 횡혈식 석실묘-판상석(규모작음, 동실합장불가), 　　할석(타원형 평면, 말각장방현실· 　　중앙연도, 현실내 석관) 횡구식 석실묘-판상석축조		중, 소형분 중심, 낮은 신분의 무덤
		옥생동	판상석 축조 석관묘		중, 소형분
		토성	판상석 축조 석관묘		중, 소형분
		독동	석실봉토분(장방형 현실·중앙연도) 장방형 평면 석관묘		평민무덤
		금성리	석실봉토분(장방형 현실·중앙연도) 석실봉토벽화분(장방형 현실·중앙연도/인물풍속도) 석곽묘		벽화분
		창덕	석실분(장방형 현실·좌편재연도/방형 현실·중앙 　　연도) 석곽묘		3호분-금동태환이식
		릉산동	석실봉토분(방형 현실·중앙연도,삼각고임천정, 관 　　대, 석침,족좌)	4호-다인합장	4호분 분구-말뼈, 개아래 턱뼈 출토
		송정동	석실봉토분(장방형 현실·우편재연도, 궁륭식천장)		
	북청	평리	석실봉토분(장방형 현실·우편재연도 〉 장방형 현 　　실·중앙연도 〉 방형 현실·우편재연 　　도)석곽묘		남경 남해부
	신포	오매리 (금호지구)	석실봉토분(방형 현실·중앙연도), 석곽묘		

나온 산자락에 자리한다. 서쪽 산자락은 높고 골이 깊으며, 동쪽 산자락은 한쪽이 트여있어서 키모양을 이룬다.

　　육정산고분군의 조사는 최근에 완료되었다. 1963년과 1964년에 걸친 조사에서 서쪽 기슭에 자리하는 고분군은 Ⅰ고분구로, 동쪽 기슭에 자리하는 고분군은 Ⅱ고분구로 나누었고,

I고분구에서 30여 기, II고분구에서는 고분 50여 기를 확인하였다. 1977년 지하물리탐사에서 I고분구에서는 56기, II고분구에서 110기의 무덤을 확인하였고, 2004년에서 2009년에 걸친 조사에서 I고분구에서 105기, II고분구에서 130기를 확인하여 육정산고분군의 고분을 새로 편호하였다(도V-2).

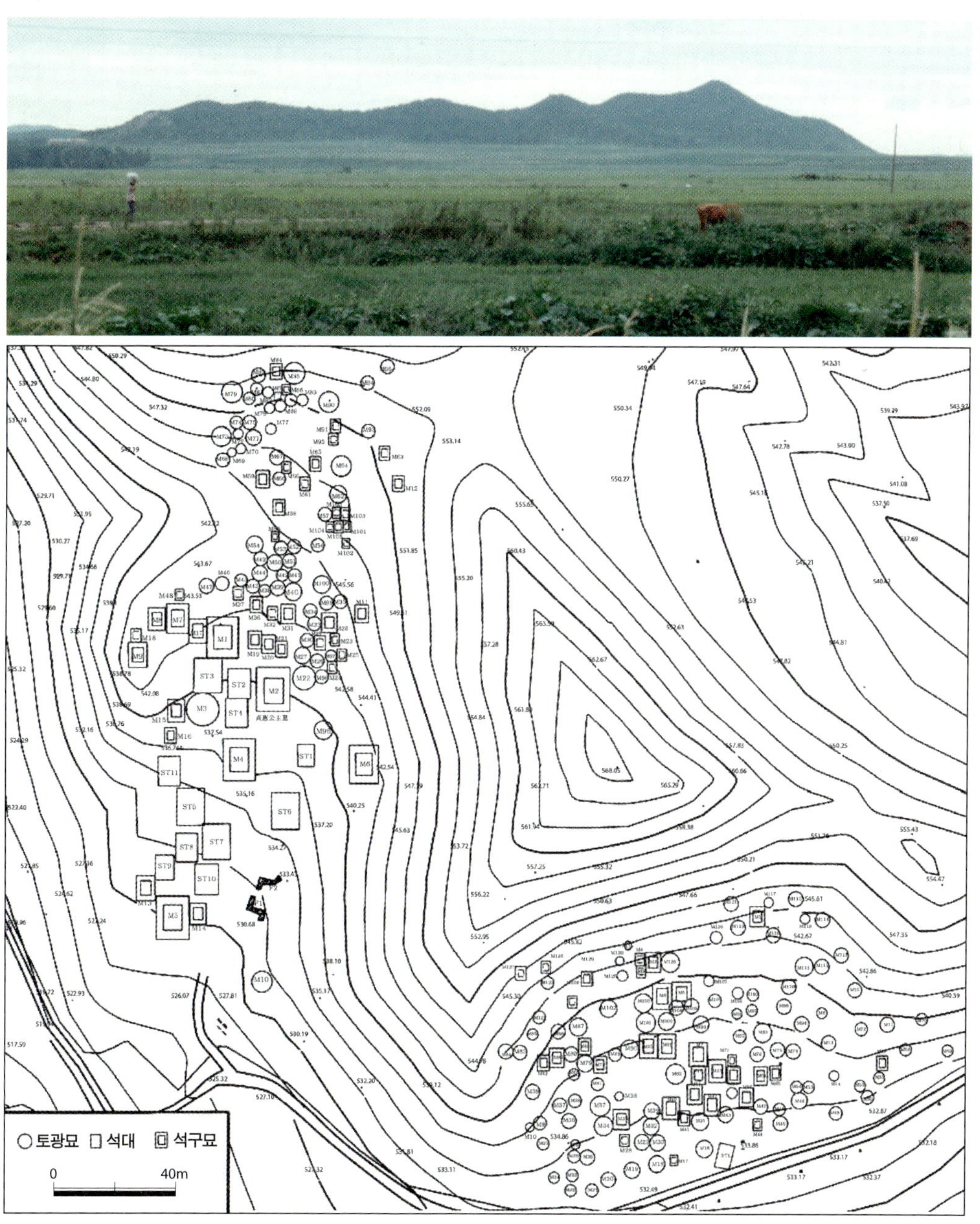

도V-2   둔화 육정산고분군 원경(ⓒ송기호), 고분 분포도(吉林省文物考古研究所 외 2012)

1963년에서 1964년에 걸친 조사 보고서에서는 육정산고분군을 석실묘와 토갱묘로 구분하였고(中國社會科學院考古學硏究所編 1997), 왕청리(王承禮)는 석실묘와 석관묘로 분류하였다(王承禮 1976). 2004년에서 2009년에 걸친 조사보고서에서는 고분을 토갱묘, 석곽(관)묘, 광실묘, 석실묘로 분류하고, 토갱묘는 다시 토갱봉토묘, 봉토포석묘, 토갱석변묘로 세분하였으며, 석실묘는 봉토석장석실묘, 석실봉토묘로 세분하였다(吉林省文物考古硏究所 외 2012). 이를 매장부에 초점을 두고 다시 정리하면, 토광묘, 석곽(관)묘, 석실묘로 대별된다(도V-3).

토광묘는 보고서에 의하면 토광 내 목관을 안치하고 흙을 덮은 목관봉토분(II-74호), 봉토분구 둘레에 돌을 깔은 봉토포석묘(封土包石墓: I-3호, 10호, 73호, II-126호), 토광 상부 둘레를 돌아가며 돌을 돌리거나 토광에 돌을 덮은 토광석변묘(土壙石辺墓: I-74호) 등으로 세분된다.

석곽(관)묘는 장방형 토광 내에 돌을 쌓은 수혈식 구조의 무덤이다. 석곽(관) 내부에서 관못과 불에 탄 목관의 잔흔이 확인되거나(II-78호), 석곽 두 기가 나란히 병렬배치되기도 하며(II-28호), 격벽으로 구획된 주·부곽식도 있다(I-16호, 18호).

석실묘는 분구는 봉토분구와 봉토분구 바깥으로 호석을 돌린 분구로 나뉘며 호석을 돌린 경우 분구 평면은 방형이다. 봉토분구에서는 평기와 및 막새기와가 출토되기도 한다. 매장부는 지하에 있거나 반지하와 지상식도 있다. 보고서에서는 천장 덮개석의 여부에 따라서 매장부를 광실묘와 석실묘로 세분하였다(吉林省文物考古硏究所 외 2012). 석실은 천장석이 있는 구조이고, 광실은(I-14호) 천장석이 없거나 확인되지 않는다. 광실이나 석실 가운데 지상에 놓이거나 묘광의 깊이가 얕은 경우 석실이나 광실의 상당 부분이 지상의 분구 내에 위치하게 된다. 이 경우 석실이나 광실 벽 바깥쪽으로 돌로 담을 쌓은 무덤도 있는데, 석실 벽 바깥으로 담을 쌓은 것은 둥닝 대성자 1호분이나 닝안 대주둔 1호분 등에서도 관찰된다. 석실은 현실 평면에 따라 장방형과 방형이 있고, 연도 위치는 중앙에 있거나(鏟形) 오른쪽 혹은 왼쪽으로 편재되어 있는데(刀形), 왼쪽으로 치우친 연도는 확인되지 않았다. 부대시설로 배수구가 확인되며 배수구는 I-4호와 5호 무덤의 석실 바닥 아래에 설치되어 있었다(도V-3 참조).

장법은 다인장과 2차장이 있으며, 일부 무덤에서는 번소도 확인된다. 번소는 목관이나 목곽에서 행해졌고, 봉토에서는 평기와 잔편이 확인되기도 한다.

육정산의 고분에서 특히 주목을 끄는 것은 I고분구에서 조사된 정혜공주무덤(I-2호)이다. 정혜공주는 3대 문왕 대흠무의 둘째 딸로, 무덤에서 출토된 묘비는 무덤의 주인공과 무덤 조성 연대를 알려주는 중요한 자료이다(도V-4). 1949년 옌볜대학 역사과에서 봉토 분구를 조사한 후 1959년 재조사가 이루어졌다. 봉토분구에서 기와가 출토되었고, 분구의 잔존 높

토광묘

석곽묘

석실묘

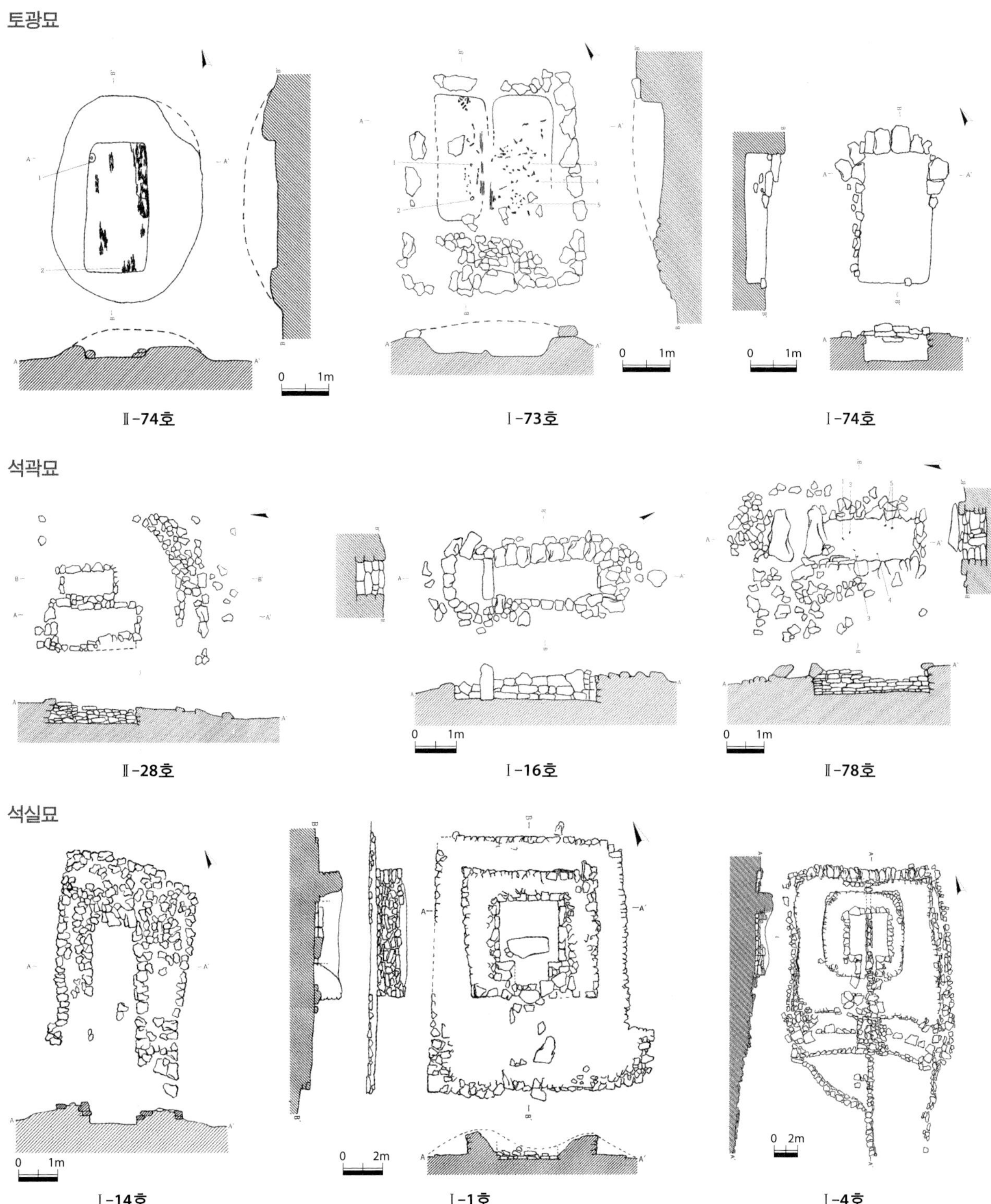

도V-3　둔화 육정산고분군 토광묘, 석곽묘, 석실묘(중앙문화재연구원 2014b)

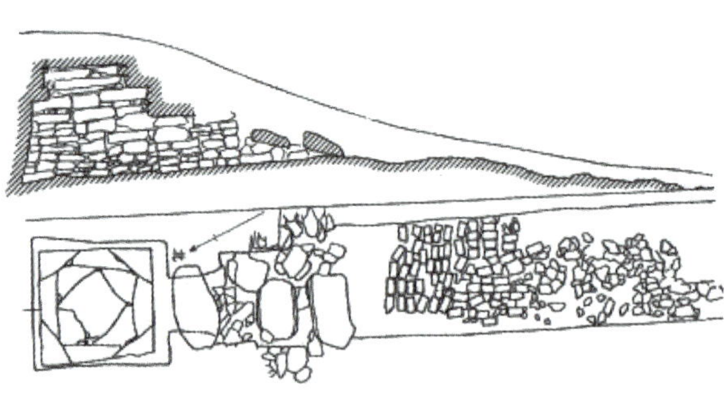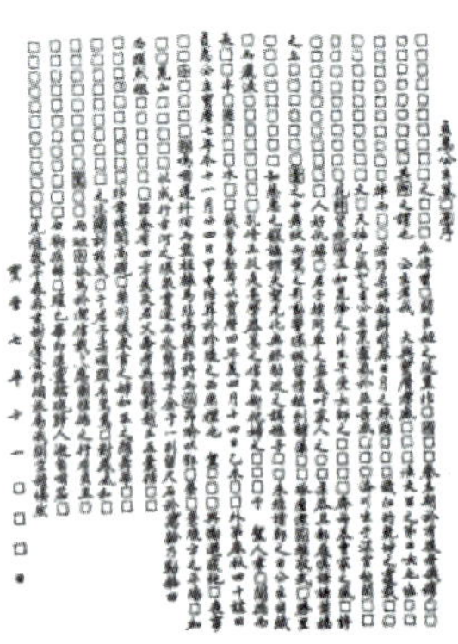

도 V-4　정혜공주무덤(분구 전경, 석실, 석사자, 묘비)(吉林省文物考古研究所 외 2012)

이는 1.5m이다. 석실은 지표하 2m에 위치하는 지하식이며, 용암과 현무암으로 축조하였다. 현실은 길이 2.8-2.94m, 너비 2.66-2.84m의 방형평면이며, 높이는 2.68m이다. 현실 남벽 중앙에 위치한 연도는 길이 1.74m, 너비 1.1m이다. 현실 바닥에는 벽돌을 깔았고, 천장은 2단의 삼각고임을 한 후 그 위에 돌 한 장을 올려 천장을 막았다. 현실 평면과 천장가구가 고구려 석실과 같아서 발해의 고구려 계승을 보여주는 증거로 제시되기도 한다. 석실 내에서 목관편과 금동못, 묘비 잔편, 석사자 암, 수 한 쌍이 출토되었는데, 묘비와 석사자는 고구려 고분에서는 유례가 없다.

　　묘비는 규형이며 21행 725자가 새겨졌다. 비문에는 '정혜공주는 대흥보력효감성법대왕(大興寶曆孝感聖法大王)의 둘째 딸이고, 출가한 후 남편이 죽자 수절하였으며 40살 되는 보력 4년(777) 4월 14일 을미(乙未)에 세상을 떠났다. 시호를 정혜공주라 하고, 보력7년 11월 24일 갑신에 진릉(珍陵)의 서원(西原)에 배장(陪葬)하였다'고 전한다. 비문에 의하면 문왕 생존 시에 정혜공주무덤이 조성되었기 때문에 진릉의 주인공과 진릉은 어느 무덤인가 하는 데에 관심이 모아졌다. 이와 관련하여 문왕이 아니라 2대 무왕이라는 견해도 있고, 문왕의 왕비가 정혜공주보다 1년 앞서 죽었으므로 문왕 생시에 진릉이 조성되었을 것이라는 견해도 있다. 진릉은 I고분구 6호 무덤으로 비정하거나 II고분구의 206호분으로 비정하기도 하여서 아직 통일된 입장이 마련되지는 않았다.

(2) 용두산고분군과 허룽 일대 고분군

발해의 두 번째 도성인 중경 현덕부는 옌벤자치주 허룽시의 서고성 일대로 비정된다. 허룽시는 백두산 동편의 두만강 상류역에 자리하며 남쪽으로 북한의 함경북도가, 서쪽과 북쪽으로 안투현과 룽징시가 있다. 허룽시를 대표하는 고분군으로는 정효공주무덤이 자리한 용두산고분군을 비롯하여 북대고분군과 하남둔고분이 있다.

용두산고분군은 서고성에서 동남쪽으로 2km 정도 떨어진 곳에 위치한다. 용두산은 남북 방향으로 7.5km 정도 길게 뻗은 완만한 구릉으로 여기에 무덤이 무리지어 있어서, 용두산고분군은 정효공주무덤을 중심으로 세 개의 고분구역으로 나눈다. 용해고분군은 정효공주무덤을 중심으로 남쪽으로 산기슭 아래에 자리하며, 용호고분군은 정효공주무덤의 북쪽으로 1km 정도 떨어진 구릉에 위치하고, 석국고분군은 용두산 남단의 동편 산자락에 위치한다(**도V-5**).

정효공주무덤은 용두산의 중간부분에 동쪽으로 뻗은 평탄한 대지에 위치한다. 1979년 12월 24일 발견되어 옌벤박물관에서 1980년과 1981년 두 차례에 걸쳐 조사한 결과, 무덤의 주인공과 조성연대를 알 수 있는 중요한 유적으로 인정

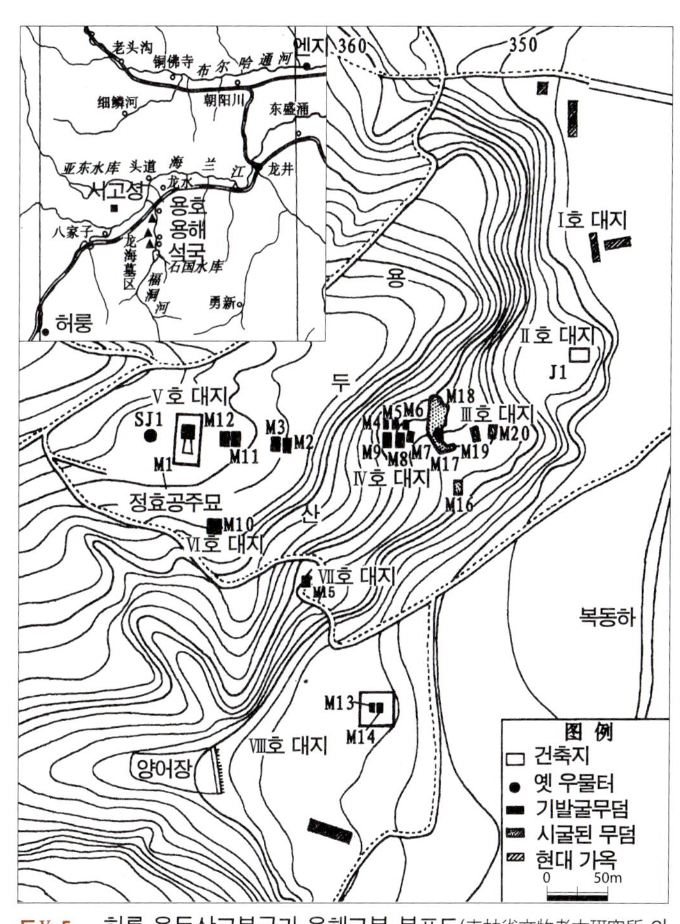

도V-5 허룽 용두산고분군과 용해고분 분포도(吉林省文物考古研究所 외 2009)

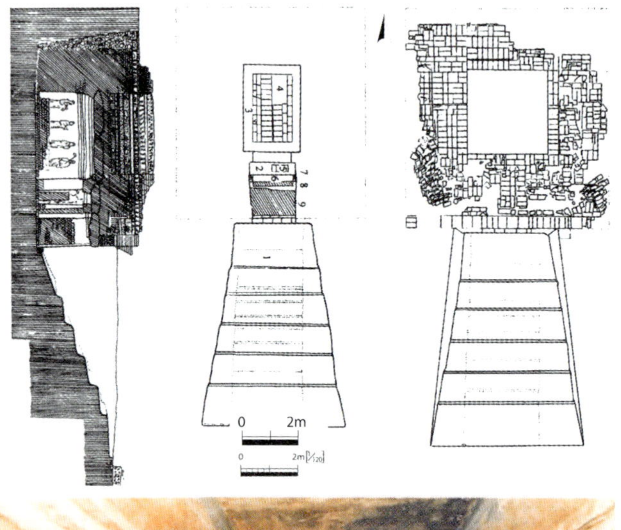

도 V-6　정효공주무덤(정영진·엄장록 2000)

되어서 1984년 전국중점문물보호단위로 지정되었다(도 V-6). 무덤은 지상에 벽돌로 만든 묘탑을 세운 묘탑식 분구로 묘탑은 기초만 남아있다. 묘탑의 기초는 남북길이 5.65m, 동서 너비 5.5m이다. 매장부는 길이 9m, 깊이 4m되는 장방형 구덩이를 판 후 벽돌로 장방형 현실을 만들고, 연도는 현실 남벽 중앙에 있으며, 연도와 이어지는 묘도는 계단상으로 올라간다. 장방형 현실은 길이 3.1m, 너비 2.1m 높이 1.9m이며, 1.4m 높이에서 평행고임식으로 3단 들여쌓은 후 판상석으로 천장을 덮었다. 현실 내부 중앙에 벽돌을 쌓아 만든 관대가 있다. 관대는 수리되어서 처음에 만든 것은 길이 2.4m, 너비 1m, 높이 0.4m이고 수리하면서 너비가 1.45m로 넓어졌다. 관대의 보수와 무덤 내에서 남·녀 인골편이 출토되어서 공

주 부부가 합장되었음을 알 수 있다. 중앙연도는 남북길이 1.9m, 동서 너비 1.6-1.7m이며, 바닥에 벽돌을 깔았고 연도벽은 현실벽 축조와 같은 방식으로 축조하였으며, 천장은 1단의 평행고임 위에 천장석 1매를 얹었다. 연문의 문틀은 목제이고 문은 돌로 만든 양쪽 여닫이식이며, 돌로 만든 문 안쪽으로 목제 문이 있었으나 남아있지 않다. 연도에서 현실쪽으로 치우쳐 묘비가 발견되었다. 경사진 계단상 묘도는 길이 7.1m이다.

　　벽화는 현실의 동, 서, 북벽과 현실과 이어지는 연도의 동, 서벽에서 확인되었다. 벽돌 사이를 돌이 섞인 고운 점토로 메우고 그 위에 백회로 벽면을 고르게 한 후 그림을 그렸다. 연도 동, 서 양벽에는 문지기 각 1인이 서로 마주하며, 현실의 세 벽에는 시종과 비파, 생황, 박을 연주하는 악인 등 총 12명의 인물이 그려졌다. 이외에도 도용편, 금동 장식품, 금동 못과 철제 못,

칠기편, 벽돌 등이 수습되었다.

묘비는 규형이며, 18행 728자가 새겨져있다. 비문은 '대흥보력효감성법대왕(大興寶曆孝感聖法大王)의 넷째 딸로, 출가 후 남편이 죽자 수절하였으며, 슬하에 딸이 하나 있다. 36살 되는 대흥56년(792) 6월 19일 임진(王辰)에 죽었고, 시호를 정효공주라고 하였다. 그 해 11월 28일 기묘에 염곡(染谷)의 서원(西原)에 배장(陪葬)하였다'고 전한다. 따라서 정효공주무덤이 자리한 용두산고분군에 진릉도 있었을 것으로 보기도 한다.

정효공주무덤 주변으로 10여 기의 무덤이 있으나 상당 부분이 파괴되었고, 잔존하는 무덤은 대개 대형의 봉토석실분으로 추정된다(엄장록 1992). 그 중 10호 무덤은 분구 한변 길이가 20m를 넘는 대형분이다. 정효공주무덤의 남쪽으로 50m 정도 떨어진 평탄한 대지에서도 묘탑의 기초가 확인되어 정효공주무덤과 유사구조의 무덤으로 추정한다. 그리고 정효공주무덤이 자리한 구릉 아래의 하곡대지에서도 벽돌, 기와와 초석이 노출되어서 사묘(寺廟)로 추정하고 있다.

용해고분군은 용두산의 중간에 위치하는 용두산 왕실귀족 무덤군의 하나이다. 정효공주무덤 조사 시 주변 일대를 조사하던 중 10여 기의 무덤이 알려지면서 1982년에 7기의 무덤이 조사되었고(延邊博物館 1983), 2004년과 2005년 두 차례에 걸쳐 무덤 14기를 발굴하여서(吉林省文物考古研究所 외 2009), 용해고분군에서는 총 21기의 무덤이 조사되었다. 1982년도 조사된 7기의 무덤은 서로 밀집하여 분포하며, 6호와 7호 무덤은 서로 중복되었다. 지하식 석실묘로 횡구식 또는 횡혈식 구조로 현실 평면은 장방형이며, 천장은 대개 평천장이다. 5호무덤에서는 청동제 산(山)자형 비녀가 출토되었다. 2004년과 2005년에 걸쳐 조사된 보고서에서는 고분을 규모와 축조재료에 따라 세분하였다. 대형 석실봉토분(2호, 3호, 9호, 11호, 12호)과 중형 석실봉토분(4호, 6호, 7호), 대형의 전실분(8호와 15호)와 대형의 전실탑묘(10호, 1호-정효공주묘), 동분이혈전곽목관묘(13·14호) 등이다(도 V-7).

석실봉토분은 장방형 현실, 짧은 중앙 연도, 경사진 묘도로 구성되며, 천정은 모두 평천정으로, 대형과 중형분이 서로 비슷한 구조이다. 매장부는 지하식이며, 대형분으로 분류된 2호분은 길이 5.6m, 너비1.8m, 높이 1.7-1.8m의 장방형 현실이며, 바닥에 판상석을 깔고, 그 위에 백회를 발랐으며, 중앙에 관대가 하나 놓여 있다. 현실의 천장은 대형의 판상석 4매를 덮은 평천장이다. 3호분의 현실은 길이 4m, 너비는 1.9-2.4m이다. 현실 중앙에 벽돌로 만든 관대가 있고 관대의 남쪽 중앙에 용도를 알 수 없는 벽돌로 만든 작은 대가 있다. 천장은 대형의 판상석 5매를 덮었다. 현실과 연도 사이에서 묘비가 출토되었다. 묘비에는 '발해

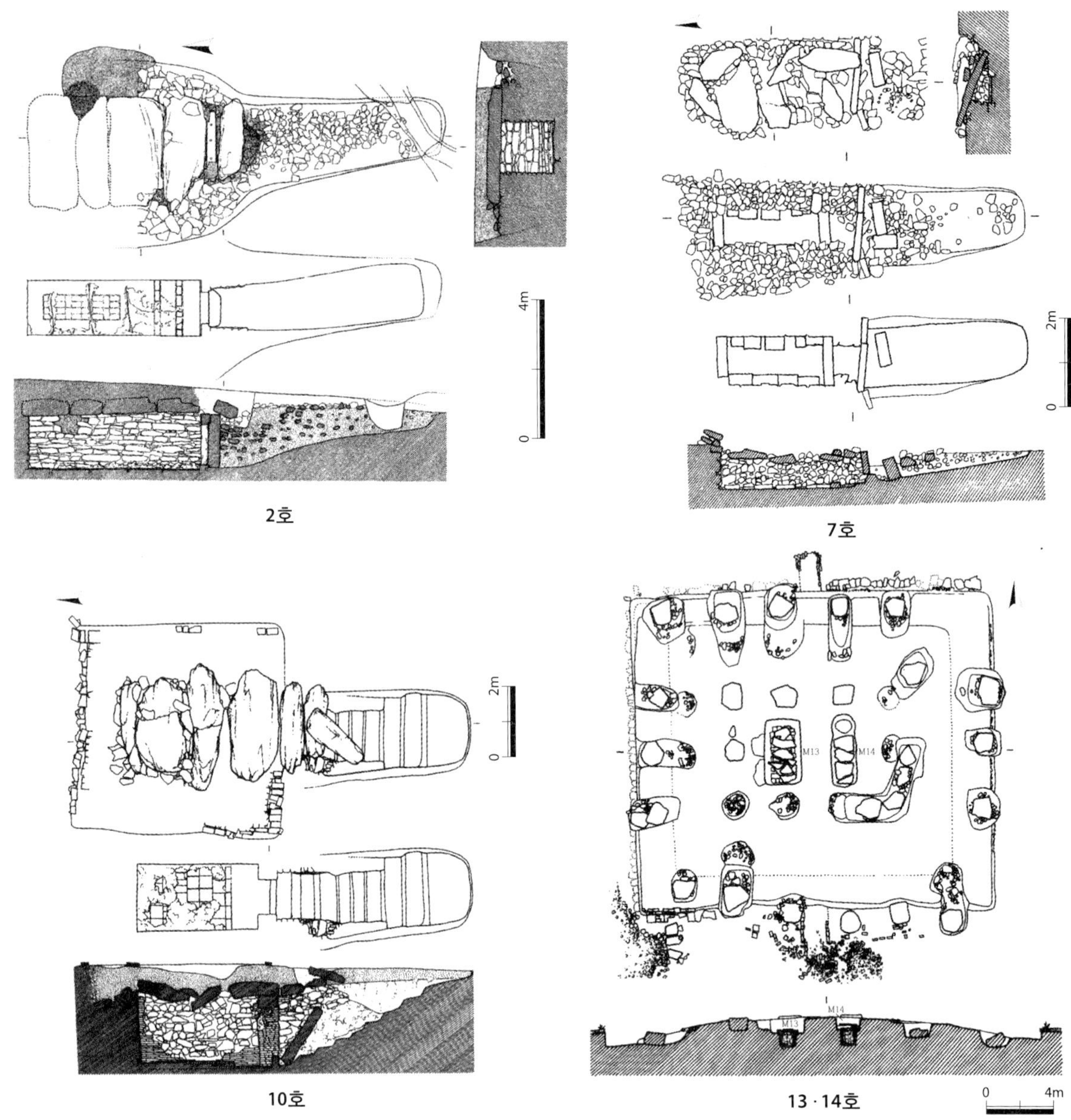

도Ⅴ-7 　허룽 용두산 용해고분군 고분(吉林省文物考古研究所 외 2009)

국 간왕(簡王) 순목황후(順穆皇后) 태씨(泰氏)를 건흥(建興)12년(829년) 7월15일에 예에 따라 ○릉에 안장하였다'고 전하여서 순목황후의 무덤임이 밝혀졌다. 도굴되어서 자세하지 않지만 삼채 말머리와 말 몸통, 삼채 동물 및 목관을 장식한 금동장식 등이 출토되었다.

대형 전실탑묘는 용해고분군에서 2기가 확인되었는데, 한 기가 정효공주무덤이며, 다른 한 기는 10호분이다. 10호분은 매장부는 장방형 현실, 중앙 연도, 경사진 묘도로 구조는 대형의 석실봉토분과 같다. 탑묘는 남아있지 않다. 지면에 100m²되는 범위에서 청색 벽돌이 깔려있었고, 청색 벽돌 아래에서 탑의 기초가 확인되었다. 탑의 기초는 회(回)자형 담장으로, 담 장 아래에는 방형전을 깔고 그 위에 백회를 발랐으나 묘탑은 남아있지 않다. 담은 길이 6m, 너비 1m이고, 중앙에 전실의 천정석이 깨져서 함몰되어 있다. 매장부는 장방형 현실, 중앙연도, 계단식 묘도로 이루어져서 정효공주무덤과 같은 구조이다. 현실은 길이 3.4m, 너비 1.8m, 높이 2m이며, 판상석 3매로 현실 천장을 덮었다. 현실 내 교란 퇴적층에서 삼채 남, 녀 도용편이 출토되었다.

동분이혈전곽목관묘는 13·14호 무덤으로 지상에 흙을 다진 토대는 동서방향이 약간 긴 장방형으로 동서 길이 21.5m, 남북 너비 17.7m이며, 가장 높은 곳은 높이1.5m이다. 토대의 둘레에는 동서 5매, 남북 6매의 초석이 있고, 그 내부에 동서 방향으로 3열의 초석이 남북으로 2열 배치되어 있다. 흙을 다져 쌓은 토대의 네 주위에는 청색 벽돌과 얇은 판석 등 석재가 있고, 남, 북 양변의 중앙에 각각 한 개의 경사진 단을 만들었다. 경사진 단은 파괴가 심하여 계단을 형성하였는지는 알 수 없다. 무덤은 토대 아래에서 위치하며 각각의 묘광을 가진 전곽 두 기가 나란히 있다. 2단 굴광을 한 후 벽돌로 곽을 만들고 내부에 관이 놓였다. 13호 전곽의 묘광은 길이 3.6m, 너비 1.9m, 깊이 1.7m이고, 전곽은 청색벽돌로 축조하였고 길이 2.36m, 너비 0.8-0.85m, 높이 0.8m이고, 벽은 방형전으로 쌓고 천장은 벽돌과 얇은 돌을 이용하여 덮었다. 목관은 남아있지 않으나 관을 꾸몄던 금동제 장식이 남아있다. 부장품으로는 금동제 팔찌와 비녀, 은박 칠함. 은박과 금동으로 장식한 칠렴 등으로 미루어 피장자는 여성으로 추정한다. 14호 전곽은 13호 전곽에서 1.8m 떨어져 있으며, 묘광은 길이 2.9m, 너비 1.4m, 깊이 1.6m로 13호 전곽보다 조금 작고 얕다. 전곽의 축조는 13호와 같으며 길이 2.3m, 너비 0.8-0.9m, 높이 0.8m로 13호 전곽과 비슷한 크기이다. 전곽벽에 붙여서 목관이 있었으며, 철제 관못이 남아있으나 금동제 관장식은 확인되지 않았다. 주검은 앙신직지 자세의 1차장이며, 머리를 북쪽에 두고 양손에 금판 하나를 쥐고, 허리에 1조의 금탁옥대를 두고, 머리에는 삼엽의 입식이 있는 금제 관모 장식 등이 확인되어서 남성의 무덤으로 추정한다. 특히 금제 관모 장식(**도Ⅵ-1 참조**)은 그 형태가 고구려의 관식과 유사하여서 고구려와의 관련을 시사한다. 12호 무덤은 출토된 묘비로 문왕 효의황후의 무덤임이 확인되었다고 하지만, 아직 조사 내용은 보고되지 않았다. 묘비가 출토된 3호분은 간왕 순목황후의 무덤으로 비정하고, 금관식과 금탁옥대가 출토된 13·14호분 등을 포함하여 용해고분군은 8세기 중엽에서 9세기 초의 왕실무덤으로 비정하였다(吉林省文物考古研究所 外 2009).

용호고분군은 1987년 과수원에서 흙을 채취하는 중 우연히 발견되었다. 한 기는 장방형 평면의 석광봉토묘이고, 이 무덤에서 500m 떨어진 곳에서 분구의 둘레가 30m 되는 석실봉토분이 있다. 석실봉토분은 장방형 현실, 오른쪽으로 치우친 연도의 석실이며, 현실 천장은 1단의 삼각고임 위에 2단의 평행고임을 하였다. 묘실 내 관대에서 중년 여성과 어린 아이 뼈가 출토되어서 2인이 합장된 것으로 추정된다. 구조는 정혜공주무덤과 유사하고, 여기서 금, 은 장식품과 토기 및 청동제 관못, 관고리와 금동 못대가리의 청동못이 출토되어서 보고자는 발해 왕실귀족이나 그의 가족 무덤으로 비정하였다(박윤무 1993).

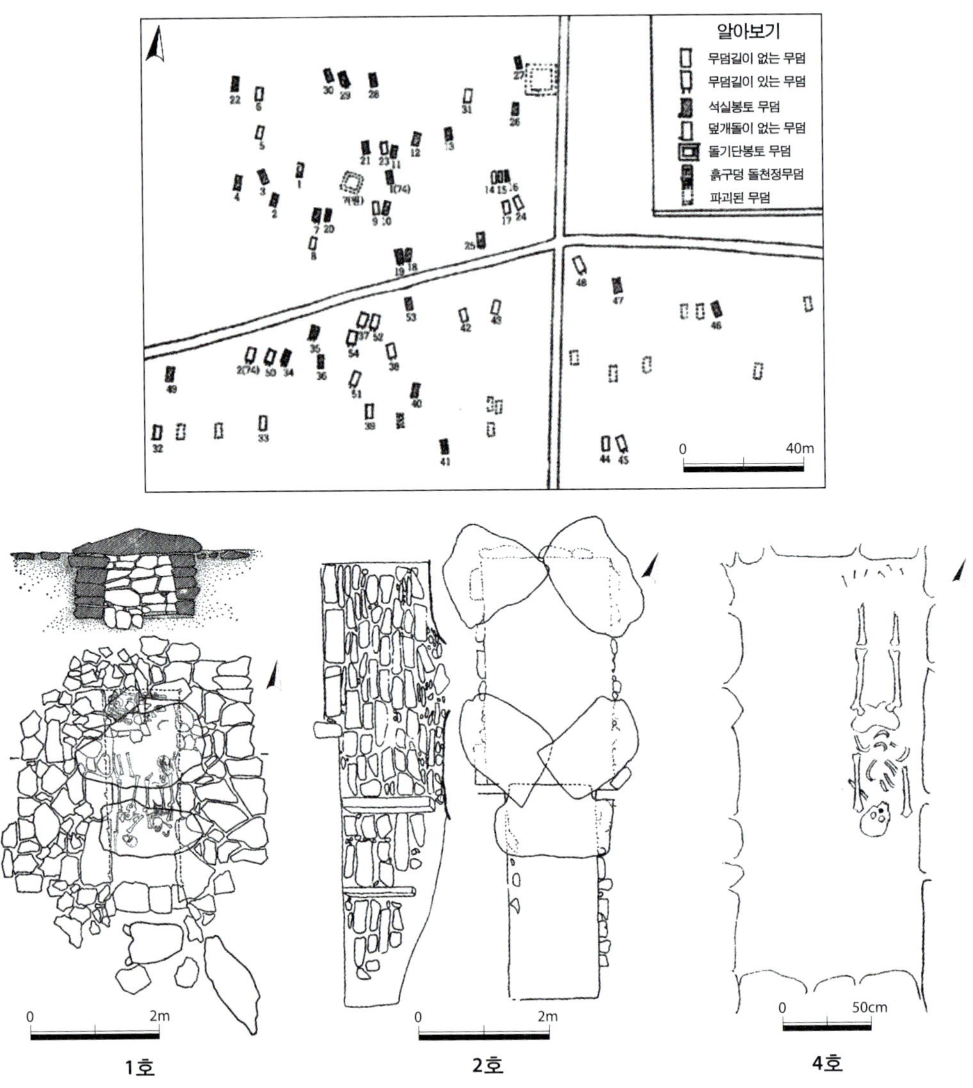

도 V-8 허룽 북대고분군 1호분, 2호분, 4호분(중앙문화재연구원 2014b)

석국고분군은 1998년도 1호묘가 발굴조사되었다. 1호 무덤은 동분이혈무덤으로 분구 내에 3개의 석실이 있다. 가운데 있는 묘실은 심하게 도굴되었고, 양쪽의 묘실에서는 삼채 여용과 교태침이 출토된 바 있다(魏存成 2008).

용두산고분군 외에도 허룽의 하남둔고분은 무덤의 구조는 정확하지 않지만 하남둔고 성의 중앙에서 약간 서남쪽으로 치우쳐 있다. 여기서 금제 허리띠 장식(**Ⅵ-5-9 참조**)과 금제 화 형 장식이 출토되어서 발해 왕실의 무덤으로 비정하였다. 그러나 한때 현주 치소로 비정되었 던 하남둔고성은 성이 아님이 밝혀졌고, 하남둔고분에서 출토된 금제 허리띠 장식과 화형 장 식은 발해보다 늦은 요나라 유물로 보기도 한다(傅佳欣 2001).

허룽 북대고분군은 허룽시에서 북동쪽으로 약 20km 떨어진 팔가자진의 북서쪽에 자 리하며 북동쪽으로 약 5km 떨어진 곳에는 서고성이 자리한다. 하남둔고성으로 알려졌던 곳 은 동쪽으로 4km 거리에 있다. 400여 기의 무덤이 분포하나 대부분 파괴되었다. 1960년과 1963년에 각 1기씩 조사되었고, 1964년에는 북한과 함께 공동조사하기도 하였다. 1973년 옌벤박물관과 허룽현문화관에서 보존 상태가 양호한 54기의 무덤을 조사하였고, 1988년에 는 11기가 조사되었다(延邊博物館 외 1994). 무덤은 모두 지하식의 봉토석실분으로, 석실은 장 방형 평면이 중심이 되며, 연도의 유무에 따라 두 가지 형식으로 나뉜다(**도Ⅴ-8**). 연도가 있는 경우 연도 방향은 현실 한쪽 벽의 중앙에 있거나 또는 오른쪽으로 치우쳐 있다. 천장은 평천 장이나 모줄임 두 가지이다. 연도가 없는 무덤은 비교적 작으며, 남쪽 벽이 입구 역할을 하 는 횡구식 구조이다. 장속은 1인의 1차장과 추가합장에 의한 2인장과 다차에 걸친 다인장 그 리고 1, 2차가 함께 행해진 다인장도 있다. 은기, 청동기, 철기, 삼채, 토기, 방직품 등 다양한 부장품이 출토되었고, 1988년 7호 무덤에서 출토된 삼채발과 병은 발해를 대표하는 유물이다.

이외에도 정식 발굴조사를 거친 것은 아니지만, 허룽 명암고분군과 복동고분군도 발해 고분으로 보고 있다(吉林省文物志編委會 1984).

(3) 삼릉둔고분군과 닝안 일대 고분

닝안시는 헤이룽장성 동남부에 위치하며, 일찍부터 상경 용천부가 자리한 곳으로 알려 져 왔다. 닝안시에서 조사된 고분군으로는 삼릉둔고분군, 홍준어장고분군, 대주둔고분군이 대표적이다. 삼릉둔고분군은 왕릉역으로 비정되며, 홍준어장고분군은 상경성 시기 관리와 주민의 묘역으로 비정되고 있다.

삼릉둔고분군은 상경성 북쪽으로 6km 떨어진 목단강변 대지에서 북쪽으로 이어지는 구릉에 자리한다. 이 일대 지명은 삼령둔(三靈屯)이며, 발해 공주무덤 3기가 있다고 전해져서 삼릉둔(三陵屯)으로 불린다(주영헌 1966: 50-52; 魏存成 2008: 226-227).

고분은 평면 日자형으로 둘러쌓은 담장 안쪽에 자리하며, 담장은 한변 길이 450m이다. 담장 안 북쪽에 공주 무덤으로 생각했던 3기의 고분이 자리한다. 1호분을 기준으로 동북쪽으로 2호분, 서북쪽으로 3호분이 있으며(도V-9), 담장 밖 서쪽에서 지하 물리탐사로 두 기의 무덤이 추가로 확인되었다(4호분과 5호분).

1호분은 일제강점기에 이미 파괴되었음이 확인된 지하식의 석실봉토분이다. 현실과 연도로 이루어졌으며 현실은 가공된 현무암으로 잘 맞추어 벽을 쌓고, 벽 위에 한 단 평행고임 후 양 장벽 위를 경사지게 올린 후 돌을 덮었다. 따라서 현실 천장은 평행고임 위에 사천장이 더해진 평사천장 모습이다. 현실은 장방형 평면으로, 길이 3.9m, 너비 2.1m, 높이 2.4m이다. 연도는 현실 남벽 중앙에 위치하며 밖으로 가면서 3단 꺾이면서 넓어진다. 벽면에 회칠한 흔적은 있지만 벽화는 검출되지 않았다. 지상에는 방형으로 돌아가는 돌담 기초가 확인

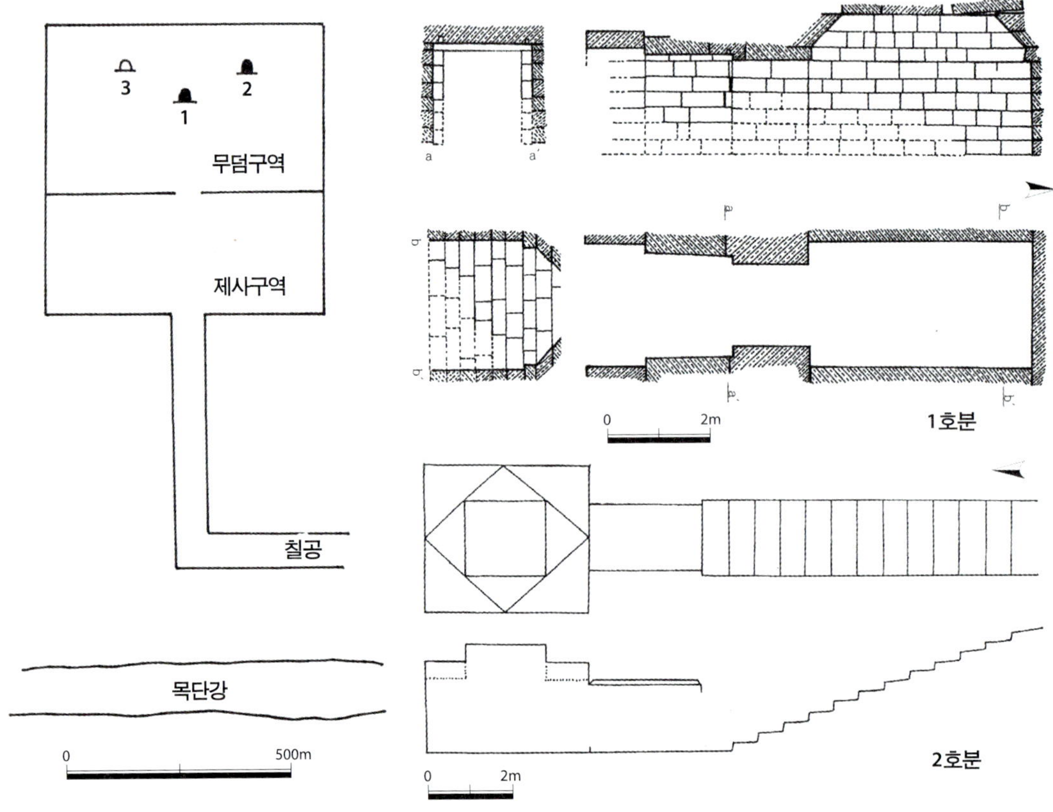

도V-9　닝안 삼릉둔 1호분과 2호분(중앙문화재연구원 2014a)

되었고, 1988년 재조사에서 돌담 내부에서 초석과 녹유 기와를 포함한 다량의 기와가 출토되어서 1호분은 지상의 건물이 있는 석실봉토분으로 분류된다.

2호분은 잘 다듬은 현무암으로 축조한 석실봉토벽화분이다. 매장부는 지하에 자리하며, 현실과 연도, 묘도로 이루어졌다. 현실은 방형 평면이며, 천장은 삼각고임으로 2단 올린 후 한 장의 막음돌로 막았다. 연도는 현실의 남벽 중앙에 위치하며, 연도와 이어지는 묘도는 길고 계단상으로 올라가서 지상과 연결된다. 벽화는 백회를 바른 후 현실 벽에는 인물을 그리고 천장에는 꽃을 그렸으며, 연도에는 무사를 그렸다고 하지만(鄭永振 1994), 자세히 알 수 없다. 현실 내에서 15개체 정도의 인골이 확인된 다인합장무덤이다. 따라서 1호분이 왕릉일 것이라는 전제 하에서 2호분을 1호분의 배장무덤으로 추정하기도 한다.

1996년에는 담장 밖에 있는 4호분과 5호분을 조사하였다. 4호분은 1호분에서 서쪽으로 1.2km떨어진 곳에 자리하며, 삼채 향로가 출토되었다. 5호분은 4호분의 서쪽으로 1.2km 떨어진 곳에서 있어 4호분과 5호분은 독립적인 각각의 무덤 울타리가 있었을 것으로 추정한다. 삼릉둔고분군은 상경성과의 관계를 고려하여 발해 상경성 시기에 조성된 왕의 묘역으로 보고 있다(魏存成 2008).

홍준어장고분군은 닝안시 서남쪽으로 4.5km 거리에 있는 홍준어장(무지개송어 양식장)의 북쪽에 위치하며, 용암대지 위의 모래언덕에 자리한다. 홍준어장고분군은 상경 용천부의 서북쪽으로 6.5km 거리에 위치하며, 고분군의 동쪽으로 4km 거리에 삼릉둔고분군이 자리한다. 1981년도 조사한 이래 본격적인 조사는 1992년부터 1995년에 걸쳐 이루어졌다(黑龍江省文物考古硏究所 2009b). 고분군은 동서 220m, 남북 200m되는 4만m² 범위에 분포하며, I구역(북쪽)과 II구역(남쪽)으로 나뉜다. II남쪽 구역의 서쪽에는 제단이 자리하며, 무덤은 I구역에서 39기, II구역에서 284기가 조사되어 323기가 확인되었다(도 V-10).

무덤의 분구는 남아있지는 않지만 봉토분구로 추정되며, 매장부는 석곽, 석실, 전실 등으로, 석실 중에는 바닥에 벽돌을 깔거나 전실 축조에 돌이 사용되기도 한다. 무덤은 I구역에서는 석관묘 7기, 석곽묘 10기, 석실묘 19기이며, II구역에서는 석관묘 19기, 석곽묘 19기, 석실분 240기, 전실(전석혼축)분 3기가 분포하여서 홍준어장의 중심 묘제는 석실분이라고 할 수 있다.

보고서에서는 석묘를 석관과 석광, 석실로 분류하였지만, 홍준어장고분군에서의 석광은 다른 고분군에서 사용하는 석광과는 달리 돌로 벽을 축조한 석곽에 해당되며, 일부 석곽은 장방형 평면의 횡구식 구조이다. 석광, 석관, 석곽은 장방형 평면을 기본으로 하며, 석실과 전실 평면은 현실은 방형과 장방형 평면이며, 연도는 중앙연도, 치우친 연도 모두 있다.

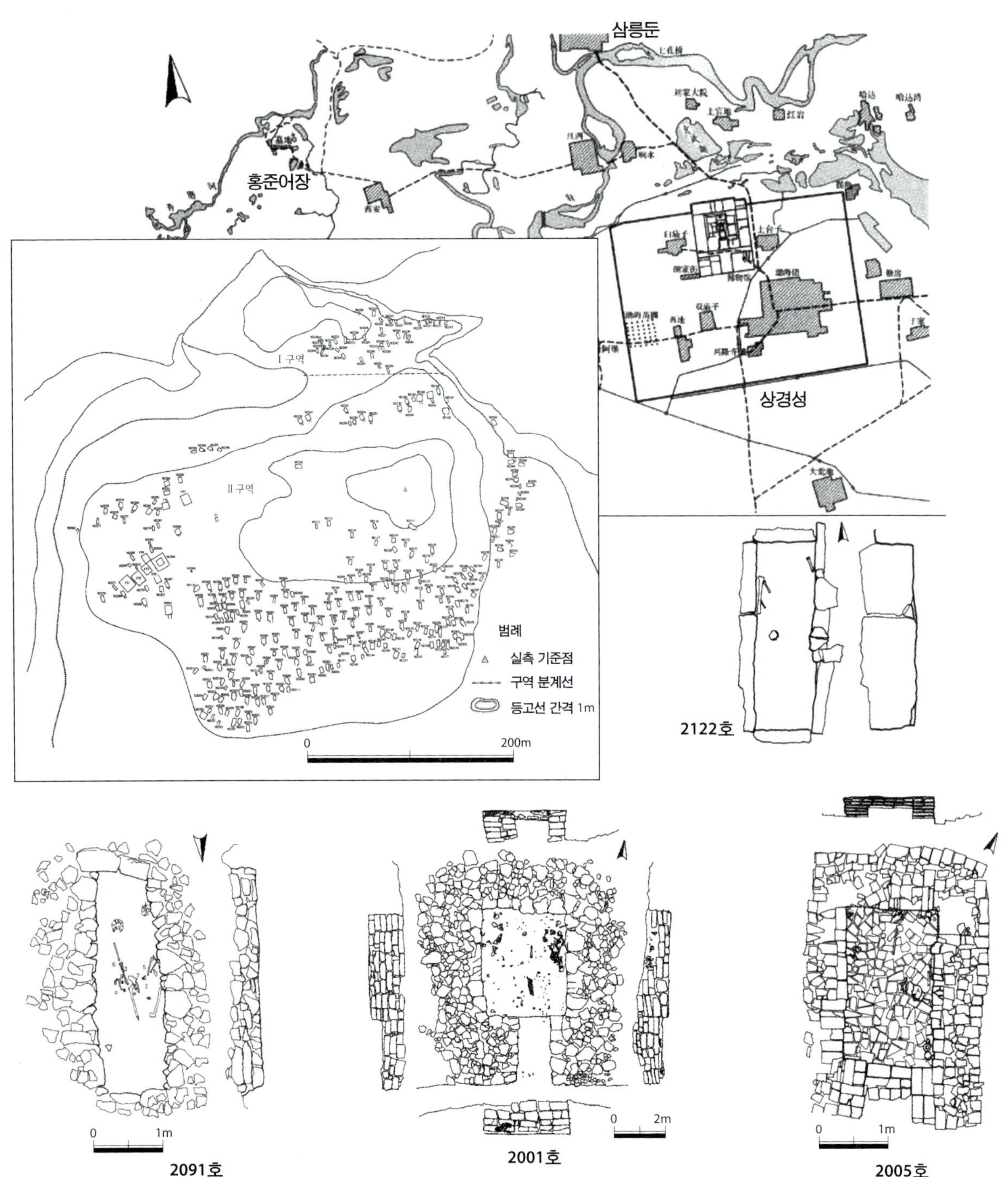

도 V-10　　닝안 홍준어장고분군(黑龍江省文物考古硏究所 2009)

그 중에는 동분이혈합장의 무덤도 있다.

장속은 주로 2차장의 다인합장이 다수이고, 1차장은 소수이며 번소가 행해지기도 하였다. 여기서는 토기를 비롯하여 철기, 청동기, 골기와 칠기, 옥기, 금, 은기, 그리고 유리에 이르기까지 다양한 재질의 생활, 생산도구와 무기, 마구, 장신구 등이 출토되었다. 특히 I구역에 비해 II구역 무덤의 부장품이 양과 질에서 우세하여 I구역에 비해 II구역을 상위의 무덤으로 보고있다. 상경성과의 거리로 미루어 홍준어장고분군은 상경성 시기의 귀족이나 관리 또는 평민의 무덤으로 해석된다.

이외에도 삼릉둔고분군의 서북쪽으로 멀지 않는 풍수위자에서도 비교적 큰 규모의 무덤이 발견된 바 있다.

대주둔고분군은 마을의 서북쪽으로 2km 떨어진 나즈막한 구릉에 위치하며, 대주둔은 상경성이 있던 닝안시 동청진에서 서쪽으로 약 4km 떨어진 목단강의 서쪽 기슭에 자리한다. 1960년 봄에 목단강 중류 및 경박호 부근의 조사에서 70여 기의 고분이 확인되었다(呂遵祿 1962). 당시 고분은 남북방향으로 질서있게 배열되어 있었고, 보존상태가 좋은 30여 기의 무덤 중 5기를 정리 조사하였다. 조사된 고분의 분구는 유실되어 남아있지 않았다. 매장부는 지하에 자리하며 보고서에서는 대형과 소형 적석묘, 쌍실석묘로 설명하였는데, 대형 적석묘는 삼릉둔고분과 같다고 한 것으로 미루어 횡혈식 구조의 석실로 추정되며, 소형 적석묘는 석곽으로, 쌍실 석묘는 횡구식의 격벽이 있는 석실로 보인다(**도V-11**).

1963년에는 헤이룽장성박물관에서 400여 기 고분을 확인하였다. 고분의 대부분은 이미 파괴되었으며, 부분적으로는 강물에 잠겨 유실되었다. 그해 10월 21일부터 10월 26일까지 6일간 조중공동고고학발굴대에 의하여 1호와 2호분 2기가 발굴되었고 1호분이 보고되었다.

1호분은 장방형 현실, 오른쪽으로 치우친 연도이며, 현실의 길이는 3m, 너비 1.55-1.65m, 높이 0.8-1.1m이다. 남벽의 오른쪽으로 치우친 연도는 길이 1.5m, 너비 0.85m이다. 중앙에 머리 방향을 달리하며 2구씩 4구는 신전자세여서 1차장했음을 알 수 있고, 현실의 북벽쪽으로 4구는 2차장되었다. 1차장 인골 가운데 중앙에 안치된 2구는 목관을 사용한 것으로 보아 합장된 주검 사이에는 신분적 차이가 있었던 것으로 추정한다(주영헌 1966; 中國社會科學硏究所 1997).

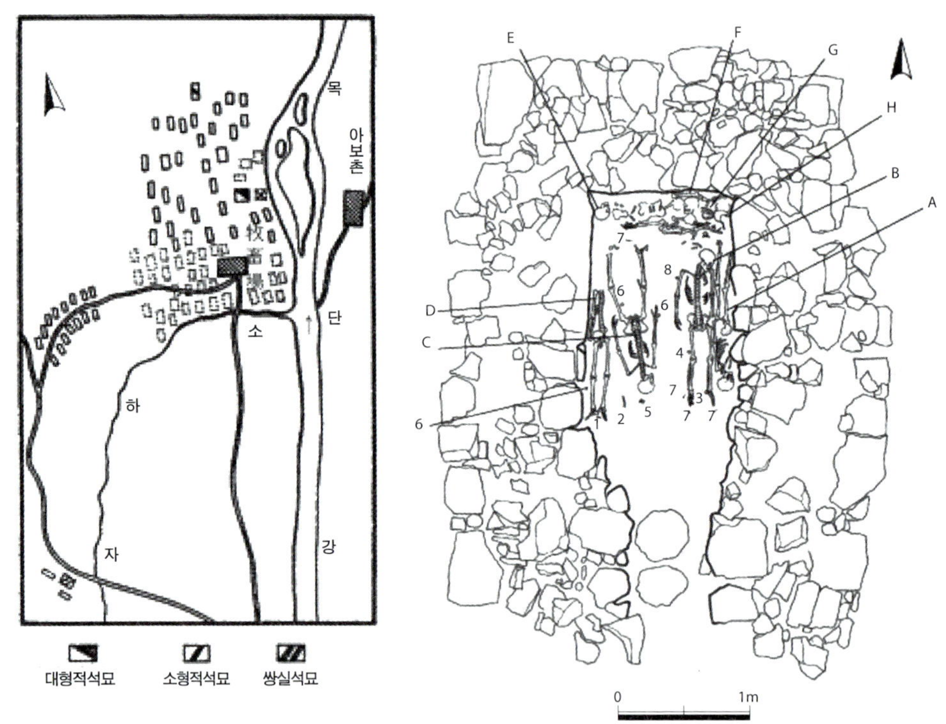

1호분

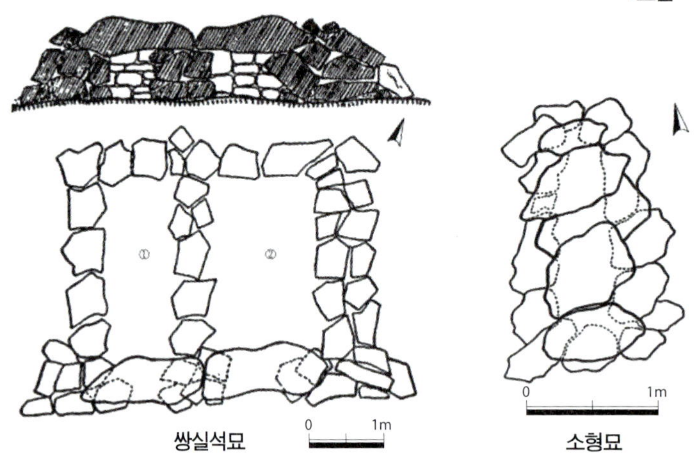

도V-11　　닝안 대주둔고분군(중앙문화재연구원 2014a)

(4) 훈춘

훈춘일대는 두만강을 끼고 일본과 신라로 가는 교통로 상의 요지로, 현재는 지린성 옌
벤조선족자치주에 속한다. 일찍부터 발해 중경 또는 동경의 소재지로 알려졌지만, 현재 훈춘

시의 팔련성을 동경 용원부로 비정하고 있다. 동경 용원부는 3대 문왕의 후기인 785년에서부터 5대 성왕대인 794년까지 도성이었던 곳이나, 둔화나 허릉, 닝안처럼 도성 부근에 능역으로 추정할만한 고분군은 확인되지 않았으며 마적달탑묘가 팔련성의 반경 50km 범위 내에 위치한 조사된 유일한 대형분이다.

마적달탑묘는 훈춘시 마디다향의 동북쪽으로 1km정도 떨어진 마적달산 중턱에 자리하며, 마적달산은 훈춘하 북

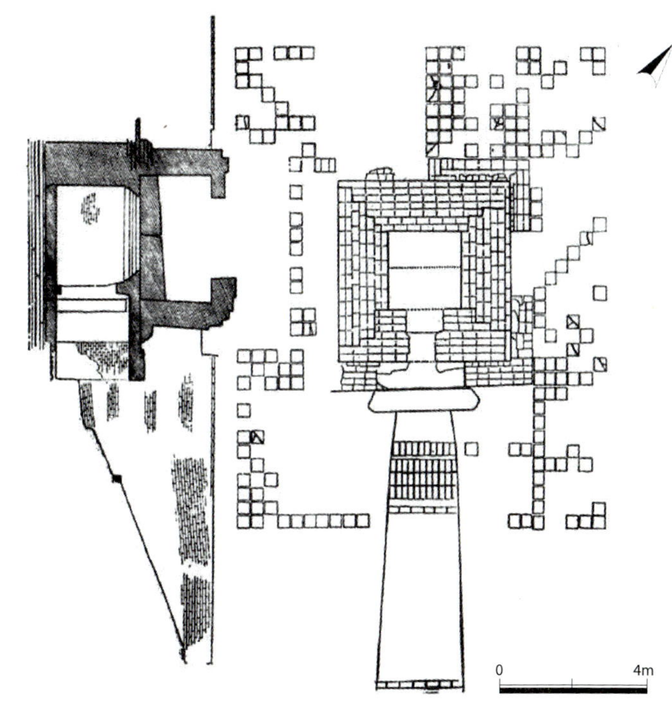

도 V-12　훈춘 마적달탑묘(중앙문화재연구원 2014b)

안에 있다. 1972년 훈춘하 유역 고고 조사에서 확인되어 1973년 탑의 기초를 발굴하였다. 지상에 드러난 묘탑은 7층의 전탑이며, 1973년 조사 당시 이미 기초면의 남쪽으로 도굴갱이 있었다(張錫瑛 1984). 지면에 청회색의 방형 벽돌을 깔아 묘탑의 기초를 만들고 방형 평면의 둘레를 돌아가며 벽돌을 쌓고 내부는 황토와 모래와 돌이 섞인 갈색토를 교대로 쌓았다. 매장부는 전실로, 전실은 지하에는 5m 정도 깊이로 파서 바닥에 황토를 다지고 다시 그 위에 판석을 3단 깔고, 판석 위를 다시 황토로 다진 후 축조하였다. 현실은 방형 평면이고, 중앙연도, 경사진 긴 묘도로 이루어졌다(도 V-12). 교란된 벽돌 사이에서 인골이 출토되어서 보고자는 승려의 인골로 추정하였다. 묘탑지 조사에서 출토된 연화문, 유엽문 와당이 둔화 육정산고분과 상경성에서 출토된 것과 비슷하여서, 둔화 육정산고분군이나 상경성과 비슷한 시기의 무덤으로 비정한다.

이외에도 무덤의 구조는 알 수 없지만, 훈춘 양수진 경영촌에서 무덤 발굴조사시 4호 무덤에서 개원통보가 출토되었다. 무덤은 부부합장된 석실봉토분으로, 무덤에 달린 부실에서 천장된 다수의 인골이 있었다(呼國柱 1985).

북청은 함경남도의 동남부에 자리한다. 북쪽은 산지이고, 남쪽은 동해안으로 이어지는 너른 평지를 갖고 있다. 북청에서 동남쪽으로 16km 떨어져 있는 남대천 북안의 평지에 있는 청해토성을 남경 남해부의 치소로 보고 있다. 북청 일대의 최대 고분군은 평리고분군이며, 이외에도 금호지구의 오매리에서도 고분이 조사되었다. 고분군 주변에 용전리산성과 거산성 등 고구려 산성이 발해까지 사용되었으며, 청해토성에서 멀지 않는 금호구역의 오매리절터, 금산건축지 및 고분도 고구려부터 발해까지 지속된 것으로 보고 있다.

평리고분군은 함경남도 북청군 청해토성으로부터 8km 떨어진 평리 벌판에 있으며 사방 1km 범위 내에서 600여 기의 무덤이 분포한다(도Ⅴ-13). 무덤은 동서남북 각 1km범위에 분포하며, 고구려와 발해 무덤으로 나뉜다고 하였지만(김종혁 1990), 고구려 무덤은 보고되지 않아서 조사여부를 알 수 없다. 발해 고분은 1986년에서 1988년에 걸쳐 50여 기를 사회과학원 고고학연구소에서 조사하였고, 2014년에서 2015년도에 걸쳐 옌볜대학 박물관과 공동으로 31기 무덤을 조사하였다.

무덤은 석실묘, 석곽묘로 대별된다. 석실묘는 현실 평면과 연도 위치에 따라서 장방형 현실과 오른쪽으로 치우친 연도, 장방형 현실과 중앙연도, 방형 현실과 오른쪽으로 치우친 연도 무덤으로 나뉜다. 가장 많은 수를 점하는 것은 장방형 현실의 오른쪽으로 치우친 연도 무덤이고, 방형 현실의 오른쪽으로 치우친 연도 무덤은 1기만이 확인되었다. 석곽묘는 13기로 할석으로 축조한 것과 판상석으로 축조한 것이 있다. 장방현 현실의 오른쪽으로 치우친 연도 무덤(1호, 2호, 3호, 5호, 9호, 14호, 19호, 20호, 21호, 26호, 28호, 548호, 555호)과 석곽묘(4호, 7호, 8호, 11호, 12호, 15호, 18호, 22호, 23호, 27호, 30호)가 많은 비중을 점하며, 장방형 현실의 중앙연도 석실묘(6호, 568호)와 방형 현실의 오른쪽으로 치우친 연도 석실(29호)은 소수이다. 구조가 명확하지 않은 무덤(10호, 16호, 17호, 24호, 25호, 31호)도 일부 있다.

오매리고분군은 함경남도 신포시에서 동북쪽으로 15km 떨어진 금호지구 금호리(구 오매리)에 자리하며 무덤에서 서북쪽으로 8km 떨어진 곳에 용전리산성이 있다. 금호지구와 용전리산성 사이에 오매리절터가 있다. 고분은 금호리1반 구역과 오매리절터의 동쪽과 남쪽은 낮은 구릉에 자리하며, 19여 기가 분포되었다. 금호리1반 구역의 무덤은 1983년에, 오매리 사지 부근의 무덤은 1991년에 사회과학원 고고학연구소에 의해 조사되었다. 무덤은 석실과 석곽 두 형식이 있다. 오매리 대난골 1호 무덤은 석실봉토분으로 분구는 지름 6m, 높이 0.5m이고 현실은 길이 2.16m, 너비 1.82m의 방형평면이며, 중앙연도이다. 오매리 1호 석곽묘는

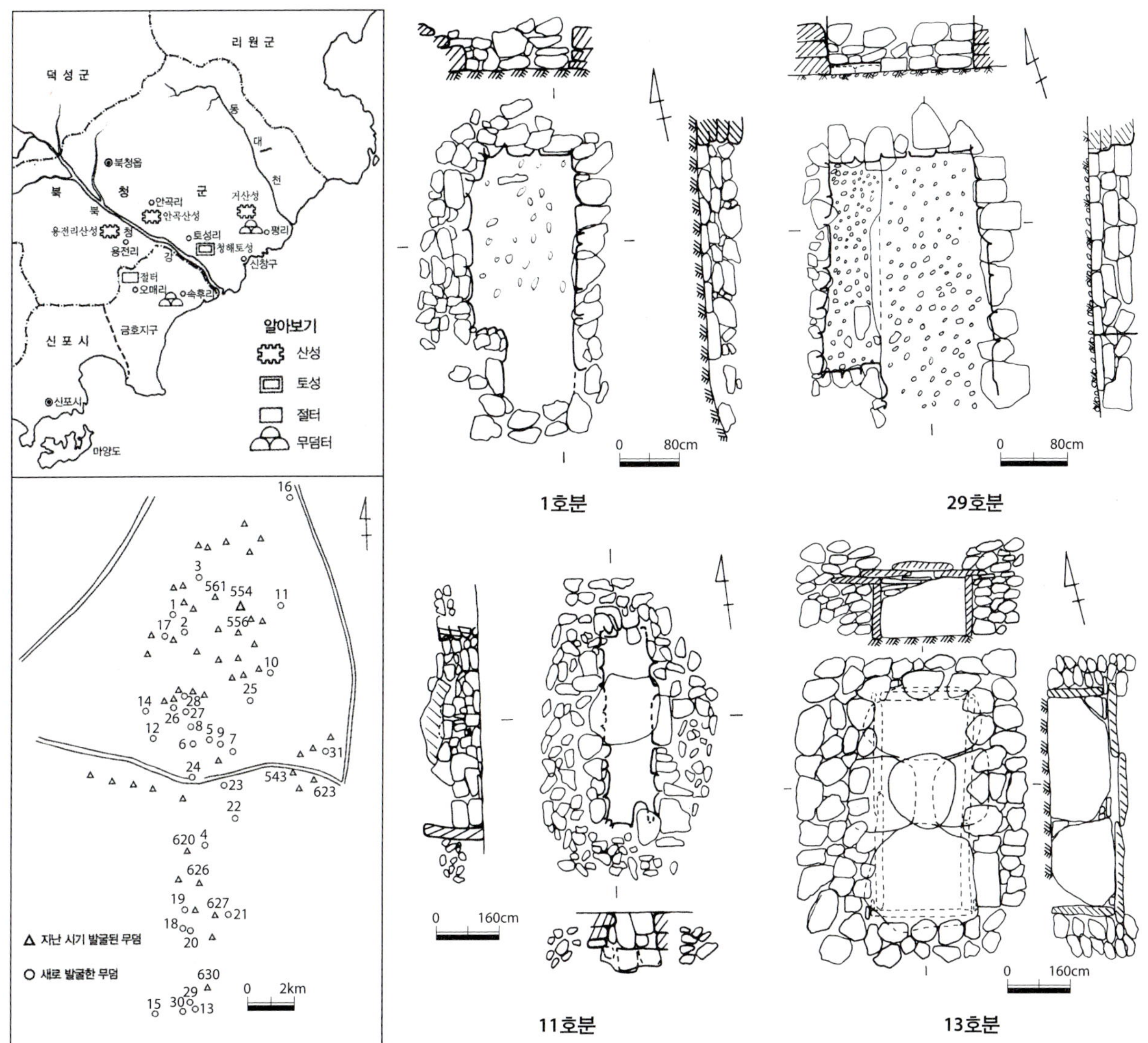

길이 4.1m, 1.5-1.8m, 깊이 1.2m 크기의 묘광 내에 석비레층을 파고, 일부는 화강암을 이용하고, 일부는 석비레를 벽으로 이용하여 축조하였다(동북아역사재단 2020b).

2) 지방의 주요 고분

5경의 중심지를 제외한 지역에서 왕이나 귀족의 무덤으로 볼 수 있는 대형분은 확실하지 않지만, 지방 각지의 고분에서 말갈관(靺鞨罐) 또는 발해관(渤海罐)으로 불리는 심복통형관

(深腹筒形罐)이 출토되거나 산(山)자형 비녀나 장방형 또는 방형의 허리띠 장식판 외에도 발해와 비슷한 시기 당나라의 문물이 부장된 무덤을 발해 무덤으로 간주한다. 지방 각지에서 조사된 발해 고분은 서부와 북부지역, 동쪽의 수분하유역, 남쪽은 두만강유역과 함경북도와 함경남도 등으로 나누어 볼 수 있고, 지방의 고분은 5경의 중심지에서 멀어질수록 해당 지역의 선행묘제에 따라 지역색을 띠는 경향이 있다.

(1) 서부지역

서부 지역은 제2송화강 유역, 지린성의 서남부 혼강 수계의 통화, 랴오닝성 환인 일대와 요동 지역의 선양 석대자산성 부근과 푸순 시가 고분도 일부 발해와 시기적으로 중복된다(도V-14).

융지 대해맹과 사리파 유적은 행정구역은 지린성 지린시에 속한다. 두 유적은 토광묘가 중심이 되고, 토광묘는 말갈의 무덤으로 보고 있다. 말갈이 발해 건국의 주요 집단이라는 점에서 중국에서는 발해 건국 이전의 토광묘도 발해 무덤의 범주에서 해석하고 있다. 출토 유물로 미루어 볼 때 유적의 일부 무덤은 발해 건국전에 조성되었고, 일부는 발해와 시기적으로 중복된다.

융지 대해맹유적은 1971년에 발견되어 지린성박물관에서 지표와 시굴조사를 실시하였고, 1979년에 유물이 노출되어서 무덤 1기를 더 발굴하였다(吉林市博物館 1985). 대해맹유적은 3개의 문화층으로 구성되었고, 그 중 3기 문화층에서 토광묘 40여 기와 회갱이 조사되었다. 토광묘는 장방형 평면의 지하식이며, 단인장 또는 다인합장하였다. 단인장 무덤은 목탄흔적과 철제 관못이 출토된 목관묘이다. 2인합장, 4인합장, 2차장의 다인 합장 등 여러 방식으로 매장되었으며, 다인합장 무덤에서 목관이나 목곽 등의 장구는 확인되지 않았다. 21호 무덤은 단인장 무덤으로 허리 부분에서 청동 대구가 출토되었고 머리 근처에서 철제 갑옷편이 출토되었다. 43호 무덤은 2인이 안치된 무덤으로 구슬과 청동제 팔찌와 허리띠장식, 그리고 청동 고리 등이 착장된 상태로 출토되었다. 4인이 합장된 29호 무덤에서는 청동대구와 과대, 옥벽 등이 출토되었다. 이외에도 17호 무덤에서는 배면 위쪽에 월(月)흔이 있는 개원통보가 출토되었다. 이외에도 산자형 비녀, 재갈과 등자 등 마구류와 철제 기마인물장식, 무기 등 여러 종류의 금속기와 함께 조질과 정질태토의 심복통형관이 출토되었다. 따라서 유적은 발해초 말갈족의 무덤이 중심이 된다고 보고 있다.

융지 사리파 고분은 1985년 조사된 무덤으로 양둔촌과 사리파촌 사이의 구릉에서 2기의 무덤이 발굴되었다. 1호 무덤은 목관묘로 묘광 내에서 목질 장구편과 불에 탄 소토, 인골 편이 확인되었다. 묘광 내에서 앙신직지 자세의 남, 녀 인골 2구가 확인되었다. 청동제 허리 띠장식과 청동 대구와 심복통형관 등이 출토되었다. 2호 무덤은 장방형 석곽묘로 바닥에 잔 냇돌을 깔았으나 뚜껑돌은 없다. 무덤 내에서 남녀 성인 인골과 여성의 다리 아래쪽으로 소 아 인골이 확인되었다. 재갈과 철모, 철도, 철촉 등과 심발이 출토되었다. 보고자는 토기 형 식으로 미루어 발해 조기로 연대 비정하였지만, 1987년에서 1988년에 걸쳐 조사된 고분에 서 화판형 교구나 장방형 허리띠 장식패 등이 출토되어서 발해와 시간적으로 중복됨이 확인 되었다(尹鬱山 1990; 吉林省文物考古硏究所 1995).

위수 노하심 유적의 상층에서 조사된 토광묘를 말갈의 무덤으로 보고 있지만(吉林省文物考古硏究所 1987), 일부 무덤은 시간적으로 발해와 중복된다. 조사된 37기의 무덤은 지하식 의 토광묘로, 그 중에는 토광 내부에 돌을 돌린 석광묘와 목관·목곽묘가 포함된다. 석광묘는 뚜껑돌이 없으며, 보고서에서는 두 기를 종렬로 연접한 것(5와 6호, 12호와 13호)과 한 기만으 로 된 것(24호), 장방형 묘광에 돌 일부만 돌린 것(22호) 그리고 타원형 묘광에 불규칙하게 돌 을 돌린 것(15호) 등 4가지로 분류하였다. 장법은 단인장이거나 2인 합장된 다차 다인장이다. 목관묘는 6기로 모두 단인장이며, 그 중 5기에서 화장이 행해졌다. 목관은 결구방식에 따라 ㅂ자형(17호)와 통나무를 이용한 목관묘(30호), 장방형 목관묘(2호, 31호)로 나뉘며, 목관의 덮 개는 없다. 토광묘는 23기로 노하심상층 무덤 중 가장 많은 비중을 점한다. 토광묘의 평면은 사다리꼴과 장방형 두 가지이며, 단인장이 다수를 점하지만, 2인 또는 3인의 합장도 있다. 화 장은 1기에서만 행해졌다.

위수 노하심에서 남쪽으로 떨어진 서란 황어권주산 유적은 1980년과 1981년에 걸친 조사에서(吉林省文物工作隊 1985), 3기의 무덤에 부장된 심복통형관이 대해맹, 사리파나 노하 심상층무덤에서 출토된 것과 비슷한 기형이어서 발해 초기무덤으로 추정한다.

이외에도 고구려 영역이었던 지린성의 푸쑹과 통화, 국내도성이 자리한 지안시, 랴오 닝성의 환런, 푸순, 선양과 장백산 수몰지구 조사 과정에서도 발해 고분이 확인되었다.

푸쑹 전전자유적은 전전자둔에서 서남쪽으로 500m 떨어진 언덕에 석실봉토분 3기가 삼각상으로 자리한다(龐志國·柳嵐 1983). 석실은 장방형 현실, 중앙 연도이며, 3호분을 제외한 1호분과 2호분에서 철제 관못이 출토되어서 주검은 목관에 안치된 것으로 추정된다. 1호 무 덤에서 금동 대구와 사미 등이 출토되었다.

통화시 강남촌에서 스키장 건설 시 인골과 유물이 출토되어서 강남 활설장 고분군으

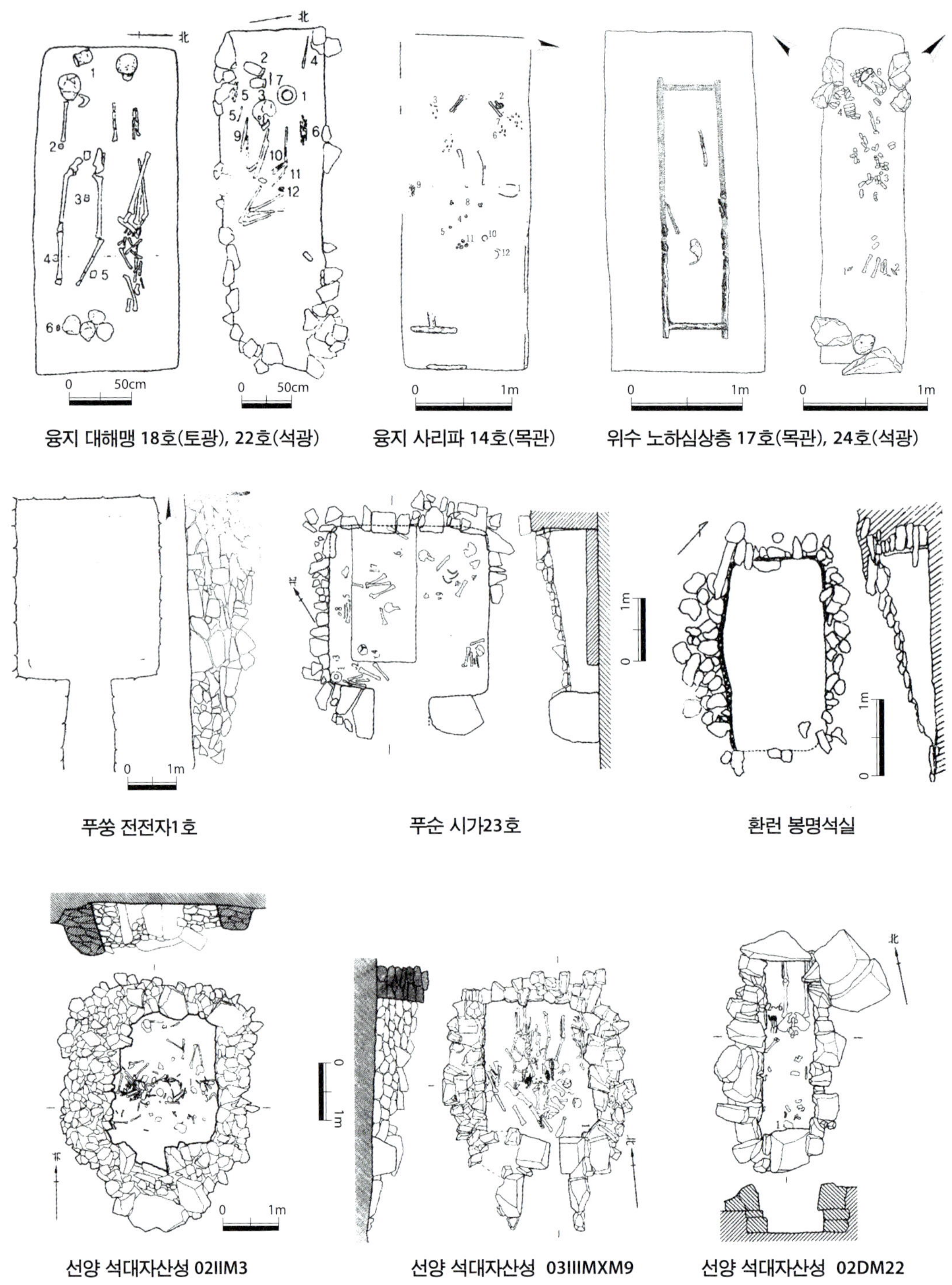

도V-14   서부지역 고분(중앙문화재연구원 2014a, 2017; 강현숙 2009)

로 명명되었다(吉林省文物志編委会 1985). 고분 구조는 알 수 없지만, 여기서 청동제 과대가 출토되어서 발해 무덤으로 비정된다.

이외에도 산자형 비녀나 돌궐식 대금구, 月모양이 있는 개원통보와 석실의 외벽에 돌을 쌓아 돌린 석실, 2차장을 거친 다차의 다인합장 등으로 미루어 볼 때 산자형 비녀가 출토된 환런 봉명석실, 선양 석대자 산성 부근의 고분군이나 푸순 시가 고분군의 고분도 고구려 멸망 이후 발해 건국을 즈음하여 둔화 육정산과 비슷한 시기의 무덤으로 비정된다(강현숙 2009). 한편 고구려 국내도성이 자리하였던 지린성 지안시의 무덤에서도 돌궐식 대금구, 장방형이나 방형의 청동대장식 등이 출토되어 발해의 무덤으로 보이지만, 자세히 보고되지는 않았다.

북부 지역은 상경성이 자리한 닝안시를 중심으로 그 이북의 헤이룽장성과 지린성 동북부 일부 지역이다. 주요 하천으로는 흑룡강과 목단강, 송화강이 있다. 이 일대에서 조사된 발해 무덤은 토광묘, 석관과 석곽묘, 석실묘 등이 있다(도V-15).

헤이룽장성의 동북쪽으로 우쑤리강을 사이에 두고 러시아와 마주하는 뤠베이현의 단결유적에서는 1982년에 흙 채취 중 무덤이 드러나서 1983년에 10여 기의 무덤이 발굴되었다(黑龍江省文物考古硏究所 1989). 가장 큰 무덤인 1호분을 제외하고는 완만한 구릉의 서남부에 자리하며, 무덤은 남북방향을 장축으로 하였다. 모두 지하식 토광묘이며, 장구는 확인되지 않았다. 장방형 평면의 토광 내 모서리나 한쪽에 토대를 만들어 그 위에 토기를 부장하였고, 1호와 7호 무덤에서는 돼지뼈가 출토되었다. 토광 내에서 목탄이 확인되어 화장한 것으로 추정되며, 8호와 9호, 10호는 1인 단인장이며, 1호 무덤은 2인 합장을 하였다. 여기서 출토된 조질과 정질태토의 심복광구관, 심복통형관은 동인1기 문화와 비슷하여서 보고자는 흑수말갈유적으로 비정하였다. 발해 구성원의 주류를 말갈족으로 보는 입장에서 뤠베이현의 단결무덤을 발해 무덤으로 간주한다(魏存成 2008).

황가외자 무덤은 하얼빈시 동쪽의 아세허(阿什河) 우안에 위치한다. 1938년도에 알려진 후 몇 차례 조사가 있었으나 유적이 파괴되어서 구조는 자세하지 않다. 지하 토광 내에서 인골과 심복통형관, 방추차, 철촉, 청동비녀, 은제 팔찌 등의 유물이 출토되었다. 동물뼈로는 말의 턱뼈와 치아 등이 출토되었으며, 돼지뼈와 개뼈는 소량 출토되었다. 토기 형식으로 미루어 뤠베이현 단결 무덤보다는 늦은 시기로 추정하며, 말갈의 무덤이라는 점에서 발해 무덤

도Ⅴ-15 북부지역 고분(중앙문화재연구원 2014a)

으로 비정하였다(魏存成 2008).

목단강은 송화강의 최대지류로 특히 목단강 중하류역에서 다수의 고분군이 조사되었다. 목단강 유역 문물 조사시 지표조사나 소규모 발굴 조사로 고분이 알려졌다. 이후 동일 유적에서 추가 조사가 있었으나, 시간에 따른 조사지 변화가 있거나, 추가조사하면서 알려진 내용과 차이가 있기도 하고, 그 사이에 행정구역의 개편과 개명 등으로 동일 고분군임에도 지표조사 내용과 발굴조사 내용에서 차이가 생겼다. 고분은 주로 중, 소형분으로 이루어졌다.

하이린 산저자고분군은 1966년에 신안공사 홍수농전 수리 시 알려지게 된 고분군이다. 산저자 동쪽 구릉에서 130여 기의 무덤이 확인되어서 1966년과 1967년 두 차례에 걸쳐 29기의 무덤이 발굴되었다. 보고서에서는 대형과 소형의 적석묘, 방형석판대묘로 보고되었지만(孫秀仁 1980), 보고서에서 표현한 적석묘는 적석분구를 가진 무덤이 아니라 매장부를 돌로 쌓아서 만들었다는 의미이며, 분구는 모두 봉토분구이다. 석실봉토분은 총 21기로, 대형 적석묘로 보고된 4호분이 석실봉토분이다. 소형 적석묘는 석곽 또는 석광묘이고, 방형석판대묘로 보고된 16호 무덤은 방형 현실의 석실분이다. 일부 무덤에서 철제 관못이나 목관의 흔적이 확인되어 주검은 목관에 안치된 것으로 보인다. 주검은 바로 펴서 묻거나(앙와신전장, 仰臥伸展葬), 몸을 구부려 묻거나(부신장, 俯身葬), 팔, 다리를 구부려 묻는(굴장, 屈葬) 등의 여러 자세가 확인된다. 장법은 1인 1차장과 다차의 다인합장, 그리고 1차장 후에 다인합장 하는 등 여러 양상이다. 1호 무덤의 경우 16구의 인골이 확인되며, 그 중 3구는 1차장이며, 나머지는 2차장의 다인합장이다. 무덤에서 출토된 삼채 녹유도기편과 철제 대식은 상경성 부근의 발해 고분에서 발견된 것과 유사하다.

두도하자고분군은 목단강 하류 우안 언덕에 위치하며, 대략 네 개의 구역으로 나뉜다. 1구는 강변의 65기, 1구에서 서남쪽으로 250m 떨어진 2구에서 47기, 3구는 강을 사이에 두고 1구, 2구와 마주한다. 4구는 북참촌 서남쪽으로 1.5km 떨어진 서산 동남자락으로 52기의 무덤이 확인되었다(呂遵祿 1962). 그 중 1, 2구는 양초구고분군이며, 4구는 북참고분군이다.

북참촌은 두도하자고분군의 4구에 해당되며, 목단강 좌안에 자리한다. 1958년에 목단강 유역 문물조사할 때 50여 기의 무덤이 밀집분포하고 있음이 확인되었다. 그리고 1983년에는 연화댐 수몰지구 조사에서 3기의 무덤이 발굴되었다(黑龍江省文物考古研究所 1987b). 무덤은 지하식 석실봉토분으로, 분구는 반구형이다. 석실은 횡구식 구조로, 1호와 3호 무덤에서는 목탄과 여러 개체분의 인골이 흩어져있어서 다인합장과 함께 번소가 행해진 것으로 보인다.

양초구고분군은 목단강 좌안의 계단상 대지에 위치하며, 북쪽과 남쪽으로 나뉘어 고분이 자리한다. 북쪽이 두도하자 1구, 남쪽이 두도하자 2구이다. 무덤은 1958년도에 2기, 1996년에 26기를 발굴하였다. 그리고 1996년에 남구에서 19기, 북구에서 7기가 조사되었다(黑龍江省文物考古硏究所 1998). 무덤은 지하식의 석실분이다. 묘실 평면은 장방형이나 방형이며, 판석을 덮은 평천정으로 추정된다. 연도는 중앙연도이다. 일부 무덤에서는 바닥에 장방형 벽돌을 깔기도 하고(201호), 네 벽에 백회를 바르기도 하였으나 벽화는 검출되지 않았다(207호). 묘실 내부에서 철제 관못이나 관고리가 출토되어서 장구로 목관이 사용되었음을 알 수 있으며, 대부분 2차에 걸친 다인장이며, 일부 무덤에서는 화장 흔적도 확인된다.

이도하자고분군은 이도하자 중학의 서남쪽으로 4km 떨어진 곳에 위치하는 20여 기의 무덤으로 이루어졌다. 1979년 헤이룽장성 문물조사 시 목단강 좌안의 평탄대지에서 고분을 확인하고(黑龍江省文物考古硏究所 1991a), 1983년에는 연화댐 수몰지역 조사에서 4기의 무덤이 발굴되었다(于汇历 1987). 1호와 2호, 4호는 봉토석실분이다. 그 중 대형분인 4호 무덤은 중앙의 장방형 묘실의 중앙연도 석실 좌우에 측실이 있는 구조이며 천장은 판석을 횡가한 평천장이다. 묘실 내에서는 인골과 말치아 등이 출토되었다. 1호 무덤은 판상석재를 이용하여 축조한 장방형 평면의 횡구식 구조로, 바닥에서 인골편과 목탄 등이 확인되어서 화장이 행해졌음을 유추할 수 있다. 1호와 3호 무덤은 서로 비슷한 구조이다.

연화댐 수몰지구 조사 시 이도하자의 동사대대에서도 고분이 확인되었다. 목단강 우안의 평탄 대지에서 3기의 무덤이 남북방향으로 일렬배치 되었으며, 일찍이 도굴되고 파괴되어서 고분의 구조를 알 수 없지만 돌로 쌓고 덮은 석실분으로 추정된다(黑龍江省文物考古硏究所 1991a). 이외에도 합달촌의 합달전창에서도 발해 무덤으로 추정되는 무덤이 조사된 바 있다.

무단장시 화린 석장구촌에서 조사된 고분은 말발굽 모양으로 움푹 들어간 남쪽 능선에 위치하며, 무덤에서 서북쪽으로 5km 거리에 남성자고성이 있다. 1982년 고분이 알려졌고 1984년 18기의 고분을 조사하였다(黑龍江省文物考古硏究所 1991b). 고분의 분구는 남아있지 않고 돌로 축조한 묘실이 드러나서 고분 분포에 따라 3개의 구역으로 나누었다. 각 구역의 고분 구조는 서로 비슷하다. 무덤은 지하식의 횡혈식, 횡구식 석실과 석곽으로 대별된다. 횡혈식 구조는 장방형 현실, 중앙연도 평면이며, 현실 천장은 평천장이다(6호, 11호, 16호). 11호 무덤은 1차 단인장이며, 6호와 16호분은 2차장이며, 16호 무덤의 묘실 동북 모서리에서 개원통보 1매가 출토되었다. 묘도나 연도가 없는 횡구식 구조 석실도 장방형 현실이며(3호, 5호, 10호), 3호와 10호 무덤은 2차장을 하였다. 5호 무덤은 묘문 근처에서 소토가 있고, 현실 내 중간에서 북쪽으로 치우쳐 방형의 구덩이에서 토기와 깨진 인골편이 소량 출토되어서 다차에 걸친 매장으로 보고 있다. 석곽묘는 12호와 17호분 두 기로 대형 판석으로 천장을 하였고, 3인이 안치되었다. 이외에도 12호 무덤에서는 목관이 확인되었으며, 8호와 9호는 격벽에 의해 나뉜 쌍곽묘이다. 15호 무덤은 방형 묘실로 입구 부분이 파괴되었는데, 묘실 바닥에서 불에 탄 뼈들과 함께 목관과 불에 타지 않은 인골로 인해 1차장과 화장이 함께 행해진 것으로 보고 있다. 석장구고분군의 부장품은 주로 토기이며, 토기는 심복통형관이 다수를 점하며, 12호 무덤에서 청동 허리띠 장식판도 출토되었다.

(3) 동부지역: 수분하유역

수분하는 중국과 러시아의 경계로, 수분하유역의 중국내 고분은 둥닝 대성자고분군이 있고, 러시아 연해주에서는 체르냐찌노5고분군이 있다(도 V-16).

둥닝 대성자고분군은 대성자고성의 서북쪽에 위치하며, 대성자고성이 상경성과 유사하여서 대성자고성을 솔빈부로 비정하기도 하였다. 1977년에 헤이룽장성문물고고연구소와 지린대 고고학과에서 둥닝 단결유적 조사 시 4기의 무덤을 발굴하였다(黑龍江省文物考古工作隊 외 1982). 1호 무덤은 방형 현실, 중앙연도의 석실분이며, 2호와 3호 무덤은 장방형 현실, 중앙연도의 석실분으로, 세 무덤 모두 짧은 연도이며, 묘도는 확실하지 않다. 4호 무덤은 지하식의 석개목관무덤으로, 지하 묘광은 장방형 평면이며, 묘광 내에서 철제 관못이 확인되었다. 특히 대성자고분군에서 주목을 끄는 것은 1호분의 매장방식이다.

대성자 1호분은 현실 한변 길이 3.02-3.12m, 너비 2.94-3m 되는 방형 평면이며, 연도는 남벽 중앙에 있고 연도와 현실의 외벽을 돌로 둘러쌓은 보호담이 있어서 육정산고분군의 위담석실과 유사한 구조이다. 다차에 걸친 다인합장무덤으로, 현실 내에서 총 16구의 인골이 중층적으로 확인되었다. 가장 위층에서 발견된 것은 현실의 동쪽에 있는 3구로, 인골은 불에 탔고, 주위에서 관못, 목관과 소토덩이가 확인되어서 관에 넣은 후 화장한 것으로 보인다. 그 아래에서는 동, 서로 나누어 각 2구씩 되었으며, 인골에서 화장 흔적은 확인되지 않았다. 다시 그 아래 현실의 중간에서 서쪽으로 약간 치우쳐서 머리를 남쪽에 둔 앙신직지 자세의 3인이 확인되었으며, 나머지 6기의 인골은 현실 북쪽으로 격벽으로 생긴 40cm 너비의 북쪽 공간에서 확인되었다. 2호와 3호 무덤도 다차에 걸친 다인합장을 하였으며, 4호 무덤에서는 앙신직지 자세의 1인이 매장되었다.

연해주에서 체계적인 발굴조사가 이루어진 발해 고분은 체르냐찌노5고분군이 유일하다고 할 수 있다. 연해주 옥짜브리스끼 지구 체르냐찌노에서는 후기구석기시대부터 여진대

둥닝 대성자 1호

둥닝 대성자 2호

둥닝 대성자 4호

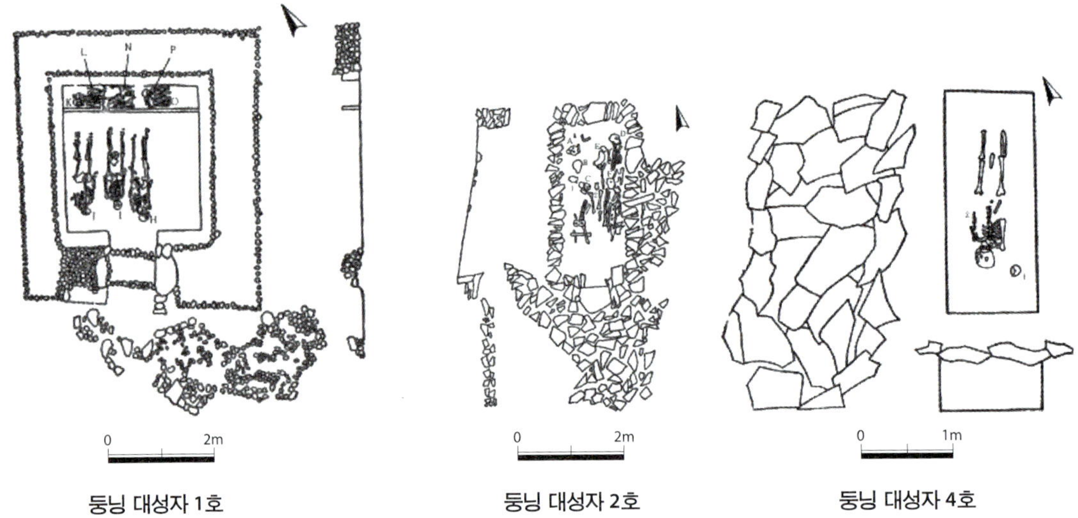

체르냐찌노5고분군

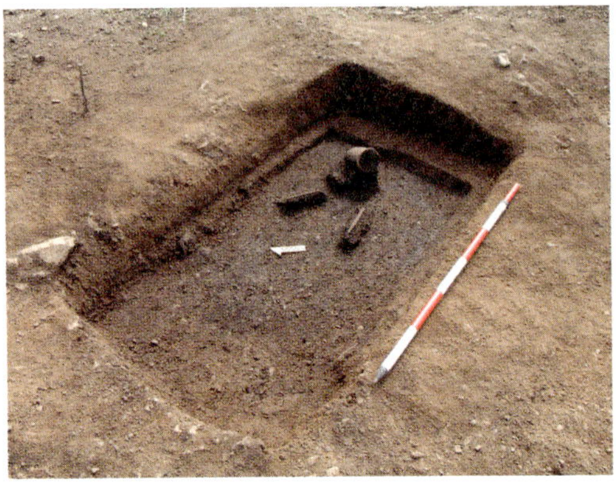

2-1구역 116호(토광묘)

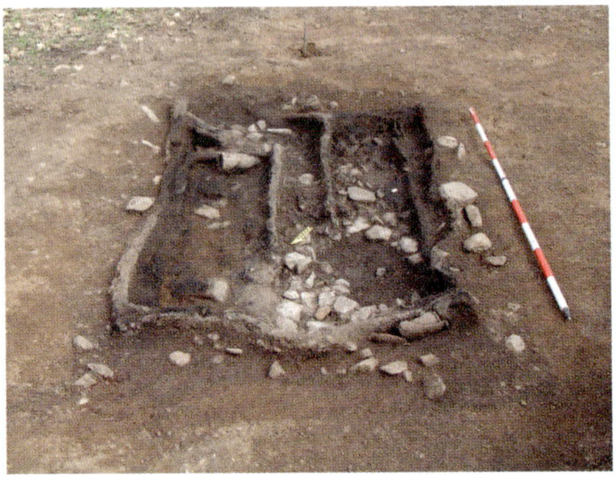

2-1구역 115호(목곽묘)

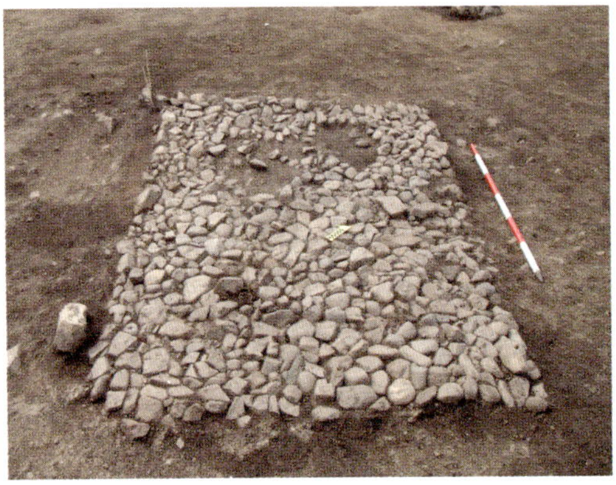

2-3구역 59호(부석묘)

4구역 124호(석실분)

도 V-16 동부지역: 수분하유역 고분(중앙문화재연구원 2014a, ⓒ 정석배)

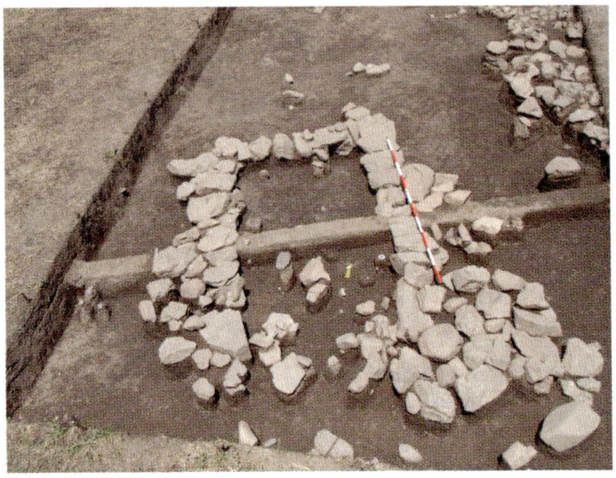

에 이르는 유적이 확인되었고 그 중 체르냐찌노5유적은 말갈과 발해시기의 고분유적으로 체르냐찌노 마을에서 남서쪽으로 3.3km 떨어져 있다. 마을과 고분군 사이에 라즈돌나야강(수분하)이 흐르며, 강 하류쪽으로 40km 떨어져 둥닝 대성자고분군이 자리한다. 고분군은 라즈돌나야강을 끼고 세 면이 산으로 둘러 쌓인 분지에 자리하며, 1997년에 유구가 노출되어서 1998년과 1999년에 고분군의 북동편에 있는 1구역에서부터 발굴조사하였고, 2000년대부터는 남쪽으로 확장하면서 6구역까지 발굴조사가 진행되어서 모두 188기의 무덤이 발굴되었다(정석배 2020b). 무덤은 지하식의 토광묘와 석실묘, 지상식의 무덤으로 대별된다. 고분군의 북쪽에는 토광묘 비중이 크고, 남쪽으로 가면서 석실분의 비중이 크다.

토광묘는 순수토광묘와 바닥에 돌을 깐 것과 벽에 돌을 돌린 무덤으로 세분된다. 순수 토광묘 중에는 목관묘도 포함되어 있다. 석실묘는 횡혈식 구조를 갖춘 것과 연도나 묘도가 확인되지 않는 것으로 나뉘나, 양자 사이 평면형은 서로 유사하다. 지상식 무덤은 지표 바로 밑에서 매장부가 확인되어서 매장부의 상당 부분이 지상에 있었을 것이다. 매장부는 주로 방형에 가까운 장방형 평면이나 세장방형 평면이다. 주검은 목관에 안치되거나 자작나무껍질을 이용하여 안치하였을 것이며, 무덤 내에서의 화장도 확인된다. 주검은 다리를 구부린 굴신이거나 신전을 하였는데, 신전장은 석실이나 지상식 무덤에서 많이 확인된다. 출토 유물은 토기와 청동제 허리띠 장식과 방울, 귀걸이, 기마인물상 등과 함께 은제, 옥제, 유리제 장신구와 철제 무기 등이 있다. 그 중 청동제 허리띠 장식구나 철제 기마인물상 등은 발해의 특징적인 기물이다.

이외에도 연해주 하산지구의 끄라스끼노성의 서문지에서 북서쪽으로 300m 떨어진 평탄대지에서 3기의 발해 고분이 발견되었다(정석배 2020b). 조사된 한 기의 무덤은 횡혈식 구조의 석실분으로 무덤 내에서 철제 허리띠 장식구가 출토되었고, 무덤 입구에서 토기편이 출토되었다. 끄라스노아르메이스끼 지구의 로쉬노 마을 북서쪽의 우쑤리강 사구에서 1990년에 발굴된 9기의 고분은 주로 토광묘이며, 무덤의 연대는 9-10세기로 비정되어서 발해와 시기적으로 중복된다. 달네고르스크 지구의 모나스뜨이르까3고분군에서는 1989년부터 1996년에 걸쳐 토광묘 88기와 토석혼축의 대형분이 조사되었고, 유적은 6-10세기로 비정되어 시간적으로 발해와 중복된다.

(4) 남부지역: 두만강유역

두만강유역에 연한 주요 도시로는 동쪽으로 가면서 안투, 허룽, 룽징, 투먼, 훈춘 등이 있다. 대형분이 있는 허룽과 훈춘을 제외한 나머지 지역에서도 적지 않은 무덤이 조사되었다. 조사된 고분군은 중·소형의 석곽과 석실이 대부분이다(**도V-17**).

안투 동청고분군은 둔화, 허룽과 훈춘을 연결하는 길목에 자리한다. 1984년도 조사에서 건축지와 토성, 고분이 알려졌고, 1990년부터 1991년에 걸쳐 13기의 고분이 조사되었다(연변 박물관 1992). 고분은 계단적석총(2호, 3호, 8호)와 기단봉토분(1호), 봉토분(4호, 5호, 6호, 9호, 10호, 11호, 12호, 13호), 그리고 수혈토광묘(7호)로 이루어졌다. 7호분은 봉토분인 5호분 아래에서 확인되어서 동청고분군에서 가장 먼저 조성된 무덤이며, 봉토분구는 확실하지 않다. 매장부를 보고서에서는 석광과 석실로 보았지만, 1호분은 횡혈식 구조의 석실이며, 8호분은 횡구식 석실이고 나머지 무덤은 횡구식 석곽이다(강현숙 2021). 주검은 목관에 안치되고, 매장은 1인 1차 단인장과 다차의 다인합장을 하였으며, 다인합장은 중층적으로 행해지기도 하였다. 한편, 2호분과 8호분에서는 불에 탄 목관편과 철제 관못이 확인되어서 주검을 안치한 후에 매장부 내에서 번소가 행해졌음을 알 수 있다. 번소는 1호와 4호 무덤을 제외한 무덤에서 관찰된다. 출토된 유물은 장신구와 마구, 무기, 용기 등 다종이며, 재질은 은, 청동기와 철기, 유리, 옥석기, 골기, 토기 등 다양하다. 토기는 심복통형관이 주를 이루며, 산자형 비녀와 청동제 허리띠 장식 등이 출토되었다.

룽징시는 두만강을 경계로 함경북도와 마주한다. 룽징시에서는 부민고분, 영성고분, 용암고분, 용천고분 등이 확인되었다.

부민고분군은 1980년에 금곡 신석기시대 유적 조사 시 10여 기 무덤을 발견하고, 그 중 보존상태가 양호한 1기를 1981년도에 조사하였다. 1호로 편호된 무덤은 석곽묘이며, 석곽 내 목관에 1인이 앙신직지자세로 안치되었고, 출토된 토기로 미루어 발해 초기의 무덤으로 비정하였다(李正鳳·李强 1986).

영성고분은 1983년 영성촌 문물조사 시 흙 채취로 노출된 7기를 발견하였고, 문물지 편찬시 파괴된 고분 1기를 1984년에 발굴하였다. 1호로 편호된 무덤은 석곽묘이며, 남성 1인이 앙신직지자세로 목관에 안치되어 석곽에 매납되었다. 허리부근에서 철제 띠끝장식이 출토되었다. 여기서 출토된 토기는 부민 1호분에서 출토된 것과 같은 기형의 심발이며, 토기 표면에 무늬는 없다. 무덤에서 500m 거리에 발해 고성유지가 있어서 고성과 관련있는 무덤으로 추정한다(李正鳳·李强 1986).

이외에도 용암고분군과 용천고분군은 정식 발굴조사를 거쳐 보고된 것은 아니다(吉林省文物志編委會 1985). 용암고분은 1979년 지린성고고훈련반에서 조사했을 때 2기가 파괴된 채 노출되었다고 한다. 용천고분은 6-7기가 확인되었는데, 그 중 1기는 할석을 이용하여 축

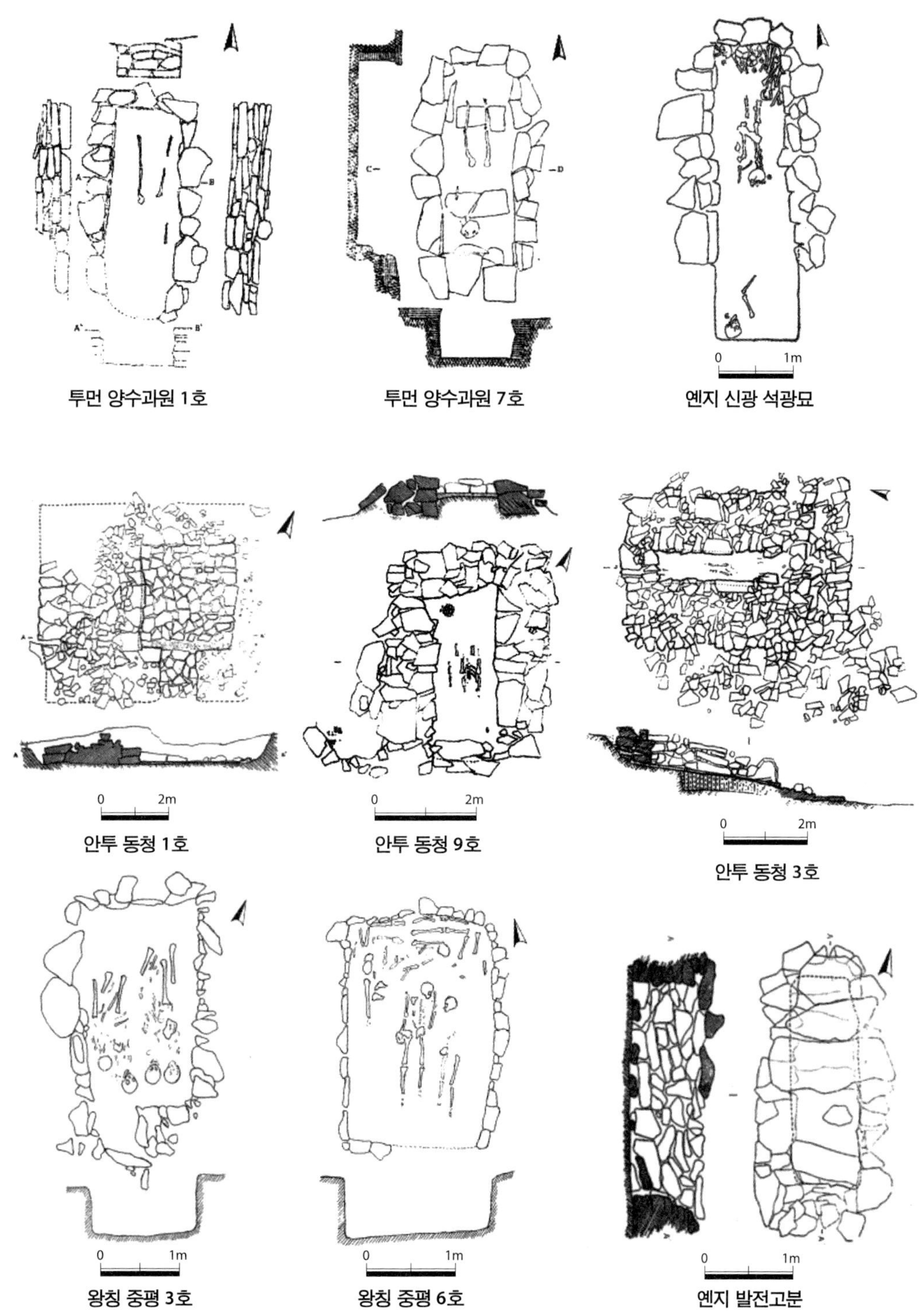

도V-17　남부지역: 두만강유역 고분(중앙문화재연구원 2014b)

조된 석곽묘로 보고하였다.

왕칭은 북쪽으로는 닝안시, 남쪽으로는 옌지와 투먼시와 접한다. 중평고분군은 1989년도 옌지와 왕칭 간 도로 공사 중에 발견되어서 10기의 고분이 발굴되었다(鄭永振·嚴長錄 2000). 무덤의 서남쪽으로 400m거리에 고성(高城)이 있으며, 무덤은 개활한 평탄지에 나란하게 모여 있다. 3호와 9호 무덤은 석실봉토분이다. 3호 무덤의 장방형 현실, 오른쪽으로 치우친 연도이며, 현실 내에서 4개체분의 인골이 연도 방향으로 머리를 두고 안치되었다. 9호 무덤은 장방형 현실, 중앙연도이며, 나머지 8기 무덤은 석곽으로 추정된다. 1호 석곽은 장방형 평면이며, 석곽 내에서 불에 탄 인골편이 출토되었다. 석곽 내에서의 화장은 4호, 5호, 7호 무덤에서도 관찰된다. 2호 무덤은 개석을 갖추었고, 추가에 의한 남녀 각 1인이 합장되었다. 6호 무덤에서는 8명, 8호 무덤에서는 5명이 합장되었다.

이외에도 왕칭 계관향 영벽촌에서 발해 고분 수십 기가 확인되었다. 지하식의 토광묘와 석광묘로 여기서 수습된 토기로 미루어 영길 대해맹 고분보다 이를 것으로 보아서 말갈의 무덤으로 비정하기도 한다(吉林省文物志編委會 1985).

옌지시에서는 발전고분과 신광고분, 신풍고분이 조사되었다(吉林省文物志編委會 1985). 각 1기의 무덤이 보고되었고, 지하식의 석곽묘이다. 발전고분은 유물이나 인골은 확인되지 않았지만 6개체의 인골이 확인된 다차의 다인합장 무덤이다. 이외에도 하룡고분군, 연하4대 고분군도 석곽묘로 이루어진 발해 고분으로 비정되고 있다.

투먼 양수과원 무덤은 1990년도 조사에서 17기의 무덤이 확인되어 옌벤박물관과 훈춘 시문물관리소에서 13기를 발굴 조사하였다. 무덤은 투먼시 양수진에서 1.5km 떨어진 양수촌 과수원 내의 산기슭에 위치한다(吉林省博物館 1995). 보고자는 석실봉토묘, 석관봉토묘, 석광봉토묘, 석광봉석묘로 구분하였지만, 무덤은 횡혈식 구조와 수혈식 구조로 대별된다. 횡혈식 무덤은 11호와 15호 무덤 두 기로, 11호 무덤은 방형에 가까운 장방형 현실, 중앙 연도이고, 현실에서 16개체분의 인골이 수습되었다. 15호 무덤은 장방형 현실, 오른쪽으로 치우친 연도이며, 현실에서 3개체분의 인골이 수습되었다. 석곽은 대개 장방형 평면이다. 7호 석곽에서는 6개체분의 인골이 수습되었고, 8호 무덤에서는 2인이 합장되었다. 1호, 2호, 6호, 9호, 10호, 12호, 13호, 14호 무덤은 단인장을 하였고, 9호분의 인골은 앙신직지자세이다.

(5) 남부지역: 함경도

함경도의 발해 고분은 함경북도 회령시, 청진시, 함경남도의 북청시와 그 인근에서 확인되었다. 회령시는 두만강 중류역에 위치하며, 두만강을 사이에 두고 룽징시 삼합진이 있다. 동해안을 따라서 함경남도 북청, 함경북도 청진 일대에 발해 고분이 분포하며, 함경남도 북청과 그 인근의 발해 고분은 북청토성과 함께 남경 남해부와 관련지어 해석된다.

회령시에서는 궁심고분군이 대표적이며, 청진시 화대군에서는 적석총을 포함하여 적지 않은 발해 고분이 있다고 한다(장철만 1997). 청진시 일원에서는 부거리에서 멀지 않는 금성리, 창덕, 룽산동, 송정동에서 고분이 조사되었고, 그 중 금성리에서는 봉토석실벽화분이 확인되었다. 발해 고분이 가장 많이 조사된 곳은 화대군 부거리를 중심으로 다래골, 독동, 연차골, 옥생동, 토성, 합전이다. 이외에도 부거리의 서남쪽 연차골에서도 고분이 조사되었다. 조사 보고된 무덤은 모두 봉토분이며, 매장부는 석관과 석곽, 석실로, 다수를 점하는 것은 석실, 석곽, 석관 순이다. 특히 함경도의 석실 가운데 여타 지역과 구별되는 것은 현실 내 판상석으로 만든 석관이 장구로 사용되거나, 또는 현실 평면 형태가 원형이나 타원형에 가까운 평면으로, 이는 중국이나 연해주 일대 발해 고분에서는 매우 드물게 관찰되는 함경도 일대의 지역적 특징이라고 할 수 있다.

회령 궁심고분군은 궁심 로동자구역에서 3km 떨어진 황제촌에 위치한다. 황제촌은 평탄한 현무암 대지로 마을 서쪽의 황제총으로 불리는 작은 산봉우리를 중심으로 300여 기의 석실봉토분이 분포한다. 고분군은 1구역을 중심으로 네 개의 구역으로 나뉜다. 1구역은 1983년, 1985년, 1987년 세 차례에 걸쳐 27기가 발굴되었고, 2구역은 1구역의 북쪽에 위치하며 2012년에 4기가 발굴되었다. 1구역의 서쪽에 있는 3구역에서 4기, 3구역의 북쪽에 있는 4구역에서 22기의 무덤이 발굴되었고, 이외에도 4지구에서 17기, 2지구에서 3기의 무덤이 추가로 발굴되었고, 2013년에도 2구역에서 12기의 무덤이 추가로 조사되어서 총 89기의 무덤이 조사되었다(도Ⅴ-18-1)(동북아역사재단 2015).

그 중 황제총의 서쪽에 있는 5기의 고분은 석실봉토분이다(리준걸 1991a). 분구는 방대형이며, 석실은 지상식으로 현실과 연도로 이루어진 횡혈식 구조이다. 현실 평면은 장방형을 기본으로 양 단벽을 둥글린 타원형이거나 말각 육각형이며, 연도는 중앙연도로 중앙에 있거나 중앙에서 약간 오른쪽으로 치우쳐 있다. 천장은 벽 상부부터 좁혀가면서 쌓아올려 몇 매의 돌을 덮은 말각천정이며, 일부 무덤에서는 천정돌이 확인되지 않는다. 3호 무덤은 바닥에서 불에 탄 목탄과 흙덩이가 확인되어서 무덤 내에서 화장을 했음을 알 수 있다. 출토 유물은 주로 심발, 호, 완, 합 등의 토기가 중심이 되며, 귀걸이 등이 있다. 궁심 2지구 13호분은 석곽묘로 여기서 추형 수식이 있는 금동제 태환이식이 출토되었다(도Ⅵ-2-2). 추형수식의 금동

도 Ⅴ-18-1 함경북도 회령 궁심고분(동북아역사재단 2015)

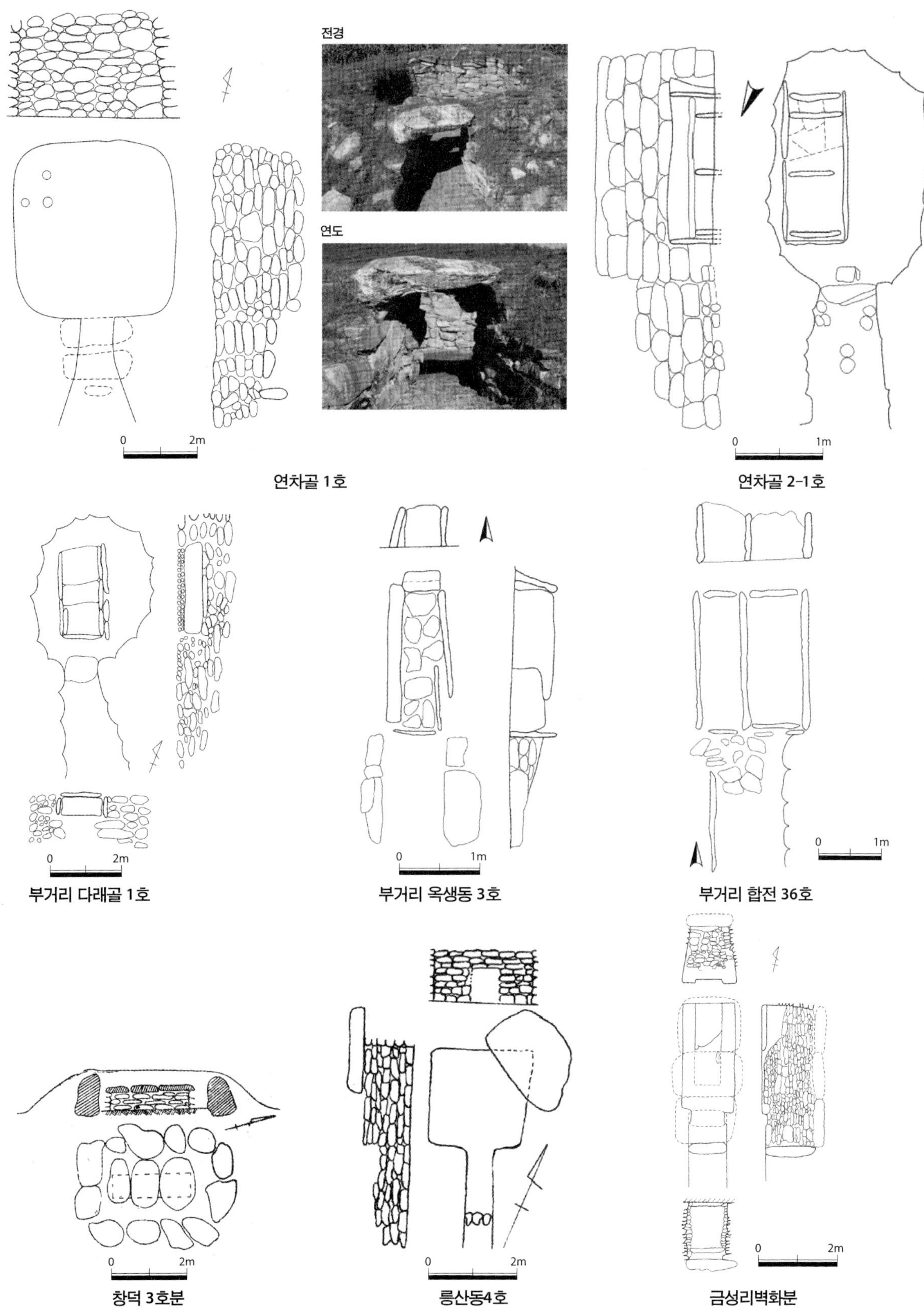

도 V-18-2　함경북도 청진일대 고분(중앙문화재연구원 2015, 사회과학원 2009)

제 태환이식은 고구려를 대표하는 귀걸이의 하나로, 무덤 구조와 귀걸이의 시기가 잘 부합되지 않는다. 이러한 양상은 창덕 3호분에서 관찰되어서 무덤과 귀걸이와의 관계는 검토가 필요하다. 한편, 궁심 3지구 4호분은 석관묘로, 장벽과 단벽 모두 판상석 한 매로 축조되었다. 석관묘는 길이 1.35m, 너비 0.45m 크기로 성인의 신전장으로는 작은 규모이다.

화대군 부거리는 현재 청진시 청암구역으로 개편되었다. 부거리는 남으로는 청진시와 45km, 북으로는 나진과 50km 떨어져 있고, 동해 바다와는 8km 떨어져 있는 동해안에서 중국 동북지방으로 나아가는 주요 교통로에 자리한다. 고분은 부거리 소재지에서 서쪽으로 2km 떨어진 부거토성 주변의 산기슭에 분포한다. 부거리고분을 포함하여 부거리 주변의 고분군으로는 다래골, 연차골, 합전, 옥생동, 토성, 독동고분군 등이 있다(**도V-18-2**)(동북아역사재단 2011).

부거리고분군은 1985년과 1987년에 두 차례에 걸쳐 조사 되었다. 조사된 41기 고분은 봉토분으로, 매장부는 판상석이나 할석을 이용한 석실과 석곽이다. 석실은 모두 횡혈식 구조로, 현실 평면은 장방형과 타원형이며, 연도는 중앙 또는 한쪽으로 치우쳐 있다. 36호 무덤은 장방형 현실, 중앙연도 평면이며, 현실은 사이벽에 의해 두칸으로 나뉘었다. 보고문에서는 서쪽과 동쪽이 바뀌었지만, 도면에 의하면 서쪽 칸은 너비 0.65m이고, 동쪽칸은 너비 0.9m이다(사회과학원 고고학연구소 2009: 21-22). 98호 무덤은 현실 폭은 너비 0.7m 정도로 동분 내 추가합장이 가능하지 않은 규모이며, 연도의 너비도 0.5m로 연도를 통한 추가 합장도 용이하지 못하다. 101호 무덤은 장방형 현실, 왼쪽으로 치우친 연도이다. 106호 무덤은 현실은 타원형 평면이고, 연도는 중앙에서 약간 오른쪽으로 치우쳤다. 현실 중앙에 판상석으로 축조한 석관이 놓여 있다. 석관이나 석실의 천장석은 확인되지 않았다. 3호와 20호, 29호 무덤은 판상석으로 축조한 장방형 평면의 석곽묘이다. 무덤 내에서 인골이나 장법을 추정할 만한 증거는 확인되지 않았고, 부장품은 주로 토기로 심발, 호, 병 등이 있다(사회과학원 고고학연구소 2009: 21-32).

연차골고분군은 부거리 소재지에서 서남쪽으로 3km 떨어진 연차골 중턱의 동, 서로 나뉜 가지 능선에 위치한다. 동쪽 기슭을 1구역, 서쪽 기슭을 2구역으로 나누어 편호되었다. 1구역에서는 16기가 분포하며, 1997년에 조사되었다. 2구역에는 10여 기의 무덤이 자리하며, 1997년도 1기, 2009년도 3기의 무덤이 조사되었다(**도V-18-2**)(동북아역사재단 2015). 1구역의 무덤은 모두 석실봉토분으로 현실 평면은 말각방형, 말각 장방형, 타원형 등 여러 형태이고, 연도는 중앙 연도가 다수이며 그 중 일부는 약간 오른쪽으로 치우친 중앙연도이다.

　　1구역의 연차골 1호분은 분구 직경 16-14.4m, 높이 3.5m이며, 석실은 말각방형 현실, 중앙연도이며, 연도는 밖으로 가면서 벌어졌다. 특히 현실 네 모서리를 줄이면서 벽을 쌓아서 천장은 궁륭식으로 보고 있다(김남일 2005). 무덤의 규모는 현실 길이 4.56m, 너비 4.48m, 잔존 높이 2.4m로 초대형에 해당된다. 현실의 동쪽 부분에서 목관의 흔적이 확인되었다. 부장품은 토기, 무기, 마구와 장신구로, 특히 등자, 재갈, 행엽과 띠연결금구 및 안교 등 기승용 마구 일습이 부장되었다(한인덕·김남일 2000). 특히 재갈멈치는 타원형 내부에 十자형 장식이 있는 것이고, 행엽은 심엽형 내부에 삼엽문 장식이 있는 것이다. 재갈멈치는 고구려와 신라의 고분에서 보이는 것과 같은 형태이며, 삼엽문 장식이 있는 행엽은 고구려 고분에서 출토예는 확실하지 않지만 신라의 서봉총, 금령총에서 출토된 것과 유사한 형태이다(도V-19). 따라서 고구려와 발해 또는 발해와 신라의 관련 여부는 검토가 필요하다. 북한에서는 1호분을 동경 용원부에서 죽은 발해의 왕릉으로 비정하고, 연차골 1호분 주위에 있는 15기의 무덤을

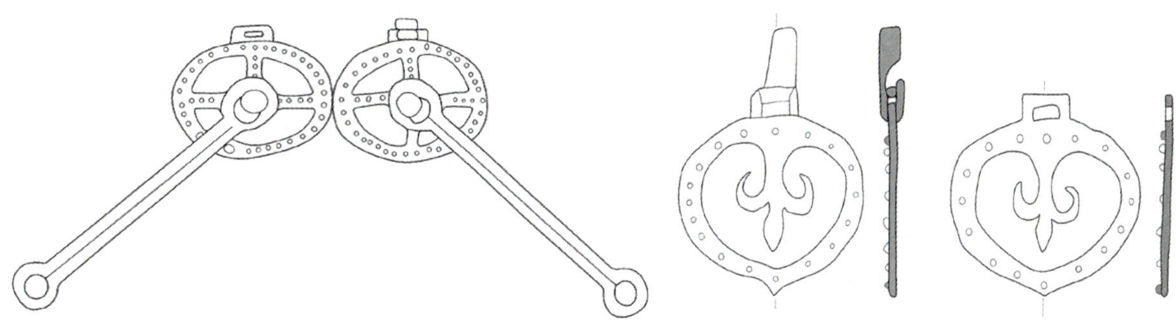

연차골 1호분 재갈과 행엽

금령총 출토 금동제 재갈과 행엽

도V-19　　연차골 1호분과 금령총 출토 재갈과 행엽(동북아역사재단 2011, ⓒ국립중앙박물관)

배총으로 비정하기도 하였지만(한인덕 1998) 동경 용원부의 치소를 훈춘 팔련성으로 비정하는 견해가 다수이므로, 연차골 1호분의 왕릉 비정은 설득력이 떨어진다. 15호 무덤은 원형에 가까운 평면의 현실에 중앙연도 무덤이다. 여기서 출토된 철제 도끼날 철촉과 찰갑편, 기승용 마구 일습이 부장되었고, 도끼날 철촉이나 심엽형 행엽은 고구려에서 유행하였던 것과 동형이다. 6호와 7호, 10호, 14호 무덤은 현실은 종타원형 또는 말각장방형 평면이고 중앙연도는 길이가 짧다. 현실 내부에 판상석으로 축조한 석관이 있다. 연차골 2구역에서 조사된 무덤 중 1호와 2호 무덤은 말각장방형 또는 타원형 현실 내에 판상석으로 축조된 석관이 있는 무덤이며, 3호 무덤은 말각 방형 현실, 중앙연도이고, 4호 무덤은 말각장방형 현실, 중앙연도 무덤으로 연차골 1구역 무덤과 무덤 구조는 유사한 양상이다(동북아역사재단 2011). 연차골이 함경도에 위치하다보니, 연차골 무덤을 일률적으로 발해 무덤으로 보고 있지만, 무덤의 구조나 부장품 등으로 볼 때 무덤의 연대나 성격에 대해서는 검토가 필요하다.

　다래골고분군은 부거리 소재지에서 서쪽으로 2.5km 거리에 위치하며, 1호분과 2호분은 2000년에 사회과학원 고고학연구소에서 조사하였고, 2008년과 2009년에 걸쳐 옌벤대박물관과 북한 사회과학원 고고학연구소가 공동으로 10기를 발굴하였다(동북아역사재단 2011). 모두 횡혈식 구조의 석실분으로 파괴가 심한 11호 무덤을 제외하고는 모두 석실 내 판상석으로 축조한 석관이 있는 무덤이다. 현실 평면은 원형에 가까운 방형 현실, 중앙연도(1호, 2호, 3호, 4호, 10호)이거나 타원형에 가까운 장방형 현실에 중앙 또는 중앙에서 약간 치우친 연도이며(6호, 7호, 8호, 9호, 11호, 12호), 5호 석실은 왼쪽으로 치우친 연도인데, 발해 무덤에서 왼쪽으로 치우친 연도는 드물다. 현실 내에 석관은 한 개 또는 두 개 있다. 부장품은 주로 토기이다.

　합전고분군은 토성고분군의 서남쪽으로 400m 떨어진 산기슭과 이어지는 평지에 자리하며, 51기 무덤이 조사되었다(동북아역사재단 2011). 무덤은 크게 지하식 석관묘와 석실묘로 나뉘며, 석실묘는 현실과 연도를 갖춘 횡혈식 구조와 연도가 없는 횡구식 구조로 대별된다(**도 V-18-2**). 석관묘는 판상석으로 축조하였고(2호, 10호, 17호, 18호), 12호 무덤은 0.4m 간격을 두고 석관묘 두기가 나란히 한 것으로 미루어 동일 분구 내 쌍관으로 추정된다. 254호와 16호 무덤은 사이벽에 의해 석관이 둘로 나뉜 쌍관이다. 횡구식 석실은 판상석으로 축조한 것과 할석으로 축조한 것으로 나뉜다. 판상석으로 축조한 경우 현실 폭이 0.4-0.63m 정도로 좁아서 실질적으로 동실 합장이 가능하지 못하다(101호, 150호, 245호, 98호). 36호 무덤은 현실 사이벽으로 구획된 두 개의 현실이 연도를 공유한다. 묘문만 설치된 횡구식 석실 중 112호와 244호무덤은 현실 평면 타원형이며, 현실에 석관은 없다. 횡혈식 석실 가운데 석관이 없는 장방형 현실 무덤은 98호, 101호, 150호, 240호이며, 타원형 현실의 99호, 241호 무덤에서도 석관이 없다. 석관이 있는 횡혈식 석실로는 장방형 현실의 114호와 238호 무덤과 타원형 현실의151호, 219호, 223호, 227호, 233호, 246호 무덤이 있다. 부장품은 주로 토기이다. 연차골이나 다래골에 비해 무덤의 규모가 작고, 출토 유물도 적어서 비교적 낮은 신분의 무덤으로 보고있다(동북아역사재단 2011:150).

옥생동고분군은 부거리 소재지에서 동쪽으로 2km 떨어진 옥생동 골안에서 확인되었다. 첫 번째 골짜기에서는 5기, 복숭아 골짜기로 불리는 두 번째 골짜기에서 3기가 확인되었는데, 첫 번째 골짜기에서 1기(1호), 두 번째 골짜기에서 3기의 무덤(2호, 3호, 4호)이 발굴되었다. 모두 판상석으로 축조한 석관묘로 석관의 길이는 1.45-1.9m 정도이고, 너비가 0.55-0.80m 사이로 실질적 추가합장에 넉넉한 규모는 아니다(도Ⅴ-18-2).

독동고분군은 부거리 일대 고분군 중 가장 남쪽에 있는 고분군으로 100여 기의 무덤이 확인되었다. 2000년도에 사회과학원 고고학연구소에서 1기를 발굴하고, 2009년 중국 옌벤대 박물관과 북한의 사회과학원 고고학연구소가 6기를 공동조사 하였고 그 중 4기가 보고되었다. 고고학연구소에서 조사한 독동1호 무덤은 석실봉토분으로 석실은 장방형 평면 현실과 중앙연도로 이루어졌다(김남일 2002). 나머지 2호와 3호, 4호 무덤은 판상석으로 축조한 지하식 석관묘이다. 보고자는 부거리 주변 고분군 중에 무덤의 수가 적고 석관묘가 많은 것으로 미루어 평민의 무덤으로 추정하였다(동북아역사재단 2011: 162).

토성고분군은 부거리토성의 서남쪽 언덕사면에 위치하며 200여 기의 무덤이 분포한다. 조사된 무덤은 4기로, 모두 판상석으로 축조한 석관묘이다. 1호, 2호, 3호 석관은 길이 1.8m-2.28m 정도이고, 너비는 0.68-0.96m로 추가합장이 가능하지 않지만, 4호 석관은 길이 1.88m, 너비 1.2m로 추가합장이 가능한 크기이다.

청진시 화대군에서는 적석총과 석실봉토분, 석곽묘등 600여 기의 고분이 확인되었고, 금성리, 창덕, 릉산동과 송정동고분군이 알려졌다.

금성리고분군은 회대군 소재지에서 서쪽으로 22km떨어진 길주 남대천 좌안의 나지막한 산 사면에 자리한다. 1991년에 사회과학원 고고학연구소에서 발굴 조사하였다. 무덤은 석실묘와 석곽묘로, 석실묘는 횡혈식 구조이다. 1호와 3호분이 지하식의 횡혈식 석실분이다. 1호 무덤은 현실은 장방형 평면이고, 중앙연도이다. 현실은 네벽을 모줄임하여 쌓아올려서 판상석 2매로 천장을 막았다. 현실은 길이 3.2m, 너비 2.06m, 높이 1.7m로 현실 내에는 북벽으로 붙여서 장방형 관대가 놓여 있다. 관대는 회미장을 하였고, 관대 크기는 길이 2.3m, 너비 1.5m, 높이 0.25m로 관대 위에 목관 2기와 두 개체분의 인골이 확인되었다. 연도 중앙에는 배수로가 있다. 3호분은 장방형 현실의 중앙연도로 1호분과 같은 구조이며, 현실 내 벽에는 회미장을 하였고, 천장은 무너진 돌로 미루어 평행삼각고임 천장으로 보고 있다. 2호 무덤은 석곽묘로, 동일 분구 내에 동, 서 방향으로 두 기가 나란히 병렬된 쌍곽이다. 냇돌로 축조하였고, 석곽 내부 벽면에는 회를 발랐다. 동쪽 곽은 길이 3.2m, 너비 1.1m, 높이 0.73m 서쪽은 길이 3.22m, 너비 1.2m, 높이 0.98m로 서쪽 곽이 조금 크다(사회과학원 고고학연구소 2009).

금성리 소재지에서 북쪽으로 500m떨어진 나지막한 산사면에서 벽화분이 조사되었다. 금성리 벽화분은 현실과 연도로 이루어진 지하식 석실봉토분으로, 분구는 남북 길이 12m, 동서 너비 8.5m, 높이 0.5m이다. 석실은 장방형 현실의 중앙 연도이며(도 V-18-2), 천장은 평천장이다. 현실은 길이 3.24m, 너비 1.74m, 높이 1.7m 정도이고, 현실 중앙에 관대가 하나 놓여 있다. 관대는 크기가 다른 돌로 쌓은 후 그 위에 숯을 바른 후 회미장을 하였으며, 크기는 길이 2.47m, 너비 0.87m, 높이 0.13m이다. 무덤 내부에서는 금동제 장식판과 청동장식, 철제 못과 벼루 토기, 칠조각편 등이 출토되었다. 벽화는 인물풍속도로 현실 북벽 아래에 서 있는 인물이 그려져 있고, 현실 내 벽화편에는 비운문, 연꽃과 신선 등이 표현되어 있다. 북한 지역에서 조사된 유일한 발해 벽화분으로 고구려 계승을 보여주는 증거로 보고 있다(최응선 2005). 그러나 고구려 고분벽화는 4, 5세기에는 생활풍속의 여러 장면을 그리다가 6세기에 들어서면서 사신도로 변화하기 때문에 벽화의 내용에서 볼 때 고구려 벽화분과 금성리 벽화분과는 시간적 단절이 있어서 고분벽화를 고구려 계승의 결정적 증거로 보기 어렵다. 오히려 무덤의 구조는 발해 벽화분인 정효공주무덤과 유사하므로 구조와 벽화내용을 아우른 검토가 필요하다.

창덕고분군은 화대군 정문리 소재지에서 북쪽으로 3km 떨어진 구릉 남사면에 10여 기씩 떼를 이루며 30여 기의 무덤이 자리하며, 1983년에 사회과학원 고고학연구소에서 조사하였다. 무덤은 석실분과 석곽묘로 이루어져있다. 5호 무덤은 지상식의 횡혈식 구조로, 현실은 장방형 평면의 왼쪽으로 치우친 연도이며, 여기서는 돌괼식 대금구가 출토되었다. 6호 무덤은 반지하식이며, 방형 현실의 중앙연도이다. 1호, 2호, 3호, 10호 무덤은 장방형 평면의 석곽묘이며, 그 중 3호 석곽묘에서는 추형 수하식이 달린 금동제 태환이식이 출토되었다(도 VI-2-1 참조). 석곽묘는 고구려 고분에서는 잘 보이지 않는 구조이며, 금동제 태환이식은 고구려를 대표하는 귀걸이의 하나이다. 북한에서는 이를 발해의 고구려 계승 증거로 해석하고 있지만(리준걸 1987), 고구려에서 유행한 귀걸이가 발해 무덤에 부장된 배경에 대한 설명은 필요하다.

릉산동고분군은 화대군 주의리 서북쪽에 있는 릉산봉의 서쪽 능선의 남사면에 위치하며, 송정동고분군과 인접하여 있다(리준걸 1991b). 릉산동고분군에서 멀리 동해안이 보이며, 무덤의 동남쪽으로 정문리와 하평리고분군이 자리한다. 이 일대에서는 무기단과 기단적석총이 수백 기가 확인되었다고 하나 보고되지는 않았다(장철만 1997). 서쪽과 남쪽으로는 자가리고분군, 토원리고분군이 있지만, 고분군의 내용은 자세하지 않다. 릉산동고분군에서는 8기의 무덤이 확인되었다. 7기의 무덤은 동서로 열지어 있고, 1기는 무덤의 북쪽에 놓여 있다. 1983년에 사회과학원 고고학연구소에서 발굴하였으며 북쪽에 있는 무덤이 8호 무덤이며, 2호에서 7호 무덤은 5-10cm 간격을 두고 열지어 있다. 1호 무덤은 2호 무덤의 서쪽으로 40m 정도 떨어져 있으며, 4호 무덤은 고분군의 가운데 위치하는 규모가 가장 큰 무덤이다. 분구는 방대형이며, 분구에서 한 마리분의 말뼈와 개아래턱뼈 4개체분이 출토되었다. 현실은 한 변 길이 2.6m 정도의 방형평면이고, 중앙연도이다. 현실은 삼각고임천정으로 보고있다. 현실 내에서 10여 명의 인골이 확인되어서 다차에 걸친 합장으로 추정된다. 5호 무덤도 4호 무덤과 같은 구조이나, 너비에 비해 길이가 약간 길어지고 연도가 약간 왼쪽으로 치우쳐졌다. 천장은 삼각고임식으로 보고있다. 현실의 동벽에 붙여서 돌과 회를 섞어서 만든 관대가 있고, 관대에는 석침과 족좌를 설치하였다.

송정동고분군은 릉산동고분군으로부터 서쪽으로 500m떨어진 곳에 5-6기, 여기서 서쪽으로 200m떨어진 곳에 30여 기가 분포하며 대부분 파괴가 심하다. 릉산동고분 발굴시 함께 조사하였다. 1호 무덤은 송정골 가장 안쪽에 위치하는 석실봉토분이다. 분구는 방대형이며, 석실은 장방형 현실, 오른쪽으로 치우친 연도이며, 천장은 궁륭식이다. 2호 무덤도 석실봉토분으로 1호분의 서쪽으로 40m 정도 떨어져있으며, 3호분은 1호분의 서쪽으로 200m 떨어져 있는 석실봉토분이며, 석실평면은 1호분과 같다.

3. 고분의 구조와 전개

5경의 중심지와 지방에 분포하는 고분은 개개 고분의 규모와 구조 뿐 아니라 무리를 이루는 고분의 조합 등에서 세부적인 차이를 보인다. 가령, 무리를 이루는 고분 가운데 지린성이나 헤이룽장성 일부 지역의 토광묘로만 구성된 고분군은 백산말갈 또는 흑수말갈의 무덤으로 해석되어서 발해 건국 이전의 무덤으로 보기도 한다. 중국의 헤이룽장성이나 지린성에서 확인되는 다수의 발해 고분군은 토광묘와 석곽묘, 석실묘가 함께 무리를 이루며, 연해주의 발해 고분군도 토광묘, 석곽묘, 석실묘가 함께 무리를 이룬다. 이에 비해 중국의 두만강 유역 고분군과 북한 함경도의 발해 고분군에서 토광묘는 확실하지 않다. 이는 고분이 자리하는 지역의 선행 묘제와 관련있을 것이다.

가장 넓은 지역에서 확인되는 석곽과 석실에서도 지역색이 드러난다. 가령, 원형이나 타원형에 가까운 말각방형이나 말각장방형 현실 또는 현실 내 판상석으로 축조한 석관, 판상석으로 축조한 석곽 등은 함경도에서 보이는 지역적 특징이라고 할 수 있다. 그렇지만 지역색을 보이는 이러한 구조가 특정 시간대의 특징을 보이거나 시간에 따른 변화의 방향성을 보여주지 않으며, 고대왕권국가에서 관찰되는 묘제에서의 정형성도 관찰되지 않는다.

발해 고분에 대한 관심은 둔화 육정산고분군 정혜공주무덤 발굴을 계기로 무덤 구조의 계통에 모아졌다. 정혜공주무덤은 석실봉토분으로 방형 평면의 현실, 삼각고임식 현실 천장, 현실 남벽 중앙의 연도 등 석실의 구조가 고구려 석실 구조와 같아서 고구려계승을 증명하는 것으로 해석하였다(주영헌 1967). 이어서 허룽 용두산고분군에서 조사된 정효공주무덤은 지상에 묘탑이 있는 전실분으로, 벽돌로 축조한 장방형 현실, 3단의 평행고임 위로 커다란 돌을 덮은 평천장, 그리고 중앙 연도와 긴 묘도를 가진 구조이다. 현실 벽과 연도 양벽에 그려진 벽화는 중국 복식을 한 인물이어서 중국 당나라의 영향이 강조되었고(엄장록 1992), 나아가 정효공주무덤은 발해가 중국 당 왕조의 지방정권이라는 논리의 근거가 되기도 하였다. 자매 사이인 정혜공주와 정효공주무덤에서 보이는 구조적 차이를 고구려 계승 또는 당나라 영향 등 서로 다른 해석을 하였다.

다른 한편으로는 정혜공주무덤이나 정효공주무덤이 모두 횡혈식 구조의 대형분이며, 닝안 삼릉둔 1호분도 횡혈식 구조의 대형 석실분이라는 점에서 발해의 중심 묘제는 석실분이라는 인식을 갖게 되었다. 따라서 고분의 구조보다는 석실의 규모에 따라서 대형분, 중형분, 소형분으로 나누었고, 1980년대 이전까지는 고분 분류의 주된 기준의 하나가 석실의 규모였다. 특히 북한에서는 대형분을 중심으로 발해가 고구려의 계승국임을 강조하였다(주영헌 1971).

1980년대 들어서면서 5경뿐 아니라 지방 각지에서도 고분 발굴조사가 증가함에 따라서 유적별로 고분의 구조를 분류하다보니, 지역마다 무리를 이루는 고분의 조합양상과 개개 고분 구조에서 세부적인 차이가 있어서, 고분을 다양한 기준과 관점에 따라 분류하게 되었다 (표 V-2). 유적 단위로 고분을 분류하다보니, 매장부 표현에서 서로 다른 명칭을 사용하여 혼란이 야기되기도 하였지만, 고분의 구조 분류에서 가장 많이 선택된 기준은 매장부의 축조재료이다.

　다수의 연구자들이 분류에서 1차 기준으로 선택한 속성은 매장부를 축조하는데 있어서 돌의 사용 여부이다. 돌을 사용하지 않은 경우 토광묘(토갱묘, 수혈 토갱묘)로, 돌을 사용한 경우 석묘(적석묘, 석광, 석관, 석곽, 석실)로 나누었으나 각각의 무덤에는 여러 명칭이 사용되었다. 특히 발해를 말갈족의 나라로 보고 있는 중국에서는 토광묘가 가장 이른 시기의 묘제라는 이해 하에 토광묘로 이루어진 헤이룽장성 뤄베이현의 단결유적은 흑수말갈로, 지린성 융지(永吉) 대해맹, 사리파, 위수(楡樹) 노하심상층의 토광묘는 백산말갈의 무덤으로 보아서 발해 조기 또는 전(前)발해 묘제로 설명하기도 한다. 토광묘 중에는 장구를 사용하지 않은 경우도 있고 목관이나 목곽을 장구로 사용한 경우도 있다. 또는 석벽은 아니지만 토광의 내벽에 돌을 쌓기도 하는데 쌓은 돌이 정연하지 않아서, 석광묘로 불리는 무덤과 구별되지 않는다. 한편 상부에 돌로 덮기도 하는데 둔화 육정산고분군의 토광석변(土壙石邊)무덤은 토광묘에 돌을 덮은 것으로(吉林省文物考古硏究所 외 2012), 엄밀히 하자면 토광석개무덤으로 분류될 수 있다. 따라서 장구에 초점을 두고 볼 때, 토광묘로 불리는 무덤은 순수토광묘, 목관묘, 목곽묘 등으로 나누어 볼 수 있지만 보고 내용으로 판단하기 쉽지 않다.

　석묘는 일찍부터 발해의 중심 묘제로 이해되어 왔다. 목단강 유역의 하이린 산저자고분군에서는 매장부를 돌로 축조한 무덤을 적석묘라고 하여서(孫秀仁 1980) 자칫 안투 동청의 계단적석총이나 고구려 적석총과 혼란을 야기할 수도 있다(옌벤박물관 1992). 홍준어장고분군에서의 석광묘는 상자형의 석곽이지만, 중국의 연구자들이 사용하는 석광묘는 한국 고고학에서 통상적으로 사용하는 상자형의 덮개돌이 있는 석관이나 석곽과는 다른 구조이다. 토광 내부 주위를 돌아가면서 돌이 돌아간 것으로 엄밀히 하자면 석광묘는 토광묘 범주의 위석토광묘에 해당된다.

　석실의 경우 대개는 현실과 연도 위치를 포함한 석실 평면형을 기준으로 분류한다(孫秉根 1994; 魏存成 2012). 그러나 매장방식에 따른 횡혈식 구조의 주요 속성인 연도와 묘도 또는 묘문 등이 기준이 되어서 횡혈식과 횡구식으로 분류되기도 하고(김태순 1997), 현실의 천장가구 방식이 기준이 되기도 한다(鄭永振 2003; 박윤무 1991a). 한편, 지상의 구조물에 따라서 지상에 건물이 있거나 탑이 있는 구조 등으로 석실을 세분하기도 한다(鄭永振 2003; 孫秉根 1994).

　이처럼 다양한 발해 고분의 구조는 분구보다는 매장부 구조를 중심으로 분류가 이루어졌다. 그러나 분류된 각 형식은 유적에 따라 또는 연구자의 관심에 따라 다른 의미를 부여하기도 하며, 한국 고고학에서 통상적으로 사용하는 용어와는 차이를 보이기도 한다.

분류기준		형식과 유구·유적		해석	출전
손쓔런	축조재료	대형적석묘	하이린 산저자 발굴결과에 따른 분류	봉토석실분은 서단산문화와 고구려 적석무덤 계승	1980
		소형적석묘			
		방형석판대묘			
리덴푸	묘실 축조재료	I. 토갱봉토묘		I, II 조기무덤 IV, V 상위 신분무덤	1981
		II. 석광봉토묘			
		III. 석관봉토묘			
		IV. 석실봉토묘	정혜공주묘		
		V. 전실석정봉토묘	정효공주묘		
웨이춘청	묘실 축조재료	I. 토광묘	융지 대해맹 위수 유수노하심 둔화 육정산	- 토광묘: 말갈 고유 무덤 - 봉토석실묘: 고구려 영향 아님 - 무덤 전개: I → II → III,IV	2012
		II. 석광묘			
		III. 석실봉토묘	허룽 하남둔		
		IV. 전실봉토묘	정효공주묘		
손병근	축조재료, 묘도와 용도의 유물	I형-연도, 묘도없는 수혈토갱 I식-네벽 생토, 천정석없음 II식-네벽이나 양단벽에 소량 석재 사용 III식-I식과 같고, 천정석(판석), 봉토있음	I　노하심상층1-4, 7-11호 대해맹상층2차1-11호 육정산208, 214호 II　노하심상층15, 22, 24호, 대해맹3차22호 육정산210호 III　대성자4호	- 수혈토갱묘에서 석광과 석관으로 변화 후 석실묘와 전실묘로 변화. 1기-유수노하심상층, 대해맹 3기, 7세기 상엽-7세기말 2기-둔화 육정산, 둥닝 대성자고분군 8세기 하반엽 3기-허룽 북대 8세기말-9세기 상엽	1997
		II-석재사용	I. 석광묘　노하심상층5, 6호 II. 석관묘　1964육정산103, 104, 203호, 석장구8, 9호, 북대26, 28호		
		III. 묘실묘도 산형 I식-3벽 토벽, 남벽은 석벽, 연도 중앙, 평면凸 II식-묘실 돌로 축조, 연도 남벽 서쪽으로 치우침 III식-묘실 돌로 축조, 연도 남벽 중앙, 천정석있음.	I　1964육정산209호 II　1964육정산101, 105호 III　1964육정산215호, 대주둔, 북대, 석장구		
		IV. 묘실, 묘도, 용도 산형	I　육정산 I-2, 4, 5, 6, 9, 10, 11호 II　삼릉둔고묘, 발해왕실귀족, 묘실벽화		
		V. 전실	I　탑결합, 정효공주, 마적달 II　이혈동분 부부합장묘 하남둔 내 고분 2기		

분류기준	형식과 유구·유적			해석	출전
류사오둥 축조재료	토광묘		노하심상층22호	토광묘: 전발해-발해조기 유곽묘: 발해조기, 중기 묘실묘: 발해중, 만기 석곽은 목곽에서 변화	1996
	유곽묘	목곽	노하심상층30호		
		석곽	육정산12호, 대주둔 소형묘, 산취자 소형적석묘		
	묘실묘	석실	대형-삼릉둔1호, 정혜공주묘		
			중형-대성자1호, 북대1호, 산취자16호		
			소형-육정산203호, 북대26호		
		전실	정효공주묘, 마적달탑묘		
정영진 축조재료, 천정가구, 묘도, 묘문유무, 규모, 묘상구조	전묘	묘탑결합적벽석정	정효공주묘 마적달탑묘	전, 후기의 기준은 755년 상경천도, 후기는 중후기와 후기로 세분. 전기: 고임식, 평천정, 석광봉토묘, 석관봉토묘, 방단계제석곽적석묘, 토갱봉토묘 등 여러 무덤 병존 중후기: 토갱봉토묘와 방단계제적석묘 소멸, 석광봉토묘 감소, 조정과 평천정의 석실봉토묘 중심, 전실묘는 왕실 귀족무덤 후기: 명확하지 않음.	2003
		향당건축전벽석정	하남둔		
		전실봉토	홍준어장2267호		
	석묘	석실 고임식천정	정효공주묘 삼릉둔1, 2호		
		석실 평천정	대주둔 쌍실묘 이도하자 4호		
		석광봉토묘	동청1호, 대성자1호		
		석관봉토묘	산저사 소형묘		
		방단계제석광적석묘	동청 8호, 양수과원4호		
	토묘	토석벽봉토	육정산209, 210호		
		토갱개석정봉토	대성자4호		
		토갱수혈봉토묘	육정산208, 214호, 동청7호		
		적토묘	연해주끄라스끼노		
김태순 축조재료, 묘도유무, 묘실수	토광묘		양둔29호(장방형), 양둔11호(부정형)		1997
	석 석실	중앙연도	26기, 북대35호		
		편재연도	북대34호		
		장방형	북참1호		
		쌍실	석장구8, 9호		
	석광		석장구12호		
	석관		육정산12호		
	전		정효공주묘(중앙연도)		

	분류기준	형식과 유구 · 유적			해석	출전
리수레이	축조재질	수혈토갱묘	무장구	양두1차 43호	4시기구분 - 전발해 (발해건국 이전, 말갈시기) - 발해조기(698-천보 중기) 중기(천보 중기-794) 만기(794-926) 축조재료: 토 → 석 → 전으로 변함.	2005
		수혈토갱묘	장구	노하심상층17호		
		수혈토갱묘	장구, 유석개	대성자4호		
		석광	토석합축	양두3차 22호		
		석광	석벽석광	육정산 103호		
		석곽(관)묘		이도하자 3호, 육정산, 홍준어장		
		봉토석실	묘도유 중앙	정혜공주묘		
		봉토석실	묘도유 편재	북대1차 34호		
		봉토석실	묘도무	두도하자 1호		
		토석혼축묘(중앙묘도)		육정산 209호		
		전실	대형	정효공주묘, 마적달탑묘, 하남둔묘		
		전실	소형	홍준어장 2267호		
박윤무	석실봉토	삼각평행		정혜공주(방형 현실), 용호(장방형)	- 전개: 토광 → 석광 → 석실 - 석실에는 토광묘 뿐 아니라 고구려 영향 있음.	1991a
		삼각고임		훈춘 양과구원11, 북대63-1호, 73-35호		
		평행고임		닝안 삼릉둔, 허룽 장항		
		평천정		연도- 육정산 215, 206, 106호, 대주둔, 북대		
				무연도		
주영헌	석실봉토	대형		정혜공주, 삼릉둔		1967
		중형		북대 1호, 대주둔1호		
		소형		육정산12, 103, 104호, 대주둔		
장철만	재질	돌각담		화대정문리, 하평리, 자가리, 중강 장성리 허룽 북대, 안투 동청, 지안현		1998
		돌곽		육정산, 평리, 속후리, 부상리, 부거리		
		돌관		육정산, 북대, 산저자, 부거리, 평리		
		벽돌		용두산, 마적달, 하남둔, 홍준어장		
		움		육정산, 용두산, 북대, 대성자		
이남석	재질	석축묘	석실형	삼릉둔, 정혜공주묘, 북대, 육정산		2007
		석축묘	적석형 순수적석	동청 8호, 2, 3호		
		석축묘	적석형 봉토	대성자1호		
		석축묘	석관형	산저자		
		전축묘		정효공주묘, 하남둔묘		
		토광묘		위수 노하심 상층, 끄라스끼노, 체르냐찌노5		

1) 분구와 지상의 구조물

발해 고분의 대부분은 봉토분구이지만 훼손되어서 분구 본래 모습을 알 수 있는 예는
극히 적다. 그런 이유에서인지 고분 조사는 매장부를 중심으로 진행되었고, 분구에 대한 정
보는 북한에서 조사된 고분 일부를 제외하고는 구체적이지 못하다. 그렇지만 일부 잔존하는
분구 상황으로 볼 때 발해 분구는 적석분구와 적석기단과 봉토분구가 결합된 기단봉토분구,
그리고 분구 내 매장부를 보강하는 돌이 돌아가는 위담봉토분구, 순수봉토분구 등으로 나누
어 볼 수 있다(도 V-20). 여러 형태의 분구 중 가장 보편적인 분구는 순수봉토분구이다.

적석분구는 고구려 적석총과 같이 분구 전체를 돌로 쌓은 것으로 안투 동청고분군의 2호
와 3호, 8호분이 그 예로, 세 고분 모두 매장부는 횡구식 구조이다. 2호와 3호는 매장부는 장방
형 평면이며, 3호분은 방형 평면이다. 계단적석분구라는 점에서 동청고분군을 주변의 동청고
성과 결부시켜 고구려 고분으로 해석하기도 하였지만(이성제 2009), 매장방식이나 출토된 부장
품으로 미루어 발해 고분으로 보는 것이 합리적이다. 동청고분을 제외하고는 아직까지 발해의
적석분구 무덤의 조사예가 없다. 함경북도 청진 화대군에서도 무기단적석총과 기단적석총이
적지 않게 분포하는 것으로 알려졌지만(장철만 1997), 적석총에 대한 내용은 보고되지 않았다.

기단봉토분구는 돌로 기단을 쌓고, 그 내부에 흙을 채우고 다시 흙을 덮어 분구를 완
성한 것으로 기단 축조방법과 봉토분구가 결합된 것이다. 안투 동청고분군의 1호분이 그 대
표적인 예이다. 보고자는 적석총으로 보았지만, 기단 위에 흙을 덮은 봉토분구이다(강현숙
2021). 동청1호분은 방형 현실, 중앙연도 평면의 횡혈식 석실이며, 석실 내에는 17개체분의
인골이 중층적으로 확인되었다.

위담봉토분구는 흙으로 쌓은 분구에 돌로 만든 시설이 있거나 일부 돌이 사용된 경우
로, 조사의 증가로 다양한 양상을 띤다. 둔화 육정산고분군에서는 봉토포석묘(封土包石墓) 또
는 봉토석장석실묘(封土石墻石室墓)로 부르기도 한다(吉林省文物考古研究所 外 2012). 매장부는
반지하나 지상에 위치하며, 봉토포석묘는 매장부가 토광이거나 목관, 목곽이며, 봉토석장석
실묘는 석실이다. 매장부 구조는 다르지만, 분구 축조방법은 서로 비슷하다. 봉토포석묘는
매장부를 중심으로 묘광 상부를 돌아가거나 또는 분구 주위를 돌아가면서 방형 평면이 되도
록 돌을 두른 것이고, 봉토석장석실묘는 석실 바깥으로 돌을 덧쌓아 석실벽을 보강한 후 석
실과 분구 사이의 공간에 흙을 채워 넣은 것으로, 기단봉토분구 축조방식과 유사하다. 육정
산고분군에서 I-3호분은 봉토포석묘로 분류되며, 묘광 주위를 돌아가면 방형 평면으로 높이
60-70cm로 돌을 쌓았고, 그 위에 지상구조물이 있다. 돌을 돌린 담장은 여러 단이 남아있거

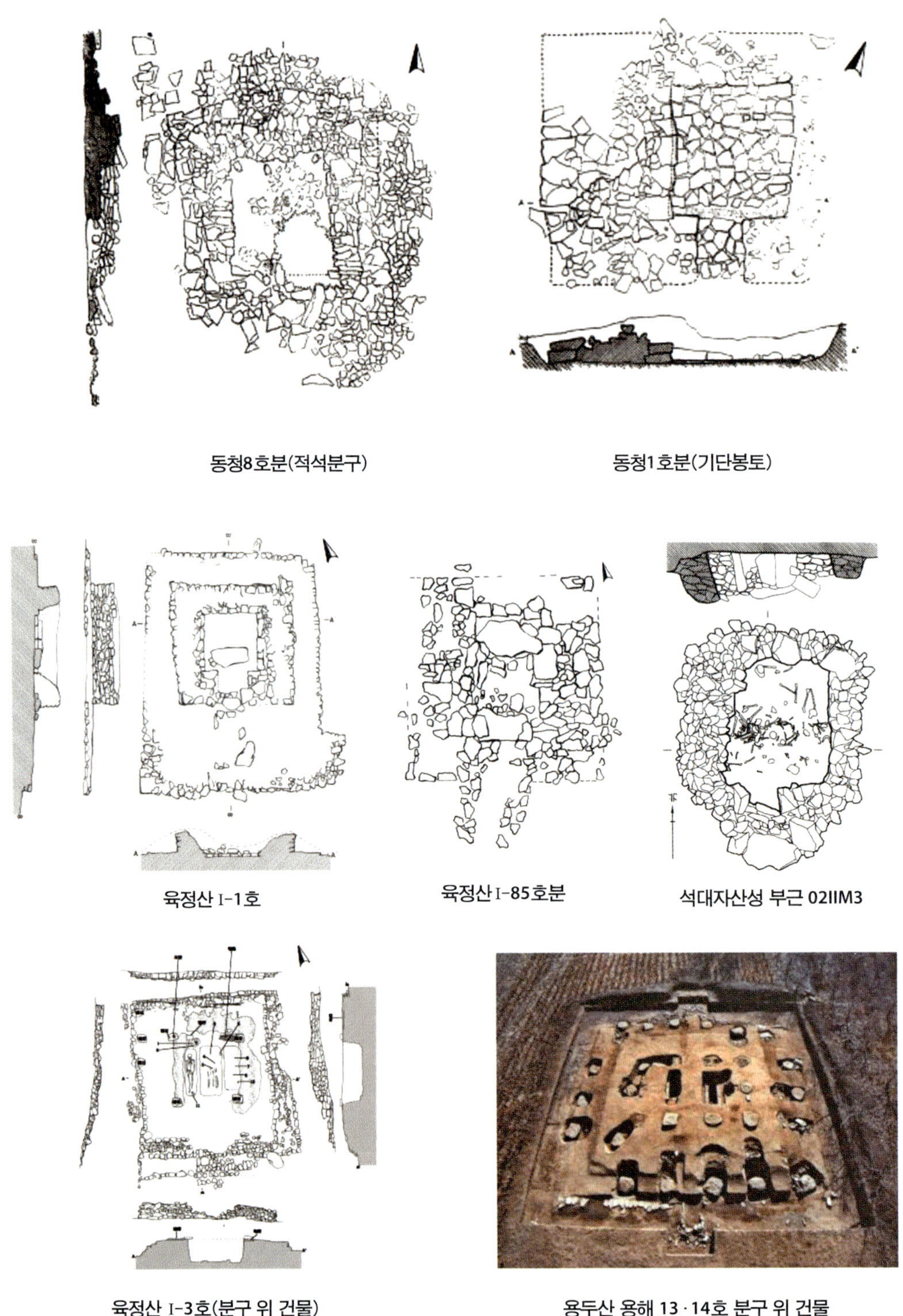

동청8호분(적석분구)

동청1호분(기단봉토)

육정산 I-1호

육정산 I-85호분

석대자산성 부근 02IIM3

육정산 I-3호(분구 위 건물)

용두산 용해 13·14호 분구 위 건물

도 V-20　분구와 지상 구조물(吉林省文物考古研究所 2009; 중앙문화재연구원 2014b)

나(I-85호, II-86호) 한 층만 남아있기도 하다(II-39호). 봉토석장석실묘인 육정산 I-5호 무덤의 경우 둘레 담이 층단을 이루어서 기단봉토분구와 유사하다. 육정산고분군에서 위담봉토분은 9기가 확인되어서 많은 비중을 점하지는 않는다. 석실 외벽으로 돌을 쌓은 예는 둥닝 대성자 1호분이나 닝안 대주둔 1호분에서도 관찰되며, 이외에도 심양 석대자산성 부근의 2004SSM1 호분이나 2004SSM2호, 03IIIDM2호, 02IIIM3호, 2004SSM5호 석실에서도 관찰된다(강현숙 2009). 석대자 산성 부근의 위담봉토분은 원형 평면이라는 점에서 방형 평면의 육정산고분과 다르다.

봉토분구는 흙을 쌓아 분구를 만든 것으로, 분구는 원형 평면의 반구형과 방형 평면의 방대형이 있으며 다수를 점하는 것은 반구형이다. 봉토분구 중에는 분구 주위에 호석을 돌린 예도 있다. 호석을 돌린 경우 한 두 단의 석렬이 분구 전체를 돌아가기도 하지만 분구 둘레 일부에만 돌을 돌리기도 한다. 한 두 단의 호석렬은 횡혈식 석실분 외에도 수혈식 토광묘나 석광묘, 석곽묘에서도 확인된다.

지상 구조물은 지상 건물과 묘탑이 있으며, 현재 구국과 중경성, 상경성 부근에서만 확인된다. 매장부는 목관, 석실, 전곽이 있다. 둔화 육정산 I-3호분은 목관묘이고, 허룽 용두산 용해고분군 13·14호분은 전곽이며, 닝안 삼릉둔 1호분은 석실이다. 육정산 I-3호분은 I-4 호분, I-5호분과 삼각상으로 배치되어 있으며, 서북방향으로 12m 떨어져 정혜공주무덤(I-2 호분)이 있어서 왕릉급 무덤으로 비정되는 무덤이다. 이 무덤의 위담봉토분구 내부에 초석 4 개가 남아 있으며, 막새기와, 귀면전 등이 출토되었다. 용해고분군 13·14호 무덤도 분구에 서 초석이 확인되어서 지상에 건물이 있었을 것으로 보인다. 닝안 삼릉둔 1호 무덤도 지상에 초석과 초석 주위를 돌아가는 방형 평면의 담장열이 확인되었고, 여기서 녹유를 포함한 다량의 기와가 출토되었다. 분구에 세워진 지상의 건물을 향당건축으로 부르기도 한다(鄭永振 2003).

묘탑은 허룽 용두산의 정효공주무덤과 용해고분군 10호분, 훈춘 마적달탑묘 외에도 창바이 영광탑이 있다. 그 중 조사된 정효공주무덤과 용해 10호분의 매장부는 지하식의 횡혈식 구조로, 두 무덤 모두 벽돌로 쌓은 장방형 현실, 중앙연도의 전실묘이다. 마적달탑묘는 정효공주무덤과 같은 구조로 보지만 묘비나 석사자는 출토되지 않았다. 창바이 영광탑은 지하 매장부 구조는 알 수 없고 지상에 드러난 전탑을 묘탑으로 보고 있다**(도IV-9)**.

발해 고분의 매장부는 매장부의 위치, 축조재료, 매장방법 등이 다양하여서 구조에서
의 정형성이 잘 보이지 않는다. 매장부의 위치는 지상, 반지상 또는 반지하, 지하식이 있다.
지상이나 반지상에 자리한 매장부는 함경도의 고분군에서 두드러지며, 많은 수는 아니지만
둔화 육정산고분군, 닝안 홍준어장고분군, 연해주 체르나쩨노5고분군에서도 확인된다. 그러나
중국 영토 내에서 조사된 대부분의 고분은 지하 매장부이다.

매장부 축조에 사용된 재료는 나무와 돌, 벽돌이 있다. 나무는 목관이나 목곽에 사용되
었을 것이다. 목관이나 목곽은 토광묘나 석곽이나 전곽묘, 석실이나 전실묘의 장구로 사용된
다. 용해 13·14호분은 전곽 내의 목관에 주검이 안치되었고, 정혜공주무덤은 석실 내 목관
에 주검이 안치되었다. 따라서 장구와 매장부 축조재료와 매장방식 등을 고려해 볼 때 발해
고분은 토광묘와 목관(곽)묘, 석곽(관)묘와 석실묘, 전곽과 전실묘 등으로 나누어 볼 수 있있
다. 그렇지만, 토광묘의 경우 목질 장구의 보존 예가 드물어서 별도로 세분하기 어렵다.

토광묘는 중국에서 토갱묘로 부르며 지하에 구덩이를 파고 주검을 안치하여서 지하식
토갱묘 또는 수혈식 토갱묘로 표현되며, 봉토분구가 확인되어서 토갱봉토묘로 부르기도 한
다. 토광 내에 돌이나 벽돌로 만든 구조물이 확인되지는 않았지만, 목관이나 목곽이 확인되
기도 하고, 토광 내 주위를 돌아가면서 돌이 확인되기도 한다(도 V-21).

목관묘와 목곽묘는 토광 내에서 목질이 확인되는 예가 매우 드물고, 철제 관못이나 꺾
쇠, 관고리 등 관련 부속구의 발견 예도 적어서 목관과 목곽을 구별해 내기 어렵다. 사리파
14호 무덤은　자형태의 목관 흔적이 확인되며, 노하심상층 30호 무덤은 단독의 목곽묘이며,
사리파 10호는 칸막이에 의해 매장공간과 부장공간이 구분된 주부곽식 목곽묘이다.

순수토광묘는 지하의 묘광 내부나 묘광 상부에 별도의 구조물이나 시설이 없는 무덤
이다. 보고된 토광묘의 대다수가 목질장구가 없는 순수토광묘이다(노하심상층2호). 석개토광
묘는 토광을 돌로 덮은 무덤이며, 석광묘는 토광 내부에 돌을 돌리거나 토광 상부 둘레에 돌
을 돌린 무덤으로 덮개돌이 없다는 점에서 석개토광묘와 구별된다. 일부 목관이나 목곽 등의
목질장구가 확인되기도 한다.

석개토광묘는 토광묘의 상부에 판상의 돌을 덮은 것으로, 주검을 안치한 후 묘광에 흙
을 채운 후 그 위에 돌을 덮은 것이다. 둥닝 대성자 4호분, 둔화 육정산 I-60호분이 석개토광
묘이며, 육정산고분군에서는 토광석변묘로 분류된 육정산 I-74호분도 보고된 내용과 도면
으로 미루어 볼 때 덮개돌이 크지 않아서 주검을 안치하고 묘광에 흙을 채운 후 그 위에 돌

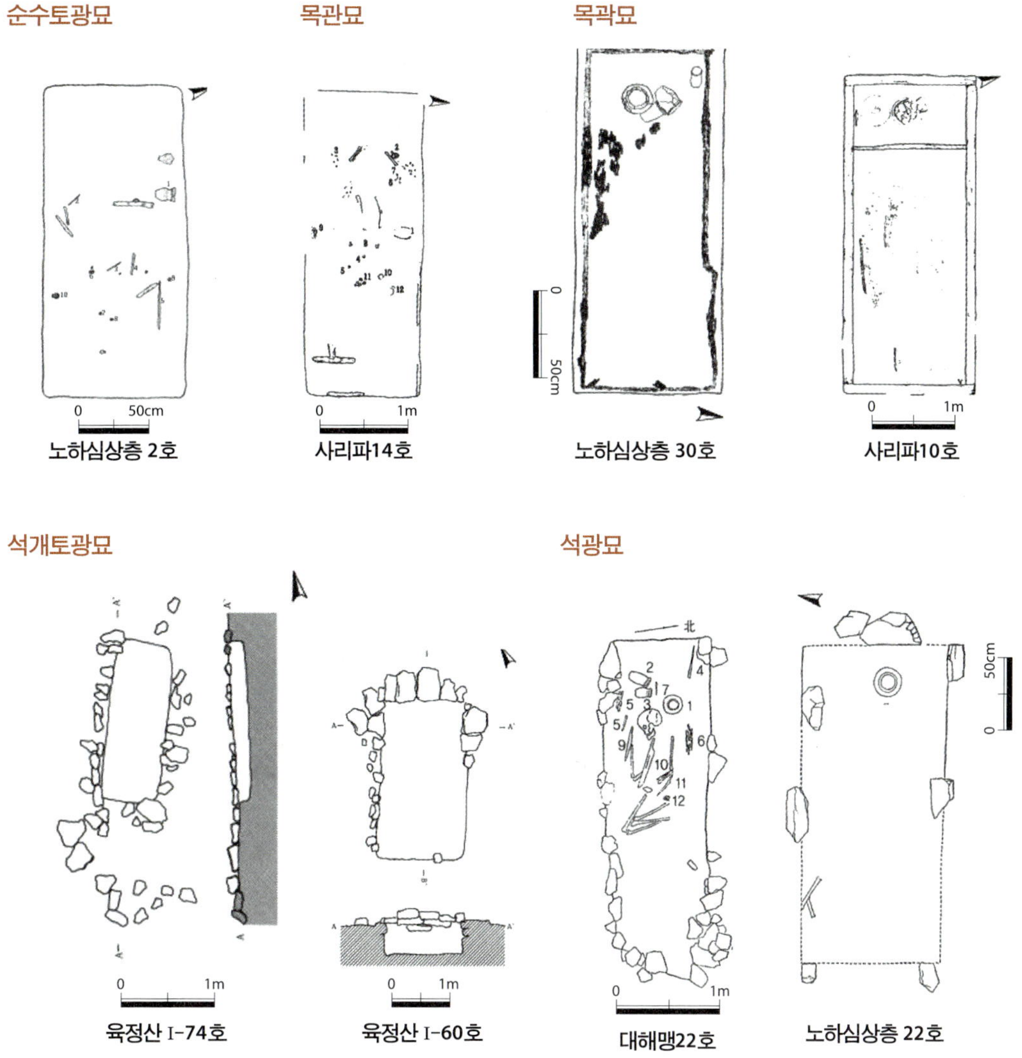

도 V-21   토광묘계 무덤(중앙문화재연구원 2014a,b)

을 덮은 석개토광묘로 추정된다.

한편, 연해주에는 바닥에 돌을 깔아 부석묘로 불리는 무덤도 있다(정석배 2007). 묘광 바닥에 돌을 깔은 것은 사리파 4호 목곽묘에서도 확인된다. 연해주의 부석묘는 묘광의 깊이는 알 수 없지만 목관, 목곽의 흔적이 확인되기도 하므로 지하식의 경우 바닥시설있는 목관, 목곽묘라고 할 수 있어서 토광묘 범주에서 살필 수 있다.

석광묘는 닝안 홍준어장고분군에서는 석곽묘에 해당되지만, 통상 중국의 연구자들이 석광묘로 분류한 무덤 중에는 석관이나 석곽의 벽석처럼 돌의 축조 상태가 정형성을 갖고 있지 않으며, 덮개돌도 확인되지 않는다. 대부분이 토광 내부의 벽을 따라 돌을 쌓지만 정연하지 않아서 벽을 형성하였다기 보다는 묘광을 채우거나 장구를 보강한 충전석이나 보강석에 가까워서 상자형의 석관 또는 석곽과 구별될 필요가 있다. 석광묘로 보고된 노하심상층 22호분이나 대해맹 22호 무덤은 수혈식 또는 지하식의 토광 내부 주위를 돌아가면서 불규칙하게 돌을 세우거나 쌓고 돌로 덮개를 하지 않았다. 따라서 토광 내부에 돌을 채운 토광묘라는 점에서 위석토광묘라고 할 수 있으며, 이와 유사한 구조의 무덤을 연해주에서는 위석묘로 분류하였다(정석배 2007).

석곽(관)묘는 지하식 또는 수혈식 구조로 1인이 안장되기도 하지만, 여러 차례 걸친 다인합장이 행해진 석곽묘도 있다. 한국고고학에서 수혈식은 대개 1인 1회로 매장을 마친 매장방법을 전제로 하지만, 발해의 석곽묘 중에는 다인합장된 무덤이 적지 않아서 발해 고분의 경우 수혈식 석곽(관)묘보다는 지하식 석곽(관)묘가 더 적절한 표현이라고 할 수 있다(**도V -22**). 닝안 홍준어장고분군에서는 석곽을 석광으로 분류하였고, 석곽묘로 분류된 무덤 중에는 단벽을 입구로 사용한 횡구식 구조도 있다. 홍준어장고분군의 2007호 무덤은 북벽의 일부를 입구로 사용한 것으로 보인다.

석곽과 석관의 기준은 연구자나 보고서마다 차이가 있어서 둔화 육정산고분군에서는 목관의 흔적이 확인되는 경우 석곽으로, 그렇지 않는 경우 석관으로 분류하였고 함경도의 발해 고분군에서는 조금 큰 규모를 석곽으로, 규모가 작은 것을 석관으로 분류하였다. 석곽 내에는 별도의 장구가 확인되지 않기도 하고, 목관이 장구로 사용되기도 한다. 한편, 석곽 중에는 지역색을 띠기도 하여서 판상석 한 매 또는 수 매를 세워서 축조한 석곽은 함경도와 두만강유역의 일부 고분군에서 확인된다. 한편, 석곽은 단독곽이 대다수이지만, 드물게 주부곽식도 있다. 함경도의 판상석으로 축조된 석곽묘 중에 격벽으로 매장공간과 부장공간을 분리하기도 한다. 격벽에 의해 매장과 부장공간이 분리된 무덤으로는 육정산고분군의 I-16호 무덤이 있고, 육정산 I-18호 석곽묘는 이혈주부곽식의 석곽이다.

전곽은 벽돌이 주된 축조 재료로 발해 무덤에서 보편적이지는 않다. 전곽의 구조나 매장방식은 돌로 축조한 석곽과 차이는 없다. 전곽무덤은 용해고분군의 동분이혈의 13·14호 무덤으로, 주검은 전곽 내의 목관에 안치되었고, 전곽은 돌로 뚜껑을 하였다.

석실묘나 전실묘는 묘실의 한쪽 벽을 통해서 추가 합장이 가능한 구조로, 추가합장이 가능한 통로인 연도의 유무에 따라서 횡구식과 횡혈식 구조로 대별한다(**도V-23**). 횡혈식 구조는 현실과 연도로 구성되며, 매장부가 지하에 위치하는 정효공주무덤과 삼릉둔 2호분은 현

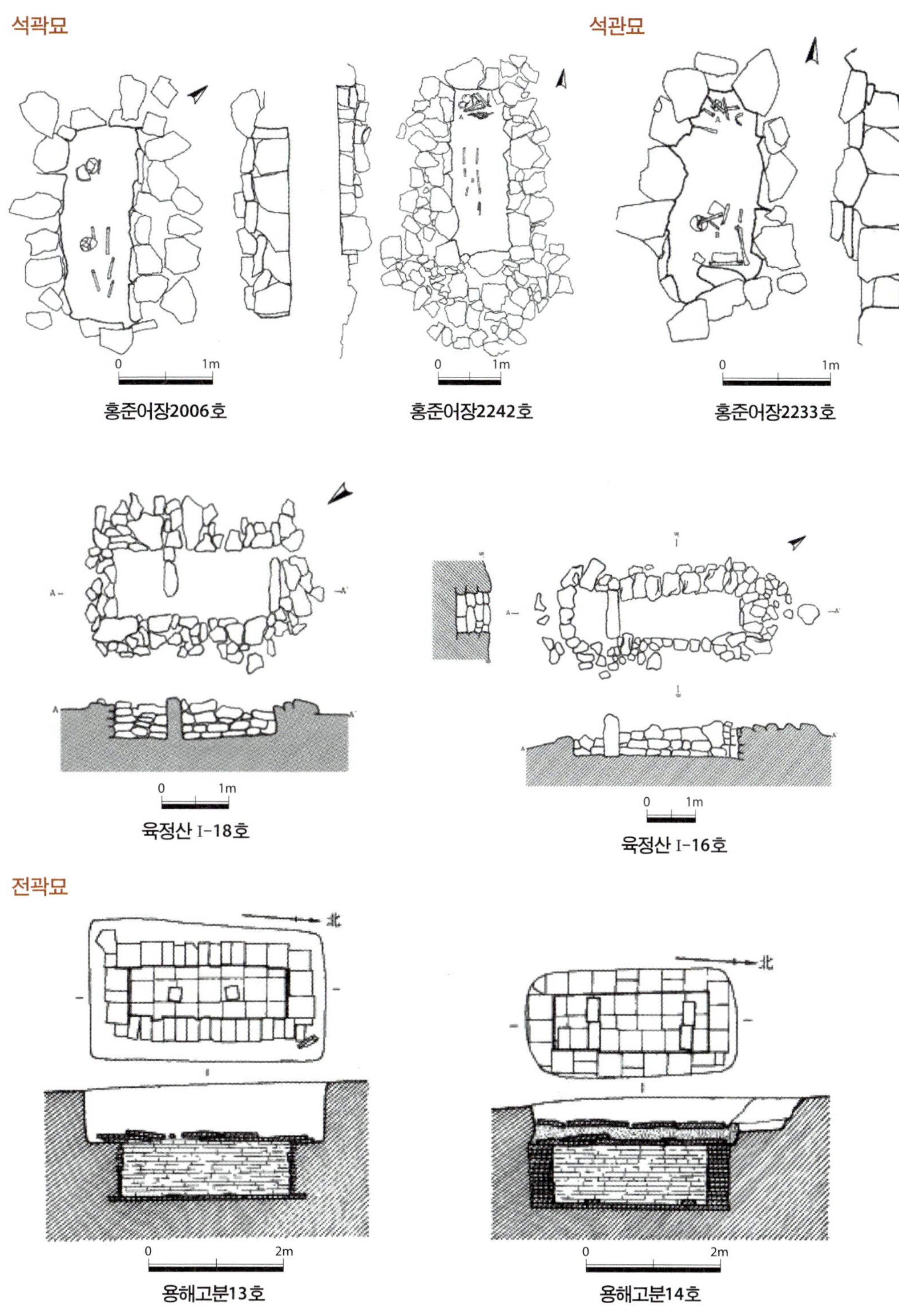

도 V-22 석곽, 석관, 전곽묘(吉林省文物考古研究所 外 2009; 중앙문화재연구원 2014a, b)

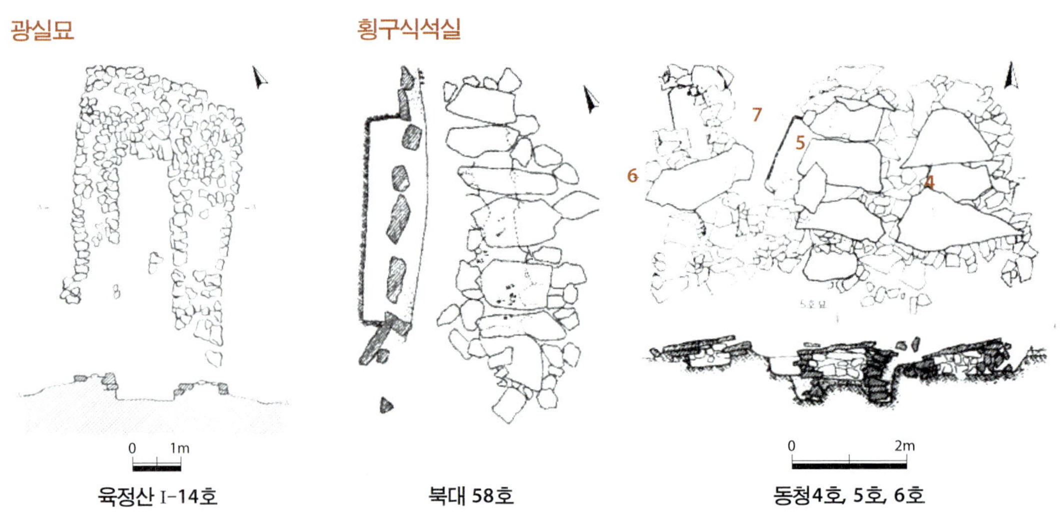

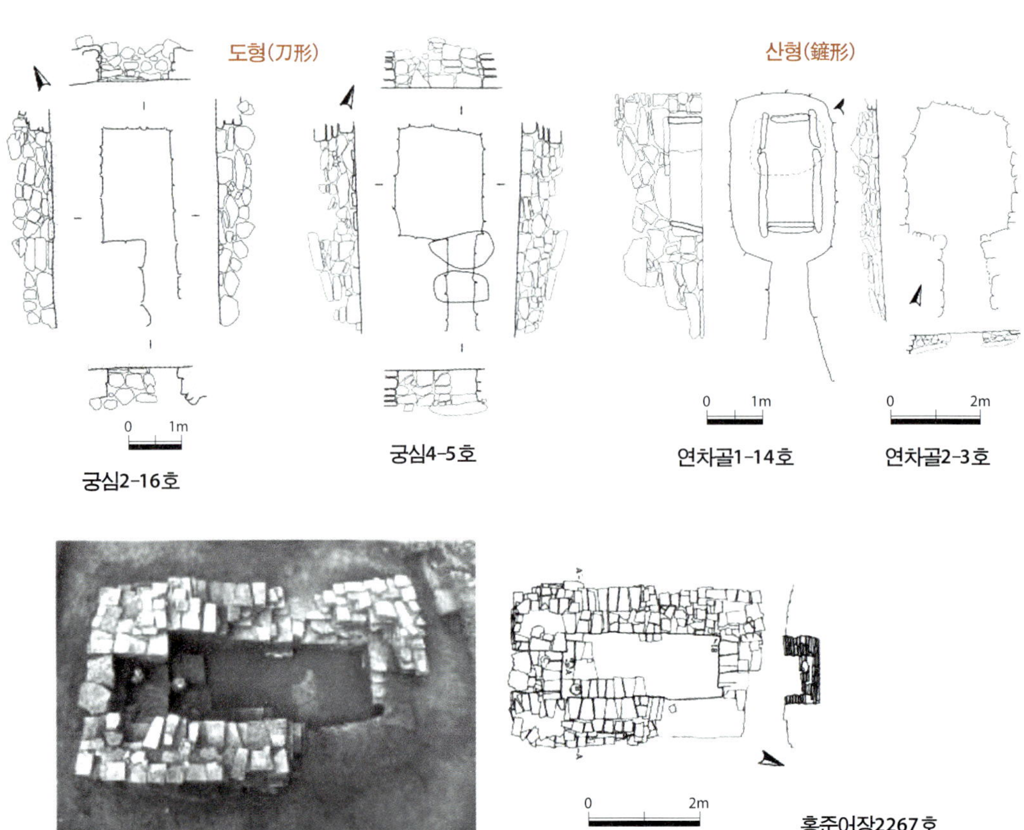

도 Ⅴ-23 횡구, 횡혈식 무덤(동북아역사재단 2011; 2015; 중앙문화재연구원 2012)

실, 연도 그리고 긴 묘도로 구성되었다. 횡혈식 석실은 현실 평면과 연도 위치에 따라서 여러 형태로 세분된다. 중국에서는 연도 위치를 주된 기준으로 하여 연도나 묘도가 현실의 중앙에 있는 경우를 산형(鏟形)으로, 한쪽으로 치우쳐 현실의 왼쪽이나 오른쪽 벽과 이어져 있는 경우를 도형(刀形)으로 부른다. 현실 평면은 장방형, 방형 외에도 타원형이나 원형에 가까운 말각장방형 혹은 말각방형이 있다. 특히 타원형이나 원형에 가까운 평면의 석실은 함경도 발해 고분의 특징적인 평면형이며, 이 지역에서는 판상석으로 축조된 석관이 장구로 사용되기도 한다. 현실의 천장가구는 평행이나 삼각고임 등 고임식과 평천장이 있으며, 연차골 1호분을 궁륭상 천장으로 보고 있다(김남일 2005).

횡구식 구조는 연도나 묘도를 통해 추가합장을 하는 횡혈식 구조와는 달리 연도나 묘도가 없다. 횡구식 구조 석실은 대개 장방형 평면이며, 단벽 쪽에 입구를 내거나 판상석을 세워 막기도 한다. 현문 양쪽에 문주석으로 보이는 비교적 큰 돌이 세워져 있기도 하여서 나무로 문을 달았을 것으로 추정되는데, 안투 동청고분군의 5호와 6호, 그리고 8호 무덤은 현실 남벽 양쪽에 문주석으로 보이는 돌이 세워져 있어서 목제 현문이 있는 횡구식 구조로 보인다. 세장방형 석실의 한쪽 단벽을 판상석으로 세운 예도 있는데, 허룽 북대 57호, 58호 무덤이 그러한 예로 석곽묘와 구별이 쉽지 않다.

이외에도 육정산고분군에서 광실묘로 분류된 매장부는 횡구식 구조로, 고구려 적석총에서 설명되는 광실 구조와는 약간의 차이가 있다. 닝안 홍준어장 2011호분이나 둔화 육정산고분군의 I-14호 무덤에서 볼 수 있듯이 광실묘는 묘광이 얕거나 지면에 돌을 쌓아 만든 석실로, 석실의 외벽 주위를 돌아가며 돌로 담을 쌓은 특수한 구조이다. 석실의 상당 부분이 지상에 있다 보니 벽석이 잘 남아있지 않아서 천정 구조를 알 수 없다. 추가합장을 위한 연도나 묘도 등의 시설은 확인되지 않지만, 묘실의 남쪽에 묘문이 있을 것으로 보고 있다. 장구로 목질의 관, 곽을 사용하였다는 점은 횡구식이나 횡혈식 석실과 공통된다. 천장석이 없고 벽석의 높이가 낮아 수혈식으로 매장했을 것으로 보아서 광실묘로 분류된 무덤은 유사횡혈식 구조 혹은 천정이 없는 석실[無天井石室]이라고 부를 수도 있다.

전실무덤은 벽돌로 축조하였을 뿐 횡혈식 구조라는 점에서 석실과 같은 구조이다. 대형분에서의 전실은 장방형 현실, 중앙연도, 긴 묘도를 가졌으며, 방형 현실의 중앙연도 평면형 전실은 아직 확인되지 않았다. 정효공주무덤은 현실 벽을 벽돌로 축조하고, 천장을 돌로 덮은 전실묘이며, 용해고분군의 8호와 10호 무덤도 벽돌로 현실 벽을 쌓고 돌로 천정을 덮은 전실묘이다. 이외에도 닝안 홍준어장의 2005호 무덤과 2267호 전실무덤은 벽돌로 바닥을 깔고 벽석을 축조하였으나, 벽 상부가 파괴되어서 천장구조는 알 수 없다. 두 무덤 모두 중앙연도이지만, 홍준어장 2005호 무덤은 장방형 현실이고, 홍준어장 2267호 무덤은 세장한 현실이다. 홍준어장고분군의 2074호 무덤은 벽돌과 돌을 함께 사용하여 축조한 세장한 전석혼축묘이다.

3) 구조 유형

발해 고분은 분구는 대부분이 봉토분구이고, 분구는 매장부 구조와 상관관계를 보이지 않는다. 매장방식도 마찬가지여서, 수혈토갱묘이지만 2차장을 거친 다인합장이 행해지기도 하고, 횡혈식 석실이지만 추가 합장이 행해지지 않는 경우도 있어서 매장방식으로 고분을 분류하기도 쉽지 않다. 다만, 가장 많이 확인된 매장부를 기준으로 매장부의 위치, 축조재료와 장구, 수혈식, 횡혈식 등의 매장방식 등을 종합해 볼 때 발해 고분은 토광묘와 목곽(관)묘, 돌을 주 축조재료로 한 석곽(관)묘와 석실묘 그리고 벽돌로 축조한 전곽묘와 전실묘 등으로 나눌 수 있다. 그러나 목곽(관)은 잘 유지, 보존되지 않아서 토광묘와 구별하여 별도의 유형으로 나누기 어려워서 토광묘 범주에서 다룰 수밖에 없지만, 토광묘는 토광 내외의 시설 여부에 따라서 세분된다. 석곽묘는 석관묘는 장방체의 상자형이며, 추가합장을 위한 별도의 시설이 없다는 점에서 공통된다. 전곽도 구조는 석곽과 같다. 석실묘와 전실묘는 지상의 구조물과 매장부 위치, 평면형과 천장가구에 따라 여러 유형으로 세분할 수 있으나, 천장은 일부 대형분에서만 남아있어서, 천장을 중, 소형분에 적용시켜 분류하기 어렵다.

```
토광묘 ┬ 순수토광묘
       ├ 목관·목곽묘
       ├ 석개 토광묘
       └ 위석토광묘(석재충전토광묘 / 석광묘)

석곽묘 ┬ 단독곽
       ├ 격벽있는 주부곽
       └ 격벽있는 쌍곽

석실묘 ┬ 횡구식
       ├ 유사 횡혈식 석실(무천정 석실, 광실)
       └ 횡혈식 - 현실평면과 연도 위치, 천장가구(대형분)

전곽묘

전실묘
```

(1) 토광묘

토광묘는 지하에 구덩이를 파고 주검을 안치한 것으로, 다수는 봉토분구로 추정된다. 봉토분구가 일부 잔존하는 경우 호석열이나 호석담장이 확인되는데, 둔화 육정산고분군의 목관묘에서 확인된다. 지상에 건물이 있는 토광묘는 현재 둔화 육정산 I-3호분 한 예이다. 둔화 육정산 I-3호 무덤은 1959년 조사에서 석실로 추정되었던 무덤으로 2004-5년도에 걸친 재조사에서 기존의 석실로 생각했던 구조가 지상에 방형으로 돌을 돌린 포석(包石) 시설임이 확인되었다. 매장부는 목관묘로 3기의 목관이 병렬배치되고 북쪽으로 목관 한기가 더 확인된 동분 내 목관 4기가 있는 무덤이다(吉林省文物考古硏究所 외 2012). 둔화 육정산 I-3호 무덤은 출토된 심복관이나 와당으로 미루어 그 시기는 발해 건국을 즈음한 시기로 비정된다.

순수 토광묘는 헤이룽장성 뤄베이 단결유적과 황가외자, 지린성 융지 대해맹, 사리파와 위수 노하심상층 유적과 연해주 로쉬노고분군과 모나스뜨이르까3고분군에서 확인되어서, 제2송화강 유역의 토광묘를 속말(또는 백산)말갈의 무덤으로, 헤이룽장성 북부와 연해주의 토광묘를 흑수말갈의 무덤으로 비정하기도 한다. 이외에도 왕칭 중평 고분군에서도 순수토광묘가 확인되었다. 그러나 함경도에서 토광묘의 보고예는 확실하지 않다. 안투 동청고분군의 7호 무덤은 목관묘로, 기단봉토분과 중복관계를 갖고 있어서 기단봉토분보다 먼저 조성되었음을 보여준다. 구국시기를 대표하는 둔화 육정산고분군에서 순수토광묘의 비중이 크지 않는 반면, 중경성이나 상경성 시기를 대표하는 고분군에서 순수토광묘의 비중이 적어서 순수토광묘는 발해 국가 형성기의 모습을 보여주는 무덤 형식으로 본다. 한편, 대해맹의 1979년과 1980년에 조사된 토광묘 중에는 통형심복관 뿐 아니라 청동제 장방형 허리띠 장식구나 산자형 비녀, 철제 기마인물상 등 발해의 지표가 되는 유물이 부장되어서(吉林市博物館 1987) 토광묘는 발해 건국 이후 상당 기간 지속되었을 것으로 추정된다.

석개토광묘는 토광의 상부에 돌을 덮은 것으로 보고 예는 드물다. 둔화 육정산고분군과 둥닝 대성자고분군에서 확인되지만, 무덤의 시기를 판단할 근거는 확실하지 않다. 다만 둥닝 대성자고분군과 둔화 육정산고분군의 고분 구성 양상이 공통되어서 육정산고분군과 비슷한 시기의 무덤 형식으로 볼 수 있다.

위석토광묘는 중국 연구자들이 석광묘로 부르는 것이다. 석광묘는 석곽이지만 벽석을 잘 쌓지 못하고 천장석이 없는 것으로 정의하였지만(魏存成 2008), 토광내 돌의 모양과 크기, 쌓여진 상황 등을 고려해 볼 때 충전석에 가까워서 위석토광묘(석재 충전 토광묘)라고 부를 수 있다. 위석토광묘는 말갈의 무덤으로 보는 위수 노하심상층 유적 뿐 아니라 여러 유적에서

토광묘와 병존하며, 연해주의 체르냐찌노5고분군에서도 토광묘와 함께 하여서 위석토광묘
는 순수토광묘나 석개토광묘와 비슷한 시기에 조성되었을 것이다.

(2) 석곽(관)묘

석곽(관)묘는 지하의 토광 내에 돌로 네 벽을 만들고 돌을 덮은 것으로 석광묘 또는 위
석토광묘와 구별된다. 석곽 내에서 철제 관못이 확인되기도 하여서 주검은 목관에 안치되었
을 것이다. 지상의 구조물이 있는 무덤은 없고, 대부분이 봉토분구이어서 석곽(관)봉토분이
라고 할 수 있으며, 그 중에는 호석이 돌아가기도 한다.

석곽묘는 대부분이 장방형 평면의 단독곽이며, 육정산고분군과 함경도의 단독곽식 석
곽묘 중에는 사이 벽으로 매장공간과 부장공간을 구별한 주·부곽식 석곽묘도 있다. 또한 별
개의 묘광을 가진 단독곽 두 기가 병렬배치된 이혈합장도 있고, 방형 평면의 단독곽 내에 격
벽으로 분리된 쌍곽도 있다.

둔화 육정산고분군의 I-104호 석곽묘는 부장된 토기 호와 직복관으로 미루어 비교
적 이른 시기에 조성된 것으로 볼 수 있지만(吉林省文物考古硏究所 외 2012), 육정산 II-127호
석곽묘의 심복관은 닝안 홍준어장의 2005호 전실묘에서 출토된 것과(黑龍江省文物考古硏究所
2009b) 기형과 문양이 유사하여서 상경성 시기까지 내려올 가능성도 있다. 홍준어장 2005호
무덤이 전실묘이고 전실묘인 정효공주무덤의 연대를 상경성 첫 왕도시기로 보면 육정산 II-
127호 무덤은 9세기 이후로 내려가지는 않을 것이다. 북대 5호 석곽묘에서 출토된 벼루는
고려시대 유행하던 풍자연(風字硯)과 유사한 형태이고, 구조는 확실하지 않지만 11호에서 출
토된 거울은 요대-고려에서 유행하였던 것으로 미루어(延邊博物館 외 1994)볼 때 석곽묘는 발
해 말기까지 계속 조성되었을 것으로 추정된다.

(3) 석실묘

석실묘는 봉토분구가 다수이어서 석실봉토분으로 불리며, 건국이전부터 조성되어서
발해 전 시기에 걸쳐 각지에서 조성되었다. 분구는 봉토분구 외에도 계단적석분구, 기단봉
토분구, 위담봉토분구 등이 있고, 지상에 건물이 있기도 하다. 삼릉둔 1호분이 지상에 초석
건물이 있는 무덤이다. 석실봉토분이나 석실위담봉토분의 경우 석실은 지하, 반지하, 지상에
자리하며, 계단적석분구와 기단봉토분구의 석실은 지면 위에 자리하거나 지면을 얕게 파서
석실의 상당 부분이 지상의 분구에 자리한다. 현재 계단적석분구와 기단봉토분구는 안투 동

청고분군에서만 확인되며, 위담봉토분구는 둔화 육정산고분군과 선양 석대자산성부근 고분군에서도 확인된다. 닝안 대주둔1호분과 둥닝 대성자1호분도 석실 벽 바깥으로 돌을 보강한 위담봉토석실분이다.

　　석실은 네 벽과 천장을 돌로 축조하고, 한쪽 벽을 입구로 하여 옆으로 주검을 안치하므로 하향식 안치의 수혈식 장법과 구별하여 횡혈식 장법으로 부른다. 횡혈식 장법이 가능하도록 석실은 주검이 안치되는 현실, 외부와 현실을 연결해주는 통로인 연도와 묘도로 구성된다. 연도가 없이 현실에 문만 있는 경우 횡혈식과 구별하여 횡구식이라고 한다.

　　횡구식 석실은 석실이 지하나 반지상, 지상에 위치하며, 석실의 위치에 관계없이 천장이 남아있는 예가 거의 없어서 광실과 구별이 쉽지 않다. 그렇지만 벽석의 잔존 상황으로 미루어 볼 때 횡구식 석실의 천정은 다수가 벽의 상부로 가면서 폭을 조금씩 줄여서 쌓은 후 돌 몇 매로 덮은 평천정이어서 무덤의 횡단면은 사다리꼴이 된다. 추가합장은 석실의 단벽에 있는 입구를 통해 이루어지는데, 단벽에 문주석처럼 커다란 돌을 양쪽에 세우기도 하지만, 대부분의 중, 소형분에서 문시설은 확인되지 않는다. 안투 동청고분군의 3호와 8호분은 장방형 현실의 단벽에 문주석을 세운 계단적석분구이고, 육정산고분군의 I-5호분은 위담봉토분이다. 지상이나 반지상식의 횡구식 석실은 둔화 육정산고분군과 함경도에서 주로 확인된다. 허룽 북대 1호, 23호, 26호분과 닝안 대주둔 3호분이나 하이린 두도하자 1호와 2호분은 반지하식이다.

　　유사횡혈식 석실은 현실의 벽이 정연하지 못하고, 천장의 높이가 낮아서 실질적 '실(室)'의 공간이 되지 못하거나 연도의 폭과 높이가 좁고 낮아서 연도를 통한 횡방향으로 주검을 안치하기 어려운 구조이며, 일부는 천장이 없는 무천장 석실이다. 체르나찌노5고분군 석실 중에 연도의 폭과 높이가 좁고 낮아서 횡으로 주검을 안치할 수 없는 경우가 이에 해당된다. 둔화 육정산보고서에서 광실묘로 분류된 무덤은 천장석이 확인되지 않은 무천장 석실로, 목개석실일 가능성도 있다. 이외에도 허룽 북대 34호와 35호 무덤이나 연해주 체르나찌노5고분군의 46호와 71호분과 육정산고분군의 I-14호, I-15호, I-20호분이 유사 횡혈식 석실이다. 그 중 육정산 I-14호, I-15호, I-20호 무덤은 방형 평면의 위담봉토분으로, 중앙의 매장 공간은 장방형 평면이다. 이 무덤들은 실질적으로 연도를 통해서 추가로 합장을 할 수 없으므로 유사 횡혈식 석실의 범주에 넣을 수 있다. 유사 횡혈식 석실에서의 주검은 출토된 관못으로 미루어 목관에 안치되었을 것이다. 둔화 육정산고분군 I-14호 무덤에서 출토된 금동제 과판은 인동문 장식이 된 것으로, 문양 장식이 있는 과판은 허룽 용두산고분군이나 하남둔고분에서도 출토된 바 있어서, 유사횡혈식 석실은 횡구식석실이나 광실과 시간적으로 병행하는 것으로 보인다. 따라서 유사횡혈식 석실은 늦어도 중경성 시기까지 지속적으로 축조되었을 것으로 추정된다.

횡혈식 석실은 현실과 연도를 갖추고 횡방향으로 주검을 안치할 수 있는 구조이다. 분구는 봉토분구가 다수이지만 기단봉토분구도 있고, 점토채움식의 위담봉토분구등 여러 형태가 있다. 안투 동청 1호분은 기단봉토분구이며, 둔화 육정산고분군의 I-5, I-17호분은 점토채움식의 위담봉토분구이다. 기단봉토분구와 계단상의 위담봉토분구의 석실은 대개가 지상에 자리하여서 무덤 축조방식은 고구려 적석총과 같았을 것이다.

현실은 방형, 장방형, 원형이나 타원형에 가까운 말각방형과 말각장방형 평면이 있고, 연도 위치는 중앙과 왼쪽 또는 오른쪽으로 치우친 것 그리고 중앙에서 약간 오른쪽이나 왼쪽으로 치우친 것 등이 있다. 중국 연구자들은 연도 위치를 기준으로 중앙연도를 산형(鏟形), 치우친 연도를 도형(刀形)으로 나누지만, 현실과 연도를 결부시켜 볼 때 다수를 점하는 석실 평면형은 장방형 현실의 중앙연도이거나 오른쪽으로 치우친 연도이며 왼쪽으로 치우친 연도는 매우 드물다. 방형 현실의 중앙연도를 대표하는 석실은 정혜공주무덤이며, 연차골 1호무덤, 송정동 1호분도 방형 현실, 중앙연도 평면이다. 정혜공주무덤은 지하식 매장부이며, 함경북도의 연차골 1호분과 송정동 1호분은 지상식 매장부이다. 장방형 현실의 중앙연도를 대표하는 것은 금성리 벽화분이다. 허룽 용두산 용해고분군의 대형분(2호, 3호)과 중형분(7호)도 지하식의 장방형 현실, 중앙연도이다.

천장가구는 고임식과 궁륭상식, 평천정 등으로 나뉜다. 천장은 현실 벽을 위로 갈수록 조금씩 줄여 쌓거나 벽을 수직을 쌓은 후 천장을 얹는다. 허룽 용두산의 용해고분군의 장방형 현실의 중앙연도 무덤은 대형분이나 중형분 모두 벽을 약간 내축하여 축조한 후 평천정을 하였다. 고임식은 평행고임과 삼각고임이 함께 사용되거나 삼각고임만 사용되기도 하는데, 정혜공주무덤은 벽을 곧게 쌓은 후 평행고임과 삼각고임이 함께 사용되었고, 닝안 삼릉둔 2호분은 삼각고임만 사용되었다. 연차골 1호분이나 송정동 1호분은 벽을 조금씩 내축하면서 축조한 후 궁륭상식으로 천장을 올렸다고 한다(리준걸 1991b).

이외에도 석실의 바닥에 벽돌이 사용되기도 한다. 닝안 홍준어장고분군의 2092호분과 2093호분은 장방형 현실, 중앙연도 평면의 석실로, 2092호분은 현실 바닥에 장방형의 붉은색 전을 깔고, 2093호분에서는 현실바닥과 이어지는 연도 일부에 장방형 붉은색 전을 깔았고, 2126호분은 현실 바닥에 청색 벽돌을 깔았다.

(4) 전곽, 전실묘

전곽이나 전실묘는 모두 봉토분구이며, 허룽 용해고분13·14호 무덤은 지상에 건물이 있고, 정효공주무덤, 용해고분10호분은 지상에 묘탑이 있다. 전곽과 전실묘는 허룽 용두산고분군과 닝안 홍준어장고분군에서 확인되지만, 해당 고분군에서 전곽이나 전실묘가 차지하는 비중은 그다지 높지 않다.

전곽묘는 허룽 용두산 용해고분군의 동분 이혈합장인 13·14호 무덤이 대표적이다. 지하 매장부로 주검은 목관에 안치된 후 전곽 내에 안치되었고, 전곽과 목관 사이의 간격은 거의 없다. 묘광에 흙을 채운 후 지상에 방형 평면으로 둘레를 돌아가며 내외 두 열로 초석을 놓은 지상에 건물이 있는 무덤이다(李强 2009). 이외에도 홍준어장고분군의 2074호분은 돌과 전돌을 함께 사용된 전석혼축곽이다. 곽의 길이는 2.88m, 너비 0.7m로 폭이 좁으며, 곽 내에서는 성년 남성의 인골이 확인되었다.

전실무덤은 장방형 현실, 중앙연도 평면이 다수를 점한다. 정효공주무덤과 허룽 용두산 용해고분군의 8호분과 10호분, 그리고 홍준어장고분군의 2005호, 2267호 무덤이 있다. 허룽 용두산의 정효공주무덤과 용해고분군의 8호와 10호분은 모두 장방형 현실, 중앙연도와 묘도를 가진 지하식 전실무덤이다. 그 중 정효공주무덤과 용해 10호분은 묘탑은 무너졌지만 지상에 묘탑이 있는 무덤이다. 용해고분 8호분은 봉토전실묘로, 전실 천정 위에 청색 전돌과 평기와, 판석을 덮어 방형 평면의 묘역을 만들고, 그 위에 흙을 덮어서 방대형의 분구를 형성하였다.

닝안 홍준어장고분군의 2005호 무덤은 장방형 현실, 중앙연도 평면의 봉토전실분이며, 홍준어장 2267호 무덤은 세장한 장방형 현실, 중앙연도 평면의 봉토전실분으로, 현실은 길이 2.75m, 폭 1.15m로 작은 규모이다. 현실 내에서 관못이 출토되어서 주검은 목관에 안치된 후 매장되었을 것이다.

4) 고분의 전개

발해 고분은 구조와 매장방법이나 장속이 시간에 따른 방향성을 보이지 않으며, 층위상 무덤 간 중복도 두드러지지 않아서 무덤 구조 유형의 선후관계를 판단하기는 쉽지 않다. 부장품 또한 매우 적고, 토기를 포함한 개별 부장품도 형태에서의 변이가 크지 않아서 부장품을 통한 무덤의 연대 추정도 쉽지 않다. 이런 이유로 그동안 발해 고분의 전개는 무덤의 분포 범위와 지리적 위치를 천도와 결부시켜 설명해왔다. 도성 중심의 이러한 연대 추정은 대형분에서는 어느 정도 설명될 수 있지만 중, 소형분의 연대 판단에 그다지 도움이 되지 않는다.

　　발해 고분 가운데 무덤의 주인공과 절대 연대를 알 수 있는 무덤은 정혜공주무덤(780년), 정효공주무덤(793년)과 9대 간왕 순목황후무덤(829년)으로 비정되는 용해고분 3호분이 있다. 이외에도 용해고분군의 12호 무덤은 보고되지 않았지만 문왕(재위 737-793년) 효의황후무덤으로 비정하고 있어서 대략의 연대 비정이 가능하다. 한편 절대연대는 아니지만, 무덤에서 출토된 당나라의 개원통보도 시간에 대한 대략의 정보를 준다. 특히 개원통보는 당나라 초기인 621년(武德 4) 처음으로 주조 발행되었지만, 뒷면에 월문(月紋) 또는 갑문(甲紋)이라고 하는 초생달 모양이 있는 개원통보는 당 중기에 유행한 것으로 보고 있다(徐殿魁 1991). 월문 개원통보는 융지 사리파 27호 토광묘나 대해맹 16호분 토광묘에서 출토되었다.

　　이처럼 시간 판단의 기준이 되는 자료가 충실하지 못하다 보니, 발해 고분의 전개는 통상 발해사의 전개와 결부시켜 해석하는 경향을 띤다. 연구자에 따라서 고분의 전개과정을 전, 후 두 단계 혹은 전, 중, 후 세 단계로 나누어 설명한다. 전, 후 두 단계의 기준은 상경성이 도성이 되는 756년(천보 말년) 또는 794년이다. 즉 756년을 기준으로 전, 후 두 시기로 구분한 경우 구국에서 중경까지의 시기를 전기, 상경 이후를 후기로 나누며, 이 경우 후기를 다시 중후기와 후기로 세분하기도 한다(鄭永振 2003). 794년을 기준으로 한 시기구분은 구국에서 중경, 상경, 동경을 거쳐 다시 상경에 도읍하고 5경 체제가 완비된 794년을 기준으로 전기와 후기로 나눈다. 세 단계로 나누는 입장은 발해의 건국과 구국에서 상경 천도(756년) 전까지를 전기로, 상경에서 선왕(宣王, 재위 818-830년)까지를 중기, 그 후 대이진(大彝震)부터 멸망까지를(830-928년) 후기로 나눈다(劉曉東 1996). 한편, 토기 변천과정을 세 단계로 나누어 설명하고(金太順 1997) 이에 따라 고분도 세 단계의 변천을 겪는다고 설명하기도 한다. 토기를 기준으로 한 경우 1기는 발해 건국 전후한 시기로, 수혈토광묘가 중심이 되는 시기이며, 1기 늦은 단계에 석실봉토분이 등장하여 차츰 증가한다고 보고, 3기는 수혈토광묘가 사라지고 중앙연도의 석실분이 중심이 된다고 설명하면서 2기는 구체적으로 설명하기 어렵다고 하였다. 그런 점에서 볼 때 1기와 2기로 나눈 두 단계는 발해 고분의 전기에 해당되어서 실질적으로 발해 고분은 전, 후 두시기로 구분한 견해와 마찬가지이다. 이외에도 말갈 무덤을 포함하여 말갈 무덤과 둔화 육정산고분군의 토광묘를 발해 전기로 보고, 발해 건국에서 상경(756년)까지를 중기, 이후를 후기로 보아서 발해 고분을 세 시기로 구분하기도 하지만(孫秉根 1994), 이는 발해 건국 이전의 말갈 무덤을 포함한 것이어서 실질적으로는 전, 후 두 단계로 나눈 것과 마찬가지이다.

　　그러나 천도와 고분의 전개를 대응시키기 어려운 것은 둔화 육정산고분군의 정혜공주
무덤(780년)이나 허룽 용두산고분군의 정효공주무덤(793년)과 용해고분군에 자리한 간왕 순
목황후무덤(829년)을 고려해 보면, 도성과 왕릉급 고분군이 꼭 일대일로 대응되지 않기 때문
이다. 정혜공주무덤이나 정효공주무덤의 조성시기는 상경에 1차 도읍을 하고 동경으로 천도
하기 전이므로 두 무덤은 당시 도성인 상경이 아닌 구국이나 중경에 무덤을 쓴 것이 되며, 이
는 순목황후무덤도 마찬가지이다.

　　이처럼 개개 고분의 연대를 구체적으로 알기 어려우므로 발해 고분의 전개는 중심이
되는 무덤과 새로운 무덤의 출현과 소멸, 병존하는 무덤 등을 고려할 필요가 있다. 고분군을
이루는 고분의 구조 유형을 기준으로 발해 고분군은 토광묘만으로 이루어진 고분군, 토광묘
와 석곽, 석실묘로 이루어진 고분군, 석곽묘와 석실묘로 이루어진 고분군, 그리고 석곽, 석
실, 전실묘로 이루어진 고분군으로 나누어 볼 수 있고, 토광묘와 석곽, 석실묘로 이루어진 고
분군과 석곽과 석실묘로 이루어진 고분군은 지역을 달리하며 비슷한 시기에 병존했을 것이
며, 가장 늦게까지 지속된 고분군은 석곽과 석실묘로 이루어진 고분군이다. 그리고 전실묘는
중경도성 시기에 중심지의 석곽, 석실묘로 이루어진 고분군에 등장하였을 것이다(표V-3).

　　고분군의 조성과 분포지를 결부시켜 볼 때, 가장 넓은 분포범위를 보이는 것은 석실과
석곽이 함께 하는 고분군이다. 토광묘로만 이루어진 고분군은 제2송화강 유역과 헤이룽장성
북부 두 지역에 분산 분포되어 있다. 석곽과 석실, 전곽과 전실이 함께 하는 고분군은 허룽
용두산과 닝안 홍준어장 두 고분군에 국한되어 있다. 따라서 토광묘와 석실, 석곽이 함께 하
면서 차츰 토광묘는 사라지고, 전실이나 전곽은 특정 기간 중에 조성되고, 석곽과 석실은 지
속적으로 조성된 것으로 볼 수 있다. 이처럼 발해 고분 전개의 토광묘가 줄어들고, 석곽과 석
실분이 확대되는 방향으로 전개되어서 이를 세분하자면 세 시기로 나눌 수 있다. 그렇지만,
셋째 시기의 고분 자료는 현재로서는 확실하지 않다.

　　첫 시기는 발해 건국을 즈음한 7세기 말부터 상경으로 1차 천도한 8세기 중엽까지의
기간이다. 토광묘로 이루어진 고분군과 석곽과 석실분으로 이루어진 고분군, 토광묘와 석곽
묘와 석실묘로 구성된 고분군이 있다. 토광묘가 중심인 융지 대해맹, 사리파, 위수 노하심상
층, 뤄베이 단결고분군이 발해 건국 이전부터 조성되었을 것이다. 석곽과 석실분으로 이루어
진 고분군을 대표하는 것은 함경도의 회령, 청진, 북청일대 고분들이며, 옛 고구려 영토인 선
양 석대자 산성 부근에서 고분군과 푸순 시가의 일부 석실분은 고구려 말부터 축조되기 시
작하여 발해 건국 이후까지 지속적으로 조성되었을 것이다. 토광묘와 석곽, 석실이 함께 하

전개과정			I	II	III
도성			구국 698　중경 742	상경 756　동경 785	상경 794　926
주요고분				정혜공주묘(780) 정효공주묘(793)	순목황후묘(829)
5경 고분			육정산 용두산 북청	삼릉진 훈춘	
토광묘	순수토광	뤄베이 단결1, 3, 8호 사리파 27호	육정산 II-45호, 　II-111호	사리파18호, 19호, 31호	
	목관·곽	사리파14, 27호 대해맹 노하심상층30호 동청7호, 향수하37, 46호	육정산 I-4호, 　II-74호, 94호	사리파 10호, 13호 육정산 II-126호	
	석개토광		육정산 I-60호 　I-74호 대성자4호	대성자4호, 북대58호	
	위석토광		중평II-4 육정산 I-55호 　I-63호 　I-73호		
석곽 전곽	단독곽	부민1호, 영성고분 사리파2호	육정산 II-3호, II-78, 81호, 발전고분, 북대56호, 용해1호(82) 홍준어장2151, 2157, 2301호	북대21호, 홍준어장2063, 2091호	
	주부곽		육정산 I-16호		
	쌍곽		홍준어장2085호 합전254호		
석실 전실	횡구식	선양 석대자산성 부근 석곽	북대2호, 60호 동청5호, 6호, 8호, 9호, 홍준어장2007호	석장구10호	북대5호(벼루), 11호, 29호
	유사횡혈		육정산 I-13호 　I-14호	육정산 I-17호 홍준어장2322호	홍준어장2014호
석실 전실	횡혈식	장인1호 선양 석대자산성 부근 석곽, 무순 시가 석실	육정산 I-1, 34호 북대1호, 동청1호, 3호, 4호, 사리파42호, 용해13,14호, 홍준어장2014, 2262호	육정산 I-6호, II-1, 6, 7, 15호, 대성자1호, 전전자1호, 동청2호, 북대35호, 용해2, 10호, 삼릉둔1, 2호, 홍준어장2001, 2005, 2121, 2254호	용해3호 홍준어장2024, 2034, 2180, 2184호

는 고분군을 대표하는 것은 육정산고분군이다. 상한 시기를 알 수 없지만, 첫 시기를 대표하는 고분군은 토광묘와 석곽, 석실묘가 병존하는 둔화 육정산고분군이라고 할 수 있으며, 육정산 I-3호분은 분구 위 건축이 있는 다곽식 토광목관묘로 이 시기를 대표하는 대형분이다. 정혜공주무덤으로 미루어 육정산고분군은 둘째 시기 시기에도 지속적으로 능역으로서 그 위상이 유지된 것으로 보인다. 지방 고분군 중에서 지역색을 보여주는 횡구, 횡혈식의 석실과 함께 계단적석분구, 기단봉토분구가 병존하는 안투 동청고분군은 고구려 멸망 이후 커다란 변화없이 지속적으로 축조되었을 것이다. 동청고분군의 기단봉토분구나 계단적석분구 축조 방법은 둔화 육정산고분군의 위담봉토분 또는 봉토석장석실과 유사하므로, 육정산고분군과 비슷한 시기로 비정된다. 분구 축조에 돌을 사용하는 것은 선양 석대자산성 부근의 석실에서도 관찰되어서 고구려 멸망 이후 유민와 관련지어 볼 여지가 있다.

둘째 시기는 1차 상경성에서 동경으로 천도하였다가 다시 상경으로 다시 천도하기까지의 기간이다. 석곽과 석실로 이루어진 고분군이 중심이 되며, 여기에 전곽과 전실이 더해진다. 허룽 용두산고분군, 북대고분군에서는 횡혈식 장법의 석실이 중심이다. 조사·보고예가 많은 것은 아니지만 용두산고분군과 홍준어장고분군에서는 벽돌이 축조재료로 사용되어서 벽돌로 축조하고 돌로 천정을 덮는 등의 축조재료에서의 혼용도 있었다. 이 단계를 대표하는 대형분은 지상의 건물과 묘탑을 가진 고분이다. 지상 건물은 닝안 삼릉둔 1호분과 허룽 용해 13·14호분 등 2기이다. 지상의 묘탑은 이 시기에 처음 등장한 것으로 볼 수 있다. 허룽 용두산 정효공주무덤과 용해고분군의 10호분 그리고 훈춘 마적달탑묘 등도 둘째 시기로 볼 수 있다. 삼릉둔 1호분은 석실이고, 정효공주무덤은 전실무덤이며, 용해 13·14호는 전곽무덤이어서 지상의 구조물과 매장부 구조나 축조재료의 상관관계는 두드러지지 않는다. 횡혈식 장법의 석실분이나 석재를 일부 혼용한 전실 또는 전곽분은 도성 주변에서 축조되며, 지방에서는 토광묘와 석곽(관), 유사횡혈식 석실분이나 석실분이 병존한다.

셋째 시기는 두번째 상경성 시기이지만(794-926년), 실질적으로 발해가 차츰 쇠퇴하기 시작하는 9세기 중엽의 대이진(大彝震, 831-857년)대부터라고 할 수 있다. 묘상 건축이 있거나 묘탑을 가진 대형분은 확실하지 않다. 삼릉둔 일대가 능역으로서 기능했을 것으로 추정되지만 9세기 중엽 이후의 대형분은 상경성 일대에서 확실하지 않다. 다만, 북대의 5호나 11호 무덤에서 출토된 풍자연이나 화형(花形) 청동거울로 요대 혹은 고려시대에서 사용되었던 것과 유사한 형태이므로 발해의 가장 늦은 단계 무덤으로 추정해 볼 수 있다.

4. 매장과 장속

발해 고분에서 주검 처리, 동일 매장 공간에 안치된 주검의 수와 주검의 안치 횟수 등 매장방식은 정형화된 양상을 띠지 않는다. 매장방식은 매장부 구조와 서로 대응되지 않아서 통상 1인 1회로 매장을 마감하는 수혈식 구조임에도 여러 차례에 걸친 다인합장이 행해지기도 하며, 추가합장이 가능한 횡혈식 석실의 경우도 여러 방식으로 처리된 주검이 합장되기도 한다. 이렇듯 다양한 양상의 매장방식과 장속을 고구려, 말갈, 옥저 등 주민 구성의 다양성으로 해석한다(정영진 2006).

1) 주검안치와 장구(葬具)

장구는 넓은 의미에서 장례에 사용되는 여러 도구를 의미하지만, 좁은 의미로는 관(棺), 곽(槨) 등 주검이 직접 안치되는 상자, 또는 용기를 의미한다. 발해 고분에서 주검이 안치되는 장구는 목관이나 목곽 그리고 석관이 있다. 목관이나 목곽은 철제 관못이나 꺾쇠, 관고리 또는 목질흔을 통해서 확인할 수 있지만, 발해 무덤에서 목관이나 곽의 잔존 예는 많지 않다. 허룽 용두산 용해고분 13·14호 무덤은 목관에 주검이 안치된 전곽무덤이며, 정효공주무덤(석실)이나 정혜공주무덤(전실)에서도 목관이 사용되었다.

석관은 함경북도 청진 부거리 일대나 함경남도 북청 일대의 횡혈식 석실에서 주로 확인된다(도V-24). 석관은 대개 얇은 판상석으로 축조되며, 대부분의 석관에서 덮개돌이 확인되지 않았다. 보존상태가 완전하지 않아서 일반화시킬 수는 없지만, 보고된 내용을 미루어 볼 때 석실 내 안치된 석관은 뚜껑돌을 얹지 않았을 것으로 추정된다. 석관은 대개 판상석으로 바닥과 네 벽을 세우지만, 바닥없이 벽만 세운 것도 있다. 석관은 길이 2-2.4m, 너비 0.6-0.9m 정도이며, 높이는 0.4-0.6m 내외이다. 대체로 방형 현실의 경우 양쪽으로 나뉘어 두 기의 석관이 놓이고, 장방형 석실에는 석관이 한 개 놓이는 경향을 띠지만 석실내 석관의 수와 석실 평면형 간의 상관관계는 보이지 않는다.

석실 내 석관의 안치 양상은 동일 고분군 내에서도 세부적인 차이가 있다. 가령, 부거리 다래골고분군에서는 조사된 석실의 대부분에서 석관이 확인된다. 다래골 1호 무덤은 거의 원형에 가까운 현실과 중앙연도 석실로, 석실 내 바닥에 잔돌을 깐 다음 바닥과 벽석을 갖춘 석관이 놓인다(도V-18-2). 석관은 길이 2.44m, 너비 0.88m, 높이 0.6m 크기이다. 다래골 4호 무덤은 말각방형 현실의 중앙연도 석실로 연도를 기준으로 좌측에는 판상석을 세운 석

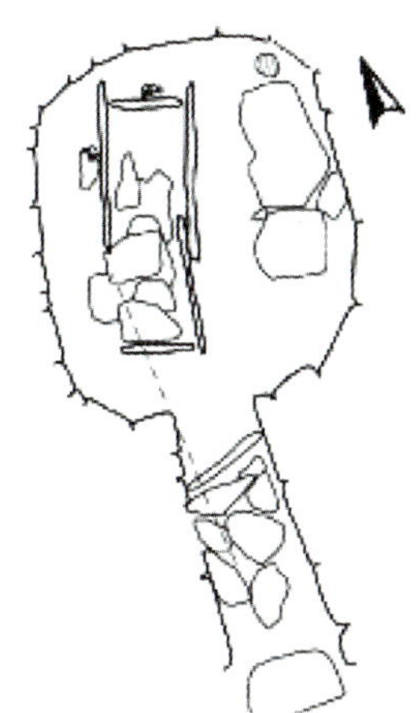

부거리 다래골4호 석실 내 석관

궁심2-19호 관대

궁심4-5호 관대

도 V-24   석관과 관대(동북아역사재단 2011 ; 2015)

관이 있고, 우측에는 바닥돌만 깔려있다. 좌측 석관은 길이 2.12m, 너비 0.68m, 높이 0.6m 크기이며, 보고자는 우측의 바닥돌은 석관을 만들다 중지한 것으로 해석한다(동북아역사재단 2011:48). 다래골 5호 무덤은 말각장방형 현실, 오른쪽으로 치우친 연도의 석실로 석실 중앙에 바닥과 네 벽을 판상석으로 만든 석관이 하나 놓여 있다. 석관은 길이 2.1m, 너비 0.65-0.69m로 북쪽보다 입구 방향인 남쪽이 약간 넓고, 높이는 0.47-0.52m이며, 석관의 덮개돌은 확인되지 않았다. 다래골 7호분의 석관은 양 장벽만 세워져 있고, 다래골 8호분에는 네 벽만 세운 석관 하나가 놓여 있다. 이외에도 사이벽이 매장공간과 부장공간을 분리하기도 한다. 다래골 9호 석실은 원형에 가까운 현실, 중앙연도 무덤으로 연도를 기준으로 양 장벽 가까이 석관 두기가 놓여있는데, 두 기의 석관은 매장과 부장공간이 분리된 것으로, 무덤입구 쪽으로 부장칸이 있다.

장구는 알 수 없지만, 주검 안치와 관련된 시설로 관대가 있다(도V-24). 철제 관못이 출토되어서 목관이 놓였던 관대로 추정된다. 발해 무덤에서 주검 안치시설로서 관대는 보편적 시설은 아니며, 주로 횡혈식 석실에서 확인된다. 대부분의 관대는 돌로 만들었지만, 벽돌무덤인 경우 벽돌로 관대를 만들기도 하며 벽돌로 만든 관대는 정효공주무덤에서 확인된다. 관대는 석실 내 한 개 혹은 두 개가 놓이는데, 함경북도 회령 궁심고분군의 2지구 15호분이나 19호분 또는 4지구 12호분과 27호분은 장방형 현실, 오른쪽으로 치우친 연도 석실로, 관대는 연도가 있는 반대 방향 즉 좌측 장벽에 붙여서 쌓았다. 크기는 대략 길이는 2m, 너비는 0.8m이고 높이 0.5m 정도이어서 관대의 너비로 보아서 관대에는 목관 하나만이 놓였을 것이다. 궁심 4지구 5호분은 말각방형 현실, 중앙연도 무덤으로 연도를 기준으로 좌, 우 장벽쪽으로 두 개가 나란히 배치되어 있다. 관대의 이러한 배치 양상은 고구려 석실분에서도 관찰되는 양상이다. 한편 전실인 정효공주무덤에서는 장방형 현실 중앙에 벽돌로 만든 관대가 하나 놓여 있다. 관대는 수리되어서, 처음에는 너비 1m였으나 수리되면서 너비가 넓어졌다(延邊朝鮮族自治州博物館 1982). 수리된 관대는 길이 2.4m, 너비 1.45m, 높이 약 0.4m 크기로 미루어 목관 2기가 안치되었을 가능성도 있다.

2) 주검 처리와 매장

주검 처리 과정은 1차장과 2차장으로 나눌 수 있다(도V-25).

1차장은 주검을 직접 안치하거나 목관(곽), 석관 등의 장구를 이용하여 안치하는 경우이다. 확인된 자료에 의하면 주검은 주로 몸을 펴서 묻은 신전자세이며, 측신이나 부신, 굴신

자세는 드물다. 1차장은 노하심상층 17호 목관묘나 사리파 13호 목곽묘에서 확인되며, 1인이 신전자세로 안치되었다 이 두 무덤은 토광 내에서 화장한 번소가 있었다. 투먼 양수과원 1호 석곽묘에서도 1인이 신전자세로 안치되었으며, 룽징 부민 1호 무덤은 석곽 내에 1인이 안치된 목관이 있어서, 매장부는 목관·석곽의 2중 구조이다. 석곽 내에서는 단인장 외에도 2인 이상의 다인합장이 확인되기도 한다. 허룽 북대 21호 석곽묘에서는 2인이 나란히 안치된 1차장이며, 35호 석실에서는 남자가 오른쪽, 여자가 왼쪽에 나란히 합장된 1차장 무덤이다.

2차장은 육탈된 뼈를 추려서 매장하는 것이다. 육탈의 과정은 현재로서는 알 수 없지만, 두 가지 경우가 상정된다. 하나는 추가로 합장하면서 먼저 매장되어서 육탈된 주검의 뼈를 추려 동일 매장 공간에 안치하거나, 다른 매장 공간으로 천장하는 것이다. 매장부가 빈 공간인 경우 천장 과정을 거친 것으로 추정해 볼 수 있지만, 2차장된 대부분은 1차장에서 어떤 과정을 거쳤는지는 구체적으로 알 수 없다.『수서(隋書)』고구려전(高句麗傳)의 '죽은 자를 집안(屋內)에서 빈(殯)한 후 3년이 지나 길일을 택하여 매장한다'는 기록을 고려해 볼 때 빈한 장소에서 육탈과정을 거쳤을 가능성을 생각해 볼 수도 있지만, 이 경우 빈 기간이나 빈한 장소를 알 수 없어서 더 이상 추정하기 어렵다. 한편, 육탈이 행해진 장소가 무덤일 가능성도 있는데, 천장이 그러한 예가 될 것이다. 발해에서 주검 처리에서 육탈과정을 거친 2차장은 여러 무덤에서 확인된다.

육탈 과정으로 상정되는 보편적인 장속으로 들 수 있는 것은 화장이다. 주검을 화장하여 뼈를 추려 매장하는 간골장은 화장의 대표적인 예로, 화장 절차는 고고학 자료로 남지 않아서 구체적으로 알 수는 없다. 발해 무덤의 보편적인 화장과 다른 형태의 화장은 무덤 내에서 주검을 안치한 후 불을 태우고 흙을 덮어 매장을 마감한 것이다. 주검의 매장절차의 한 과정으로 행해진 것으로 2차장으로서 화장과 구별하여 번소 또는 화소(火燒)로 부르기도 한다 (魏存成 2008). 번소나 화소가 2차장 전에 행해진 육탈 과정일 가능성을 배제할 수는 없지만, 번소된 상태로 확인된 무덤이 적지 않아서 번소를 모두 육탈과정이라고 단정지을 수는 없다.

육탈 과정의 행위를 구체적으로 설명할 수 없지만, 2차장된 인골은 두개골과 사지뼈를 한곳에 모아놓기도 하고, 매장공간에 분산 안치하기도 하며, 두개골을 중심으로 한 개체분의 인골을 모아놓기도 하고, 여러 개체의 인골을 한 공간에 모아놓기도 한다. 닝안 홍준어장의 2035호 석실에서는 인골 3개체를 한곳에 모아놓았고, 둥닝 대성자 1호분에서는 현실 내 북쪽으로 격벽으로 구획된 공간에는 2차장된 인골이 모여있다. 이처럼 2차장의 경우 복수에 걸친 다인합장이 다수이며, 그 중에는 1차장과 2차장이 함께 하기도 한다.

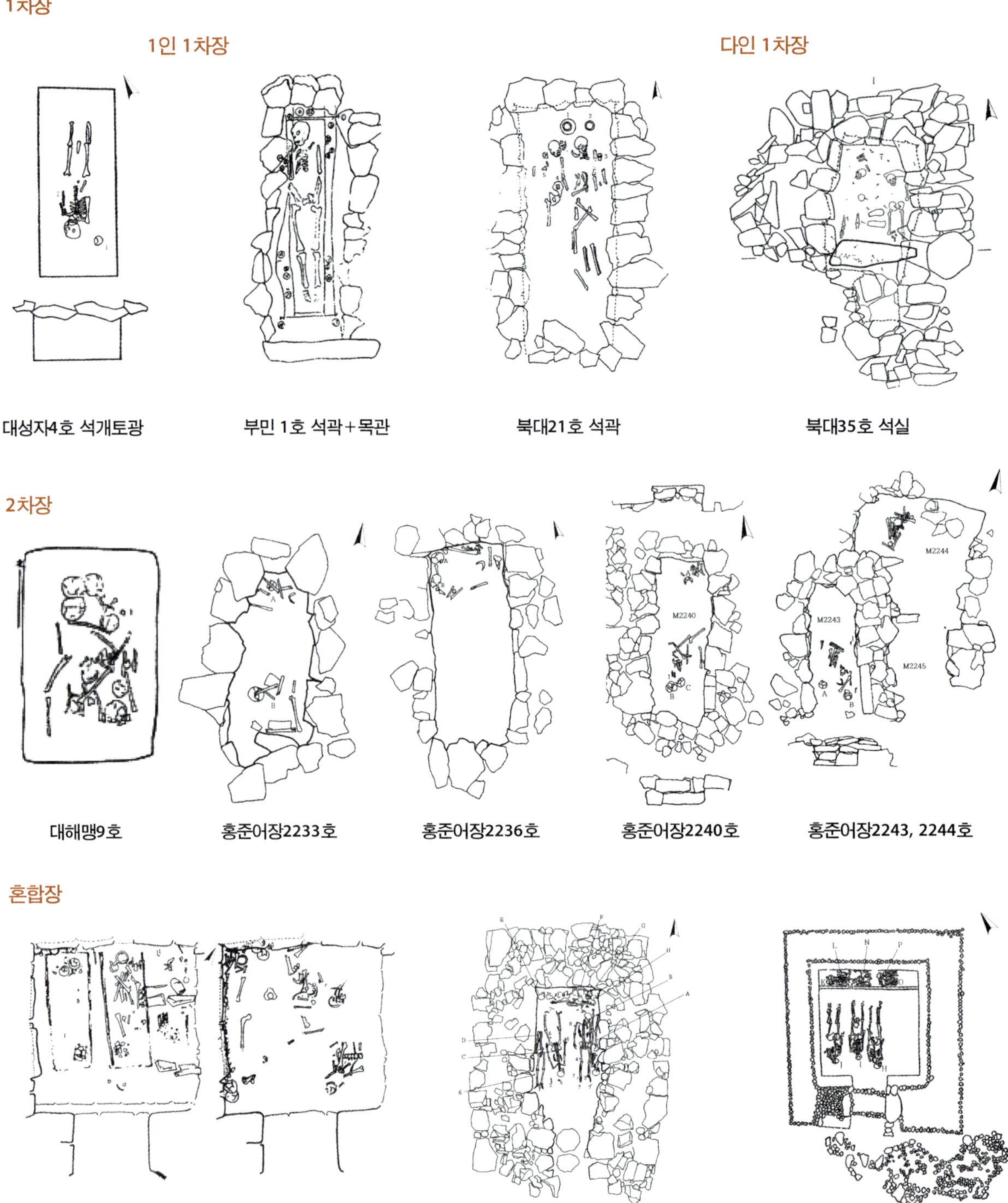

도V-25   매장유형(중앙문화재연구원 2014a, b)

3) 매장유형

주검의 수와 주검 처리와 매장과정을 고려해 볼 때 발해 고분의 매장유형은 몇 가지로 나누어 볼 수 있다(도V-25). 주검의 수는 1인장, 2인장, 그리고 3인 이상의 다인합장으로 나누어 볼 수 있고, 주검 처리와 매장은 직접 안치하는 1차장과 육탈 과정을 거쳐 매장하는 2차장으로 나눌 수 있다. 1인장의 경우 1차장이 2차장보다 다수를 점하지만, 3인 이상의 다인합장은 1차장보다는 2차장이 많은 비중을 점한다. 몇 차례에 걸쳐서 주검을 안치했는지는 확실히 알 수 없지만, 1회로 매장이 마감되는 1회장 외에도 동일 매장공간이나 동일 분구 내에서 수 차례에 걸쳐 여러 사람이 합장되는 경우도 있다. 여러 개체의 인골이 한곳에 모여 있는 경우 천장되거나 간골된 인골을 동시에 매장했을 가능성도 있지만, 몇 차례에 나누어 매장이 이루어졌을 수도 있다. 몇 차례에 걸친 매장인지는 확정하기 어렵지만, 주검은 두 차례 이상 안치되었음은 상정된다. 따라서 주검 처리 절차의 여부에 따라서 1차장, 2차장, 그리고 1차장과 2차장이 함께 행해진 혼합장으로 대별할 수 있다.

(1) 1차장

1차장은 1인 1회로 매장이 마감되는 단인장, 그리고 분구나 묘광을 공유하는 동분이혈합장 또는 동분동혈합장의 2인장, 그리고 복수의 주검이 동실에 추가 합장되는 다인장이 있다.

1인 1회로 매장이 마감되는 경우는 토광묘와 석곽(관)묘에서 주로 확인되며, 드물지만 석실에서도 확인된다. 토광묘의 경우 안투 동청 7호분은 기단 봉토분과 중복관계를 갖는 무덤으로 여기서는 토광 내에서 주검을 태운 번소행위가 관찰된다. 둥닝 대성자 4호 무덤은 석개 토광묘로 보고하였지만, 철제 관못으로 미루어 목관에 주검을 신전자세로 안치하였을 것이다. 룽징 부민 1호 석곽묘는 목관에 1인이 안치된 후 석곽에 안치되었다. 홍준어장 고분군에서 1인 1차장은 석관, 석곽, 석실묘에서 모두 관찰된다. 홍준어장 2251호, 2289호, 2341호 석관묘, 2215호 석곽묘, 2246호 석실묘가 1차장된 1인 무덤이다. 2215호 석곽묘에서는 주검은 앙신직지 자세로 매장되었고, 2246호 석실에서는 남쪽(입구쪽)에 머리를 둔 신전직지 자세로 1인이 안치되었으며, 추가로 합장이 이루어지지 않았다.

1차장이면서 2인이 안치된 2인장도 있다. 추가합장에 의한 2인장은 주로 석실에서 확인되지만, 횡구식의 석곽묘에서도 확인된다. 허룽 북대고분군의 21호 석곽과 35호 석실은 1차장된 주검의 다인합장 무덤이다. 하이린 산저자1호 무덤은 장방형 현실, 오른쪽으로 치우친 연도 석실로 연도 쪽인 남쪽에 머리를 두고 신전 자세의 2인이 나란히 안치되었고 각각은 석실 내에서 출토된 철제 관못으로 미루어 목관에 안치되었음을 알 수 있다. 닝안 홍준어장의 2229호 석실에서는 입구 쪽에 머리를 둔 남, 녀가 신전자세로 안치되었다. 45세 전후의 남성이 중앙에 안치되고 남성의 오른쪽으로 성인 여성이 안치되었다. 한편, 별개의 묘광을 가졌지만 동일 분구 내에 합장된 둔화 육정산 II-74호 무덤은 목곽묘이며, 번소된 인골과 불에 탄 흔적이 있는 목곽으로 미루어 1차장 후 번소 행위가 있었던 것으로 추정된다. 이와 유사한 양상은 육정산 I-73호에서도 관찰된다.

2차장은 1인인 1회로 매장이 마감되는 단인장이나, 분구나 묘광을 공유하는 동분이혈합장 또는 동분동혈합장의 2인장, 3인 이상의 다인장이 있다. 2차장의 다수를 점하는 것은 3인 이상의 다인합장이다.

2차장된 1인 매장은 보편적인 매장방식은 아니다. 허룽 북대고분군에서는 54기 무덤 중 48호 무덤 한 기만이 성별 불명의 1인이 2차장 되었다. 1인의 2차장은 닝안 홍준어장고분군의 석곽묘에서 확인되며, 드물지만 동실합장이 가능한 석실임에도 1인이 안치된 예도 있다. 홍준어장 2231호 석곽묘에서는 사지뼈로 추정되는 인골이 북쪽에 모여 있고, 인골 가까이에서 철제 관못이 출토되어서 간골된 뼈를 목관이나 목제 상자에 담아 매납했을 가능성을 생각해 볼 수 있다. 홍준어장 2232호 석곽묘에서는 2차장된 남성 1인이 매장되었고, 홍준어장 2233호에서도 2차장으로 간골된 1개체분의 인골이 두 부분으로 나뉘어 매장되었다.

동분이혈이나 동분동혈 무덤에서 2인이 2차장된 예는 매우 드물다, 홍준어장 2239호 석실에서는 장방형 현실의 동북쪽 모서리에 성인 남녀 인골이 모여 있고, 현실의 나머지 공간은 비어있다. 장방형 평면의 석곽묘인 홍준어장 2236호 무덤에서도 북쪽에 남성 인골 두 개체분이 모여 있고, 나머지 공간은 비어있다. 석실이나 석곽의 빈공간은 추가 매장을 위한 공간인지 또는 모여있는 인골이 육탈되어 옮겨진 것인지 알 수 없다.

2차장만으로 3인 이상이 매장된 무덤은 적지 않다. 석실분으로 이루어진 하이린 양초구 101호 석실은 2차장된 3인이 안치되었고, 107호 석실은 3-4인이 안치되었다. 나란히 병렬배치된 201호, 202호와 206호 석실은 4-5인 또는 5-6인이 안치되어서 양초구고분군은 다인합장의 집단 묘역임을 시사한다. 홍준어장의 2240호 석실은 장방형 현실 북쪽에 여성 1인 개체의 인골을 모아놓았고, 남쪽으로 남성으로 추정되는 2개체 인골이 자리한다. 이외에도 홍준어장 2243호, 2244호, 2250호 석곽묘도 3인이 유사한 방식으로 매장되었다. 홍준어장 2216호 무덤에서는 남녀 각 2인씩 4개체분의 인골이 안치되었는데, 확인된 인골은 두개골과 사지뼈로, 현실 북벽은 남성, 서장벽쪽 중간과 남쪽에 남성과 여성 각 1인, 그리고 남벽의 입구 중앙은 남성이다.

(3) 혼합장

혼합장은 1차장된 인골과 2차장된 인골이 동일 공간에 매장된 경우로 발해 고분에서 가장 많이 확인되는 매장유형이다. 다인합장무덤이 주로 이 경우에 해당된다. 다인합장은 동일 평면상에서 이루어지지만, 층을 나누어 이루어지기도 한다.

평면상에서 행해진 다인합장 무덤 가운데 2차장은 추가로 합장된 인골에서 확인된다. 닝안 홍준어장고분군의 2217호와 2219호, 2242호 석곽묘에서도 1차와 2차장이 혼합되었다. 1차장과 2차장의 주검이 함께 매장된 대표적인 예로 닝안 대주둔1호 무덤을 들 수 있다. 대주둔1호 무덤은 석실 내에서 8개체분의 인골이 확인되었다. 1차장 인골은 4구로, 신전자세로 현실의 중앙에 있는 두 구와 이를 중앙에 두고 동벽과 서벽 쪽으로 각각 한 구씩 안치되었다. 중앙에 있는 두 구는 앙신직지 자세의 중년 남성이며, 인골 주변에서 철제 관못이 확인되어서 각각은 목관에 안치된 것으로 보인다. 동쪽에 있는 인골은 중앙의 인골과 머리 방향을 달리한 측신직지 자세이고, 서쪽에 있는 인골은 두개골이 없는 성인 여성이다. 이처럼 중앙에 앙신직지 자세의 인골을 묘주로 보고 이와 짝을 이루며 머리 방향을 달리하는 인골을 묘주에 종속된 것으로 해석하기도 한다. 2차장된 인골은 석실의 북쪽에 1차장된 인골과 직교하여 안치되었다. 천장을 거친 2차장으로서 4구의 인골이 확인되었다.

층을 나누어 매장된 다인합장으로, 둥닝 대성자 1호분을 들 수 있다. 대성자 1호분은 방형 현실, 중앙연도 석실로, 석실 내에서 16개체분의 인골이 확인되었다. 먼저 3인이 신전자세 안치되었고, 주위에서 소토와 불에 탄 목관재 등이 확인되어서 무덤 내에서 번소가 이루어졌음을 알 수 있다. 층을 나누어 매장한 것은 현실 북쪽으로 연도 방향과 직교하게 칸막이벽에 의해 만들어진 공간에서 확인된다. 구획된 공간 내에는 천장을 거친 2차장된 인골 6구가 안치되었고, 그 위로 다시 7구의 인골이 안치되었는데, 그 중 3구는 목관에 넣어 화장하였고, 4구는 천장을 거친 2차장이다. 이외에도 안투 동청 1호분에서는 17개체분의 인골이 층이 나뉘어 안치되었는데, 아래층에서는 3개의 목관이 놓이고, 목관 내에는 3인 또는 2인이 안치되었다. 그 위에 흙을 덮은 후 2차장된 인골을 1개체분씩 모아서 안치하여 총 10개체분이 확인되었다. 이외에도 동청 4호분은 하층에서는 1인이 목관에 안치된 1차장이고, 상층에서는 2차장된 2인이 안치되었다.

이처럼 발해 고분에서 합장된 주검은 1차장보다는 2차장이 다수를 점하며, 1차장과 2차장이 혼합된 다인합장이 유행하였는데 다인합장에 대해서는 여러 해석이 있다.

먼저, 둥닝 대성자 1호분의 예로 순장으로 보기도 한다. 대성자 1호분의 현실 뒤편의 벽을 세워 구별된 공간에서 간골되어 모여있는 피장자를 현실 내 신전자세의 인골과 구별하여 순장자로 해석한 것이다(송기호 1984). 통념적으로 고고학에서 순장은 매장에서의 동시성을 전제로 하므로 대성자 1호 석실 뒤편에 간골되어 모여있는 2차장된 피장자를 순장자로 일반화시키기는 어렵다.

다음으로 다인합장을 가족장으로 해석하는 것이다. 동일 묘역의 무덤에서 1차장, 2차장, 1차장과 2차장이 혼합장이 함께 하고, 그 중에는 주검이 확인되지 않는 천장된 무덤도 포함되어 있는데, 이를 혈연에 근간한 가족장의 성격을 띤다고 보고(魏存成 1981; 방학봉 1992), 혈연에 근간한 원시사회의 가족장의 유습으로 해석하였다. 한편, 2차장된 인골 중에는 노비 신분도 포함되었을 개연성이 있다고 보기도 한다(孫秀仁 1980). 또한 많은 인골이 확인되는 경우 순장보다는 배장일 가능성이 있다고 보아서 다인합장은 혈연관계를 가진 가족장이지만 합장된 피장자 중에는 부곡, 노비 등의 신분을 가진 자가 사후 가족의 일원으로 주인 무덤에 천장되었을 가능성도 있다고 하였다(정영진 2006).

4) 장속과 묘실벽화

(1) 귀장(歸葬)

귀장은 타향에서 죽은 사람을 고향에서 장사지내는 것으로 발해 고분에서 귀장이 관심이 된 것은 둔화 육정산고분군의 정혜공주무덤(780년) 발견이 계기가 되었다. 정혜공주무덤이 조성된 시기는 상경에 도읍을 하였던 시기여서 정혜공주를 귀장하여 구국에서 장사지낸 것으로 생각하게 되었고 발해에 귀장제도가 있었다고 보았다(王俠 1985).

그러나 이후 중경의 중심인 허룽의 용두산고분군에서 정효공주무덤(793년)이 조사됨에 따라서 정효공주는 구국에서 장사지내지 않았음이 확인되었다. 귀장하지 않았음은 최근 조사된 정효공주무덤 부근의 용해고분군에서도 확인된다. 용해고분군의 12호분은 3대 문왕 효의황후무덤으로 비정되었고, 3호분은 9대 간왕 순목황후무덤(829년)으로 비정되었다. 효의황후의 몰년은 알 수 없지만 모두 상경에 도읍했을 시기에 조성되었을 것이므로 구국에 귀장했다고 볼 수 없다.

뿐만아니라 상경성 부근의 닝안 삼릉둔에서 왕릉급 무덤으로 보는 삼릉둔 1호와 2호분도 귀장을 보편적인 장속이라고 보기 어렵게 한다. 그렇지만 가장 긴 기간 도성으로 자리하였던 상경성 부근에서 삼릉둔 외에 능역으로 볼 수 있는 고분군이 확실하지 않고, 동경 용원부 일대에서도 능역으로 볼 수 있는 고분군이 확인되지 않아서, 귀장을 일률적으로 적용하기는 어렵지만, 발해 고분 연구에서 귀장의 가능성도 열어두고 살필 필요는 있다.

(2) 번소와 동물순생

번소는 주검을 안치한 후 불을 지펴 태운 후 흙을 덮어 매장을 마감한 것으로 2차장으로서의 화장과는 구별된다. 주검이 안치된 매장부에서 이루어지는 화장은 인골의 불에 탄 흔적만으로는 판단하기 어렵고, 인골과 함께 목관이나 목곽이 불에 탄 흔적, 또는 불에 탄 충전토 등이 발견됨으로써 확인된다.

번소는 융지 대해맹이나 사리파 그리고 위수 노하심상층의 토광묘계 무덤과 둔화 육정산고분군 등에서 관찰되며, 룽징 부민 1호 석곽묘나 허룽 북대 35호 석실, 닝안 홍준어장 고분군의 석실에서도 관찰된다. 그러나 석실분에서 번소는 보편적인 현상은 아니다.

번소는 고구려 고분에서는 횡혈식 장법의 무덤이 등장하면서 확인되지 않는 장속이어서 발해 고분의 번소를 고구려와 직접 연결시킬 수는 없다. 오히려 번소가 주검을 매납한 후 행해진 북방민족 사이에서 유행했던 보편적으로 장속의 하나인 점을 감안해 볼 때 말갈 장속으로서 번소가 지속된 것으로 볼 수 있다(鄭永振 2003). 이외에도 2차장하기 전의 육탈을 위한 화장으로서 번소의 가능성도 고려해 볼 수 있다.

발해 고분에서 동물 순생은 잘 드러나지 않는다. 1959년도 둔화 육정산고분 조사시 I-5호분에서 인골과 말뼈가 출토되었고, 2004-5년 조사 시 무덤의 동남부 풀을 제거하는 과정에서 말의 하악골과 치아 여러 점이 출토되었다는 것으로 보아서 분구 중에서의 말 순생이 있었음을 유추할 수 있다. 안투 동청 9호 무덤에서도 말뼈가 출토되었다고 하지만 출토 상황은 자세하지 않다. 한편, 하이린 이도하자 4호분의 좌우 측실에서는 말 이빨이 출토되었고, 융지 사리파 15호분에서는 말머리가, 헤이룽장성 뤄베이현 단결 토광묘 1호와 7호에서는 돼지 머리뼈가 출토되었고, 황가외자 토광묘에서도 말의 턱뼈와 치아가 출토되었다. 이외에도 헤이룽장성의 동인유적과 연해주에서 말과 돼지뼈가 출토되었고, 함경북도 청진 룽산동 4호분에서는 분구에서 말뼈, 개뼈와 함께 토기가 출토되었다.

동물 순생이 발해 무덤에서 보편적으로 관찰되지는 않지만, 일부 무덤에서 말뼈가 출

토된 것을 『구당서(舊唐書)』 말갈전(靺鞨傳)의 '타고 다니던 말을 죽여 무덤 앞에서 제사를 지
낸다'는 기록과 결부시켜 말의 순생 습속이 발해 초기까지 지속된 것으로 해석하기도 한다
(정영진 2006).

이외에도 분구에서의 매장의례도 관찰된다. 둔화 육정산 206호분에서는 대구와 과판
이 분리되어 석실의 동남부와 서남부 봉토에서 출토되었으며, 석실 내 충전토에서 청동방울
이, 봉토에서는 구슬이 출토되어 매장의례와 관련이 있을 것으로 추정되는데(吉林省文物考古
研究所 1997), 이러한 현상은 육정산 207호분에서도 관찰된다.

(3) 묘실벽화

묘실 벽화는 함경북도 화대 금성리 벽화분(김종혁·김광남 1992)과 닝안 삼릉둔 2호분(黑
龍江省文物考古研究所 1992), 허룽 용두산고분군의 정효공주무덤에서 확인되었다(延邊朝鮮族自治
州博物館 1982)(도V-26). 이외에도 둔화 육정산 I-6호 무덤에서는 벽화편이 화문전과 함께 출
토되었다고 하나(吉林省文物考古研究所 외 2012), 그 내용이 보고되지 않아서 알 수 없다.

정효공주무덤 벽화의 주제는 인물이다. 그림은 종이에 그린 초벌그림을 벽에 붙인 후
바늘과 같은 도구로 벽에 그림을 베낀 후 초벌그림을 떼어 낸 다음에 선을 따라 윤곽을 그리
고, 채색하는 방식으로 그렸다(전호태 1999). 벽화는 현실과 연도의 벽에서 검출되었다. 현실
벽에는 서벽과 동벽에 각 4명의 인물을 그렸다. 왼벽의 인물은 시위와 내시로, 오른쪽 인물
은 시위와 악사이다. 연도에는 양벽에 문지기 한 명씩 배치하였다.

삼릉둔 2호분의 벽화는 인물과 꽃무늬이다. 무덤은 잘 다듬은 현무암으로 축조된 석실
로, 벽화는 현실벽과 천장, 연도에 백회를 바른 후 그렸다. 현실 벽에는 서 있는 인물을 그렸
고, 인물 중에는 여성이 많다고 한다. 현실 천장의 고임돌 아래면과 옆면에 꽃을 그렸다. 꽃
은 흰색 바탕에 노란색이며, 만개한 꽃을 중심으로 작은 꽃을 배치하였다(黑龍江省文物考古研
究所 1992).

금성리 벽화분은 현실 벽에 점토와 백회로 틈새를 메우고 벽면에 백회를 바른 후 그렸
다. 벽화는 현실에서만 확인되며, 연도에서는 확인되지 않았다. 벽화는 현실의 천장과 벽이
무너지면서 떨어지고 훼손되어서 흔적만 희미하게 남아있다. 벽화의 주된 내용은 인물풍속
으로 현실 북벽의 동쪽 하단에서 서있는 인물의 다리부분이 남았다. 떨어진 벽화편 중에서
새, 구름, 연화대 위에 있는 신선 등이 확인되었다(최응선 2005).

정효공주무덤 현실벽화

닝안 삼릉둔2호분 현실벽화

금성리 벽화분

도 V-26   발해의 묘실벽화 각종

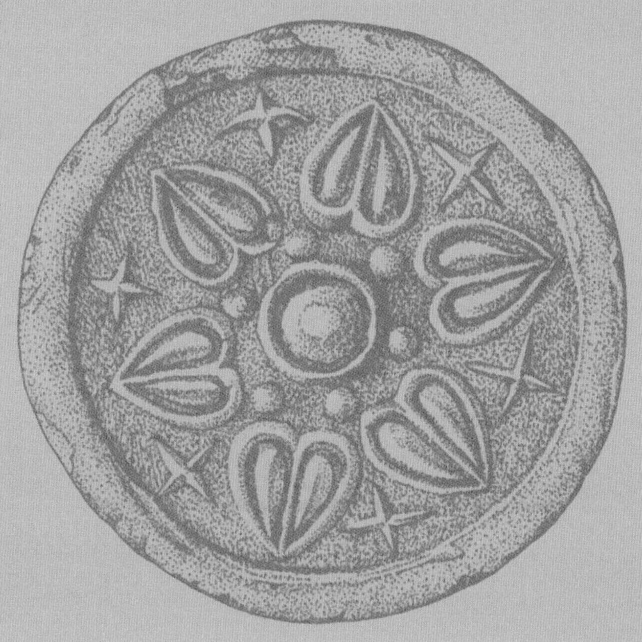

VI

유물

주지하듯 발해의 건국을 주도한 집단은 고구려 유민이었으며, 지배계층 역시 고구려 후손이었지만 피지배계층은 말갈족이 주를 이루었다. 또한 발해의 영역도 만주와 연해주 및 한반도 북부의 함경도 일원에 이르는 광대한 지역으로 초기의 도읍인 구국지역을 포함 5개의 수도가 있는데, 남경이 위치한 두만강 유역과 함경도 일원의 주민은 고구려계가 주를 이루는 반면 연해주 일원은 말갈족이 주민의 대부분을 차치하고 있다. 때문에 발해의 문화는 고구려문화 중심의 상층문화와 말갈문화 중심의 하층문화로 대별되며, 주민의 구성에 따른 지역적인 차이도 크게 나타나고 있다. 또한 발해의 행정구역은 5경·15부·62주로 운영되었는데 해당 지역의 위상에 따라 출토 유물의 종류와 수량 및 질에 있어서 차이가 있다. 한편 건국 초기에는 고구려 문화가 주축을 이루지만 당나라식의 문물제도가 정비되면서 당나라 문화 요소가 강하게 반영되기도 한다. 이러한 복잡한 상황은 물질문화에도 반영되었는데, 고분과 성곽, 궁궐 등 유적 뿐만아니라 유물에도 그대로 나타난다. 그럼에도 불구하고, 온돌과 연화문와당, 소조불상 및 일부 기종의 토기류 등은 후기까지도 고구려 문화 요소가 강하게 유지되고 있다. 그밖에 입체적인 귀면와(용두), 문자기와, 기둥장식(柱座), 소조장식, 청동기마인물상, 산자형 비녀 등은 발해에서만 보이는 독특한 요소이다.

발해 유물에 대한 연구는 아직 초보적인 수준을 벗어나지 못하고 있다. 1980년대 이후 중국에서 상경성, 서고성, 팔련성 등 주요 도성과 육정산고분군, 용두산 용해고분군, 홍준어장고분군 등 주요 고분에 대한 발굴조사가 이루어지고, 북한에서는 함경북도 일원의 발해 성곽과 고분군 및 사지에 대한 발굴조사가 실시되었으며, 러시아지역에서 끄라스끼노성을 비롯 적지않은 유적에 대한 발굴조사가 실시되었다. 이러한 조사 성과에 힘입어 1990년대 이후 발해 유물에 대한 연구에도 진전이 있었다. 특히, 러시아 연해주 일원의 발해 유적에 대한 한·러 공동발굴조사가 실시되면서 한국 연구자들에 의한 연구도 상당히 활발하게 진행되었다. 2000년대 이후 성곽, 건축, 고분 및 주요 유적에 대한 종합적인 연구가 이루어졌으며, 토기와 와당 및 무기, 장신구 일부 등에 대한 연구에서 일정한 성과를 거두었다. 그럼에도 불구하고 발해 유물에 대한 연구는 여전히 자료의 집성 수준을 크게 벗어나지 못하고 있으며, 기본적인 편년 체계도 설정하지 못하고 있는 것이 현실이다. 이는 발해의 물질문화를 담당했던 주체와 그 계층 및 지역별 차이가 매우 복잡한 문화적 특성에 기인하는 탓이 크다. 또한 과거 발해의 영역이 오늘날 중국과 북한, 러시아 등에 걸쳐져 있고, 학문외적인 상황 때문에 자료에 대한 직접적인 접근이 어렵다는 현실적인 장애도 연구 부진의 큰 요인이 되고 있으며, 이러한 현실을 극복하기 위해서는 중국과 북한, 러시아 연구자들과의 공동연구가 절실하다.

1. 장신구

　　발해의 장신구로는 관모장식과 귀걸이, 비녀, 팔찌, 반지, 과대금구 등이 알려져 있으며, 장식으로는 금제·은제·금동제 및 청동제 장식과 각종 옥류 등이 있는데, 과대금구의 출토량이 가장 많다. 금제 관모 장식은 허룽 용두산고분군 용해구역 M14호분에서 1점이 출토되었다(李强 2009). 세 가닥으로 갈라진 조우형 관식으로 가운데 세움장식을 중심으로 좌우는 휘어진 새 깃 모양 장식으로 구성하였으며, 하부에는 금속제 사각 봉을 부착하여 관모에 장착할 수 있도록 하였다. 얇은 금판을 오려서 만든 관식의 양면에는 운문과 인동문을 음각하였고, 여백에는 물고기알을 형상화한 어자문(魚子文)을 시문하였다(**도Ⅵ-1**). 문양에서는 다소 차이가 있으나 전체적으로 고구려 관모 장식과 유사한 형태로 고구려의 조우관 전통이 발해 시기까지 이어진 것으로 생각된다.

　　귀걸이는 수하식이 있는 것과 수하식 없이 주환만 있는 것의 두 유형으로 크게 구분되는데, 지금까지 확인된 귀걸이의 대부분은 수하식이 없는 형태이다. 수하식이 있는 귀걸이는 함경북도 화대군 창덕고분군과 회령 궁심고분군에서 각 1점, 둔화 육정산고분군 M203호분에서 2점 등 모두 4점이 출토되었다. 창덕 3호분 출토품은 태환식 이식으로 금판을 말아서

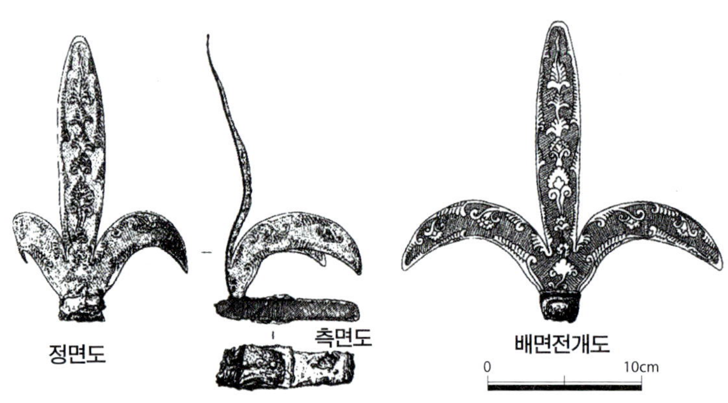

도Ⅵ-1　금제 관모 장식(李强 2009 : 도15)

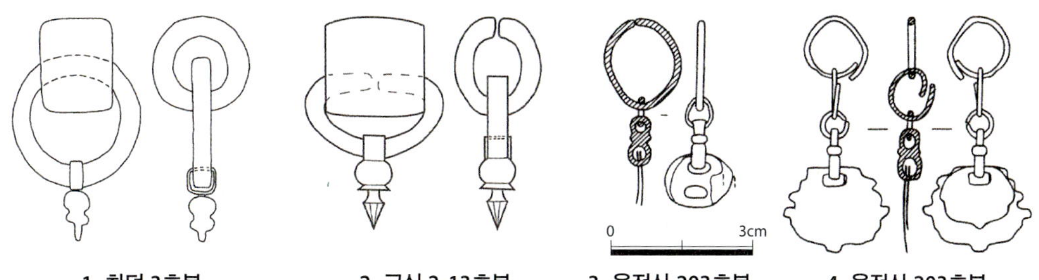

도Ⅵ-2   발해 이식 각종

1. 사회과학원 고고학연구소 2009c: 그림36-1 ㅣ 2. 동북아역사재단 2015: 그림37-1 ㅣ 3, 4. 中國社會科學院考古硏究所 1997: 도29-9·10

만든 주환에 금동제 유환을 연결하고, 그 아래에는 금제 공구체형 중간식과 금제 표주박형 수하식을 매단 형태로 전체 길이는 4.7cm이다(조선유적유물도감편찬위원회 1991: 284; 사회과학원 고고학연구소 2009c:128). 궁심고분군 2지구 13호분 출토품 역시 금판을 말아서 만든 태환식 주환에 금동제 유환을 연결하고, 공구체형 중간식과 원판장식이 부가된 추형 수하식을 매단 형태이다(**도Ⅵ-2**). 표주박형 수하식 이식은 집안 마선 1호분 및 대성산고분군, 추형 수하식 이식은 평양 만달산 10호분, 청원 남성골산성 등의 고구려 유적에서도 출토되고 있어서 고구려 전통이 발해 시기까지 이어진 것으로 생각된다.[18]

육정산고분군 출토품은 2점 모두 금동제이며, 세환식 주환에 중간식과 수하식이 연결된 형태이다. 2점 모두 중간식은 가운데 돌기가 있는 원형 고리 2개가 연결된 속요형(束腰形)이며, 작은 유환으로 주환과 연결하였다. 수하식은 원형 또는 초화형 얇은 판을 2매씩 중간식에 바로 연결하였다(**도Ⅵ-2**). 육정산고분군 출토 이식 역시 기본적인 구성은 고구려 이식과 유사하지만 중간식과 초화형 수하식은 고구려 이식에서 보이지 않는 새로운 요소로 차이가 있다. 이상 3점의 이식을 제외한 대부분은 중간식이나 수하식이 없이 주환만 있는 것인데, 소량이지만 주환에 작은 고리가 달린 것도 있으며, 재료는 금동이나 청동제가 주를 이루지만 금제, 은제도 소량 확인된다.

발해의 비녀는 두 가닥의 가랑비녀가 일반적인데, 머리 부분에 세 가닥의 장식이 달린

---

18   북한에서 발해 유적으로 인식하고 있는 함경도 일원의 고분과 성곽 중 일부는 고구려 유적일 가능성이 있으며, 창덕 3호분과 궁심 2지구 13호분 출토 이식 역시 5세기 후엽의 고구려 이식(유나리 2015)과 매우 유사한 점으로 볼 때 이 두 고분 역시 고구려 고분일 가능성이 크다.

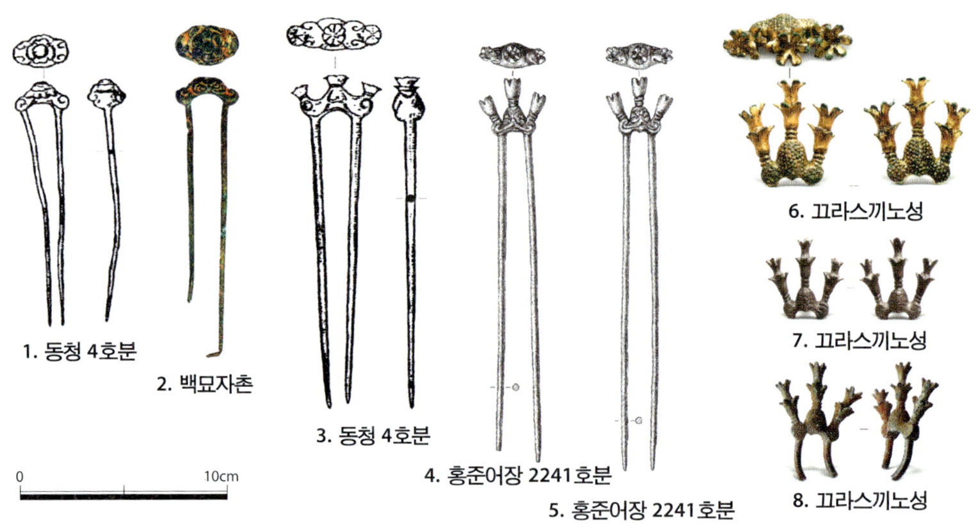

도Ⅵ-3   발해 비녀 각종

1·3. 옌벤박물관 1993:그림20 │ 2. 李陳奇·趙哲夫 2010: 217 │ 4·5. 黑龍江省文物考古研究所 2009b: 도 30 │ 6~8. 吉林省文物考古研究所·俄羅斯科学院遠東分院遠東民族歷史·考古·民族研究所 2013: 164-165

이른바 산(山)자형 비녀가 특징적이다(도Ⅵ-3). 비녀의 재료는 금동이나 청동이 주를 이루는데, 용두산고분군 용해구역 M13호분에서는 금제 비녀도 출토되었다. 산자형 비녀는 발해에서만 보이는 특징적인 형태로 닝안 홍준어장고분, 옌벤 안투현 동청고분군 및 끄라스끼노성 등에서 출토되었다. 홍준어장고분군과 동청고분군 출토품은 머리부분에 초화문이나 연꽃문양을 주출하였고, 세 가닥으로 갈라진 끝부분은 피어오르는 연봉을 표현하였다. 끄라스끼노성 출토품은 청동제와 금동제가 있는데, 초화문을 음각한 것과 물고기알 모양의 어자문을 주출한 것의 두 종류가 있으며, 그 위에는 피어오르는 연봉을 2단으로 표현하였다. 동청고분군 출토품 중에는 머리에 연봉을 세운 장식이 없이 연꽃과 운문을 장식한 것도 있으며, 지린성 백묘자촌에서도 같은 형태의 비녀가 출토되었다(도Ⅵ-3-1, 2).

팔찌는 청동이나 은 또는 금동제의 가는 봉을 둥글게 만든 것이 주를 이루지만 금속판을 둥글게 말아 폭을 넓게 만든 것도 있다. 육정산고분군에서는 단면 형태가 반원형, 삼각형, 산자형 등 세 종류의 팔찌가 출토되었으며, 일반적인 환형 팔찌에 비해 다소 장식적이다. 같은 형태의 팔찌는 끄라스끼노성, 홍준어장고분군에서도 출토되었다. 육정산고분군 ⅠST5에서 출토된 청동제 팔찌는 앞의 예들과는 달리 외면을 도드라지게 장식하였다(도Ⅵ-4). 반지 역시 청동이나 금동 또는 은제의 가는 봉을 둥글게 말아 만든 것으로 장식이 가미된 형태의 반지는 확인되지 않는다.

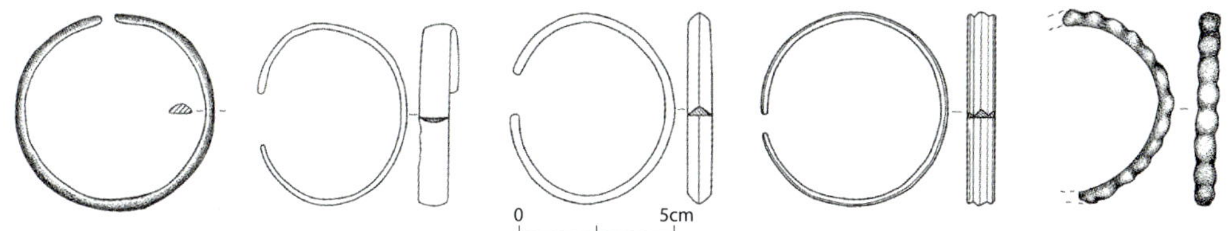

1. 육정산 IST5호분(은) 2. 육정산 204호분(동) 3. 육정산 201호분(동)   4. 육정산 201호분(동)   5. 육정산 IST5호분(동)

도Ⅵ-4   발해 팔찌 각종

1·5. 吉林省文物考古硏究所·敦化市文物管理所 2012: 도104 | 2~4. 中國社會科學院考古硏究所 1997: 도28

　　과대금구는 가죽이나 직물로 만든 허리띠에 부착된 금속제 장식으로 허리띠(銙帶)를 연결하기 위한 띠고리(帶鉤 또는 鉸具)와 띠끝꾸미개(帶端金具 또는 鉈尾) 등 기능적인 장식과 허리띠 표면에 부착한 띠구미개(銙板)와 드리개(垂下飾) 등의 장식금구로 구성되며, 이를 통칭하여 대식금구(帶飾金具) 또는 대장식구(帶裝飾具)라 부르기도 한다. 일반적으로 과대금구는 유목민들이 필요한 물건을 허리띠에 매달고 다니던 풍습에서 유래된 것으로 생각되는데, 삼국시대에는 재질과 장식에서 다양하게 변화하면서 신분을 상징하는 위세품으로 기능하였다. 6세기 중엽 이후 과대금구는 실용성이 강조되며 간략한 형태로 변화되었으며, 7세기 이후에는 당식 복식제도가 도입되면서 단순한 형태로 변화되고, 재질도 청동제 중심으로 변화된다.

　　발해의 과대금구는 교구와 과판, 수하식 및 대단금구 등이 있는데, 과판이 가장 많이 출토된다. 과판은 구조와 형태에 따라 크게 3가지 형식으로 구분되는데, 과판 하단에 수하식을 매달 수 있는 타원형의 환부가 부착된 형태의 환부형(環附型)과 과판 하단의 환부가 없이 과판에 수하식을 매달기 위한 현수공이 뚫린 형태의 수공형(垂孔型), 그리고 이와는 달리 방형의 얇은 판에 장식을 한 패식형(牌飾型)이 그것이다. 수하식으로는 조두형 장식, 주머니형 장식, 동령, 동탁을 비롯해 현수공이 없는 소형의 과판과 교구 및 속요형(束腰形) 금구 등이 있는데, 패식형 과판의 수하식으로는 동령과 동탁 및 조두형 장식이 주로 결합된다. 지금까지 알려진 과대금구는 300건이 넘으며, 주로 고분에서 출토되지만 건물지나 주거유적, 성곽 등에서도 출토된다. 지역별로 보면 수공형 과대는 발해 전역에 걸쳐 분포하지만 환부형 과대는 중경지역에 국한되어 분포하고, 패식형 과대는 알려진 자료의 절반가량이 연해주 일원에 분포하는 특징을 보인다(정윤희 2020). 이러한 분포상의 차이 때문에 패식형 과대는 말갈 패식 또는 아무르식 과대, 환부형 과대는 하남둔식 과대, 수공형 과대는 당식(唐式) 과대로 불리기도 한다.

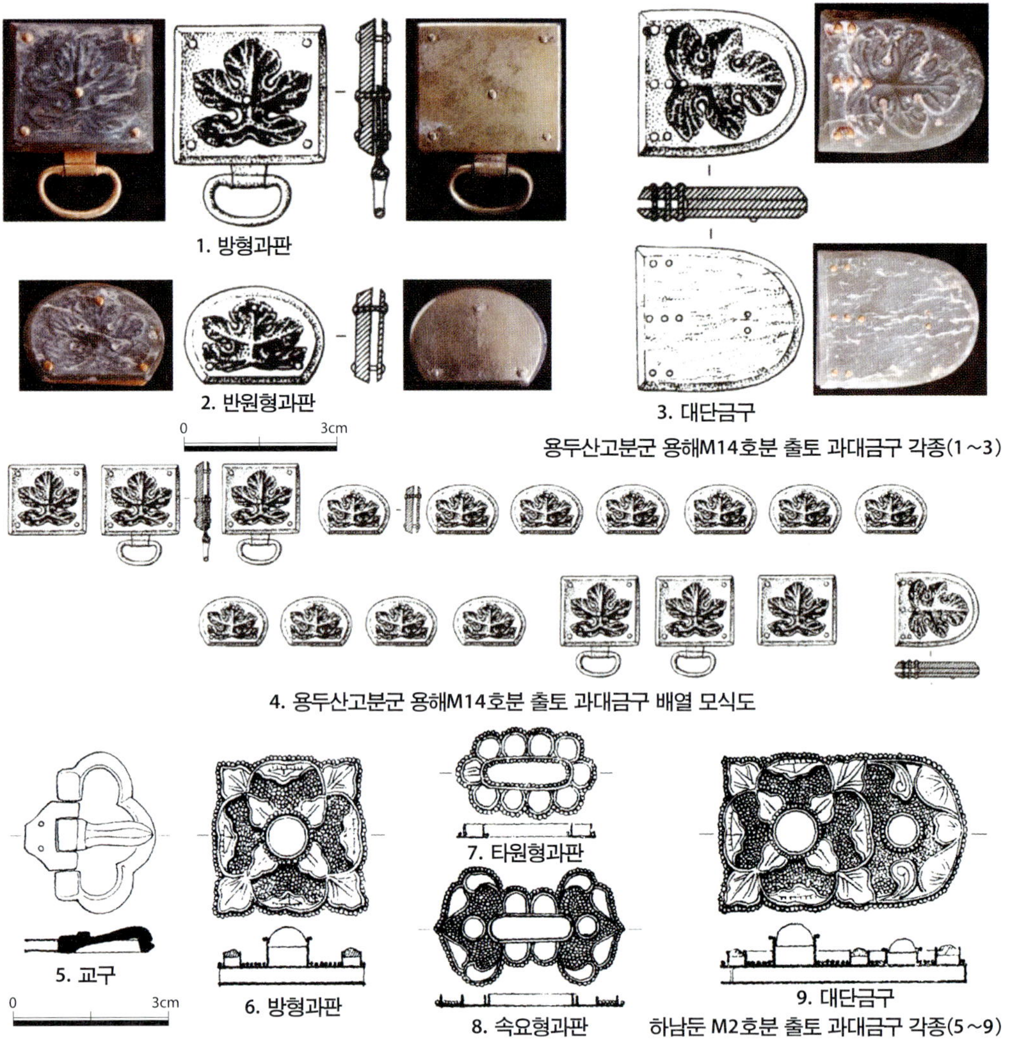

도Ⅵ-5 환부형 과대금구 각종

1~3. 李强 2009: 도16 및 도판13 ┃ 4. 최정범 2018b: 그림7 ┃ 5~9. 郭文魁 1973: 도5~10

환부형 과판은 중경지역에서만 소량 출토되는데, 허룽 용두산고분군 용해구역 M14호분과 하남둔 M2호분에서 출토된 것이 대표적이다. 두 고분에서 출토된 환부형 과판은 금이나 옥으로 제작된 점이나 공반된 유물의 성격 등으로 보아 최상위 계층이 사용하던 것으로 추정되며, 형태적인 특징으로 보아 발해 전기에 제한적으로 사용된 것으로 보인다.

용해구역 M14호분에서는 방형과판 6점과 반원형 과판 11점 및 대단금구 1점이 출토되었는데, 방형 과판은 3개씩 교구와 대단금구쪽에 배치되고, 그 사이에는 반원형 과판이 배치되었던 것으로 보인다(최정범 2018b: 도Ⅵ-7). 과판의 앞면은 아칸더스잎으로 추정되는 초화문을 새긴 옥제품이고, 뒷면은 얇은 금판으로 제작하였으며, 네 모서리와 중앙부에 금제 못으로 고정하였다. 방형 과판에는 수하식을 매달기 위해 별도로 제작한 타원형 환부가 달려 있는데, 과판 중앙부의 못으로 고정하였다(도Ⅵ-5-1~4).

하남둔 M2호분에서는 교구와 대단금구 각 1점과 과판 15점이 출토되었는데, 이 중 9점에는 타원형 환부가 공반되었으며, 수하식으로 사용된 것으로 보이는 소형의 속요형 과판과 타원형 과판도 출토되었다. 15점의 과판은 금제로 모두 같은 형태이며, 기본적으로는 방형을 이루고 있으나 가운데 원형 공간을 중심으로 여러 개의 초엽을 배치한 탓에 과판의 외곽은 직선이 아니다. 과판 중앙의 원형 공간에는 수정을 감입하였고, 나머지 초엽부에는 터키석을 감입하였으며, 나머지 공간은 촘촘한 누금장식으로 채웠다. 과판 네모서리에 금제 못을 박아 과대와 결합한 후 그 윗면에 터키석을 감입하여 못이 밖에서 보이지 않도록 하였다. 수하식을 매달았던 타원형 환부는 병부가 짧고, 과판 중앙부에 못이 없는 점으로 볼 때 환부는 과판과는 별도로 직접 과대에 부착하였던 것으로 보인다(도Ⅵ-5-5~9).

수공형 과판은 거의 모든 발해 영역에서 출토되며, 수량도 가장 많고, 형태적인 변화도 다양하다. 과판의 재료별로는 청동제가 70.8%로 가장 많고, 철제(15.8%), 금동제(8.3%), 옥제, 석제 순이며, 그밖에 청동제와 철제 과판에 옻칠을 한 것도 소량 확인된다. 과판의 평면형태는 방형과 반원형, 오각형, 역심엽형 및 다양한 형태의 초화형 등으로 구분된다(도Ⅵ-6). 과판

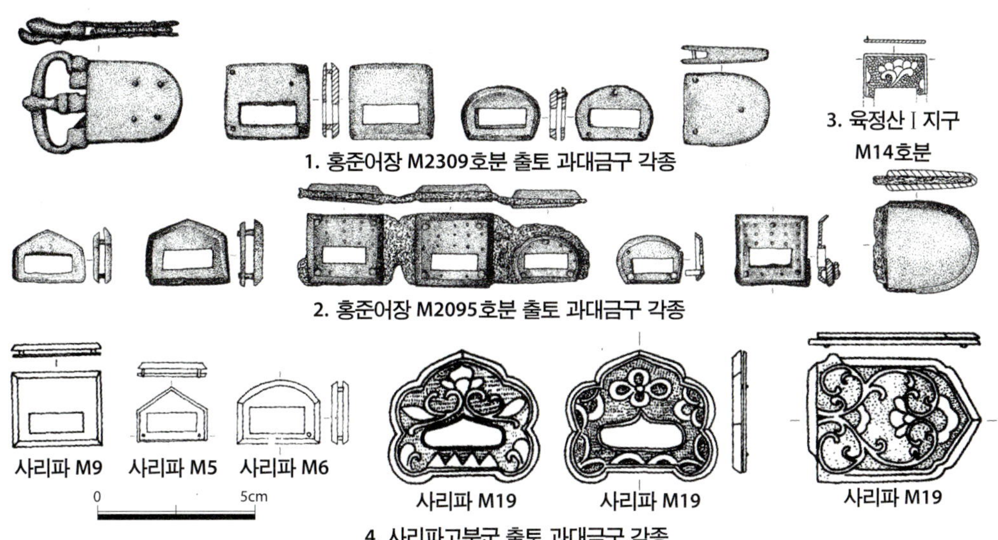

도Ⅵ-6 수공형 과대금구 각종

1·2. 黑龍江省文物考古研究所 2009b: 도405, 도355 ┃ 3. 吉林省文物考古研究所·敦化市文物管理所 2012: 도72-2 ┃ 4. 吉林省文物考古研究所 1995: 도34, 도30

하단쪽의 현수공은 장방형이 가장 많으나 오각형, 수적형, 타원형, 원형, 역심협형 등도 확인된다. 과판에는 별도의 문양을 시문하는 경우는 매우 드물지만 초화문이나 점열문, 선문을 시문한 경우가 있다. 과판을 과대에 결합하는 방식은 못을 박는 방식이 일반적이지만 과판 안쪽에 뾰족한 돌기나 고리를 함께 주조하는 방식, 과판 안쪽에 구멍을 나란히 뚫어 연결하는 방식 등이 있다(정윤희 2020).

한편 과판 윤곽 단부의 단면형태는 일자형, 둔각형, 직각형 등으로 구분되는데, 중국 과대의 경우 일자형은 당나라 이전에 주로 사용되며 일부 당 초기까지도 사용된다. 단부 둔각형의 과판은 당 건국 이후 보편적으로 사용되어 8세기 후엽까지 성행하며, 이후 단부 직각형의 과판으로 변화된다. 또한 수왕조를 전후하여 과판에 현수공을 부가하는 형태가 정착되는 것으로 보이는데, 방형 과판의 경우에는 과판의 크기에 비해 현수공의 크기가 작아지는 형태로 변화된다(최정범 2017c). 수공형 과판의 경우 방형 과판만으로 연결된 경우도 있지만 여러 형태의 과판을 연결하여 하나의 과대를 구성하는 것이 일반적이다. 대체로 교구와 대단금구 쪽에 1~2개의 방형 과판을 배치하고, 그 사이에는 반원형 또는 오각형 과판을 배치하는 사례가 많다.

패식형 과판은 얇은 금속판에 여러 형태의 문양을 시문한 것으로 방형과 원형 두 종류가 있으며, 청동제와 철제가 있으나 청동제가 주를 이룬다. 패식형 과판은 연해주 전역과 지린지역, 5경 지역 일부에서 출토되며, 남경지역에서는 출토되지 않는데, 이러한 분포상의 특징 때문에 말갈 패식 또는 아무르형 과판 등으로 불리기도 한다(도Ⅵ-7). 패식형 과판은 흉노의 영향을 받아 흑수말갈지역에서 성행하였는데, 대체로 7세기경에 등장하여 발해 시기에 유행하며, 이후 11세기까지 사용되었다(王培新 1997).

방형 과판은 세로로 긴 장방형이며, 중앙에서 약간 위로 치우친 곳에 2~3개의 투공을 중심으로 세 개의 구역으로 구분된다. 투공은 보통 세로로 긴 장방형이지만 십자형 투공이 함께 사용되기도 하며, 투공 바로 아래위에는 점열문, 삼각집선문, 집선문 등이 시문된다. 투공 상부 문양대 위쪽의 상변은 조두문이나 연주문을 시문하는 경우와 문양이 없는 직선형 등으로 구분된다. 하변에는 수하식이나 부속용구를 매달기 위한 장치가 있는데, 과판 안쪽에 홈이나 횡장방형 수공을 설치한 것과 과판 바깥면에 열쇠구멍형 또는 연주형 등의 장식을 부가한 것 등이 있다. 과판 안쪽 상하좌우 네 곳에는 과판을 결합하기 위한 고리가 달려 있다(정윤희 2020).

원형 과판은 반구형 원판 아래에 호형의 판을 덧붙인 것이 일반적인데, 원판 가운데는

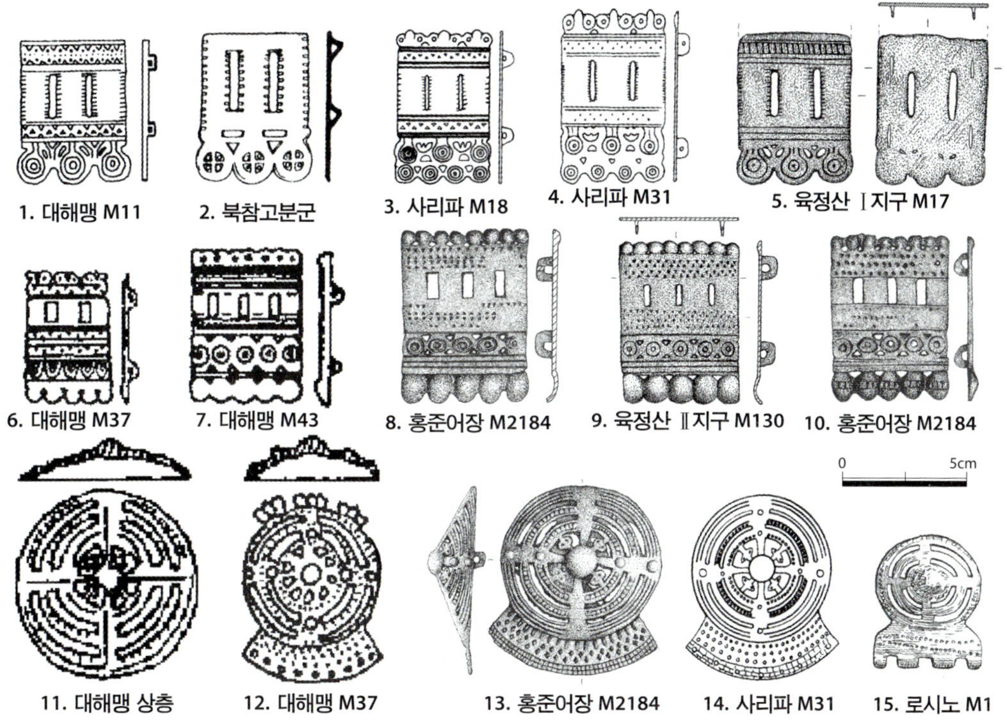

도Ⅵ-7 패식형 과대금구 각종

1, 6, 7, 11, 12. 吉林市博物館 1987: 도25 ｜ 2. 李硯鐵 1999: 33 ｜ 3, 4, 14. 吉林省文物考古研究所,1995: 도30 ｜ 5, 9. 吉林省文物考古研究所·敦化市文物管理所 2012: 도87, 도23 ｜ 8, 10, 13. 黑龍江省文物考古研究所 2009b: 도215 ｜ 15. 중앙문화재연구원 2017a: 317

반구형으로 돌출되어 있고, 그 외곽은 투공 및 문양대로 구성되어 있으며, 하부에는 수하식이나 부속용구를 매달 수 있는 홈이 있다(**도Ⅵ-7-2**). 과판 뒷면에는 좌우 또는 상하에 2개의 고리를 달아 과대와 결합할 수 있도록 하였다. 원형 과판은 방형 과판에 비해 출토량이 매우 적은데, 1~4개의 원형 과판과 다수의 방형 과판을 조합하여 과대를 구성하였던 점을 반영한 것으로 생각된다. 실제로 사리파 M31호분에서는 중앙에 하나의 원형 과판을 중심으로 16개의 방형 과판을 배열하였고, 대해맹 M37호분에서는 4개의 원형 과판과 14개의 방형 과판이 함께 출토되었다.

2. 토기 및 시유도기

발해 토기는 발해 전역에 걸쳐 출토되며, 출토량으로도 와전 다음으로 많고, 비교적 많은 연구가 이루어졌다(劉曉東·胡秀傑 2003; 王樂 2009; 唐小軒 2012; 고영민 2012; E. I. 겔만 2013; 정석배·볼딘 V. I. 2015; 임누리 2014a; 李含笑 2019; 안재필 2019). 발해 토기에 대한 연구는 제작기법, 기종구성과 형식분류, 지역성, 기원 및 문화적 특성, 편년 등 다양한 주제가 있으며, 최근 2010년대 이후 연구에 많은 진전이 있었다. 그러나 토기 자료가 문화적 배경이 다양하고, 정치·사회적 위상이 다른 광범위한 지역에 분포하는 점 및 자료에 대한 접근의 제한 등과 같은 요인으로 인해 세부적인 편년과 변천 과정에 대한 연구는 아직도 부진한 상태이다.

일반적으로 발해 토기는 문화적 배경에 따라 크게 세 유형으로 구분되는데, 첫째는 제작기법과 기종 등에서 고구려 토기의 전통이 이어지는 고구려계 토기, 둘째는 발해의 기층문화를 담당했던 말갈의 토기 전통을 유지하는 말갈계 토기, 셋째는 삼채도기와 같이 당나라에서 제작되어 수입되거나 당나라 도기의 영향을 받아 제작된 중원계 토기 등이 있다(임누리 2014b: 284; 朱國忱·朱威 2002: 203-204). 고구려계 토기는 장경호류·장동호류·파수부호류·옹류·동이류·시루류 등이 있으며, 5경 지역 및 고구려 고지에서 주로 출토되지만 기타 지역에서도 다양하게 출토된다. 말갈계 토기는 이른바 말갈관(靺鞨罐)으로 통칭되는 심발류와 완류·뚜껑류가 주를 이루며, 지린성과 헤이룽장성 및 연해주일원에서 출토된다. 병류·반류·기대류 중 일부와 삼채도기는 당나라 도기의 영향을 받았으며, 5경 지역과 지방의 정치적 중심지에서 주로 출토된다.

제작기법에 따라 물레를 사용하지 않은 수제토기와 물레를 사용해서 제작한 윤제토기로 구분되며, 윤제토기는 느린 물레를 사용한 것과 빠른 물레를 사용한 것으로 세분하기도 한다. 말갈계 토기는 수제가 많고, 고구려계 토기와 중원계 토기는 대부분 물레를 사용해 제작하였다. 수제토기라 하여도 테쌓기를 통해 1차 성형을 한 후 회전대를 이용해 마무리하였으며, 윤제토기의 대부분은 테쌓기를 통해 1차 성형한 후 물레를 사용하여 마무리하였다. 윤제토기 중 일부는 유약을 바른 시유도기도 있으며, 삼채도기 중 일부는 발해에서 제작되기도 하였다.

고구려계 토기와 중원계 토기의 태토는 고운 니질태토가 주를 이루며, 말갈계 토기는 가는 사립이 섞인 조질태토가 주를 이룬다. 표면색조는 적갈색·회색·회흑색·회청색 등이 있는데, 수제토기는 적갈색이 주를 이루고, 윤제토기는 회색·회흑색·회청색이 주를 이룬다. 헤이룽장성이나 연해주 일원 등 말갈문화 전통이 강한 지역은 고구려계 윤제토기도 적갈색을 띠는 토기가 많은 것도 지역적 특징이다.

토기 표면에 문양을 시문한 예는 매우 드물며, 문양의 종류도 음각의 점열문, 파상문,

중호문, 거치문, 횡어골문 등과 선문, 사격자문, 연속고리문 등의 암문으로 매우 제한적이다. 대부분의 음각문은 토기의 어깨 부위에 횡으로 문양대를 이루는 경우가 많으며, 단일 문양을 시문한 경우도 있으나 점열문과 파상문, 점열문과 중호문을 아래위로 배열한 경우가 많다. 상경성에서 출토된 시유도기 반에는 인동문과 보상화문을 정교하게 시문하였는데, 의례용으로 사용된 특수한 경우로 추정된다. 말갈계 심발류는 구연부나 그 아래에 돌대를 돌린 경우가 많으며, 돌대에 각목을 한 경우도 많다. 한편 토기 표면이나 바닥에 문자나 부호 등을 새긴 예도 확인되며, 상경성 3·4호 궁전지 출토 토기 중 동체부에 넓은 돌대를 붙여 문양대를 만든 후 사격자문을 음각하고, 그 위에 '古'자를 연속하여 타날한 예도 있다. 이와 같이 제한적으로 문양을 시문하는 것이나 부호와 문자 등을 시문하는 특징은 고구려 토기 전통과 맥을 같이하는 것으로 생각된다.

　　발해의 가마터는 10여 개 유적이 알려져 있는데, 와전류를 소성하던 가마터와 기와를 소성하던 가마터가 대부분이고, 토기를 제작하던 가마터는 4기가 확인되었으며, 일부 기와 가마에서는 토기도 함께 제작하였던 것으로 추정된다(**도Ⅵ-8**). 토기가마는 연해주 꼬르사꼬브까 1유적에서 3기, 꼬르사꼬브까 2유적에서 1기가 조사되었다. 꼬르사꼬브까 1유적 2호 요지는 아궁이와 연소실, 소성실, 배연구 및 굴뚝으로 구성되었는데, 평면형태는 역사다리꼴에 가까운 장타원형이며, 굴뚝이 있는 뒷벽은 직선이다. 가마는 충적토를 1m 깊이로 굴착하여 만들었는데, 소성실의 경사가 완만한 평요(平窯)에 해당된다. 연소실은 길이 0.6m, 폭

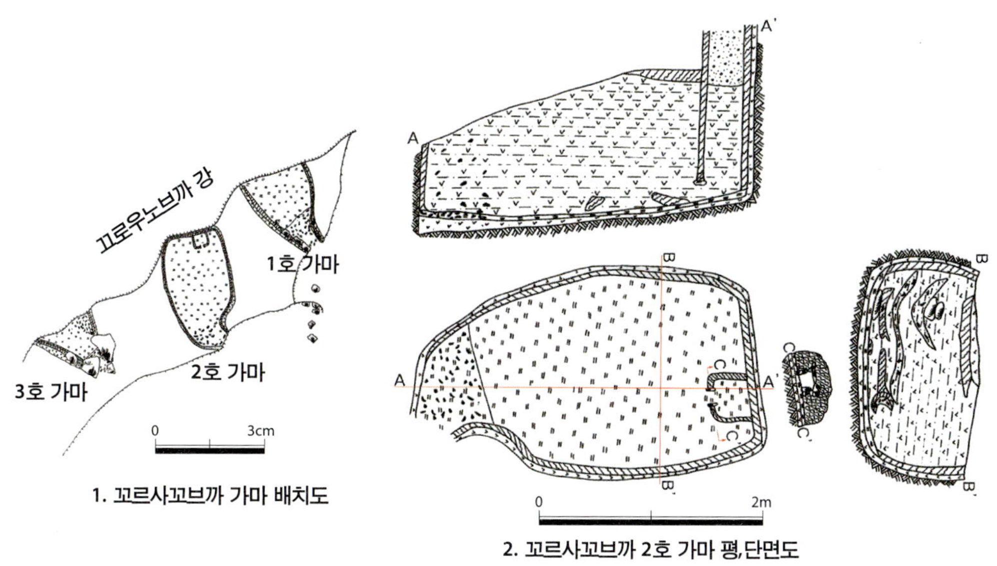

1. 꼬르사꼬브까 가마 배치도

2. 꼬르사꼬브까 2호 가마 평,단면도

도Ⅵ-8　발해 토기요지 각종(정석배·볼딘 V. I. 2015: 도판 4, 5 편집)

0.3~0.85m, 소성실은 길이 2.28m, 폭 0.9~1.65m의 규모이며, 굴뚝은 소성실 뒷벽 안쪽에 붙여 설치하였다(정석배·볼딘 V. I. 2015: 177-178).

발해 토기는 심발류, 장경호류, 장동호류, 장동옹류, 장경옹류, 외반구연호류, 직구호류, 내만구연호류, 파수부호류, 광구소호류, 직구소호류, 장경병류, 장동병류, 동이류, 시루류, 합류, 반류, 완류, 종지류, 잔류, 접시류, 기대류, 삼족기류, 뚜껑류, 부형토기류 등 대략 28개 기종으로 구성되며, 소량이지만 정과 향로도 있다(도Ⅵ-9). 지금까지 출토된 발해 토기 중 완형이나 완형으로 복원되는 토기는 723점에 달하는데, 이 중 심발류가 245점으로 전체의 34%로 가장 많으며, 외반구연호류가 100점으로 14%, 완 및 종지류가 78점으로 11% 가량 된다(임누리 2014: 286).

기능에 따라 구분하면 크게 실용기와 비실용기로 구분할 수 있으며, 실용기는 저장용·운반용·조리용·배식용으로 세분되고, 비실용기는 부장용과 의례용 등으로 세분되는데, 일부 기종은 실용기로 사용이 되지만 비실용기로 사용되기도 한다(임누리 2014b: 284). 형태상으로 토기의 기능을 명확히 구분하기 어려운 경우가 많지만 대형 옹류는 저장용으로 구분되며, 외반구연호를 비롯한 호류와 경부가 좁은 형태의 옹류는 운반용으로 구분할 수 있다. 조리용기로는 부형토기류와 시루류, 심발류 등을 들 수 있으며, 배식용기로는 완류·종지류·접시류 등이 대표적이고, 아가리가 넓고 높이가 얕은 동이류는 음식물 조리를 준비할 때 사용된 것으로 추정된다. 시유도기와 삼채도기 등은 고분 출토품이 많으므로 부장용으로 구분할 수 있으나, 고분에서 출토되는 부장용기의 대표적인 기종으로는 심발류와 호류가 대표적이다. 실용기 중 자비용기의 대표적인 기종인 심발류가 호류와 함께 부장되는 것은 피장자가 사후 세계에서 풍족한 식생활을 누리기를 바라는 풍습과 관련된 것으로 생각된다. 그밖에 기대류와 삼족기류 및 궁전 건물지에서 출토되는 시유도기 반류 등은 의례와 관련된 용기로 구분된다.

심발류는 말갈계 토기의 대표적인 기종으로 말갈관으로도 불리며, 발해 초기부터 전역에 걸쳐 고분과 성곽 및 생활유적 등에서 모두 출토된다.[19] 완형으로 출토되는 토기의 대

---

[19] 말갈계 토기라는 관점에서 만주와 연해주 일원에서 출토되는 심발류와 함께 구연부와 목이 발달한 호류와 일부 옹류를 모두 포함하여 '말갈관'으로 구분하여 연구한 사례가 적지않다(劉曉東 2014; 안재필 2019). 말갈관으로 통칭되는 토기들이 일정하게 시공간적 정형성을 가지는 것은 분명하지만 발해 시기 동안 발해 영역 안에서 제작 사용되었다는 점에서는 여전히 발해문화의 범주 안에서 이해되어야 하며, 제작

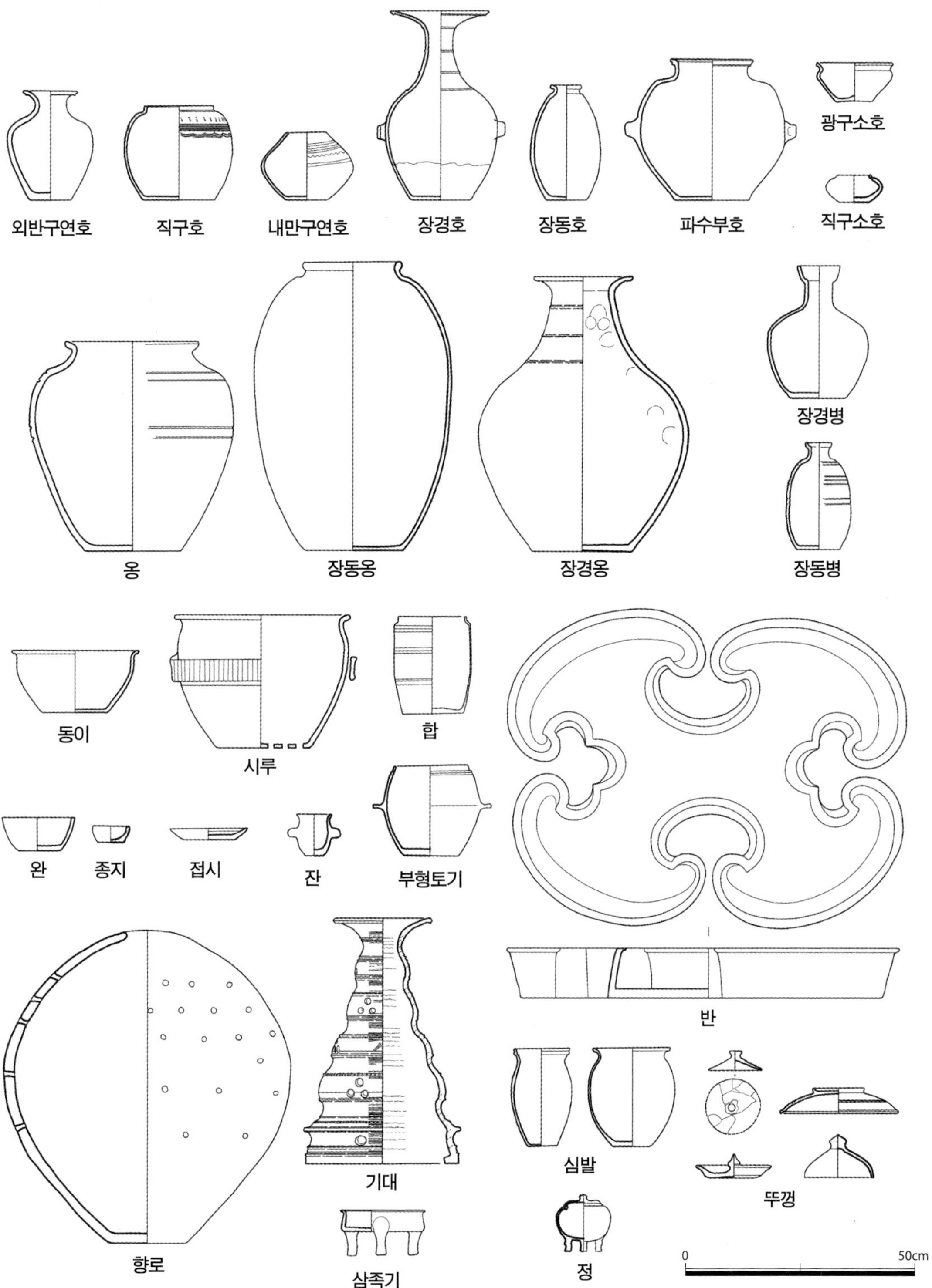

도Ⅵ-9　발해 토기 주요 기종(임누리 2014: 도면1)

부분은 고분에 부장된 것이지만 일상생활에서는 자비용기로 사용된 것으로 추정된다. 심발류는 말갈 문화 전통이 강한 지역에 집중분포하여 말갈계 토기로 인식되지만 자비용기로서의 심발류는 이미 초기철기시대 이래로 북방 초원지역과 만주 및 연해주 일원에서 사용되었던 토기 또는 동복 및 철복과 기능과 형태적인 측면에서 유사한 기종이며, 고구려 토기 심발류도 자비용기로 사용된 점에서는 같은 맥락에 있다. 그러나 고구려 토기 심발류는 고분 부장품이 거의 없는 점은 발해 토기 심발류와는 다른 특징을 가진다고 할 수 있다. 다만 고구려 고분에서는 자비용기로서 부형토기와 부뚜막 모형이 부장되는 것이 참고가 된다.

심발류는 굵은 사립이 섞인 조질태토가 주를 이루지만 니질태로 제작된 것도 적지 않다. 다만 니질 태토의 경우에도 고운 사립이 함유된 것이 많은데, 일반적으로 사립이 함유된 경우 열팽창률을 낮추고 열전도율을 높일 수 있으므로 자비용기로서의 기능과 관련된 것으로 생각된다. 수제로 제작하는 것이 기본이지만 윤제로 제작된 경우도 있는데, 테쌓기로 성형한 후 회전판을 사용해 2차 성형한 것으로 생각된다. 표면 색조는 적갈색 계열이 많지만 회색이나 흑색을 띠는 경우도 있다. 고분 출토품 중에도 표면에 그을음이 있거나 탄착흔이 있는 경우가 있는데, 실생활에서 사용하던 것을 부장하기도 하였음을 보여주는 것이다. 일부는 구연부나 구연부 아래에 돌대를 돌리기도 하고, 돌대에 각목을 시문한 경우도 있으며, 적지만 동체 상반부에 점열문 등을 시문한 경우도 간혹 확인되는데, 말갈 토기의 전통으로 생각된다.

심발류는 동체부의 세장한 정도에 따라 4형식으로 구분된다(도Ⅵ-10). 가장 세장한 형태인 Ⅰ형식은 발해 전 시기에 걸쳐 사용되며, Ⅱ형식과 Ⅲ형식은 중기 전후에 등장하고, Ⅳ형식은 그보다 조금 늦은 시기에 나타나는데, 동체부가 세장한 형태에서 점차 구형에 가까운 형태로 변화되며, 점차 이중구연이나 돌대에 각목을 새긴 장식적인 형태로 변화된다(임누리 2014b: 294).

발해 토기 호류는 구연부와 경부가 발달한 기종 중에서 동체부 높이가 40cm 미만의 기종을 말하는데, 구연부와 목의 형태 및 동체부 형태에 따라 장경호류와 장동호류, 외반구연호류, 직구호류, 내만구연호류, 파수부호류, 광구소호류, 직구소호류 등으로 구분된다. 호류의 태토는 대부분 니질이며, 물레를 사용하여 제작한 회색조의 윤제 토기이지만 5경지역 외곽에서는 니질태토라고 하여도 고운 사립이 섞인 예가 많으며, 표면 색조도 적갈색을 띠는 것이

전통이 같다고 해도 기능과 형태적 변화를 이해하기 위해서는 각각을 별도의 기종으로 구분하여 분석할 필요가 있다.

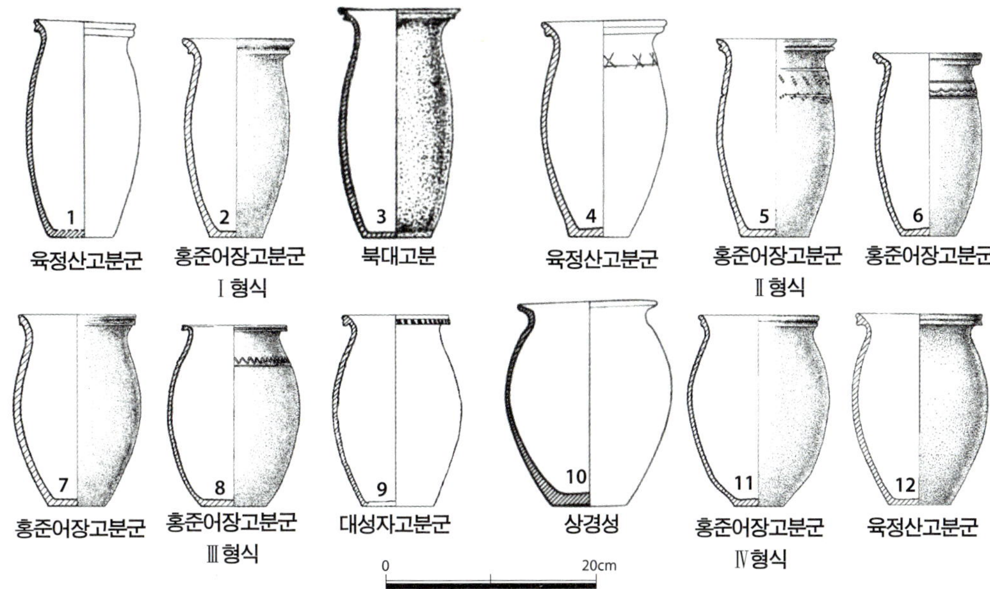

도Ⅵ-10 발해토기 심발류 각종(국립문화재연구소 2014a: 해당 도면 편집)

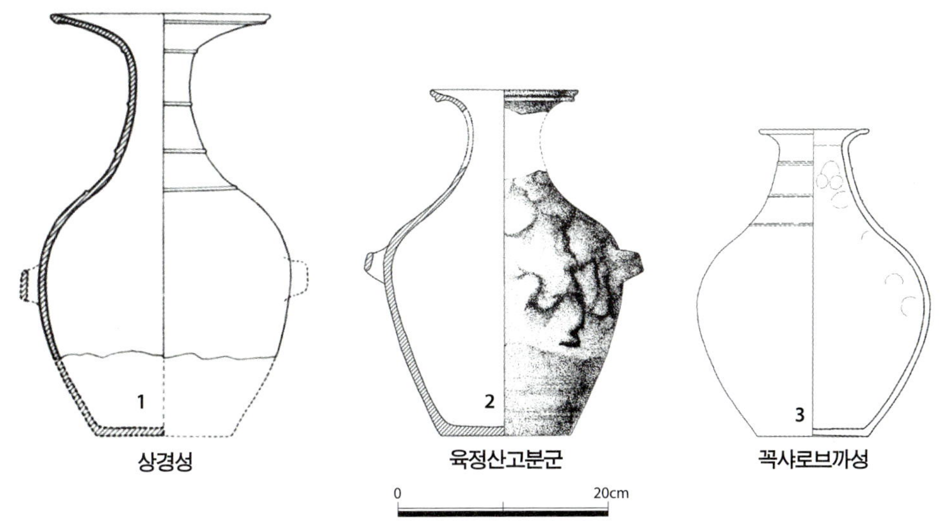

도Ⅵ-11 발해토기 장경호·옹류 각종(국립문화재연구소 2014a: 해당 도면 편집)

많이 확인된다. 일부 기종은 동체 상부와 어깨에 점열문과 파상문·중호문 등을 시문하였다.

장경호류는 출토 예가 매우 적은데, 완형으로는 상경성 출토품이 대표적이다(**도Ⅵ-11**). 구형에 가까운 동체부에서 급격히 축약된 경부는 점차 좁아지다가 나팔처럼 크게 외반하는 구연부로 이어지며, 동체부에는 한 쌍의 대상파수를 부착하였다. 이와 같은 형태의 장경호는 고구려 토기 장경호·옹류와 유사하며, 고구려 토기의 변화와 궤를 같이하는 것으로 생각된다(최종택 2001). 한편 육정산고분군 Ⅰ지구 5호분에서는 출토된 유사한 형태의 장경호는 삼채로 제작되었는데, 고구려 토기와 마찬가지로 부장용이나 의례용으로 사용된 것으로 생각된다.

외반구연호류는 짧은 목에 외반하는 구연부가 달린 형태의 기종을 총칭하는 것으로 크기와 동체부 형태 등에서 다양하다(도Ⅵ-12). 전형적인 외반구연호류는 동 최대경이 동체 중

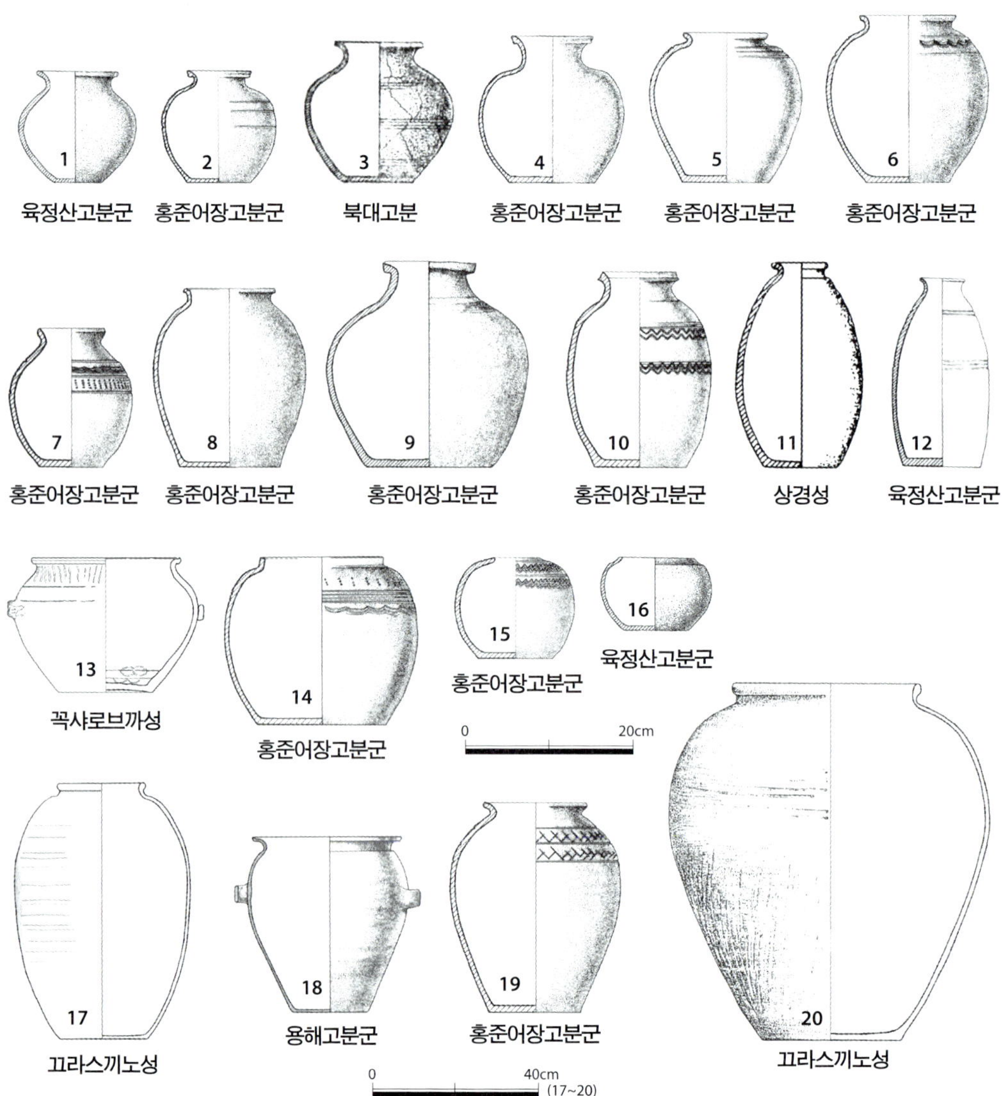

도Ⅵ-12　발해 토기 호류와 옹류 각종(국립문화재연구소 2014a: 해당 도면 편집)
1~9. 외반구연호류 ∣ 10~12. 장동호류 ∣ 13. 파수부호 ∣ 14. 직구호 ∣ 15·16. 내만구연호류 ∣ 17. 장동옹 ∣ 18. 파수부옹 ∣ 19·20. 외반구연옹류

앙부나 동체 상부에 있는 구형의 동체부에 짧은 목과 외반된 구연부가 달린 형태이며, 동체부의 편평도에 따라 세부 형식으로 구분된다. 직구호류는 외반구연호류와 유사한 형태의 동체부에 직립하는 짧은 목이 달린 형태로 후기로 갈수록 구연 길이가 짧아지며, 견부가 함몰되어 외형상 내만구연호와 유사한 형태로 변화된다. 내만구연호류는 구형의 동체부에 목과 구연의 구분 없이 안으로 내만된 형태의 토기로 동체부 형태가 구형에서 편구형으로 변화된다. 장동호류는 최대경에 비해 동체가 높은 형태의 토기로 구연부가 발달해있는 점에서 심발류와는 구분된다. 고구려 토기에서 장동호류는 생활용기 중에서 많은 양을 차지하는 특징이 있으나 발해 토기에서 장동호류는 소량만 확인되는 특징이 있다. 파수부호류는 동체부에 한 쌍의 파수가 부착된 것을 특징으로하는데, 파수는 고구려 토기 전통의 대상파수가 주를 이룬다. 동체부 형태는 구형인 것과 발형인 것으로 구분되며, 전기에는 구형의 파수부호가 사용되며, 후기로 갈수록 발형에 가까운 형태의 동체부가 많이 사용된다. 광구소호류와 직구소호류는 동체부 최대경이 높이 보다 큰 형태의 소형 토기로 구연부의 외반도에 따라 구분되는데, 발해 중기 이후에 출현 빈도가 높으며, 기존의 배식기인 완류와 종지류에서 여러 형태로 분화한 것으로 생각된다(임누리 2014b: 289).

옹류는 어깨와 구연부가 발달한 호형 토기 중에서 높이가 40cm 이상인 기종을 일컫는데, 외반구연옹류와 장동옹류 및 장경옹류 등으로 구분되며, 장경옹류와 장경호류는 출토 예가 매우 적다. 옹류는 대표적인 실용기로 저장용으로 사용되었으며, 발해 전 시기에 걸쳐 출토된다. 옹류는 크기에 따라 대형과 소형으로 나눌 수 있으며, 동체부에 파수가 부착된 예도 있다.

병류는 액체를 담는데 사용하던 기종으로 동체부에 비해 좁고 긴 목을 특징으로 한다. 병류는 구형의 동체부에 좁고 긴 목이 달린 장경병류와 긴 동체부에 좁고 짧은 목이 달린 장동병류로 구분된다(도VI-13). 구연부의 형태는 단순 외반구연과 안쪽에 턱이 진 반구형 구연부

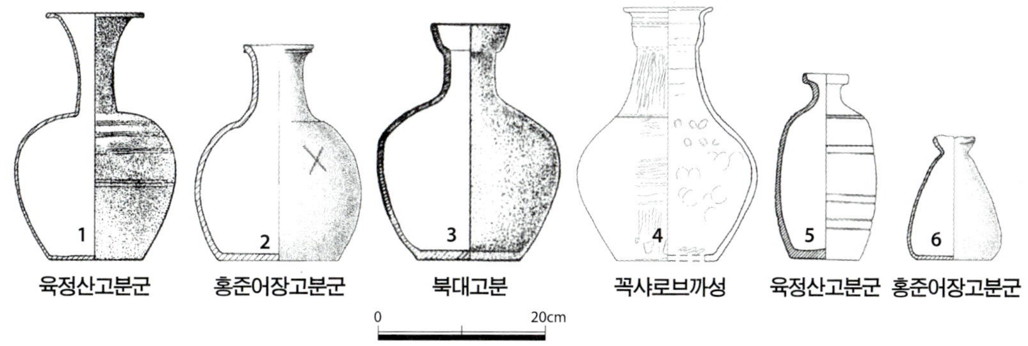

도VI-13　발해 토기 병류 각종(국립문화재연구소 2014a: 해당 도면 편집)

로 구분되는데, 전자는 장경병류에서 많이 보이는 형태이며, 후자는 장동병류에서 많이 확인되며, 반구형 구연부가 늦게 나타나는 형태이다. 드물지만 동체부 최대경이 저부 쪽에 있는 플라스크형 병도 있다.

　시루류, 부형토기류, 동이류는 대표적인 조리용 토기이다. 동이류는 넓은 아가리에 비해 동체부가 얕은 형태의 토기로 오늘날 대야와 같이 식재료를 씻거나 절이고 버무리는데 사용한 것으로 생각되는데, 대형 동이류에는 대상파수가 부착되기도 한다. 대체로 시루와 같이 상대적으로 깊이가 깊은 형태에서 아가리가 넓고 얕은 형태로 변화된다(도Ⅵ-14-1~4). 부형토기류는 대표적인 자비용기 중 하나로 형태상 철솥과 유사하며 동체부에 전이 달려 있다(도Ⅵ-14-5). 부형토기는 생활유적에서도 출토되지만 소량에 불과하여 주로 고분 부장용으로 제작된 것으로 생각되며, 실생활에서는 철솥이 사용된 것으로 추정된다. 시루류는 음식물을 쪄서 익히는 용기로 전제적인 형태는 동이류와 유사하다. 바닥의 구멍은 가운데 하나의 구멍을 중심으로 6개의 원공을 뚫은 것이 대표적이지만 바닥 전면에 작은 구멍을 뚫은 것도 있다(도Ⅵ-14-6~7). 고구려 토기 시루는 초기에는 작은 구멍을 뚫은 형태가 유행하다가 점차 가운데 하나의 원공을 중심으로 6개, 4개의 구멍을 뚫은 형태로 변화되고 고구려 만기에는 4개의 타

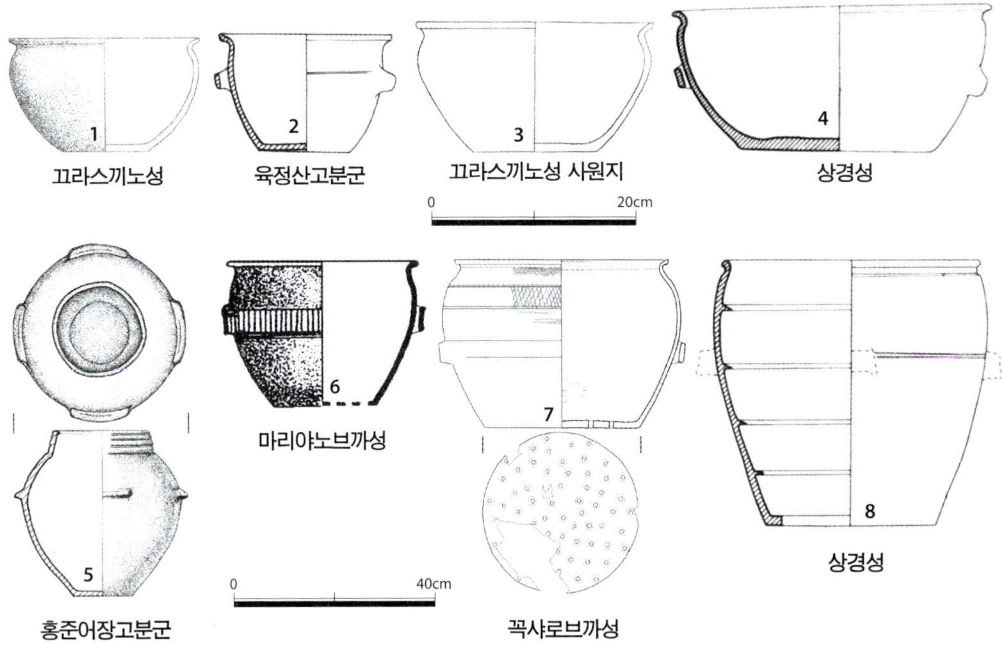

도Ⅵ-14　발해 토기 동이류, 부형토기류 및 시루류 각종(국립문화재연구소 2014a: 해당 도면 편집)
1~4. 동이류 ㅣ 5. 부형토기 ㅣ 6~8. 시루류

원형 구멍으로 변화되지만 발해 시기에는 이러한 변화는 보이지 않는다. 또한 상경성에서 출토된 시루는 바닥 전체가 뚫려있으며, 동체부 안쪽으로 4단의 턱을 만들어 여러 층으로 음식물을 찔 수 있도록 고안된 시루가 출토되기도 한다(도VI-14-8).

　　발해 토기 중 대표적인 배식기로 완류, 종지류, 접시류 등이 있다. 완 및 종지는 개인용 배식기로 생각되며, 전체적인 형태는 서로 유사한데 구경 10cm, 높이 5cm를 기준으로 작은 것은 종지, 큰 것은 완으로 구분한다(임누리 2014b: 291). 접시는 구경에 비해 높이가 낮은 납작한 형태의 그릇으로 구연부가 외반한 것과 직립한 것이 있다.

　　합류는 구연부와 저부가 비슷한 원통형 그릇으로 구연부에는 뚜껑받이 턱이 달린 형태로 드림부가 직선인 편평한 뚜껑과 결합 된다. 합류는 출토량이 많지 않으며, 배식기나 짧은 시간 음식물을 보관하는데 사용된 것으로 생각된다. 반류는 높이에 비해 아가리가 넓은 편평한 형태의 그릇으로 동체부에서 직선으로 벌어지는 형태와 축약된 어깨에 짧게 외반하는 구연이 달린 형태로 구분된다(도VI-15). 반류는 일상생활에서 많이 사용되는 기종이지만 상경성 등 도성지역에서는 정교한 무늬를 시문하거나 시유를 하거나 은의(銀衣)를 입힌 고급 토기도 출토되는데 이런 토기는 제사에서 사용하는 청동세(靑銅洗)와 같은 의례용기로 추정된다. 상경성 궁성 서구 창고(堆防)유적에서 출토된 반은 안쪽 바닥에 여러 조의 동심원을 음각하고 동체부 안쪽 전면에는 사격자문을 시문하였으며, 표면은 은의를 입혀 장식하였다(도VI-15-6). 상경성에서 출토된 이른바 운형반(雲形盤)은 납작한 바닥에 몸통은 인동과 구름 형태로 장식하여 그릇 내부를 여러 칸으로 구분하였다(도VI-15-7). 또한 상경성 2호 궁전지 출토 시유도기 반은 구연부 바로 아래에 횡방향 어골문을 시문하고, 그 아래에는 횡으로 문양대를

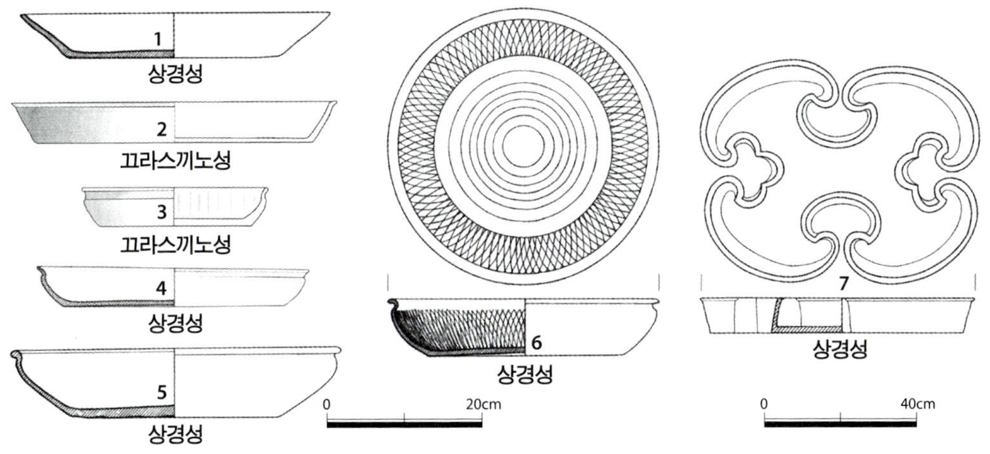

도VI-15　발해 토기 반류 각종(국립문화재연구소 2014a: 해당 도면 편집)

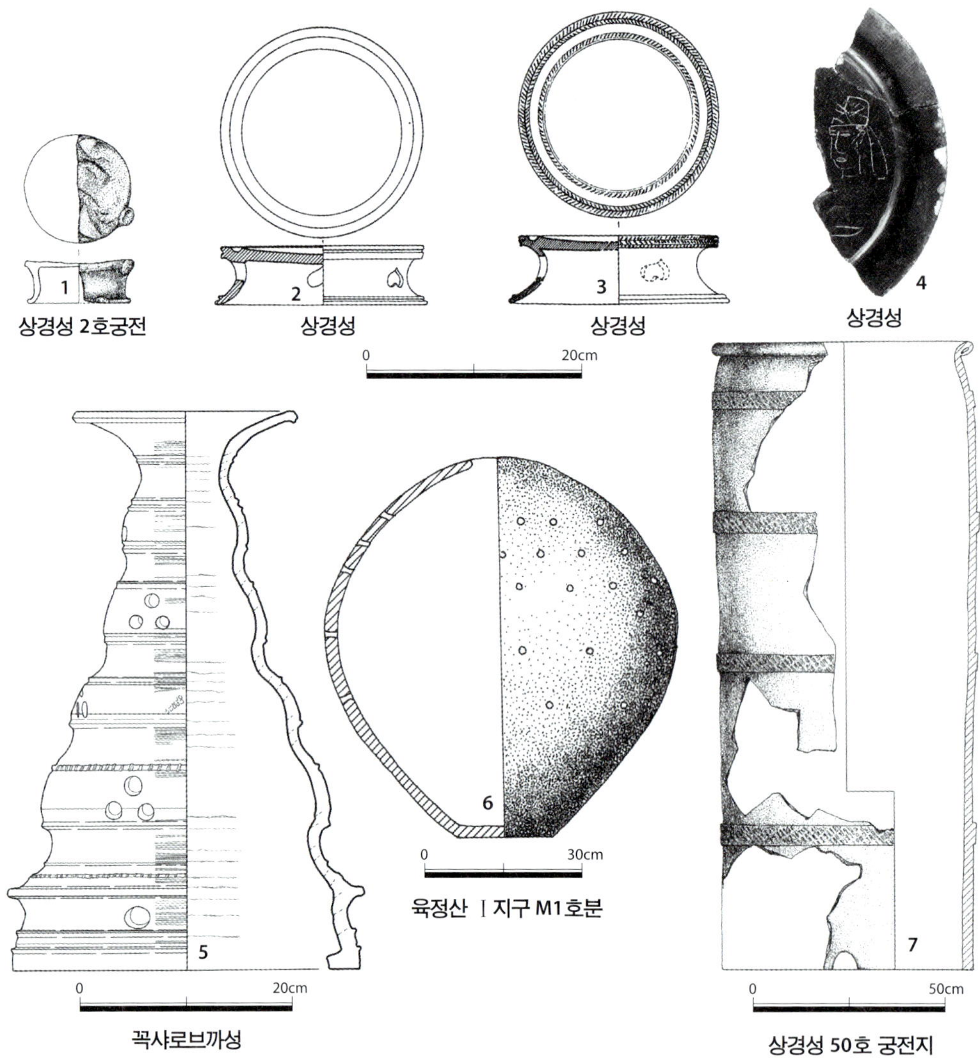

도Ⅵ-16   발해 토기 기대류 및 기타 기종 각종

1, 7. 黑龍江省文物考古硏究所 2009a: 도96, 도378 | 2~4. 中國社會科學院考古硏究所 1997: 도55, 도판76
| 5. 국립문화재연구소 2012: 도면39 | 6. 吉林省文物考古硏究所·敦化市文物管理所 2012: 도75

만들고 인동문을 연속 시문하였으며, 그 아래의 문양대에는 보상화문을 연속으로 시문하였다(도Ⅵ-17-5).

뚜껑류는 완류·합류·시루류·호류·옹류·심발류 등 다양한 기종에 덮어 사용한 것으로 크기와 형태에 따라 여러 유형으로 구분된다. 크게는 손잡이가 없는 반형 뚜껑과 꼭지 손잡이가 달린 유뉴식 뚜껑으로 구분된다. 반형 뚜껑은 반을 뒤집어 놓은 형태이며, 고구려 시기부터 사용된 형태인데, 크기가 큰 것은 외반구연옹류나 직구옹류 및 시루류의 뚜껑으로 사용되었으며, 소형은 합류의 뚜껑으로 사용되었다. 유뉴식 뚜껑은 크기와 형태로 보아 소형 기종의 뚜껑으로 사용된 것으로 추정되는데, 완을 엎어 놓은 형태의 뚜껑은 주로 심발류 뚜껑으로 사용되었으며, 드림부가 꺾인 형식의 뚜껑은 신라 토기 뚜껑과 유사한 형태이며, 상경성에서는 시유를 하거나 은의를 입힌 뚜껑이 출토되기도 한다(임누리 2014b: 294).

기대류는 고구려 토기와 발해 이전의 말갈지역에서는 확인되지 않다가 발해 시기에 새롭게 등장하는 기종으로 꼭샤로브까 1 성터에서 대부분이 출토되었으며, 끄라스끼노성과 상경성에서도 기대류 파편이 확인되었다. 기대류는 얕은 발형의 수발부와 원통형의 동체부 및 장고형 대각부로 구성되는데, 수발부와 동체부 및 대각부를 각각 따로 제작하여 접합한 것으로 추정된다. 장고형 대각부에는 1조의 전을 돌렸으며, 동체부는 위로 올라갈수록 점차 좁아지는데, 중간에 축약부와 돌대를 두어 4~5단으로 구분된다. 대각부에는 원형 또는 심엽형 투창을 뚫었으며, 동체부에는 원형이나 구름 모양의 투창을 뚫어 장식하였다(도Ⅵ-16-5). 전체적인 형태에서 당대에 사용된 탑식관(塔式罐)의 영향을 받아 제작된 것으로 생각된다(임누리 2014a: 97-98).

기타 특수한 형태와 기능의 토기도 다양하게 제작되었다. 상경성 50호 궁전지에서는 원통형토기가 출토되었는데, 구연부는 밖으로 말아서 마무리하였고, 직선형의 동체부에는 사격자문을 압인하여 장식한 점토 띠 4줄을 붙여 장식하였으며, 바닥은 뚫려있다(도Ⅵ-16-7). 구경과 저경은 65cm, 높이는 157.6cm에 달하는 대형 토기로 연통이나 배수관 등의 용도로 추정된다. 육정산고분군 Ⅰ지구 1호분에서는 토제 향로가 출토되었는데, 타원형 동체 상반부에 작은 구멍이 뚫려있고, 정부에는 지름 11cm의 구멍이 뚫려있다(도Ⅵ-16-6). 최대경 66.6cm, 높이 69cm로 일반적인 향로보다 훨씬 크고, 형태에 있어도 일반적인 향로와는 차이가 큰데, 넓은 공간에서 사용된 것으로 생각된다. 그밖에 상경성 제 2궁전지와 상경성에서는 원형의 벼루가 출토되었는데, 이 중 1점에는 두건을 쓴 인물이 선각되어 있다(도Ⅵ-16-1~4).

발해 시기에는 토기와 함께 다양한 기종의 시유도기가 출토된다. 시유도기는 상경성, 서고성, 팔련성 등 5경 지역의 도성과 닝안(寧安) 삼릉둔고분, 홍준어장고분, 허룡 용두산고분, 북대고분 등 주요 고분군 및 사지에서 주로 출토되며, 연해주 끄라스끼노성, 북청 청해토성 등에서도 소량 출토된다. 시유도기의 기종은 장경호류, 외반구연호류, 반류, 완류, 합류, 삼족기류, 뚜껑류, 타호(唾壺) 등 중소형 기종이 주를 이루지만 대형 옹류에도 시유도기로 제작되었다. 그밖에 향로, 벼루, 도침(陶枕) 등도 시유도기로 제작되었다(도Ⅵ-17).

단일 유적으로는 상경성에서 가장 많이 출토되는데, 파편을 포함하면 모두 1,500여점

도Ⅵ-17　발해 삼채도기 각종

1. 吉林省文物考古研究所·敦化市文物管理所 2012: 도81, 도판84 ｜ 2·3. 鄭永振 1994: 도10 ｜ 4·5. 黑龍江省文物考古研究所 2009a: 도126, 도127 ｜ 6. 李陳奇·趙哲夫 2010: 275

이 출토되었으며, 주로 궁성 서쪽 구역의 창고유적에서 출토된 것이다(中國社會科學院考古研究所 1997: 104). 시유도기의 태토는 니질의 토기 태토와 유사한 것도 있으나 백색의 자토(瓷土)를 사용한 것이 많다. 유색은 녹색과 황색, 백색이 주가 되며, 적갈색, 남색 등 다양한데, 납이 함유된 연유(鉛釉)를 기본으로 하고, 철과 구리 산화물을 포함하여 갈색과 녹색을 발현하였다. 유약은 소성 과정에서 여러 색이 섞이고 번져서 자연스럽게 여러 색을 내게 되는데, 당

삼채와 유사하여 '발해삼채'라고도 불린다.

발해의 시유도기는 발해 초기부터 사용되는데, 시유하지 않은 다른 토기 기형과 비교해 볼 때 대부분의 시유도기는 발해에서 제작된 것이며, 삼족기나 향로 및 타호 등 일부 기종은 중원지역에서 수입되었거나 방제품으로 추정된다. 다만 일부 고분에서 출토되는 삼채 도용은 중원지역에서 제작되었을 가능성이 크다. 발해의 시유도기는 고분 부장품도 있으나 대부분 일상생활에서 사용한 것이며, 왕실이나 귀족 등 상위 신분 계층에서 사용하였으나 그리 엄격한 구분이 있었던 것으로 보이지는 않는다(李含笑 2019).

발해 토기의 기종별 형식변천과 편년에 대한 연구는 아직 상세하지 못한데, 크게 전기(건국~8세기 중엽), 중기(8세기 후엽~9세기 전엽), 후기(9세기 중엽~10세기 전엽)의 세 시기로 구분할 수 있다. 전기에는 제작기법 면에서 심발류의 변화가 두드러지는데, 기존의 수제 방식에서 점차 물레를 사용한 윤제 방식으로 변화해간다. 중기 이후에는 토기의 기종 구성이 다양해진다. 당 왕조와 활발한 교류를 통해 병류·소호류·기대류·삼족기류 등의 기종이 새로 등장하고 뚜껑류, 완류의 형태도 다양해진다. 이 단계에는 시유도기의 기종이 추가된다. 8세기 후반대에는 이른바 발해삼채의 생산이 자체적으로 이루어지며, 주로 대형의 반류, 삼족기류, 향로 등이 삼채로 제작되었다. 공간적으로는 제2송화강 중류 지역의 발해 건국 전부터 전기 이후까지 존속한 유적들에서는 말갈문화의 영향을 강하게 받은 심발류, 파수부호류, 완류 등이 주로 확인된다. 한편 함경북도 부거리 일원의 토기는 고구려 토기의 요소가 강하게 남아 독특한 토기 문화가 나타난다. 이는 부거리 일대가 발해 이전에 고구려의 영역이었으며, 이후에도 고구려의 문화가 일정 부분 잔존한 때문으로 추정된다. 또한 상경성과 *끄라스끼노성*은 도성 및 부성급 유적으로 발해 후기로 편년되며, 양자 간의 토기 양상이 유사하게 나타나는데, 꼭샤로브까 1성과 진흥유적 또한 이들 유적과 토기 문화상이 유사하다(임누리 2014b: 296).

3. 와전 및 건축장식

목조건축의 지붕을 덮는 기와는 주요 건축 부재의 하나로 이전 시기의 유기물 부재에 비해 방수 효과가 크고 강도가 높아 반영구적인 사용이 가능한 우수한 재료이다. 한반도에 기와가 처음 도입된 것은 삼국시대 이전으로 생각되지만, 고구려와 발해 시기에 제와술은 크게 발달하였으며, 기와에 장식성을 가미하여 건축물의 위용을 돋보이게 하였다. 특히 발해

시기 궁궐 등 주요 건축물에는 녹유를 바른 시유기와와 장식을 사용하여 화려함을 더하였는데, 이를 통해 해동성국 발해의 위상을 엿볼 수 있다.

고대 건축에 사용된 기와는 지붕을 덮는 기본적인 기능을 하는 암키와와 수키와 등의 평기와와 지붕의 추녀 끝을 막아 장식하는 막새기와(瓦當), 서까래 끝에 달아 부식을 방지하고 치장하기 위한 서까래기와(橡木瓦), 용마루와 내림마루 및 귀마루에 사용된 적새(堤瓦)·착고(着固)·부고(付高)·곱새기와·귀면와(鬼面瓦)·치미(鴟尾)·용두(龍頭)·토수(吐首) 등의 마루기와로 대별된다. 이중 용마루 양 끝에 올리는 치미와 마루 끝을 장식하는 귀면와·용두 등은 건물의 위용을 상징하는 대표적인 장식기와이다. 발해 유적에서는 평기와와 막새기와, 마루기와 등 거의 모든 종류의 기와가 출토되는데, 도성의 주요 건축물에는 종류에 관계없이 녹유를 바른 시유기와가 출토된다. 특히 치미와 용두, 토수 등 장식기와는 이른바 발해삼채로 제작되어 화려하고 장엄한 건축물의 위용을 엿볼 수 있다.

발해 시기 기와와 벽돌 및 토기를 제작하던 가마터는 11개 유적에서 20여 기가 알려져 있다. 발해의 가마는 구릉이나 강가 언덕의 경사면을 굴착하여 만든 굴식과 지상에 만든 평지식이 있는데, 기와 가마는 평지식이 대부분이고, 소성실의 경사가 거의 없는 평요에 해당된다. 기와가마는 아궁이와 연소실·소성실·배연구와 굴뚝으로 구성되는데 단벽이나 불턱 등의 경계가 뚜렷이 구분된다(정석배·볼딘 V. I. 2015).

상경성 인근의 닝안 행산(杏山)유적에서는 모두 10여 기의 가마터가 확인되는데, 동서 방향으로 나란히 배치되었으며, 가마 사이의 간격은 1.3m 내외이다. 이 중 2호 가마가 가장 잘 남아있는데, 남북 방향으로 배치된 가마는 이른바 방광요(方框窯) 형태를 하고 있는데, 바닥은 편평하고 연소실 쪽이 좁은 역사다리꼴이다(도Ⅵ-18). 남쪽에서부터 아궁이와 연소실, 소

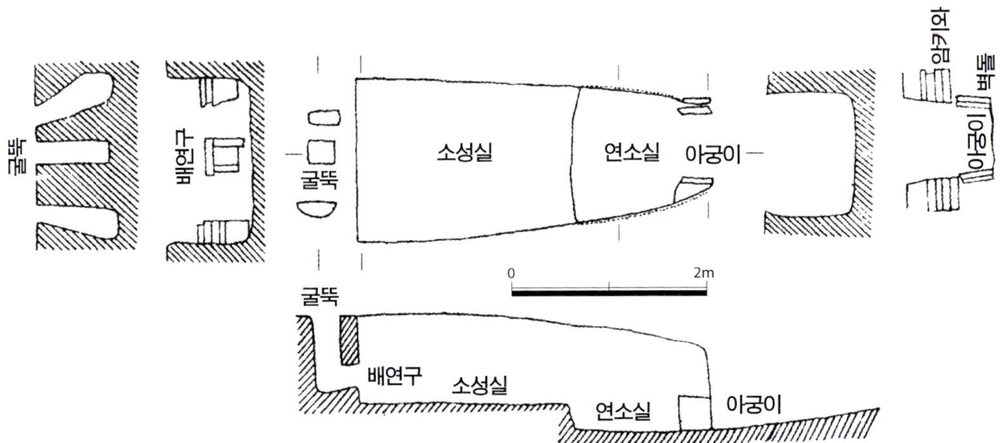

도Ⅵ-18　닝안 행산유적 2호 요지 평·단면도(朱國枕·趙虹光 1986: 도2)

성실, 배연구와 굴뚝으로 이루어져 있는데, 가마의 벽체는 소성하지 않은 흙벽돌을 쌓은 후 유기물을 섞은 점토를 발라 마무리하였다. 아궁이는 방형 벽돌을 세우고 그 위에 여러 장의 암키와를 쌓아 만들었으며, 배연구는 3개로 역시 흙벽돌과 판석을 쌓아 만들었는데, 수직의 굴뚝으로 연결된다. 가마의 길이는 4.1~4.5m, 너비는 1.4~1.8m이며, 연소실과 소성실 사이 는 격벽이 없이 높이 0.4m의 턱이 있다. 가마의 구조와 배치는 낙양(洛陽) 수당궁성(隋唐宮城) 내 가마터와 유사한 면이 있으나(朱國枕·趙虹光 1986), 연실을 비롯한 세부적인 면에서는 당나 라 가마와는 차이가 크며, 백제 사비기 가마와 유사하다(정석배·볼딘 V. I. 2015). 행신가마터와 같이 발해의 가마터는 도성 주변에서 주로 확인되지만, 연해주 끄라스끼노성과 같이 주(州) 치소나 현(縣)의 치소에서도 확인되는데, 중앙이나 지방 정부에서 직접 운영하던 가마터로 생각되며, 전문 공인들이 존재했던 것으로 추정된다(윤재운 2017).

1) 평기와

평기와는 지붕에 얹어 눈과 빗물의 침수를 방지하기 위한 기본적인 기와로 가장 많은 수를 차지하며 기왓골을 형성하는 암키와와 기왓등을 형성하는 수키와로 구분된다. 상경성 과 서고성, 팔련성 등 도성지역에서는 평기와 외면에 문자를 압인한 문자와가 많이 확인되 고, 녹유기와도 출토된다(도Ⅵ-19).

수키와는 언강의 유무에 따라 미구기와와 토수기와로 구분되고, 언강부에 홈이 있는 것과 없는 것으로 세분된다. 구국지역에서는 홈이 없는 미구기와와 토수기와만 확인되고, 홈 이 있는 토수기와는 연해주 남부지역에 국한되어 확인된다(정동귀 2015a). 수키와 외면은 지 붕에 얹을 때 외부로 노출되기 때문에 타날문을 지우고 정면한 무문이 대부분이지만 타날문 이 일부 남아 있는 경우도 소량 확인된다. 수키와는 원통와통에 마포를 두르고 점토 띠 모양의 소지를 붙여 제작하였는데, 내면은 별도로 정면하지 않아 포흔이 남아있는 것이 대부분이다.

암키와는 통쪽와통에 점토 띠 모양의 소지를 붙여 제작하여 모골흔과 포목흔이 남아 있는데, 와통에서 분리한 후 정면 과정에서 모골흔과 포흔을 지운 것이 많다. 외면에 승문이 나 격자문, 선조문 등의 타날문이 남아있는 경우도 있지만, 정면하여 문양을 지운 경우가 대 부분이다. 선조문은 육정산고분군에서만 확인되고, 고구려 기와에서 많이 보이는 격자문은 육정산고분군과 온특혁부성을 제외하면 중앙지역에서는 거의 확인되지 않고, 목단강 하류지 역과 연해주지역 및 함경도 일원에서 확인된다. 한편 소량이지만 암키와 외면을 뾰족한 도구 로 찔러서 장식한 홈문양 기와는 상경성에서 주로 확인된다(정동귀 2015a).

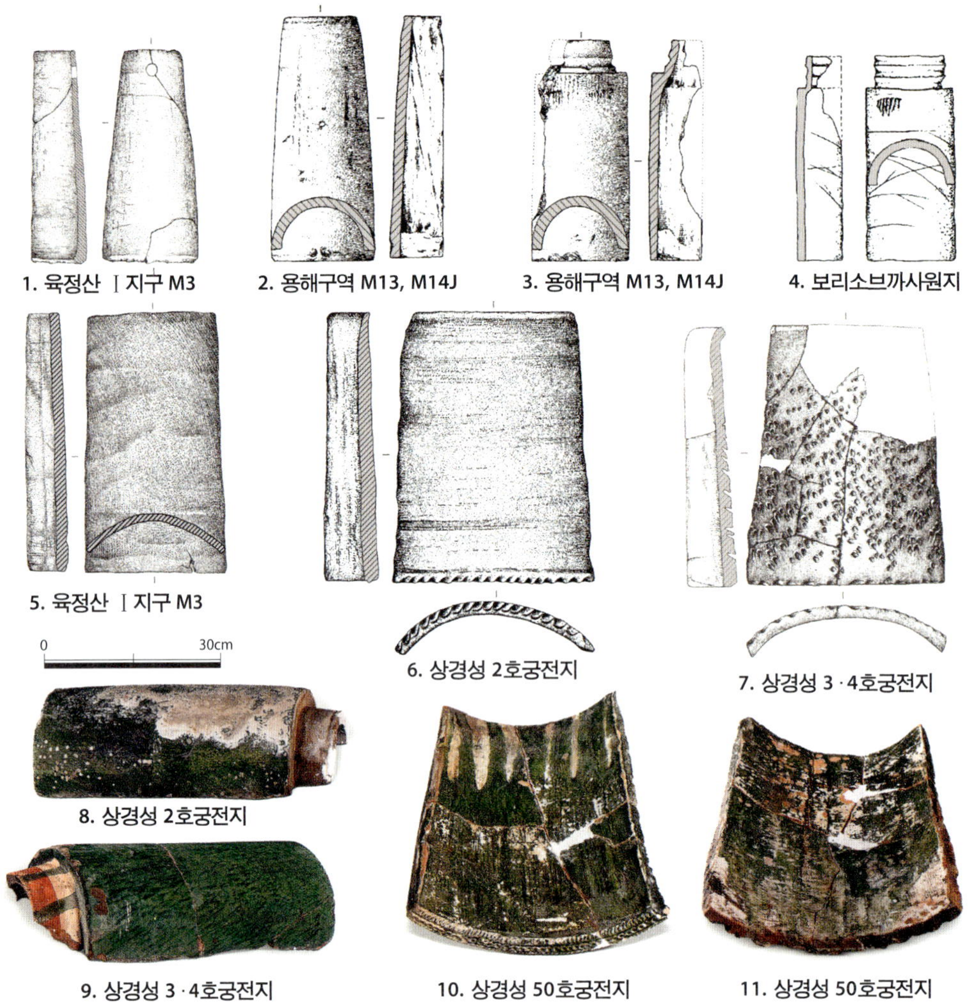

도Ⅵ-19　발해 평기와 각종

1·5. 吉林省文物考古硏究所·敦化市文物管理所 2012: 도32, 도35 ｜ 2·3. 李强 2009: 도14 ｜ 4. 고구려연구회·러시아과학원시베리아분소고고학민속학연구소 1998: 그림32 ｜ 6·7. 黑龍江省文物考古硏究所 2009a: 도57, 도214 ｜ 8~11. 李陳奇·趙哲夫 2010: 94-97

　　암키와 하단면에 문양을 시문한 것이 있는데, 하단 내면이나 외면 또는 내외면에 손가락으로 눌러 문양 효과를 낸 지두문과 하단부 단면에 직선이나 사선을 장식한 선문이 있으며, 하단부 단면에 대롱문 등 다양한 문양을 눌러 새긴 인각문으로 구분된다. 지두문은 고구려 암키와에서도 사용된 것인데, 고구려의 지두문은 하단부 외면에만 시문한 것에 비해 발해 지두문은 하단부 내면과 외면, 내외면 양쪽 모두 시문한 점에서는 차이가 있다. 한편 인각문계 문양을 시문한 암키와는 하단면을 의도적으로 넓게 제작하거나 점토를 덧대어 넓게 만들었는데, 막새기와의 일종으로 분류된다(정동귀 2015a). 지린성 자오허(蛟河)시 칠도하자 사지에서 출토된 암키와 중 하단면에 인각문을 시문하고 하단부 외면에도 인각문과 선문을 함께 시문한 예도 확인된다.

2) 막새기와

막새기와(瓦當)는 지붕의 추녀 끝에 사용되는 대표적인 기와로 수키와 하단부에 원형의 드림새를 부착한 수막새(圓瓦當)와 암키와 하단부에 장방형의 드림새를 부착한 암막새(平瓦當)로 구분된다. 발해의 암막새는 와범을 이용해 제작한 별도의 드림새를 부착한 예는 없으며, 암키와 하단부를 넓게 제작하거나 점토를 덧대어 넓게 만들고 문양을 시문한 형태만 확인된다.

암막새의 문양은 대롱문, 구멍문, 대롱구멍문, 삼엽문, 사엽문, 다엽문, 십자문, X자문 등으로 구분되는데, 상기의 문양이 시문된 시문구를 이용해 암키와 하단면 중앙에 문양을 눌러 새긴 후 그 아래위에는 사선을 시문하였다(**도Ⅵ-20**). 이 중 구멍문 암막새가 가장 먼저 사용된 것으로 보이는데, 8세기 중엽을 전후한 시점에 등장하여 9세기 후반까지 사용된다. 대롱문 암막새는 8세기 후반 서고성의 보수 기와로 사용되었으며, 9세기 후반 또는 10세기 전반까지 사용되었다. 이 두 종류의 암막새를 제외한 나머지 암막새는 짧은 기간 동안 사용된 것으로 추정된다. X자문 암막새는 하남둔고분에서 출토되어 8세기 말~9세기 초로 편년되며,

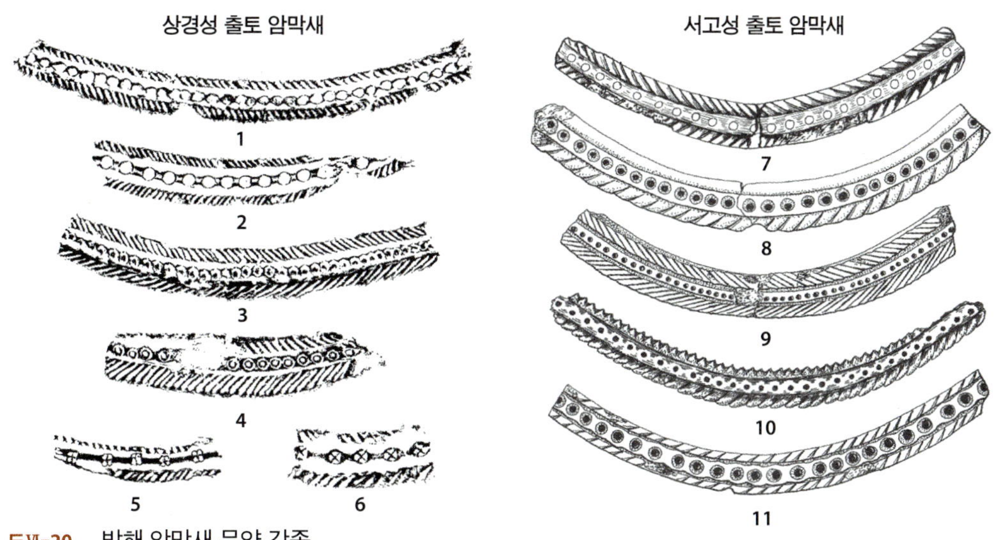

도Ⅵ-20 발해 암막새 문양 각종

1~6. 黑龍江省文物考古研究所 2009a: 도60 ㅣ 7~11. 吉林省文物考古研究所 외 2007: 도198

나머지 암막새들도 9세기대에 한정되어 사용된 것으로 추정된다(정동귀 2015b: 349-354).

발해의 수막새는 연화문와당이 주를 이루며, 인동문(忍冬文)와당과 보상화문(寶相華文)
와당 등이 소량 확인된다. 인동문와당은 초화문(草花文)와당, 수지문(樹枝文)와당 등으로도 불
리는데, 상경성, 서고성, 팔련성 등 도성과 용두산고분군, 하남둔고분군 등 왕실 고분군에서
출토된다. 가운데 자방은 반구형 돌기 외곽에 2개의 권선을 돌리고, 8개의 연자문을 시문한
형태이며, 바깥쪽에는 인동문을 시문하였다. 서고성과 팔련성 출토품은 인동문 양 끝을 서로
만나게 대칭으로 배치하여 일견 보상화문과 같은 형태를 띠고 있다(도Ⅵ-21-3, 4). 보상화문와
당은 상경성에서 확인되는데, 인동문 2개를 마주 보게 배치하여 보상화문을 만들고, 보상화
문 사이에 간식을 배치하였으며, 자방에는 돌기 외곽으로 권선을 돌린 형태로 연자는 표현하
지 않았다(도Ⅵ-21-5, 7). 그밖에 육정산고분군에서는 유정문(乳釘文: 도Ⅵ-21-1), 십자문(十字文: 도
Ⅵ-21-2) 등 특수한 문양의 와당이 출토되기도 한다.

연화문와당은 발해 와당의 대부분을 차지하는데, 연판의 형태에 따라 단판 연화문와
당, 복판 연화문와당, 심엽형 연화문와당으로 구분된다. 수량 면에서 심엽형 연화문와당이
대부분을 차지하며, 발해의 대표적인 와당이라 할 수 있다. 단판 연화문와당은 연봉형 연화
문이 시문된 형태로 허룽 용두산고분군과 북청 청해토성, 연해주 끄라스끼노성 등에서 출토
된다. 용두산고분군에서 출토된 것은 가운데 반구형 돌기를 중심으로 권선을 돌린 자방부와
꽃대가 달린 연봉형 연화를 8개 배치한 문양부와 외곽의 주연부로 구성되며, 주연부와 문양
부 사이에는 권선을 돌렸다(도Ⅵ-21-10). 연봉형 단판 연화문와당은 고구려 시기에 많이 사용
된 형식으로 고구려 와당의 전통을 잇고 있으며, 심엽형 연화문와당 출현 이전에 사용된 것
으로 추정된다. 복판 연화문와당은 서고성과 팔련성에서 출토되었는데, 반구형 돌기 외곽에
권선을 돌리고 그 사이에는 연자를 배치하였으며, 문양부에는 8개의 연화를 배치하였다. 연
화의 형태는 두 개의 연화가 결합된 형태를 양각하여 입체감을 강조하였으며, 연화 외곽에
선각을 부가하여 윤곽을 표시한 것과 그렇지 않은 것 등 약간의 차이가 있다(도Ⅵ-21-11, 12).
복판 연화문와당은 당나라 와당의 영향을 받은 것으로 주장되기도 하지만 통일신라시대 와
당에서도 유사한 예를 찾아볼 수 있어서 일방적인 영향 관계를 설정하기는 어렵다. 그밖에
서고성, 팔련성 등에서는 측면연화문와당도 출토된다(도Ⅵ-21-8, 9).

심엽형 연화문와당은 지금까지 알려진 발해 와당의 대부분을 차지하며, 발해 전 영
역에 걸쳐 고르게 분포하는 대표적인 와당이다(도Ⅵ-21-13~24). 심엽형 연화문와당은 자방부
와 문양부, 주연부 등으로 구분되는데, 문양부와 주연부 사이에 다양한 형태의 간식문을 시문

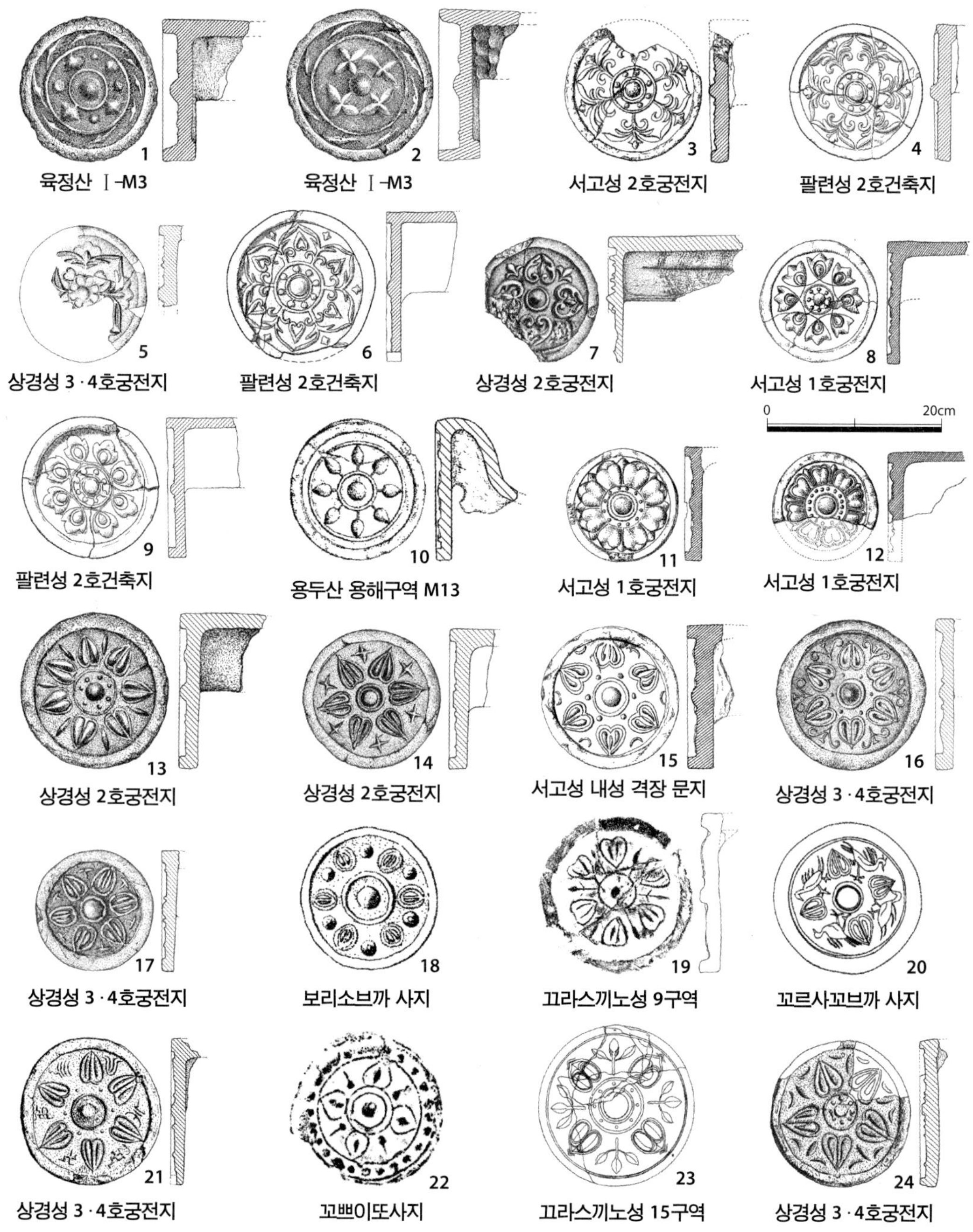

도Ⅵ-21　발해 와당 각종

1, 2. 吉林省文物考古研究所·敦化市文物管理所 2012: 도30 ｜ 3, 8, 11, 12, 15. 吉林省文物考古研究所 외 2007: 도106, 도55, 도57, 도26 ｜ 4, 6, 9. 吉林省文物考古研究所 외 2014: 도116, 도175 ｜ 5, 7, 13, 14, 16, 17, 21, 24. 黑龍江省文物考古研究所 2009a: 도67, 도81, 도85, 도236, 도238, 도240 ｜ 10. 吉林省文物考古研究所·延邊朝鮮族自治州文物管理委員會辦公室 2009: 도14 ｜ 18, 20, 22. 이우섭 2013: 삽도18, 삽도22 ｜ 19, 23. 김은국·정석배 2021: 도643, 도646

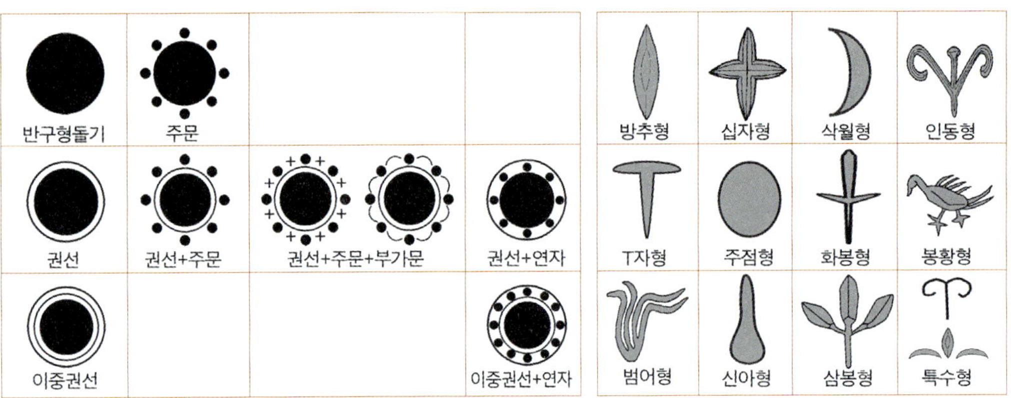

도Ⅵ-22　발해 와당 자방부 및 간식문 모식도(이우섭 2013: 표6, 7을 편집)

하는 특징이 있다. 중심 문양인 연판은 주연부 쪽으로 뾰족한 끝을 배치한 역심엽형이며, 양
각의 윤곽선으로 연판을 표현하고, 수직 융기선으로 양분한 내부 공간에는 각각 부조의 연육
을 배치하였다. 심엽형 연화문와당의 기본적인 구성과 문양 형태는 고구려 연화복합문와당의
특징을 모두 갖추고 있어서 고구려 와당을 그대로 계승한 것으로 생각되고 있다(김희찬 2010a).

　　자방부는 와당의 중앙부에 위치한 반구형 돌기가 중심이 되며, 돌기 외곽 권선의 유
무, 연자 또는 주문의 유무, 부가문양 유무 등에 따라 9개 유형으로 구분된다(**도Ⅵ-22의 좌**). 가
장 단순한 형태인 반구형 돌기만으로 구성된 자방부를 가진 와당은 상경과 솔빈부 지역에 분
포하고, 소형 와당이 많으며, 연판의 형태도 세장한 것이 특징이다. 가장 많이 확인되는 유형
은 반구형 돌기와 권선으로 구성된 자방부로 단판 연화문와당에서도 확인되며, 발해 전 영역
에 걸쳐 분포하고, 함께 시문되는 간식문의 형태도 다양하다. 두 번째로 많은 유형은 반구형 돌
기 외곽에 권선을 돌리고 그 바깥쪽에 주문을 시문한 자방부로 상경과 동경의 도성지역에 주
로 분포하며, 여러 형태의 간식문이 함께 시문되지만 절반가량은 방추형 간식문이 함께 시문
된다. 세 번째로 많은 유형은 반구형 돌기 외곽에 연자를 배치하고 권선을 돌린 형태의 자방
부로 상경지역에 주로 분포한다. 권선 없이 반구형 돌기와 주문만으로 구성된 자방부의 와당
은 중경과 동경지역에서만 확인되며, 방추형 간식문의 6판 연화문와당에서만 확인되는 형태
이다. 반구형 돌기 외곽에 권선을 돌리고 주문과 부가 문양을 시문한 자방부는 상경성 2호·3
호·5호·50호 궁전지와 황성 남문지에서 출토된 와당에서만 확인되고, 주로 방추형 간식문
이 시문된 6판 연화문와당에서만 확인되는 특징이 있다. 반구형 돌기 외곽에 권선을 돌리고 외
곽에 주문과 호선을 돌린 유형의 자방부를 가진 와당 역시 상경성 궁전지에서만 출토되며, 방
추형 간식문이 시문된 6판 연화문와당에서만 확인된다. 반구형 돌기 외곽에 이중의 권선을

돌리고 그 안에 연자를 배치한 자방부의 와당은 출토빈도가 가장 낮으며, 상경과 동경지역에서 확인된다. 반구형 돌기 외곽에 연자나 주문 없이 이중권선을 배치한 유형의 자방부는 솔빈부 꼬쁘이또 사지에서만 확인되는데, 신아형 간식문이 시문된 4판 연화문와당만 확인되는 점과 연판의 가운데 수직융기선이 없다는 점에서 지역 양식으로 추정된다(이우섭 2013: 40-42).

간식문은 주 문양대인 연판문과 주연부 사이 공간의 연판과 연판 사이에 배치하는 문양으로 고구려 와당에서 이미 사용되지만 발해 시기 간식문의 형태는 더욱 다양하다. 간식문은 방추형, 삭월형, 인동형, T자형, 주점형, 화봉형, 봉황형, 범어형, 신아형, 삼봉형 및 기타 특수형 등으로 구분된다(도Ⅵ-22의 우). 이 중 방추형이 가장 많은 빈도를 보이며, 상경·중경·동경 등 도성지역에 주로 분포하여 발해 와당의 대표적인 간식문으로 생각된다. 방추형 다음으로는 십자형 간식문이 많이 사용되는데, 역시 도성지역에 분포하며, 돌기+권선 또는 돌기+권선+주문 형태의 자방부 유형의 와당에서만 확인된다. 삭월형 간식문은 중경지역과 솔빈부지역에 주로 분포하며, 상경지역에서도 소량 분포한다. 주로 돌기, 돌기+연자+권선, 돌기+권선+주문 형태의 자방부와 함께 시문된다. 인동형 간식문은 상경성에서만 확인되는데, 5호 궁전지에서 출토되는 비율이 상대적으로 높다. 자방부는 돌기+권선+주문으로 구성된 유형하고만 결합된다. T자형 간식문은 상경성에서만 확인되며, 자방부는 돌기+권선인 유형이 주를 이루고 있지만 돌기로만 구성된 자방부도 간혹 확인된다. 주점형 간식문은 솔빈부지역 보리소브가 사지에서만 확인된다. 다른 지역에서는 나타나지 않고 있어 지역색을 띠는 형태라고 할 수 있다. 화봉형 간식문은 끄라스끼노사지에서만 확인되며, 자방부는 돌기+연자+권선으로 구성된 유형하고만 결합한다. 봉황형 간식문은 솔빈부 지역의 꼬르사꼬브가 사지에서 출토되고, 화봉형이나 주점형과 마찬가지로 다른 지역에서 확인되지 않는다. 자방부는 돌기+권선으로 구성된 유형만 확인되고, 와당은 모두 소형이다. 자방부는 돌기+권선+주문으로 구성된 유형하고만 결합한다. 신아형 간식문은 솔빈부 꼬쁘이또 사지에서 확인되며, 심엽형 연판 가운데 수직 융기선이 없다는 점과 자방부는 돌기+이중권선으로 구성된 유형만 확인되는 점이 특징이다. 삼봉형 간식문은 상경과 동경지역에서 확인되고, 자방부는 돌기로만 구성된 유형과 돌기+이중권선으로 구성된 유형 등이 확인된다(이우섭 2013: 35-40). 한편 범어형 간식문은 상경성 2호, 3·4호 궁전지와 황성정북문지에서 소량 출토되는데, 그 내용은 관음보살의 육자진언(六字眞言)이라 전하는 옴마니반메훔(ॐ मणि पद्मे हूँ)으로 이해된다(최진호 2012: 82).

심엽형 연화문와당은 자방부 형태와 간식문, 연판의 개수와 형태 등 속성의 조합양상을 기준으로 최소 25개의 형식으로 구분되는데, 각각의 형식은 시간적인 변화와 더불어 공간적 변이를 반영한 것으로 확인된다. 발해 와당은 구국과 서경지역을 제외한 모든 지역에 걸쳐 출토되는데, 상경지역에서는 거의 모든 유형의 간식문이 확인된다. 빈도상으로는 방추형 간식문이 가장 많은 양을 차지하고, 다음으로는 십자형 간식문이 전체의 1/3 가량을 차지한다. 상경지역에서 이처럼 다양한 형태의 와당이 출토되는 것은 다른 지역과 구별되는 특징으로, 상경이 발해의 중심지로서의 성격을 반영하는 것으로 이해된다. 또한 돌기+권선+주문+십자형 부가문과 돌기+권선+주문+호선으로 구성된 자방부 유형 역시 상경지역에서만 출토되는 특징이 있다(이우섭 2017: 145).

동경지역에서는 주로 끄라스끼노사지에서 돌기+연자+권선으로 구성된 자방부가 확인되는데, 이는 발해가 동북쪽으로 영역을 확장하던 후기에 등장한 것으로 파악된다. 다음으로 중경지역에서 많이 확인되는 돌기+권선+주문으로 구성된 자방부 유형은 주로 상경과 중경지역에서만 확인된다. 이러한 자방부 유형은 발해가 구국에서 중경으로 천도를 준비하는 과정에서 등장한 것이며, 다른 지역에서는 확인되지 않는 것으로 보아 등장 시기는 서고성과 상경성의 대대적인 창건이 이루어지는 시점을 전후하여 등장한 것으로 판단된다. 돌기+권선으로 구성된 자방부 유형은 중경과 남경, 동경, 솔빈부 지역에서 고르게 분포하는데, 발해가 다른 지역으로 영역을 확장하는 과정에서 등장한 형태인 것으로 파악된다. 그밖에 상경과 중경지역에서는 다른 지역보다 큰 대형 와당이 집중분포하는 것도 특징 중의 하나로 건축물의 규모와 관련된 것으로 보이는데, 외곽의 솔빈부지역에서는 주로 소형 와당이 출토되는 비견되는 점이다(이우섭 2017: 145-146).

중경지역에서는 심엽형 연화문와당과 함께 다른 지역에서 보이지 않는 복판 연화문와당이 출토되는 점이 특징이다. 연판의 개수는 중경, 남경, 솔빈부지역과 마찬가지로 6판 연화문와당이 주를 이룬다. 방추형 간식문이 주를 이루는 점은 상경 및 동경지역과 같은데, 그 비율이 다른 지역에 비해 월등히 높다. 삭월형 간식문도 비교적 높은 빈도를 보이는데, 다른 어느 지역보다도 가장 많은 수량이 확인되고 있다. 남경지역에서는 동경지역이나 솔빈부지역과 마찬가지로 심엽형 연화문와당과 단판 연화문와당이 함께 출토된다. 연판의 개수는 6판인 것과 4판인 것이 확인되며, 8판 연화문도 간헐적으로 확인된다. 간식문은 십자형만 확인되고 있으며 자방부의 형태는 다른 형식들보다 후행하는 것으로 파악되는 돌기+권선으로 구성된 자방부 유형만이 나타나고 있어 유적의 전반적인 편년과 큰 차이를 보이지 않고 있다(이우섭 2017: 146).

발해 와당의 편년과 변천 과정에 대해서는 아직 정치한 연구가 이루어지지 못하고 있는데, 대체로 3시기로 구분하여 살펴볼 수 있다(도Ⅵ-23). 발해 전기는 698년 건국에서부터 8

구분	전기 (발해건국~8세기 중반)	중기 (8세기 중반~9세기 전반 중엽)	후기 (9세기 전반 후엽~10세기 전반 전엽)
단판연화문	끄라스끼노	바라바쉬, 끄라스끼노	용두산고분군
복판연화문		서고성, 서고성	
심엽형Ca	끄쁘뜨뜨		
심엽형Aa		아브리꼬스, 상경성, 상경성	
심엽형Cc	끄라스끼노	상경성	
심엽형Ab		서고성, 서고성, 팔련성	
심엽형Bb / 심엽형Bb′		상경성, 상경성	
심엽형Ba		서고성, 청해토성	상경성, 상경성, 꼭사로브까, 상경성, 상경성, 상경성, 끄라스끼노, 보리소프카
심엽형Bc	상경성, 서고성, 팔련성	상경성, 상경성, 끄라스끼노	끄라스끼노
심엽형Bb	팔련성, 상경성, 서고성	상경성, 서고성	상경성, 상경성, 상경성, 용두산고분군

도Ⅵ-23　발해 연화문와당 변천도(이우섭 2017: 그림 6을 편집)

세기 중엽에 해당되며, 구국지역에서 건국한 후 중경으로 천도와 상경으로 1차 천도가 이루어지는 시기이다. 이 시기에는 단판 연화문와당과 심엽형 연화문와당이 등장하는데, 심엽형 연화문와당은 방추형 간식문이 주를 이루며, 자방부는 돌기+권선+주문, 돌기+연자+권선으로 구성된 유형이 주를 이룬다. 이러한 형식의 와당은 상경성과 서고성에서 높은 빈도를 보이고 있어서 창건와로 추정되고 있다. 발해 중기는 8세기 후엽에서 9세기 초반에 이르는 시기로 상경에서 동경으로 천도했다가 다시 상경으로 환도가 이루어지는 시기로 상경이 발해의 중심지로 성장하는 시기에 해당한다. 중기에는 단판, 복판, 심엽형 연화문와당 등이 모두 사용되며, 서고성과 상경성에서 소규모의 보축이 이루어졌던 것으로 파악되는데 연판의 개수에 있어서는 커다란 차이를 보이지 않지만 자방부의 구성과 간식문의 형태에 일련의 변화가 일어나는데, 전기의 방추형, 삭월형, 신아형, 삼봉형 간식문 외에 십자형, 인동형, T자형, 특수형 간식문 등이 등장한다. 그밖에 돌기+연자로 구성된 자방부 유형의 와당이 동경과 서경지역에서 사용되고, 끄라스끼노 3문화층에서는 화봉형 간식문이 사용되는데, 후기에는 사용되지 않는다. 발해 후기는 9세기 초반에서 926년 멸망에 이르는 시기로 발해가 동북지역으로 영역을 확장하고, 상경지역에서는 궁궐건축에 대한 대대적인 중건과 개수가 이루어지는 시기이다. 후기에서는 단판 연화문와당과 복판 연화문와당이 사용되지 않고 간식문의 형태가 다양해진다. 자방부는 이전 시기까지 유행하던 돌기, 돌기+주문, 돌기+이중권선, 돌기+권선+부가문양으로 구성된 유형이 사라지고, 돌기+권선과 돌기+권선+주문으로 구성된 유형이 증가하게 된다. 간식문에 있어서는 중기까지 유행하던 화봉형과 특수형이 사라지고, 십자형과 삭월형, 인동형, T자형 등은 지속적으로 사용되며, 방추형은 상경지역과 솔빈부지역을 중심으로 사용된다. 특히 연해주지역에서는 다른 지역에서 보이지 않는 봉황형과 주점형의 간식문이 등장하고 상경성 50호 궁전지를 중심으로 녹유와의 비중이 증가하는 양상을 보인다(이우섭 2017: 142-143).

3) 특수기와 및 장식기와

지붕의 용마루와 내림마루 및 귀마루(추녀마루) 등에 사용된 특수한 용도의 특수기와와 마루 끝을 장식하는 장식기와 등이 있다. 착고는 지붕 마루 밑의 기왓골을 막는 기능을 하는 특수기와로 수키와의 양면을 절단하여 만드는데, 상변은 직선이고 하변은 기왓골에 맞게 곡선을 이룬다. 상경성, 서고성, 팔련성 등 도성지역의 궁궐건축과 용두산고분군에서 출토되며, 연해주 일원과 함경도 지역의 사지 등 발해 거의 전역에 걸쳐 출토된다(도Ⅵ-24-1~3). 적새

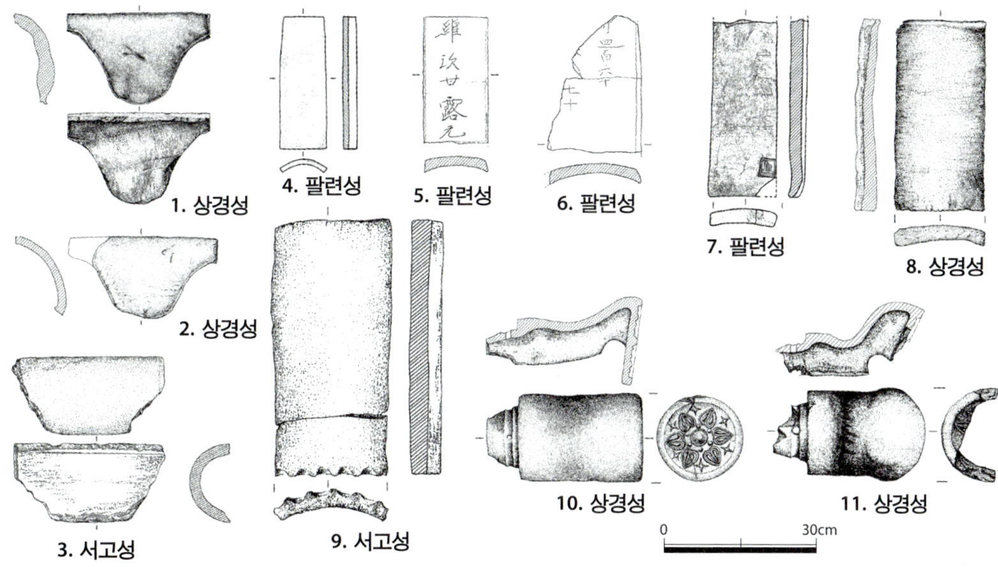

도Ⅵ-24　발해 특수기와 각종

1, 2, 8, 10, 11. 黑龍江省文物考古硏究所 2009a: 도221, 도64, 도62, 도212, 도361 ｜ 3, 9. 吉林省文物考古硏究所 외 2007: 도152, 도153 ｜ 4~7. 吉林省文物考古硏究所 외 2014: 도29, 도70, 도213

는 마루를 높게 쌓아 올리기 위한 특수기와로 일반적으로 암키와를 반으로 잘라서 사용하는데, 보통 여러 장의 적새를 겹쳐 쌓은 후 맨 위에는 수키와를 얹어 마무리한다. 암키와를 잘라서 만든 적새는 착고와 같이 도성과 외곽지역 모두에서 확인되지만 수키와 적새는 상경성과 서고성, 팔련성 등에서만 확인된다. 한편, 상경성에서는 평기와와 막새기와는 물론 적새와 착고도 녹유를 시유한 예들이 출토되고 있다. 또한 팔련성 1호 건축지에서는 「…維次甘露_{유차감로}元…」와 숫자가 새겨진 적새가 출토되기도 한다(도Ⅵ-24-4~9). 곱새기와는 지붕마루 중 추녀마루나 내림마루의 끝단에 사용되는데, 수키와를 구부려 제작하였으며, 끝에는 와당이 달려 있다(도Ⅵ-24-10, 11). 역시 발해 시기 도성과 외곽지역 전역에 걸쳐 확인된다. 모서리기와는 용마루가 없는 지붕의 마루 부위 양쪽을 연결하는데 사용하는 특수기와로 모서리암키와는 말 안장과 같은 형태이며, 모서리 수키와는 모서리 암키와 가운데 얹어 사용한다. 모서리기와 중 추녀 끝에는 장식을 가미한 모서리 막새를 달아 장식하는데, 상경성과 서고성에서 출토된 사례가 있다.

　　장식기와는 용마루 양쪽에 세우는 치미(鴟尾)와 내림마루 끝을 장식하는 용두(龍頭), 귀마루 끝을 장식하는 토수(吐首) 등이 있다. 발해의 치미는 상경성, 서고성, 팔련성, 함경남도 오매리 사지, 연해주 끄라스끼노성, 아브리꼬스 사지 등에서 출토되었으며, 상경성과 서고성 출토 치미는 녹유를 시유하였다. 치미는 봉황의 깃을 형상화한 것으로 생각되는데, 동체부는 속이 비어 있고, 하단부 중앙에는 용마루에 얹힐 수 있도록 홈이 가로로 패어 있다. 동체부는 직선으로 뻗어 오르다 휘어진 것과 호선을 이루며 휜 것 두 종류가 있으며, 상경성 1호 사지 출토 치미의 동체부에는 끝이 말린 초화문을 양각하였다. 등 뒤에는 선각으로 깃을 표현하였으며, 등과 동체부 사이는 선각으로 문양대를 구분하고 반구형의 주문으로 장식하였다. 반구형 주문은 별도로 제작하여 동체부에 뚫린 구멍에 꽂아 장식하였는데, 반구형 주문 외곽에 작은 주문을 돌린 것과 없는 것으로 구분되는데, 서고성 1호 궁전지 출토 치미의 반구형 장식은 주문이 없다. 상경성 2호 궁전지에서 출토된 반구형 주문 중에는 가운데 작은 주문을 중심으로 나선형 선각을 하고 그 외곽에는 여러 개의 작은 연주문을 배치한 것과 반구형 주문 외곽에 작은 연판을 배치한 특이한 형태도 있다(도Ⅵ-25). 상경성 성북 9호 사지 출토 치미는 길이 91.0cm, 높이 91.5cm, 폭 36.0cm이며, 동반성 1호 사지 출토 치미는 길이 97.0cm, 높이 87.0cm, 폭 39.0cm이다.

　　내림마루 끝을 장식하던 용두는 중국에서는 수두(獸頭)라고 하는데, 상경성, 서고성, 팔

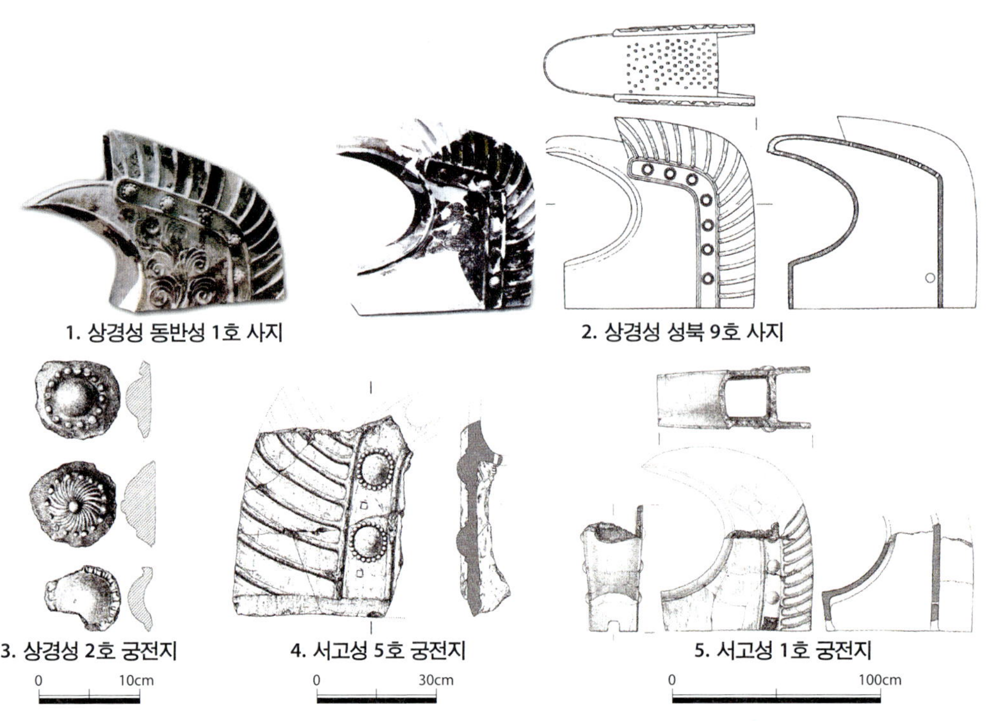

도Ⅵ-25　발해 치미 각종

1. 李陳奇·趙哲夫 2010: 30 ｜ 2. 中國社會科學院考古研究所 1997: 도58 ｜ 3. 黑龍江省文物考古研究所 2009a: 도105 ｜ 4, 5. 吉林省文物考古研究所 외 2007: 도173, 도62

런성 등 도성지역의 궁전지나 사지에서 출토되며, 대부분 녹유를 시유하였다. 고구려의 귀면와와 같이 지붕의 마루 장식이라는 점과 벽사와 길상을 상징한다는 점에서는 일맥상통하는 점이 있으나 판와가 아니라 입체로 제작한 점에서 큰 차이가 있으며, 발해에서만 보이는 독창적인 장식으로 화려하고 정교한 발해의 건축술을 보여주는 유물이다.

용두의 전제적인 형태는 괴수의 얼굴을 형상화 한 것인데, 튀어나온 눈알과 코, 날카로운 이빨, 앞으로 뻗거나 굽은 혀를 특징으로 한다. 콧대 중앙에는 볼록한 융기가 있고, 좌우에는 두 개의 콧구멍을 묘사하였으며, 눈과 코 뒤에는 귀를 묘사하였다. 위로 세운 귀에는 둥근 갈기가 연결되어 아래턱으로 이어지며, 머리 뒤에는 3개의 갈기가 뿔처럼 솟아있다. 바닥은 비스듬히 기울어 있고 내부는 오목한데 코 뒤에는 마루에 고정할 수 있는 수직 구멍이 뚫려있다.

용두는 크기에 따라 대·중·소로 구분되며, 혀의 모양과 이빨의 모양, 콧구멍의 형태 등에 따라 크게 두 유형으로 구분된다. 첫째 유형은 혀가 입 아랫부분에 위치하는데, 편평하게 앞으로 뻗어 있으며, 끝은 위로 약간 말려 있다. 입은 비교적 작고 상하 각 2개의 송곳니와 4개의 어금니가 있다. 위쪽 어금니 사이에 송곳니와 구분된 2개의 앞니가 있고, 콧구멍이 막혀있는 형태와 앞니와 송곳니가 일체형으로 선각으로 묘사되고 콧구멍이 뚫려있는 형태로 세분된다(도Ⅵ-26-1). 둘째 유형은 입의 윗 쪽에 달린 S자 모양으로 휜 혀가 특징이다. 입은 크고, 눈알은 약간 뾰족하며, 과장된 송곳니 사이에 앞니를 표현하였는데, 분명하지는 않다(도Ⅵ-26-2). 둘째 유형은 위아래 송곳니와 앞니가 일체형인 것과 위쪽 앞니가 없는 형태로 세분된다(李舍笑 2019: 44-49).

귀마루 끝을 장식하는 토수는 중국에서는 투수(套獸)로 칭하는데, 용두와는 달리 상경성, 서고성, 팔련성의 궁전지에서만 출토되고, 사지에서는 확인된 예가 없다. 전체적인 형태는 기이한 동물의 두상을 하고 있으며, 속은 비어 있다. 표면에는 녹유계통의 유약을 시유하였는데, 회백색 또는 적갈색, 녹색 등 다양한 색조가 있다. 과장된 둥근 눈알, 돌출된 눈두덩과 휘어진 눈썹, 위로 들린 윗입술과 뾰족한 아랫입술, 튀어나온 2개의 송곳니를 특징으로 하며, 이마에는 한 쌍의 뿔이 달려 있다. 뺨에는 울퉁불퉁한 근육을 표현하였고, 아래턱과 목에는 선각으로 수염을 묘사하였다. 비교적 자세하게 어금니도 묘사하였으며, 용두에 비해 높이가 낮고, 앞뒤로 약간 길쭉한 모양을 띠는 것이 특징이다. 크기는 약간의 차이가 있으나 상경성 2호 궁전지에서 출토된 가장 큰 토수의 길이는 45cm, 높이는 34cm, 폭은 40cm로 대형 용두와 비슷한 크기이다(도Ⅵ-26-6).

도Ⅵ-26　상경성 출토 용두 및 토수 각종(黑龍江省文物考古研究所 2009a: 도106, 도271, 도370, 도371, 도272, 도116)

　　토수는 입 모양에 따라 세 유형으로 구분된다. 첫째 유형은 위로 말린 윗입술을 코끼리 코와 같은 콧대와 연결한 형태이며, 선각으로 주름을 표현하였다. 위아래 턱에는 송곳니가 모두 위로 향해 있다(도Ⅵ-26-3). 둘째 유형은 윗입술이 콧대와 연결되지 않고, 혀처럼 위를 향해 뻗어 있으며, 혓바닥 가운데는 여러 조의 삼각형 능각을 표현하였다. 위아래 턱의 송곳니는 모두 위를 향하고 있다(도Ⅵ-26-4). 셋째 유형은 윗입술이 위로 들리지 않는 것이 특징인데, 선각으로 능각을 표현하였다. 두정부 중앙에는 세로로 관통하는 홈이 있으며, 머리 뒤쪽으로는 마루에 고정하기 위한 못 구멍이 있다(도Ⅵ-26-5, 6). 셋째 유형은 상하 어금니가 위를 향한

것, 상하 어금니가 서로 맞물린 것, 입을 다물고 입술 측면에 위쪽 송곳니 하나만 묘사된 것
으로 세분된다(李含笑 2019: 50-55).

4) 주좌

주좌(柱座)는 초석에 세운 기둥의 밑부분에 돌려 장식한 기둥밑장식으로 비바람을 맞
아 기둥뿌리가 부식되는 것을 막는 기능을 하는 것으로 발해 건축에서만 보이는 독창적인
요소이다. 상경성, 서고성, 팔련성 등 도성지역의 궁전 건축에서 주로 출토된다. 2개 또는 여
러 조각을 연결하여 기둥뿌리를 둘러싸게 되는데, 내부에는 접합을 위한 표시가 있다. 위에
서 보면 둥근 테 모양을 하고 있으며, 위가 좁고 아래는 넓은데, 동체부는 호형을 이룬다. 외
면에는 녹색이나 연녹색 유약을 바르는데, 일부 유약을 바르지 않은 것도 있다. 외면에 문양
을 시문하지 않은 것과 연판을 장식한 것으로 구분되며, 전자가 훨씬 많다(도Ⅵ-27). 주좌의
크기는 다양한데, 상경성 3·4호 궁전지 출토 연판 주좌는 외경 50.0cm, 내경 30.0cm, 높이
8.5cm이다(도Ⅵ-27-1).

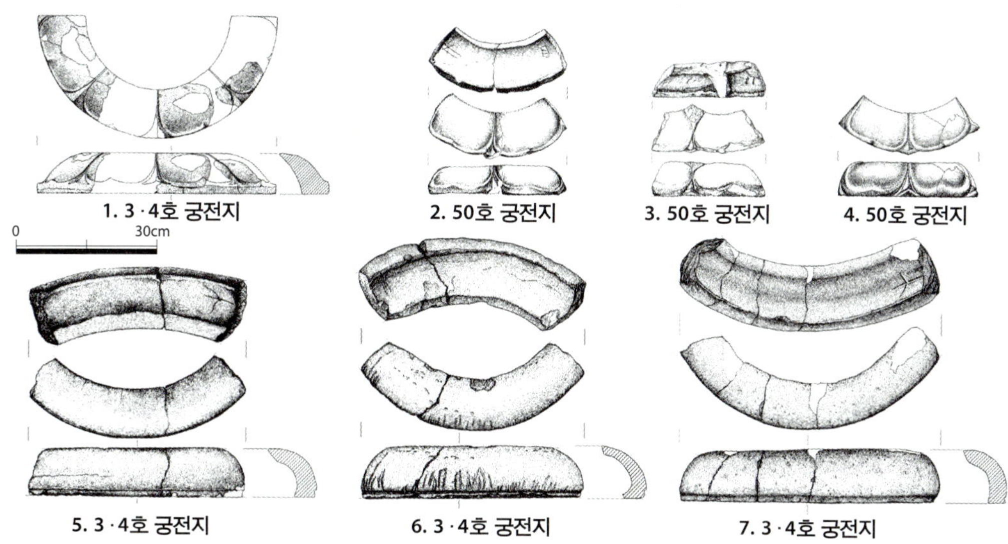

도Ⅵ-27　발해 주좌 각종(黑龍江省文物考古研究所 2009a: 도280, 도376(1~4), 도274, 도275, 도273)

5) 전

발해 시기 벽돌은 도성과 지방의 건물지에서 주로 출토되지만 전실분과 마적달탑이
나 영광탑 등 묘상 건축에 다양한 형태의 벽돌을 사용하였다. 벽돌은 형태에 따라 방형, 장

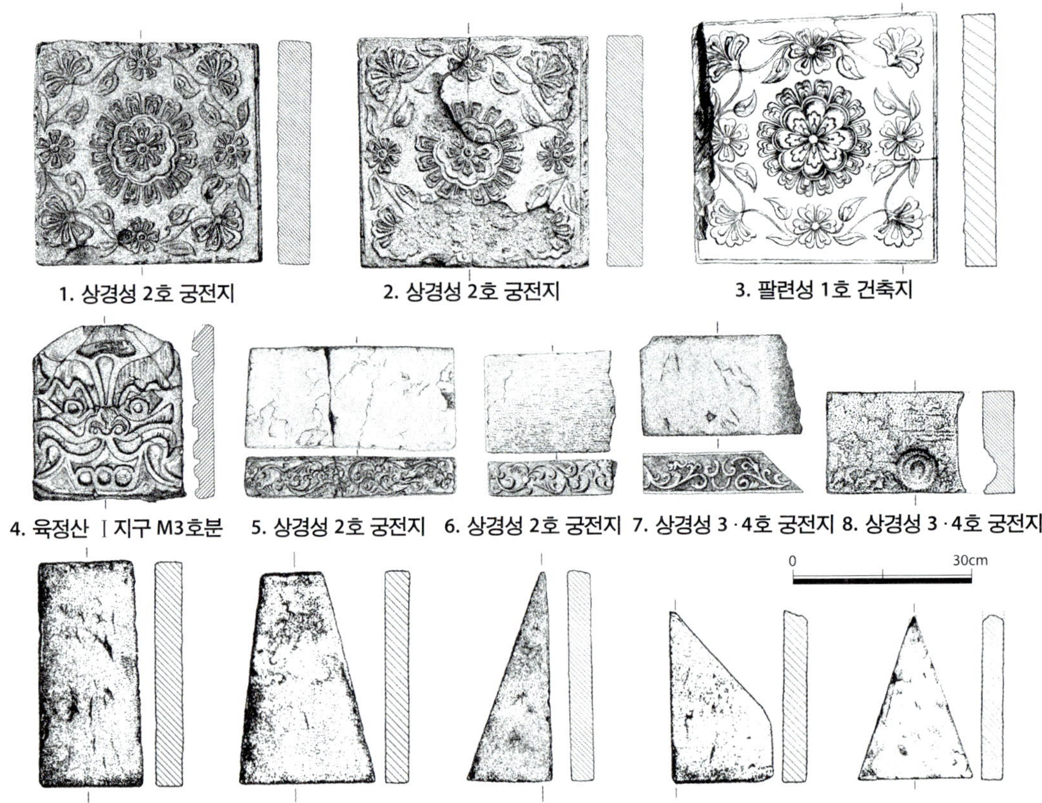

도Ⅵ-28 발해의 전 각종

1, 2, 5, 6, 7, 8. 黑龍江省文物考古研究所 2009a: 도89, 도87, 도94, 도94, 도252 ┃ 3. 吉林省文物考古研究所 외 2014: 도73 ┃ 4. 吉林省文物考古研究所·敦化市文物管理所 2012: 도38 ┃ 9~13. 黑龍江省文物考古研究所 2009b: 도674, 도673, 도671, 도673, 도673

방형, 오각형, 제형, 삼각형 등으로 구분되며, 대부분은 문양이 없지만 보상화문과 인동문 등 정교한 문양을 시문한 예도 있다(도Ⅵ-28). 벽돌은 틀을 이용해 제작하는데, 먼저 바닥에 마포나 자리를 깔고 그 위에 점토 소지를 채워 넣은 후 상면을 매끄럽게 마무리하였으며, 바닥에 포흔이나 승문이 남아있다. 문양전의 경우 화문이 양각된 모판을 이용해 압출하여 만드는데, 바닥에는 포흔이나 승문이 남아있는 경우가 많으며, 상면 문양부가 먼저 손상되는 경우가 많다. 방형전은 주로 상면에 문양을 시문하는 반면 장방형전은 측면에 문양을 시문하는데, 이는 용도에 따른 차이로 생각된다. 대부분의 벽돌은 시유를 하지 않았으나 시유를 한 것도 적지 않다.

상경성 2호 궁전지, 3·4호 궁전지, 5호 궁전지, 팔련성 1호 건축 기초부에서 보상화문과 인동문이 시문된 방형전과 장방형전이 여러 점 출토되었다. 보상화문 방형전의 중앙부에는 자방과 8개의 화판, 16개의 겹화판으로 구성된 보상화를 배치하였으며, 외곽의 네 변에는 6판의 작은 보상화를 배치한 후 모서리에는 측면 화판을 배치하였는데, 네 변의 보상화와 모서리의 측면 보상화는 잎과 줄기로 연결하였다. 상경성 2호 궁전지와 3·4호 궁전지에서 출토된 보상화문전의 모서리에 「典和毛」라는 문자가 좌서로 양각된 것도 있다(도Ⅵ-28-2). 보상화문전의 길이는 36~38cm, 두께는 5~6cm 가량 된다. 장방형전의 측면에는 패턴화된 인동문이 시문되는데, 문양의 패턴은 약간씩 차이가 있다. 장방형전 중에는 문지에 사용하여 반구형 홈이 패인 것도 있으며(도Ⅵ-28-8), 장변의 모서리를 다듬어 착고와 같은 형태를 만든 것도 확인된다. 장방형전의 길이는 35~37cm, 두께는 5~6.5cm가량으로 방형전과 비슷하다.

그밖에 육정산고분군 Ⅰ지구 M3호분에서 귀면전 여러 점이 출토되었는데, 대부분 파편 상태이나 완형과 비교해 볼 때 같은 틀을 이용해 만든 것으로 생각된다. 전체적으로 상하로 약간 긴 방형이며, 상변은 양쪽 모서리를 접은 호형이다. 상면에는 귀면을 양각하였는데, 크게 치켜 뜬 둥근 눈과 휘어진 눈썹, 찡그린 미간, 주름진 코와 크게 벌린 입 등을 간략화하여 표현하였다. 3개의 주문으로 이빨을 표현하였으며, 입 좌우에는 아래로 향한 송곳니를 묘사하였다. 높이는 26cm, 너비는 22cm이다(도Ⅵ-28-4).

4. 무기와 무구

발해의 무기류는 철촉을 제외하고는 알려진 자료가 많지 않은데, 기본적으로 고구려의 무기체계와 유사한 것으로 생각된다. 발해의 무기는 공격용무기와 방어용무기로 대별되고, 공격용무기는 원거리 무기와 근거리 무기로 구분된다. 원거리 무기는 활(弓)과 화살(矢)이 대표적이며 쇠뇌(弩)는 확인된 사례가 없다. 근거리 무기는 칼(刀劍)과 도끼(斧) 등의 단병기와 창(矛)을 중심으로 하는 장병기로 구분되는데, 고구려 무기에서 확인되는 꺽창(戈)과 가지창(戟)은 확인되지 않는다. 그밖에 단병기로 정효공주무덤 벽화에는 시위가 어깨에 메고 있는 철퇴(鐵槌)가 확인되지만 실물로 출토된 예는 없다. 공격용무기 중 충차와 사다리 등의 공성용 무기 또한 확인되지 않는다. 방어용 무기로는 갑옷(甲)과 투구(胄)가 소량 확인되고 있다.

도검류는 상경성을 비롯한 도성과 건축유적 및 고분에서 출토되며, 지역적으로는 발해 전역에 걸쳐 확인되지만 출토 예는 많지 않다(도Ⅵ-29-1~4). 대부분 외날 칼인 도가 주를 이루지만 연해주 체르냐찌노5 유적에서는 단검이 4점 출토되었다. 도는 날이 곧은 직도이며 병

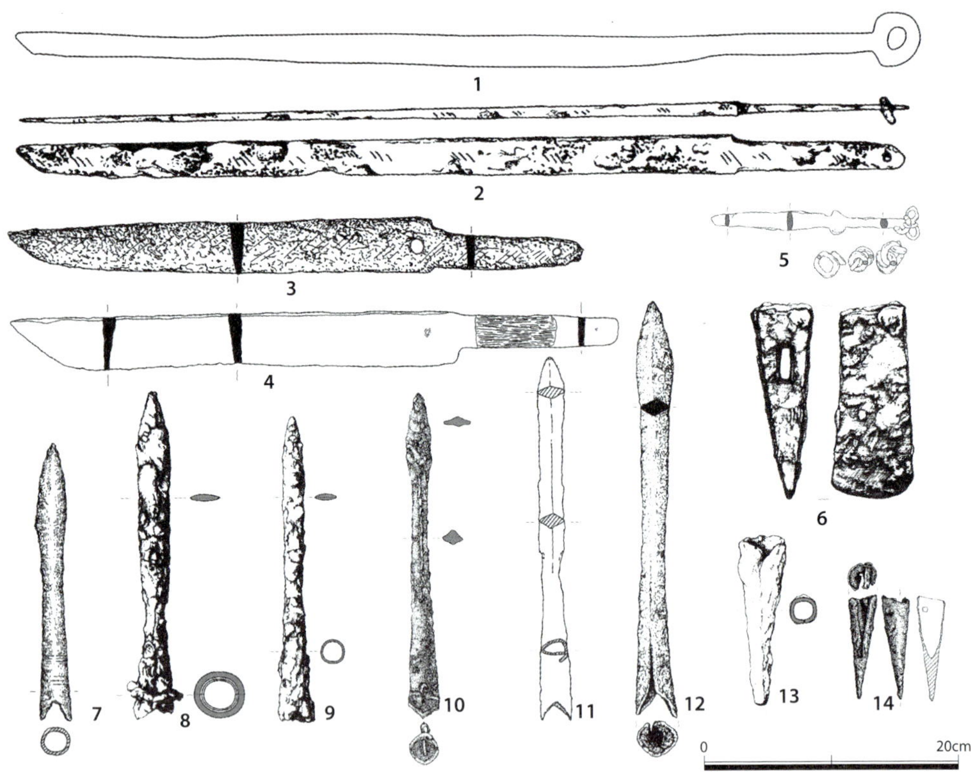

1. 연차골 1지구 1호분 ┃ 2. 홍준어장 M22208호분 ┃ 3. 육정산고분군 적석유구 IST5 ┃ 4. 체르냐찌노 5고분군 189호분 ┃ 5. 체르냐찌노 5고분군 73호분 ┃ 6. 끄라스끼노성 48구역 ┃ 7. 육정산고분군 적석유구 IST5 ┃ 8. 끄라스끼노성 47구역 19호 주거지 ┃ 9. 끄라스끼노성 47구역 19호 주거지 ┃ 10. 뜨로이쯔꼬예 285호분 ┃ 11. 체르냐찌노 5고분군 152호분 ┃ 12. 홍준어장 M2205호분 ┃ 13. 끄라스끼노성 47구역 18호 주거지 ┃ 14. 상경성 3·4호 궁전지

도Ⅵ-29 발해의 도·검, 모, 부 각종

1. 동북아역사재단 2011: 그림42 ┃ 2, 12. 黑龍江省文物考古研究所 2009b: 도238, 도285 ┃ 3. 吉林省文物考古研究所·敦化市文物管理所 2012: 도104 ┃ 4. 한국전통문화학교 2009a: 도면55 ┃ 5. 한국전통문화학교 2006: 도면 24 ┃ 6. 김은국·정석배 2021: 도면685 ┃ 7. 吉林省文物考古研究所·敦化市文物管理所 2012: 도105 ┃ 8, 9, 13. 김은국·정석배 2021: 도면 692 ┃ 10. 국립문화재연구소 2008: 도면88 ┃ 11. 한국전통문화학교 2007: 도면120 ┃ 14. 黑龍江省文物考古研究所 2009a: 도297

부 끝에 둥근 고리가 달린 환두대도도 있으나 환두부가 없는 것이 많은데, 원래 무환두로 제작된 것인지는 확인하기 어렵다. 환두대도는 환두부에 장식을 가미한 장식대도는 출토 예가 없다. 도신부에서 병부로 이어지는 곳에 관부가 형성된 것이 일반적인데, 날쪽에만 관부가 형성된 것이 주를 이루며, 등과 날 양쪽 모두에 관부가 형성된 것은 소량에 불과하다. 도의 크기는 다양한데, 도로 알려진 자료 중 길이 50cm 미만은 생활용구인 도자로 구분되며, 무기로서 도의 길이는 90~100cm 가량 된다.

양날 칼인 검은 체르나찌노5유적의 73호분, 75호분, 86호분, 154호분에서 각각 1점씩 출토되었다. 피장자의 허리 부근에서 옥환과 공반되는 특징이 있으며, 75호분에서는 은제 귀 걸이도 함께 출토되었다. 단면 렌즈 모양의 검신에 타원형의 검날 멈치와 병부 및 검파두식 을 일체형으로 제작하였다. 검파두식은 8자 모양으로 내부는 뚫려있으며, 여기에는 여러 개 의 고리가 달려 있는데, 73호분에서는 8개의 고리가 출토되었다. 길이는 11.2~16.5cm 정도 인데, 무기라기보다는 청동기시대 이래 북방 초원지역에서 유행한 비수와 같은 용도의 단검 으로 생각된다(도Ⅵ-29-5).

단병기로 도끼가 있는데, 장방형의 몸체에 횡으로 구멍이 뚫린 횡공부로 고구려의 횡 공부와 기본적인 형태가 유사하며, 머리에 비해 날이 넓은 것과 머리와 날의 폭이 비슷한 두 종류가 있다. 고구려 고분벽화에는 같은 형태의 도끼를 메고 행진하는 부월수가 표현되어 있 어 도끼가 고구려 무기체계의 하나임은 분명하지만 발해시기에도 도끼가 무기체계의 하나 였는지 생활용구로 사용되었는지는 분명하지 않다(도Ⅵ-29-6).

장병기는 창만 확인되는데, 창날(鉾)과 창고달이(鐏)가 함께 출토되기도 한다. 창은 날 이 넓고 단면이 렌즈 모양인 광봉형과 날 폭이 좁고 단면이 능형인 협봉형이 있는데, 후자가 주를 이룬다(도Ⅵ-29-7~11). 창 날이 좁고 두꺼워지는 현상은 이미 고구려 중기 이후에 보이는 현상으로 갑옷과 같은 방어장구의 발달에 대응하는 변화로 생각된다. 자루를 장착하던 공부 는 직기형과 연미형 두 가지가 있으며, 봉부와 공부 사이에 반부가 달린 것은 확인되지 않는 다. 고구려에서는 보병용 창과 기병용 창 및 투창용이 있었던 것으로 기록에 전하는데, 발해 에도 기병이 존재하였으므로 이러한 구분이 있었을 것이나 창날만으로는 구분하기 어렵다. 그밖에 영안유지에서 삼지창이 출토되어 무기로 분류하였으나(방학봉 1999) 어로도구일 가능 성이 크며, 무기의 범주에 포함하기 는 어렵다.

원거리 무기인 활은 출토된 예 가 없어 자세한 형태는 알기 어려우 나 정효공주묘 벽화 중 시위가 소지 한 활과 활통을 통해 그 모습은 짐작 해 볼 수 있다(도Ⅵ-30). 서벽의 두 번 째 인물은 허리에 활통을 차고 어깨 에 철퇴를 메고 있으며, 북벽의 두 사

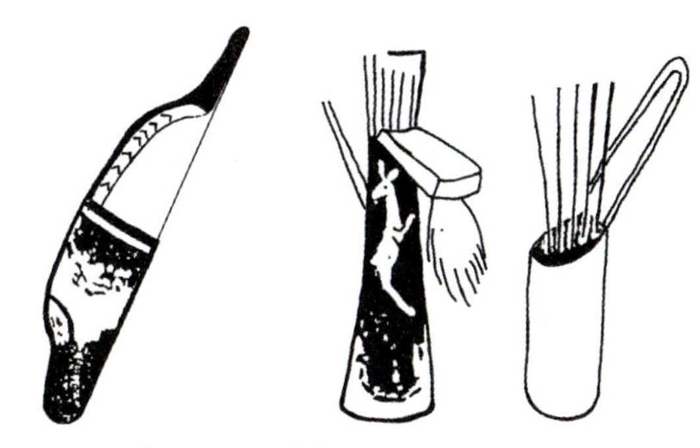

도Ⅵ-30　정효공주묘 벽화에 묘사된 무사의 활과 화살통
(방학봉 1999: 그림3)

람이 묘사되어 있는데 등에는 활을 지고 어깨에는 화살통을 메고 있다(방학봉 1999). 서벽 인물은 활통에 활을 넣은 채 허리에 차고 있는데, 시위가 팽팽하게 당겨진 만궁(彎弓)이며, 궁간부의 등과 안쪽은 서로 다른 색으로 묘사되어 있어 서로 다른 재질을 붙여서 만든 것으로 보인다. 활통에는 식물형태의 문양이 그려져 있으며, 화살통에는 사슴 모양의 동물문을 그렸다(延邊朝鮮族自治州博物館 1982). 활의 모양과 크기로 보아 고구려 활과 같은 단궁(短弓)으로 추정된다. 그밖에 원사무기로 쇠뇌가 있었던 것으로 생각되나 역시 실물로 확인되는 예가 없으며, 출토된 화살촉 중 일부가 쇠뇌용 화살에 사용된 것으로 추정되고 있다.

화살촉은 발해의 무기류 중에서 출토량이 가장 많은데, 구국을 포함한 5경 지역과 연해주 일원에 이르기까지의 발해 전역에 걸쳐 출토되며, 지금까지 대략 380점이 넘는 화살촉이 출토되었다(이민영 2017). 발해의 화살촉은 슴베(莖部)의 유무에 따라 무경식과 유경식으로 크게 나뉘며, 무경식은 소량에 불과하고 유경식이 주를 이룬다. 유경식 화살촉은 촉두와 경부로 이루어진 것과 촉두-촉신-경부로 이루어진 형태로 구분되며, 촉두의 형태와 촉신부의 형태 등에 따라 여러 형태로 세분된다(도Ⅵ-31).

촉두는 평면 형태에 따라 유엽형(柳葉形), 사두형(蛇頭形), 능형(菱形), 추형(錐形), 검신형(劍身形), 착두형(鑿頭形), 연미형(燕尾形), 삼익형(三翼形), 역자형(逆刺形) 등으로 구분되고, 촉두와 촉신 및 경부의 단면 형태에 따라 원형, 타원형, 능형, 방형, 장방형, 삼각형, 삼익형 등으로 구분되는데, 각 속성의 결합양상에 따라 구분하면 모두 23개 형식으로 분류된다(이민영 2017). 이상과 같은 여러 형식의 대부분은 세부 형태에 약간의 차이를 보이기도 하지만 고구려 시기부터 사용되었던 것이며, 이후 시기에도 큰 변화 없이 사용되고 있다. 이들 화살촉은 촉두부의 형태에 따라 크게는 광엽형과 세장형으로 구분할 수 있는데, 광엽형은 수렵용으로 많이 사용되고, 세장형은 주로 인마살상용으로 추정되는데, 갑옷 등 방어장구의 발달과 궤를 같이하는 것으로 생각된다. 한편 사두형 촉과 삼익형 촉 중 촉두에 구멍이 뚫린 명적이 확인되며, 일부 촉두와 촉신부가 길고 무거운 형태는 쇠뇌에 사용된 화살촉으로 추정된다.

발해의 방어장구로는 투구와 찰갑이 알려져 있다(도Ⅵ-32). 투구는 상경성과 함경남도 금호지구 오매리사지에서 출토되었다. 상경성 출토 투구는 8매의 철판을 못으로 고정하여 몸체를 만들고, 밑변은 테를 두르고 못으로 고정하였다. 두정부에는 구멍이 뚫려있는데, 여기에 술이 달린 꼭지를 세웠던 것으로 보인다(방학봉 1999). 같은 형태의 완전한 투구 2점이 상경성에서 출토되었는데, 두정부에 방울 모양의 꼭지가 달려 있다(李陳奇·趙哲夫 2010). 한편 정효공주묘 벽화 중 연도 안쪽에 두 명의 시위가 마주 보고 있으며, 머리에는 붉은 술이 달린

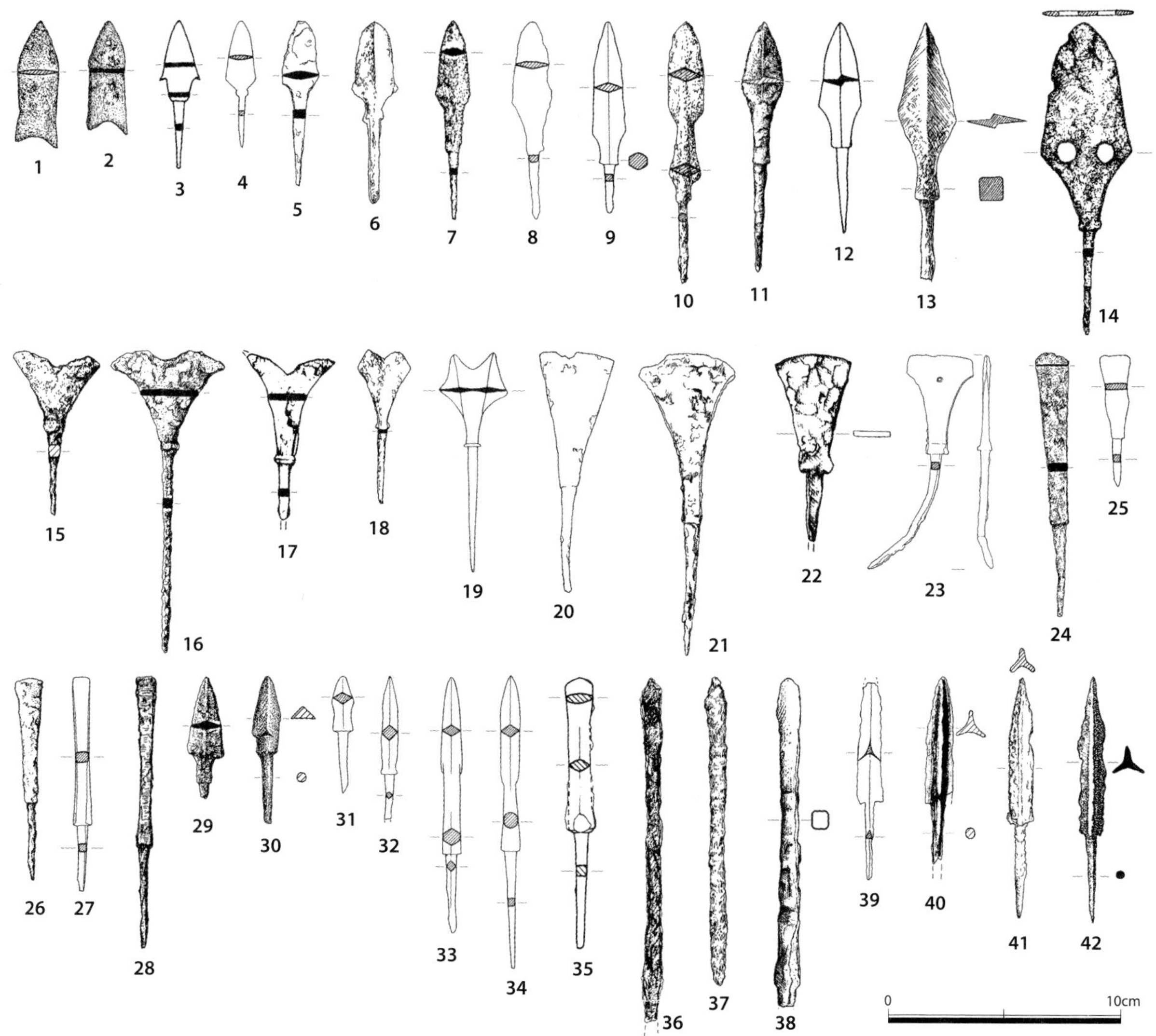

1. 홍준어장고분군 M2308 ㅣ 2. 홍준어장고분군 M2001 ㅣ 3. 끄라스끼노성 ㅣ 4. 육정산고분군 M206 ㅣ 5. 홍준어장고분군 M2001 ㅣ 6. 홍준어장고분군 M2171 ㅣ 7. 홍준어장고분군 M2107 ㅣ 8. 상경성 ㅣ 9. 상경성 ㅣ 10. 서고성 ㅣ 11. 상경성 ㅣ 12. 끄라스끼노성 ㅣ 13. 끄라스끼노성 ㅣ 14. 홍준어장고분군 M2107 ㅣ 15. 상경성 ㅣ 16. 상경성 ㅣ 17. 끄라스끼노성 ㅣ 18. 홍준어장고분군 M2172 ㅣ 19. 끄라스끼노성 ㅣ 20. 홍준어장고분군 M2281 ㅣ 21. 홍준어장고분군 M2구역 ㅣ 22. 끄라스끼노성 ㅣ 23. 상경성 ㅣ 24. 홍준어장고분군 M2184 ㅣ 25. 상경성 ㅣ 26. 상경성 ㅣ 27. 상경성 ㅣ 28. 상경성 ㅣ 29. 상경성 ㅣ 30. 육정산고분군 M14 ㅣ 31. 상경성 ㅣ 32. 상경성 ㅣ 33. 상경성 ㅣ 34. 상경성 ㅣ 35. 끄라스끼노성 ㅣ 36. 육정산고분군 ㅣ M3 ㅣ 37. 육정산고분군 ㅣ M3 ㅣ 38. 끄라스끼노성 ㅣ 39. 육정산고분군 M204 ㅣ 40. 육정산고분군 ㅣ M3 ㅣ 41. 홍준어장고분군 M2205 ㅣ 42. 끄라스끼노성

도Ⅵ-31 발해 화살촉 각종

1, 2, 5~7, 14, 18, 20~21, 24, 41. 黑龍江省文物考古硏究所 2009b: 도532, 도81, 도81, 도488, 도360, 도360, 도376, 도516, 도677, 도214, 도581 ㅣ 3, 12~13, 17, 19, 22, 35, 38, 42. 김은국·정석배 2021: 도면695, 도면694, 도면694, 도면693, 도면693, 도면693, 도면697, 도면697, 도면696 ㅣ 4, 30, 36~37, 39~40. 吉林省文物考古硏究所·敦化市文物管理所 2012: 도31, 도70, 도40, 도40, 도31, 도40 ㅣ 8~9, 23, 25, 27, 31~34. 中國社會科學院考古硏究所 1997: 도66 ㅣ 10. 吉林省文物考古硏究所 외 2007: 도137 ㅣ 11, 15~16. 26, 28, 29. 黑龍江省文物考古硏究所 2009a: 도351, 도297, 도150, 도297, 도440, 도150

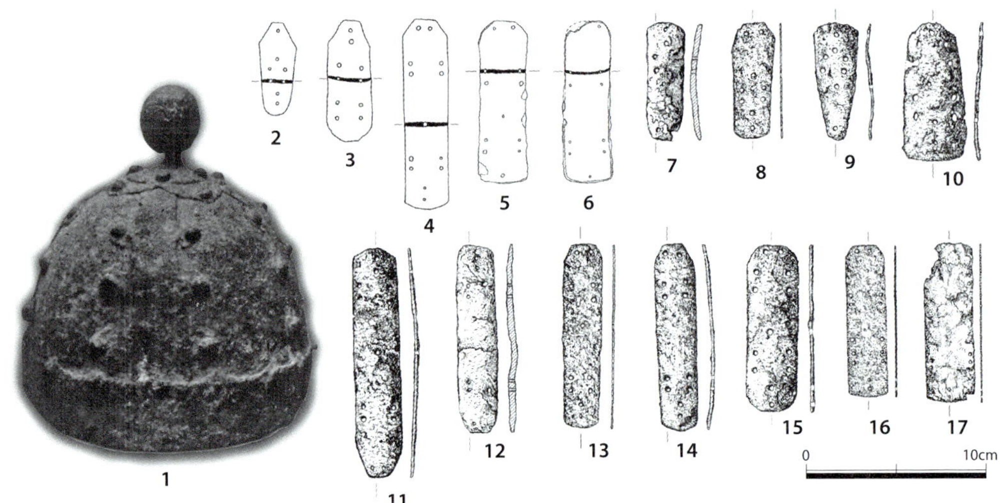

도Ⅵ-32   상경성 출토 투구 및 발해 찰갑편 각종

1. 李陳奇·趙哲夫 2010: 260 | 2~4. 中国社会科学院 1997: 도67 | 5, 6. 한국전통문화학교, 2006: 도면82
| 7~15. 黑龍江省文物考古硏究所 2009a: 도351, 도441 | 16, 17. 黑龍江省文物考古硏究所 2009b: 도652,
도367

투구를 쓰고 있는데(延邊朝鮮族自治州博物館 1982), 같은 형태의 투구로 생각된다. 또한 이 두
명의 시위는 전포 위에 어린갑(魚鱗甲)을 입고 있는데, 이를 통해 발해 갑옷의 일단을 알 수
있다. 찰갑편은 상경성, 홍준어장고분군, 북청 청해토성, 청진 연차골고분군, 연해주 체르냐
찌노5고분군 등에서 출토되었는데, 수량은 많지 않지만 크기와 형태는 다양하다. 세장한 장
방형 철판의 장변 양쪽에는 상하 2조의 횡결공이 2개씩 뚫려있고, 가운데는 하나의 구멍이
있으며, 상변과 하변에는 1~2개의 수결공이 있는 형태가 일반적이다. 상경성 출토품은 상변
은 모서리를 접고, 하변은 완만한 호형을 이루고 있는데, 일부는 상변은 좁고 하변이 넓은 부
채꼴 모양의 찰갑편도 있다.

5. 마구

발해의 마구는 재갈과 등자, 안륜, 행엽, 운주, 십금구 등이 알려져 있는데, 그 중 등자
와 재갈이 대다수를 차지한다. 지금까지 알려진 자료는 30여 점에 불과하지만 발해 영역 전
반에 걸치는 넓은 지역에서 출토된다(박진욱 1998; 김영길 2018). 단일 유적으로는 함경북도 청

진시 부거리 연차골고분군에서 재갈과 등자, 행엽, 운주 및 안륜, 좌목선교구, 교구 등이 일괄로 출토되었으며, 나머지 사례는 재갈과 등자 등이 출토되고 있다. 발해의 마구는 고구려 마구의 요소를 계승한 것과 중원지역 및 유라시아 초원지역 마구의 영향을 받은 것 등 다양한 특징을 가지고 있다.

재갈(轡)은 표비(鑣轡)와 판비(板轡), 환판비(環板轡)의 세종류가 있다. 표비는 제2송화강유역의 대해맹고분에서 2점이 출토되었는데, 재갈쇠(銜)와 재갈멈추개(鑣)의 형태에서 차이가 있다. 대해맹 33호분 출토품은 재갈쇠가 단봉의 2연식이며, 재갈멈추개는 S자형으로 휘어 있고, 굴레 연결부는 중간에 별도로 마련하였다(도VI-33-1). 대해맹 TG4구역에서 수습된 표비의 재갈쇠는 단봉 3연식이고, 원형의 함외환 바깥쪽으로 방형의 고리를 부가하였다. 재갈멈추개는 S자형이며 중간에 굴레와 연결하기 위한 구멍이 2개 뚫려있다(도VI-33-2).

판비는 연차골 1지구 1호분에서 출토되었는데, 타원형 재갈멈추개와 상변에 굴레를 연결하기 위한 장방형 입문이 달려 있으며, 테두리와 십자형 가름대에는 못 자국이 촘촘히 남아있다. 보고서에 따르면 재갈쇠도 함께 출토된 것으로 보이나 도면이 제시되지 않아 자세한 형태는 알기 어렵다. 고삐이음쇠(引手)는 2조의 철봉을 구부려 만들었는데, 인수 외환과 내환 모두 원형이다. 고구려 재갈 중 유사한 형태가 환인 오녀산성 철기 저장고에서 출토된 바 있어서 고구려 재갈의 전통이 남아있는 것으로 생각된다. 한편, 연차골 1지구 12호분과 15호분에서도 재갈이 출토되었는데, 재갈멈추개가 남아있지는 않으나 유사한 형태의 판비로 추정된다(도VI-33-3, 4).

환판비는 지린성 안투현 동청고분군 M1호분에서 출토되었다. 전체적인 형태는 삼국시대 환판비와 유사해 보이지만 세부 구조와 형태는 매우 특이하다. 재갈쇠는 2연식으로 네모난 철봉을 꼬아서 만들었는데, 함내환은 원형이지만 함외환은 S자 모양으로 특이한 형태의 이중 환을 이루고 있다(김영길 2020: 표5 그림 참조). 재갈멈추개는 1조의 철봉을 구부려 타원형에 가까운 방형의 테를 만들고 내부는 세 개의 원을 만들었는데, 유례를 찾아보기 어려운 형태이다. 인수는 1조의 철봉을 휘어서 만들었으며, 내환은 원형이나 외환은 삽자루 모양으로 마무리하였다(도VI-33-5).

등자(鐙子)는 목제 틀에 철판을 씌운 목심철판피윤등(木心鐵板被輪鐙)과 철제 윤등 두 종류가 있으며, 병부가 없는 고리형 등자도 1점 출토되었다. 목심윤등은 동청고분군 M1호분에서 2점이 출토되었는데, 답수부가 약간 편평한 윤부에 짧은 병부가 달린 단병 등자로 한 쌍이 다. 답수부와 윤부는 병부에 비해 폭이 넓으며, 병부 상단에는 방형 현수공이 뚫려있고,

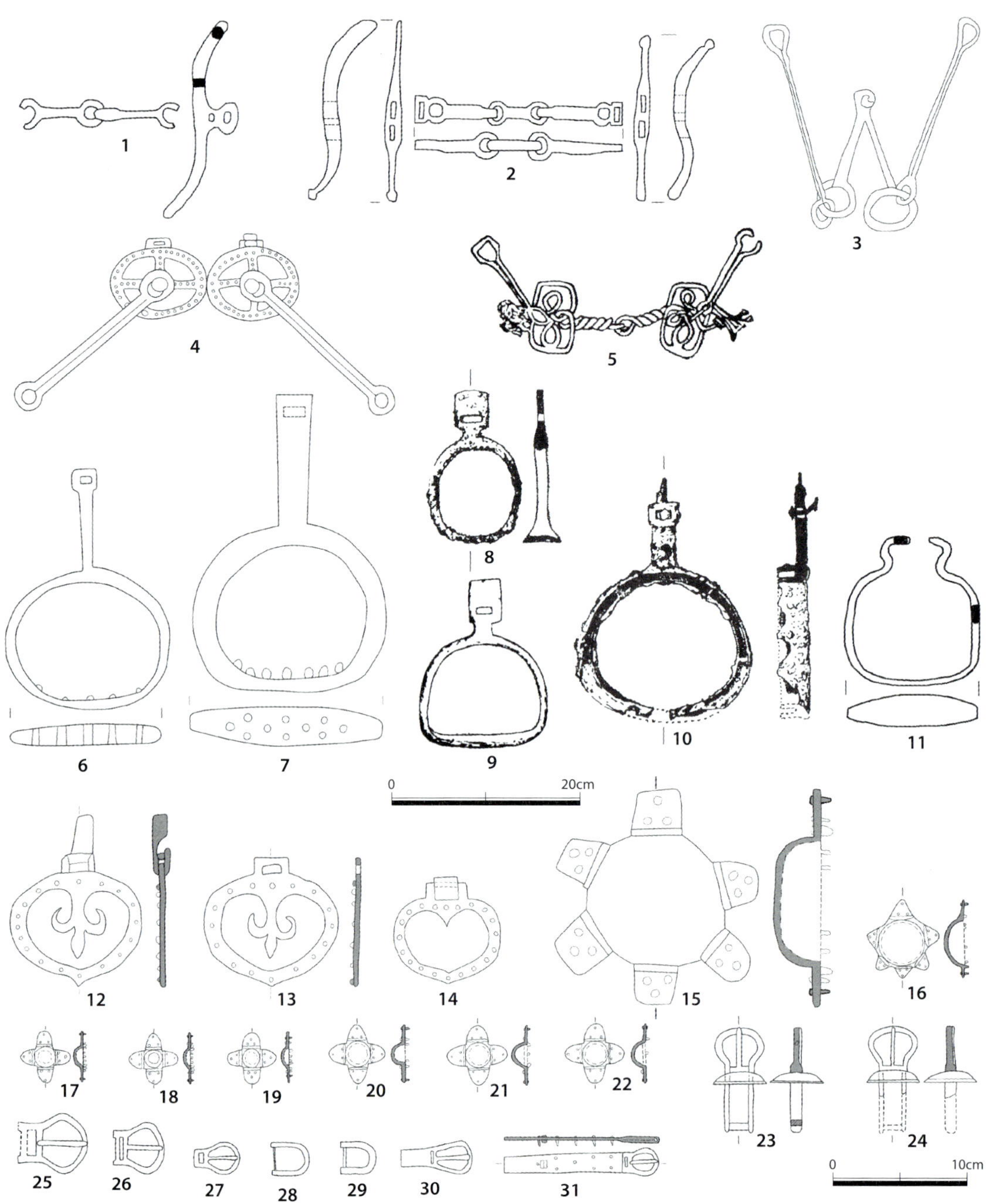

1. 대해맹 M33호분 ∣ 2. 대해맹 TG4 ∣ 3. 연차골 1−15호분 ∣ 4. 연차골 1−1호분 ∣ 5. 동청 M1호분 ∣ 6. 연차골 1−1 5호분 ∣ 7. 연차골 1−1호분 ∣ 8. 동청 M1호분 ∣ 9. 사리파 M7호분 ∣ 10. 동청 M1호분 ∣ 11. 대해맹 TG4 ∣ 12, 13. 연차골 1−1호분 ∣ 14, 15. 연차골 1−15호분 ∣ 16. 연차골 1−1호분 ∣ 17~19. 연차골 1−15호분 ∣ 20~31. 연차골 1−1호분

도VI-33   발해 마구 각종

1, 2, 11. 吉林市博物館 1987: 도24 ∣ 3, 4, 6, 7. 동북아역사재단 2011: 그림64-1, 그림43, 그림46 ∣ 5, 8, 10. 옌벤박물관 1993: 그림16 ∣ 9. 吉林省文物考古研究所 1995: 도41 ∣ 12, 13, 16. 동북아역사재단 2011: 그림 44 ∣ 14, 15, 17~19. 동북아역사재단 2011: 그림64-2 ∣ 20~31. 동북아역사재단 2011: 그림45

그 위쪽은 송곳 모양으로 뾰족한 돌출부가 있다. 현수공 안에는 짧은 못이 남아있는데, 안장에 연결한 가죽띠를 못을 사용해 리벳 방식으로 고정하였던 것으로 생각된다(도Ⅵ-33-10). 같은 형태의 등자는 환인 오녀산성 철기 저장고에서도 출토되어 고구려 후기 등자의 전통이 남아있는 것으로 생각된다. 철제 윤등은 단병 등장와 장병 등자로 구분되는데, 장병 등자의 경우 윤부가 좀더 타원형에 가깝고, 답수부 안쪽에 돌기가 있다. 단병 등자는 윤부의 아래쪽이 직선에 가까우며, 답수부의 폭도 상대적으로 넓고, 안쪽에 돌기가 없는 점에서 차이가 있다(도Ⅵ-33-8, 9). 이러한 형태의 등자는 신라 등자에서 흔히 볼 수 있는 것으로 신라의 영향을 받은 것으로 생각된다. 고리형 등자는 대해맹고분군 TG4구역 채집품인데, 윤부는 방형에 가까우며, 윤부 상단을 고리형태로 주조하여 병부의 기능을 대신하게 만들었다(도Ⅵ-33-11). 고리형 등자는 6세기대에 유라시아 초원지대에서 처음 등장하여 유행하였으나(강인욱 2006) 한반도에서는 출토 예가 없으며, 발해지역에서도 이것이 유일한 예이다.

그밖에 안장을 장식하였던 안륜의 테두리와 각종 교구 및 운주와 행엽 등이 소량 확인되었다. 안륜 테장식은 연차골 1지구 1호분과 15호분에서 출토되었는데, 철판에 은제 못을 박은 형태이다. 연차골 1호분에서는 2점의 좌목선교구(座木先鉸具)와 여러 점의 교구가 출토되었으며, 15호분에서도 교구 여러 점이 출토되었다. 좌목선교구는 안장가리개에 부착하여 가죽띠를 통해 안장을 고정하기 위한 도구로 반구형 좌판에 교구를 세워서 연결한 형태이다(도Ⅵ-33-23, 24).

운주는 삼계의 가죽띠가 교차하는 곳을 고정하기 위한 것이지만 그 자체로 장식 효과를 내기도 한다. 반구형 몸체에 여러 개의 각부가 부착되는데, 5각 이상인 것을 운주라고 하고, 3각이나 4각의 운주를 따로 구분하여 십금구(辻金具)라고 부르기도 한다. 연차골 1호분과 15호분에서 여러 점이 출토되었는데, 4각의 운주가 주를 이루며, 6각 운주도 각 1점씩 출토되었다(도Ⅵ-33-15~22). 연차골 1지구 12호분에서는 입주부운주가 2점 출토되었는데, 반구형 몸체에 새모양 장식을 세운 특이한 형태이다.

행엽(杏葉)은 마구의 가슴걸이나 후걸이에 연결된 가죽끈의 끝에 매달아 장식하는 것으로 연차골 1호분에서 3점, 15호분에서 1점이 출토되었다. 4점 모두 심엽형으로 대판 위에 심엽형 주연판을 못으로 고정한 형태인데, 1호분 출토품은 내부에 삼엽문을 장식하였고, 15호분 출토품은 장식이 없다(도Ⅵ-33-12~14). 후자와 같은 형태는 집안시 우산2891호분 등 고구려 고분에서 출토된 것과 유사한 형태이나 고구려 행엽에 비해 재질이나 모양이 단순화된 형태이다.

6. 농공구 및 용기류

발해는 건국 초기부터 고구려의 제철 기술을 바탕으로 제철산업을 발전시켰던 것으로 보이는데,『신당서』에 발해의 이름난 특산물 가운데 '위성에서 생산된 철'[20]이 포함되어 있는 것도 발달된 발해 제철 기술의 일단을 보여주는 것으로 생각된다. 실제 도성은 물론 외곽 지역에서도 제련 및 단야유적이 조사되고 있다.

지린성 왕칭현(汪淸縣) 종펑향(仲坪鄕) 고성촌(高城村)의 발해 고성 남서쪽 약 200m 떨어진 지점에 동서 16m, 남북 24m, 높이 0.5m 가량의 타원형 철제 슬래그 더미가 남아 있다. 허룽현 시청향(西城鄕)고성촌의 발해 고성 동쪽 400m 지점에서도 다량의 철제 슬래그 더미가 확인되었으며, 유적 남서쪽 30리 지점에는 현대의 철광산이 있다. 또한 허룽현 둥칭향(東城鄕) 성쟈오둔(聖敎屯)의 고성지에서도 다량의 철제 슬래그가 확인되었다. 푸송현(撫松縣) 송쟈오향(松郊鄕) 신안촌(新安村)에서는 발해 시기 제련유적이 조사되었다. 유적은 신안고성의 동북벽 외곽에 위치하며, 동서 길이 30m, 두께 0.6m 내외의 토양층에는 다량의 소토와 슬래그, 철광석 덩어리 및 소결된 벽체 등이 확인되었다. 허룽시 용화향(勇化鄕) 회이장촌(惠章村) 발해 유적에도 넓은 면적에 많은 슬래그가 흩어져있다(王聖明 2014: 18).

러시아 연해주 니꼴라예브까 1, 2유적, 노보고르데예브까성, 끄라스끼노성 등에서 제철유적이 조사되었다. 니꼴라예브까2 성지에서는 단야로와 제련로가 조사되었는데, 제련로는 길이 3m, 폭 1.3m의 장방형으로 벽체는 돌로 쌓았으며, 고풍관과 도가니 등 제련 및 단야와 관련된 도구들이 출토되었다. 또한 노보고르데예브까성에서는 길이 50cm의 집게와 줄 등의 단야구가 출토되었다(朱國忱·朱威 2002: 217).

일반적으로 농기구는 땅을 갈 때 사용하는 기경구(起耕具), 땅을 삶거나 고르게 펴는 마전구(摩田具), 김을 매는데 사용하는 제초구 및 수확구 등으로 구분된다. 발해의 농기구는 보습과 볏 등의 기경구, 호미와 괭이 등의 제초구, 낫 등의 수확구가 알려져 있다.

보습은 목제 쟁기의 술에 고정하여 사용하는 갈이용 농구로 상경성, 헤이룽장성 회이린시(惠林市) 세린하(細鱗河)유적, 함경남도 오매리사지, 연해주 꼭샤로브까 건축지, 니꼴라예브까성, 노보고르데예브까성 등에서 출토되었으며, 연해주 지역에서는 볏이 함께 출토되었다. 보습은 기본적으로는 고구려 보습과 비슷한 형태로 모두 주조품이다. 평면 형태는 V자

20　'俗所貴者…位城之鐵…',『新唐書』卷219 渤海傳.

형으로 바닥은 편평하고, 등에는 날이 없는 완만한 호형이다. 바닥 상단은 직선으로 마무리 하였고, 바닥 상변에 삼각형 또는 원형 구멍을 뚫어 쟁기 술에 고정할 수 있도록 하였다. 오 매리사지 출토품은 보습 양변에 폭 16cm의 볏이 달린 형태이다. 상경성 출토 보습은 길이 31cm, 상변 폭 27.5cm이며, 오매리사지 출토품은 길이 42cm, 상단 폭 32cm이다(도Ⅵ-34-1~3).

　　호미(鋤)는 상경성, 팔련성 2호 건축지, 팔련성 2호 건축지, 북청 청해토성, 끄라스끼노 성 등에서 출토되었다. 모두 단조품으로 상부를 둥글게 말아서 공부를 만들었으며, 날이 넓 고 어깨가 좁다(도Ⅵ-34-4~7). 상경성 출토 호미는 날 폭이 13.0cm, 높이는 13.6cm, 공부 길이 는 5.1cm, 공부 지름은 3.0cm이다. 청해토성에서는 크고 작은 호미 2점이 출토되었는데, 큰 것은 날 폭이 18.0cm, 높이는 29.5cm, 공부 길이는 7cm, 공부 지름은 3.8cm이다. 호미는 중 국 연구자들은 삽(鍤)으로 분류하는데, 크기가 큰 것은 삽으로 사용하였을 가능성이 있다. 크 기가 작은 경우는 직선의 긴 자루를 장착하여 살포와 같은 농기구로 사용하기도 한다.

　　괭이(钁)는 주조품과 단조품이 있는데, 주조괭이는 상경성 3·4호 궁전지, 화린현(樺林 縣) 석장구(石場溝)고분군 M15호분, 닝안현 홍준어장고분군 M2280호분 등에서 출토되었으 며, 단조괭이는 상경성 5호 궁전지, 함북 청진시 연차골 1지구 12호분 및 15호분 등에서 출 토되었다(도Ⅵ-34-8~11). 괭이는 주조철부, 단조철부 등과 같이 불리는 것으로 ㄱ자형 자루를 달아 사용하였는데, 짧은 자루를 장착하여 자귀와 같은 공구로 사용하기도 하였던 것으로 생 각된다. 호미는 고분에서 출토된 예가 없으나 괭이는 고분에 부장되기도 한다.

　　대표적인 수확구인 낫은 상경성, 북청 청해토성, 끄라스끼노성 등에서 출토되었다(도Ⅵ -34-12~14). 고구려 낫과 같은 형태이며, 선단은 끝이 뾰족하고 몸체가 완만하게 굽은 형태이 며, 후단은 직선으로 마무리한 자루 끝을 말아서 자루에 단단히 고정하도록 하였다. 청해토 성에서 출토된 낫은 다른 낫과는 달리 슴베가 달려있다.

　　공구류는 크게 단야구와 목공구, 석공구 등으로 구분할 수 있으며, 그밖에 다양한 형 태의 생활 용구와 장구(葬具) 등이 있다. 단야구는 모루와 망치, 집게, 끌, 정, 줄, 송곳(천공기) 등 다양한 종류가 있으나 보고된 자료는 많지 않다. 석장구(石場溝)고분군 M3호분에서 철제 집게가 출토되었으며, 함북 청진시 연차골 1지구 15호분에서는 단조품 끌이 출토되었다. 또 한 연차골 Ⅰ지구 12호분에서는 여러 점의 단조철부가 출토되었는데, 날이 좁고 긴 단조철 부는 자귀와 같은 목공구로 추정된다. 공구류 중에 가장 많이 출토되는 것은 횡공부로 장방 형 몸체의 상단부에 날과 같은 방향으로 공부가 있으며, 모두 주조품으로 나무를 자르거나

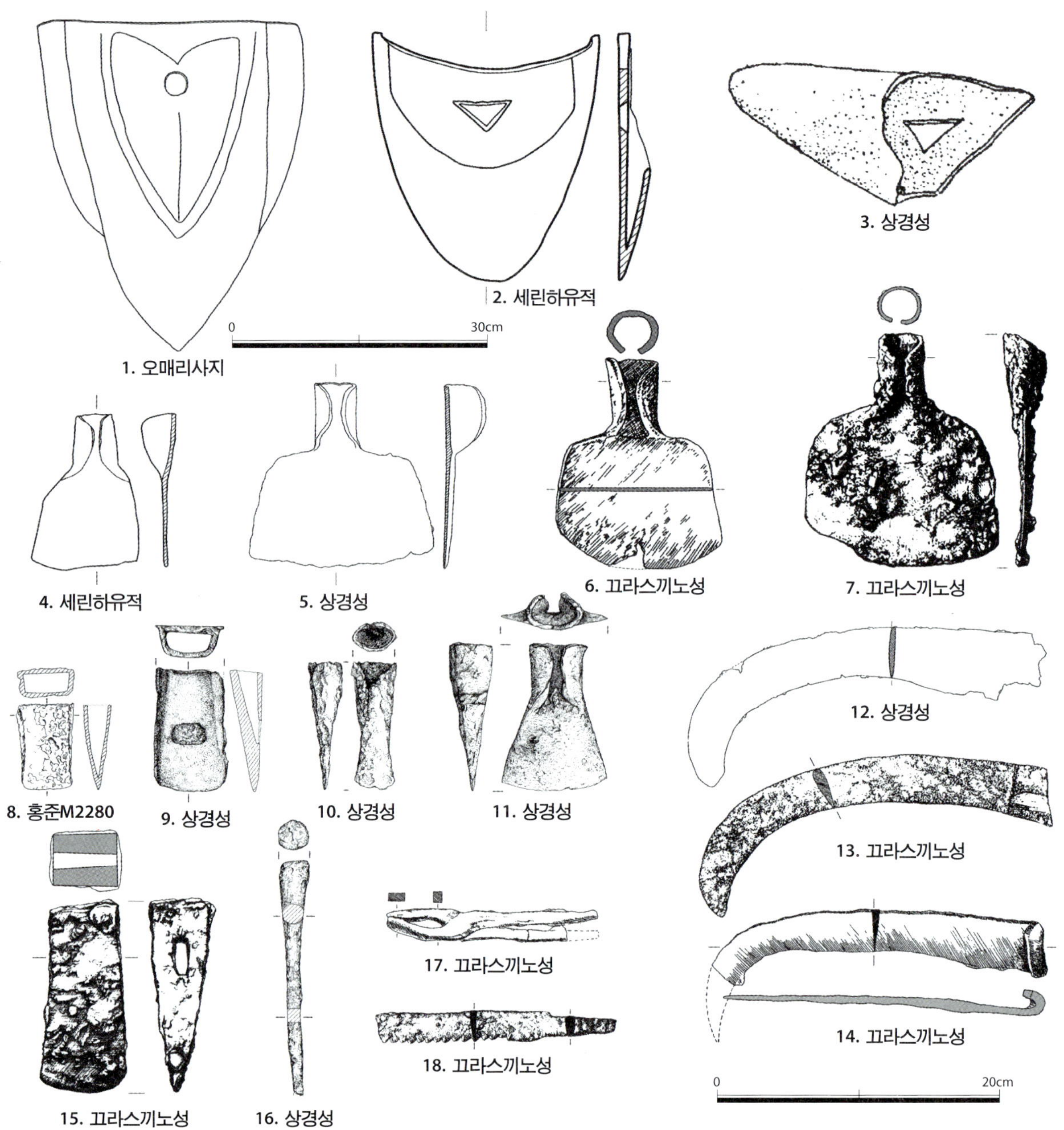

  발해 농·공구류 각종

1. 김종혁·김지철 1990: 16 ｜ 2, 4. 王培新 2018a: 도22 ｜ 3. 방학봉 2001b: 그림3 ｜ 5, 12. 中国社会科学院 1997: 도65 ｜ 6, 7, 13~15, 17, 18. 김은국·정석배 2021: 도면683, 도면684, 도면685, 도면687 ｜ 8. 黑龍江省文物考古研究所 2009b: 도285 ｜ 9~11, 16. 黑龍江省文物考古研究所 2009a: 도297, 도439, 도350

베는데 사용한 도끼이다. 도끼는 도성과 외곽지역 모두에서 출토되며, 고분에서도 출토된다. 형태는 고구려의 도끼와 동일한데, 고구려 시기 이러한 도끼는 무기로도 사용되기도 하였다.

그밖에 손칼을 비롯해 가위·족집게·비녀·자물쇠·저울추·다리미 등의 생활 용구와 향로·철반·철솥 등 용기류, 아궁이틀·문고리·문장부쇠·문틀·울타리 등의 철제 건축 부속품이 있으며, 차관(車輨)·차할(車轄: 도Ⅵ-35-16) 및 수레바퀴테 등의 수레부속구도 철기로 제작하였다(도Ⅵ-35). 철제다리미는 상경성 황성 정남문 기초부에서 출토되었는데, 원형 동체부에 짧은 병부가 달려 있으며, 바닥은 납작하고 동체는 위로 가면서 약간 벌어지다가 구연에 이르러 급격하게 외반한다. 구연부 상면에는 인동문과 유사한 전지문(纏枝文)을 시문하였다. 동체 바깥 지름은 19.3cm, 안쪽 지름은 12.3cm이다. 아궁이틀은 건물 아궁이 바깥쪽에 붙여서 장식한 것으로 상경성 3·4호 궁전지와 50호 궁전지에서 출토되었다(도Ⅵ-35-4). 1960년대 상경성 조사에서 거의 완전한 형태의 아궁이틀이 출토되었는데, 주조품으로 위가 약간 좁은 장방형으로 바닥은 뚫려있다. 좌우 양변과 상면 모두에 인동문을 시문하였다. 상경성 3·4호 궁전지와 50호 궁전지에서도 아궁이틀 양변의 일부와 상변 일부가 출토되었는데, 모두 같은 형태로 인동문을 시문하였다(도Ⅵ-35-5~8). 완형의 경우 전체 폭은 103cm이며, 폭은 13.4~14cm이다. 철제 차할은 팔련성 2호 건축지에서 출토되었는데, 병부는 긴 장방형이고, 하단부에 못으로 고정하기 위한 원공이 뚫려 있으며, 머리는 부채모양으로 선각으로 부채살을 표현하였다. 전체 길이는 9.0cm, 두부 폭은 4.8cm, 병부 폭은 2.6cm, 병부 두께는 1.4cm이다. 상경성과 서고성, 팔련성 등에서는 철제 문장부쇠가 여러 점 출토되는데, 문짝의 위쪽에 부착한 것(도Ⅵ-35-10, 11)과 아래 쪽에 부착한 것(도Ⅵ-35-12, 13)이 모두 출토되었으며, 문의 크기에 따라 크기가 다른 것이 출토된다. 그밖에 상경성과 용호고분군 M1호분에서는 철제 자물쇠와 열쇠가 출토되는데, 전통적인 ㄷ자형 자물쇠로 장방형의 자물쇠통에 줏대를 꽂아서 잠그고, 열쇠로 자물쇠통 속의 자물쇠청을 끼워서 열도록 고안된 것이다. 용호고분군 M1호분 출토품은 두 개의 못 고리가 매달려 있는데, 목제 문틀에 부착한 채로 사용된 것으로 생각된다. 자물쇠통의 길이는 10.8cm, 두께는 2.0cm, 전체 길이는 16.7cm이다(도Ⅵ-35-17). 한편 상경성 3·4호 궁전지에서는 길이 8.0cm, 폭 6.3cm, 두께 1.1cm가량의 장방형 패식이 1점 출토되었는데, 가운데에는 모서리에 장식이 달린 능형문을 음각하였으며, 주위에는 집게 등의 작은 기물을 음각하였다. 보고서에는 이를 패식으로 보고하였으나 도판의 모양으로 보아 집게와 장식 등을 제작하던 석제 용범으로 추정된다(도Ⅵ-35-27). 그밖에 연해주 니꼴라예브까성에서 청동부절 1점이 출토되었다. 부절(符節)이란 신표의 일종으로 한 쌍의 물건을 나

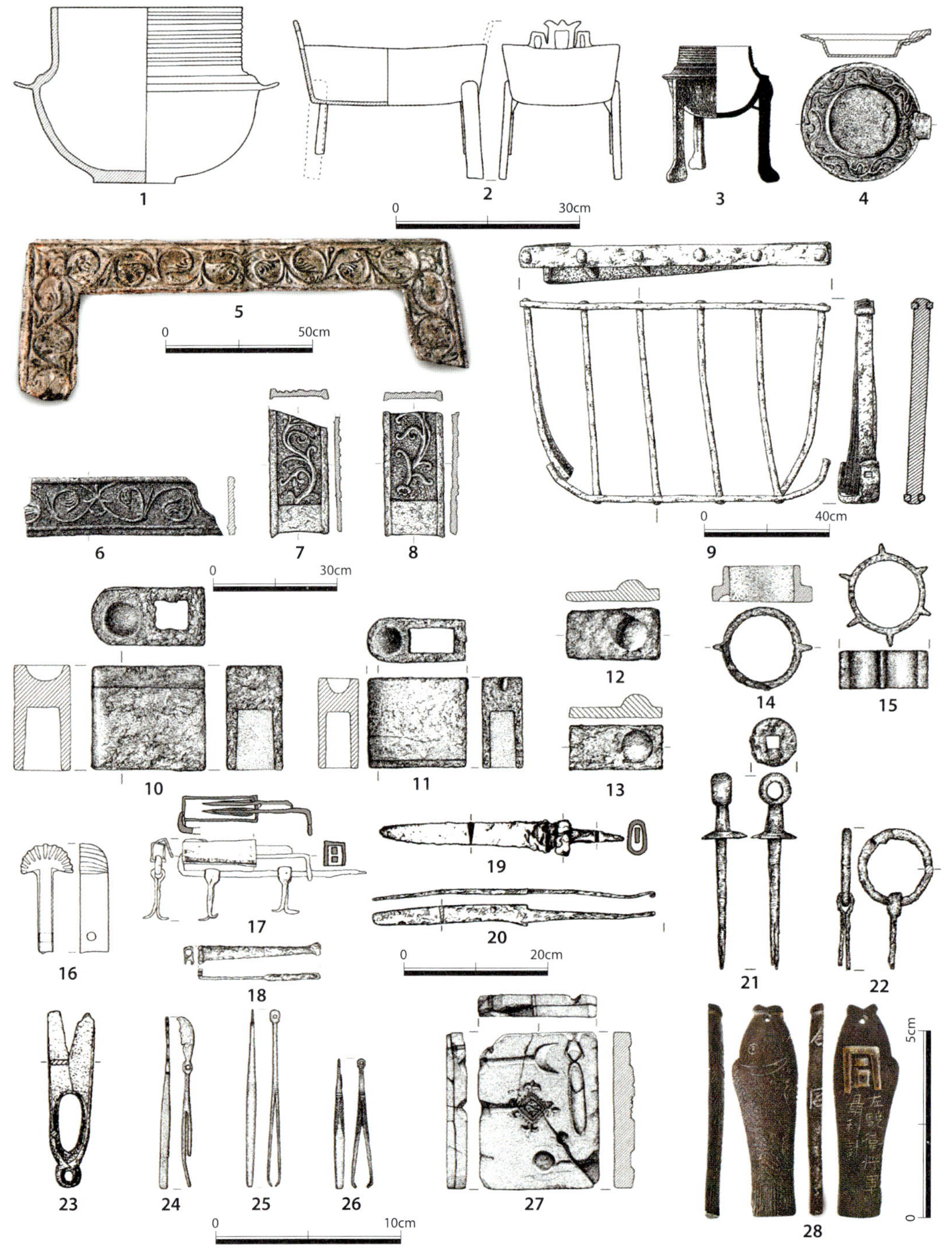

1, 2. 세린하유적 | 3, 19. 끄라스끼노성 | 4~8, 10~15, 18, 20~22, 24~27. 상경성 | 9. 서고성 | 16. 팔련성 | 17. 용호고분 M1 | 23. 홍준어장M2182 |
28. 니꼴라예브까성

도Ⅵ-35 철제 용기류 및 기타유물 각종

1, 2. 王培新 2018a: 도22 | 3, 19. 김은국·정석배 2021: 도면699, 도면688 | 4, 6~8, 10~15, 18, 20~22, 24~27. 黑龍江省文
物考古研究所 2009a: 도410, 도377, 도294, 도294, 도436, 도291, 도291, 도377, 도320, 도291, 도148, 도296, 도290, 도290,
도352, 도303, 도303, 도267 | 5. 李陳奇·趙哲夫 2010: 192 | 9. 吉林省文物考古研究所 외 2007: 도20 | 16. 吉林省文物考古
研究所 외 2014: 도164 | 17. 延邊朝鮮族自治州文物管理委員會·延邊朝鮮族自治州博物館 1993: 도6 | 23. 黑龍江省文物考
研究所 2009b: 도388 | 28. 吉林省文物考古研究所·俄罗斯科学院远东分院远东民族历史·考古·民族研究所 2013: 278; 송기호
1993: 144

누어 가지고 있다가 나중에 서로 맞추어 신분을 확인하는 물건이다. 이 부절은 두 개가 짝을 이뤄 서로 합하면 옆면에 '합동(合同)'이라는 글자가 완성되도록 한 것인데, 다른 한 쪽은 조정에서 보관하고 있었을 것으로 생각된다. 물고기 모양으로 앞면에는 물고기 머리와 비늘을 정교하게 묘사하였고, 뒷면에는 '左驍衛將軍聶利計(좌효위장군섭리계)'라는 글씨를 새겼으며, 그 위에는 '동(同)'자를 크게 새겼다. 섭리계는 사람 이름이며 좌효위장군은 당나라와 발해에서 사용되던 관직이다. 계(計)로 끝나는 인명은 발해인 중 말갈계 사람의 이름에서 흔히 보이는 것으로 이를 통해 이 부절이 발해의 것임을 알 수 있다(송기호 1993:143-145). 부절의 크기는 길이 5.6cm, 폭 1.6cm, 두께 0.5cm이다(도Ⅵ-35-28).

7. 불상

4세기대 고구려에 불교가 전래된 이후 불교는 국가의 지배 이념의 하나로 자리잡았으며, 발해 시기에도 불교가 성행하였다. 건국 초기 발전의 기틀을 마련한 3대 문왕의 존호 '대흥보력효감금륜성법대왕(大興寶曆孝感金輪聖法大王)'에 '금륜'과 '성법'등의 불교 용어가 포함된 점과 문왕의 넷째 딸인 정효공주의 무덤에 불교식 묘탑을 세운 것도 국가적 차원에서 불교를 숭상하였음을 보여주는 대표적인 사례이다. 문헌에도 발해 초기부터 불교가 융성하였음을 보여주는 기록이 전하는데, 북송대에 편찬된 『책부원구』에는 713년 발해 왕자가 당나라에 사신을 갔을 당시 절에 가서 예불하기를 청하였다는 내용과 814년 사신을 통해 당에 금불상과 은불상을 보냈던 일에 대한 기록이 있다.[21] 특히 후자의 기록을 통해 발해에서 불상을 제작하였음도 알 수 있는데, 발해 전역에 걸쳐 많은 수의 사찰유적이 조사되었으며, 다양한 재질의 불상이 출토되고 있다. 현재까지 조사된 발해의 사지는 50여 개소에 달하는데, 구국 지역인 둔화시에 1개소, 상경지역의 상경성에 10개소와 주변에 8개소, 동경지역인 훈춘시에 6개소, 중경지역인 허룽시에 14개소, 남경지역인 함경도 일원에 3개소의 사지가 조사되었으며, 러시아 연해주 일원에서도 4개소의 사지가 조사되었다(정영진 2018: 162-163).

발해의 불상은 재질에 따라 금불, 금동불, 동불, 철불, 석불 및 소조불 등으로 구분되

---

[21] "開元元年十二月 靺鞨王子來朝 奏曰 臣請就市交易 入寺禮拜", 『册府元龜』 卷九百七十一 朝貢四.
"渤海使高禮進等三十七人朝貢獻金銀佛像各一", 『册府元龜』 卷九百七十一 朝貢五, 元和九年 正月.

도Ⅵ-36　발해 금제, 금동제 불상 각종(축척부동)

1~4. 李陳奇·趙哲夫 2010: 300~303 | 5. 黑龍江省文物考古研究所 2009a: 도319 | 6. 서울대학교박물관 2004: 사진1

며, 상경성에서는 건칠(乾漆) 파편도 발견되는 점으로 미루어 건칠불도 있었던 것으로 추정된다. 금제 및 철제 불상은 상경성 출토품이 각 1점씩 알려져 있다. 금제 불상은 닝안현 서지촌(西地村)에서 발견되었는데, 상경성 내성의 서남쪽으로 약 1km 지점에 해당한다. 전체 높이 5.0cm의 소형으로 발밑에는 긴 대좌 촉이 달려 있다(도Ⅵ-36-1). 머리의 보계와 왼손에 들고있는 정병으로 보아 관음보살상으로 추정되지만 착의형식은 불상의 특징을 갖춘 특이한 형태로 존명을 단정하기 어렵다. 대의를 걸친 도상의 특징이 돈황 막고굴 미륵변상도에서 보이는 미륵보살과 유사한 점을 들어 미륵존상으로 추정하기도 한다(최성은 2010: 54-55). 철불은 1930년대 상경성에서 채집된 것으로 전하는 철불좌상이 유일한 사례인데, 상경성 제3·4 사지에서 출토된 소조불 좌상(도Ⅵ-38-1, 2 참조)과 크기나 형태에서 매우 유사하며, 소조불과 같은 범본으로 제작한 천불(千佛) 중의 하나로 추정된다(문명대 1999: 16; 최성은 2010: 31).

　　금동제 불상은 비교적 많은 예가 알려져 있는데, 존격에 따라 불상과 보살상으로 구분되며, 상경성에서 출토된 것으로 알려진 것만 해도 10여 점에 달한다.[22] 금동불상은 모두 10cm 미만의 소형으로 여래 좌상이며, 결가부좌 밑에 촉이 달린 것과 없는 것 등이 있다. 최근 상경성 제 2궁전지 발굴조사에서 2점의 금동여래좌상이 출토되었는데, 2점 모두 불상의

---

[22]　상경성 일대에서 출토된 소형 금동여래좌상을 양식적인 측면에서 송대 불상의 영향을 받아 제작된 요·금대의 불상으로 이해하는 견해도 있다(최성은 2010: 30).

하단 가운데에 촉이 달려있어 대좌 등에 꽂아서 고정하도록 고안된 것이다. 그중 1점은 얼굴은 갸름한 편이며, 머리에 나지막한 육계와 나발의 구분이 뚜렷하지 않아 전체적으로 삼각형을 이룬다. 통견의 법의는 결가부좌한 무릎을 덮고 있으며, 오른손은 결실되어 알 수 없으나 왼무릎에 얹은 왼손의 수인은 항마촉지인이다. 전체 높이는 7.8cm이나 하단부의 촉을 제외한 불신의 높이는 5.8cm이다(도Ⅵ-36-3). 다른 1점도 유사한 형태의 여래좌상이나 전자에 비해 얼굴이 통통하게 표현되었으며, 나발과 육계가 뚜렷이 구분되고, 머리 앞쪽에 가르마를 표현한 점에서 전자와 차이가 있다. 법의는 통견이고, 두 손은 가슴 아래에 맞잡은 형태로 수인은 선정인이다. 전체 높이는 6.6cm, 불신의 높이는 4.3cm이다(도Ⅵ-36-4). 그밖에 닝안현 발해진에서 출토된 것으로 알려진 불상 중 법의가 결가부좌 아래의 대좌까지 덮은 형태의 금동불상이 있는데, 팔련성에서 출토되는 이불병좌상과 유사한 형태이며, 높이는 6.0cm이다(도Ⅵ-39-2). 그밖에 상경성 제 5궁전 남문지에서는 청동제 광배가 1점 출토되었다. 광배의 상반부만 남아있는데, 가운데 원형 두광 안에 얇은 판을 투각한 8판 연화 2매를 겹쳐서 부착하였고, 주변의 공간에는 화염문을 타출하였다. 광배의 폭은 9.0cm이다(도Ⅵ-36-5).

　　금동보살상은 상경성 일대에서 여러 점 출토되었는데, 상경성 제 5사지에서 출토된 것으로 전하는 금동보살입상이 대표적이다. 높이 10cm의 소형 관음보살입상으로 머리에 쓴 삼면 보관의 각 면의 끝에는 능형 장식을 매달고, 관대에는 긴 수식을 어깨 아래까지 늘어뜨렸다. 오른손은 올려서 검지와 중지를 편 상태이고, 아래로 늘어뜨린 왼손으로는 정병의 목을 잡고 있다. 얼굴은 방형으로 통통한 형태이며, 길게 늘어진 군의의 U자형 주름위에 X자형 영락이 걸쳐져 있다(도Ⅵ-36-6). 보관의 형태는 드물지만 북제의 보살상에서 보이는 형식이고, X자형 영락과 착의 형식 등은 수 또는 당 초기에 유행한 형식이며, 얼굴과 수인 등 전반적인 도상의 표현기법은 당 중기 또는 만기의 요소를 갖추고 있다(최성은 2010: 34-35). 그밖에 상경지역에서 출토된 것으로 전하는 금동육비보살입상과 금동사비보살입상 등이 있는데, 밀교적 요소가 강한 변화관음상으로 보기도 하고, 대승불교의 도상에서 보이는 공통적인 요소로 보기도 한다(문명대 1999: 16).

　　발해의 석불은 이불병좌상 등 소형 불상이 주를 이루며, 대형의 본존불은 상경성 흥룡사의 석불좌상이 유일하다. 그러나 이 불상은 1930년대 이전부터 훼손과 보수가 반복되어 원형을 거의 상실하여 자세한 사항은 알기 어렵다(李陳奇·趙哲夫 2010: 322쪽 도판 참조). 전체 높이 330cm, 불신 높이 235cm의 대형 석불로 도상적 특징으로 보아 항마촉지인의 석가불좌상으로 755년 건립된 흥룡사 이전 사찰의 금당 본존으로 봉안되었던 것으로 추정된다(문

도Ⅵ-37 발해 석제 불상 각종(축척부동)
1, 4. 서울대학교박물관 2004: 사진2, 사진27 ∣ 2. 吉林大学邊疆考古研究中心 외 2015: 도2 ∣ 3. 김은국·
정석배 2021: 도면621 ∣ 5. 국립중앙박물관 2005: 110

명대 1999: 23). 그밖에 팔련성 제 2사지에서 출토된 높이 14.0cm의 석제 불두 등이 알려져 있
는데(도Ⅵ-37-4), 이로 보아 본존불로 봉안된 중대형 석불이 더 있었을 것으로 추정된다.

　　동경지역에서는 석제 이불병좌상이 많이 출토되는데, 팔련성 제2사지에서 출토된 응
회암제 이불병좌상이 대표적이다. 불상의 전체 높이 29.0cm이며, 방형 대좌 위에 부처 2좌
가 나란히 앉아 있으며, 부처는 모두 무릎에 두 손을 올려놓았는데, 좌불의 오른손을 우불의
왼손 위에 올려놓았다. 부처의 양쪽 옆에는 협시가 서 있는데, 부처의 좌측에는 보살상, 우측
에는 나한상을 표현하였다. 주형광배와 부처의 두광은 약간 겹쳐 있으며, 광배에는 화불에
연화화생을 표현하였는데, 각각 3화불을 가운데에서 겹치게 표현한 것이다(도Ⅵ-37-1). 이러
한 도상은 둘은 서로 다르지 않고 진리는 하나로 융섭된다는 불이사상(不二思想)의 근간인 법
화경의 견보탑품(見寶塔品)을 도상화한 것으로 발해인들의 독창적인 미의식의 표현으로 생각
된다(문명대 1999: 26). 팔련성에서는 유사한 이불병좌상 여러 점이 출토되었는데, 광배를 많
은 화불과 선으로 표현한 점이나 불상의 내의를 연주문으로 장식한 점 등에서 약간의 차이
가 있다. 최근 훈춘시 온특혁부성 인근의 고성촌 1호 사지에서 단존불상, 이불병좌상을 포
함하여 35점에 달하는 불상 파편이 출토되었다(吉林大学边疆考古研究中心 외 2015: 정영진 2018).
이 중 이불병좌상은 높이 16.5cm가량이 남아있는데, 도상적 특징이나 파편에 표현된 화불
등은 팔련성 출토 이불병좌상과 같은 양식으로 생각된다(도Ⅵ-37-2). 동경지역에서 출토되는

이불병좌상의 양식적 특징은 고구려 양식을 그대로 계승 발전한 것이며, 북제·북주 또는 수 불상의 도상적 특징과도 유사한 것이며, 이러한 불상을 통해 법화사상이 크게 성행했음을 알 수 있다(문명대 1999: 35). 사암제 소형 석불은 끄라스끼노성에서도 출토되었는데, 부처의 상반신과 광배 일부만 남아 있다(도Ⅵ-37-3). 입자가 고운 사암제로 부처의 가슴은 천의로 가리고, 그 위의 양손은 선정인을 표현하였으며, 좌우에는 협시보살이 있었던 것으로 생각된다. 남은 높이는 7.5cm가량 된다(김은국·정석배 2021: 345).

그밖에 일본 오하라미술관(大原美術館) 소장 함화4년명 석조아미타불비상이 있는데, 석회암으로 만들었으며, 높이는 64.0cm이다. 반원형의 비 머리에는 비늘이 없는 두 마리의 용이 교차하고 있으며, 가운데 방형 감실에는 아미타불을 중심으로 아난과 가섭 두 제자를 배치하고, 다시 그 옆에는 관음보살과 대세지보살을 배치하였다(도Ⅵ-37-5). 비상의 아래쪽에는 함화(咸和) 4년 윤 5월 8일에 허왕부의 조문휴 어머니가 아미타불과 관음보살, 대세지 등의 보살존상을 조성하였다는 내용의 연기(緣起) 93자를 새겼다. 함화 4년은 발해 연호로 834년에 해당하는데, 이 해는 윤 5월이 없고, 명문의 내용도 존상의 내용과 일치하지 않으며, 도상의 표현이나 양식적인 특징이 초당이나 성당기의 특징을 보이고 있어 연대상 일치하지 않는다는 문제점이 지적되지만(문명대 1999: 31-34), 발해의 직제 등을 알 수 있는 중요한 자료이다.

발해 불상 중 가장 많은 수를 차지하는 것은 소조불이다. 소조불은 심을 만들고 그 위에 흙을 붙여 상을 만드는 방법과 토제 또는 석제 틀에 점토를 채워 찍어낸 후 소성하는 방법 등이 있는데, 전자는 주로 대형 불상을 제작할 때 사용하는 방법이고, 후자는 소형의 불상을 대량으로 제작할 때 사용하는 방법이다. 후자와 같이 틀빼기 방식으로 제작된 불상은 건조 후 소성 과정을 거치므로 전불(塼佛)이라고 부르기도 하는데, 채색을 하거나 유약을 바른 예도 있으며, 금분을 바른 예도 확인된다. 소조불의 대좌 바닥에는 깊은 구멍이 뚫려있고, 일부 철심을 꽂았던 흔적이나 철심이 꽂힌 채로 남아 있는 경우가 있어 벽이나 바닥에 세워서 안치했던 것으로 생각된다. 이러한 점을 고려하면 같은 틀에서 제작한 동일한 상의 천불 또는 삼천불을 대량으로 제작하여 함께 안치했던 것으로 생각된다. 소조불은 상경성과 팔련성에서 대량으로 출토되었으며, 연해주 아브리꼬스와 보리소브까 사지에서도 출토된다.

소조 불상은 높이 10cm 내외의 소형이며, 좌상과 입상으로 구분된다(도Ⅵ-38). 좌상은 연화대좌 위에 앉은 석가여래를 표현하였는데, 대부분 두 손을 가슴에 모은 선정인을 하고 있으나 일부 양손을 포개어 배꼽 앞에 놓고 양쪽 검지를 구부려 엄지와 맞댄 수인의 아미타불도 확인된다. 착의 형태를 보면 양쪽 어깨를 덮은 대의가 사선으로 내려와 가슴 아래에서

도Ⅵ-38　발해 소조불상 각종(축척부동, 서울대학교박물관 2004: 사진5, 12)

겹치는 형태와 대의가 직선으로 내려오고 가슴에는 내의가 직선으로 표현된 것 등의 차이가 있다. 광배는 두광과 신광이 하나로 이어진 거신광배와 중간이 오목하게 들어간 표주박형광배의 두 형태가 있다. 보살상은 대부분이 관음보살상이지만 상경성 출토 보살상 중 사유보살입상(서울대학교박물관 2003: 44)과 공양보살좌상(서울대학교박물관 2003: 45)도 확인된다. 관음보살입상은 틀빼기로 제작하여 얼굴 표정을 비롯한 도상이 거의 비슷한데, 중앙에 화불이 선명한 삼화보관을 쓰고 있으며, 머리 뒤에는 보주형 두광이 달려있다. 얼굴은 동그랗고 양 뺨이 통통하고 부드러운 표정이며, 목에는 구슬 목걸이로 장식하였다. 오른손은 구부려 가슴에 얹고 왼손은 내려서 천의를 잡고 있으며, 천의는 U자형으로 두 가닥으로 늘어뜨린 2단 천의형식이다. 군의는 다리를 중심으로 좌우로 갈라져 주름이 양다리 위에 걸쳐 있고, 두 발은 단판연화대좌 위에 가지런히 놓여 있다. 발해의 소조 불상은 고식의 전통을 바탕으로 하고 있으며, 사실적이고 세속화된 당나라 양식이 가미된 것으로 고구려 소조 불상의 전통이 그대로 이어지고 있음을 보여준다(최성은 2010: 57).

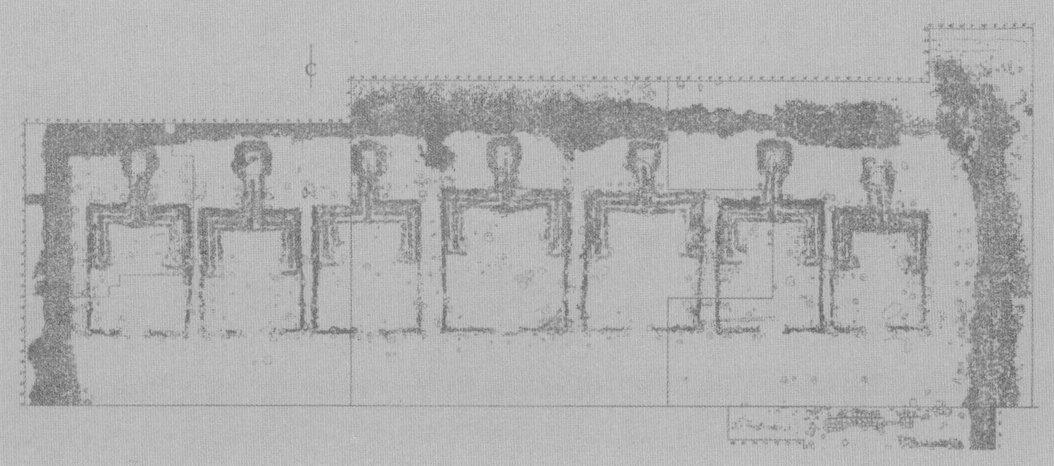

VII

연해주의 발해고고학

1. 러시아 발해 고고학의 제문제

발해의 유적은 지금의 북한지역과 중국 동북 3성 지역뿐만 아니라 러시아의 연해주와 아무르강 유역 일대에도 분포한다. 이로 인해 러시아에서는 이미 일찍부터 발해의 역사와 고고학에 관심을 보이기 시작하였다.

러시아에서 발해의 역사에 대해 알게 된 것은 1851년에 저명한 동양학자인 N.Ya.비추린이 『고대에 중앙아시아에 거주한 민족들에 대한 정보 모음』이라는 번역서를 발간하면서부터이다. 이 책의 제2권 제2부에 발해에 관한 『신당서』의 내용이 소개되어 있다. 그다음 해인 1852년에는 이미 V.고르스끼가 「만주왕조의 시작과 첫 번째 일들」이라는 논문에서 발해에 대해 언급하면서 발해시기를 '만주 역사의 황금시대'로 묘사하였다. 뒤이어 19세기 후반에 아무르강 유역과 연해주 지역이 러시아에 편입되면서 이 지역의 역사와 문화에 대한 러시아의 관심이 큰 폭으로 증가하였다. 1870~71년에 러시아 지리학회가 조직한 남(南)우쑤리주 역사민속학술조사단은 "남우쑤리주에 흩어져 있는 고대의 자취들은 주로 만주의 발해 왕조가 지배하던 시기에 남겨진 것들이다"라고 지적하였으며, 이 학술조사단을 이끌었던 P.까파로프는 러시아에서는 처음으로 연해주의 중세 유적을 발해시대, 여진시대, 몽골 통치기로 구분하였고, 또한 문헌 자료에 근거하여 지금의 하산지구 끄라스끼노 마을에 발해의 항구 유적이 있을 것으로 추정하기도 하였다. 이후 19세기 말 20세기 초에 F.F.부쎄, V.K.아르세니예프 등 다수의 저명한 학자들이 발해에 대해 지속적인 관심을 보였다(정석배: 2009).

러시아 학계에서 발해의 역사에 대한 최초의 본격적인 연구서는 1929년에 발간된 Z.N.마트베예프의 『발해』라고 말할 수 있다. 이 책에서는 당시까지 알려져 있던 문헌 자료를 중심으로 발해의 지리, 정치사, 사회제도, 문화, 대외관계를 서술하였고, 발해가 독자적이고 독립적인 왕국이었음을 강조하였다.

연해주와 아무르강 유역에 대한 본격적인 고고학 조사는 1953년에 극동고고학조사단이 조직되고 또 1954년에 소련과학원 극동지소 역사학고고학민족학 분과가 블라디보스톡에 설치되면서 시작되었다. 1954년에 당시 발해시기의 것으로 간주되었던 유즈노(南)-우쑤리스크성에서 발굴조사가 실시되었고, 1958년과 1960년에는 E.V.샤브꾸노프가 발해 유적임이 분명한 꼬쁘이또절터와 아브리꼬스절터를 각각 발굴하기 시작하였는데 오늘날의 관점에서 본다면 연해주 지역 최초의 발해 유적 발굴조사라고 평가할 수 있다. 한편 이즈음에 당시 발해의 것으로 여겨졌던 몇몇 유적들에 대해 시굴조사가 이루어지기도 하였다. 이후 E.V.샤브꾸노프, V.I.볼딘, L.E.세메니첸꼬 등에 의해 노보고르데예브까 산성(1965년)과 취락지(1972년), 마리야노브까성(1969년), 니꼴라예브까 1성(1977년)과 2성(1975년), 끄라스끼노성(1980년), 스따로레첸스꼬예성(1982년) 등 발해의 중요 유적들이 발굴되기 시작하였다.

그런데 연해주의 발해 유적 발굴조사는 국내의 발굴조사와는 달리 단기간에 종료되는 것이 거의 없다. 예를 들어, 아브리꼬스절터는 1960년, 1987년, 1997년, 1998년, 1999년에 각각 발굴되었고, 끄라스끼노성은 1980년에 처음 발굴이 시작된 이후 지금까지도 계속해서 여름발굴시즌이면 발굴이 이루어지고 있다. 연해주 발해 유적은 절대다수가 아직 전체 면적이 발굴되지 못하였고, 일정 면적으로 발굴이나 시굴이 이루어진 유적도 상당히 제한적이다.

연해주의 발해 유적 발굴조사 성과는 기본적으로 3부씩 작성된 발굴조사보고서에 반영된다. 하지만 출토 유물의 수량이 많은 경우에는 보고서에 도면이나 사진이 소개되는 것들이 매우 제한된다. 그로 인해 일반인은 물론이고 발굴조사에 직접 참여하지 못한 다른 연구자들도 발굴조사내용을 확인하고 연구하는 일이 쉽지가 않다. 대부분 유적에 대한 발굴조사 내용은 학술지나 논문집 등에 간략하게 소개될 뿐이다. 따라서 특정 유적의 발굴조사내용을 상세하게 파악하기 위해서는 발굴 책임자가 소유하고 있는 혹은 발굴조사기관이나 러시아 과학원 고고학연구소의 문서보관소에 보관된 발굴조사보고서와 발굴조사기관의 수장고에 보관된 유물들을 일일이 검토하는 길밖에 없다.

이러한 상황 속에서 1992년부터 시작된 한국과 러시아의 공동유적조사는 연해주와 아무르강 유역의 발해 유적 조사와 연구에 새로운 전기가 되었다. 연해주 지역에서는 1993년부터 2019년까지 끄라스끼노성(고구려연구회, 고구려연구재단, 동북아역사재단)(고구려연구재단 2005, 2006: 동북아역사재단 외 2007, 2008, 2009, 2010, 2011a, 2011b, 2012, 2013, 2014, 2015, 2018, 2019a, 2019b), 마리야노브까성(고려학술문화재단)(연해주문화유산조사단 외 1999), 꼬르사꼬브까 절터(대륙연구소)(대륙연구소 1994), 체르냐찌노5고분군(한국전통문화대학교)(한국전통문화학교 외 2005, 2006, 2007, 2009), 체르냐찌노 2주거유적(한국전통문화대학교)(한국전통문화학교 외 2008, 2009), 시넬니꼬보산성(국립문화재연구소)(국립문화재연구소 외 2018), 스따로레첸스꼬예성(국립문화재연구소)(보고서 발간예정), 꼭샤로브까 1성(국립문화재연구소)(국립문화재연구소 외 2012, 2015), 꼭샤로브까 8석축구조물(국립문화재연구소)(국립문화재연구소 외 2015)에서 각각 한·러 공동발굴조사가 이루어졌고, 한국어와 러시아어로 된 발굴조사보고서가 모두 발간되었거나 혹은 곧 발간될 예정이어서 누구나 관련 자료를 활용할 수 있게 되었다.

그 외에도 러시아에서 단독으로 발굴을 한 보리소브까절터(고구려연구회 1998)와 꼰스딴 띠노브까취락지(한국전통문화학교 외 2010)에 대한 발굴조사성과도 전체가 국내에 단행본 혹은 자료집의 형태로 소개되었고, 아브리꼬스절터와 꼬쁘이또절터의 발굴조사성과는 단행본 형태로 곧 국내에 소개가 될 예정이다. 지표조사나 시굴을 통해 발해 유적임이 확인된 많은 수의 유적들이『연해주의 문화유적 Ⅰ, Ⅱ, Ⅲ, Ⅳ』(국립문화재연구소 외 2007, 2008, 2010, 2014)와 곧 발간이 예정된『발해 유적 총람』에 소개되어 있다.

한·러 공동 발해 유적 발굴조사 이전의 연해주 지역 발해 유적 발굴조사성과는 1968년에 출간된 E.V.샤브꾸노프의『발해국과 연해주의 발해문화유적』과 1994년에 출간된 다음 국내에 번역 소개된 E.V.샤브꾸노프 등의『러시아 연해주와 발해 역사』에 비교적 상세하게 개관되어 있다. 그 외에 2005년에 출간된『고대와 중세의 러시아 극동 - 발견들, 문제들, 가설들』이라는 책에도 A.L.이블리예프, E.I.겔만, Yu.G.니끼띤 등의 발해 역사와 고고학에 대한 개괄적 글들이 소개되어 있다. 최근 2014년에는 O.V.디야꼬바가『발해국: 고고학, 역사, 정치』라는 단행본을 발간하여 발해의 유적, 유물, 교통로, 발해사에 대한 관련 연구자들의 시각 등을 소개하였다.

연해주와 아무르강 유역의 발해 고고학과 관련하여 반드시 지적되어야 할 점은 발해 유적을 어떻게 정의할 것인가 하는 문제와 이와 연동되어 발해 고고학의 범위를 어디까지 설정하는가 하는 문제이다. 잘 알려져 있듯이, 발해는 고구려 유민들이 말갈의 일부 부족들과 함께 건국하였고 이후 점차 나머지 말갈 부족들을 모두 복속시켰다. 흑수말갈도 예외가 아니었을 것으로 보이는데『신당서』「흑수말갈전」의 "나중에 발해가 번성하자 말갈은 다 그에 복속되어(後渤海盛 靺鞨皆役屬之)"라는 기록,『태평환우기』와『당회요』의 "발해가 침강하자 흑수 역시 그에 속하게 되었다(及渤海浸强 黑水亦爲其役至 혹은 黑水亦爲其所屬)"는 기록, 그리고 흑수말갈이 752년에 당에 사절을 보낸 이후 815년까지 약 63년 동안, 다시 912년까지 약 97년 동안 당에 사절을 파견하지 못하였다는 역사적 사실 등을 통해 볼 때 흑수말갈 또한 발해에 상당 기간 복속되어 있었음이 분명하다(정석배 2020a). 따라서 발해시기의 말갈유적들은 대부분, 비록 그것들이 발해에 속한 시기는 차이가 있을지라도, 동시에 발해 유적이기도 한 것이다.

하지만 이 문제는 상당히 복잡하다. 현재 연해주에서는 발해와 관련된 중세 유적들이 발해문화, 말갈(고고학)문화, 뽀끄로브까문화, 스몰노예문화, 그리고 연해주 동북해안지역 유적군으로 구분되어 연구되고 있다. 아무르강 유역에서는 뽀끄로브까문화, 나이펠드-동인문화, 뜨로이쯔꼬예문화로 각각 구분된다. 여기에서 나이펠드-동인문화, 뽀끄로브까문화, 뜨로이쯔꼬예문화는 기본적으로 말갈계의 고고학문화이며, 연해주 동북해안지역 유적군은 말갈계와 본원적인 발해문화 요소들이 혼합된 양상을 보이고, 스몰노예문화는 말갈계와는 거리가 멀고 오히려 본원적인 발해문화에 가깝다.

발해시기의 연해주와 아무르강 유역 유적들은, 비록 다양한 고고학문화들로 구분되어 연구되고 있지만, 크게 말갈계와 고구려계의 문화요소를 지니는 유적으로 양분된다. 말갈계 문화요소로는 토광무덤, 사주식(四柱式)의 방형계 수혈주거지, 낮고 소규모인 성, 러시아 학계에서 고르쉬까모양 용기(горшковидный сосуд)라고 중국학계에서 통형관 혹은 말갈관이라 불리는 좁고 길쭉한 협타형(狹橢形) 혹은 말갈 심발형 토기로 대표되는 일련의 토기군 등이 있다. 고구려계 문화요소로는 석축무덤, 구들 주거지, 환원 소성의 회(흑)색의 윤제 토기, 기와와 와당, 층다짐, 즙석, 토심석축 등의 방법으로 축조한 상대적으로 높고 튼튼한 성벽을 가진 성 등이 있다. 러시아 학계에서는 말갈계 문화요소가 있더라도 고구려계의 유구나 다수의 유물이 있는 유적들은 발해 유적으로, 말갈계의 유구만 있거나 혹은 말갈계 유물이 압도적으로 많을 때는 말갈유적으로, 경우에 따라서는 말갈-발해 유적으로 부른다.

필자는 이처럼 복잡한 양상의 발해문화를 설명하는 한 방편으로 고구려계의 문화요소를 지닌 유적들을 본원적인 발해 유적으로 부를 것을 제안한 바 있다(정석배 2016). 이에 상응하게 발해 유적에 보이는 고구려계 문화요소들은 본원적인 발해문화 요소로 부를 수 있을 것이다. 다른 한편으로 말갈계 문화요소를 가진 유적들은 말갈계 발해 유적으로 부를 수 있다.

발해가 모든 말갈 부족들을 복속한 것은 역사적 사실이기 때문에 발해의 강역은 동 시기 말갈유적의 분포범위를 포함할 것이고 그렇다면 발해 고고학의 범위는 발해시기 말갈유적들을 모두 포함해야만 할 것이다. 하지만 러시아학계에는 발해의 유적 분포 북방한계선에 대해 첨예한 이견이 존재한다.

오늘날 러시아의 발해 역사와 고고학 연구를 대표하는 A.L.이블리예프, V.I.볼딘, E.I.겔만 등은 본원적인 발해 유적의 분포범위만을 발해의 영역으로 인정하고 그 범위 내의 유적들만을 발해 고고학의 연구 대상으로 삼고 있다(이블리예프 A.L. 2005). 그들이 생각하는 연해주에서의 발해 경계는 대체로 우쑤리강 중상류와 빠르띠잔스크강을 잇는 선이다. 이 의견에서는 연해주의 남서부지역만을 발해 영역으로 인정한다. 우쑤리강 중상류지역에 북쪽에서 남쪽 방향으로 끄라스나야 소쁘까 2유적, 마리야노브까성, 꼭샤로브까 1성과 2성이 차례로 분포한다. 한편 Yu.G.니끼띤은 연해주 지역에서 발해의 경계가 3번에 걸쳐 변동을 보인 것으로 판단하였다. 전기에는 라즈돌나야 강이, 중기에는 일리스따야강-스네구로치까강-아르쩨모브까강을 잇는 선이, 후기에는 A.L.이블리예프 등과 마찬가지로 우쑤리강 중상류-빠르띠잔스크강을 잇는 선이 각각 발해의 경계가 되었다고, 다만 후기의 경계는 더 북쪽으로 레소자보드스크-뽀쮜가-올가를 잇는 선일 가능성도 있는 것으로 생각하였다(니끼띤 Yu.G. 2005).

V.E.샤브꾸노프가 주장하는 스몰노예문화는 격자타날문이 외면의 거의 전체를 덮고 있는 토기가 특징적이다(샤브꾸노프 V.E. 2018). 이 토기는 물레에서 성형한 윤제이며, 환원 분위기에서 소성하여 표면이 회(흑)색으로서 성형과 소성 방법이 본원적인 발해 토기와 동일하다. 이 문화의 대표적인 유적인 스몰노예 성에서는 구들이 시설된 주거지들도 조사되었다. 다시 말해서 이 문화는 토기의 외면이 격자타날문으로 장식되었다는 점을 제외하면 본원적인 발해문화와 거의 구분되지 않는다. 그런데 격자타날문 토기는 본원적인 발해 유적으로 인정되고 있는 고르바뜨까성이나 심지어 끄라스끼노성에서도 출토된 것이 있다. 더욱이 스몰노예성은 연해주에서 발해의 강역을 가장 축소하여 보고 있는 우쑤리강 중상류와 빠르띠잔스크강을 잇는 선보다 더 서쪽에 위치한다. 오늘날 8~11세기로 편년되고 있는(샤브꾸노프 V.E. 2018) 소위 스몰노예 문화에 대해 홍형우(2017)는 발해문화의 일부로, 정석배(2020a)는 발해문화의 지역적 변종으로 각각 판단한 바 있다.

연해주 동북해안지역의 중세시기 일련의 유적들을 발해의 것으로 보는 의견은 O.V.디야꼬바에 의해 제기되었다(디야꼬바 O.V. 2009). 이곳은 산악지역인 까닭으로 산성이 많이 분포하며 또한 드물게는 평지성도 확인된다. 루드나야 쁘리스딴 부근에 위치하는 에스똔까성은 즙석토축성벽이고, 더 북쪽의 쁠라스뚠 부근에 위치하는 지기또브까성과 끄라스노예 오제로성에서는 층다짐을 한 토축성벽이며, 다시 더 북쪽의 떼르네이 부근에 위치하는 자볼로첸나야 산성은 석축성벽으로서 모두 본원적인 발해 유적의 성벽 축조방식이 채택되었다. 이 지역의 유적들에서는 말갈계의 협타형 토기와 함께 구순에 한 줄 혹은 두 줄의 홈이 만들어져 있는 회(흑)색의 윤제 토기들이 발견된다. 이 토기는 내륙지역의 마리야노브까성에서도 다수 출토되어 스몰노예 문화와 마찬가지로 발해 문화의 한 지역적 변종으로 판단할 수 있을 것이다.

그런데 여기에서 주목되는 사실은 상기한 의견들에는 아무르강 유역을 중심으로 발전한 말갈계 고고학문화들이 발해의 문화에서 배제되어 있다는 사실이다. 이와는 달리 S.P.네스떼로프는 아무르강 유역의 뽀끄로브까 문화와 뜨로이쯔꼬예 문화 이른 단계는 모두 발해 속말말갈이 남긴 고고학문화였을 것으로, 다시 말해서 발해에 속한 말갈의 문화였을 것으로 판단하였다(네스떼로프 S.P. 1998). 발해가 흑수말갈을 비롯하여 모든 말갈 부족을 복속하였다는 역사적 사실을 염두에 둔다면 이 의견은 지극히 타당하다고 평가할 수 있다. 이와 관련하여 정석배는 발해의 강역을 북서쪽의 제야강 하류 지역에서 아무르강 북쪽을 따라 동쪽으로 연해주의 사마르가강 유역에까지로 설정할 수 있다고 판단하였고, 고고학조사가 더 진행된다면 그 경계는 북쪽과 북동쪽으로 더 확대될 수 있다고 생각하였다(정석배 2020a).

　동아무르 지역을 중심으로 발달한 뽀끄로브까 문화는 처음 아무르 여진문화로 소개되었고 지금도 일단의 연구자들은 아무르 여진문화라는 용어를 계속해서 사용하고 있다. 하지만 "여진(女眞)"이 서기 10세기에 역사적 무대에 등장하였음을 감안한다면 7~13세기로 편년되는(메드베데프 V.E. 1986) 이 고고학문화에 "여진"이라는 명칭을 사용하는 것이 과연 타당한지 의구심이 들 수밖에 없다. 중국학계에서는 이 고고학문화의 늦은 단계를 요대 오국부(五國部) 문화로 부르고 있다(孫秀仁·于志耿 1982). 이 고고학문화는 10세기를 전후하여 문화양상이 큰 변동을 보이는데 대표적인 예가 10세기 이전에는 분구가 없는 토광무덤이, 10세기 이후에는 분구가 있는 소위 쿠르간 무덤이 주로 사용되었다. 토기는 견부돌대문 협타형 토기를 비롯하여 견부가 흔히 다양한 기하문의 문양대로 장식이 된 과형토기나 반구 혹은 잔모양 주둥이가 있는 윤제 토기 등이 유행하였다.

　서아무르 지역을 중심으로 발달한 뜨로이쯔꼬예 문화는 시종일관 토광무덤과 견부돌대문 등의 협타형 토기가 유행하였다.

　나이펠드-동인문화는 흑수말갈이 남긴 고고학문화로 이해되고 있다. 이 고고학문화의 유적들은 처음에는 소흥안령에서 지금의 우쑤리강과 아무르강이 합류하는 곳까지의 동아무르지역에 분포하다가 8세기 즈음에 소흥안령 서쪽으로 그 분포영역이 변동을 보인다. S.P.네스떼로프는 이것은 발해의 북진정책에 의해 흑수말갈의 대부분이 서아무르 지역으로 이주를 한 결과로, 그리고 뜨로이쯔꼬예 문화는 흑수말갈을 추격하여 서아무르 지역까지 이동한 발해 속말말갈이 남긴 것으로 각각 판단하였다(네스떼로프 S.P. 1998). 나이펠드-동인문화에도 토광무덤과 협타형 토기가 유행하였으나 토기의 세부 기형과 침선이나 다치압인으로 된 견부의 문양 등이 뜨로이쯔꼬예 문화 및 뽀끄로브까 문화의 돌대문과는 차이를 보인다.

　연해주의 말갈유적들을 시기적으로 발해 이전, 발해시기, 10~11세기의 것으로 구분되기도 하나(뻬스까료바 Ya.E. 2005), 아직 연대문제가 완전히 해결된 것은 아니다. 예를 들어, 발해 이전의 말갈유적으로 판단이 된 적이 있는 한까그룹, 해안그룹, 까발레로보그룹, 라꼬브까그룹 유적들 중 아브라모브까 3유적을 제외한 대부분의 유적들이 발해시기에도 사용된 것으로 재편년되고 있다(뻬스까료바 Ya.E. 2014).

따라서 연해주와 아무르강 유역의 발해 고고학을 총체적으로 연구하는 일은 결코 간단한 일이 아님을 알 수 있다. 이러한 복잡한 문제는 추후의 연구과제로 남기고 이 글에서는 지금까지 확인이 된 연해주 지역의 발해시기 유적들을 중심으로 연해주의 발해 고고학을 소개하는 것으로 글의 범위를 제한하기로 한다.

2. 유적

2011년 현재 연해주 지역의 발해시기 유적의 수는 모두 315개소로 집계되었다(정석배 2011). 이 수치에는 발해 유적으로 보고된 174개소의 유적 및 말갈-발해 유적으로 보고된 91개소의 유적과 함께 발해시기의 것으로 보고된 말갈 문화유적, 스몰노예 문화유적, 뽀끄로브까 문화유적 그리고 연해주 동북해안지역의 유적들이 모두 포함되어 있다. 지금은 새로운 유적조사로 인해 이 수치에 변동이 있을 것으로 생각된다.

유적의 종류는 주거유적(취락지), 관방유적, 고분군, 절터, 건축유적, 유물산포지, 문화층, 동굴유적, 광산유적 등이 확인되었다. 이중 주거유적이 199개소로서 전체의 약 64%를, 관방유적이 74개소로서 전체의 약 24%를, 고분유적이 17개소로서 전체의 약 5%를 각각 차지한다. 다음으로 주목되는 것은 절터인데 2011년 당시에 5개소가 확인되었으나 지금은 연해주에 모두 7개소의 발해 절터가 있는 것으로 판단된다. 동굴유적과 광산유적은 각각 3개소와 1개소가 확인되었다.

유적들은 대체로 큰 강과 그 지류들을 중심으로 그리고 해안을 따라 분포하는데 라즈돌나야강, 일리스따야강, 아르쩨모브까강, 아르세니예브까강, 우쑤리강 등을 따라 특히 집중되어 있다. 연해주에서 발해시기 유적이 가장 집중되어 분포하는 곳은 라즈돌나야강 유역으로서 이곳에는 115개소의 주거유적을 포함하여 성터, 절터, 고분군 등 모두 135개소의 발해 유적이 확인되었다. 이곳에는 발해 솔빈부가 위치하였던 곳으로서 라즈돌나야강을 따라 발해 솔빈도로 부를 수 있는 교통로가 존재하였을 것이다. 전체적으로 본다면 연해주의 동남부

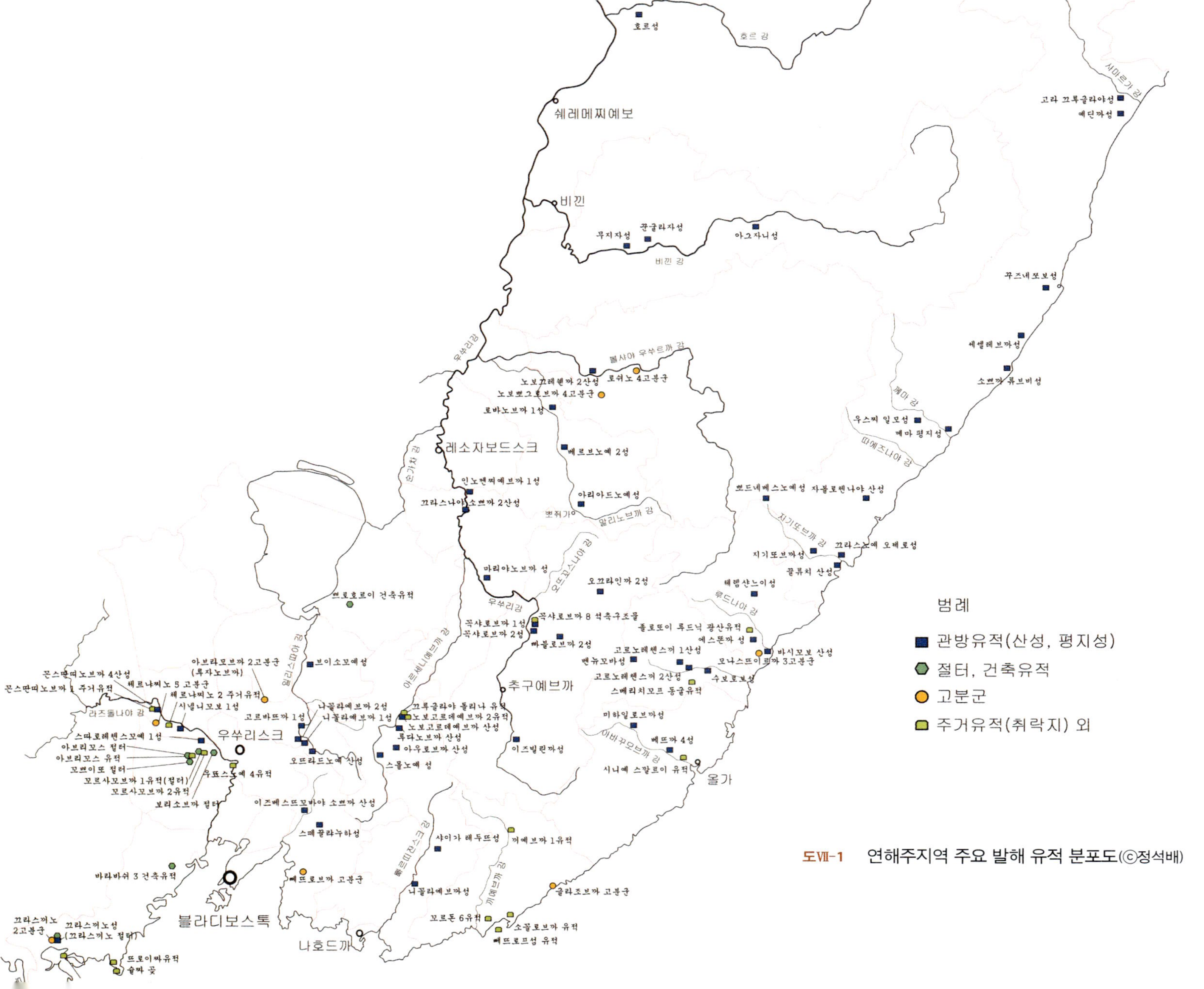

도Ⅶ-1　연해주지역 주요 발해 유적 분포도(ⓒ정석배)

지역과 북부지역에는 발해시기 유적의 밀집도가 상대적으로 희박해진다.

연해주에서 발굴조사가 된 적이 있는 본원적인 발해 유적의 수는 관방유적, 주거유적, 절터, 고분군, 건축유적, 동굴유적 등 대략 40개소로 집계된다.

1) 관방유적

연해주 지역의 발해 관방유적은 끄라스끼노성, 고르바뜨까성, 니꼴라예브까 1성, 니꼴라예브까 2성, 스따로레첸스꼬예성, 마리야노브까성, 노보고르데예브까 산성(끄루글랴야 소쁘까산성), 이즈베스뜨꼬바야 소쁘까산성, 시넬니꼬보산성, 루다노브까산성, 끄라스나야 소쁘까 2산성, 오끄라인까성, 아우로브까산성, 꼭샤로브까 1성, 지기또브까성, 끄라스예 오제로성, 니꼴라예브까성, 스몰노예 1성, 스떼끌랴누하 1성 등이 발굴된 적이 있다(정석배 2020b).

그런데 이 유적들은 초축과 폐기 시기가 모두 동일한 것이 아니다. 예를 들어, 끄라스끼노성, 고르바뜨까성, 니꼴라예브까 1성, 니꼴라예브까 2성, 스따로레첸스꼬예성은 발해시기에 축조되고 발해멸망 후 거의 곧바로 폐기된 본원적인 발해 유적에 속한다. 시넬니꼬보산성은 발해 이전 시기에 초축한 것을 발해 때 증축하였거나 혹은 발해 때 초축하고 이후 발해멸망과 함께 폐기된 것으로 판단되고 있다. 오끄라인까성과 아우로브까산성 그리고 꼭샤로브까 1성은 발해 말기 혹은 발해멸망 이후의 시기로 편년되나 금대 여진의 문화층은 발견된 것이 없다. 지기또브까성과 끄라스예 오제로성은 연해주 동북해안지역 중세유적군에 속하며 발해시기의 문화층만을 가진다. 스몰노예 1성은 소위 스몰노예 문화에 속하는 성이나 성벽 축조방법이나 출토 유물 그리고 구들 주거지로 보아 발해시기에 축조 및 사용된 것이 분명하다. 그런데 마리야노브까성과 노보고르데예브까 산성(끄루글랴야 소쁘까산성) 그리고 이즈베스뜨꼬바야 소쁘까산성은 초축은 발해시기에 하였으나 이후 금대에 증축을 하였고, 성 내에서 금대 여진의 문화층이 모두 확인되었다. 끄라스나야 소쁘까 2산성은 발해 때 축성을 하였는데 유물 중에는 뽀끄로브까 문화의 토기도 있다. 니꼴라예브까성에서는 발해의 유물이 출토되기는 하였으나 성내의 중요 유구들은 모두 금대 여진의 것으로 간주된다(정석배 2017). 스떼끌랴누하 1성은 발해 유물이 발견된 적이 있으나 2020년도에 성 내에 실시한 상당히 넓은 면적의 발굴조사에서 발해문화층이 확인되지 못하여 축성은 발해 이후의 시기에 하였을 가능성이 크게 높아졌다.

따라서 연해주의 발해시기 관방유적은 다양한 변수를 고려하여 연구가 필요하며, 발굴조사가 되지 못한 성들에 대해서는 신중한 판단이 필요함을 알 수 있다. 지금까지 연해주 지역의 발해 관방유적은 대개 다른 지역의 발해 성들과 함께 연구되었다(송기호 1991; 스토야킨 막심 2012; 정석배 2017). 다만 V.I.볼딘(1992, 1998)은 연해주 지역의 "발해"성을 평지성, 산성, 소성(小城)로 구분하여 연구한 적이 있다.

V.I.볼딘은 평지성은 간단한 방어시설이 있는 제1유형과 복잡한 방어시설이 있는 제2유형으로, 산성은 일반산성과 대형 및 소형 곳성으로 각각 구분하였다. 그런데 제2유형 평지성에는 금대에 중축을 한 마리야노브까성과 오늘날 발해의 것이 아닌 성으로 인식되는 유즈노-우쑤리스크성 등이 포함되었다. 제2유형 평지성에 보이는 옹성과 일정 간격으로 배치된 치로 대표되는 복잡한 방어시설은 사실 발해보다는 금대에 더 특징적이었다. 곳성은 오뜨라드노예산성과 같이 전면과 좌우가 대부분 개활지로 되어 있고 또 산줄기의 융기된 끝부분에 축조된 산성을 염두에 둔 것이다. 소성은 규모가 작은 성인데 예로 제시된 꼰스딴띠노브까 4산성과 노보게오르기예브까 2산성 등은 모두 곳성과 비슷한 입지를 보이고, 또 규모도 소형 곳성보다 더 큰 것도 있어 구분의 기준이 분명치 못하다.

연해주 지역의 발해 성들은 크게 본다면 평지성과 산성으로 구분될 수 있다. 하안의 대지나 둔덕 혹은 산기슭 가까이에 위치하는 평지성은 평면 모양이 장방-오각형(끄라스끼노성), 오각-사다리꼴(고르바뜨까성), 말각장방형(니꼴라예브까 1성), 장방-타원형(니꼴라예브까 2성), 준삼각형(스따로레첸스꼬예성), 버선모양(마리야노브까성), 준오각형(오끄라인까성), 장방-사다리꼴(꼭샤로브까 1성), 타원-사다리꼴(아리아드노예 1성) 등 바른 기하학 모양을 갖지 못한 것이 많다. 평면이 바른 방형 혹은 장방형에 가까운 성은 브이소꼬예성, 스몰노예성, 에스똔까성, 끄라스노예 오제로성, 꼭샤로브까 3성, 빠블로브까 2성 등이, 원형에 가까운 성은 빠블로브까 1성, 로바노브까 1성 등이 각각 있다. 그 외에 지기또브까성과 같이 평면이 장방-마름모꼴인 성도 있고, 께마 평지성과 같이 규형에 가까운 것도 있다.

그런데 이 성들은 평면 모양과 규모가 일정한 분포적 특징을 보인다. 예를 들어 평면 모양이 바른 기하학 모양을 갖지 못한 소위 부정형이면서 상대적으로 규모가 큰 끄라스끼노성(1,380m), 고르바뜨까성(1,250m), 니꼴라예브까 1성(1,010m), 니꼴라예브까 2성(860m), 마리야노브까성(1,330m), 꼭샤로브까 1성(1,645m)은 모두 연해주의 남부 내륙지역에 위치한다. 규모가 작은 아리아드노예 1성(420m), 베르브노예 2성(394m), 빠블로브까 2성(160m), 에스똔까성(620m), 끄라스노예 오제로성(240m), 께마 평지성(520m)은 모두 연해주의 중북부 지역 혹은 동북 해안지역에 분포한다. 이 성들은 평면 모양이 (장)방형의 기하학 모양을 가진 것이 많고, 그 외 원형, 규형, 타원-사다리꼴 등도 있다. 동북 해안지역에 분포하는 평지성 중 지

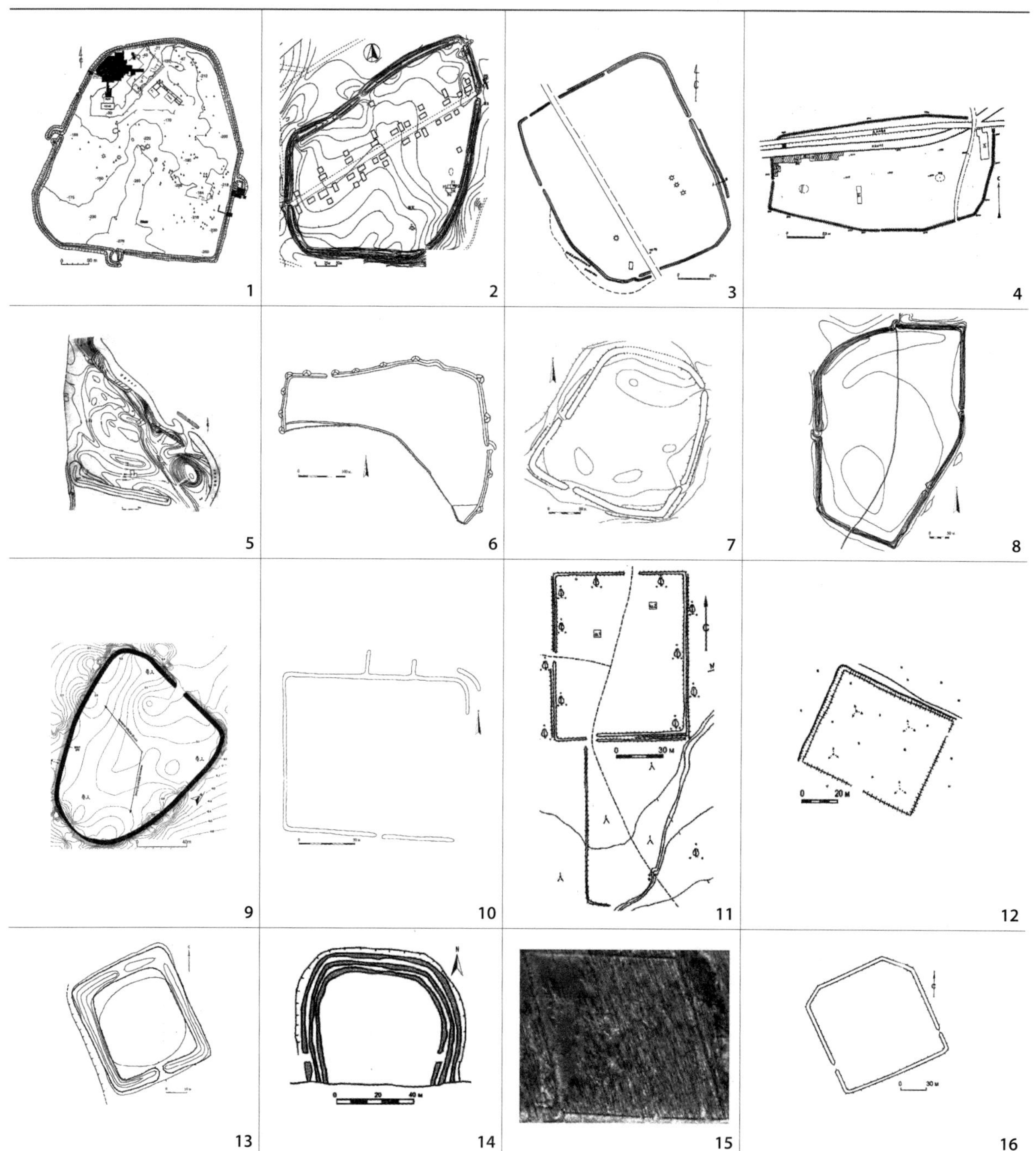

도Ⅶ-2   연해주지역 발해 평지성 평면모양 각종

1. 김은국 외 2019 | 2. 겔만 E.I. 2004 | 3 · 4. 볼딘 V.I. 1977 | 5. 볼딘 V.I. 외 1996 | 6~10, 14. 국립문화재연구소 외 2007, 2008, 2010, 2014 | 11, 12, 16. 디야꼬바 O.V., 2009 | 15. 구글어스

1. 끄라스끼노성 | 2. 고르바뜨까성 | 3. 니꼴라예브까 1성 | 4. 니꼴라예브까 2성 | 5. 스따로레첸스꼬예성 | 6. 마리야노브까성 | 7. 오끄라인까성 | 8. 꼭샤로브까 1성 | 9. 아리아드노예성 | 10. 브이소꼬예성 | 11. 에스뚠까성 | 12. 끄라스노예 오제로성 | 13. 꼭샤로브까 3성 | 14. 로바노브까 1성 | 15. 지기또브까성 | 16. 께마 평지성

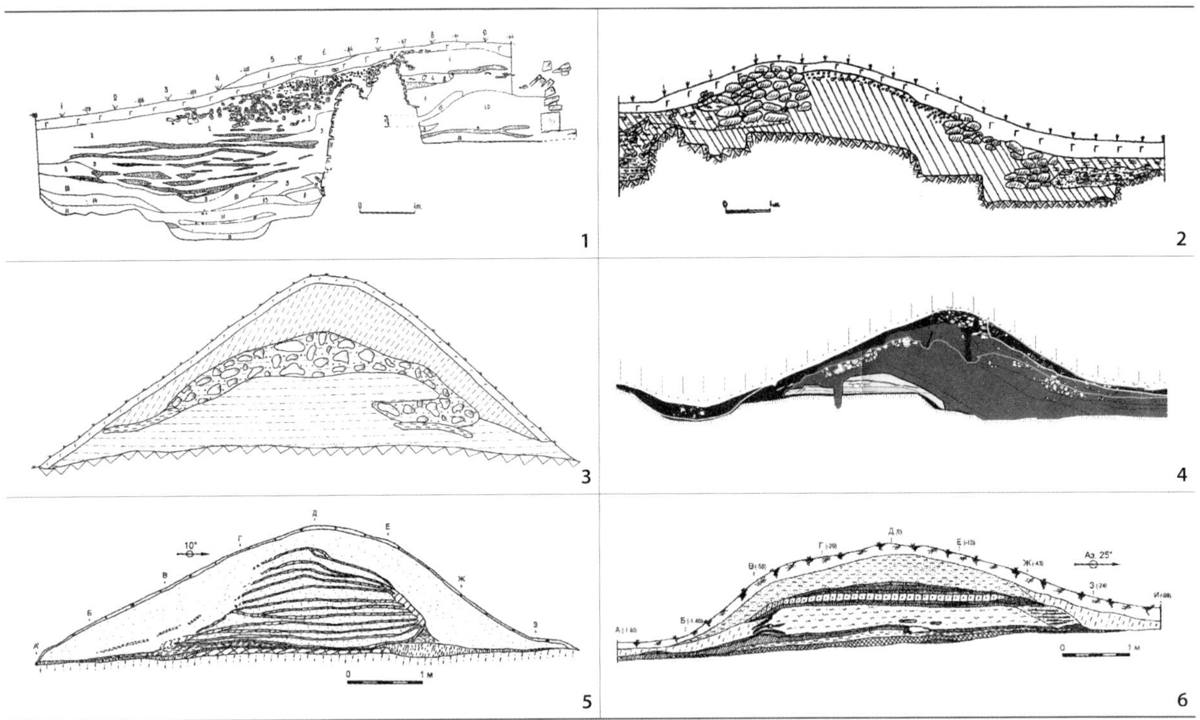

도Ⅶ-3　연해주지역 발해 평지성 단면도

1. _끄라스끼노성_(볼딘 V.I. 1997) ｜ 2. 니꼴라예브까 2성(볼딘 V.I. · 세메니첸고 L.E. 1975) ｜ 3. 마리야노브까성(갈락띠오노프 O.S. · 샤브꾸노프 E.V. 1971) ｜ 4. 꼭샤로브까 1성(국립문화재연구소 외 2015) ｜ 5. 지기또브까성(디야꼬바 O.V. 2009) ｜ 6. _끄라스노예 오제로성_(디야꼬바 O.V. 2009)

기또브까성은 예외적으로 성벽 둘레길이 957m로 상당히 큰 편이다. 이 사실은 연해주의 내륙지역에는 규모가 상대적으로 큰 평면 부정형의 평지성들이 특징적이었음을 말한다. 평면이 방형이나 장방형 혹은 원형인 성들은 수도 적고 규모도 작다.

평지성의 성벽은 기본적으로 1줄이며 성벽 바깥에 해자가 시설된 것이 많다. 간혹 보조성벽이 확인되는데 기본 성벽과 평행을 이루는 것도 있고, 또 기본 성벽과 직교하는 방향으로 마치 뿔처럼 축조된 것도 있다. 니꼴라예브까 1성에서는 보조성벽이 동벽과 평행을 이루게 축조되었고, 브이소꼬예성에는 두 줄기의 성벽이 북벽 북쪽으로 뻗어 있으며, 에스똔까성에는 남벽의 동편에 기본 성벽과 평행을 이루는 보조성벽과 남벽의 남쪽으로 뻗어 있는 보조성벽이 각각 확인된다. 그 외에 로바노브까 1성과 같이 성벽과 해자가 각각 3중으로 된 평지성도 있다.

성문의 형식은 문의 위치를 본다면 평지성의 경우 모두 평문에 해당하고, 좌우 성벽 및 부속 구조물과의 관계에서 본다면 단절문, 어긋문, 옹성문이 확인된다. 단절문은 동일 선상의 좌우 성벽 사이에 단절부가 형성된 것을, 어긋문은 좌우 성벽이 어긋나게 배치된 것을, 옹성문은 문에 옹성 구조물이 축조된 것을 각각 말한다. 절대다수의 평지성에서는 단절문이 기본인데 단절문은 통로의 구조를 본다면 개거형이고, 성문 구조물을 본다면 성문 바닥에서 바로 누각을 세운 누문식 성문일 것이다. 어긋문의 예는 오끄라인까성 서문지, 옹성문의 예는 끄라스끼노성, 니꼴라예브까 1성, 꼭샤로브까 1성, 꼭샤로브까 2성 등에서 각각 확인된다. 치는 끄라스끼노성과 꼭샤로브까 2성에서 각각 1개씩 확인되었다.

그런데 발해의 성에 치나 옹성이 시설되었는가 하는 문제는 논쟁 중의 하나였다. 그것은 발해의 상경과 중경 그리고 동경의 중심지였던 상경성, 서고성, 팔련성에서 치나 옹성이 전혀 시설되지 않았기 때문이다. 실제로 치나 옹성이 시설된 발해의 성은 그 수가 매우 제한되어 있으며, 후행하는 금대 동하국 시기 성들의 것과도 차이를 보인다. 발해의 성에는 치가 1~2개 정도만 확인되었지만 금대 동하국 시기에 증축을 한 것이 분명한 마리야노브까성이나 혹은 다른 금대의 성들에는 대부분 치가 성벽 전체를 따라 일정 간격을 두고 다수가 축조되었다. 개수뿐만이 아니라 치와 옹성을 포함하여 성벽 자체도 금대 동하국 시기의 것들은 외견상 발해의 것에 비해 훨씬 더 높고 두텁게 남아있다는 특징을 가진다.

성벽의 축조방법은 성벽의 단면이 조사된 성들을 통해 본다면 토심석축(끄라스끼노성), 층다짐 혹은 성토다짐 토축즙석(니꼴라예브까 2성, 스따로레첸스꼬예성, 마리야노브까성, 꼭샤로브까 1성), 층다짐토축(지기또브까성, 끄라스노예 오제로성) 등의 예들이 보인다. 끄라스끼노성, 스따로레첸스꼬예성, 지기또브까성, 끄라스노예 오제로성 등에서는 지면을 정지하고 그 위로 바로 성벽을 쌓아 올린 것이 확인되었는데 소밀성 등 대부분 발해 성에서 이 방법을 취하였다, 성벽 아래에 성벽 기초홈을 조성한 예는 상경성, 서고성, 팔련성에서만 확인되었다. 토축성벽 위로 돌을 덮어 즙석을 하는 방법은 발해 성벽의 중요한 특징 중 하나로 생각된다.

연해주 지역의 발해시기 산성은 산정식(시넬니꼬보산성, 끌류치산성, 자볼로첸나야산성)과 테뫼식(꼰스딴띠노브까 4산성, 루다노브까산성)은 보여도 포곡식은 확인되지 않는다. 지금까지 연해주에서 발견된 포곡식산성은 대부분 동하국이 남긴 것이다. 산정식과 테뫼식은 성 내부가 개활지인가 아니면 산봉이 있는가의 차이는 있어도 모두 산봉우리 정상 둘레로 성벽을 축조하였다는 공통의 특징을 가진다. 그런데 V.I.볼딘이 곶성으로 지목한 성들은 대부분 산줄기의 약간 융기된 끝부분에 위치하며 또 골을 포함하지 않아 산정식이나 테뫼식이 아닌 다른 개념의 명칭이 필요하다고 생각된다. V.I.볼딘이 소성으로 구분을 한 산성들은 주로 테뫼식에 해당한다. 노보고르데예브까산성은 단독으로 있는 산의 한쪽 경사면을, 바시꼬보산성은

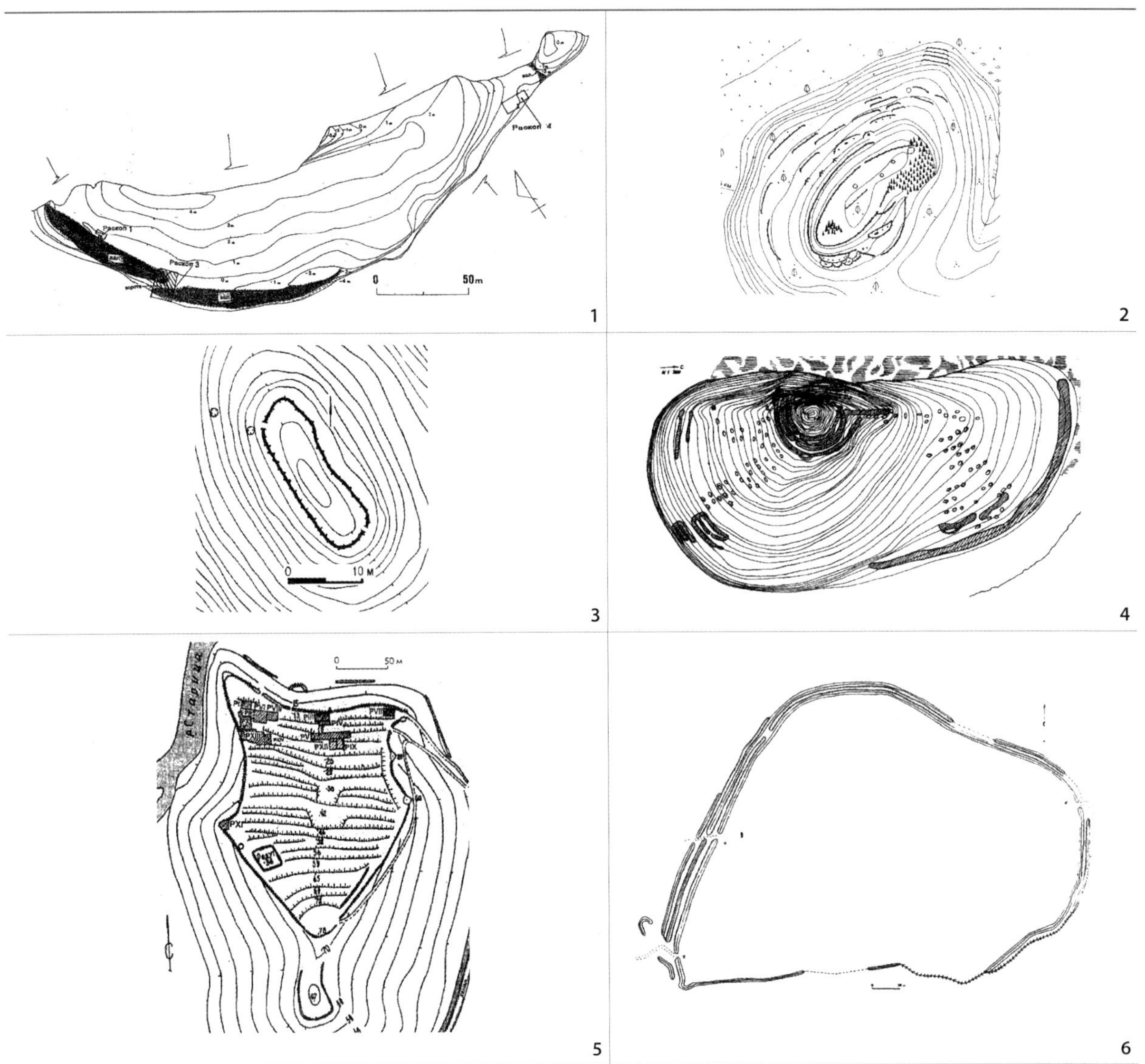

도Ⅶ-4　연해주지역 발해산성 평면도

1. 시넬니꼬보산성(볼딘 V.I. 1999)　｜　2. 끌류치산성(디야꼬바 O.V. 2009)　｜　3. 자볼로첸나야산성(디야꼬바 O.V. 2009)　｜　4. 루다노브까산성(브로댠스끼 D.L. · 소볼레바 M.V. 2008)　｜　5. 노보고르데예브까산성(볼딘 V.I. · 이블리예프 A.L. 2002)　｜　6. 오뜨라드노예산성(호레프 V.A. 1975)

산줄기 끝부분의 한쪽 경사면을 성 내부로 사용하고 있다. 이 형식의 산성은 아마도 사면식(斜面式)산성으로 부를 수 있을 것이다. 그 외에 노보끄레쉔까산성과 같이 산봉우리를 사이에 두고 양쪽의 경사면만을 성 내부로 활용한 성도 있다.

　　산성의 규모는 V.I.볼딘이 일반산성으로 간주한 시넬니꼬보산성(약 700m)과 노보고르데예브까산성(약 800m) 그리고 대형 곡성으로 간주한 오뜨라드노예산성(850m)은 중간 크기이다. 규모가 작은 산성들도 적지 않은데 성벽의 둘레 길이가 꼰스딴띠노브까 4산성은 약 130m, 자볼로첸나야산성은 약 150m, 끌루치산성은 약 250m 등이다.

산성도 성벽의 개수는 1줄이 기본이지만 고르노레첸스끼 2산성이나 루다노브까산성과 같이 3줄인 것도 있으며, 오뜨라드노예산성에는 성벽이 1줄 구간, 2줄 구간, 3줄 구간이 각각 구분된다.

성문은 단절문과 어긋문(시넬니꼬보산성)이 확인되며 연해주 지역 발해 산성에서는 아직 옹성은 발견된 예가 없다. 금대 동하국 시기의 산성들은 대부분 포곡식이면서 옹성과 일정 간격으로 배치된 치를 갖추었다는 점에서 발해의 산성과는 큰 차이를 보인다.

성벽 단면조사가 실시된 연해주 지역 발해 산성은 시넬니꼬보산성과 노보고르데예브까산성이 있다. 시넬니꼬보산성의 성벽은 두 지점이 조사되었는데 모두 바깥쪽에만 석축을 한 일종의 토심석축성벽이다. 문지 서쪽 지점에서는 성벽 아래에서 볼록하게 형성된 '생토 퇴적층'이 확인되었고, 문지 동쪽 지점에서는 암반의 경사면을 계단식으로 정지한 것이 각각 확인되었다. 유적을 조사한 V.I.볼딘은 '생토 퇴적층'을 말갈이 쌓은 토축 성벽일 것으로, 그 위에 성벽은 발해가 쌓은 것으로 판단한 바 있다. 하지만 볼록한 '생토 퇴적층'은 토제일 가능성이 높다. 면석 바로 안쪽에는 사암과 현무암 돌들로 속 채움을 하였다. 노보고르데예브까산성에서는 가장 아래쪽의 북벽에서는 돌로 쌓은 초축 성벽과 그 위로 토축을 한 증축부분이 모두 확인되었으나 초축 성벽이 발해에 쌓은 것인지는 분명하지 못하다. 이 성의 서쪽 가파른 낭떠러지 위 가장자리를 따라서는 발해 때에 목책을 쌓은 것이 확인되었다.

도 Ⅶ-5 　노보고르데예브까산성 전경(ⓒ정석배)

그 외 발굴은 되지 않았으나 고르노레첸스끼 1산성에는 토축 위로 돌을 덮은 성벽, 다시 말해서 토축즙석성벽의 단면이 노출되어 있다. 오뜨라드노예산성에는 외견상 석축구간과 토축구간이 따로 확인된다. 연해주 동북해안지역의 끌류치산성과 자볼로첸나야산성에는 산봉우리에 판돌 형태로 노출된 자연 석재를 사용하여 석축성벽을 쌓았다. 볼샤야 우쑤르까강 유역의 노보끄레쉔까산성에는 성벽이 외견상 토축인 것으로 관찰된다.

연해주 지역의 발해 관방유적 중에서 끄라스끼노성과 꼭샤로브까 1성은 특히 많은 주목을 받고 있다. 연해주의 남부 하산지구 바닷가에 위치하는 끄라스끼노성은 발해 동경용원부 염주(鹽州)의 치소이면서 발해 일본도의 육로구간 종점이자 해로구간 출발점으로 이해되고 있다. 끄라스끼노성은 1980년부터 지금까지 거의 매년 발굴조사가 이루어지고 있는데 연해주뿐만 아니라 발해 영역 전 지역에 걸쳐 가장 오랫동안 그리고 도성을 제외하면 가장 넓은 면적이 발굴된 유적 중 하나이다(김은국·정석배 2021).

끄라스끼노성 서북지역 북부사찰구역에서 발해 절터를 비롯하여 전각지, 초석 건물지, 와실유구, 우물, 다수의 기와가마터, 석축 담장기초 등이 조사되었고, 서북지역 남부 주거구역에서는 5개 혹은 6개의 생활면과 다수의 2줄 고래 구들 주거지가 조사되었다. 서북지역 서

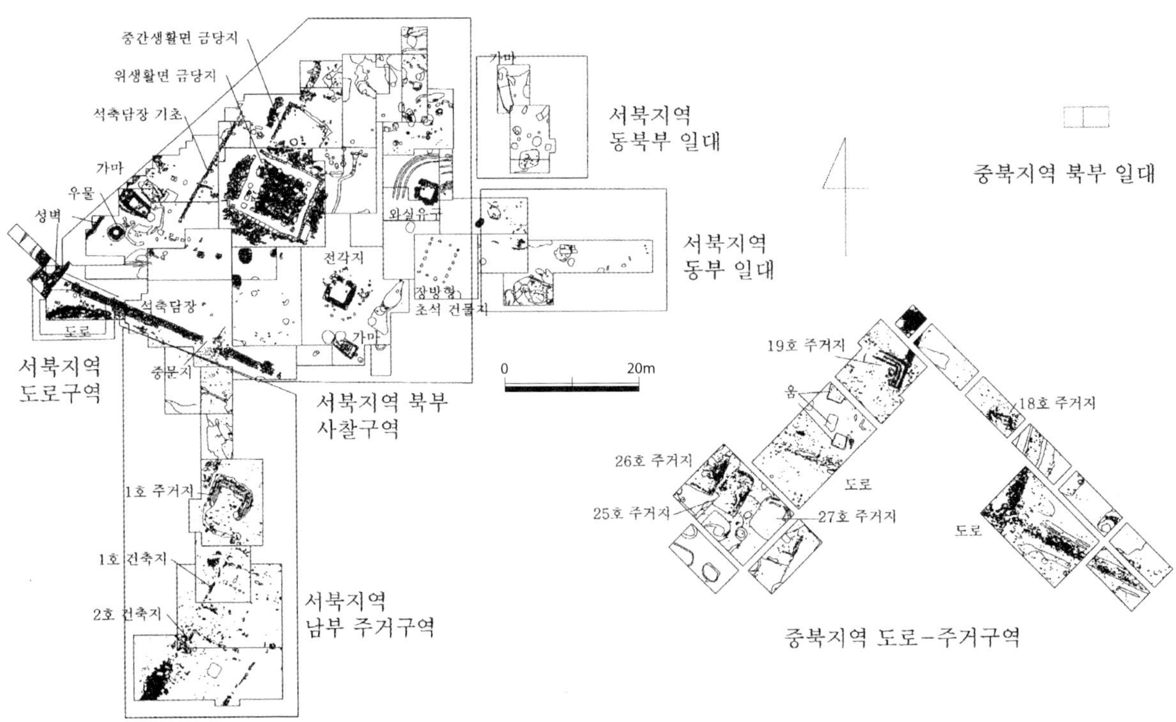

도VII-6　끄라스끼노성 서북지역과 중북지역 위생활면 유구배치도(김은국·정석배 2021)

도Ⅶ-7　끄라스끼노성 중북지역 도로 노출 모습(김은국·정석배 2021)

남 도로구역에서는 5개의 도로 생활면이 구분되었는데 이웃하는 성벽 및 사찰구역 석축담장 간의 층위관계도 함께 밝혀졌다. 이곳에서는 가장 아래의 도로 제5생활면이 먼저 존재하였고, 그 위의 도로 제4생활면에서 성벽이 축조되었으며, 다시 그 위의 도로 제4생활면과 제3생활면 사이에서 사찰구역 석축담장이 축조되었음이 확인되었다. 중북지역 도로-주거구역에서는 '十'자 모양으로 교차하는 도로가 조사되어 끄라스끼노성 내부가 서로 교차하는 도로들에 의해 정연하게 구획되어 있었음을 보여주었다. 도로는 윗부분에 돌을 깔았는데 노출된 길이가 동서 62.5m, 남북 16.3m이다. 도로 주변에서 다수의 구들 주거지와 저장구덩이, 석축기단 건축물 등 다양한 유구들이 조사되었다.

　　더욱이 이 유적에서는 금동불상 등 각종 불교 관련 유물, 기와와 치미 등 각종 지붕 관련 유물, 다듬잇돌, 촛대, 벼루 등 각종 일상생활용품, 삽, 낫, 낚싯바늘 등 각종 농기구와 어구, 화살촉과 창 등 무기나 사냥도구, 차관 등 수레부속품, 청동 쌍봉낙타상, 토제 원숭이상 등 각종 형상유물, 청동 대금구, 홍옥 목걸이알 등 각종 장식품, 탄화 곡물, 동물 뼈, 물고기 뼈, 조개껍데기 등 각종 식재료, 다량의 토기 등등 엄청난 종류와 수량의 유물이 출토되어 발해 사람들의 삶에 대해 다양한 각도에서 파악할 수 있게 하였다.

　　우쑤리강 우안 들판에 위치하는 꼭샤로브까 1성은 성 내의 북쪽 가운데 부분에서 북편

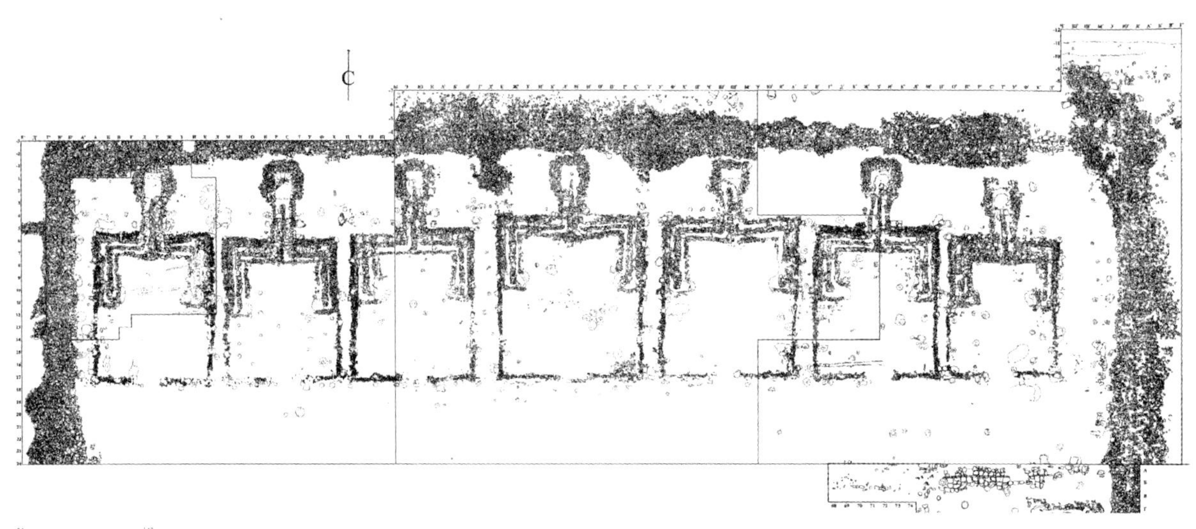

도Ⅶ-8　　꼭샤로브까 1성 북편건물지군(국립문화재연구소 외 2015)

건물지군이 발굴되었고 그리고 이곳에서 다수의 기대 등 중요 유물들이 출토되었다(국립문화
재연구소 외 2012, 2015). 북편건물지군은 동서 92m에 남북 70m의 석축담장 안에 위치하며 일
렬로 나란히 배치된 건물지 7기와 다른 건축물들로 이루어져 있다. 이 7기 건물지는 모두 정
면 5칸에 측면 5칸의 공간과 뒤쪽의 연도 및 굴뚝기초로 구성되어 있는데 전체 평면 모양이
'呂'자이다. 각 건물의 안에는 2줄 고래의 구들이 좌우대칭을 이루게 배치되어 있다. 가운데
4호 건물지가 12.4×11.2m로 가장 크고 양쪽의 건물들은 가장자리로 가면서 규모가 점차 작
아진다. 7기 건물의 전체 길이는 약 80m이다. 3호와 4호 건물지 사이에서 발견된 다수의 기
대가 특히 주목되며, 그 외에 북편건물지군에서 호, 시루 등의 윤제 토기들과 월주요 청자편,
청자 호, 철제 칼과 화살촉, 다공체유물 등도 출토되었다. 흥미로운 것은 이 북편건물군에서
기와가 전혀 출토되지 않았다는 사실이다.

　　　꼭샤로브까 1성에서는 성벽 아래에서 발해문화층이 발견되었고, 또 1차 성벽은 발해
에 특징적인 토축즙석성벽이어서 발해시기에 축조되었을 가능성이 높다. 그런데 7기 건물지
의 연대와 용도에 대해 학계에 서로 다른 의견들이 존재한다. 우선 이곳에서 출토된 대형 기
대는 이 건물지군이 제사와 관련되었을 수 있음을 암시한다. 발굴조사단은 북편건물지군의
존재가 이 성이 발해시기에 중요한 행정중심지였음을 보여준다고, 구체적으로 이 성을 발해
안변부(安邊府)의 치소일 것으로 판단하였다(국립문화재연구소 외 2012). 한편 송기호는 이 성을
안변부의 치소일 것으로 추정은 하면서도 북편건물지군은 발해멸망 이후의 태묘(太廟)일 것

으로 생각하였다(송기호 2012). 건물이 7기인 것은 황제의 태묘 형식을 취한 것인데 오직 유민(遺民) 국가에서만 상경의 태묘를 모방할 수 있었을 것으로 본 것이다. 다시 말해서 이 북편건물지군은 안변부 일대에서 일어난 발해 유민들의 반요(反遼) 투쟁에 대해 말해주는 것으로 이해하였다. 그런데 러시아의 연구자들은 이 유적이 발해시기에 시작된 것은 사실일지라도 발해 멸망 후에는 발해 부흥운동기 정안국(定安國)의 중심지였을 것으로 추정한다(글류예프 N.A.·이블리예프 A.L. 2013).

북편건물지에서는 말갈계 토기와 금대의 유물이 발견된 것이 없어 그것이 발해시기이든 혹은 발해멸망 직후이든 발해 사람들이 축조하고 사용한 것만은 분명해 보인다. 다만 하나의 공간에 2기의 구들이 좌우대칭으로 배치된 결합형 구들 구조는, 발해 유적 중에서는 꼰스딴띠노브까 1유적 2호 주거지에서 존재 가능성이 보이긴 하고 또 꼭샤로브까 1성과 동일시기의 유적으로 평가되는 아우로브까성에서도 조사되었으나, 발해의 구들에는 잘 보이지 않은 구조이다. 발해 궁성에서 조사된 구들 건물들에 버금가는 규모의 대형 건축물에 기와를 사용하지 않았다는 사실은 안정된 상태의 발해시기였다면 상상하기 힘든 일이다.

꼭샤로브까 1성의 북서쪽 가까이에서는 꼭샤로브까 8 석축구조물이 조사되었다(국립문화재연구소 외 2015). 크기가 15.2×16.2m인 이 석축구조물은 화강암 판돌을 쌓아 만든 석축기단과 계단, 가운데의 '방형 공간', 그리고 '담장'으로 이루어진 구조물이다. 이곳에서는 금제 장식품, 은제 못과 대금구 등 귀금속 유물과 함께 청동 팔찌, 토기 기대, 대상 파수부 호, 토기 옹, 토제 기둥장식, 기와 등이 출토되었다. 기대가 꼭샤로브까 1 성의 북편건물지군에서 출토된 것과 매우 흡사하여 두 유구는 동일 시기의 것임을 알 수 있다. 석축구조물의 성격과 관련하여 러시아 조사단은 무덤으로, 한국 조사단은 제단으로 각각 파악하였다.

2) 주거유적

방어시설이 없는 일반 마을 유적, 다시 말해서 일반 주거유적 혹은 취락지는 2011년 현재 연해주 발해 유적의 약 64%를 차지할 정도로 그 비중이 높다. 하지만 일부 면적이라도 발굴조사가 된 유적은 체르냐찌노 2유적, 꼰스딴띠노브까 1유적, 아브리꼬스유적, 꼬르사꼬브까 1유적, 우뚀스노예 4유적, 노보고르데예브까 2유적, 노보고르데예브까 3유적(끄루글라야 돌리나유적), 시니예 스깔르이유적 등 극히 소수에 불과하다. 그중 연해주 중부 동쪽 해안지역 산 위에 위치하는 시니예 스깔르이유적을 제외한 다른 유적들은 모두 연해주 내륙지역에 있는 크고 작은 강들 주변의 강안 분지에 위치한다.

주거유적에서는 도로, 주거지, 움 혹은 저장구덩이, 폐기물구덩이, 생산시설 등의 유구와 함께 발해 사람들의 삶과 관련된 다수의 유물들이 출토되었다(정석배 2013). 도로는 일반 마을유적 중에서는 꼰스딴띠노브까 1유적에서 유일하게 조사되었다. 도로는 전체 약 11.6m 길이가 노출되었는데 좌우에 측구가 시설되어 있었다. 도로의 너비는 2.5~2.7m, 측구는 너비 0.8~1.5m, 깊이 0.7~1m였다. 도로 바닥에서 기와편, 토기편, 동물 뼈 등의 유물이 소량 확인되었다. 도로의 방향은 대체로 주거지 내 구들과 직교하는 방향이다.

주거지는 체르냐찌노 2유적, 꼰스딴띠노브까 1유적, 꼬르사꼬브까 1유적, 우뽀스노예 4유적, 노보고르데예브까 3유적 등에서 각각 확인되었다.

라즈돌나야강 우안에 위치하는 체르냐찌노 2유적에서는 발해 구들 주거지(2호)가 1기 조사되었다(한국전통문화학교 외 2008). 이 2호 주거지는 굴뚝 부분이 낭떠러지에 의해 유실되어 전체 모양은 알 수 없다. 다만 아궁이를 포함하는 잔존 형태는 평면 'ㄷ'자 모양이다. 아궁이는 낭떠러지에서 거의 직교하는 방향으로 남아있었는데 오랜 사용으로 인해 편평한 바닥이 딱딱하게 굳어있었다. 아궁이의 측면과 안쪽에는 돌을 세워 벽체를 강화하였다. 고래는 2줄이었는데 아궁이와 'ㄱ'자 모양으로 거의 직각을 이루게 시설되었다. 고래의 벽체는 흙으로 되어 있었고, 위에는 판돌로 된 구들장이 일부 남아있었다. 고래의 바닥과 벽도 불에 달구어져 상당히 딱딱한 상태였다. 아궁이 가장자리에서 고래 가장 바깥까지의 거리는 4.4m였다.

역시 라즈돌나야강 우안에 위치하는 꼰스딴띠노브까 1유적에서는 주거지 혹은 건물지가 모두 8기가 조사된 것으로 보고되었는데 그중 5기가 구들 주거지이다(정석배 2010). 구들 주거지는 위 생활면과 아래 생활면에서 각각 3기와 2기가 조사되었는데, 위 생활면의 1호, 2호, 3호 주거지는 모두 2줄 고래를 가졌고, 아래 생활면의 4

도 Ⅶ-9　체르냐찌노 2유적 발해 구들 모습(한국전통문화학교 외 2008)

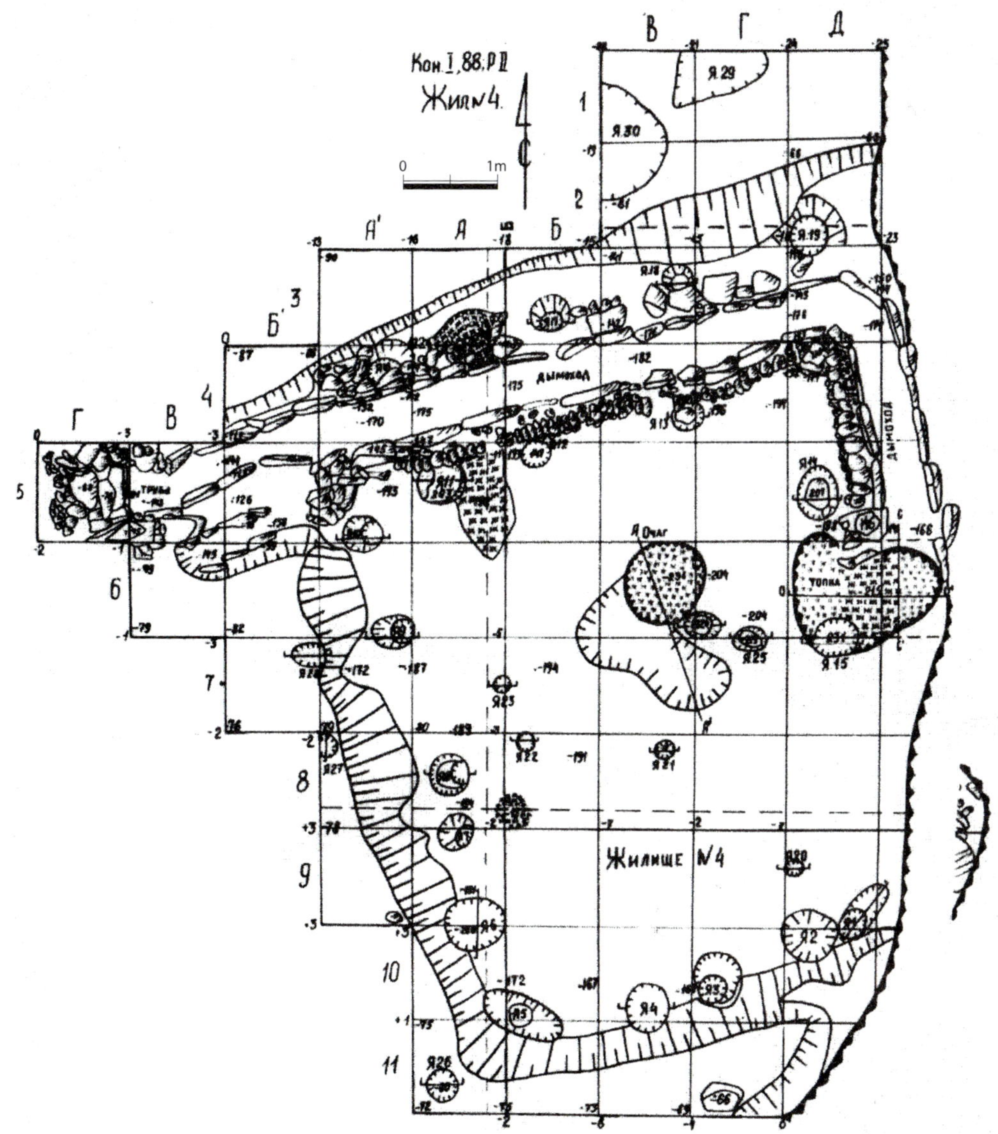

도Ⅶ-10　꼰스딴띠노브까 4유적 4호 주거지 평면도(한국전통문화학교 외 2010)

호와 1991-1호는 모두 1줄 고래인 것이 서로 차이를 보인다. 위 생활면과 아래 생활면의 주거지 구들은 공통적으로 아궁이와 고래가 'ㄱ'자 모양으로 꺾이는 구조를 보이나, 위 생활면 주거지 3기는 지상식인데 반해 아래 생활면 4호 주거지는 수혈식인 것이 차이를 보인다.

　　2호 주거지에는 구들이 평면 'ㄷ'자 모양을 이루고 있는 듯 배치되어 있는데 평면도에 보면 각각의 끝부분에 아궁이가 있는 것으로 표시되어 있다. 만약에 아궁이가 양쪽에 위치하

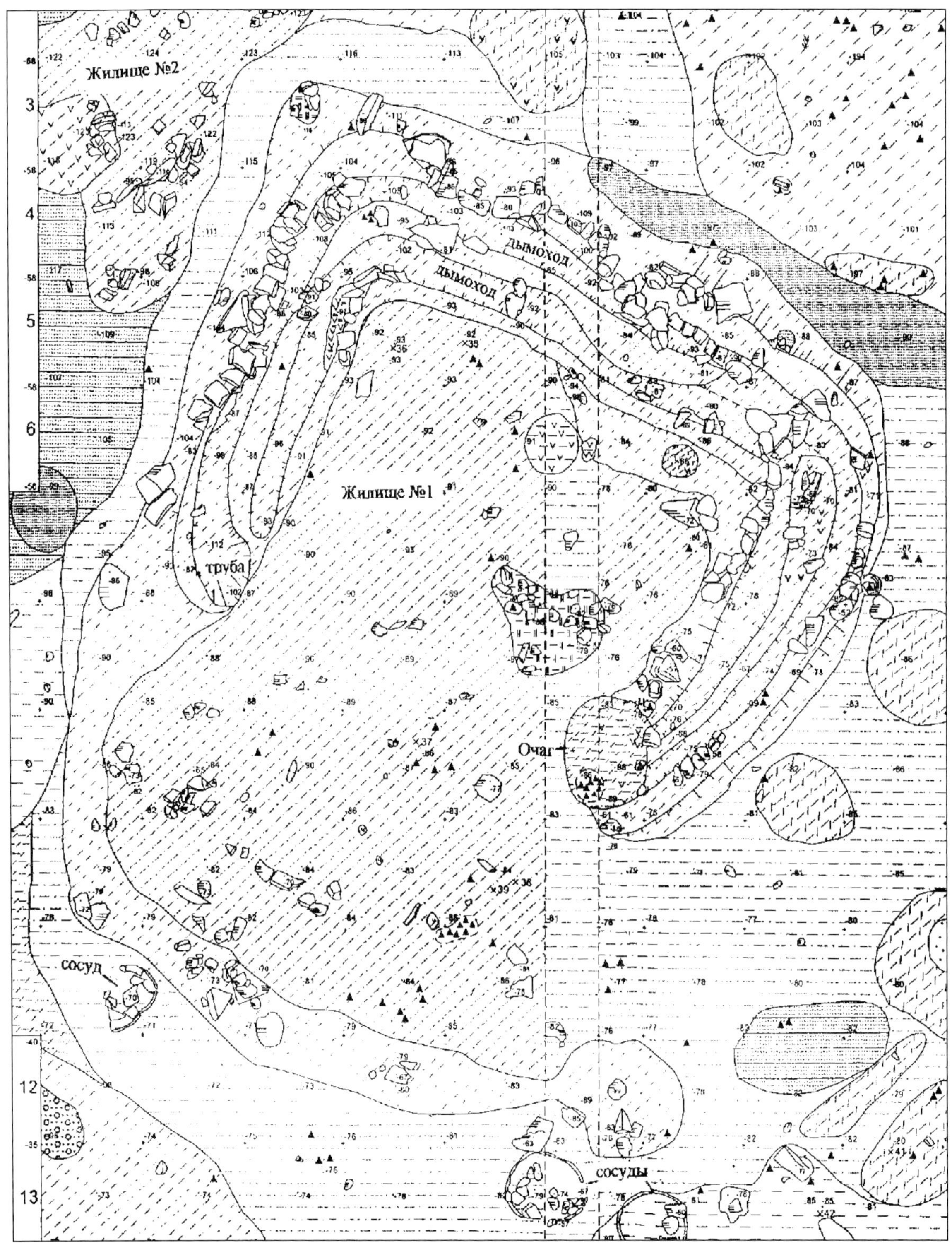

도Ⅶ-11   끄라스끼노성 제34구역 1호 주거지 평면도(김은국·정석배 2021)

318   발해 고고학

였다면 이것은 하나의 공간에 두 개의 구들이 시설된 것임을 말할 것이다. 하지만 구들의 안쪽은 조사가 되지 못하여 이것이 어떤 구조의 구들인지 분명하지 못하다.

4호 주거지에는 이 유적에서 유일하게 구들의 전체 구조가 남아있다. 4호 주거지 수혈은 동벽이 강에 인접하여 유실되었으나 평면이 장방형이었을 것으로 추정되며 잔존 크기는 7.9×6.2m, 깊이는 1.2m이다. 장축은 강 방향과 평행하는 남북방향이다. 벽 가까이로 14개의 기둥구멍이 확인되었는데 원래는 18개의 기둥구멍이 있었던 것으로 판단되었다. 구들은 동벽의 북쪽 부분과 북벽의 안쪽을 따라 평면 'ㄱ'자 모양으로 설치되었다. 아궁이는 집 안에, 굴뚝은 북벽과 서벽이 만나는 모서리 부분의 집 밖에 각각 위치한다. 고래의 벽체는 사암 판돌을 세워 조성하였는데 집 안쪽의 고래 벽체 외면은 3~4겹으로 쌓은 자갈돌로 보강을 하였고, 자갈돌 사이에는 짚을 섞은 흙을 채워 넣었다. 구들장에도 사암 판돌을 사용하였다. 고래는 너비가 50cm, 깊이가 30~35cm이며, 고래 바닥의 높이가 굴뚝 쪽으로 가면서 조금씩 높아진다. 구들 전체의 너비는 1~1.2m이다. 구들의 길이는 동벽 북쪽 부분 2.8m, 북벽 부분 7.4m이다. 굴뚝의 기초는 주변에 자갈돌을 깔고 그 위에 큰 사암 판돌을 2~4겹 쌓아 만들었다. 4호 주거지에서는 구들 이외에 노지도 1기 조사되었다. 4호 주거지의 기둥구멍 밖으로 벽을 따라 다량의 기와가 발견되어 이 주거지에 기와지붕이 있었을 것으로 추정되었다. 4호 주거지에서 출토된 기와 중에는 내면에 모골의 흔적이 잘 남아있는 적색계통의 승문 암키와도 있고, 또 4호 주거지에서 채취한 것이 분명해 보이는 목탄시료에서 469년이라는 방사성탄소연대가 검출되어 주거지 자체의 연대가 상당히 이를 것으로, 심지어 고구려 시기의 것일 가능성도 있는 것으로 추정된 바 있다. 여하튼 이 유적에서는 구들이 1줄 고래에서 2줄 고래로의 변화가 확인된 셈이다.

꼬르사꼬브까 1유적과 우뚀스노예 4유적에서는 구들 주거지가 각각 1기씩 조사되었으나 많은 부분이 강에 의해 유실되어 전체 구조는 알 수 없다(정석배 2013). 다만 두 유적의 구들은 모두 2줄 고래이다. 노보고르데예브까 3유적에서 조사된 구들 주거지는 고래의 수가 확인되지 않는다.

구들 주거지는 관방유적인 끄라스끼노성, 고르바뜨까성, 스몰노예성 등에서도 조사되었다. 끄라스끼노성에서는 다수의 구들주거지가 조사되었는데 그중 제34구역의 1호 주거지와 제47구역의 19호 주거지 구들이 가장 잘 남아있다. 1호 주거지 구들은 평면이 'ㄷ'자 모양이고 고래는 2줄이다. 네 모서리가 거의 방위방향으로서 아궁이는 남쪽에 굴뚝은 서쪽에 각각 위치한다. 구들의 크기는 남동쪽이 4.4m, 북동쪽이 6.4m, 북서쪽이 5m이다. 고래의 벽은

돌을 수직으로 세워 만들었고 위에는 판돌 구들장을 덮었다. 구들의 전체 너비는 1.2~1.6m
이다. 아궁이의 내부퇴적토에서 석탄 쪼가리들이 발견되어 땔감으로 석탄을 사용하였을 것
으로 판단되었다. 주거지 자체는 약 30㎝ 깊이로 구덩이를 파서 만들었고, 구덩이의 가장자
리를 따라서는 돌이 1~2겹 놓여 있었다. 주거지의 크기는 9×6.4m이다. 출입구는 남서쪽에
위치하며 입구 쪽에 너비 약 1m의 현관이 있었을 것으로 추정되었다. 주거지 입구 쪽에 대
형 옹이 묻혀 있었다.

　　　19호 주거지는 전체 규모와 구조는 분명하지 못하다. 구들은 평면이 'ㄱ'자 모양이고 2
줄 고래이다. 구들의 꺾이는 모서리 부분이 거의 북쪽 방향이다. 모서리를 기준으로 동쪽구
간과 북쪽구간이 구분되는데 동쪽구간은 길이 4m, 너비 약 1.7m이고, 북쪽구간은 잔존길이
5.9m, 너비 1.6m이다. 고래의 벽체는 돌을 1줄 혹은 2줄 쌓아 조성하였는데 큰 돌은 1개를,
작은 돌은 2개를 겹쳐 놓았다. 동쪽구간 남쪽 끝부분에 구들과 직교하는 방향으로 배치된 아
궁이가 있다. 굴뚝자리는 남아있지 않았다. 동쪽구간 구들 바깥 전체를 따라서 그리고 북쪽
구간 구들 동쪽 부분 바깥을 따라서 돌로 된 벽체의 기초가 남아있다. 이 주거지에서는 구들
내에서 2점의 온전한 철제 창이, 주거지 내에서 편 상태의 철제 창 1점이 각각 발견되었고,
또 주거지의 범위 내라고 생각되는 곳에서 다듬잇돌도 1점이 발견되었다.

　　저장구덩이나 움은 대부분의 주거유적에서 확인되었다. 하지만 벽체를 돌로 쌓은 저장시설은 주거유적 중에서는 체르냐찌노 2유적에서만 2기가 조사되었다(정석배 외 2009). 13호와 16호 유구로 명명된 이 저장시설들은 13호가 폐기된 16호 위로 겹 놓인 상태로 발견되었다. 13호 저장시설은 평면 장방형이며 사방의 벽체가 다 확인되었다. 벽체는 할석과 강돌을 섞어 쌓았는데 안쪽에 상대적으로 큰 돌을 사용하였다. 돌을 쌓은 것은 4~5겹이 잔존하였는데 잔존 높이는 약 40cm이다. 바닥에는 남벽 쪽에 3매의 판돌을 수평으로 놓여 있었다. 바닥의 흙에서 숯, 재, 동물 뼈 등이 소량 발견되었다. 이 석축 저장시설의 크기는 벽체를 포함하여 2.5×2.15m, 안쪽은 1.8×1.5m이다. 석축 저장시설은 관방유적인 스따로레첸스꼬예성에서도 조사된 것이 있다. 이 성의 저장시설은 강가에 위치하여 강 쪽 벽체가 이미 남아있지 않았으나 얼음을 보관하는 창고, 즉 빙고였을 가능성이 있다는 의견이 제시된 바 있다.

　　체르냐찌노 2유적에서는 그 외에도 다수의 재구덩이와 폐기물구덩이 등이 조사되었는데 구덩이들 중에서 1호와 11호 구덩이는 특히 주목된다. 1호 구덩이는 평면 원형이고 크기가 1.1×0.9m, 깊이가 40cm인데 안의 돌들 위와 아래 그리고 주변에서 최소 130개체에 해당되는 잉어과 누치의 턱뼈가 모여 있었다. 돌들 중에는 불에 타 깨어진 것들도 있었고, 또 구덩이 내부퇴적토 중 누치 턱뼈가 발견된 범위는 두께 약 12cm에 불과하였다. 11호 구덩이에

도Ⅶ-13　체르냐찌노 2유적 석축 저장시설(한국전통문화학교 외 2008)

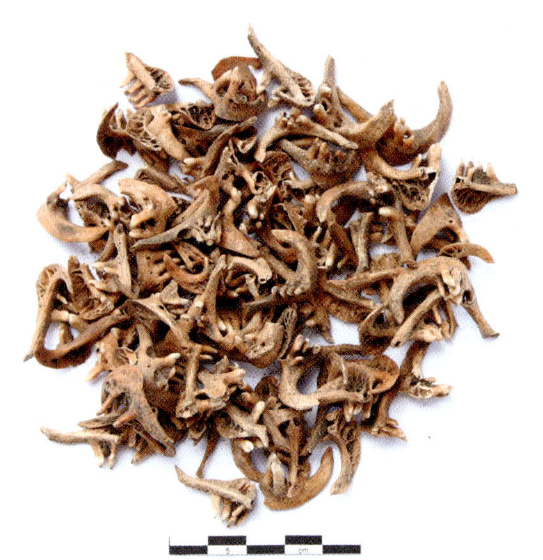

서는 어린 돼지의 뼈들만 발견되었다. 이 구덩이는 평면 원형이고, 크기가 직경 1.1m, 깊이 약 8cm이다. 내부퇴적토에 재가 다량 섞여 있었다. 이 2기의 구덩이는 단순한 저장구덩이 혹은 폐기물구덩이라기보다는 샤머니즘과 관련된 무언가 다른 의미를 가졌을 수도 있다.

체르냐찌노 2유적의 3호 대형구덩이로 보고된 폐기물구덩이에서는 토기편, 동물 뼈, 뼈로 만든 화살촉, 장신구, 단추, 대롱, 뚜르개, 방추차, 철로 만든 화살촉, 칼 모양 유물, 고리편, 유리 장신구편, 환옥편, 숫돌 등 다량의 유물이 출토되었다.

3) 생산시설

생산시설은 꼬르사꼬브까 1유적과 2유적 그리고 끄라스끼노성의 가마(窯址), 아브리꼬스유적의 가죽가공관련 유구, 니꼴라예브까 2성과 노보고르데예브까 3유적(끄루글라야 돌리나유적) 그리고 끄라스끼노성의 제련로 혹은 노 흔적 등이 각각 알려져 있다.

꼬르사꼬브까 1유적에서는 3기의 토기가마가, 꼬르사꼬브까 2유적에서는 2기의 기와가마가 각각 보고되었다. 그런데 관방유적인 끄라스끼노성에서도 10기의 기와가마와 1기의 추정 가마가 각각 조사되었고, 니꼴라예브까 2성에서는 제련로와 단야로 외에 5기의 구덩이 모양 유구가 가마일 것으로 추정된 바 있다. 그 외에도 말갈-발해 유적으로 알려진 뜨로이짜유적에서도 토기가마가 조사된 것이 있다(정석배·볼딘 V.I. 2015).

꼬르사꼬브까 1유적에서 조사된 토기 가마 3기는 강변을 따라 강과 거의 직교하는 방향으로 나란히 위치한다. 3기 모두 아궁이, 연소실, 소성실, 배연구 그리고 굴뚝을 가진 구조였을 것으로 파악된다. 보존상태가 가장 양호한 2호 가마는 장축이 거의 북남 방향인 평면 타원형의 구덩이를 1m 깊이로 파서 조성하였다. 아궁이는 너비가 0.3m, 아궁이 안쪽의 연소실은 길이 0.6m, 너비 0.3~0.85m, 잔존 높이 0.7m, 그 안쪽의 소성실은 길이 2.28m, 너비 0.9~1.65m, 높이 1m이다. 소성실 안쪽의 벽체에 잇대어 굴뚝을 만들어 놓았는데 크기는 23×33cm이고, 높이는 1.45m이며, 가마 위로 30cm가 더 솟아 있었다. 굴뚝에는 소성실 바닥

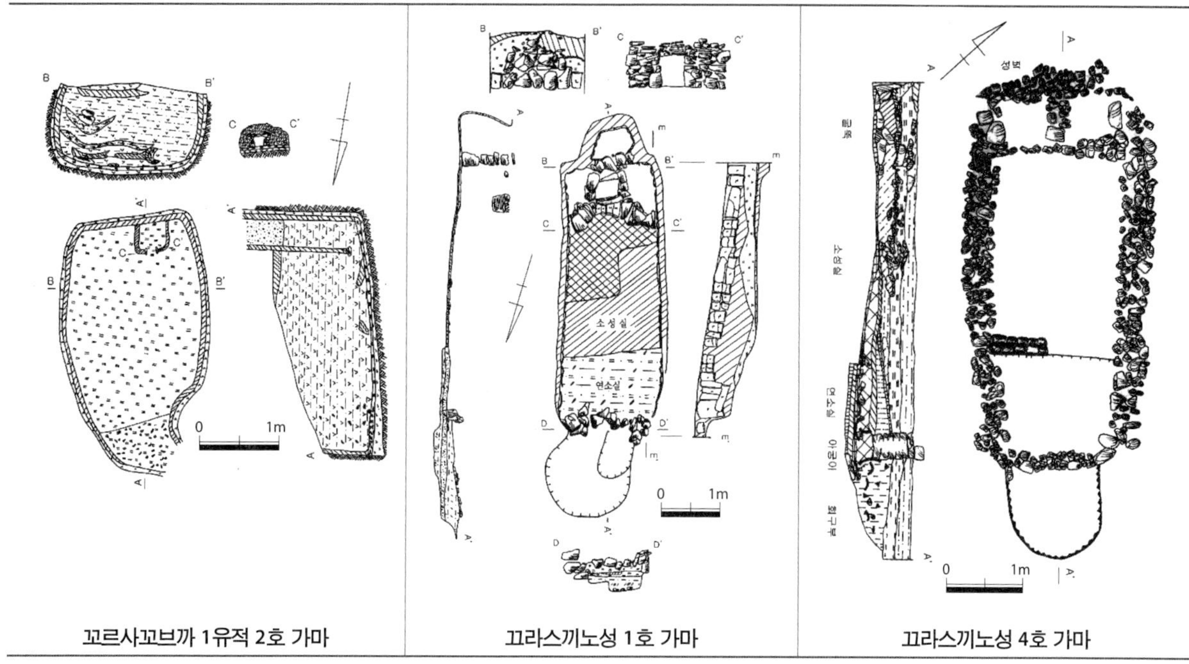

도Ⅶ-15 연해주 발해 유적 가마 평단면도(정석배·볼딘 V.I. 2015)

에 잇대어 $10 \times 10cm$ 크기의 배연구를 만들어 놓았다. 3기 가마 앞쪽에는 이 가마들 전체를 포괄하는 큰 구덩이가 위치한다. 이 구덩이에서는 다수의 토기편이 출토되었는데 심하게 불에 타거나, 형태가 변하였거나, 혹은 소성 상태가 불량한 토기편들이 섞여 있었다.

　꼬르사꼬브까 2유적에서는 2기의 가마와 함께 발해의 절터도 조사되었다. 따라서 가마에서 생산한 기와는 이 절의 지붕에 사용되었을 것이다. 1호 가마는 연소실과 소성실이, 2호 가마는 소성실 일부와 굴뚝 부분이 각각 남아있었다. 2호 가마 소성실에서는 천정도 일부 남아있었다. 굴뚝은 윗부분 너비가 $20 \times 25cm$이고, 바닥에서 $67cm$ 높이에 위치한다. 배연구는 크기가 $17 \times 14cm$이며 2개의 자갈돌을 좌우로 세우고 그 위를 3개의 자갈돌과 진흙으로 보강하여 만들었다. 이 2기 가마에서는 기와와 함께 토기도 생산하였을 것으로 추정되었다.

　끄라스끼노성의 서북지역 절터 부근에서 발굴된 10기의 기와가마는 대부분 석축가마이다. 이곳의 가마에서 생산한 기와는 이곳 금당지와 전각지 등 기와지붕을 한 건물에 사용되었을 것이다. 1호와 4호 가마가 가장 잘 남아있는데 모두 회구부, 아궁이, 연소실, 소성실, 굴뚝, 배연구로 구성되어 있다. 하지만 세부 구조는 약간씩 차이를 보인다.

　1호 가마는 세장방형의 구덩이를 파고 만들었다. 가마의 바닥은 약간 경사졌는데 연소실이 있는 북서쪽이 낮고 굴뚝이 있는 남동쪽이 높다. 가마의 전체 길이는 $390cm$, 너비는

| 끄라스끼노성 1호 가마 | 끄라스끼노성 2호 가마 | 끄라스끼노성 4호 가마 |

도Ⅶ-16 끄라스끼노성 기와가마 모습(김은국·정석배 2021)

140~160cm이다. 가마 구덩이의 장축 방향 벽체는 아랫부분에 기와를 덧대고 그 위로 반죽 흙을 덧발라 조성하였으며, 아궁이와 연소실 사이 및 소성실과 굴뚝 사이 그리고 굴뚝 자체 는 돌을 쌓아 만들었다. 회구부에서 땔감 부산물과 함께 갈탄도 발견되어 주목된다. 연소실 과 소성실 사이에는 흙으로 격벽을 만들었고, 천정 아래쪽에서 발견된 30×50cm 크기의 장 방형 구멍을 통해 연소실의 열기를 소성실로 보낸 것으로 추정되었다. 다만 도면에는 이 격 벽의 존재가 확인되지 않는다. 굴뚝은 소성실의 끝부분에 돌을 쌓아 만들었다. 그런데 그 굴 뚝 뒤로 소성실 바깥에 다른 굴뚝이 하나 더 확인된다. 아마도 소성실 안의 굴뚝은 원래 굴 뚝을 폐쇄하고 만든 2차 굴뚝일 것이다. 석축 굴뚝에는 가운데에 38×52cm 크기의 배연구를 만들어 놓았다. 회구부에서 다량의 토기편도 발견되어 이 가마에서 기와뿐만 아니라 토기도 소성하였을 것으로 판단되었다.

2호 가마는 벽체 전체를 돌로 쌓아 조성하였다. 연소실과 소성실 사이에는 높이 15~20 cm의 단벽이 있고 그 위로 부와시설을 하여 두 실의 경계가 잘 구분된다. 굴뚝은 소성실 끝부 분에 2개를 만들어 놓았는데 모두 소성실 쪽 벽에 배연구가 있다. 두 굴뚝 모두 암키와로 된 개폐장치를 가지고 있었다.

4호 가마도 벽체를 돌로 쌓아 만들었는데 주로 강돌을 사용하였다. 벽체 안쪽에는 잘 게 썬 풀을 섞은 반죽 흙을 2~3.5cm 두께로 발랐다. 벽체는 높이 70cm까지 남아있었고, 벽체의 두께는 장축방향이 40*cm*, 단축 방향이 25*cm*이다. 가마는 회구부, 아궁이와 연소실, 소성실, 배연구와 굴뚝으로 구성되어 있다. 회구부는 구덩이 모양이다. 아궁이는 회구부와 연소실 사이의 벽체 가운데 부분에 폭 90*cm*, 높이 20~35*cm*의 구멍 형태로 만들어져 있다. 연소실은 크기가 124×144*cm*이며 바닥이 단단하게 달구어져 있었다. 연소실과 소성실은 높이 15~20*cm*의 단과 단 위의 부와시설에 의해 서로 구분된다. 소성실은 길이 260*cm*, 폭 170*cm*이다. 굴뚝은 소성실 끝 부분 바깥에 2개가 있는데 성벽과의 사이에 가운데 돌을 쌓아 2개의 굴뚝을 구분하였다. 굴뚝은 둘 다 소성실과의 사이에 있는 벽체에 만든 배연구와 연결되어 있다. 배연구는 각각 좌우에 1개씩의 돌을 세우고 위에는 1개의 돌을 덮어 만들었다. 굴뚝에는 두 곳 모두 암키와로 된 개폐장치가 있었다.

　　니꼴라예브까 2성에서 토기가마로 추정된 5기의 유구는 평면이 장방형 혹은 원형에 가까운 구덩이들로서 바닥에 불탄 자갈돌이 깔려 있고, 그 위에는 재가 차 있으며, 그 위에는 돌 혹은 불탄 토기편이 섞인 소토덩이들이 채워져 있다. 그중 12호 구덩이는 크기가 1.4×1.1m이고 깊이가 0.7m이다. 다른 140호와 142호 구덩이는 하나의 일체를 이루는데 깊이가

얕은 142호 구덩이는 가마의 회구부일 것으로 추정되었다. 140호 구덩이는 크기가 2×1.7m, 깊이 0.96m이다. 그런데 140호 구덩이에서는 도가니편도 발견되어 다른 용도의 생산시설이었을 가능성도 있다. 이런 구조의 구덩이가 정말로 발해시기의 토기가마였는지 아직 확신할 수 없다.

　　연해주 하산지구의 해안 지역에 위치하는 뜨로이짜유적에서는 2기의 토기가마가 조사되었다. 그중 상대적으로 잘 남아있는 2호 가마에서는 2만점 이상의 토기편이 출토되었다.

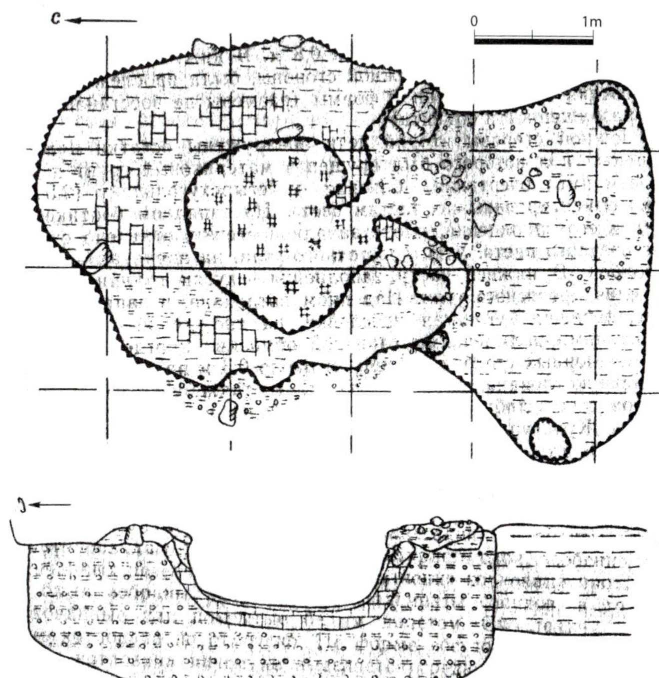

도Ⅶ-17　뜨로이짜유적 토기가마 평단면도 (안드레예바 J.V.외 1986)

절대다수가 수제였고, 드물게 윤제도 섞여 있었다. 그런데 가마가 장방형 구덩이와 원형 구덩이 두 개로 구성되어 있다. 이와 관련하여 발굴조사단은 원형 구덩이의 아래쪽에 아궁이와 연소실이 있고 위쪽에 소성실이 있는 수직구조의 가마였을 것으로 판단하였다. 연소실은 바닥 직경이 1.2m, 윗부분 직경이 1.6m, 소성실 면적은 약 2m²이다. 연소실의 벽은 돌을 쌓은 다음에 진흙을 발라서 마무리하였고, 소성실의 천정은 목조골조에 진흙을 발라 만들었을 것으로 판단되었다. 앞쪽의 장방형 구덩이는 아마 회구부였을 것이고 이쪽에 아궁이가 있었을 것이다. 수직구조의 토기가마는 중앙아시아지역에서 널리 사용된 것이 확인된다.

　　연해주 지역의 발해 유적에서 금속을 생산 혹은 가공한 유구는 많이 알려져 있지 않다. 끄루글라야 돌리나유적에서는 용광로 구덩이가 조사되었다고 보고만 되었을 뿐 용광로에 대한 자세한 내용은 알려진 것이 없다. 그런데 금속생산 혹은 가공과 관련된 노(爐)였을 것으로 보이는 유구가 끄라스끼노성에서 3기 조사되었다(김은국·정석배 2021). '9호 가마(窯址)'로 보고된 1호 노는 속이 단단한 적갈색의 불탄 사질토로 채워진 길이 1.7m, 너비 0.75m, 깊이

12~20*cm*의 구덩이 하나로 되어 있다. 불탄 사질토 아래에서는 숯이 섞인 간층들이 위치하였다. 그런데 이 노는 비록 기와가마로 소개는 되었어도 제철생산에도 사용되었을 가능성이 있는 것으로 추정되었다. 2호 노도 가마로 보고되었으나 구조와 규모가 1호와 비슷하다. 3호 노는 평면이 준장방형이고, 윗부분에서 작업 장소이었을 것으로 추정된 3개의 납작한 돌과 수 개의 와편이 발견되었다. 전체 크기는 길이 80*cm*, 너비 50*cm*이고, 내부 공간은 길이 40*cm*, 너비 16*cm*, 깊이 14*cm*이다. 이 유구는 주변의 토양이 달구어져 있고 또 주변에서 철 슬래그들이 발견된 처음부터 노로 추정되었다.

가죽가공과 관련된 유구는 우쑤리스크지구의 끄로우노브까강 바로 가까이에 위치하는 아브리꼬스유적에서 조사되었다(정석배 2013). 이 유적에서는 다수의 구덩이가 조사되었는데 그중 1호 구덩이가 제혁공이 남긴 것으로 판단되었다. 1호 구덩이는 평면 장타원형이며 크기는 길이 3.68m, 너비 1.24m, 깊이 0.7m이다. 구덩이 내의 위에서 아래까지 두께 3~5*cm*의 소석회 간층들이 확인되었고 또 옹의 바닥 흔적이 찍혀있는 소석회 덩이들도 발견되었다. 이 구덩이에서는 그 외에도 대형 옹편, 토기 기벽으로 만든 긁개, 다량의 동물 뼈, 새 뼈, 바다 및 담수 패각, 슬래그, 선철 쪼가리, 철제 조각칼, 골제 띠꾸미개, 토제 기마인물상, 토제 파이프 등도 출토되었다. 유적을 조사한 E.V.샤브꾸노프는 소석회 용액은 동물의 가죽에서 털을 분리할 때에, 긁개는 동물 가죽을 벗길 때에, 토제 파이프는 대마 등을 피울 때에 각각 사용하였을 것으로 추정하였고, 이와 관련하여 1호 구덩이는 제혁공이 가죽 제품을 생산하고 또 생활품의 폐기물을 버리는데 사용하였을 것으로 생각하였다(샤브꾸노프 E.V. 1996).

발해에는 담비 등의 모피가 매우 유명하였지만, 옹 바닥에 소석회가 묻어있는 예가 스따로레첸스꼬예성에서도 확인되어, 가죽도 발해의 중요 생산품 중의 하나였음을 알 수 있다.

4) 절터

연해주 지역에는 아브리꼬스, 꼬쁘이또, 보리소브까, 꼬르사꼬브까, 끄라스끼노성 절터 등 모두 5개소의 발해 절터가 알려져 있다. 그 외에도 바라바쉬 3건축지가 절터일 가능성이 있는 것으로 추정되고 있으며, 아직 발굴되지는 않았으나 한까호 남동쪽의 쁘로호르이 건축유적도 절터일 가능성이 높다. 쁘로호르이 건축유적에서는 발해에 전형적인 기와들이 발견되었다. 연해주 지역의 발해 절터는 담장에 의해 사역의 범위가 구분되는 것도 있으나 탑, 금당, 강당이 함께 있는 예는 아직 확인된 것이 없다. 그 외에 지붕에 사용된 와당의 문양이 절터마다 서로 다른 점도 흥미롭다.

　　5개소의 절터 중 아브리꼬스, 꼬쁘이또, 보리소브까, 꼬르사꼬브까절터는 모두 우쑤리스크 서쪽의 보리소브까강과 그 지류인 끄로우노브까강 유역에 서로 멀지 않은 거리를 두고 위치한다. 이곳은 모두 라즈돌나야강 유역에 해당된다. 이 지역에 발해의 사찰이 많이 축조된 이유는 알 수 없으나 아마도 이 일대에 집중적으로 분포하는 발해의 유적들과 이 수분하-라즈돌나야강 유역을 따라 있었다고 생각되는 발해 '솔빈도'라는 교통로의 존재와 관련이 있을 것이다. 끄라스끼노성 절터는 발해 일본도의 중요 거점 중의 하나였던 추정 발해 염주성에 위치한다. 바라바쉬 3 추정 절터는 하산지구의 바라바쉬강 하류지역에 위치하는데 바라바쉬강 상류에서 서쪽으로 령(嶺)을 넘으면 훈춘하 상류지역에 있는 성장립자산성으로 갈 수 있다. 아마도 당시에 훈춘하 상류와 동해안 사이에 바라바쉬강을 따라 교통로가 형성되어 있었을 것이다. 쁘로호르이 건축유적이 정말로 발해의 절터라면 이 유적은 연해주에서 가장 북쪽의 발해 절터라고 할 수 있다.

　　사찰유적들은 쁘로호르이 건축유적에 제외하고 모두 강에 인접해 위치한다. 그런데 아브리꼬스절터와 바라바쉬 3 추정 절터는 강가 산의 기슭 혹은 경사면에, 꼬쁘이또절터는 낮은 산 정상에, 나머지 절터들은 강가의 대지에 각각 위치하여 입지에서 약간의 차이를 보인다.

　　사찰유적에서 조사된 유구는 유적에 따라 차이를 보인다. 아브리꼬스절터에서는 절의 중심 건물인 금당지와 금당지 둘레의 마당 그리고 그 마당을 둘러싸고 있는 담장이 조사되었다(샤브꾸노프 E.V. 1960, 1997, 1998; 볼딘 V.I. 1989). 그 외에 건물의 초석으로 생각되는 돌들이 보고되기는 하였으나 뚜렷한 건물구조를 이루지 못하고 있다. 담장은 보고된 것과는 달리 평면 모양이 장방형에 가깝다. 금당지 기단은 현무암 잔돌이 포함된 생토를 섞은 사질점토를 단단하게 다져서 만들었다. 기단은 평면이 방형이며 크기가 8.45×8.5m, 높이가 평균 25cm인 것으로 보고되었다. 하지만 이 수치는 기단 마감석을 포함하지 않은 것인데 기단의 석축 마감을 포함할 경우 기단의 크기는 대략 9.19×9.24m가 된다.

　　기단 위에서는 '回'자 모양으로 배치된 초석 혹은 초석이 놓여 있던 적심 시설들이 발견되었는데 바깥 간은 정면과 측면이 모두 각각 4칸의 건물구조를 이룬다. 금당 건물의 정면이 홀수 칸이 아닌 짝수 칸인 것은 금당에 이불(二佛)이 안치되었을 가능성을 보여준다. 훈춘 팔련성 주변의 절터에서 이불병좌상이 다수 발견되었다는 사실을 감안할 때 정면 4칸의 금당에 이불이 안치되었을 가능성은 충분히 있다고 생각된다. 기단의 정면과 후면 가운데에서는 각각 계단 흔적이 남아있었다.

　　아브리꼬스절터에서는 불상 등 다수의 불교 관련 유물과 함께 경교의 십자가가 새겨

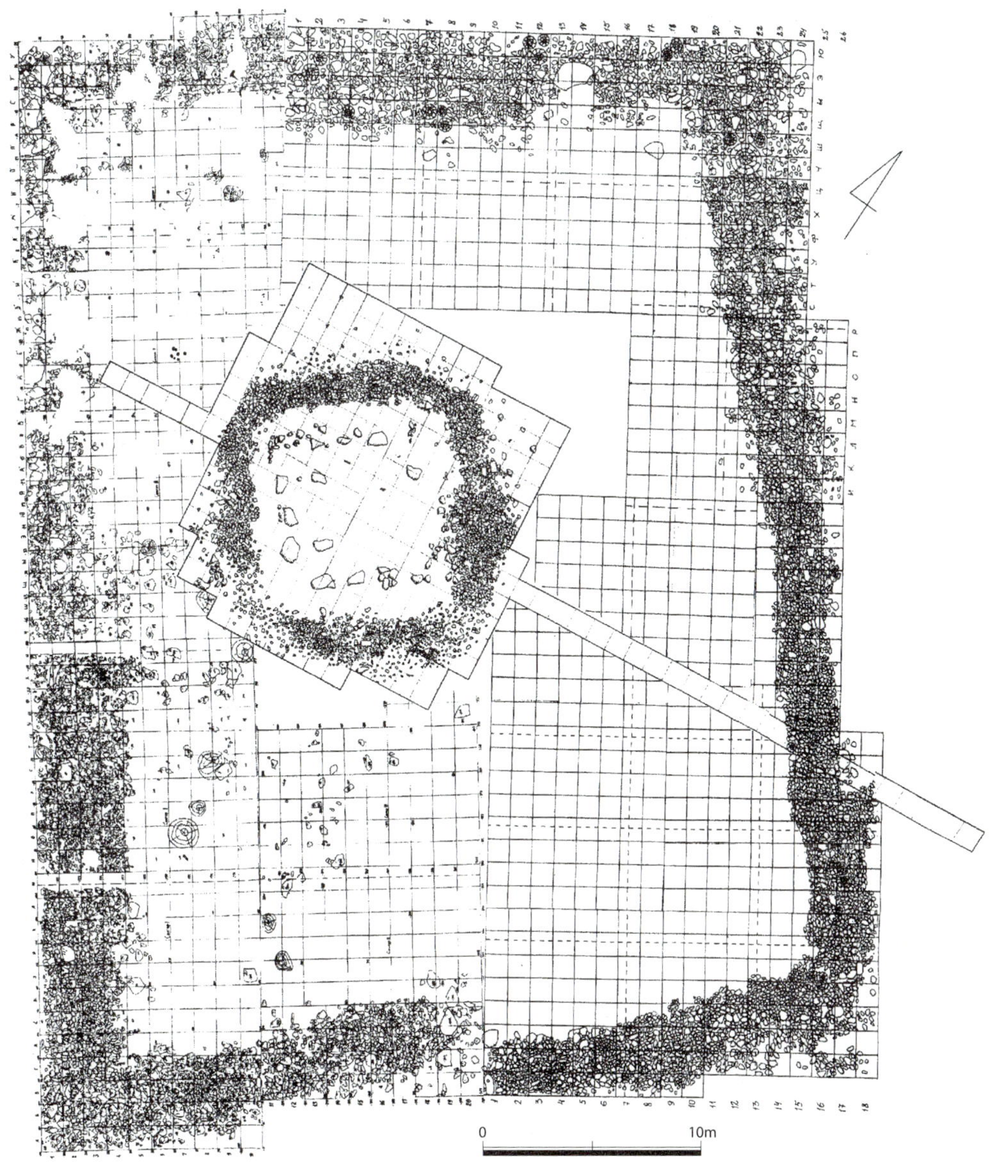

도Ⅶ-19 아브리꼬스절터 유구 배치도(정석배 재구성)

진 토제 유물도 출토되어 발해에 경교도 전래되었을 가능성을 보여주었다. 이 유적에서 출토된 치미는 연해주 지역 발견 발해 치미 중에서는 가장 잘 남아있는데 꼬리 부분을 제외한 나머지가 모두 복원된다.

꼬쁘이또절터는 대략 남북 40m, 동서 30m 정도 크기의 홀로 있는 나지막한 산 정상 평탄지에 위치한다. 이 유적에서는 절의 중심 건물인 금당지와 마당, 마당을 둘러싸고 있는 석

축담장의 기초, 그리고 담장 밖의 수혈식 주거지 1기가 각각 조사되었다(샤브꾸노프 1958, 1959, 1993, 1994). 금당지 기단은 속은 토축이고 가장자리는 석축마감을 하여 조성하였는데 크기는 남북 6.2m, 동서 7.3m이다. 아쉽게도 초석이 거의 남지 않아 초석의 배치구조는 파악되지 못하였다. 다만 평기와와 와당 등이 발견되어 기와지붕을 한 건물이었음은 알 수 있다.

보리소브까절터와 꼬르사꼬브까절터에서는 중심 건물터만 조사되었고, 사역의 경계가 되는 담장은 아직 발견되지 않았다. 보리소브까절터에서는 청동 불상 2점과 소조 불상 얼굴 등이 출토되었다(고구려연구회 외 1998). 꼬르사꼬브까절터는 건물 기단이 대략 6×6m 크기일 것으로, 그리고 초석과 적심석 추정 돌무지들을 통해 정면과 측면이 각 3칸인 건물이 있었을 것으로 각각 추정되었다(문명대 1994). 건물의 성격에 대해서는 2층 다보탑이나 혹은 단층 금당이었을 것으로 판단하였다. 그런데 유물 중에는 치미편도 확인되었다. 치미는 용마루의 끝에 올리기 때문에 이 건물은 탑보다는 용마루가 있는 금당으로 보는 것이 더 타당할 것이다. 꼬르사꼬브까절터는 '봉황연꽃무늬' 와당으로 잘 알려져 있다.

끄라스끼노성 내의 가장 높은 서북지역에 위치하는 끄라스끼노성 절터는 남쪽은 석축 담장에 의해, 서쪽과 북쪽은 성벽에 의해 사역이 잘 구분된다(김은국·정석배 2021). 사역 안에서 시기를 달리하는 위 생활면 금당지와 중간 생활면 금당지가 겹 놓인 상태로 확인되었고, 그 외에 전각지, 와실유구, 초석 건물지 등 사찰의 부속건물로 생각되는 건물터들과 함께 우물, 사찰에 사용할 기와를 생산한 10기의 기와가마, 제철 혹은 금속 가공과 관련이 있을 것

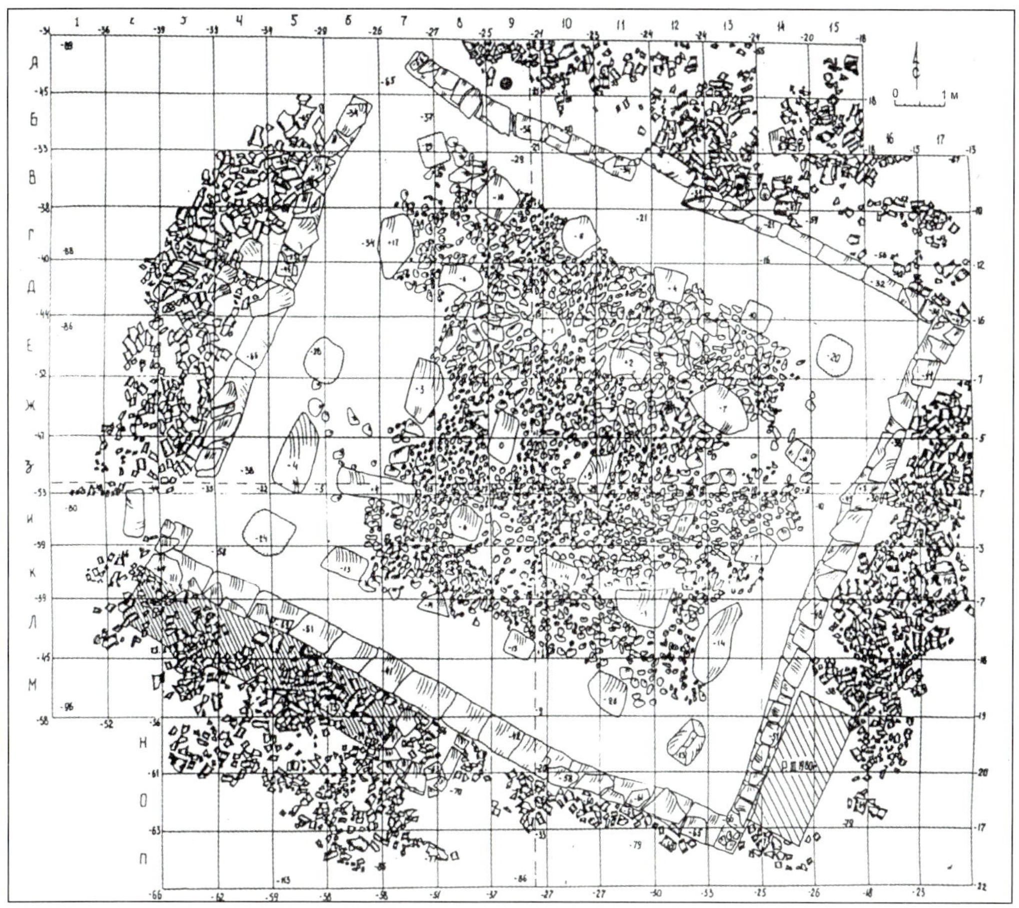

도Ⅶ-21　끄라스끼노성 위생활면 금당지 평면도(볼딘 V.I. 1981)

으로 보이는 노, 기타 각종 구덩이 등 다수의 유구가 조사되었다. 위 생활면 금당지 기단은 전체가 노출되었다. 기단은 토축으로 조성하였고 가장자리는 석축으로 마감을 하였는데 원래 높이는 약 1m였을 것으로 추정되었다. 기단의 평면 모양은 장방형이고, 크기는 11.8×10.4m이다. 네 모서리가 방위 방향을 향한다. 기단 위에 모두 25개의 초석이 남아있어 정면 5칸, 측면 4칸의 기둥 배치구조가 확인되었다. 기단 정면에는 계단이 있었다. 이곳에서는 금동불상 등 다수의 불교 관련 유물이 출토되었다. 금당지와 전각지에서는 각종 기와뿐만 아니라 용마루 양쪽 끝에 올린 치미와 용마루의 가운데를 장식한 보탑도 각각 출토되어 지붕의 장식이 매우 웅장하면서 수려하였을 것으로 생각된다.

끄라스끼노성 절터에서는 주변의 포시엣과 동해 엑스뻬디찌야만이 모두 잘 조망되어 바다를 통해 왕래하는 사절들과 상인들 그리고 어부들의 안녕을 기원하였을 것이다.

E.I.겔만은 연해주의 5개소 발해 절터를 수키와를 통해 상대적인 편년을 설정한 바 있다. 먼저 수키와를 1형식(고랑토수기와), 2형식(일반토수기와), 3형식(고랑미구기와)으로 구분하였고 다음에는 각 형식 수키와가 출토된 유적 혹은 유구를 검토하였다. 1형식 고랑토수기와는 꼬쁘이또절터와 아브리꼬스절터, 끄라스끼노성 절터 우물 뒤채움부에서만 출토되었다. 그런데 꼬쁘이또절터와 아브리꼬스절터는 E.V.샤브꾸노프에 의해 꼬쁘이또절터가 더 이른 시기에 사용되었을 것으로 판단된 적이 있다. 그것은 아브리꼬스절터에서는 꼬쁘이또절터에 특징적인 와당이 출토되었으나, 꼬쁘이또절터에서는 아브리꼬스절터에 특징적인 와당이 출토되지 않았고, 또 와당의 제작기법도 아브리꼬스절터의 것이 훨씬 더 발달된 것이었기 때문이다. 그런데 끄라스끼노성 절터에서는 우물 뒤채움부를 제외하고는 10기 이상의 기와가마와 사역 내 발굴된 금당지나 전각지 등 그 어떤 유구에서도 고랑토수기와가 출토된 바가 없다. 때문에 이 기와는 사역 내의 건축물들에서 사용된 기와들보다 더 이른 시기의 것으로 판단되었다. 2형식 일반토수기와는 꼬쁘이또절터, 아브리꼬스절터, 그리고 끄라스끼노성 절터의 금당지와 전각지 등 건물에 가장 많이 사용된 수키와이다. 보리소브까절터와 꼬르사꼬브까절터에서는 수키와는 토수기와는 전혀 발견되지 않았고 대신 고랑미구기와 등 미구기와만 발견되었다. 끄라스끼노성 절터에서는 고랑미구기와가 우물 내부퇴적토와 전각지에서 각각 출토되었고, 그 외에도 경작층과 그 바로 아래에서 다량이 더 아래에서 소량이 각각 발견되었다.

E.I.겔만은 이러한 정황에 근거하여 연해주 발해 절터의 수키와들이 고랑토수기와 → 일반토수기와 → 고랑미구기와 순서로 출현하였을 것으로, 절 자체는 제1단계 꼬쁘이또절터와 끄라스끼노성 절터 하층, 제2단계 아브리꼬스절터와 끄라스끼노성 절터 중층(금당지, 전각지), 제3단계 보리소브까절터와 꼬르사꼬브까절터 그리고 끄라스끼노성 절터 상층(우물 내부퇴적토, 위생활면, 경작층) 순으로 출현하였을 것으로, 다만 각 단계가 시간적으로 단절된 것을 의미하는 것은 아니라고 각각 판단한 바 있다(겔만 E.I. 2005). 하지만 끄라스끼노성 절터 금당지와 전각지, 우물 등은 발해 멸망과 함께 폐기된 것으로 판단되고, 또 보리소브까절터에서 출토된 와당에 시문된 돌선타원형연화문과 접수심엽형연화문은 고구려 와당에도 보여 각 사찰의 연대 문제에 대해서는 신중한 접근이 필요하다고 생각된다.

5) 동굴유적과 광산유적

동굴유적은 하산 지구의 포시엣 유적과 스빠세니야 3유적 그리고 까발레로보 지구의 스베리치꼬프 유적이 각각 알려져 있다(정석배 2011). 포시엣 동굴유적은 크기가 길이 10m, 너비 6~8m, 높이 4.5m 정도이다. 다층위 유적이며 발해시기의 유구는 화장무덤과 석축시설이 확인되었다(국립문화재연구소 외 2008).

광산유적은 달네고르스크 지구의 졸로또이 루드닉 유적이 알려져 있다. 이 유적은 아직 발굴이 되지 않았으나, 주변의 중세 주거유적에서 출토된 유물을 근거로 발해시기로 편년되었다(국립문화재연구소 외 2010). 졸로또이 루드닉은 금광이라는 뜻이다.

6) 고분유적

연해주 지역의 발해시기 고분유적은 체르냐찌노5고분군, *끄라스끼노 2고분군*, 모나스뜨이르까3고분군, 아브라모브까 2(루자노브까)고분군, 글라즈꼬브까 1고분군, 로쉬노 4고분군 등이 발굴되었다. 그중 체르냐찌노5고분군과 *끄라스끼노 3고분군*은 본원적인 발해 유적에 속하고, 나머지는 말갈문화 혹은 뽀끄로브까문화로 보고된 유적이다. 발굴이 되지 않았으나 유물이 알려져 있는 유적도 있는데 바로 뻬뜨로브까고분군이다. 이 유적은 무덤이 모두 파괴된 상태이며 일부 유물만 수습되었다.

체르냐찌노5고분군에서는 석축무덤과 토광무덤이, *끄라스끼노 2고분군*에서는 석축무덤이, 나머지 고분군에서는 모두 토광무덤이 각각 조사되었다. 그런데 연해주 지역의 발해시기 무덤들은 모나스뜨이르까3고분군의 수 기 쿠르간 무덤을 제외하면 통상 무덤 위 구조물인 봉분이나 분구가 발견된 것이 없다. 무덤의 장축은 토광무덤은 모두 남동-북서 방향으로 공통성을 보이며, 석축무덤도 남동-북서 방향이 대부분인데 *끄라스끼노 2고분군*의 석축무덤만이 예외적으로 남북방향이다.

옥짜브리스끼 지구 체르냐찌노 마을 건너편의 라즈돌나야 강 우안 테라스의 산기슭 쪽에 위치하는 체르냐찌노5고분군에서는 지금까지 모두 188기의 무덤과 2기의 주거지가 발굴되었다(한국전통문화학교 외 2005, 2006, 2007, 2009). 무덤의 종류와 장법이 매우 다양하였다. 무덤의 종류는 토광묘, 석실과 석곽묘, 부석묘, 위석묘, '무시설'무덤이 보인다.

석실무덤은 4기가 조사되었는데 46호와 71호가 비교적 잘 남아있다. 두 무덤 모두 평면 장방형이고 횡혈식이며 연도는 남동쪽 벽체의 중앙에 있다. 71호 무덤은 벽체 포함 크기가 길이 467*cm*, 너비 436*cm*이며, 벽체의 잔존 높이는 49*cm* 내외이다. 무덤 내부의 크기는 장축이 275~278*cm*, 단축이 243~250*cm*이다. 벽체는 돌을 4열로 쌓아 조성하였는데 좌우 가장자리에 큰 돌을 쌓고 그 사이에 작은 돌을 채워 넣었다. 두께 105*cm* 내외의 벽체는 4단 정도

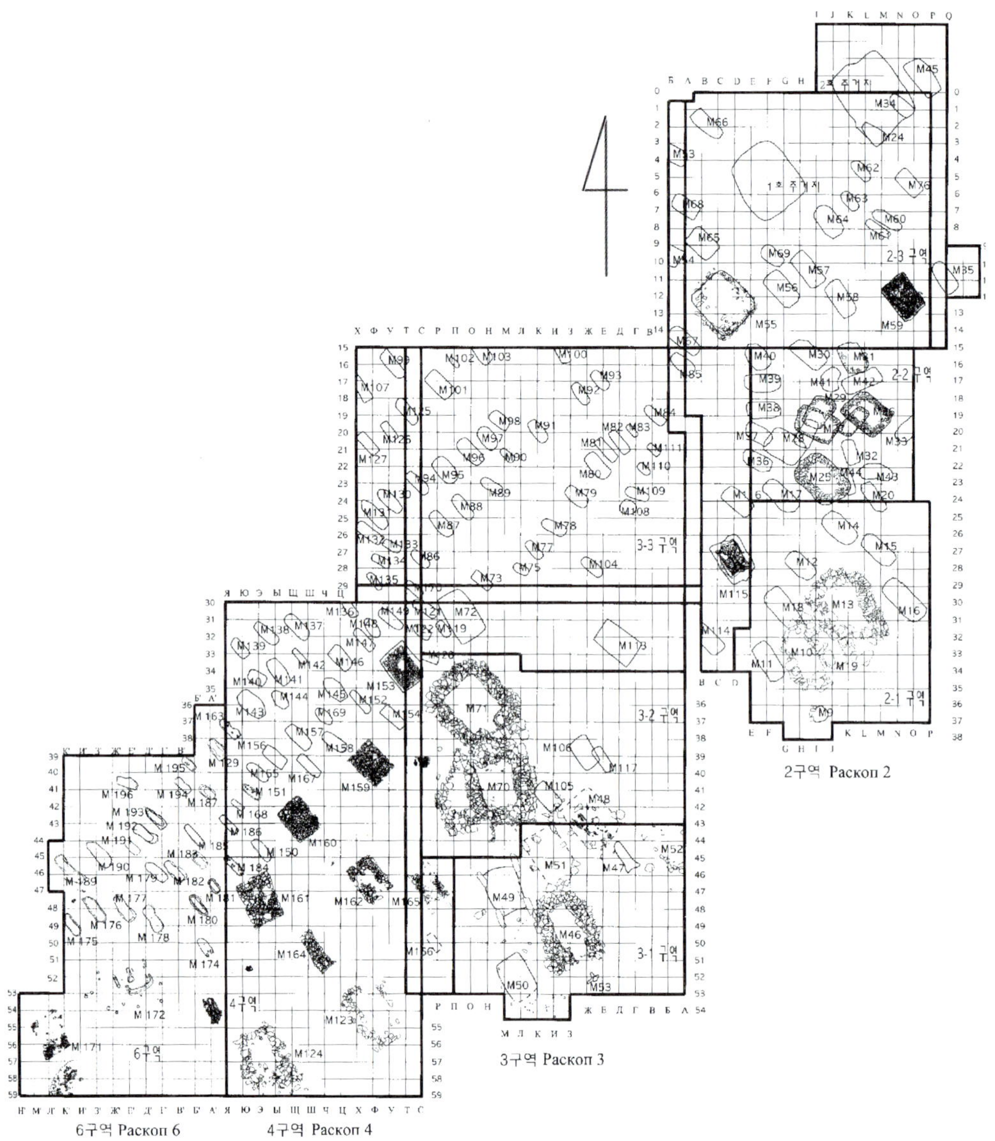

도Ⅶ-22 　체르냐찌노5고분군 제2~6구역 유구배치도(한국전통문화학교 외 2009)

가 남아있었다. 무덤 안에서 신전장을 한 2기의 인골이 확인되었다. 그런데 보존 상태가 좋은 1기 인골에는 둔부와 정강이뼈 부분에서 각각 화살촉이 발견되어 전쟁터에서 전사하였을 것으로 추정되었다. 46호 석실무덤은 전체 길이가 460cm, 폭이 350cm 내외이다. 이 무덤은 바닥에서 숯과 소토 그리고 인골 편들이 발견되어 화장을 한 것으로 판단되었다. 71호와 46호 무덤 모두 뚜껑돌이 일부 남아있었는데 원래 12매의 뚜껑돌이 사용된 것으로 추정되었다. 이 횡혈식 석실무덤은 뚜껑돌이 걸쳐진 높이가 낮아 형식은 횡혈식이나 추가 매장이 불가능

도Ⅶ-23　체르냐찌노5고분군 71호 무덤 모습(한국전통문화학교 외 2005)

한 구조였다.

　　벽체를 돌로 쌓아 만든 수혈식의 무덤은 8기 정도가 조사되었다. 수혈식 석축무덤은 대부분 규모가 작으나 70호와 123호 무덤은 규모로 보아 석곽무덤이 분명하다. 70호 무덤이 잘 남아있는데 벽체를 포함하는 전체 크기가 길이 490cm, 너비 425cm이며, 벽체를 쌓은 돌이 6~7단이 남아있다. 벽체의 잔존 높이는 약 57cm이다. 이 무덤에서는 시신장을 한 어린이 인골과 화장을 한 2차장 인골이 함께 발견되었다. 70호 무덤의 곁에는 부곽일 수도 있는 구조물이 있는데 이곳에서 말 이빨이 하나 발견되었다.

　　부석묘는 10기, 위석묘는 4기, '무시설'무덤은 7기가 조사되었다. 나머지는 모두 토광무덤이다. 위석묘는 무덤 둘레 전체에 돌을 두른 것, 네 귀퉁이에 돌을 놓은 것, 네 귀퉁이 및 각 변의 중간에 돌을 놓은 것으로 각각 세분된다. 부석묘인 153호 무덤에서는 관곽의 흔적이 확인되었는데 2기 인골의 방향이 서로 반대방향으로 배치되어 있었다. 이 무덤에서는 청동 기마인물상과 딸랑이가 들어있는 동탁 등의 유물이 출토되었다. 토광무덤은 토광에 아무런 시설을 하지 않은 단순토광무덤, 바닥에 돌을 깔은 토광부석무덤, 토광 둘레로 돌을 두른 토광위석무덤으로 구분되었다.

도Ⅶ-24　체르냐찌노5고분군 153호 무덤 모습(한국전통문화학교 외 2007)

도Ⅶ-25　체르냐찌노5고분군 153호 무덤 출토 유물(한국전통문화학교 외 2007)

무덤 내에서 목관이나 목곽의 흔적이 발견된 것도 있고 관곽의 흔적이 분명하지 못한 것도 많다. 무덤 내부에서 자작나무 껍질이 발견된 경우도 있다. 시신장과 화장의 장법이 보이는데 시신장의 경우 토광무덤에는 등을 아래로 하고 무릎을 굽혀 다리를 접은 자세가 대부분이고, 석실묘와 '무시설'무덤에는 신전장을 하였다. 화장을 한 경우 토광묘는 대부분 2차장이나 무덤 내에서 화장을 한, 다시 말해서 번소한 1차장도 보인다. 석실묘와 수혈식 석축무덤에서도 화장의 예가 확인되었다. 무덤의 방향은 장축이 북서-남동 방향이 일반적이며, 두향은 북서향이 절대다수이나 그 반대인 경우도 확인되었다.

무덤들은 종류에 따라 분포지역이 차이를 보인다. 고분군의 북쪽 부분에는 토광묘 계통의 무덤이, 안쪽인 남쪽 부분에는 석실묘와 석곽묘가, 그 중간 부분에는 부석묘가, 석실과 석곽무덤 사이사이에는 위석묘가 각각 위치한다.

체르냐찌노5고분군에서는 윤제와 수제의 토기를 비롯하여 철제, 청동제, 은제, 석제, 토제의 유물들이 다량 출토되었다. 유물 중에는 철제 대도와 창, 환옥, 청동 기마인물상 등도 있다. 이 유적은 연대 문제와 관련하여 제2구역의 주거지 2기와 유적 동북편에 설정된 제1구역과 제5구역에서 조사된 수기의 토광묘는 발해 이전 7세기경의 것으로, 제1구역의 석축무덤과 제2, 3, 4, 6구역에서 조사된 다른 무덤들은 발해시기에 조성된 것으로, 고분군의 중심연대는 9세기경일 것으로 각각 판단되었다.

연해주에서 석축무덤이 조사된 다른 발해 고분군은 끄라스끼노 2고분군이다(니끼띤 Yu.G. 2009). 이 유적은 끄라스끼노성 서문지 북쪽에서 서북쪽으로 약 300m 거리에 위치한다. 모두 3기의 석실묘가 발굴되었는데 그중 1호 무덤이 보존상태가 비교적 양호하다. 이 석실무덤은 장축이 남북방향이고, 연도가 벽 중앙에 있다. 벽체를 포함하는 무덤의 크기는 남

도Ⅶ-26   체르냐찌노5고분군 77호 무덤 모습(한국전통문화학교 외 2006)

북 4m, 동서 3.4m이며, 벽체의 잔존 높이는 0.75~0.9m이다. 무덤 안에서 관곽의 흔적과 인골은 발견되지 않았다. 유물은 무덤 내의 동북쪽 모서리 부분에서 출토된 철제 버클과 띠꾸미개 일괄 그리고 무덤 입구 부분에서 발견된 회색의 윤제 토기편 1점이 전부이다. 철제 띠꾸미개의 형식으로 보아 이 석실묘는 발해 후기에 축조되었을 것이다.

그런데 끄라스끼노 2 발해 고분군과 관련하여 주의할 점이 있는데 바로 학계에 발해의 것으로 소개되어 있는 끄라스끼노고분군의 '적토분'이다(이남석 1994). '끄라스끼노 발해 고분'으로 보고된 이 소위 적토분은 끄라스끼노성의 동남쪽에서 조사된 금대 여진 시기의 봉토무덤으로서 발해와는 아무런 관련이 없다.

모나스뜨이르까3고분군은 러시아 학계에서 처음에는 말갈의 유적으로 소개되었다가 최근에는 발해 유적 혹은 말갈문화유적으로 소개되고 있는 등 문화적 귀속성 문제에 있어

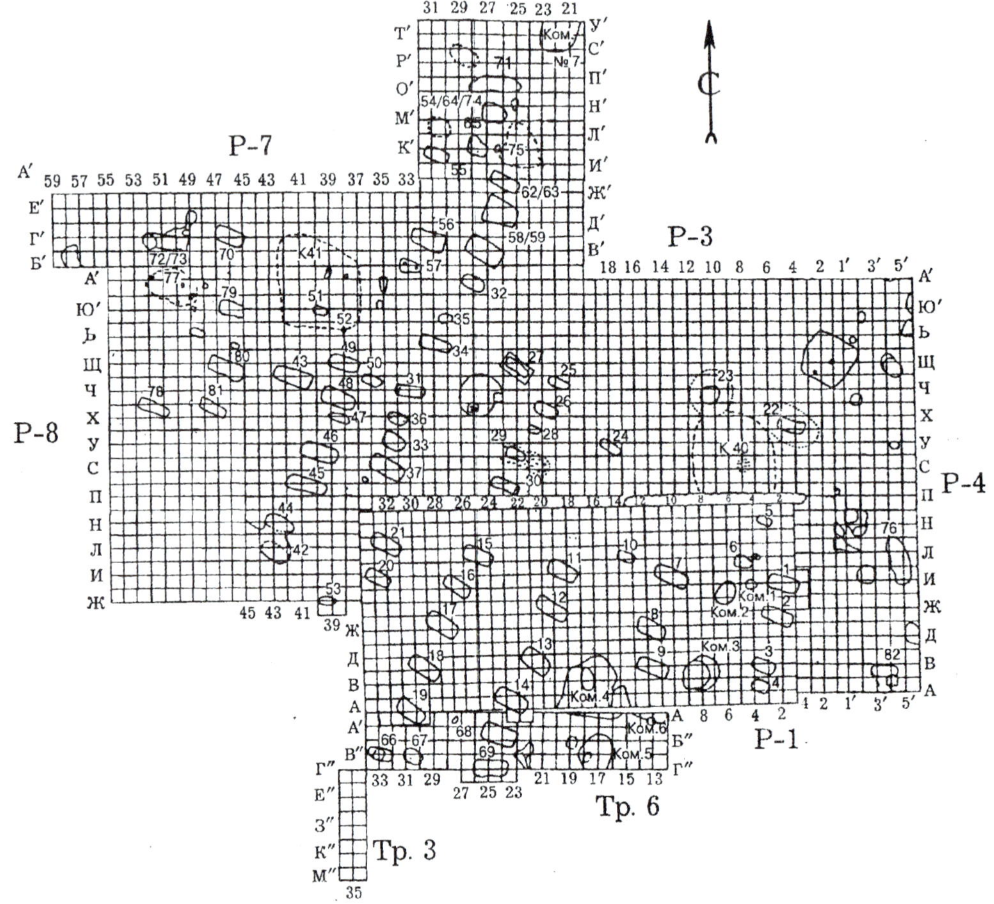

도Ⅶ-27 모나스뜨이르까3고분군 유구배치도(디야꼬바 O.V. 1998)

혼동을 보이고 있다(디야꼬바 O.V. 1998, 2018). 달네고르스크 지구의 루드나야 쁘리스딴 마을 부근에 위치하는 이 유적에서는 88기의 흙무덤과 4기의 대형 토석(土石) 쿠르간 무덤이 조사 되었다. 흙무덤에는 75기는 토광무덤과 3기의 지표 무덤 그리고 10기의 봉분무덤이 있다. 무 덤들이 북동-남서 방향으로 열을 이루며 배치되었고, 무덤 자체는 장축이 대체로 서북-동남 방향이다. 무덤의 평면모양은 장방형, 사다리꼴, 원형이 있고, 장법은 화장과 시신장 그리고 가묘(케노타프)가 확인되었다. 화장의 경우에는 무덤에서 바로 화장을 한 1차장, 다른 곳에서 화장을 한 다음에 무덤에 매장을 한 2차장, 화장을 한 곳에 쿠르간 봉분을 축조한 세 종류의 방식이 확인되었다. 쿠르간 무덤은 고분군의 북서쪽과 남동쪽 부분에 분포한다. 쿠르간 봉분 은 돌에 흙을 섞어 쌓았고, 크기는 2.5×1.5m 이하, 높이는 0.6~0.7m 이하이다.

유물은 수제와 윤제 그리고 물레보완 토기, 철제 화살촉과 칼, 아무르 및 튀르크 유형 의 청동 띠꾸미개, 청동 방울, 귀걸이 등이 출토되었다. 금동 방울 1점에는 '水道城令'이라는 명문이 새겨져 있다. 이 유적은 6~10세기로 편년되었으며, 출토 유물은 말갈문화 및 발해문 화에 각각 상응하는 것으로 판단되었다.

로쉬노 4고분군은 뽀끄로브까 문화의 유적으로 보고되었다(니끼띤 Yu.G. 외 1998; 끄라딘 N.N., 니끼띤 Yu.G. 2018). 끄라스노아르메이스끼 지구의 로쉬노 마을 북서쪽 가까이에 위치하 는 이 고분군에서는 9기의 토광무덤이 발굴되었다. 무덤의 장축은 1기를 제외하고 모두 남 동-북서방향이며, 대부분 화장

을 하였다. 발굴구역의 남서쪽 에서 조사된 9호 무덤은 크기가 2.06×0.98m, 깊이가 35~42*cm* 이다. 평면이 장방형인 무덤구덩 이 안에서 다량의 숯과 하소된 작은 뼈 쪼가리들 그리고 하소 된 뼈 무지가 발견되었다.

이 고분군에서는 수제와 윤제의 토기, 튀르크 및 아무르 유형 청동 띠꾸미개, 철제 창과 화살, 찰갑, 손칼, 유리구슬 등 이 출토되었다. 특히 9호 무덤에

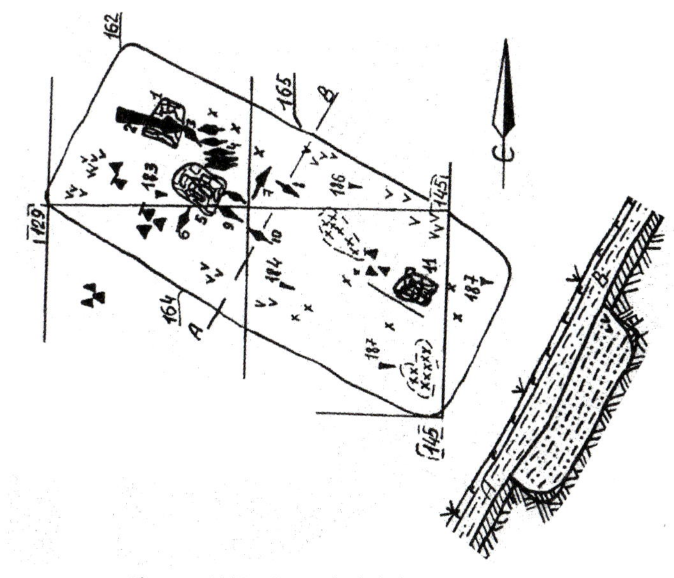

도Ⅶ-28 로쉬노 4고분군 9호 무덤 평단면도(니끼띤 Yu.G. 외 1998 수정)

서는 철제 창과 20점의 철제 화살촉이 무더기로 출토되어 무덤의 주인공이 전사였을 것으로 추정되었다. 이 유적은 무덤의 형식과 출토 유물 등이 하바롭스크 부근의 꼬르사꼬보고분군과 가장 흡사한 것으로 그리고 유적의 연대는 9~10세기에 해당할 것으로 판단되었다.

3. 유물

연해주에서 발견된 발해의 유물은 종교 관련 유물, 지붕부재, 무기류, 마구류와 거마구류, 농공구류, 수렵도구, 일상생활용품, 놀이도구, 악기류, 형상유물, 치장도구, 장신구류, 선박 관련 유물, 용기류 등 종류가 매우 다양하다. 동물 뼈, 새 뼈, 물고기 뼈, 조개껍데기, 탄화곡물, 열매 껍데기 등 식생활과 관련된 유물들도 발견된다. 그 외에 수습 유물로서 소그드 은화와 '룬'문자 강돌도 있다.

1) 종교관련 유물

종교와 관련된 유물은 불교 유물이 가장 대표적이며, 그 외에 경교와 샤머니즘 관련 유물도 있다. 경교 유물은 아브리꼬스절터에서 출토된 경교 십자가가 새겨진 토제품이 유일하지만 발해가 경교에 대해서도 알고 있었음을 보여주는 중요한 자료이다. 체르냐찌노5고분군에서 출토된 청동기마인물상과 끼쉬뇨브까 마을 부근에서 발견된 인면 다공석제품 등은 샤머니즘과 관련된 유물로 이해되고 있다.

연해주의 발해 절터에서는 금동불상, 청동불상, 석불, 석제 불판, 토제 불상 등 다수의 불상 유물이 출토되었고, 또한 불상의 신체 일부나 광배, 대좌 등이 따로 발견된 예도 있다. 그 외에도 절터는 아니지만 청동 불판이 발견된 것도 있다.

금동불상은 끄라스끼노성 절터에서 3점, 청동불상은 보리소브까절터에서 2점이 각각 출토되었다. 끄라스끼노성 절터 출토 불상 1점은 촉이 있는 대좌 위에 결가부좌를 하고 앉아 있는 좌상이다. 이 불상은 길이 6.5㎝, 촉의 길이 4.5㎝이다. 다른 1점은 대좌 위에 서서 허리를 조금 비틀어 삼곡 자세를 취하고 있는데 전체 높이가 15.7㎝이다. 나머지 1점은 판불로서 관음보살상으로 판단되며, 전체 높이가 6.8㎝이다. 보리소브까절터에서 출토된 청동불상 2점은 모두 입상이다. 금동불과 청동불은 모두 대좌 아래에 촉(혹은 심봉)이 있다는 공통의 특징을 가진다. 끄라스끼노성 절터에서는 금동불상대좌, 금동불수, 금동광배 등도 출토되었다.

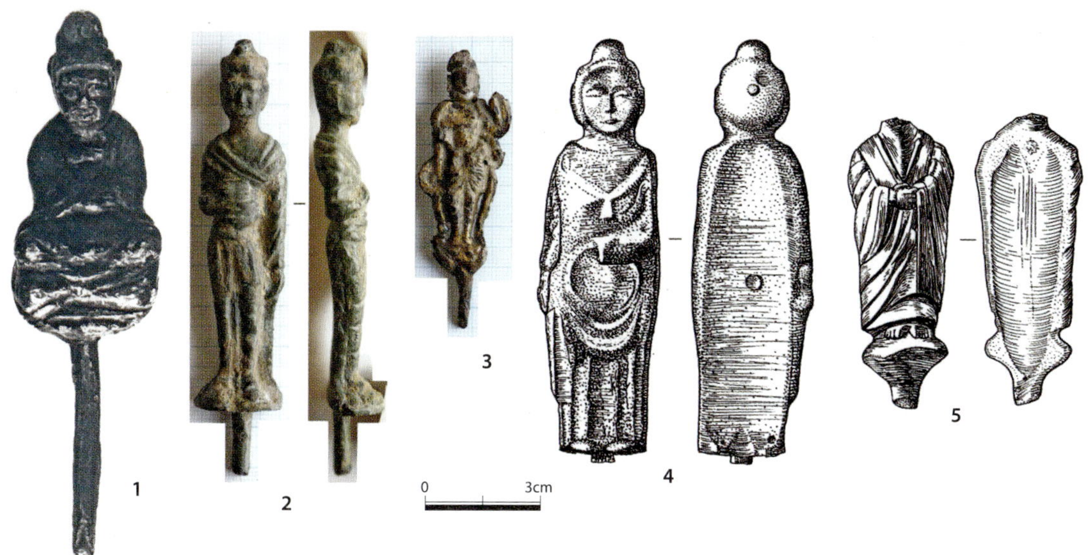

도Ⅶ-29　연해주 발해 절터 출토 금동(1~3)과 청동(4, 5) 불상
1~3. 끄라스끼노성 절터(김은국·정석배 2021) ｜ 4, 5. 보리소브까절터(고구려연구회 외 1998)

　　청동 불판은 하산 지구 비따지 만은 슐짜 곶(串)에서 발견되었다. 부처가 기와지붕을 한 불당 안의 연화대좌에 앉아 있는 모습이다. 지붕에 표현되어 있는 치미의 머리가 용의 머리모양이다. 아래에는 짧게 촉을 만들어 놓았다. 이 유물의 전체 높이는 10.2㎝이다.

　　석불은 끄라스끼노성 절터에서 1점이 출토되었다. 불상의 얼굴과 상체 그리고 광배 일부가 남아있고 나머지는 모두 결실되었다. 양손을 가지런히 포개고 있는데 원래는 좌우에 협시보살이 있었을 것으로 추정된다. 이 석불의 잔존 높이는 10.6㎝이다. 석제 판불은 끄라스끼노성 절터에서 수점이 편 상태로 발견되었다.

　　토제 불상은 아브리꼬스절터에서 온전한 도불(陶佛)과 소조불의 신체 일부가 출토된 것이 있다. 그 외에 보리소브까절터에서도 소조불의 얼굴이 출토되었다.

　　아브리꼬스절터에서는 벽화쪼가리도 발견된 것이 있고, 또 사천왕상의 얼굴로 생각되는 소조품도 1점 출토된 것이 있다. 풍탁도 불교와 관련된 유물로 볼 수 있을 것인데 끄라스끼노성 절터와 꼬르사꼬브까절터에서 철제 풍탁이 출토된 바 있다.

　　불교와 관련된 중요 유물 중의 하나는 사리장엄구인데 연해주 지역의 사찰유적에서는 아직 사리장엄구가 발견된 것이 없다. 그런데 E.I. 겔만의 말에 따르면 고르바뜨까성 부근에서 사리장엄구였을 것으로 보이는 석함이 하나 발견된 적이 있다고 하나 지금은 소재가 불

| 도Ⅶ-30 | 도Ⅶ-31 | 도Ⅶ-32 |

도Ⅶ-30　숱짜 곳 발견 청동 불판(아르세니예프 역사박물관 소장, 정석배 촬영)

도Ⅶ-31　끄라스끼노성 절터 출토 석불(러시아과학원 극동지소 역사학고고학민족학연구소 소장, 정석배 촬영)

도Ⅶ-32　아브리꼬스절터 출토 소조 인물상(러시아과학원 극동지소 역사학고고학민족학연구소 소장, 정석배 촬영)

분명하다.

2) 지붕부재

지붕부재는 각종 기와, 와당, 치미, 보탑 등이 확인된다.

연해주의 발해 절터에서 기와는 수키와, 암키와, 모서리기와, 곱새기와, 적새기와, 차꼬기와, 박와, 협와 등의 거의 모든 종류 평기와와 마루기와가 출토되었다. 지붕에 사용된 이 유물들은 회색이 대부분이나 평기와 중에는 적(갈)색도 종종 확인된다.

수키와는 고랑토수기와와 일반토수기와 그리고 고랑미구기와가 있다. 고랑토수기와는 토수기와의 좁은 쪽 끝부분에 3~5개의 고랑을 돌린 것이고, 일반토수기와는 좁은 쪽 끝부분이 몸통과 동일하게 그대로 마무리되는 것이다. 고랑미구기와는 미구에 1~3개의 고랑이 돌려진 것이다. 다만 보리소브까절터 출토 미구기와 중에는 미구에 고랑이 선명하게 구분되지 않아 일반미구기와로 부를 수 있는 것들도 있다. 고랑미구는 곱새기와에서도 확인된다.

암키와는 모골와통에서 소지 띠를 쌓아 올려 성형하였다. 외면은 대부분 타날을 한 다음에 회전 물손질을 하여 문양을 지웠으나, 승문이 남아있는 경우도 드물지 않게 확인된다. 암키와의 내면에는 천 자국과 함께 모골의 윤곽이 분명하게 남아있는 것들이 많이 있으며,

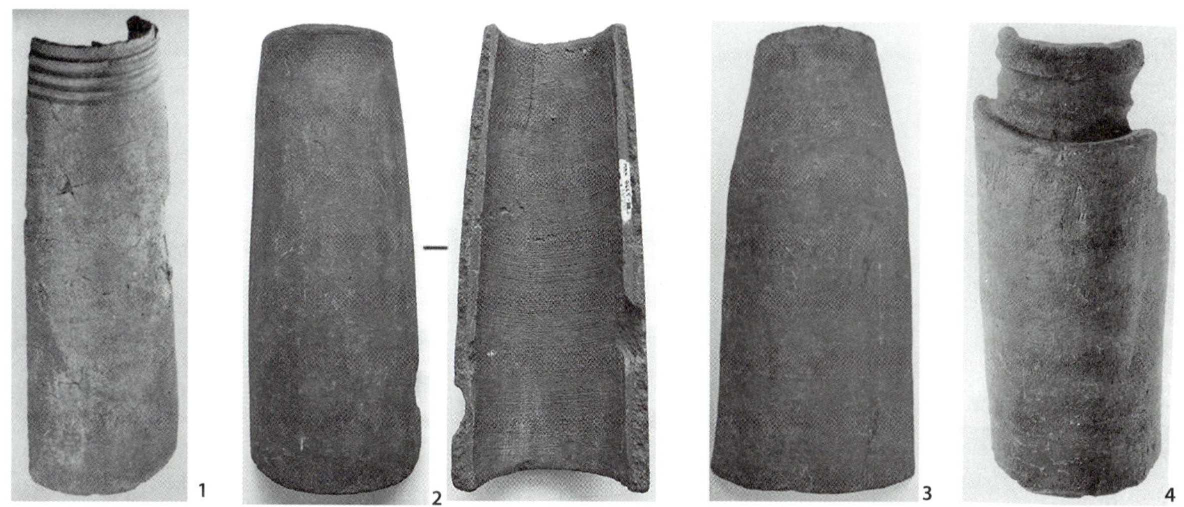

도Ⅶ-33　연해주 발해 절터 출토 고랑토수기와(1), 일반토수기와(2), 고랑미구기와(4)

1. 아브리꼬스절터(샤브꾸노프 E.V. 1968) ㅣ 2. 아브리꼬스절터(아르세니예프 역사박물관, 정석배 촬영) ㅣ 3. 끄라스끼노성절터(김은국·정석배 2021) ㅣ 4. 보리소브까절터(고구려연구회 외 1998)

도Ⅶ-34　연해주 발해 절터 출토 발해 암키와

1. 아브리꼬스절터(샤브꾸노프 E.V. 1968) ㅣ 2. 아브리꼬스절터(아르세니예프 역사박물관, 정석배 촬영) ㅣ 3. 꼬쁘이또절터(극동연방대학교 박물관, 정석배 촬영)

　　또한 와통에 천을 고정시킨 좁은 띠 모양의 천 자국도 확인된다. 모골의 흔적을 인위적으로 지운 내면 조정흔도 드물지 않게 발견되는데 발해 암키와의 한 특징이다.

　　　암키와의 하단부는 지두문으로 장식된 것도 있고, 또 하단면에 낸 3줄의 문양대에 가운데 줄에는 구멍무늬, 대롱무늬, 혹은 인화문을, 양쪽 측면에는 각목문을 각각 시문한 삼대문(三帶文)으로 장식된 것도 있다. 그 외에 드물기는 하여도 하단면이 직선이나 X자 모양의 새김무늬로 장식된 것도 있다. 지두문은 기와 하단부 모서리의 안쪽이나 바깥쪽 혹은 양쪽을 손가락 끝으로 눌러 시문을 하는 경우가 일반적이다. 그런데 지두문으로 인식되는 문양들 중에는 각재를 사용한 것이 분명한 문양들도 관찰된다. 끄라스끼노성에서는 16종류의 지두문과 2종류의 각재문이 구분되기도 하였고, 또 각재문 위에 다시 지두로 시문을 한 경우도 있다. 발해에는 아직 드림새가 분명하게 형성된 암막새가 발견된 것이 없어 하단부를 문양으로 장식한, 특히 삼대문으로 장식한 암키와들은 암막새의 역할을 하였을 것으로 추정된다.

고랑미구기와, 고랑토수기와, 내면 조정흔이 있는 암키와, 하단면의 삼대문은 발해 기와의 중요 특징으로서 아직 발해 이외의 다른 지역이나 시기 유적에서는 발견된 적이 없다. 다만 요금대의 기와 중에는 퇴화된 형식의 고랑미구기와와 삼대문 암키와가 간혹 발견되는 경우도 있는데 발해 유민들이 남겼을 것이다.

모서리기와는 지붕의 모서리 부분에 놓은 기와로서 암키와를 잘라 만들었다. 모서리 부분에 상응하게 삼각형 모양을 가지는 것이 일반적이지만 아브리꼬스절터에서는 삼각형과 사각형이 합쳐진 형태의 것도 발견되었다. 박와는 두께가 $0.6{\sim}0.7cm$ 내외로 매우 얇은 기와인데 아브리꼬스절터와 꼬쁘이또절터에서 확인된다. 협와는 매우 좁은 기와이다. 적새기와가 일반 암키와의 절반 너비라면, 협와는 적새기와의 거의 절반 너비를 가진다. 특수한 용도에 사용되었을 것으로 보이는데 아브리꼬스절터와 끄라스끼노절터에서 협와가 발견된 것이 있다.

와당은 절터마다 각각 특징적인 문양을 가진다. 아브리꼬스절터는 돌선 '이중'심엽형연화문+삭월문 간식, 꼬쁘이또절터는 연꽃봉우리 모양 외곽선이 감싸고 있는 행인형연화문+발아문 간식, 보리소브까절터는 돌선타원형연화문+연주 간식, 꼬르사꼬브까절터는 외곽선이 있는 심엽형연화문+새모양 간식으로 장식된 와당이 각각 특징적이다. 그 외 아브리꼬스절터에서는 꼬쁘이또절터 출토품과 비슷한 와당이, 꼬쁘이또절터에서는 외곽선이 없거나 분명하지 못한 심엽형연화문+유사 방추형 간식으로 장식된 와당이, 꼬르사꼬브까절터에서는 소위 봉황연화문 외에 해무늬로 장식된 와당이, 보리소브까절터에서는 접수심엽형연화문 와당이 각각 1점 혹은 수점씩 발견되었다.

끄라스끼노성 절터에서는 외곽선이 있는 역심엽형 연판+방추형(1형식), 끝부분에 돌기가 있고 또 외곽선이 있는 역심엽형 연판+삼지삼엽문 간식(2형식), 외곽선이 없는 역심엽형 연판+방추형 간식(3형식), 외곽선이 있는 행인형 연판+삼지문 간식(4형식), 외곽선이 있는 심

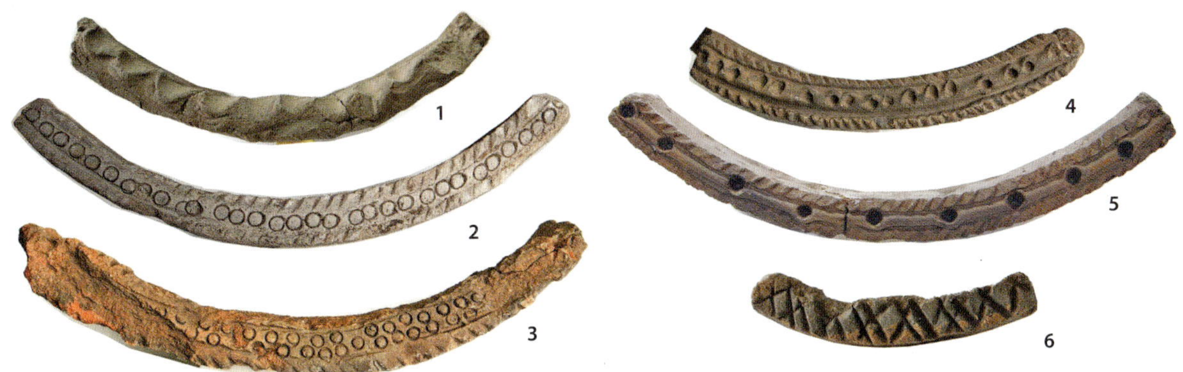

도VII-35 연해주 발해 절터 출토 처마암키와 문양 각종(정석배 촬영 및 재구성)

1~4. 아브리꼬스절터(아르세니예프 역사박물관) | 5. 꼬르사꼬브까절터(러시아과학원 극동지소 역사학고고학민족학연구소)
| 6. 꼬쁘이또절터(극동연방대학교 박물관)

꼬쁘이또절터	아브리꼬스절터	보리소브까절터	꼬르사꼬브까절터

도VII-36 연해주 발해 절터 출토 와당 각종(정석배 재구성)

엽형 연판+삼지일엽문 간식(5형식), 외곽선이 있는 행인형 연판+구슬 간식(6형식), 십자화 안
에 든 행인형 연판+구슬 간식(7형식), 세삼각형문+호선문 간식(8형식)으로 각각 장식된 8개
형식의 와당이 출토되었다.

끄라스끼노성 절터에서 출토된 와당은 사역 바로 남쪽의 도로에서 층위를 달리하여
출토된 와당들 덕분에 상대적인 출현 순서가 파악된다. 일찍이 끄라스키끼노성 절터 출토 8

단계	와당형식				
Ⅰ단계	2형식				
Ⅱ-1단계			6형식		
Ⅱ-2단계	4형식	5형식		7형식	8형식
Ⅲ단계	1형식	3형식			

도Ⅶ-37　끄라스끼노성 출토 발해 와당의 출현 단계와 형식(정석배 2021)

개 형식 와당은 E.V.아스따쉔꼬바와 V.I.볼딘에 의해 2형식, 4형식, 7형식 → 5형식, 8형식 →
1형식, 3형식, 6형식 순서로 변천하는 것으로 판단된 바 있다(아스따쉔꼬바 E.V.·볼딘 V.I. 2004).
하지만 최근에 조사가 마무리된 도로 및 폐기의 동시성과 순차성이 인정되는 사찰구역 몇몇
지점에서 출토된 와당들에 대한 검토는 *끄라스끼노성* 출토 발해 와당이 2형식(1단계) → 4형
식, 5형식, 6형식, 7형식, 8형식(2단계) → 1형식, 3형식(3단계)의 순서로 출현하였음을 보여주
었다(정석배 2021).

　　치미는 연해주의 5개소 발해 절터에
서 각각 출토되었으나 모두 편 상태였다. 그
중 아브리꼬스절터 출토품이 가장 양호하
게 복원된다. 이 치미는 머리가 용의 머리모
양으로 표현되었는데 용의 눈과 입, 볼수염,
송곳니 등이 양각으로 묘사되어 있다. 머리
에서 몸통을 지나 종대의 끝까지 두 가닥의
돌선이 평행하게 나있고, 머리에서 시작되
는 다른 한 가닥의 돌선은 몸통의 가장자리
를 따라 꼬리 쪽을 향하고 있다. 종대는 'ㄱ'
자 모양의 돌선 두 가닥으로 되어 있고 내
부가 볼록한 보주들로 장식되었다. 날개에
는 짧은 돌선들이 일정 간격으로 배치되어

도Ⅶ-38　아브리꼬스절터 출토 발해 치미(샤브꾸노프 E.V.
1968)

있어 물고기의 지느러미를 연상시킨다. 꼬리 부분은 분명치
못하다. 다만 유적을 조사한 E.V.샤브꾸노프는 이 유적에서
출토된 주름무늬로 장식된 토제 '용 주둥이'를 치미의 꼬리
일 가능성이 있다고 생각하였다. 이 치미는 크기가 높이 80
cm, 너비 약 30cm, 길이 75cm, 벽체 두께 1.5~3cm이다.

　　발해 치미의 한 특징은 '지느러미' 날개라고 말할 수
있다. 발해의 도성 등 모든 발해 유적에서 출토된 치미는 예
외 없이 '지느러미' 날개를 가지고 있어 백제나 신라, 통일
신라의 치미 날개가 새의 깃을 겹쳐 놓은 모양인 것과는 확
연하게 구분된다. 치미의 머리를 용의 머리를 형상화한 것
도 발해 치미의 한 특징일 것인데 슐짜 곳에서 발견된 청동
불판의 지붕에도 용머리 치미가 확인된다.

도Ⅶ-39　끄라스끼노성 절터 출토 지붕
용마루 보탑 복원도(문명대 외 2004)

　　지붕의 용마루 가운데에 세운 보탑은 끄라스끼노성
절터에서만 발견되었다. 연꽃봉우리장식으로 보고된 이 보
탑은 출토 위치로 보아 금당지와 전각지의 지붕에 각각 설치되었을 것이다. 이 보탑은 원형
의 투공과 보주로 장식된 원통모양의 아랫부분, 앙련과 복련 연판으로 장식된 반구상의 중간

부분, 아래에 3단의 앙련 연판을 돌린 연꽃봉우리 모양의 윗부분으로 구성되어 있으며 전체 복원 높이는 101cm이다.

보리소브까절터에서는 흙으로 만든 뿔 모양의 유물들이 출토되었는데 괴수의 머리장식일 것으로 생각된다. 다만 뿔 이외 나머지 부분은 분명하지 못하다.

3) 무기류

무기는 공격용인 대도, 검, 창, 화살촉, 명적 등과 방어용인 갑옷의 부속품인 찰갑판이 각각 출토되었다. 도(刀)가 적을 후려치거나 베어서 살상하는 외날의 무기라면 검(劍)은 적을 찔러서 살상하는 끝이 뾰족한 양날의 무기라고 할 수 있다. 그런데 외날이지만 몸이 곧고 끝이 뾰족하고 또 길이가 상대적으로 짧은 것은 일반적으로 검으로 인식된다. 발해 유적에서 발굴된 검은 이러한 외날 검을 염두에 둔 것이다. 체르냐찌노5고분군에서는 모두 7점의 철제 대도 혹은 검이 출토되었는데 그중 4점은 전체 모양이 확인된다. 대도로 볼 수 있는 2점은 예봉이 한쪽으로만 갈린 편이며 길이가 66~90cm이다. 검으로 볼 수 있는 2점은 길이가 40~50cm이다. 뻬뜨로브까고분군에서도 3점의 대도가 수습되었는데 잔존상태가 양호한 1점은 잔존 길이가 75cm이다.

창은 체르냐찌노5고분군에서 5점, 끄라스끼노성에서 3점이 각각 출토되었고, 그 외 뻬뜨로브까고분군에서 1점이 수습되었다. 이 철제 창들은 모두 몸체와 유공식의 자루 끼우개 부분으로 이루어져 있다. 몸체의 형태가 매우 특징적인데 예봉 바로 아랫부분이 가장 넓고 그 아래로 잘록하게 허리모양을 이루다가 다시 약간 볼록해지는 허리형(腰形), 양날이 거의 평행을 이루는 직인검신형(直刀檢身形), 몸체의 전체 모양이 길쭉한 렌즈모양인 포물선렌즈형이 각각 구분된다. 창의 길이는 체르냐찌노5고분군 출토품의 경우 23.2~28.4cm이다. 끄라스끼노성에서는 창고달이도 다수 출토되었다.

도Ⅶ-40　체르냐찌노5고분군 출토 발해 철제 검(1)과 대도(2) (한국전통문화학교 외 2009)

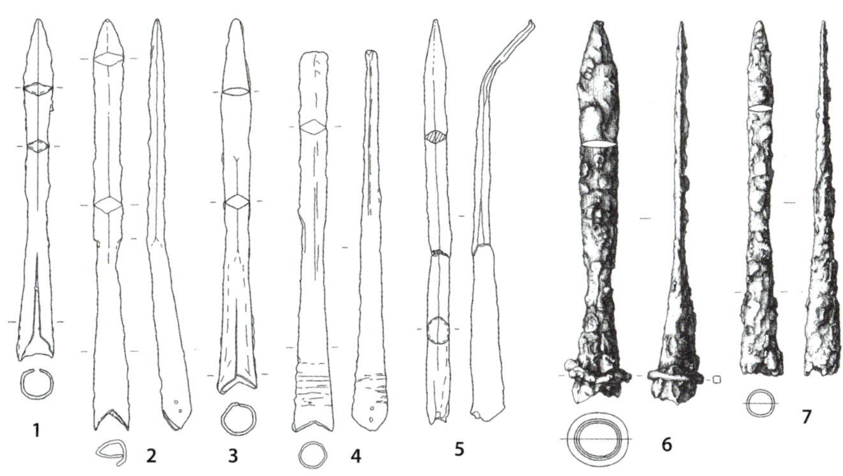

도Ⅶ-41 연해주 발해 유적 출토 철제 창
1~5. 체르냐찌노5고분군(한국전통문화학교 외 2005, 2007, 2009) | 6~7. 끄라스끼노성(김은국·정석배 2021)

화살촉은 고분유적과 주거유적 그리고 관방유적에서 비교적 많은 수량으로 발견된다. 화살촉은 철제가 대부분이나 골제도 있다. V.D.렌꼬프와 V.E.샤브꾸노프는 연해주 발해 유적 출토 철제 화살촉을 촉몸의 형태를 기준으로 란셋모양 삼익촉, 세삼각형 삼익촉, 쌍각형, 외뿔형, 오목 절두형, 수평 절두형(도끼날형), 호선 절두형, 잎사귀형, 불꽃형, 작살형, 용골형, 세오각형, 포물선 예봉형, 포물선형, 유경 삼각형, 사다리꼴 예봉이 있는 파갑형, 단면 사각형의 송곳형, 검신형, 대칭 피라미드형 등 20개 형식으로 구분하고, 이를 다시 대부분 세분한 바 있다(렌꼬프 V.D., 샤브꾸노프 V.E. 1993). 이 두 연구자는 발해 화살촉과 비슷한 것들이 서기 1천년기의 남부 시베리아와 중부아시아 지역에는 거의 보이지 않고, 대신에 고구려 유적에서 20개 형식 중 6개 형식과 아(亞)형식들이 확인된다고 지적하였다. 또한 아무르강 유역의 유적들에도 유사한 화살촉들이 다수 발견됨을 지적하면서 그것은 아마도 발해의 아무르강 유역으로의 군사원정과 관련이 있을 것으로, 발해 멸망 후에는 발해 주민들의 일부가 아무르강 유역에 정착하였음을 보여 주는 것으로 각각 판단하였다.

발해의 철제 화살촉은 기본적으로 슴베가 있는 유경식이며, 일단경과 이단경식이 함께 발견된다. 무경식 화살촉도 있기는 하나 극히 드물다. 끄라스끼노성 출토 철제 화살촉은 2021년 현재 186점이 집계되었는데 절대다수가 슴베가 있는 유경식이다. 유경식 화살촉은 촉몸의 평면모양, 촉몸과 슴베 사이의 단의 유무 혹은 단의 개수, 혹은 돌대의 유무 등에 따라 여러 가지 형식이 구분된다. 촉몸의 날개는 기본적으로 2개가 좌우에 대칭적으로 배치된

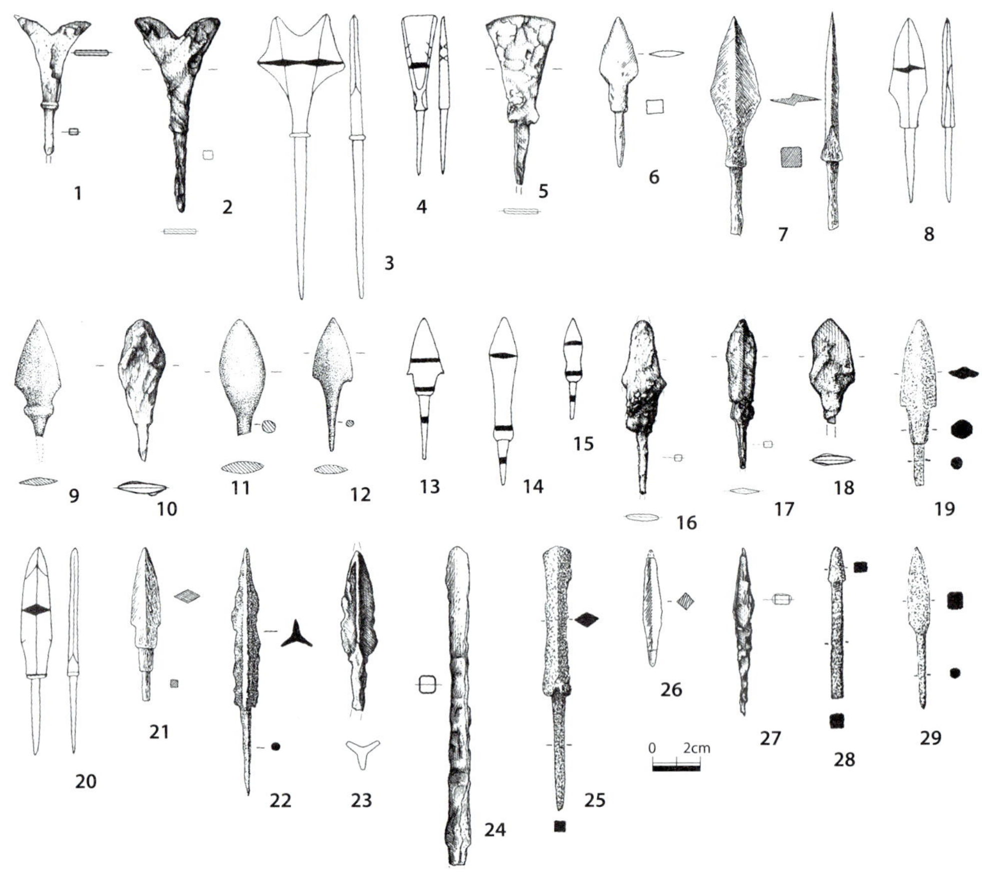

도Ⅶ-42　끄라스끼노성 출토 철제 화살촉 각종(김은국·정석배 2021)
1~21. 양익식　∣　22~23. 삼익식　∣　24~29. 심봉식

도Ⅶ-43　꼰스딴띠노브까 1유적 출토 골체 화살촉(1~3), 명적(4, 5), 오늬(6)(한국전통문화학교 외 2010)

양익식이지만, 날개가 3개인 삼익식도 있고, 또 날개 자체가 없는 심봉식도 있다.

끄라스끼노성에서 출토된 양익 화살촉은 쌍각모양, 별모양, 도끼날모양, 마름모꼴(세장 능형), 둥글세삼각형, 렌즈모양, 삼각형모양, 비파모양, "十"자모양, 검날모양, 세육각형, 버들잎모양 등이 있다. 촉몸에 날개가 없는 심봉식 화살촉은 막대기모양, 송곳모양, 탄환모양이 있다. 촉몸의 단면은 능형, 렌즈형, 세장방형, 사각형 등도 있지만 특징적인 'Z'자 모양도 있다. 단면이 'Z'자 모양인 화살촉은 화살을 쏘았을 때에 회전을 하면서 날아갔을 것으로 추정되는데 강한 파괴력을 지녔을 것이다.

　　연해주의 발해 유적에서는 뼈로 만든 골촉도 드물지 않게 발견된다. 골촉은 유엽형이 많고 그 외에 탄환모양이나 송곳모양도 있으며, 명적과 일체형인 것도 있다. 꼰스딴띠노브까 1유적에서는 명적과 함께 뿔로 만든 명적 예비품도 발견된 것이 있다. 화살의 부속품인 오늬도 출토되었다.

4)　마구와 거마구류

　　마구류는 연해주의 발해 유적에서 니꼴라예브까 2성에서 골제 복공 재갈멈추개가 1점 출토되었을 뿐이다. 그 외에 고르노레첸스끼성 부근에서 출토된 답수부에 투공이 있는 철제 단병식 등자 1점이 발해의 것일 가능성이 있다.

　　거마구류는 수레굴통쇠(車輨)와 비녀못(車轄)이 끄라스끼노성, 니꼴라예브까 1성과 2성, 꼰스딴띠노브까 1유적 등 다수의 연해주 발해 유적에서 출토되었다. 끄라스끼노성에서 출토된 차관에는 모두 6개씩의 '이빨'이 있고, 이빨은 단면이 쐐기꼴 혹은 사다리꼴이다. 크기는 대형이 직경 약 11cm, 중형이 7~8cm, 소형이 6.46cm로 서로 차이를 보인다. 이 사실은 수레바퀴의 크기와 수레의 크기가 몇 종류 있었음을 말할 것이다. 비녀못은 머리와 축 두 부분

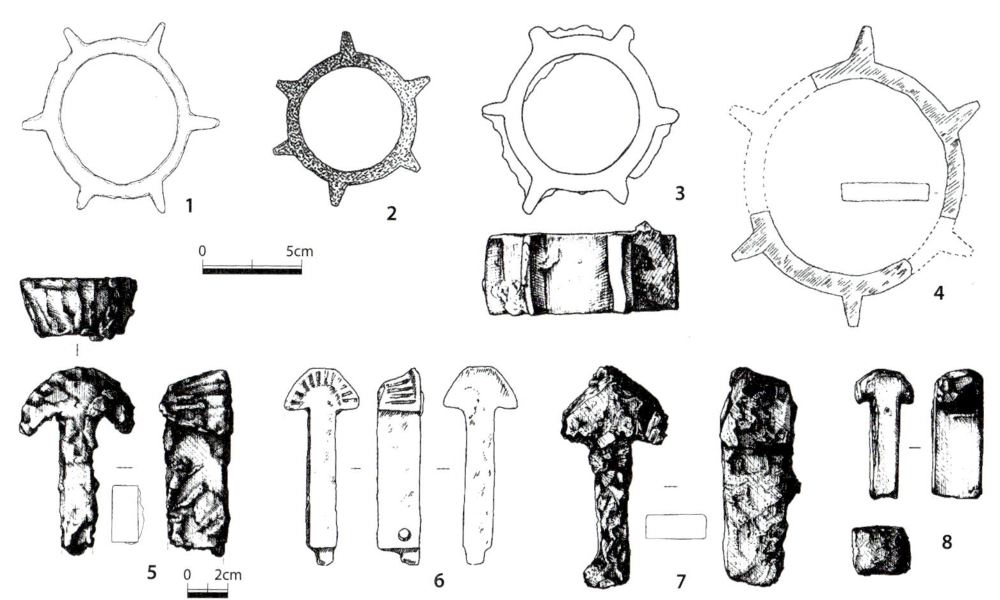

도Ⅶ-44　연해주 발해 유적 출토 차관(1~4)과 비녀못(5~8)

1. 꼰스딴띠노브까 1유적(한국전통문화학교 외 2010)　|　2~8. 끄라스끼노성(김은국·정석배 2021)

으로 이루어져 있는데 머리의 형태가 궁형, 반원형, 오각형, 모난 궁형으로 구분된다. 궁형과 반원형 머리에는 외면에 이랑과 고랑이 있다. 끄라스끼노성에서 출토된 전체가 남아있는 비녀못은 길이가 9.2cm이다.

5) 농공구류와 수렵도구

농공구류는 보습, 삽, 낫, 도끼, 자귀, 까뀌, 톱, 송곳, 미니어처 끌, 집게, (손)칼 등이 확인된다. 보습은 온전한 것이 꼬르사꼬브까 1유적에서 1점이 출토되었는데 양쪽 가장자리가 약간 볼록한 삼각형이며 뒤쪽에는 삼각형에 가까운 형태의 구멍이 하나 뚫려있다. 이 보습은 높이 32.5cm에 최대 너비 27cm이다. 편 상태의 보습은 끄라스끼노성에서도 출토된 바 있다.

삽은 끄라스끼노성과 마리야노브까성에서 각각 출토되었다. 모두 철판을 둥글게 말아서 만든 자루대롱과 모둥근 오각-사다리꼴의 삽날로 되어 있다. 끄라스끼노성에서 발견된 3점은 전체 형태가 남아있는데 높이가 15.8~16.9cm이고, 최대 너비가 11.7~13cm이다.

낫은 니꼴라예브까 2성과 끄라스끼노성 등 몇몇 관방유적에서 발견되었는데 모두 평

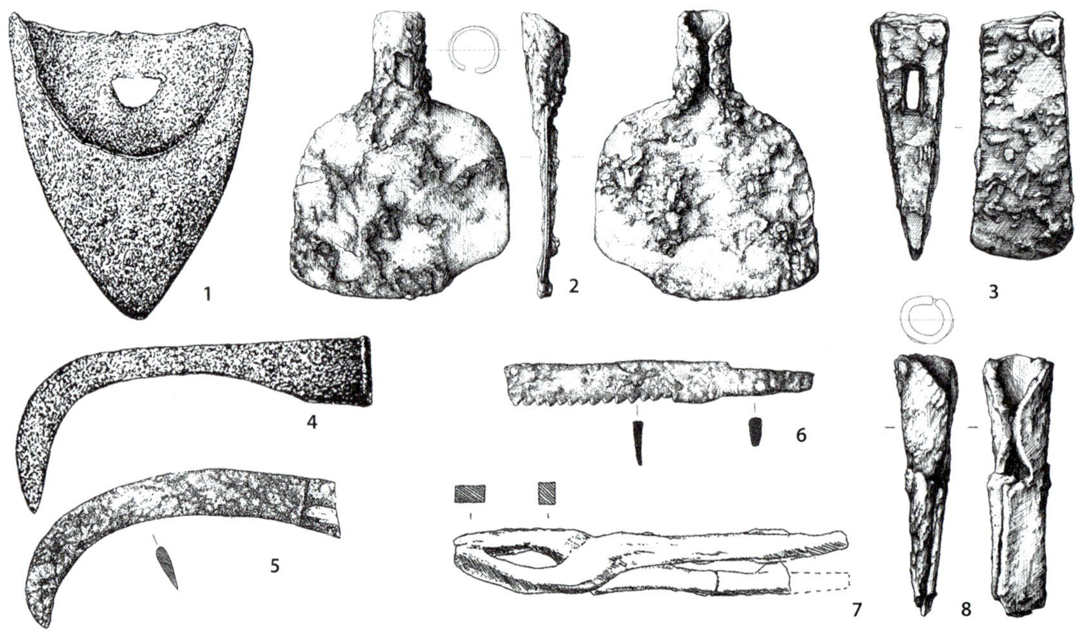

도 VII-45　연해주 발해 유적 출토 보습(1), 삽(2), 도끼(3), 낫(4, 5), 톱(6), 집게(7), 자귀(8)

1. 꼬르사꼬브까 1유적(에.붸.샤브꾸노프 엮음 1996) ｜ 2, 3, 5~8. 끄라스끼노성(김은국·정석배 2021) ｜ 4. 니꼴라예브까 2성(에.붸.샤브꾸노프 엮음 1996)

면이 'J'자 모양에 가깝다. 끄라스끼노성에서 출
토된 1점은 길이가 30.5*cm*이다.

도끼는 끄라스끼노성과 니꼴라예브까 2
성에서 출토되었는데 모두 등이 두텁고 편평하
여 해머로도 쓸 수 있는 형태이다. 2점 모두 넓
은 면은 한쪽이 넓은 길쭉한 사다리꼴에 가깝고,
좁은 면은 쐐기꼴이며, 등 쪽에 장방형의 구멍
이 나있어 자루를 끼울 수 있게 하였다.

미니어처 끌은 끄라스끼노성에서 청동제

도Ⅶ-46   끄라스끼노성 출토 청동 미니어처 끌(김은
국·정석배 2021)

가 1점 출토되었다. 전체 길이가 3.01*cm*, 날 부분의 너비가 0.48*cm*이다. 아마도 귀중품을 세
공할 때 사용하였을 것이다.

집게는 노보고르데예브까성과 끄라스끼노성에서 1점씩 출토되었다. 그중 끄라스끼노
성 출토품은 오늘날의 펜치와 비슷하게 생겼다.

(손)칼은 가장 일반적인 철제유물 중의 하나이다. 발해의 철제 칼은 기본적으로 칼 몸
과 슴베가 곧은 것이 특징적이다. 칼 몸의 등과 날이 슴베와 연결된 상태에 따라 두 가지 형
식이 구분되는데 하나는 칼 몸과 슴베의 등이 그대로 곧게 연결된 것이고, 다른 하나는 칼 몸

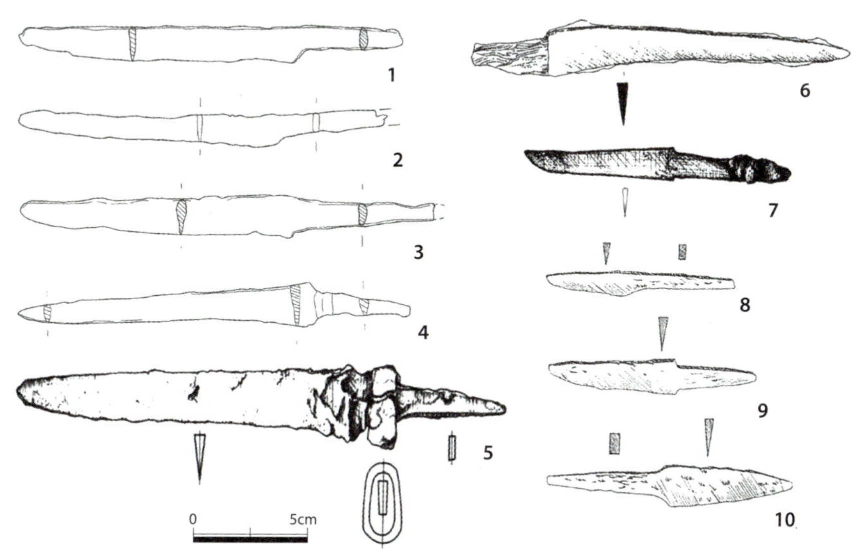

도Ⅶ-47   연해주 발해 유적 출토 철제 손칼

1~5, 12. 체르냐찌노5고분군(한국전통문화학교 외 2006, 2007) | 6~11. 끄라스끼노성(김은국·정석배 2021)

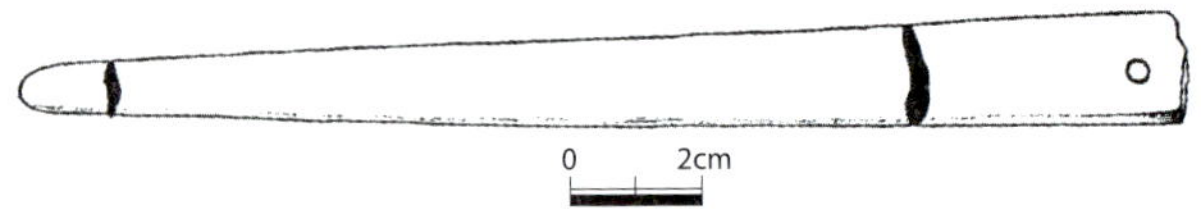

도Ⅶ-48   마리야노브까성 출토 산삼파개(연해주문화유적조사단 외 1999)

과 슴베의 등 연결 부분에 턱이 형성되어 있는 것이다. 칼 몸의 날과 슴베 사이에는 두 종류 모두 턱이 져있다. 턱은 직각에 가까운 것과 둔각에 가까운 것이, 칼 몸은 등과 날이 거의 평행을 이루는 것과 줄곧 예봉 쪽으로 축조되는 것 등이 각각 확인된다. 칼의 길이는 가장 긴 것이 22cm로서 끄라스끼노성에서 출토된 것이다. 체르냐찌노5고분군 출토품은 일반적으로 길이가 15~18cm이며, 8cm 내외의 것도 있었다. 크기와 형태가 다른 칼들은 아마 용도가 달랐을 것이다.

수렵 도구는 사냥, 채집, 어로와 관련된 것들인데 사냥도구는 무기로 사용될 수도 있어 무기류에서 살펴보았다. 채집과 관련된 대표적인 유물은 산삼파개이다. 뼈를 깎아 만들었는데 산삼을 캐는 부분이 좁고 둥그스름하다. 마리야노브까성 출토품은 길이가 약 18cm이다.

어로와 관련된 유물로는 작살, 낚싯바늘, 어망추 등이 있다. 작살과 낚싯바늘은 수량이 많지 않으나, 어망추는 수량도 많고 종류도 다양하다. 어망추는 대부분 토제이나 간혹 돌로 만든 것도 있고, 극히 드물게는 와편을 가공하여 만든 것도 있다. 토제 어망추는 종류가 다양한데 끄라스끼노성에서는 타원체 혹은 길쭉한 럭비공 모양이면서 장축선상을 따라 좌우 대

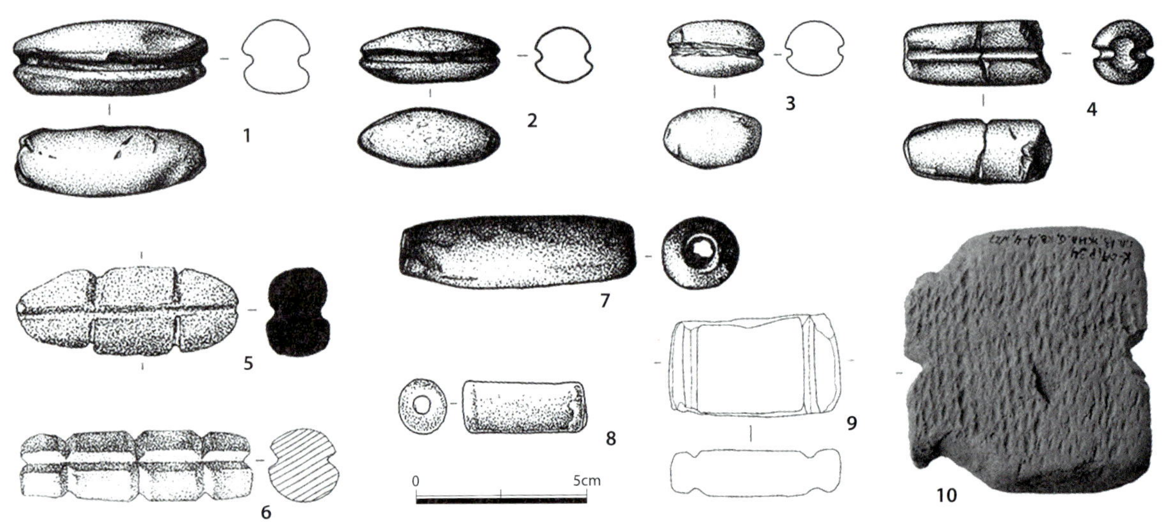

도Ⅶ-49   연해주 발해 유적 출토 토제 어망추 각종

1~8, 10. 끄라스끼노성(김은국·정석배 2021) | 9. 꼰스딴띠노브까 1유적(한국전통문화학교 외 2010)

칭적으로 1줄씩의 홈을 낸 것, 장축선상에는 좌우 대칭적으로 1줄씩, 단축선상에는 전체를 돌려 2줄 혹은 3줄의 홈을 낸 것, 그리고 대롱모양인 것이 각각 발견되었고, 스따로레첸스꼬예성과 꼰스딴띠노브까 1유적에서는 양쪽 가장자리에 홈을 낸 장방형의 판 모양 어망추가 다수 출토되었다. 이 사실은 발해에서 작살이나 낚시 외에 다양한 종류의 그물을 사용한 물고기 잡이도 성행하였음을 말한다.

6) 일상생활용품

일상생활용품은 용기 종류가 가장 많고 그 외 솥, 다리미, 가위, 핀셋, 부싯쇠, 갈고리, 바늘, 촛대, 등잔, 다듬잇돌, 맷돌, 절구, 숫돌, 벼루 등이 확인된다. 철제 솥은 대부분 편 상태로 발견되나 끄라스끼노성에서는 전체 형태를 알 수 있는 것이 1점 출토되었다. 이 철제 솥은 목 부분과 둥그스름한 배 부분에 전이 돌려져 있다. 다리는 세 개인데 발이 짐승의 발과 닮았다. 크기는 동체 높이 11cm, 구경 12cm, 다리 길이 14.2cm로 소형이다.

다리미는 고르바뜨까성 출토품이 전체 형태가 확인된다. 철제이며 바닥이 편평한 턱이 진 대야모양이다. 대롱모양의 손잡이 끼우개가 달려 있다.

가위는 꼬르사꼬브까 1유적에서 철제품이 1점 출토되었다. 하나의 철심을 엇갈리게 구부렸고, 날 부분은 두드려 펴서 만들었다. 전체 길이가 29.3cm이다.

핀셋은 스따로레첸스꼬예성과 끄라스끼노성에서 출토되었다. 모두 청동제이다. 스따

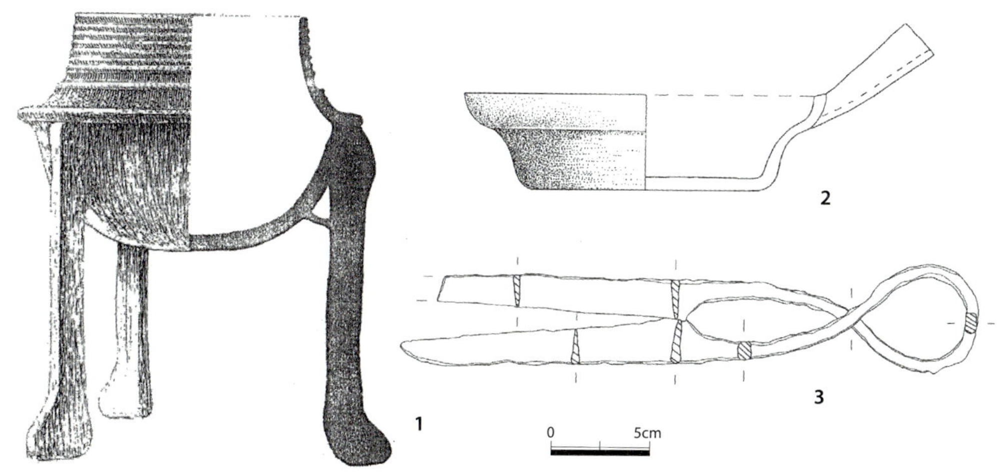

도VII-50　연해주 발해 유적 출토 철제 솥(1), 다리미(2), 가위(3)

1. 끄라스끼노성(김은국·정석배 2021)　|　2. 고르바뜨까성(겔만 E.I. 2004)　|　3. 꼬르사꼬브까 1유적(한국전통문화학교 외 2010)

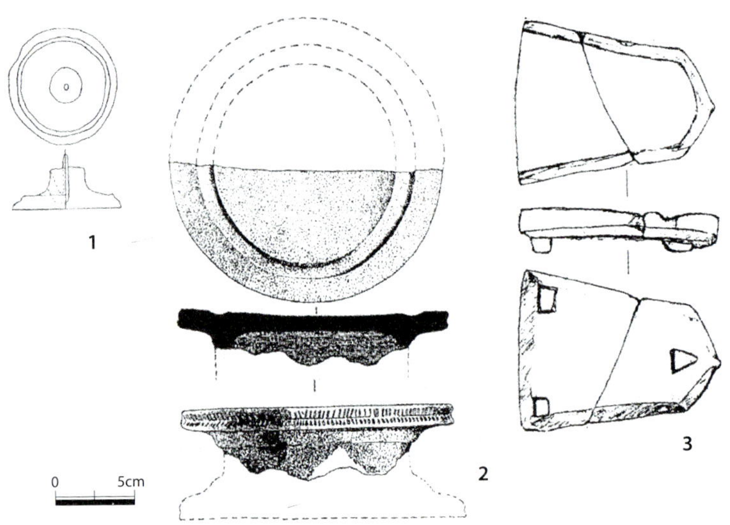

도Ⅶ-51　끄라스끼노성 출토 발해 촛대(1)와 벼루(2, 3)(김은국·정석배 2021)

로레첸스꼬예성 출토품은 전체가 온전하게 남아있는데 한쪽은 핀셋이고 다른 한쪽은 귀이개로 되어 있다.

돌에 부닥쳐 불을 일으키는 부싯쇠는 니꼴라예브까 2성, 마리야노브까성, 끄라스끼노성 등에서 발견되었다. 휴대용으로서 길이가 대개 5cm 내외이며, 보통 양쪽 끝을 둥근 고리 모양으로 만들어 놓았다. 그런데 끄라스끼노성에서는 이런 형태의 부싯쇠 외에 테가 위로 올라간 모자를 연상시키는 형태의 부싯쇠도 발견된 것이 있다. 갈고리와 바늘은 형태가 온전한 것이 거의 없다.

촛대는 끄라스끼노성에서 2점이 출토되었다. 모두 토제이며, 그중 1점은 평면 원형의 2단 받침대 위에 쇠로 만든 촉을 꽂아 놓았다. 이 촛대는 전체 높이 3.4cm, 바닥 직경 7.0cm이다.

벼루는 끄라스끼노성에서 납작한 실패모양인 것과 키모양인 것이 각각 출토되었다. 실패모양 벼루는 평면이 원형이며, 윗부분이 절반 정도 남아있다. 가장자리 안쪽을 따라 폭 약 1cm의 고리 모양 홈이 만들어져 있다. 가장자리 외측은 2열의 수직 눈금으로 장식되어 있다. 직경은 약 17.5cm이다. 키모양 벼루는 평면이 길쭉한 5각 사다리꼴이기도 하며, 아래에 다리가 3개 달려있다. 좁은 쪽이 약간 낮으며, 길이는 12.5cm, 최대 폭은 9.7cm이다.

등잔은 모두 완 혹은 잔 모양의 토기 모양을 하고 있다.

다듬잇돌은 끄라스끼노성에서 1점이 출토되었다. 사암으로 만든 긴 입방체 모양을 하고 있으며 길이가 67cm이다.

맷돌은 아브리꼬스취락지에서 발견된 것이 전체 모양이 확인된다. 현무암 석재를 몸체의 한쪽이 돌출한 원통모양으로 가공한 다음에 속을 파내어 만들었고, 돌출한 부분에 손잡이가 들어갈 홈을 만들어 놓았다. 크기는 직경 30cm, 높이 11cm이다.

연해주의 발해 유적에서는 문지도리, 문고리, 배목, 자릿쇠, 문고리 빗장, 꺾쇠, 못, 경첩, 자물쇠와 열쇠 등도 발견된 것이 있다. 이 유물들은 건축자재이기도 하고 또 일상생활용품이기도 할 것이다. 이중 자물쇠는 끄라스끼노성, 바라바쉬 3유적, 꼭샤로브까 1성 등에서 일부가 잔존한 상태로 출토되었는데 자물통이 남은 것은 모두 대롱자물쇠이다. 청줏대에 V자 모양 속청이 부착된 잠글쇠도 확인된다. 열쇠는 비교적 많은 유적에서 출토되었다. 자물쇠와 열쇠는 모두 철제이다.

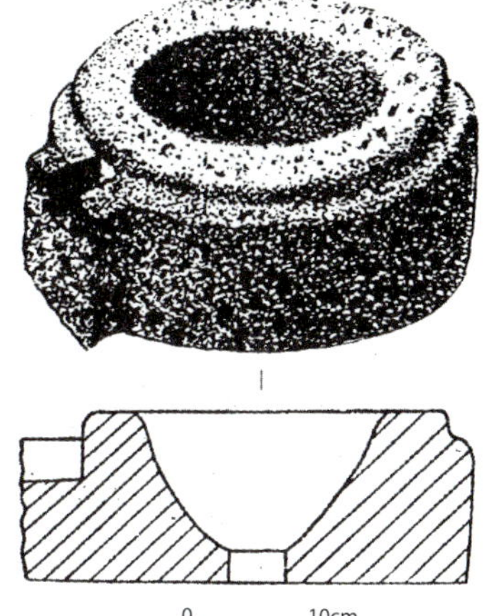

도Ⅶ-52　아브리꼬스취락지 출토 발해 맷돌(에.붸.샤브꾸노프 엮음 1996)

7) 놀이도구와 악기, 선박 관련 유물

놀이도구는 고누판과 공깃돌 그리고 주사위가 있다. 고누판은 끄라스끼노성에서 1점 출토되었다. 편평하고 매끈하게 다듬은 사암 석재의 윗면에 선을 그어 고누판을 만들었다. 공깃돌은 돌이나 와편으로 만든 것이 끄라스끼노성의 도로 유구에서 특히 많이 발견되었다. 토기 동체부편이나 와편으로 만든 작은 크기의 원판모양 유물은 고누의 말이었을 것으로 추정되기도 한다. 주사위는 아브리꼬스취락지에서 출토된 것이 있다.

악기는 니꼴라예브까 1성에서 출토된 철제 구금(口琴)(=후무스, 바르간)이 거의 유일하다. 다만 끄라스끼노성에서는 공이라 불리는 악기의 편도 출토된 것이 있다.

선박과 관련된 유물은 돌로 만든 닻돌이 있는데

도Ⅶ-53　끄라스끼노성 출토 발해 고누판(러시아과학원 극동지소 역사학고고학민족학연구소 박물관, 정석배 촬영)

도Ⅶ-54　끄라스끼노성 출토 공깃돌(정석배 촬영)

동해안 가까이의 시부치야만과 푸르겔마섬 부근에서 모두 3점이 발견되었다. 하나는 길쭉한 장방형의 판돌모양이고, 둘은 가운데가 잘록한 양원추형의 공이모양이다. 길이는 전자는 133cm, 후자는 183cm이다. 이 유물이 발견된 곳은 모두 발해 일본도의 해로구간 뱃길과 관련이 있을 것이다.

8) 형상유물

동물의 형상을 한 유물로는 토제 말머리, '용' 머리, 원숭이 모자(母子)상, 청동 쌍봉낙타상, 석제 오리 등이 있다. 이 유물들은 모두 끄라스끼노성에서 출토된 것인데 모두 사실적으로 표현되어 있다. 오리 형상은 돌 상자의 뚜껑이었을 것으로 추정된 바 있으며 길이는 5.2cm이다. 쌍봉낙타상은 크기가 1.7×1.8cm, 두께 0.8cm에 불과하지만 4개의 다리와 등의 혹을 비롯하여 신체의 세부 특징적이 잘 확인된다. 빠르띠잔스크 지구에 있는 니꼴라예브까성에서 출토된 左驍衛將軍攝利計 명문이 새겨진 청동부절은 물고기의 형상을 하고 있다. 끄라스끼노성 근처에서는 청동 인물상도 1점 발견된 것이 있다.

연해주 발해 유적에서 흔히 발견되는 유물중의 하나는 토제 다공체 유물이다. 이 토제

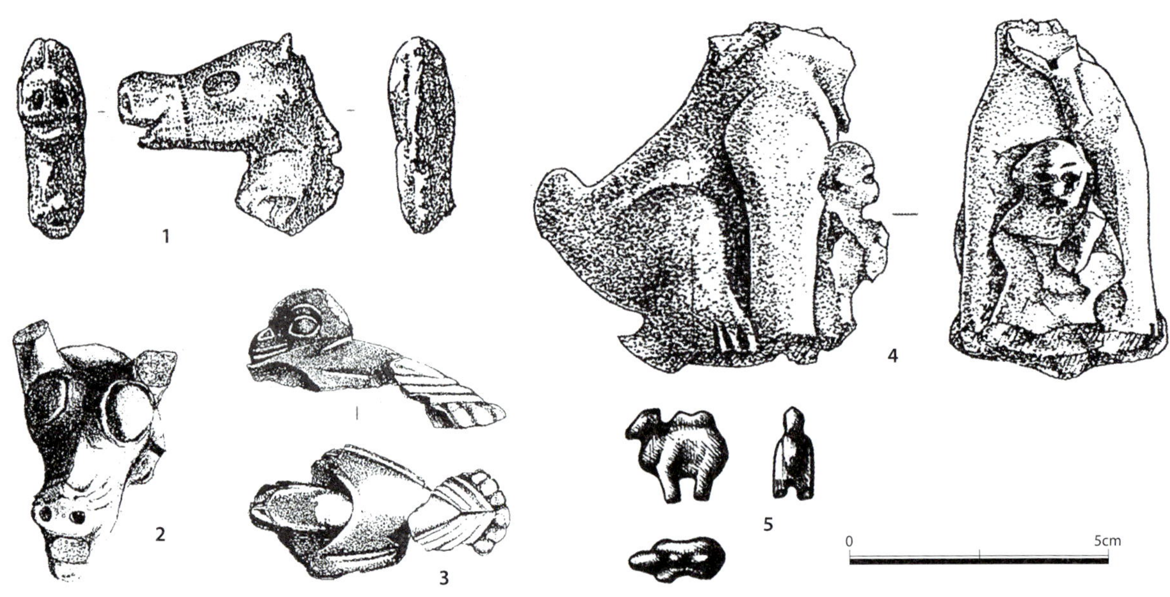

도Ⅶ-55　끄라스끼노성 출토 유물
1. 토제 말 ｜ 2. '용' 머리 ｜ 3. 석제 오리 ｜ 4. 토제 원숭이 모자상 ｜ 5. 청동 쌍봉낙타상(김은국·정석배 2021)

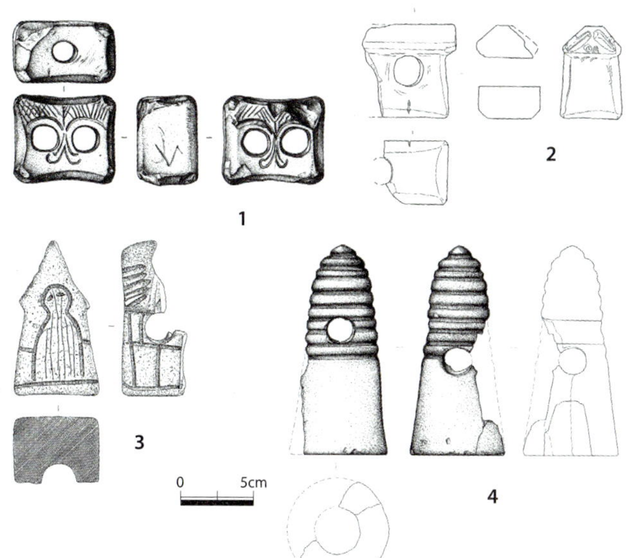

도Ⅶ-56　연해주 발해 유적 출토 토제 다공체유물
1, 3, 4. 끄라스끼노성(김은국·정석배 2021) ｜ 2. 체르냐찌노 2유적(한국전통문화학교 외 2009)

품은 입방체 모양을 가진 것이 많아 다공입방체 유물로 불리어지기도 하나, 위쪽에 지붕이 있는 것도 있고, 또 전체가 불탑모양인 것도 있다. 대개 상하 좌우에 서로 교차하는 구멍들이 만들어져 있으며, 구멍들 중 일부에는 가장자리에 검은색의 불에 그슬린 자국이 남아있다. 또한 표면을 여러 가지 문양으로 장식을 한 것도 많다. 이 유물의 용도는 아직 분명하지 못하다. 불탑모양 다공체 유물은 높이가 14.2㎝이다.

9) 치장도구와 장신구류

치장도구로는 청동거울과 나무 빗이 발견된 것이 있다. 청동거울은 끄라스끼노성과 니꼴라예브까 1성에서 각각 출토되었다. 끄라스끼노성 출토 거울 1점은 평면모양이 방형인데 뒷면이 가운데 꼭지와 팔곡화관을 중심으로 하여 8개의 공간으로 구분되어 있고, 각 공간은 각각 2개씩의 꽃으로 장식되어 있다. 그런데 공간을 구분하는 선과 그 안의 꽃이 모두 작은 알갱이들로 이루어져 있다. 이 거울은 크기가 7.51×7.55㎝이다. 니꼴라예브까 1성 출토 거울은 평면이 원형인데 뒷면에 가운데의 꼭지를 중심으로 그 둘레에 불꽃이 일고 있는 방형의 제단과 그 아래의 사자 그리고 그 좌우의 검을 가진 사람이 각각 표현되어 있다. 직경은 5.6㎝이다. 이 거울은 사산조 이란에서 제작된 것으로 평가된다. 나무 빗은 끄라스끼노성에서 절반 정도가 발견되었는데 평면이 반원형이다.

장신구류는 비녀, 팔찌, 반지, 귀걸이, 목걸이, 환옥, 대장식구, 각종 펜던트 등이 있다.

도Ⅶ-57　　연해주 발해 유적 출토 청동거울
1. 끄라스끼노성(김은국·정석배 2021)　|　2.
니꼴라예브까 1성(Yu.G.니끼띤 제공)

도Ⅶ-58　　끄라스끼노성 출토 청동과 금동 비녀(머리)(러
시아과학원 극동지소 역사학고고학민족학연구소, 정석배 촬영)

청동 비녀는 끄라스끼노성과 체르냐찌노5고분군에서 출토되었다. 끄라스끼노성 출토품 중
에는 금동 비녀도 1점 있고, 8점은 머리장식이 확인된다. 비녀 머리장식은 3개의 꽃대가 달
린 것과 그렇지 않은 것이 구분된다. 꽃대는 방울꽃이 2개 위아래로 연결된 모양을 하였다.
머리장식의 표면은 좁쌀모양의 작은 알갱이들 혹은 부조 선들로 장식되었다. 비녀의 대는 모
두 두 가닥이다.

　　목걸이는 유리 혹은 홍옥의 알에 구멍을 내어 만든 것이 많으며, 다른 재질의 목걸이
알과 관옥도 있다. 체르냐찌노5고분군 출토 유리 목걸이 알은 납작 동글한 남색이 다수이며
초록색과 청색도 있다. 홍옥 목걸이 알은 대개 동글동글하나 보리수 열매와 닮은 형태도 있
다. 환옥은 체르냐찌노5고분군에서 다수가 출토되었다. 가운데가 빈 원판모양이며 안쪽의
어느 한 것에 오목하게 홈이 만들어져 있어 목에 걸거나 하여 사용하였던 것임을 알 수 있다.
옥은 녹색계통의 것이 많으며 여러 가지 음영을 보인다. 부러진 환옥은 양쪽에 작은 은판을
덧대어 붙인 것도 확인되어 당시 옥이 상당히 귀하였음을 알 수 있다.

청동이나 철로 만든 대장식구는 대구(버클), 과판(띠꾸미개), 사미(띠꼬리장식) 등이 성, 취락지, 고분군 등 비교적 많은 수의 유적에서 발견되었다. 연해주 출토 대장식구는 과판의 경우 크게 돌궐식(튀르크식)과 아무르식으로 구분된다.

돌궐식은 수공이 있는 것과 없는 것이 있다. 수공이 있는 것은 평면모양이 장방형과 직기원형이 일반적인데 끄라스끼노성을 비롯하여 체르냐찌노5고분군, 시니예 스깔르이 유적, 로쉬노 4고분군, 모나스뜨이르까3고분군 등 다수의 유적에서 출토되었다. 그 외에 꼰스딴띠노브까 1유적과 시넬니꼬보산성에서는 평면 오각형, 니꼴라예브까 2성과 끄라스끼노성에서는 직변화형, 로쉬노 4고분군과 시니예 스깔르이 유적에서는 화형의 띠꾸미개도 각각 출토되었다. 수공의 형태는 장방형이 다수이고, 수적형도 있으며, 세장방형도 드물지만 확인된다. 철제 과판에는 수공이 타원형도 있다. 끄라스끼노성에서는 돌로 만든 과판도 1점 출토되었다. 수공이 없는 과판은 가장자리가 화형으로 된 것이 다수이며 전체적으로 장방형이나 심엽형 혹은 직기원형 등의 형태를 가졌다.

끄라스끼노성에서는 청동 과판의 경우 수공이 있는 돌궐식은 대체로 평면 장방형+장

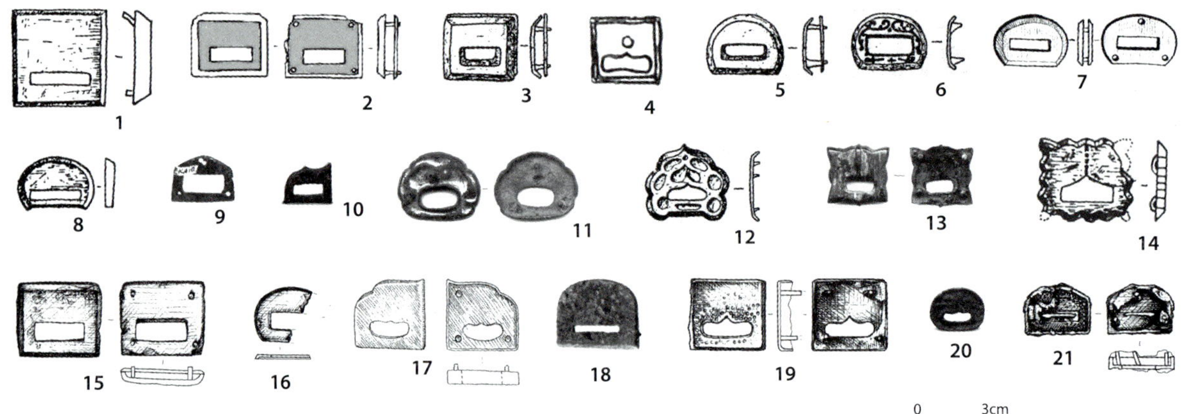

도Ⅶ-60　　연해주 발해 유적 출토 돌궐식 수공 과판 각종

1, 4, 8, 14. 모스나뜨이르까3고분군(디야꼬바 O.V. 1998) ｜ 2. 체르냐찌노5고분군(니끼띤 Yu.G. · 겔만 E.I. 2002) ｜ 3, 5~7, 12. 시니예 스깔르이 유적(예르마꼬프 V.E. 1990) ｜ 9. 꼰스딴띠노브까 1유적(한국전통문화학교 외 2010) ｜ 10. 니꼴라예브까 2성(볼딘 V.I. · 세메니첸꼬 L.E. 1975) ｜ 11, 13. 로쉬노 4고분군(니끼띤 Yu.G. 1988) ｜ 15~21. 끄라스끼노성(김은국 · 정석배 2021)

방형 수공 → 평면 직기원형+장방형 수공 → 평면 장방형+세장방형 수공, 평면 세장방형+장방형 수공 → 평면 장방형+타원형 수공, 평면 직기원형+수적형 수공, 평면 직변화변+수적형 수공, 평면 유사방형+세장방형 수공 → 평면 직기상변원형+세장방형 수공, 평면 직기상변원형+타원형 수공, 평면 준오각형+세장방형 수공, 평면 유사방형+타원형 수공 순서로 출현하는 것이 확인되었다. 그 외 평면 형태, 수공의 유무와 형태, 단부 형태 등도 시기에 따라 변화를 보였다. 예를 들어, 수공은 끄라스끼노성 발해 1~3기에 다 확인되나, 무수공은 마지막 3기에만 보이고, 방형과 직기원형은 거의 전 기간에 걸쳐 사용된 반면, 직기상변원형, 준오각형, 장방화변형, 심엽형, 심엽화변형은 마지막 제3기에만 보인다. 수공의 형태도 장방형은 거의 전기간동안 사용되었으나, 세장방형과 타원형, 수적형은 2기와 3기에만 보인다. 단부의 형태는 처음에는 둔각만 있다가, 1-3기 혹은 2기에 직각이 출현하였고 이후 3기에는 직각 단부가 높은 비율로 사용되었다.

　아무르식 과판은 일반적으로 평면모양이 장방형과 원형으로 구분된다. 장방형은 체르냐찌노5고분군, 로쉬노 4고분군, 노보뽀끄로브까 4고분군, 꼰스딴띠노브까 1유적, 시니에 스깔르이 유적 등에서 출토되었다. 아무르식 장방형 과편은 위와 아래 가장자리가 거의 모두 연주모양인데 로쉬노 4고분군에서는 위 가장자리는 조두모양이고 아래 가장자리를 경첩모양으로 하여 방울을 단 것도 있다. 평원 원형은 로쉬노 4고분군, 모나스뜨이르까3고분군, 뻬

도Ⅶ-61　연해주 발해 유적 출토 아무르식 과판 각종(러시아과학원 극동지소 역사학고고학민족학연구소 박물관, 정석배 촬영)
1. 체르나찌노5고분군 ｜ 2~4. 로쉬노 4고분군 ｜ 5. 뻬뜨로브까고분군

뜨로브까고분군, 시니예 스깔르이 유적 등에서 출토되었다. 모두 아래에 덧판이 부착되어 있는데 덧판의 아래 가장자리가 대부분 호선 형태이나 로쉬노 4고분군 출토품 중에는 곧은 경첩모양인 것도 있다.

10) 용기류

　용기류 유물은 토기가 가장 많은 수를 차지하며, 삼채기와 자기도 있고, 또 목제와 철제의 용기도 발견된 것이 있다. 목제 용기는 끄라스끼노성 우물에서 굽 달린 잔이 1점, 철제 용기는 끄라스끼노성 절터에서 작은 완이 4점 각각 출토된 것이 있다. 끄라스끼노성, 고르바뜨까성, 니꼴라예브까 2성, 마리야노브까성, 꼭샤로브까 1성 등등에서 출토된 자기는 월주요, 정요, 자주요, 장사요 등에서 생산한 수입품으로 거의 모두 작은 편들인데 대접 종류가 많다. 월주요 청자와 정요 백자가 가장 많은 수를 차지한다. 연해주 발해 유적 출토 삼채기는 납 산화물의 함유량이 56.32~72.79%로서 당삼채의 납 함유량이 28.6~33.1%인 것과 큰 차이를 보이는데, 이와 관련하여 E.I.겔만은 발해에서 직접 생산하였다는 의미로 발해 삼채라는 용어를 사용하고 있다.

　토기는 기본적으로 고구려계와 말갈계로 구분된다. 고구려계 토기는 모두 윤제 토기이다. 물레에서 성형의 주요 과정을 거친 고구려계 윤제 토기는 암회색이나 흑색에 가까운 것이 많지만 적갈색을 가진 것들도 있다. 또한 속심이 적갈색에 가깝고 외면이 암회색인 것들도 있다. 외면에는 회전 물손질의 흔적이 주로 남아있지만 수평방향으로 깎기 조정을 하였거나 혹은 수평 혹은 수직 방향으로 마연을 한 것들도 다수 있다. 문양은 수평 침선이나 파상침

도Ⅶ-62　　연해주 발해 유적 출토 토기 호(1, 2), 동이(3), 병(4)(러시아과학원 극동지소 역사학고고학민족학연구소 박물관, 정석배 촬영)
1, 2. 끄라스끼노성 ｜ 3. 니꼴라예브까 2성 ｜ 4. 체르냐찌노5고분군

선 혹은 융기선 등과 같은 음각과 양각 문양을 어깨부분에 시문한 경우도 있으나 매우 드문 편이다. 하지만 암문으로 불리기도 하는 광택무늬는 비교적 자주 보인다. 광택무늬는 목 부분에 수직으로 낸 경우가 많고, 그 외에 동체에 수평이나 수직 혹은 서로 교차하는 방향으로 낸 것들도 있다. 광택무늬는 동이류 토기의 경우 내면에도 시문한 것이 있다. 태토는 니질에 가깝지만 대부분 미세한 사립이 섞여 있다.

　　연해주의 발해 유적 출토 토기에 대해서는 아직 종합적인 연구가 이루어진 적이 없다.

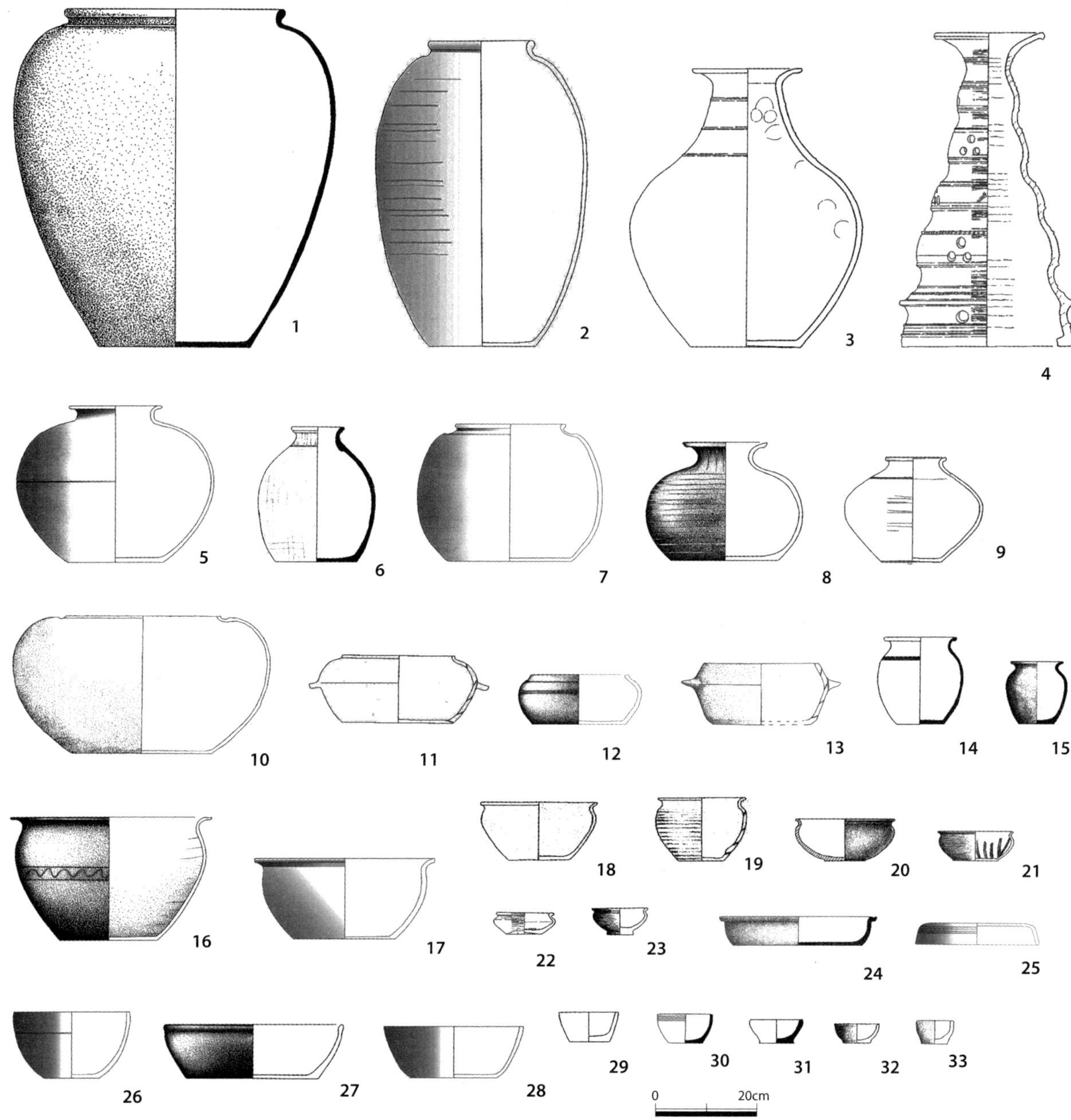

도Ⅶ-63   연해주 발해 유적 출토 토기

1·2. 토기 옹 ㅣ 3. 장경호 ㅣ 4. 기대 ㅣ 5~9. 외반구연 호 ㅣ 10·11. 직구호 ㅣ 12. 내만구연 호 ㅣ 13. 내만구연 발 ㅣ 14·15. 심발 ㅣ 16·17. 동이 ㅣ 18~20. 외반구연 발 ㅣ 21~23. 외반구연 완 ㅣ 24. 반 ㅣ 25. 반-뚜껑 ㅣ 26. 발 ㅣ 17, 28. 대접 ㅣ 29·30. 완 ㅣ 31~33. 종지

1, 2, 5~8, 10~13, 15~33. 끄라스끼노성(김은국·정석배 2021) ㅣ 3, 4, 9. 꼭샤로브까 1성(국립문화재연구소 외 2012) ㅣ 14. 마리야노브까성(연해주문화유적조사단 외 1999)

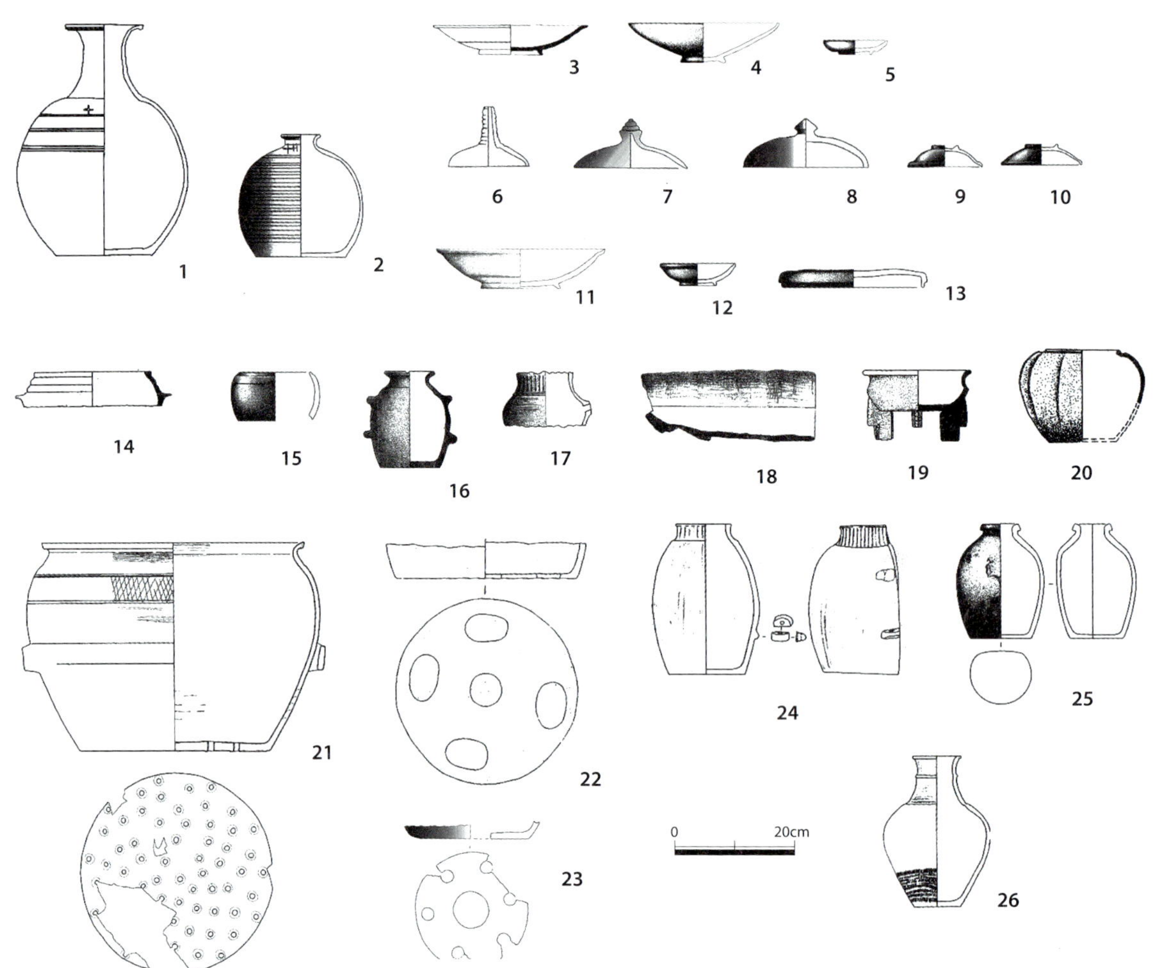

도Ⅶ-64　연해주 발해 유적 출토 토기

1, 2. 토기 병 ｜ 3~5. 접시 ｜ 6~8, 13. 뚜껑 ｜ 9~12. 뚜껑-접시 ｜ 14. 부형 토기 ｜ 15. 합 ｜ 16. 사이부호 ｜ 17. 주전자 ｜
18. 뿔모양 토기 ｜ 19. 삼족기 ｜ 20. 과형토기 ｜ 21~23. 시루 ｜ 24, 25. 편병 ｜ 26. 거란 토기 화병
1. 체르냐찌노5고분군(한국전통문화학교 외 2007) ｜ 2~18, 22~26. 끄라스끼노성(김은국·정석배 2021) ｜ 19. 끄라스끼노성
(에.붸.샤브꾸노프 엮음 1996) ｜ 20. 니꼴라예브까 2성(에.붸.샤브꾸노프 엮음 1996)

다만 *끄라스끼노성* 출토 토기에 대해서는 기종과 기형이 검토된 바 있다. *끄라스끼노성* 출
토 윤제 토기는 옹류, 외반구연 호류, 심발류, 동이류, 외반구연 발류, 외반구연 완류, 직구류,
내만구연 호류, 병류, 반류, 직벽-약호선 사발과 대접과 완, 뚜껑류, 접시류, 시루, 기타 드문
기형 토기 등이 각각 구분되었다. 각 기종의 토기는 다시 형태와 구연부의 형식이 세분된다.
드문 기형 토기에는 합, 주전자, 사이부호, 화병형 토기, 장경호, 포도주잔 모양 토기, 부형토
기, 기대, 뿔모양 토기, 삼족기, 다공토기, 향로, 과형토기 등등이 있다. 토기에 명문이 새겨

도Ⅶ-65　연해주 발해 유적 출토 말갈계 토기 각종
1~3. 체르냐찌노5고분군(한국전통문화학교 외 2005, 2007) ∣ 4·5. 시넬니꼬보 1산성(국립문화재연구소
외 2018)

진 것도 다수 확인되었는데 2008년에 제41구역 8호 주거지에서는 '道隆弘知'라는 글자를 새
긴 토기 저부편이 발견되기도 하였다. 끄라스끼노성에서는 거란의 토기 화병과 신라와 관련
된 것으로 보이는 편병도 출토된 것이 있다. 끄라스끼노성 출토 토기 중 몇몇 기종은 생활면
구분 덕분에 형식단위 상대편년이 가능할 것으로 생각되는데 관련 연구 성과가 기대된다.

　　연해주 발해 유적 출토 말갈계 토기는 수제 토기와 윤제 토기가 있지만 기형은 동체가
좁고 길쭉한 협타형(狹楕形)이 절대다수이고, 드물게 도린 입 토기도 있다. 말갈관이라 불리
기도 하는 협타형 토기는 구순이 이중인 것과 홑인 것이 구분된다. 협타형 토기는 고구려계
윤제 토기와는 달리 산화 분위기에서 소성을 하여 색깔이 갈색 계통이며, 태토에 굵은 사립
이 섞인 경우가 많다. 또 흔히 기벽에 음식물 잔재가 탄화된 더껑이가 남아있다. 연해주 발해

유적 출토 협타형 토기는 협타 심발형과 목이 상대적으로 길고 잘록한 협타 화병형으로 크게 구분된다. 그 외에 말갈계 토기로서 동체가 구체에 가까운 구상 화병형 토기가 있다. 체르냐찌노5고분군에서는 산화소성을 한 수제의 호류 토기가 1점 출토되었는데 윤제 토기를 모방한 것으로 생각된다.

VIII

전망과 과제

한국사의 체계 속에서 발해는 북국에 해당되며, 남국인 통일신라와 함께 남북국시대(南北國時代)의 한 축을 이루었다. 그러나 발해의 도성이 한반도 내에 위치하지 않았었기에 발해에 대한 일반인의 관심은 한편으로 비껴있었고, 남한의 발해사 연구는 한국사의 큰 흐름 속에서 주변에 있었다고 할 수 있다. 발해 고고학도 마찬가지이다. 발해 고고학 연구는 2000년 이후에 이루어지기 시작하였다고 해도 그다지 틀린 말은 아니다. 직접 유적, 유물을 조사하고, 조사한 내용을 근거로 연구하는 고고학만의 방법론적 특수성 때문에 고고학 연구자들은 발해 고고학에 그다지 관심을 기울이지 않았다.

북방에 있었던 우리 역사에 관심을 불러일으킨 계기는 대중화주의(大中華主義)를 표방한 중국의 소위 '동북공정(東北工程)'이다. '동북공정'의 내용 중에 중요한 것은 북방에 있었던 고조선, 고구려, 발해로 이어지는 일련의 우리 역사를 중국의 역사체계로 끌어들인 것이다. 따라서 유적, 유물로 우리의 역사임을 실증하려는 분위기가 일어났고, 이러한 분위기는 고구려 고고학과 발해 고고학 연구로 이어지게 되었다.

그러나 발해 고고학 연구는 고구려에 비하여 활발하다고 할 수 없다. '동북공정' 이전의 발해 고고학 연구는 손에 꼽을 만큼이었고, 문헌사학 입장에서 고고학 자료를 활용한 연구였다. 이러한 연구 경향은 '동북공정' 이후에도 크게 벗어나지는 못하였고, 최근에 들어서 고고학 자료에 근거한 발해 고고학 연구가 시작되었다고 할 수 있다.

발해의 고고학 연구 상황은 북한도 남한과 크게 다르지 않았다. 1960년대 발해는 고구려를 계승한 독립국가로 규정하고, 발해 고고학의 연구 목적은 유적, 유물로 발해가 고구려를 계승하였음을 밝히는데 두었다. 그럼에도 북한에서의 발해 고고학 연구는 질적으로나 양적으로 고구려 고고학에 비할 바가 되지 못하였다. 발해 유적, 유물의 조사는 함경북도와 함경남도의 동해안 일부 지역에 국한되었고, 조사된 유적, 유물로 발해의 고구려 계승과 발해 문화의 독창적 우수성을 강조하여서 오히려 동아시아에서의 발해가 가지는 국내외적 성격은 부각되지 못한 측면이 있었다.

한국사 체계 속에서 발해를 바라보지만, 남한이나 북한 모두에서 발해 고고학 조사와 연구의 역사가 그리 오래되지도 활발하지도 못한 것은 실질적으로 발해 유적의 다수가 중국 영토 내에 있다 보니, 발해 유적을 직접 조사할 수 없는 한계 때문이다. 따라서 발해 고고학

조사와 연구는 발해 영토의 넓은 범위를 차지한 중국에 의해 주도되었다고 할 수 있다.

중국은 '동북공정' 이전부터 발해를 말갈족의 나라로서 중국 당나라의 지방정권으로 보아왔다. 이러한 역사 인식은 발해 유적, 유물의 해석에 그대로 반영되어서, 말갈족의 성격이나 중국 당나라의 영향이 강조되는 반면 고구려 요소는 축소되거나 도외시되었다. 발해 유적, 유물의 평가에서 고구려를 배제하려는 경향은 '동북공정'과 함께 2000년대 들어와서 더욱 심해졌다. 2004년에서 2005년에 걸쳐 발굴조사를 마친 허룽 용두산 용해고분군의 3호분에서 출토된 순목황후 묘지를 공개하지 않아서 해당 묘지를 공개하라는 요구가 있었듯이, 중국의 조사된 유적, 유물의 선택적인 공개와 보고는 발해 고고학 자료를 이용하는데 커다란 장애가 되고 있다.

발해를 말갈의 나라로 인식하는 것은 러시아도 마찬가지이지만, 고고학 조사와 연구는 중국과 결을 달리한다. 러시아에서는 1850년대 중앙아시아에 거주한 고대 민족에 대한 연구 과정에서 연해주에 있는 고대 유적을 발해의 소산으로 이해하였다. 1950년대 이후 연해주와 아무르강 유역의 유적 조사 결과 지역마다 세부적인 차이가 있음이 밝혀졌다. 지역 차이를 보이는 고고문화는 말갈 문화를 공통분모로 하지만, 발해나 고구려 요소들이 혼재되기도 하는 등 복잡한 양상을 띠어서 발해 유적을 말갈의 유적으로 보기도 하고, 발해 시대에 해당되는 말갈 유적을 발해 유적으로 보는 등 발해와 말갈의 구별이 쉽지 않다.

발해의 영토를 공유한 북한과 중국이나 러시아의 발해 고고학 사정이 어떻든 간에 발해 고고학 자료가 가장 많이 축적된 것은 중국이라고 할 수 있다. 중국에서 조사한 발해 유적, 유물이 발해 고고학 연구의 주된 대상이 되고 있지만, 발해가 넓은 영토를 가진 영역국가인 만큼 발해 고고학 연구는 중국은 물론 북한이나 연해주의 발해 자료를 아우른 종합적인 연구가 되어야 한다. 그러나 현실은 그러하지 못하여서 나라마다, 연구자마다 발해 고고학 연구에 크고 작은 견해 차이가 있다.

도성은 중국에서는 중경 현덕부를 허룽의 서고성, 상경 용천부는 닝안의 상경성, 동경 용원부는 훈춘의 팔련성으로 비정하고 있고, 이러한 견해는 고고학 조사로 어느 정도 확인되었다. 그러나 북한에서는 동경 용원부를 함경북도 청진 부거리 일대로 비정하기도 한다. 이는 북한의 주체사관에 따른 해석이기는 하지만, 발해가 15부의 핵심이 되는 곳을 5경으로 정하였으므로 다른 관점에서 그러한 주장의 타당성을 생각해 볼 필요가 있다. 5경의 하나인 서경 압록부에 대해서는 구체적으로 알지 못한다. 마찬가지로 5경을 제외한 15부의 나머지 부에도 관심을 기울일 필요가 있다.

이와 관련하여 생각해 보아야 할 것이 각지의 성이다. 북한과 중국, 연해주에서 확인된 발해 성은 240여 곳에 이른다. 입지에 따라 평지성도 있고, 산성도 있으며, 성의 규모나 축성 방법이나 재료에 따라 다시 여러 가지 유형으로 세분된다. 그 중에는 고구려나 말갈이 초축한 것을 발해가 계속해서 사용한 것도 있고, 발해가 새롭게 축조한 성도 있으며, 발해 멸망 이후 재사용된 성도 있다. 고고학 조사로 이러한 점들을 밝혀야 한다. 그래야만 15부나 62주 행정 치소의 위치비정이 설득력을 가질 것이다. 그러나 도성을 제외하고는 전면적으로 조사된 성 유적은 거의 없다. 체계적인 전면 조사와 그에 따른 위치 비정은 발해 지방과 교통로 연구의 중요한 근거가 될 수 있으므로 위치를 비정한 견해에 대한 철저한 검토와 함께 각지 성의 발굴조사 자료를 차근차근 축적할 필요가 있다. 단편적인 조사로 특정 성을 고구려나 발해로 귀속시키는 등의 성급한 평가는 발해 고고학 연구에 그다지 도움이 되지 못한다.

고분은 성과 함께 발해 고고학 연구의 주된 대상이며, 많은 연구가 이루어졌다. 지금까지 둔화 육정산고분군, 닝안 홍준어장고분군, 연해주의 체르나찌노5고분군, 함경남도 북청 평리고분군, 함경북도 회령과 부거리 일대 고분군에 대한 발굴조사 보고서가 간행되었고, 각지의 크고 작은 고분도 보고문의 형태로 학술지에 소개되었다. 고분 조사와 연구에서 중국이나 러시아에서 갖는 관심의 하나가 고분의 주민이다. 발해의 광대한 영토 각지에 조성된 고분은 당연히 발해 주민의 무덤이지만, 해당 지역의 자연환경이나 역사적 배경을 고려해볼 때 일률적으로 설명하는 것은 곤란하다. 중국 헤이룽장성이나 지린성 일부 지역, 러시아 연해주 등지는 말갈에서 발해로 전환하였고, 말갈족도 지역에 따라 흑수말갈, 백산말갈, 속말말갈 등 여러 명칭으로 불린다. 함경도는 고구려에서 발해로 계기적으로 전개되었다. 배경을 달리하는 지역의 관점이 고분의 조사와 보고에 반영되어서, 지역의 고분들로부터 얻을 수 있는 정보는 일정한 한계를 가질 수 밖에 없다. 고분 자료가 갖는 사정이 이러함에도, 고분의 주민 구성과 결부시켜서 말갈의 무덤인 토광묘에서 석곽, 석실묘로 발전하였으므로 발해는 말갈의 나라라는 주장을 펴거나, 석실은 고구려가 아닌 중국 당나라 영향이라고 하거나, 반대로 석실묘는 고구려 묘제이며, 석실묘가 발해 무덤의 다수를 차지하므로 발해는 고구려를 계승하였다는 주장을 하기도 한다. 그간 많은 연구가 이루어진 고분의 유형 분류도 결국은 발해의 정체성과 결부된 해석을 내리는 경향이 있다. 말갈의 요소를 강조하는 것은 중국이고, 북한에서는 고구려 요소를 강조한다. 이러한 경향은 연해주의 발해 유적에서도 비슷하여서 말갈계 발해 또는 고구려 요소가 있는 것을 본원적 발해로 구분하자는 주장도 있다. 그러나 발해 고분은 대형분을 제외하고는 축조 재료와 축조 방식, 매장방법에 따른 매장부 구조와 장속 등이 서로 상관관계를 갖고 정형화된 모습을 보이지 않는다. 고분에 반영된 매장과 관련된 일련의 행위는 종족적 정체성을 반영한다는 고고학에서의 통념적 전제가 잘 드러나지 않는다. 때문에 발해 고분을 말갈계와 고구려계로 양분하는 것은 고분에 반영된 복합적 요소를 단순화하는 오류를 범할 수 있다.

발해 고고학에서 고분과 결부되어 생각해 보아야 할 문제가 무덤의 연대 비정과 전개이다. 알려진 대형분을 중심으로 한 고분들이 주로 건국 초나 전기 또는 중기에 집중되어있는 반면, 후기의 상황은 자세하지 않다. 발해의 마지막까지 도성이었던 상경 용천부 근처에서 삼릉둔고분 외에 대형분에 대한 조사가 이루어지지 않는 자료상의 문제인지 혹은 귀장을 했는지 또 다른 가능성으로 발해의 중심이 약해진 정치적인 이유가 있는지 등등 여러 가능성을 상정하고 살펴 볼 필요가 있다.

북한의 발해 고분도 구체적인 분석이 필요하다. 동해안 일대의 발해 고분으로 적석총도 있다고 하지만 적석총에 대한 보고는 이루어지지 않았고, 가까이 고구려 고분이 있다고도 하지만 동해안 일대에서 고구려에서 발해로의 전환이 고분에서는 설명되지 않는다. 현재까지의 연구 결과로는 한반도 동북지역에서 고구려의 고고학적 양상이 잘 파악되지 않으며, 이와 반대로 한반도 서북지역에서는 발해의 고고학적 양상을 확인할 수 없다. 이는 북한을 동과 서로 나누어, 서쪽은 고구려, 동쪽은 발해로 양분시켜 생각한 결과로 인식의 전환이 필요하다. 한편, 석곽인 창덕 3호분이나 궁심 2지구 13호분에서 출토된 금동제 태환이식은 고구려에서 유행한 것이어서 고구려에서 발해로의 연속성을 보여주는 것으로 해석될 수 있다. 이와는 달리 연차골1호분에서 출토된 재갈이나 행엽은 신라의 적석목곽분에서 출토된 것과 유사한 형식이다. 따라서 고구려와 신라, 그리고 발해의 관계를 생각하게 한다. 관심을 갖고 살펴 볼 필요가 있다.

유물도 도성과 지방 각지의 성이나 고분, 기타 유적 등 해당 지역의 정치적 위상이나 역사 배경 그리고 고고학 조사의 양과 질에 따라 차이가 있을 수 밖에 없다. 지금까지 알려진 발해 유물의 종류는 다양하지만 그 유물은 양이나 질 모두 분석할만큼 충분하지 못하여 현재의 발해 유물 연구는 자료의 집성 수준에 머물러 있다고 할 수 있다. 그럼에도 몇몇 유물은 관심을 기울일 필요가 있다. 산(山)자형으로 불리는 비녀(뒤꽂이), 장방형이나 방형, 원형의 청동제 패식은 넓은 지역에서 출토되는 발해의 지표유물이지만, 그 시기나 성격에 대해서는 구체적이지 못하다. '당식(唐式) 과대금구(銙帶金具)'로 불리기도 하는 '돌궐식 과대금구'는 어떤 명칭을 사용하는 가에 따라서 중국 당 또는 북방 돌궐과의 관련을 시사하므로, 용어 사용의 재정립이 필요하다. 발해의 표지 유물로 들고 있는 배가 깊은 통형의 심발은 '말갈관(靺鞨罐)' 또는 '발해관'으로도 불리는 발해의 고고학적 정체성을 보여주는 유물이지만, 정작 그 유물의 성격이나 연대에 대한 연구는 충분히 축적되지 못하였다.

일별한 바와 같이 발해 고고학 연구는 이제 시작 단계라고 할 수 있다. 이는 해결해야 할 문제가 적지 않고, 연구해야 할 과제가 많다는 의미이다. 여기서 간과하지 말아야 할 점은 자료에 대한 비판적 검증이다. 연해주 일대의 발해 고고학 자료는 한국과 러시아의 공동조사나 한국의 조사로 직접 조사한 자료를 고고학적 방법론으로 연구가 가능하지만, 중국이나 북한의 발해 고고 자료는 남한의 연구자들에게는 2차 자료이기 때문이다. 발해를 말갈족의 나라로 중국의 지방정권으로 보는 중국의 고고 자료에서는 고구려적인 요소나 영향은 배제되기 쉽고, 반대로 고구려의 계승을 강조하는 북한의 고고 자료에서는 중국 당나라나 이외의 요소가 배제되기 쉽다.

특히 21세기에 들어 중국의 발해 유적의 조사와 연구는 중국의 발해사 인식을 증명하려는 경향이 점점 공고해지고 있다. 이와 대척점에 있는 북한에서는 고구려를 계승한 독립국이라는 인식으로 함경도의 유적, 유물을 평가하고 있다. 편향된 시각으로는 유적, 유물에서 보이는 여러 요소들을 간과하게 된다. 그러나 명확한 것은 발해가 넓은 영역을 자치하였고, 그 형성과 성장 과정이 동시에 이루어지지 않았다는 점이다. 영토의 확대가 일시에 이루어지지 않았듯이 쇠퇴과정도 비슷하였을 것이다. 따라서 발해 고고학 연구는 해당 지역의 시간적 전후 맥락과 유적의 형성과 변형 등의 과정이 함께 고려되어야 한다. 과거를 연구함에 있어 가장 신뢰할만한 자료는 해당 지역에서 생활하였던 주민이 남긴 고고 자료이기 때문이다.

역사고고학에서 종종 보이는 연구 경향의 하나는 고고학 연구가 문헌자료에 종속되는 것으로, 발해 고고학 연구에서도 그러한 면들이 관찰된다. 발해 문헌자료의 다수가 중국측 자료이고, 중국측 자료를 고고자료가 방증하는 것으로 인용되기도 한다. 자칫 논리 순환의 우를 범할 수 있다. 고고학 연구에서 문헌자료의 인용은 신중을 기해야 하며, 사료를 비판하고 검증하듯이 고고 자료에 대한 비판적 검증도 선행되어야 한다. 여타 시대의 고고학 연구처럼 발해 고고학도 신뢰할 만한 고고 자료를 대상으로 객관적인 분석과 분석 결과로부터 추론하고, 이를 검증하는 과정을 거친 과학으로서 발해 고고학 연구가 되어야 자료의 취사선택으로 야기되는 자의적 해석이라는 비판을 면할 수 있다.

남한에서의 발해 고고학 연구 여건이 불리함에도 불구하고 발해 고고학 연구가 중요하고, 또 필요한 이유는 발해는 통일신라와 함께 남북국시대의 한축을 담당한 우리의 역사이기 때문이다. 실제로도 발해의 고고학 자료에서는 발해의 고구려 계승이 확인된다. 그리고 발해에서 고려로의 계기성도 인정된다. 발해 멸망 후 발해 유민의 일부는 요나라나 금나라에 흡수되기도 하였고, 거주지를 떠나지 않은 발해 주민은 후에 여진으로 불리기도 하였겠지만, 일부는 멸망 전부터 고려로 망명하였다. 발해 주민의 고려 망명은 40차례 가까이 이루어졌고, 그 수는 5만이 넘었을 것으로 추산되고 있다. 고구려에서 발해, 고려로의 계승이다.

발해 고고학 연구가 가지는 의미도 이에 있다고 할 수 있다. 발해 고고학 연구는 객관적이고 종합적인 시각에서 북한, 중국, 러시아 연해주의 고고 자료를 망라하고, 조사 보고된 고고 자료의 정리, 검토와 재평가에서부터 시작하여야 할 것이다. 발해 고고학을 발간하게 된 이유가 여기에 있다.

부록 표1　중국 동북지역의 발해 유적 조사

연도	성터	무덤	기타	출전
1923	서고성			鳥山喜一 1968
1924	팔련성			鳥山喜一 1968
1926	상경성			鳥山喜一 1929
1931	상경성			東亞考古學會 1939
1933-34	상경성	닝안 삼릉둔고분		東亞考古學會 1939 鳥山喜一 1935
1937	팔련성, 서고성			鳥山喜一 · 藤田亮策 1942
1941	1941-1942년 팔련성			齋藤甚兵衛 1942
1942	1. 서고성 2. 팔련성		3. 상경성 절터	1. 鳥山喜一 1968; 齋藤甚兵衛 1942 2. 駒井和愛 1960 3. 鳥山喜一 1943
1943	서고성			鳥山喜一 1968
1945	서고성			鳥山喜一 1968
1949		둔화 육정산고분(9기)		王承禮 · 曹正榕 1961
1957-60	목단강 상류, 하류-성터, 보루	목단강 상류-고분	목단강 하류-교량, 상류-건축지	王承禮 1962
1958		하이린 두도하자고분 (2기)		呂遵祿 1962
1959		육정산고분 (재정포함12기)		王承禮 · 曹正榕 1961
1963-64	상경성-절터, 침천지, 관청지	육정산20기, 닝안 대주둔고분(2기)		中國社會科學院考古研究所 1997 조중공동고고학발굴대 1966
1966-67		하이린 산저자(29기)		孫秀仁 1980
1971		허룽 하남둔(2기)		郭文魁 1973
1972	닝둥 대성자고성			張泰湘 1981
1973		허룽 북대고분(54기) 훈춘 마적달탑묘		延邊朝鮮族自治州博物館 외 1982 張錫瑛 1984
1977		1. 닝둥 대성자고분 2. 푸승둥 전전자 (3기)	3. 닝둥 단결유적- 주거지(4기)	1. 黑龍江省文物考古工作隊 외 1982 2. 龐志國 · 柳嵐 1983 3. 黑龍江省文物考古工作隊 외 1978
1979		1. 1979-80년 양툰 대해맹고분군(70기)	2. 허룽 고산절터	1. 吉林市博物館 1987 　吉林省文物工作隊 외 1991 2. 何明 1985
1980		1. 1980-81년: 　위수 노하심유적 2. 허룽 정효공주묘 3. 창바이 영광탑	4. 상경성 기와, 벽돌 가마터	1. 吉林省文物考古研究所 1987 2. 延邊朝鮮族自治州博物館 1982 3. 邵春華 1983 4. 黑龍江省文物考古研究所 1986

연도	성터	무덤	기타	출전
1981	1. 1981-85년: 상경성 궁성 정문(오봉루)3호문지, 1호 궁전과 동서 회랑	2. 허룽 용두산고분군 용해고분(7기)		1. 黑龍江省文物考古工作隊 1985;1987c 2. 延邊博物館 1983
1982		1. 창바이 영광탑 2. 화린 석장구(18기)		1. 邵春華 1983 2. 黑龍江省文物考古研究所 1991
1983		하이린 이도하자고분(4기), 북참고분(3기)		黑龍江省文物考古研究所 1987
1984		1. 룽징 영성고분, 부민고분 2. 화린 석장구(18기)	3. 훈장 영안유적 주거지(6기)	1. 李正鳳·李強 1986 2. 黑龍江省文物考古研究所 1991 3. 吉林省文物考古研究所 1997
1985		융지 사리파(2기)		尹鬱山 1990
1988		1. 허룽 북대고분 (11기)	2. 훈춘 동육동2호유적, 솔만자유적	1. 延邊博物館 외 1994 2. 吉林省圖琿鐵路考古發掘隊 1990
1990	1. 상경성 황성-관청지		2. 자오허 칠도하촌유적	1. 黑龍江省文物考古研究所 2003a 2. 吉林市博物館 1993
1991		1. 닝안 삼릉둔 2호석실	2. 왕칭 홍운유적-건물지1기	1. 鄭永振·嚴長錄 2000 2. 吉林市博物館 1993
1992	1. 상경성 어화원 남문지	2. 닝안 삼릉둔고분 3. 안투 동청고분 (13기) 4. 1992-95년: 닝안 홍준어장고분군		1. 黃林啓 1993 2. 鄭永振·嚴長錄 2000 3. 옌볜박물관 1992 4. 黑龍江省文物考古研究所 2009b
1993		1. 허룽 용두산 용호고분(1기)	2. 하이린 도구 유적-주거지7기	1. 延邊朝鮮族自治州文物管理委員會 외 1993 2. 黑龍江省文物考古研究所 외 1997a
1994	1. 푸숭 신안고성		2. 하이린 하구유적-주거지6기/ 진흥유적-주거지 4기 3. 하이린 목란집동 주거지1기 4. 하이린 흥농고성	1. 吉林省文物考古研究所 2000, 2013a 2. 黑龍江省文物考古研究所 외 2001 3. 黑龍江省考古研究所 1996 4. 黑龍江省文物考古研究所 외 2005a
1995		1. 닝안 동연화촌(1기)	2. 세린하유역 주거기8기	1. 黑龍江省文物考古研究所 2003b 2. 黑龍江省文物考古研究所 외 1997b

연도	성터	무덤	기타	출전
1996		1. 하이린 양초구고분 　(26기) 2. 영안 삼릉둔 4호분		1. 黑龍江省文物考古研究所 1998 2. 趙哲夫·李陳奇 2013
1997	1997-2007년: 상경성			黑龍江省文物考古研究所 2009a
1998		허룽 용두산 석국고분 (삼채출토)		國家文物局 외 1999
2000	2000-05년: 서고성 (5개궁전지, 외성벽, 남문지)			吉林省文物考古研究所 외 2007
2003		1. 안투 중평(11기)	2. 2002-03년: 　둔화 오동성, 　영승유적	1. 吉林省文物考古研究所 외 2007 2. 吉林大學邊疆考古研究中心 외 2004, 　2006, 2007
2004	1. 2004-09년: 팔련성 (내성, 궁전지, 내외성벽, 남문지)	2. 2004년-09년: 　둔화 육정산고분 　(243기노출) 3. 2004-05년: 　허룽 용두산 　용해고분 4. 우창 향수하(48기)		1. 吉林省文物考古研究所 2014 2. 吉林省文物考古研究所 외 2012 3. 吉林省文物考古研究所 외 2009 4. 黑龍江省文物考古研究所 2016
2005			둔화 강동24개돌, 임승24개돌	吉林省文物考古研究所 2009a
2007	서고성			吉林省文物考古研究所 외 2016
2009	1. 2009-10년: 상경성 2. 서고성 3. 푸숭 신안고성			1. 黑龍江省文物考古研究所 2015 2. 吉林省文物考古研究所 외 2016 3. 吉林省文物考古研究所 2000, 2013b
2011		투먼 곡수 양묘장 (옹관묘1기)		吉林省文物考古研究所 2013a
2013	1. 2013-20: 　투먼 마반촌산성 2. 화뎬 소밀성			1. 吉林省文物考古研究所 외 2018 2. 吉林省文物考古研究所 2014
2014			허룽 하남둔절터	吉林大學邊疆考古研究中心 외 2017

연도	성터	무덤	기타	출전
1912	북청 청해토성	화대 부거리고분		서울대학교박물관·동경대학문학부 2003
1950		화대일대 답사		
1967	청해토성, 교성리토성			리정기 1967
1972	청해토성			
1980		청해토성주변 평리고분		
1983		회령 궁심고분		김남일·리정희 2016
1985		회령 궁심고분		김남일·리정희 2016
1987		1. 화대 창덕3호분	2. 신포 오매리절골 온돌건물지	1. 리준걸 1987 2. 김종혁·김지철 1991
1990		1. 화대 창덕 석실분, 토원리 석실분 2. 회령 궁심고분, 화대 릉산동고분, 송정동고분	3. 김책시 24개돌	1. 김종혁·리준걸 1990 2. 리준걸 1991 3. 한인덕 1991
1991		화대 금성리고분군		김종혁·김광남 1992
1992	1. 단천 가응산성 2. 김책 성상리토성			1. 김종혁 1992 2. 한인덕 1993; 1997
			신포 오매리 자기가마터	리창진 1995; 리창언 1998
1997		청진 연차골거분		한인덕 1998; 김남일 2005 한인덕·김남일 2000
2000		부거리 다래골, 독동고분		김남일 2002; 동북아역사재단 2011
2002		부거리 옥생동고분		장철만 2004; 동북아역사재단 2011
2007			회령 성북리 청동판불	사회과학원 고고학연구소 2007
2008	2008-10년: 부거석성, 부거토성, 연대봉봉수대, 독동토성	2008-09년: 부거리 다래골고분		지화산·김광혁 2013; 김재용·김영일 2013; 동북아역사재단 2011
2009		청진 연차골고분		김남일·김성철 2013; 동북아역사재단 2011
2012		회령 궁심고분		고고학연구소 고적발굴대 2018; 김남일·김대영 2019
2013	2012-13년: 인계리토성, 운두산성, 동건산성	회령 궁심고분		고고학연구소 고적발굴대 2018; 김남일·김대영 2019

연도	성터	무덤	기타	출전
2014	2014-15년: 북청 청해토성, 안곡산성, 용전리산성, 거산성	화대 창춘리석실 북청 평리고분		장철만·최춘혁 2015 동북아역사재단 2020b
2015	안공산성		신포 오매리절터 금산건물지	동북아역사재단 2020b

연도	성터	무덤	기타	출전
1958-59			꼬쁘이또절터	국립문화재연구소 2007, 2008, 2010, 2014
1960			아브리꼬스절터	
1970-80	끄루글라야 소쁘까취락지 마리야노브까성터, 니꼴라예브까I,II성터		끄루글라야 소쁘까 취락지	
1980	끄라스끼노성터, 스따로레첸스꼬예성터		아브리꼬스절터 꼬쁘이또절터 꼰스딴띠노브까취락지	
1993			1. 아브라모브까III-말갈 주거지 2. 꼬르사꼬브까절터, 우쑤리스크절터	1. 연해주 문화유적 조사단 편 1999 2. 원호식 편 1994; 문명대 외 2004
1995	마리야노브까성터			연해주 문화유적 조사단 편 1999
1996	스따로레첸스꼬예성터, 시녤니꼬보산성			田村晃一 외 1997; 田村晃一 1998, 1999
2000	고르바뜨까성터			겔만 E.I. 2005
2003		2003-08년: 체르냐찌노-5고분군		한국전통문화학교외 2005, 2006, 2007, 2009a
2004	1. 2004-15년, 2017-18년: 끄라스끼노성터 2. 2004-2008년: 몽골 친톨고이 발가스			1. 볼딘V.I.·겔만 E.I. 2005 고구려연구재단 외 2006 동북아역사재단 외 2007~2015, 2018, 2019 2. 끄라딘 엔.엔. 2011
2007			2007-08년: 체르냐찌노 2 주거유적	한국전통문화학교 외 2008·2009b
2008	2008~14년: 꼭샤로브까-1성터			국립문화재연구소 외 2012, 2015
2010			2010-12년: 헤르멘-덴즈 성터내 온돌주거지	
2015	2015-16년: 시녤니꼬보산성			국립문화재연구소 외 2018
2017	2017-19년: 스따로레첸스꼬예 평지성			

참고문헌

국문(남한)

강성봉, 2015, 「발해 금군과 도성방어체계」, 『역사와 현실』97.

강인욱, 2006, 「고구려 鐙子의 發生과 유라시아 초원지대로의 전파에 대하여」, 『東北亞歷史論叢』12.

강인욱, 2014, 「V.V.포노소프의 발해 상경성 발굴과 동아고고학회」, 『高句麗渤海研究』48.

강인욱, 2017, 「고고학 자료로 본 발해와 위구르 제국」, 『中央아시아研究』22-2.

강현숙, 2009, 「高句麗 故地의 渤海 古墳-中國 遼寧地方 石室墳을 中心으로」, 『한국고고학보』72.

강현숙, 2021, 「중국 길림성 안도 동청고분군 검토」, 『한국고대사를 바라보는 다양한 시선:문헌, 문자, 물질』.

겔만 E.I., 2005, 「제2장 고르바뜨까 성터 발굴 보고서」, 『2004년도 러시아 연해주 발해 유적 발굴 보고서』, 고구려연구재단.

겔만 E.I., 2008, 「발해 토기에서 나타나는 고구려 전통(КОГУРЁСКИЕ ТРАДИЦИИ В БОХАЙСКОМ ГОНЧАРСТВЕ)」, 『동북아시아문화학회 국제학술대회』발표자료집.

겔만 E.I.(정석배 역), 2010, 「러시아 연해주 발해유적 발굴의 결과와 의의」, 『高句麗渤海研究』38.

겔만 E.I.(임누리 역), 2012, 「발해 토기 형식분류」, 『2012 Asia Archaeology 국제학술심포지엄』, 국립문화재연구소.

겔만 E.I., 2013, 「크라스키노 성의 토기」, 『연해주 크라스키노 발해성 2012년도 발굴조사』, 동북아역사재단.

겔만 E.I.·쥬시홉스카야 I.S., 1993, 「Glazed Pottery from PO-HAI Sites of Primorie Region of Far fast」, 『先史와 古代』5.

고구려연구재단, 2004, 『러시아 연해주 크라스키노 발해 사원지 발굴보고서』.

고구려연구재단, 2005, 『2004년도 러시아 연해주 발해유적 발굴 보고서』.

고구려연구재단, 2006, 『2005년도 러시아 연해주 크라스키노성 발굴 보고서』.

고구려연구회·러시아과학원 시베리아분소 고고민족학연구소, 1998, 『러시아 연해주 발해 절터』, 학연문화사.

고성욱, 2018, 「발해 육정산고분군 연구」, 단국대학교 석사학위논문.

고영민, 2012, 「러시아 연해주 크라스키노 성지 출토 발해 토기 연구」, 부경대학교 석사학위논문.

고일홍, 2020, 「북한의 발해 연구사 서술을 위한 새로운 접근」, 『인문논총』77-4.

구난희, 2014, 「渤海 營州道의 行路와 運用」, 『高句麗渤海研究』60.

구난희·이병건·정석배·백종오·김진광·전현실·김진한, 2015, 『발해 유적 사전-중국편-』, 한국학중앙연구원출판부.

국립문화재연구소, 2005, 『중국 고대도성 조사 보고서』.

국립문화재연구소, 2012, 『Asia Archaeology 국제학술심포지엄』.

국립문화재연구소, 2014a, 『발해 토기 자료집』.

국립문화재연구소, 2014b, 『북방지역 고구려·발해 유적 지도집』.

국립문화재연구소, 2017, 『중국동북지역 고고조사 현황(2011-2015, 흑룡강성편)』.

국립문화재연구소, 2020a, 『발해 고고학 논문 해제집 러시아 Ⅰ』.

국립문화재연구소, 2020b, 『발해 고고학 논문 해제집 중국 1권(일반)』.

국립문화재연구소, 2020c, 『발해 고고학 논문 해제집 중국 2권(유적)』.

국립문화재연구소, 2020d, 『발해 고고학 논문 해제집 중국 3권(유물)』.

국립문화재연구소, 2021, 『중국 고고학 동향 – 2021년 春』.

국립문화재연구소·러시아과학원 극동지부 역사고고민족지연구소, 2015, 『연해주 콕샤로프카 유적』.

국립문화재연구소·러시아과학원 극동지부 역사학고고학민속학연구소, 2007, 『연해주의 문화유적 Ⅰ』.

국립문화재연구소·러시아과학원 극동지부 역사학고고학민속학연구소, 2008, 『연해주의 문화유적 Ⅱ』.

국립문화재연구소·러시아과학원 극동지부 역사학고고학민속학연구소, 2010, 『연해주의 문화유적 Ⅲ』.

국립문화재연구소·러시아과학원 극동지부 역사학고고학민속학연구소, 2012, 『연해주 콕샤로프카-1 평지
성 Ⅰ』.

국립문화재연구소·러시아과학원 극동지부 역사학고고학민속학연구소, 2014, 『연해주의 문화유적 Ⅳ』.

국립문화재연구소·러시아과학원 극동지부 역사학고고학민족학연구소, 2018, 『연해주 시넬니코보-1 산성』.

국립문화재연구소·러시아과학원 시베리아지부 고고학민족학연구소, 2008, 『트로이츠코예 고분군』.

국립문화재연구소·러시아과학원 시베리아지부 고고학민족학연구소, 2010, 『오시노보예 오제로 유적』.

국립중앙박물관, 2005, 『National Museum of Korea – 이전개관기념 도록』.

권순홍, 2020, 「발해 五京制에서 京의 의미와 五京制의 성립 시점」, 『高句麗渤海硏究』67.

권오영, 2011, 「고대 성토구조물의 성토방식과 재료에 대한 시론」, 『漢江考古』5.

권은주, 2008, 「말갈 연구와 유적현황」, 『중국학계의 북방민족 연구』, 동북아역사재단.

권은주, 2009, 「靺鞨7部의 實體와 渤海와의 關係」, 『高句麗渤海硏究』35.

권은주, 2012a, 「발해 전기 북방민족 관계사」, 경북대학교 박사학위논문.

권은주, 2012b, 「발해 상경성의 역사 및 지리 연구현황」, 『발해 상경성의 어제와 오늘 그리고 내일』, 2012년
고구려발해학회 학술대회 자료집.

권은주, 2016, 「발해와 거란 경계에 대한 시론적 검토」, 『高句麗渤海硏究』54.

권현주, 2006, 「접섭대에 대한 연구」, 『中央아시아硏究』11.

奇庚良, 2017, 「高句麗 王都 硏究」, 서울대학교 박사학위논문.

길림성문물고고연구소·돈화시문물관리소(정원철 역), 2011, 「길림 돈화시 강동·임승 "24개돌" 유적의 조
사와 발굴」, 『高句麗渤海硏究』40.

김기섭, 2008, 「발해의 멸망과정과 원인」, 『韓國古代史硏究』50.

김동우, 2017, 「발해 도성과 지방통치」, 『高句麗渤海硏究』58.

김동훈, 2019, 「발해인의 생활상과 교류 양상을 고고학 조사를 통해 밝히다-발해 염주성 이야기」, 『高句麗
渤海硏究』65.

김민지, 2000, 「발해 복식 연구」, 서울대학교 박사학위논문.

김영길, 2018, 「발해 마구 연구」, 한국전통문화대학교 석사학위논문.

김영길, 2020, 「발해 마구 연구」, 『東北亞歷史論叢』69.

김영길, 2021, 「뜨로이쯔꼬예 문화의 마구에 대한 일고찰-재갈과 등자를 중심으로-」, 『高句麗渤海研究』70.

김영현, 2017, 「발해 구들 연구」, 한국전통문화대학교 석사학위논문.

김왕직, 2015, 「발해 상경성 내 제1절터의 건축적 성격」, 『高句麗渤海研究』52.

김은국, 2017, 「渤海 鹽州城의 최근 발굴성과와 분석」, 『高句麗渤海研究』58.

김은국, 2019, 「발해유적 조사 성과에 대한 한국학계의 해석」, 『中央史論』50.

김은국·권은주·김진광, 2019, 『해동성국, 고구려를 품은 발해』, 동북아역사재단.

김은국·정석배, 2021, 『크라스키노 발해성 -발굴 40년의 성과-』, 동북아역사재단.

김은옥, 2013, 「발해 상경성의 발굴 및 고고연구 현황」, 『高句麗渤海研究』45.

김은옥, 2021, 「발해 상경성의 공간 구조적 특징에 대한 고찰」, 『高句麗渤海研究』70.

김종복, 2007, 「발해사의 전개와 영역 변천」, 『발해 5경과 영역 변천』, 동북아역사재단.

김종복, 2010, 「발해의 서남쪽 경계에 대한 재고찰」, 『韓國古代史研究』58.

김종혁, 2002, 『동해안 일대의 발해 유적에 대한 연구』, 중심.

김진광, 2010, 「서고성의 궁전배치를 통해 본 발해 도성제의 변화」, 『高句麗渤海研究』38.

김진광, 2012a, 「발해 도성의 구조와 형성과정에 대한 고찰」, 『문화재』45-2.

김진광, 2012b, 「홍준어장고분군의 사회적 지위 및 성격」, 『高句麗渤海研究』42.

김진광, 2018a, 「고고학적 관점에서 본 발해 건국 집단의 분화·재편과정 검토」, 『인문과학연구』56.

김진광, 2018b, 「발해 용두산고분군 용해구역 M13·M14 고분의 위상과 그 주인공에 대한 시론적 고찰」,
　　　　『先史와 古代』56.

김진광, 2018c, 「중국학계의 발해 고분 연구현황과 쟁점」, 『高句麗渤海研究』60.

김진광, 2019, 「화장묘 조영과 정치세력 변화의 상관성 연구」, 『高句麗渤海研究』65.

김태순, 1994, 「발해 무덤의 유형 및 다인장 문제에 관하여」, 『先史와 古代』9.

김하늘, 2019, 「발해 고분의 지역성 연구」, 충북대학교 석사학위논문.

김희찬, 2010a, 「발해 연화문 와당의 고구려 계승성 검토」, 『高句麗渤海研究』36.

김희찬, 2010b, 「발해 인동문계 와당의 계통과 고구려 연관성 검토」, 『동아시아고대학』21.

끄라딘 N.N.·니끼띤 Yu.G.(정석배 역), 2018, 「연해주 북부지역의 중세시대 고고학 유적들」, 『高句麗渤海
　　　　研究』61.

남호현·정윤희, 2017, 「발해의 교통·관방체계 복원을 위한 예비작업」, 『한국상고사학보』96.

니끼띤 Yu.G., 2009, 「끄라스끼노 성터 부근의 발해 고분 발굴(2003년)」, 『연해주 체르냐찌노 5 발해고분군
　　　　(Ⅳ)』, 한국전통문화학교·러시아연방 극동국립기술대학교·러시아과학원 극동지소 역사학고고
　　　　학민족학연구소.

동북아역사재단, 2007, 『2006년도 러시아 연해주 크라스키노 성 발굴보고서』.

동북아역사재단, 2008,『새롭게 본 발해사』.

동북아역사재단, 2011,『부거리 일대의 발해유적』.

동북아역사재단, 2015,『회령 일대의 발해유적-2012~2013년 발굴조사 보고서』.

동북아역사재단, 2019,『발해문화 속의 크라스키노성 국제학술회의』.

동북아역사재단, 2020a,『발해유적의 국가별 발굴 성과와 재해석』.

동북아역사재단, 2020b,『북청일대의 발해유적-2014~2015년 발굴조사 보고서』.

동북아역사재단·러시아과학원 극동 역사고고민속학연구소, 2012,『2011년도 연해주 크라스키노 발해성 한·러 공동 발굴보고서』, 동북아역사재단.

동북아역사재단·러시아과학원 극동 역사고고민족학연구소·극동연방대학교, 2013,『연해주 크라스키노 발해성 2012년도 발굴조사』, 동북아역사재단.

동북아역사재단·러시아과학원 극동분소 역사고고민속학연구소, 2008,『2007 러시아 연해주 크라스키노 발해성 발굴 보고서』.

동북아역사재단·러시아과학원 극동분소 역사고고민속학연구소, 2010,『2008년도 연해주 크라스키노 발해성 한·러 공동 발굴보고서』.

동북아역사재단·러시아과학원 극동분소 역사고고민속학연구소, 2011a,『2009년도 연해주 크라스키노 발해성 한·러 공동 발굴보고서』.

동북아역사재단·러시아과학원 극동분소 역사고고민속학연구소, 2011b,『2010년도 연해주 크라스키노 발해성 한·러 공동 발굴보고서』.

동북아역사재단·러시아과학원 극동지소 역사학고고학민족학연구소, 2014,『연해주 크라스키노 발해성 2013년도 발굴조사』, 동북아역사재단.

동북아역사재단·러시아과학원 극동지소 역사학고고학민족학연구소, 2015,『연해주 크라스키노 발해성 2014년도 발굴조사』, 동북아역사재단.

동북아역사재단·러시아과학원 극동지소 역사학고고학민족학연구소, 2018,『연해주 크라스키노 발해성 2015년도 발굴조사』, 동북아역사재단.

동북아역사재단·러시아과학원 극동지소 역사학고고학민족학연구소, 2019a,『연해주 크라스키노 발해성 2017년도 발굴조사』, 동북아역사재단.

동북아역사재단·러시아과학원 극동지소 역사학고고학민족학연구소, 2019b,『연해주 크라스키노 발해성 2018년도 발굴조사』, 동북아역사재단.

디야꼬바 O.V.(정석배 역), 2018,「러시아 연해주 동부 및 동북부의 중세 고고학,」『高句麗渤海研究』61.

디야코바 O.V.(정석배 역), 2006,「연해주 발해 문화의 토기: 지리, 형식분류, 기원」,『高句麗研究』25.

메드베데프 V.E., 2018,「꼬르사꼬보 고분군에 대한 새로운 이해」,『발해의 동서 네트워크와 아무르 유역의 중세고고학』국제학술회의 자료집, 한국전통문화대학교 북방문화연구소.

문명대, 1994,「꼬르사꼬브까 불교사원지 발굴」,『러시아 연해주 발해유적』, 대륙연구소.

문명대, 1999,「발해 불상조각의 유파와 양식 연구」,『강좌미술사』14.

문명대·이남석·V.I.Boldin 외, 2004,『러시아 연해주 크라스키노 발해 사원지 발굴 보고서』, 고구려연구재단.

박규진, 2010,「발해 석축묘 연구」, 고려대학교 석사학위논문.

박규진, 2011,「발해 석실분의 형식과 구조에 대한 연구」,『高句麗渤海研究』39.

박유정, 2020,「발해 전묘의 현황과 특징」,『고구려 발해 북방사 연구의 새로운 모색』, 고구려발해학회 학술
　　　　대회 자료집.

박준형, 2015,「仁和寺御室御物實錄과 渤海金銅香鑪」,『高句麗渤海研究』51.

방학봉(임상일 역), 1998,『渤海의 佛教遺蹟과 遺物』, 서경문화사.

방학봉, 1999,「발해의 무기에 대하여」,『사학연구』58·59.

방학봉, 2000,『中國境內 渤海遺蹟研究』, 백산자료원.

방학봉, 2012,『구국일대 발해유적 자료집성』, 속초시립박물관.

방학봉, 2013a,『상경성일대 발해유적 자료집성』, 속초시립박물관.

방학봉, 2013b,『서고성일대 발해유적 자료집성』, 속초시립박물관.

방학봉, 2014,『팔련성일대 발해유적 자료집성』, 속초시립박물관.

방학봉, 2016,『백산·길림 등 구역내 발해유적 자료집성』, 속초시립박물관.

백종오, 2012,「渤海 기와의 研究史的 檢討」,『白山學報』92.

백종오, 2015,「渤海 기와 研究의 推移와 몇 가지 斷想」,『高句麗渤海研究』52.

볼딘 V.I.·겔만 E.I., 2005,『2004년도 러시아 연해주 발해유적 발굴 보고서』, 고구려연구재단.

사공정길, 2013,「고구려 식생활 연구」, 고려대학교 석사학위논문.

사회과학원 고고학연구소, 2009a,『발해의 성곽과 건축』, 조선고고학전서 41, 진인진.

사회과학원 고고학연구소, 2009b,『발해의 무덤』, 조선고고학전서 42, 진인진.

사회과학원 고고학연구소, 2009c,『발해의 유물』, 조선고고학전서 43, 진인진.

샤브꾸노프 E.V.(송기호 역), 1992,「不死鳥문양이 있는 발해의 막새기와」,『美術資料』50.

샤브꾸노프 V.E.(박규진·정석배 역), 2018,「연해주 스몰노예 문화」,『高句麗渤海研究』61.

샤브꾸노프 에.붸(송기호·정석배 역), 1996,『러시아 연해주와 발해 역사』, 민음사.

서울대학교박물관·동경대학문학부, 2003,『해동성국 발해』, 서울대학교박물관.

서울대학교박물관·동북아역사재단, 2008,『하늘에서 본 고구려와 발해』, 서울대학교박물관.

서일범, 1999,「북한 경내의 발해유적과 출토유물」,『高句麗研究』6.

小嶋芳孝, 2008a,「환동해 교류사에서 발해와 일본교류의 평가」,『발해와 동아시아』, 동북아역사재단.

小嶋芳孝(임석규 역), 2008b,「도문강 유역의 발해 도성과 와당 ‒ 사이토 마사루의 조사 자료에 근거하여」,
　　　　『동아시아의 도성과 발해』, 동북아역사재단.

小嶋芳孝, 2017,「瓦當編年으로 본 河南屯古城·西古城·八連城의 評價」,『발해 동경용원부 팔련성의 도성
　　　　조영과 역할』국제학술회의 자료집, 동북아역사재단·고구려발해학회.

손영식, 2011,『한국의 성곽』, 주류성.

송기호, 1984,「발해다인장에 대한 연구」,『韓國史論』11.

송기호, 1991,「발해성지의 조사와 연구」,『韓國史論』19.

송기호, 1993,『발해를 찾아서』, 솔출판사.

송기호, 1995,『渤海政治史研究』, 일조각.

송기호, 1996,「渤海人의 生活-服飾을 중심으로」,『한국복식학회지』28.

송기호, 1998,「육정산 고분군의 성격과 발해 건국집단」,『汕耘史學』8.

宋基豪, 2002,「발해 5京制의 연원과 역할」,『강좌 한국고대사』7.

송기호, 2004,「발해의 천도와 그 배경」,『韓國古代史研究』36.

송기호, 2006,『한국 고대의 온돌-북옥저, 고구려, 발해』, 서울대학교출판부.

송기호, 2010,「용해구역 고분 발굴에서 드러난 발해국의 성격」,『高句麗渤海硏究』38.

송기호, 2011,『발해 사회문화사 연구』, 서울대학교출판문화원.

송기호, 2012a,「발해건축사 연구 동향과 꼭샤로브까1 성터 건물지의 성격」,『건축역사연구』21-1.

송기호, 2012b,「용해구역 고분 발굴에서 드러난 발해국의 성격」,『高句麗渤海硏究』38.

송기호, 2019,『한국 온돌의 역사』, 서울대학교출판문화원.

Stoyakin Maksim, 2012a,「渤海城郭 研究」, 고려대학교 석사학위논문.

Stoyakin Maksim, 2012b,「발해성곽의 구조와 형식에 대한 연구」,『高句麗渤海硏究』42.

Stoyakin Maksim, 2016,「아무르-연해주 지역의 중세시대 성곽 연구」, 고려대학교 박사학위논문.

스토야킨 막심, 2017,「연해주 발해성곽의 구조와 성격」,『중앙고고연구』22.

M.스토야킨·정윤희, 2020,「러시아 연해주 스타로레첸스코예 발해 평지성 조사 성과(2018~2019)」,『2020
        Asian Archaeology 학술심포지엄』, 국립문화재연구소.

신희권, 2014,「판축토성(版築土城) 축조기법(築造技法)의 이해(理解) -풍납토성(風納土城) 축조기술(築造
        技術)을 중심(中心)으로-」,『문화재』47-1.

아스타쉔꼬바 E.V.(정석배 역), 2012,「발해주민의 표현 및 장식-응용미술-연해주 유적 발굴조사를 통해-」,
        『高句麗渤海硏究』42.

안재필, 2019,「만주·연해주지역 말갈관(靺鞨罐)검토」, 경희대학교 석사학위논문.

Yakupov Maxim, 2009,「러시아 沿海州 地域 渤海土器 研究」, 고려대학교 석사학위논문.

양시은, 2010,「일제강점기 고구려 발해 유적조사와 그 의미 -서울대학교 박물관 소장품을 중심으로」,『高
        句麗渤海硏究』38.

양시은, 2012,「연변지역 고구려 유적의 현황과 과제」,『東北亞歷史論叢』38.

양시은, 2015,「연해주지역 발해의 지방지배 방식 연구」,『湖西考古學』33.

양시은, 2016,『고구려 성 연구』, 진인진.

양시은, 2021,「高句麗 都城制 再考」,『한국상고사학보』112.

양은경, 2010,「渤海 上京城 佛敎寺院址의 建立年代와 佛敎 奉安의 復原」,『東北亞歷史論叢』27.

양은경, 2018,「연해주 지역 사원지 출토 발해 불상 시론,」『한국상고사학보』102.

양정석, 2010,「渤海 宮闕構造의 系譜에 대한 檢討 -上京城과 西古城의 宮殿址를 중심으로-」,『역사와 담

론』56.

여호규, 2008, 「鴨綠江 중상류 연안의 高句麗 성곽과 東海路」, 『역사문화연구』29.

연해주 문화유적 조사단, 1999, 『연해주에 남아 있는 발해 -沿海州 渤海遺蹟 調査報告-』, 고려학술문화재단.

王禹浪·王宏北, 2001, 「黑龍江 渤海山城에 나타난 高句麗文化 硏究」, 『高句麗硏究』12.

원호식, 1994, 『러시아 연해주 발해유적』, 대륙연구소.

유나리, 2015, 「고구려 금제 이식 연구」, 고려대학교 석사학위논문.

윤선태, 2002, 「韓國 古代의 尺度와 그 變化 - 高句麗尺의 誕生과 관련하여 - 」, 『國史館論叢』98.

윤재운, 2007, 「발해의 농업」, 『발해의 역사와 문화』, 동북아역사재단.

윤재운, 2013, 「발해 도성의 의례공간과 왕권의 위상」, 『韓國古代史硏究』71.

윤재운, 2014, 「발해 도성의 생산 및 유통」, 『역사문화연구』52.

윤재운, 2017, 「팔련성의 구성요소와 기와생산체계」, 『高句麗渤海硏究』58.

윤재운, 2018, 「鴨淥道를 통해 본 발해사신의 여정」, 『高句麗渤海硏究』60.

윤형준, 2014, 「연해주 발해 무덤의 지역성」, 『2014 Asia Archaeology 국제학술심포지엄』, 국립문화재연구소

이남석, 1994, 「끄라스끼노 발해고분」, 『러시아 연해주 발해유적』, 대륙연구소.

이남석, 1998, 「발해묘제의 연구」, 『國史館論叢』62.

이동휘, 2020, 「북한 경내의 발해유적 발굴조사 성과와 그 의의 -부거리와 북청 일대-」, 『역사와 세계』57.

이민영, 2017, 「발해 철촉 연구」, 한국전통문화대학교 석사학위논문.

이병건, 2003, 「발해 24개돌유적의 건축형식 연구」, 『대한건축학회 논문집 - 계획계』19(6).

이병건, 2006, 「발해 사찰유적의 건축형식 연구」, 『高句麗硏究』22.

이병건, 2007, 「발해의 교통로와 24개돌 유적의 기능」, 『발해 5경과 영역 변천』, 동북아역사재단.

이병건, 2013, 「渤海 上京城의 建築 造營과 形式」, 『高句麗渤海硏究』45.

이병건, 2018, 「발해 상경~장령부 구간 영주도 노선상의 24개돌유적 현황과 역참 가능성 탐구」, 『白山學報』
　　　　110.

이병건, 2021, 「발해 교통로 신라도 노선상의 유적분포와 그 여정」, 『高句麗渤海硏究』69.

이블리예프 A.L.(강인욱 역), 2006, 「러시아 연해주 발해고고학 연구의 현황」, 『高句麗硏究』25.

이성제, 2009 「高句麗와 渤海의 城郭운용방식에 대한 기초적 검토-延邊地域 분포의 성곽에 대한 이해를 겸
　　　　하여-」『高句麗渤海硏究』34.

이성준·김명진·나혜림, 2013, 「풍납토성 축조연대의 고고과학적 연구 -2011년 동성벽 조사결과를 중심으
　　　　로」, 『한국고고학보』88.

이송란, 2010, 「발해 상경성 출토 사리구의 구성과 특징」, 『東北亞歷史論叢』27.

이우섭, 2013, 「발해 연화문 와당 연구」, 고려대학교 석사학위논문.

이우섭, 2016, 「발해기와의 종류와 특징」, 『高句麗渤海硏究』54.

이우섭, 2017, 「발해 연화문와당의 편년과 지역성」, 『한국고고학보』105.

이종봉·이동휘, 2020, 「渤海의 度量衡制 硏究」, 『역사와 세계』58.

이종수, 2009, 「渤海西古城發掘現況과 그 意義」, 『高句麗渤海研究』34.

이종수, 2012, 「中國의 "長城保護工程"과 高句麗·渤海長城 現況 및 對應方案 檢討」, 『高句麗渤海研究』44.

이진원, 2017, 「渤海 口琴에 대한 악기학적 검토」, 『한국음악사학보』59.

임누리, 2014a, 「渤海 土器 研究」, 고려대학교 석사학위논문.

임누리, 2014b, 「발해 토기의 양상 및 전개」, 『발해 토기 자료집』, 국립문화재연구소.

林相先, 1988, 「渤海의 遷都에 대한 考察」, 『淸溪史學』5.

임상선, 2006a, 「발해'동경'지역의 고구려 문화요소」, 『高句麗研究』25.

임상선, 2006b, 「발해의 都城體制와 그 특징」, 『韓國史學報』24.

전현실, 2000, 「발해와 신라의 복식 비교 연구」, 가톨릭대학교 박사학위논문.

전호태, 1999, 「渤海의 고분벽화와 발해문화」, 『고구려발해연구』6.

정동귀, 2015a, 「발해 평기와 연구」, 한국전통문화대학교 석사학위논문.

정동귀, 2015b, 「발해 암막새에 대한 고찰」, 『高句麗渤海研究』52.

井上和人(임석규 역), 2008, 「발해 상경 용천부 도성 계획에 대한 신고찰」, 『동아시아의 도성과 발해』, 동북아역사재단.

정석배, 2008, 「체르냐쩨노5 고분군 출토 발해 철제유물」, 『동아시아 고대 철문화의 비교』, 한국전통문화대학교.

정석배, 2009a, 「러시아의 발해 연구 동향과 쟁점」, 『동아시아의 발해사 쟁점 비교 연구』, 동북아역사재단.

정석배, 2009b, 「아무르·연해주 지역의 말갈」, 『高句麗渤海研究』35.

정석배, 2010, 「꼰스딴찌노브까 1 마을유적 쪽구들 연구」, 『高句麗渤海研究』38.

정석배, 2011, 「연해주 발해시기의 유적 분포와 발해의 동북지역 영역문제」, 『高句麗渤海研究』40.

정석배, 2013a, 「발해 상경성의 도시계획」, 『高句麗渤海研究』45.

정석배, 2013b, 「발해 마을유적 소고 -방어시설이 없는 일반 마을유적을 중심으로-」, 『高句麗渤海研究』47.

정석배, 2014, 「목단강유역 발해 장성의 특징과 축조시기 문제」, 『高句麗渤海研究』49.

정석배, 2016, 「발해의 북방 경계에 대한 일고찰」, 『高句麗渤海研究』54.

정석배, 2017, 「발해의 성벽 축조방법에 대해」, 『先史와 古代』54.

정석배, 2018a, 「발해 거란도 노선 연구」, 『高句麗渤海研究』60.

정석배, 2018b, 「발해도성(渤海都城)의 성문형식(城門形式)에 대해」, 『白山學報』111.

정석배, 2019, 「발해의 북방-서역루트 '담비길' 연구」, 『高句麗渤海研究』63.

정석배, 2020a, 「발해의 서북쪽과 북쪽 경계에 대해 - 고고학자료를 중심으로-」, 『高句麗渤海研究』67.

정석배, 2020b, 「러시아 연해주 지역의 발해유적 발굴조사 현황과 과제」, 『발해유적의 국가별 발굴 성과와 재해석』, 동북아역사재단.

정석배, 2021a, 「끄라스끼노성 출토 발해 와당의 종류와 상대편년 문제,」 『東北亞歷史論叢』72.

정석배, 2021b, 「발해의 육로구간 일본도 연구」, 『高句麗渤海研究』66.

정석배·Yu.G.니끼띤, 2007, 「체르냐쩨노 5 발해고분군의 고분 유형과 출토 유물」, 『高句麗研究』26.

정석배·볼딘 V.I., 2015, 「발해의 가마(窯)에 대한 일고찰」, 『先史와 古代』43.

정석배·정동귀, 2014, 「연해주지역 발해 평기와 일고찰 -꼬쁘이또와 아브리꼬스 사원지 출토 평기와를 중심으로-」, 『高句麗渤海研究』50.

정영진, 1992a, 「중국 길림성 안도현 영경 동청촌 발해 무덤떼의 발굴략보」, 『백산 박성수 교수 화갑기념논총』.

정영진, 1992b, 「최근년간 중국 동북지역에서의 발해유적조사 발굴과 발해사 연구 동향」, 『한국상고사학보』9.

정영진, 1993, 「발해무덤연구」, 『발해사연구』1, 서울대학교출판부.

정영진, 2006, 「고분 구조로 본 발해 문화의 고구려 계승성」, 『고분으로 본 발해 문화의 성격』, 동북아역사재단.

정영진, 2009, 「발해토기연구」, 『白山學報』83.

정영진, 2016, 「연변대학과 북한 사회과학원의 고대유적공동조사 발굴 성과와 과제」, 『통일고고학을 위한 연구 현황과 과제 진단』, 2016년도 한국고고학회 학술회의 자료집.

정영진, 2018, 「최근 10여 년간 중국·북한경내에서 발굴된 발해 사찰유적」, 『先史와 古代』57.

정영진·이동휘, 2006, 「매장풍습으로 본 발해 문화의 다원성」, 『고분으로 본 발해 문화의 성격』, 동북아역사재단.

정윤희, 2020, 「발해 패식형 대장식구의 기초적 검토와 의미」, 『고구려 발해 북방사 연구의 새로운 모색』, 고구려발해학회 학술대회 자료집.

정윤희, 2021, 「발해 대장식구 연구」, 한국전통문화대학교 석사학위논문.

조홍광(정원철 역), 2014, 「상경성(上京城) 고고 발굴과 연구」, 『高句麗渤海研究』48.

조재모, 2011, 「고대 궁궐 정전의 평면 구성」, 『건축유적 발굴조사 자료집-고대궁궐Ⅱ(발해·논고편)』, 국립문화재연구소.

중앙문화재연구원, 2014a, 『발해의 고분 문화 Ⅰ』, 진인진.

중앙문화재연구원, 2014b, 『발해의 고분 문화 Ⅱ』, 진인진.

중앙문화재연구원, 2017a, 『발해의 고분 문화 Ⅲ』, 진인진.

중앙문화재연구원, 2017b, 『고구려·발해의 고분 문화 -증보편』, 진인진.

淸水信行(임석규 역), 2008, 「발해 상경 용천부 출토의 암키와와 수키와」, 『동아시아의 도성과 발해』, 동북아역사재단.

최몽룡, 1998, 「서울대학교 박물관 소장 발해 유물」, 『高句麗研究』6.

최성은, 2010, 「발해 상경성의 불상 -동아시아 불교조각과의 비교연구」, 『東北亞歷史論叢』27.

최슬기, 2021, 「발해도성 연화문 수막새 변천 연구 -역심엽형 연화문 수막새를 중심으로-」, 한국전통문화대학교 석사학위논문.

최정범, 2017a, 「韓半島 出土 唐式 帶裝飾具 硏究」, 경북대학교 석사학위논문.

최정범, 2017b, 「동아대학교 박물관 소장 唐式 帶裝飾具에 대한 소개」, 『영남고고학』78.

최정범, 2017c, 「中國 唐式 帶裝飾具의 登場과 展開」, 『中央考古研究』22.

최정범, 2018a, 「동북아 출토 당식 대장식구의 현황과 과제」, 『금공품으로 본 고대 동아세아세계의 교류』.

최정범, 2018b, 「渤海古墳 出土 唐式 帶裝飾具의 基礎的 檢討와 意味」, 『한국상고사학보』102.

최정범, 2018c,「한반도 唐式 帶裝飾具의 전개와 의미」,『한국고고학보』106.

최정범, 2019,「발해 왕릉 비정」,『한국고고학보』113.

최종택, 2001,「고구려 토기 연구 현황과 과제」,『高句麗硏究』12.

최진호, 2011,「발해 수막새 기와의 특징과 성격 연구」, 단국대학교 석사학위논문.

최진호, 2012,「渤海 수막새를 통해 본 渤海文化의 性格」,『先史와 古代』36.

클류에프 N.A.외 3인(김재윤 역), 2012,「꼭샤로브까-1 발해성지 조사연구성과」,『해동문화논총』2.

하라타 요시토(김진광 역), 2014,『동경성 발굴 보고』, 박문사.

한국전통문화학교·러시아과학원 극동지소 역사학고고학민족학연구소, 2010,『연해주의 발해유적과 꼰스딴찌노브까 1 주거유적』.

한국전통문화학교·러시아연방 극동국립기술대학교, 2005,『연해주 체르냐찌노 5 발해고분군 Ⅰ』.

한국전통문화학교·러시아연방 극동국립기술대학교. 2006,『연해주 체르냐찌노 5 발해고분군 Ⅱ』.

한국전통문화학교·러시아연방 극동국립기술대학교·러시아과학원 극동지소 역사학고고학민족학연구소, 2007,『연해주 체르냐찌노 5 발해고분군 Ⅲ』.

한국전통문화학교·러시아연방 극동국립기술대학교·러시아과학원 극동지소 역사학고고학민족학연구소, 2008,『연해주 체르냐찌노 2 옥저·발해 마을유적 Ⅰ』.

한국전통문화학교·러시아연방 극동국립기술대학교·러시아과학원 극동지소 역사학고고학민족학연구소, 2009a,『연해주 체르냐찌노 5 발해고분군 Ⅳ』.

한국전통문화학교·러시아연방 극동국립기술대학교·러시아과학원 극동지소 역사학고고학민족학연구소, 2009b,『연해주 체르냐찌노 2 옥저·발해 마을유적 Ⅱ』.

한규철, 1997,「중국의 발해유적-길림성을 중심으로-」,『白山學報』48.

한규철, 1998,「중국 흑룡강성의 발해 유적」,『汕耘史學』8.

한규철, 2007,「발해 5경의 성격과 기능」,『발해 5경과 영역 변천』, 동북아역사재단.

한규철, 2008,「북한의 발해유적과 성격」,『역사와 경계』68.

한동수, 2011,「고대 궁궐 건축의 제도와 배치」,『건축유적 발굴조사 자료집-고대궁궐Ⅱ(발해·논고편)』, 국립문화재연구소.

한성백제박물관·부산박물관·러시아과학원 극동지부 역사학고고학민족지학연구소·러시아 국립극동연방대학 박물관, 2014,『러시아연해주문물전 프리모리예』.

한정인, 2009,「발해 정효공주묘 연구」, 숙명여자대학교 석사학위논문.

홍형우, 2017,「연해주 북부와 아무르강 하류의 발해 시기 토기문화 고찰 포크로프카 문화에 대한 비판적 시각을 중심으로」,『한국시베리아연구』21.

홍형우, 2017,「연해주 스몰린스크 문화에 대한 비판적 검토 발해 문화와의 관련성을 중심으로-」,『先史와 古代』54.

황용순, 2010,「1998, 2007년도 고고 발굴조사 보고-발해상경성」,『東北亞歷史論叢』27.

국문(북한)

고고학연구소 고적발굴대, 2018, 「회령시 궁심 2지구 발해돌칸흙무덤 발굴보고(1)」, 『조선고고연구』2018-2.

고고학연구소 고적발굴대, 2018, 「회령시 궁심 2지구 발해돌칸흙무덤 발굴보고(2)」, 『조선고고연구』2018-3.

김남일, 2002, 「다래골 및 독동무덤 발굴보고」, 『조선고고연구』2002-3.

김남일, 2005, 「연차골 1지구무덤떼를 통하여 본 고구려와 발해의 계승관계」, 『조선고고연구』2005-2.

김남일, 2011, 「부거리일대 발해무덤의 분포에 대하여」, 『조선고고연구』2011-4 .

김남일·김대영, 2017, 「회령시 궁심2지구 발해무덤떼 돌곽흙무덤발굴보고」, 『조선고고연구』2017-2.

김남일·김대영, 2019, 「회령시 궁심발해무덤떼 3지구 무덤발굴보고」, 『조선고고연구』2019-2.

김남일·김성철, 2013, 「부거리 연차골 2지구 발해돌칸흙무덤 발굴보고」, 『조선고고연구』2013-2.

김남일·리정희, 2016, 「회령시 궁심2지구 발해무덤떼 돌관무덤발굴보고」, 『조선고고연구』2016-3.

김인철, 2011, 「발해24개돌유적의 성격에 대한 간단한 고찰」, 『조선고고연구』2011-4.

김재용·김영일, 2013, 「다래골돌칸흙무덤떼 3차 발굴보고」, 『조선고고연구』2013-3.

김종혁, 1990, 「청해토성과 그 주변의 발해유적」, 『조선고고연구』1990-4.

김종혁, 1992, 「가응산성 조사보고」, 『조선고고연구』1992-3.

김종혁, 1997, 「우리나라 동해안일대에서 조사발굴된 발해의 유적과 유물」, 『발해사연구론문집』2, 과학백과
　　　　사전종합출판사.

김종혁·김광남, 1991, 「화대군 정문리 창덕고분군 발굴보고」, 『조선고고연구』1991-3.

김종혁·김광남, 1992, 「화대군 금성리 무덤떼발굴보고」, 『조선고고연구』1992-2.

김종혁·김지철, 1989, 「신포시 오매리 금산발해건축지 발굴중간보고」, 『조선고고연구』1989-2.

김종혁·김지철, 1990, 「신포시 오매리 절골1호발해건축지 발굴보고」, 『조선고고연구』1990-2.

김종혁·김지철, 1991, 「금산 2건축지 발굴보고」, 『조선고고연구』1991-3.

김종혁·리준걸, 1990, 「창덕무덤떼 발굴보고」, 『조선고고연구』1990-3.

류병흥, 1992, 「발해유적에서 드러난 기와막새무늬에 대한 고찰」, 『조선고고연구』1992-4.

류병흥, 1997, 「동해안일대의 발해유적발굴에서 이룩한 성과에 대하여」, 『조선고고연구』1997-1.

리일룡, 2018, 「로씨야 연해변강일대 발해무덤의 특징」, 『조선고고연구』2018-2.

리정기, 1967, 「청해토성 및 교성리토성 답사보고」, 『고고민속』1967-4.

리준걸, 1986, 「함경남북도 일대의 발해 유적 유물에 대한 조사 보고」, 『조선고고연구』1986-1.

리준걸, 1987, 「새로 알려진 고구려와 발해의 금귀걸이」, 『조선고고연구』1987-4.

리준걸, 1991a, 「궁심무덤떼발굴보고」, 『조선고고연구』1991-1.

리준걸, 1991b, 「룡산동 및 송정동 무덤떼 발굴보고」, 『조선고고연구』1991-2.

리창언, 1998, 「최근에 조사발굴된 오매리 발해 자기가마터에 대하여」, 『조선고고연구』1998-4.

리창진, 1995, 「오매리자기가마터 발굴보고」, 『조선고고연구』1995-3.

리창진, 2014a, 「발해황실귀족무덤의 특징」, 『조선고고연구』2014-3.

리창진, 2014b, 「룡해14호무덤에서 나온 발해의 금관」, 『조선고고연구』2014-4.

리창진, 2015, 「발해벽돌관무덤의 구조형식과 피장자」, 『조선고고연구』2015-2.

리창진, 2018, 「홍준어장발해무덤떼」, 『조선고고연구』2018-4.

림광로·강승남, 1994, 「청해토성에서 나온 발해 철제품에 대한 금상학적 고찰」, 『조선고고연구』1994-4.

림호성, 1994, 「연해주에서 드러난 발해의 활과 화살에 대한 고찰」, 『조선고고연구』1994-1.

박시형, 1962, 「발해사 연구를 위하여」, 『력사과학』1962-1.

박시형, 1976, 「발해력사는 조선력사의 한 부분이다」, 『력사과학』1976-3.

박시형, 1979, 『발해사』, 김일성종합대학출판사.

박진욱, 1998, 「발해의 마구에 대하여」, 『조선고고연구』1998-4.

사회과학원 고고학연구소, 2002, 「발굴소식: 함경북도 청진시 청암구역 부거리에서 발굴된 다래골무덤과 독
동무덤」, 『조선고고연구』2002-2.

사회과학원 고고학연구소, 2007, 「학계소식: 회령시 성북리에서 새로 알려진 발해시기의 청동판불상」, 『조
선고고연구』2007-1.

승성호, 1998, 「발해초기의 성과 무덤에 대하여」, 『조선고고연구』1998-1.

장국종, 1971, 「발해건축의 력사적위치」, 『고고민속론문집』3, 사회과학출판사.

장철만, 1997, 「동해안일대의 발해무덤에 대하여」, 『조선고고연구』1997-1.

장철만, 1998, 「발해고분의 고구려적 성격에 대하여」, 『조선고고연구』1998-4.

장철만, 2001, 「류정산무덤떼에 대한 몇가지 고찰」, 『조선고고연구』2001-2.

장철만, 2003, 「발해시기석관봉토분에 대한 몇가지 고찰」, 『조선고고연구』2003-2.

장철만, 2004, 「옥생동무덤떼 발굴보고」, 『조선고고연구』2004-1.

장철만, 2011a, 「새로 알려진 발해의 황제, 황후무덤」, 『조선고고연구』2011-2.

장철만, 2011b, 「류딩산무덤떼에서 새로 발굴된 발해무덤에 대하여」, 『조선고고연구』2011-4.

장철만, 2013, 「회령시 성북리돌관무덤에서 알려진 발해시기의 쇠화살촉」, 『조선고고연구』2013-3.

장철만, 2015, 「발해무덤의 등급별 묘제에 대하여」, 『민족문화유산』2015-4.

장철만·최춘혁, 2015, 「화대군 창촌리 발해돌칸흙무덤 발굴보고」, 『조선고고연구』2015-3.

조선유적유물도감편찬위원회, 1991, 『조선유적유물도감 8: 발해편』, 외국문종합출판사.

조중공동고고학발굴대, 1966, 『중국동북지방의 유적발굴보고(1963~1965)』, 사회과학원출판사.

주영헌, 1966, 『중국 동북 지방의 고구려 및 발해 유적 답사 보고』, 사회과학원출판사.

주영헌, 1967, 「발해는 고구려의 계승자」, 『고고민속』1967-2.

주영헌, 1971, 『발해문화』, 사회과학출판사.

지화산·김광혁, 2013, 「다래골무덤떼 2차 발굴보고」, 『조선고고연구』2013-2.

채희국, 1988, 「발해의 정효공주묘와 정효공주묘에 대하여」, 『조선고고연구』1988-2.

최응선, 2005, 「우리나라에서 처음으로 발굴된 발해벽화무덤에 대하여」, 『조선고고연구』2005-1.

한인덕, 1991, 「김책시 동흥리 24개 돌유적」『조선고고연구』1991-4.

한인덕, 1993, 「성상리토성에 대하여」, 『조선고고연구』1993-1.

한인덕, 1997, 「성상리토성과 그 성격에 대하여」, 『조선고고연구』1997-1.

한인덕, 1998, 「새로 발굴된 연차골 제1호무덤은 발해의 왕릉급무덤」, 『조선고고연구』1998-4.

한인덕·김남일, 2000, 「연차골 제2지구 제1호무덤에 대하여」, 『조선고고연구』2000-1.

한인호, 1988, 「발해의 령광탑」, 『조선고고연구』1988-3.

한인호, 1997, 「금호지구 오매리절터에 대하여」, 『조선고고연구』1997-1.

중문

高峯·劉洪秋, 2007, 「淺析渤海國冶鐵業的發展」, 『東北史地』2007-2.

郭文魁, 1973, 「和龍渤海古墓出土的幾件金飾」, 『文物』1973-8.

橋梁, 1994, 「靺鞨陶器分期初探」, 『北方文物』1994-2.

橋梁, 2010, 「靺鞨陶器分區·分期及相關問題研究」, 『邊疆考古研究』9.

國家文物局·中國歷史博物館·中國革命博物館, 1999, 『國之瑰寶 -中國文物事業五十年1949~1999-』, 朝華
　　　　出版社.

金毓黻, 1934, 『渤海國志長編』, 華文書局.

金銀玉, 2009, 「寧安虹鱒魚場渤海墓葬研究」, 吉林大學 碩士學位論文.

金太順, 1997, 「渤海墓葬研究中的幾個問題」, 『考古』1997-2.

金太順, 2003, 「黑龍江東寧縣小地營遺址渤海房址」, 『考古』2003-3.

吉林大學邊疆考古研究中心·吉林省文物考古研究所, 2004, 「吉林敦化敖東城及永勝遺址考古發掘的主要收
　　　　穫」, 『邊疆考古研究』2.

吉林大學邊疆考古研究中心·吉林省文物考古研究所, 2006, 「吉林敦化市敖東城遺址發掘簡報」, 『考古』2006-9.

吉林大學邊疆考古研究中心·吉林省文物考古研究所, 2007, 「吉林敦化市永勝金代遺址一號建築基址」, 『考古』
　　　　2007-2.

吉林大學邊疆考古研究中心·吉林省文物考古研究所·延邊朝鮮族自治州博物館·和龍市文物管理所, 2017,
　　　　「吉林和龍"河南屯古城"復查簡報」, 『文物』2017-12.

吉林大學邊疆考古研究中心·吉林省文物考古研究所·琿春市文物管理所, 2015, 「吉林琿春古城村1號寺廟址遺
　　　　物整理簡報」, 『文物』2015-11.

吉林省圖琿鐵路考古發掘隊, 1990, 「琿春市東六洞二號遺址發掘簡報」, 『北方文物』1990-1.

吉林省文物考古研究所, 1987, 『楡樹老河深』, 文物出版社.

吉林省文物考古研究所, 1995, 「吉林永吉査里巴靺鞨墓地」, 『文物』1995-9.

吉林省文物考古研究所, 1997, 「吉林渾江永安遺址發掘報告」, 『考古學報』1997-2.

吉林省文物考古研究所, 1999, 「吉林汪清縣紅雲渤海建築遺址的發掘」, 『考古』1999-6.

吉林省文物考古研究所, 2000, 「撫松新安渤海古城的調査與發掘」, 『博物館研究』2000-2.

吉林省文物考古研究所, 2008, 『田野考古集粹-吉林省文物考古研究所成立二十五週年紀念』, 文物出版社.

吉林省文物考古研究所, 2013a, 「吉林圖們市曲水苗圃遺址的發掘」, 『考古』2013-11.

吉林省文物考古研究所, 2013b, 「吉林撫松新安遺址發掘報告」, 『考古學報』2013-3.

吉林省文物考古研究所, 2014, 「2013年吉林省文物考古研究所考古發掘收穫」, 『東北史地』2014-3.

吉林省文物考古研究所·吉林大學邊疆考古研究中心, 2009, 「吉林琿春市八連城內城建築基地的發掘」, 『考古』2009-6.

吉林省文物考古研究所·吉林大學邊疆考古研究中心·延邊朝鮮族自治州博物館·和龍市文物管理所, 2016, 「吉林和龍西古城城址2007~2009年發掘簡報」, 『文物』2016-12.

吉林省文物考古研究所·吉林大學邊疆考古研究中心·琿春市文物管理所, 2014, 『八連城 -2004~2009年度渤海國東京城址田野考古報告』, 文物出版社.

吉林省文物考古研究所·敦化市文物管理所, 2009a, 「吉林敦化市江東, 林勝"二十四塊石"遺跡的調査和發掘」, 『考古』2009-6 .

吉林省文物考古研究所·敦化市文物管理所, 2009b, 「吉林敦化市六頂山墓群2004年發掘簡報」, 『考古』2009-6.

吉林省文物考古研究所·敦化市文物管理所, 2012, 『六頂山渤海墓葬-2004~2009年清理發掘報告』, 文物出版社

吉林省文物考古研究所·俄羅斯科學院遠東分院遠東民族歷史·考古·民族研究所, 2013, 『俄羅斯濱海邊疆區渤海文物集粹』, 文物出版社.

吉林省文物考古研究所·安圖縣文管所, 2007, 「吉林安圖縣仲坪遺址發掘」, 『北方文物』2007-4.

吉林省文物考古研究所·延邊朝鮮族自治州文物管理委員會辦公室, 2009, 「吉林和龍市龍海渤海王室墓葬發掘簡報」, 『考古』2009-6.

吉林省文物考古研究所·延邊朝鮮族自治州文物保護中心, 2018, 「吉林省圖們市磨盤村山城2013~2015年發掘簡報」, 『邊疆考古研究』24.

吉林省文物考古研究所·延邊朝鮮族自治州文化局·延邊朝鮮族自治州博物館·和龍市博物館, 2007, 『西古城 -2000~2005年度渤海國中京顯德府故址田野考古報告』, 文物出版社.

吉林省文物考古研究所·延邊朝鮮族自治州文化局·延邊朝鮮族自治州博物館·黑龍江省文物考古研究所, 1986, 「渤海瓦窯址發掘報告」, 『北方文物』1986-2.

吉林省文物工作隊, 1985, 「吉林舒蘭黃魚圈珠山遺址清理簡報」, 『考古』1985-4.

吉林省文物工作隊·吉林市博物館·永吉縣文化局, 1991, 「吉林永吉楊屯遺址第三次發掘」, 『考古學集刊』7.

吉林省文物志編委會, 1984, 『和龍縣文物志』.

吉林省文物志編委會, 1985, 「江南滑雪　古墓葬」, 『通化市文物志』.

吉林市博物館, 1985, 「吉林永吉楊屯大海猛渤海遺址」, 『考古學集刊』5.

吉林市博物館, 1993, 「吉林省蛟河市七道河村渤海建築遺址清理簡報」, 『考古』1993-2.

吉林省博物館, 1995, 「吉林省圖們市涼水果園渤海墓葬清理簡報」, 『博物官研究』1995-3.

김태순, 1992, 「발해토기의 시기획분에 대하여」, 『발해사연구』3.

金太順, 1997, 「渤海墓葬研究中的幾個問題」, 『考古』1997-2.

丹化沙, 1983, 「渤海歷史地理研究情況述略」, 『黑龍江文物叢刊』1983-1.

譚英傑·趙虹光, 1990, 「靺鞨故地上的探索-試論黑水靺鞨與粟末靺鞨物質文化的區別」, 『北方文物』1990-2.

唐小軒, 2012, 「渤海三彩的幾個問題」, 『北方文物』2012-2.

陶剛, 1980, 「牧丹江市郊南城子調查記」, 『黑龍江省文博學會成立紀念文集』.

圖琿鐵路考古發掘隊, 1991, 「吉林省琿春市甩彎子渤海房址淸理簡報」, 『北方文物』1991-2.

董長菌, 1997, 「集安出土的幾件渤海時期文物」, 『博物館研究』1997-1.

慕高華, 2016, 「隋唐時期帶具的考古學研究」, 西北大學 碩士學位論文.

牡丹江市文物管理站, 1986, 「忙牛河子遺地調查」, 『東北三省渤海國史學術討論會資料』.

박윤무, 1991a, 「발해석실봉토무덤에 대한 고찰」, 『발해사연구』2 .

박윤무, 1991b, 「안도동청 발해무덤」, 『발해사연구』2.

박윤무, 1993, 「룡두산발해구역내의 룡호무덤떼에 대한 고찰과 발굴」, 『발해사연구』4.

박윤무, 1994, 「고구려도성과 발해도성에 대한 비교연구」, 『발해사연구』5.

龐志國·柳嵐, 1983, 「撫松縣前甸子渤海古墓淸理簡報」, 『博物館研究』1983-3.

방학봉, 1992, 「발해무덤과 다인장」, 『발해유적과 그에 관한 연구』, 연변대학출판사.

방학봉, 2001a, 『발해성곽』, 연변인민출판사.

방학봉, 2001b, 『발해경제연구』, 흑룡강조선민족출판사.

방학봉, 2002, 『발해성곽연구』, 연변인민출판사.

傅佳欣, 2001, 「吉林和龍縣河南屯古墓年代再討論」, 『7-8世紀東北地區歷史與考古國際學術討論會論文集』.

邵春華, 1983, 「長白靈光塔」, 『博物館研究』1983-1.

孫秉根, 1994, 「渤海墓葬的類型與分期」, 『漢唐與邊疆考古研究』, 社會科學出版社.

孫秀仁, 1980, 「略論海林山咀子渤海墓葬的形制, 傳統和文物特徵」, 『中國考古學會第一次年會論文集(1979)』, 文物出版社 .

孫秀仁·幹志耿, 1982, 「論遼代五國部及其物質文化特徵 -遼代五國部文化類型的提出與研究」, 『東北考古與歷史』1.

孫煒冉, 2014, 「渤海國軍事裝備初探」, 『北方文物』2014-3.

孫進己, 1982, 「渤海疆域考」, 『北方論叢』1982-4.

孫泓, 2004, 「渤海文化的主體」, 『高句麗渤海歷史問題研究論文集』, 延邊大學出版社.

宋玉彬, 2009, 「渤海都城故址研究」, 『考古』2009-6 .

宋玉彬·曲軼莉, 2008, 「渤海國的五京制度與都城」, 『東北史地』2006-6.

宋玉彬·王志剛, 2008, 「考古學視角下的西古城城址」, 『新果集: 慶祝林沄先生七十華誕論文集』, 科學出版社.

沈陽市文物考古研究所, 2006, 「2004年度沈陽石臺子山城高句麗墓葬發掘簡報」, 『北方文物』2006-2.

楊雨舒, 2005, 「渤海國時期吉林的鐵器述論」, 『北方文物』2005-3.

於匯歷, 1987, 「黑龍江海林二道河子渤海墓葬」, 『北方文物』1987-1.

嚴長錄, 1984,「和龍縣西古城及其附近渤海遺跡調査」,『博物館研究』1984-1.

엄장록, 1992,「정효공주 무덤의 몇 개 특점에 대한 탐구」,『발해사연구』3.

엄장록, 2000,「발해도기의 특징에 대하여」,『발해사연구』8.

엄장록·박룡원, 1991,「북대발해무덤연구」,『발해사연구』2.

呂遵祿, 1962,「黑龍江省寧安, 林口發現古墓葬群」,『考古』1962-11.

呂學明·李新全·肖景全·張波, 2007,「遼寧撫順市施家墓地發掘簡報」,『考古』2007-10.

延邊博物館, 1983,「和龍縣龍海渤海墓葬」,『博物館研究』1983-3.

연변박물관, 1992,「동청발해무덤발굴보고」,『발해사연구』3.

延邊博物館·和龍縣文物管理所, 1994,「吉林省和龍縣北大渤海墓葬」,『文物』1994-1.

延邊朝鮮族自治州文物管理委員會·延邊朝鮮族自治州博物館, 1993,「吉林省和龍龍湖渤海墓葬」,『博物館研究』1993-1.

延邊朝鮮族自治州博物館, 1982,「渤海貞孝公主墓發掘清理簡報」,『社會科學戰線』1982-1.

延邊朝鮮族自治州博物館·和龍縣文化館, 1982,「和龍北大渤海墓葬清理簡報」,『東北考古與歷史』1.

王培新, 1997,「靺鞨-女眞系銅帶飾及相關問題」,『北方文物』1997-1.

王培新, 2012,「20世紀前半期琿春八連城考古述評」,『邊疆考古研究』11.

王培新, 2013,「渤海早期王城研究中的幾個問題」,『中國邊疆史地研究』2.

王培新, 2018a,「黑龍江海林市細鱗河遺址發掘報告」,『北方文物』2018-1.

王培新, 2018b,「磨盤村山城爲渤海早期王城假說」,『新果集(二): 慶祝林沄先生八十華誕論文集』, 科學出版社

王培新, 2018c,「渤海中京和龍西古城佈局規劃考察」,『邊疆考古研究』24.

王培新·付佳欣·張殿甲, 1997,「吉林渾江永安遺址發掘報告」,『考古學報』1997-2.

王飛峯, 2012,「當溝研究」,『北方文物』2012-3.

王璽明, 2014,『從渤海遺址遺物看渤海國的社會經濟』, 黑龍江省社會科學院 碩士學位論文.

王承禮, 1962,「吉林敦化牡丹江上遊渤海遺址調査記」,『考古』1962-11.

王承禮, 1979,「敦化六頂山渤海墓清理發掘記」,『社會科學戰線』1979-3.

王承禮, 1984,『渤海簡史』, 黑龍江人民出版社.

王承禮·曹正榕, 1961,「吉林敦化六頂山渤海古墓」,『考古』1961-6.

王樂, 2009,「中國境內渤海陶器研究」, 吉林大學 博士學位論文.

王樂, 2015,「中國境內綏芬河流域渤海陶器的類型與分期」,『東北史地』2015-3.

王宇, 2019,「渤海國釉陶器的類型及相關問題分析」,『藝術學理論』.

王禹浪·都永浩, 2000,「渤海東牟山考辨」,『黑龍江民族叢刊』2000-2.

王禹浪·王宏北, 1994,『高句麗·渤海古城址研究匯編』, 哈爾濱出版社

王禹浪·王宏北, 2002a,「黑龍江渤海山城分佈與特徵」,『黑龍江民族叢刊』2002-1.

王禹浪·王宏北, 2002b,「黑龍江渤海山城的高句麗文化典型特徵」,『黑龍江民族叢刊』2002-3.

王增新, 1964,「遼寧撫順市前屯, 窪渾木高句麗墓發掘簡報」,『考古』1964-10 .

王志敏, 1985, 「吉林撫松新安渤海遺地」, 『博物館研究』1985-2.

王春榮·呼國柱·李國鳳, 1995, 「吉林省圖們市凉水果園渤海墓葬淸理簡報」, 『博物館研究』1995-3.

王俠, 1985, 「貞惠公主墓與貞孝公主墓」, 『學習與探索』1985-4.

王輝·葉啓曉·趙哲夫, 2000, 『黑龍江考古文物圖鑑』, 黑龍江人民出版社.

遼寧省文物考古研究所·撫順市博物館, 2007, 「遼寧撫順市施家墓地發掘簡報」, 『考古』2007-10.

遼寧省文物考古研究所·沈陽市文物考古研究所, 2012, 『石臺子山城』, 文物出版社.

于匯歷, 1987, 「黑龍江海林二道河子渤海墓葬」, 『北方文物』1987-1.

魏國忠·朱國忱·郝慶雲, 2006, 『渤海國史』, 中國社會科學出版社.

魏存成, 1990, 「高句麗, 渤海墓葬比較」, 『古民俗研究』, 吉林文史出版社.

魏存成, 2004, 「渤海都城的佈局發展及其與隋唐長安城的關係」, 『邊疆考古研究』2.

魏存成, 2008, 『渤海考古』, 文物出版社.

魏存成, 2012, 「渤海王室貴族墓葬及相關問題再探討」, 『中國考古學會第十四次年會論文集』, 文物出版社.

魏存成, 2015, 『高句麗渤海考古論集』, 科學出版社.

劉景文, 1990, 「吉林市帽兒山古墳羣」, 『中國考古學年鑒 1991』.

劉濱祥, 1994, 「淺談煙筒砬子渤海建築址出土物的性質和年代」, 『北方文物』1994-3.

劉忠義, 1982, 「東牟山在哪里」, 『學習與探索』1982-4.

劉忠義·馮慶餘, 1984, 「渤海東牟山考」, 『松遼學刊』1984-1.

劉曉東, 1996, 「渤海墓葬的類型與演變」, 『北方文物』1996-2.

劉曉東, 2006, 『渤海文化研究 -以考古發現爲視角-』, 黑龍江人民出版社.

劉曉東, 2014, 「靺鞨文化的考古學研究」, 吉林大學 博士學位論文.

劉曉東·李陳奇, 2006, 「渤海上京城三朝制建制的探索」, 『北方文物』2006-1.

劉曉東·祖延苓, 1988, 「南城子古城, 牡丹江邊牆與渤海的黑水道」, 『北方文物』1998-3.

劉曉東·胡秀傑, 2003, 「渤海陶器的分類, 分期與傳承淵源研究」, 『北方文物』2003-1.

尹鬱山, 1990, 「吉林永吉縣査里巴村發現二座渤海墓」, 『考古』1990-6.

尹鉉哲·李碩, 2005, 「朝鮮境內首次發掘渤海壁畫墓」, 『渤海史研究』10.

李强, 2009, 「吉林和龍市龍海渤海王室墓葬發掘簡報」, 『考古』2009-6.

李健才, 1983, 「樺甸蘇密城考」, 『黑龍江文物叢刊』1983-2.

李健才, 1990, 「肅愼, 挹婁, 女眞, 滿族埋葬習俗延變」, 『古民族研究』.

李建才, 1992, 「二十四塊石考」, 『北方文物』1992-2.

李健才·陳相偉, 1982, 「渤海的中京和朝貢道」, 『北方論叢』1982-1.

李硯鐵, 1999, 「海林北站徵集的幾件渤海時期文物」, 『北方文物』1999-2.

李英魁, 1989a, 「黑龍江省蘿北團結墓葬淸理簡報」, 『北方文物』1989-1.

李英魁, 1989b, 「黑龍江省蘿北團結墓葬發掘」, 『文物』1989-8.

李龍彬, 2006, 「2004年度沈陽石臺子山城高句麗墓葬發掘簡報」, 『北方文物』2006-2.

李殿福, 1981, 「從考古學上看唐代渤海文化」, 『學習與探索』1981-4.

李殿福, 1985, 「渤海文化」, 『松遼文物』1985-1.

李殿福, 1992, 「渤海考古學的主要收穫」, 『博物館研究』1992-2.

李殿福·孫玉良, 1987, 『渤海國』, 文物出版社.

李正鳳·李強, 1986a, 「吉林龍井英城渤海古墓」, 『博物館研究』1986-1.

李正鳳·李強, 1986b, 「吉林龍井富民渤海古墓」, 『博物館研究』1986-1.

李陳奇, 1999, 「靺鞨-渤海考古學的新進展」, 『北方文物』1999-1.

李陳奇·趙哲夫, 2010, 『海曲華風: 渤海上京城文物精華』, 文物出版社.

李含笑, 2019, 「渤海釉陶的考古學研究」, 吉林大學 碩士學位論文.

李曉非, 2005, 「海蘭江-圖們江流域渤海墓葬研究」, 吉林大學 碩士學位論文.

張錫瑛, 1984, 「琿春馬滴達渤海塔基清理簡報」, 『博物館研究』1984-2.

張玉霞, 2004, 「牡丹江流域渤海遺蹟出土陶器的類型學研究」, 吉林大學 碩士學位論文.

張玉霞, 2005, 「牡丹江流域渤海遺蹟出土陶器的類型學研究」, 『邊疆考古研究』9.

張殿甲, 1988, 「渾江地區渤海遺跡與遺物」, 『博物館研究』1988-1.

張鐵寧, 1994, 「渤海上京龍泉府宮殿建築復原」, 『文物』1994-6.

張泰湘, 1981, 「大城子古城調查記」, 『文物資料叢刊』4.

張欣悅, 2020, 『中國境內渤海墓葬出土鐵器研究』, 黑龍江大學 碩士學位論文.

鄭永振, 1984, 「渤海墓葬研究」, 『黑龍江文物叢刊』1984-2.

정영진, 1991, 「1988년에 발굴한 북대발해무덤 및 삼채그릇」, 『발해사연구』2.

鄭永振, 1994, 「吉林省和龍縣北大渤海墓葬」, 『文物』1994-1.

鄭永振, 2003, 『高句麗渤海靺鞨墓葬比較研究』, 延邊大學出版社.

鄭永振, 2008, 「渤海文化考古学新探-以陶器为中心」, 『東疆學刊』25-4.

鄭永振·嚴長錄, 2000, 『渤海墓葬研究』, 吉林人民出版社.

鄭永振·李東輝·尹鉉哲, 2011, 『渤海史論』, 吉林出版集團·吉林文史出版社.

鄭永振·李東輝·鄭京日, 2018, 『北青一帶的渤海遺跡 -2014~2015年度調查發掘報告書』, 香港亞洲出版社.

趙越, 2007, 「渤海瓦當研究」, 吉林大學 碩士學位論文.

趙哲夫·李陳奇, 2013, 『渤海三彩: 渤海上京城出土釉陶』, 文物出版社.

趙虹光, 2009, 「渤海上京城建制研究」, 『北方文物』2009-4.

趙虹光, 2012, 『渤海上京城考古』, 科學出版社.

趙虹光, 2014, 『渤海上京城存真』, 科學出版社.

朱國忱·金太順, 1996, 「黑龍江寧安靺鞨渤海墓葬羣」, 『歷史』101(臺灣).

朱國忱·金太順·李硯鐵, 1996, 『渤海故都』, 黑龍江人民出版社.

朱國忱·魏國忠, 1984, 『渤海史稿』, 黑龍江省文物出版編輯室.

朱國枕·趙虹光, 1986, 「渤海磚瓦窯址發掘報告」, 『北方文物』1986-2.

朱國枕·朱威, 2002,『渤海遺跡』, 文物出版社.

中國社會科學院考古研究所, 1997,『六頂山與渤海鎭 -唐代渤海國的貴族墓地與都城遺址-』, 中國大百科全書
　　　　出版社.

中國社會科學院考古研究所, 2009,「吉林和龍市龍海渤海王室墓葬發掘簡報」,『考古』2009-6.

池升元, 1983,「淺談渤海貞孝公主墓壁畵」,『延邊文物資料彙編』.

陳全家·張偉·王培新, 2004,「黑龍江海林市細林河遺址出土的動物骨體遺存研究」,『考古』2004-7.

彭善國, 2013,「靺鞨渤海的鳥頭形飾」,『東北史地』2013-4.

彭善國, 2017,「唐代渤海國的服飾—以考古資料爲中心」,『邊疆考古研究』22.

何明, 1985,「吉林和龍高産渤海寺廟址」,『北方文物』1985-4.

何明·程建民·李剛, 1995,「吉林永吉査里巴靺鞨墓地」,『文物』1995-9.

解峯, 2019,「渤海國佛敎遺存研究」, 吉林大學 博士學位論文.

呼國柱,1985,「延邊琿春渤海墓葬出土'開元通寶'」,『吉林文物』18期.

胡秀傑·劉曉東, 2001,「渤海陶器類型學傳承淵源的初步探索」,『北方文物』2001-4.

胡秀傑·劉曉東, 2003,「渤海陶器的分類, 分期與傳承淵源研究」,『北方文物』2003-1.

黃林啓, 1990,「寧安縣渤海鎭西石崗古墓羣出土文物簡介」,『北方文物』1990-4.

黃林啓, 1993,「渤海上京城御花園南門址被首次發現」,『北方文物』1993-1.

黑龍江省文物考古工作隊, 1985a,「渤海上京宮城第一宮殿東西廊廡遺址發掘清理簡報」,『文物』1985-11.

黑龍江省文物考古工作隊, 1985b,「渤海上京宮城第2, 3, 4號門址發掘簡報」,『文物』1985-11.

黑龍江省文物考古工作隊·吉林大學歷史系考古專業, 1978,『東寧團結遺址發掘報告』.

黑龍江省文物考古工作隊·吉林大學歷史系考古專業, 1982,「黑龍江東寧縣大城子渤海墓發掘簡報」,『考古』
　　　　1982-3 .

黑龍江省文物考古研究所, 1986,「渤海磚瓦窯址發掘報告」,『北方文物』1986-2.

黑龍江省文物考古研究所, 1987a,「黑龍江海林二道河子渤海墓葬」,『北方文物』1987-1.

黑龍江省文物考古研究所, 1987b,「黑龍江海林北站渤海墓試掘」,『北方文物』1987-1.

黑龍江省文物考古研究所, 1987c,「渤海上京宮城內房址發掘簡報」,『北方文物』1987-1.

黑龍江省文物考古研究所, 1991a,「黑龍江海林二道河子考古調査」,『北方文物』1991-1

黑龍江省文物考古研究所, 1991b,「黑龍江省牡丹江樺林石場溝墓地」,『北方文物』1991-4.

黑龍江省文物考古研究所, 1992,「黑龍江發掘渤海大形石室壁畵墓-對渤海史研究將起重大推動作用」,『中國文
　　　　物報』1992年1月19日第3期.

黑龍江省文物考古研究所, 1996,「黑龍江省海林木蘭集東遺址」,『北方文物』1996-2.

黑龍江省文物考古研究所, 1998,「黑龍江省海林市羊草溝墓地的發掘」,『北方文物』1998-3.

黑龍江省文物考古研究所, 2003a,「黑龍江東寧縣小地營遺址渤海房址」,『考古』2003-3.

黑龍江省文物考古研究所, 2003b,「黑龍江省寧安市東蓮花村渤海墓葬」,『北方文物』2003-2.

黑龍江省文物考古研究所, 2009a,『渤海上京城 -1998~2007年度考古發掘調査報告-』上·下, 文物出版社.

黑龍江省文物考古研究所, 2009b,『寧安虹鱒魚場 -1992~1995年度渤海墓地考古發掘報告-』上·下, 文物出版社.

黑龍江省文物考古研究所, 2012,「黑龍江省海林市山咀子渤海墓葬」,『北方文物』2012-1.

黑龍江省文物考古研究所, 2015a,「渤海上京城第1號街考古鑽探與發掘簡報」,『北方文物』2015-1.

黑龍江省文物考古研究所, 2015b,「黑龍江寧安渤海上京城宮城北門址發掘簡報」,『文物』2015-6.

黑龍江省文物考古研究所, 2015c,「黑龍江寧安渤海上京城出土渤海國舍利函」,『文物』2015-6.

黑龍江省文物考古研究所, 2016,「黑龍江五常市香水河墓地發掘簡報」,『考古』2016-4 .

黑龍江省文物考古研究所·吉林大學考古學系, 1997a,「黑龍江海林市渡口遺址的發掘」,『考古』1997-7.

黑龍江省文物考古研究所·吉林大學考古學系, 1997b,「1996年海林細鱗河遺址發掘的主要收穫」,『北方文物』1997-4.

黑龍江省文物考古研究所·吉林大學考古學系, 2001,『河口與振興 -牡丹江蓮花水庫發掘報告(一)-』, 科學出版社 .

黑龍江省文物考古研究所·吉林大學考古學系, 2005a,「黑龍江海林市興農渤海時期城址的發掘」,『考古』2005-3.

黑龍江省文物考古研究所·吉林大學考古學系, 2005b,「黑龍江寧安市渤海國上京龍泉府宮城4號宮殿遺址的發掘」,『考古』2005-9.

黑龍江省文物考古研究所·吉林大學考古學系·牡丹江市文物管理站, 2000,「渤海國上京龍泉府宮城第二宮殿遺址發掘簡報」,『文物』2000-11.

黑龍江省文物考古研究所·吉林大學邊疆考古研究中心, 2018,「黑龍江海林市細鱗河遺址發掘報告」,『北方文物』2018-1.

黑龍江省文物考古研究所·牡丹江市文物管理站, 1999,「渤海國上京龍泉府遺址1997年考古發掘收穫」,『北方文物』1999-4.

黑龍江省博物館, 1960,「牡丹江中下遊考古調査簡報」,『考古』1960-4.

노문

Андреева Ж.В., Жущиховская И.С., 1986, Гончарные печи в бухте Троицы // Методы естественных наук в археологиическом изучении древних производств на Дальнем Востоке СССР. (안드레예바 J.V., 쥬쉬홉스까야 I.S., 1986,「뜨로이짜만의 토기 가마들」,『소비에트 극동 지역의 고고학적 고대 생산시설에 대한 자연과학적 연구방법들』).

Асташенкова Е.В., Болдин В.И., 2004, Декор концевых дисков Краскинского городища // Россия и АТР, № 1. (아스따쉔꼬바 E.V., 볼딘 V.I., 2004,「끄라스끼노성의 와당 문양」,『러시아와 아시아태평양지역』№ 1).

Бичурин (Иакинф) Н.Я., 1950, Собрание сведений о народах, обитавщих в Средней Азии в древние времена, Москва-Ленинград (비추린(이아낀프) N.Ya., 1950, 『고대에 중앙아시아에 거주한 민족들에 대한 정보모음』, 모스크바-레닌그라드).

Болдин В.И., (1978)[23], Отчет об археологических исследованиях на городище Николаевское I и Николаевское II в Михайловском районе Приморского края в 1977 году. // Архив ИА РАН. Р-1, № 6748. (볼딘 V.I., (1978), 『1977년도 연해주 미하일로브까 지구 니꼴라예브까 1 성 및 니꼴라예브까 2 성 고고학조사 보고서』, 러시아과학원 고고학연구소 문서보관소, Р-1, № 6748).

Болдин В.И., (1981), Отчет об археологических исследованиях на Краскинском городище в Приморском крае в 1980 году // Архив ИА РАН. (볼딘 V.I., (1981), 『1980년도 연해주 끄라스끼노성터 고고학조사 보고서』, 러시아과학원 고고학연구소 문서보관소).

Болдин В.И., (1988), Отчет о раскопках на Константиновском-1 селище и. Новогордеевском городище в Приморском крае в 1987 году // Архив И. А РАН. (볼딘 V.I., (1988), 『1987년 연해주 꼰스딴띠노브까-1과 노보고르데예브까성 발굴조사 보고서』, 러시아 과학원 모스크바 고고학연구소 문서국).

Болдин В.И., 1989, Итоги изучения бохайского слоя на Новогородеевском городище в 1987 году // Новые материалы по средневековой археологии Дальнего Востока СССР. Владивосток.(볼딘 V.I., 1989, 「1987년도 노보고르데예브까-1 성의 발해층에 대한 연구 결과」, 『소련 극동 중세 고고학의 신자료』, 블라디보스톡.).

Болдин В.И., (1990), Отчет о раскопках на Абрикосовском храме и селище в Приморском крае в 1989 году // Архив ИИАЭ ДВО РАН (볼딘 V.I., (1990), 『1989년도 연해주 아브리꼬스절터와 취락지 발굴보고서』, 러시아과학원 고고학연구소 문서보관소).

Болдин В.И., 1992, Бохайские городище в Приморье // Россия и АТР, № 2. (볼딘 V.I., 1992, 「연해주의 발해 성들」, 『러시아와 아시아태평양지역』 № 2).

Болдин В.И., (1998), О результатах полевых исследований на Краскинском городище, городище Синельниково 1 и в Анучинском районе Приморского края в 1997 году // Архив ИИАЭ ДВО РАН. (볼딘 V.I., (1998), 『1997년도 연해주 끄라스끼노성과 시넬니꼬보 1성 및 아누치노 지구에서의 야외조사 결과들』, 러시아과학원 극동지소 역사학고고학민족학연구소 문서보관소.).

---

23 러시아학계에서는 발굴조사 혹은 지표조사 보고서를 인용할 때 저자 다음에 조사 연도를 표기하는 것이 관례이다. 하지만 보고서 자체는 일반적으로 조사 다음 연도가 표시되어 작성된다. 여기에서는 괄호 안에 보고서 발간 연도를 표기하였다.

Болдин В.И., (2000), О результатах полевых исследований на городищах Краскинское и Синельниково 1 в Приморском крае в 1999 году // Архив ИИАЭ ДВО РАН. Ф. 1, оп 2, дело № 348. (볼딘 V.I., (2000), 『1999년도 연해주 끄라스끼노성터 및 시넬니꼬보 1 성터 야외 조사 결과에 대하여』, 러시아과학원 극동지소 역사학고고학민족학연구소 문서보관소, 폰드 1, 오삐시 2, 델로 348).

Болдин В.И., 2001, Городище Синельниково-1 раннесредневековый памятник Приморья //Традиционная культура Востока Азии. Благовещенск. Вып. 3. (볼딘 V.I., 2001, 「시넬니꼬보-1 성 - 연해주의 중세시대 초기 유적」, 『극동의 전통 문화』 3, 블라고베센스크.).

Болдин В.И., Ивлиев А.Л., 2002, Многослойный памятник Новогордеевское городище - материалы раскопок 1986-1987 годов // Труды ИИАЭ народов Дальнего Востока ДВО РАН, Том XI, Актуальные проблемы дальневосточной археологии, Владивосток. (볼딘 V.I., 이블리예프 A.L., 2002, 「다층위 유적 노보고르데예브까성 - 1986~1987년도 발굴 자료」, 『러시아과학원 극동지소 역사학고고학민족학연구소 저작들』, 권11, 극동고고학의 당면 문제들, 블라디보스톡).

Болдин В.И., Никитин Ю.Г., (1997), Отчет об археологических разведках в Октябрьском, Уссурийском, Кавалеровском и Чугуевском районах Приморского края в 1996 году // Архив ИИАЭ ДВО РАН. (볼딘 V.I., 니끼띤 Yu.G., (1997), 『1996년도 연해주 옥짜브리스끼, 우쑤리스크, 까발레로보, 추구예프 주들에서의 고고학 지표조사 보고서』, 러시아과학원 극동지소 역사학고고학민족학연구소 문서보관소).

Болдин В.И., Семениченко Л.Е., (1976), Об археологических исследованиях на Николаевском II городище в Приморском крае в 1975 году // Архив ИИАЭ ДВО РАН. (볼딘 V.I., 세메니첸꼬 L.E., (1976), 『1975년도 연해주 니꼴라예브까 2성 고고학조사에 대해』, 러시아과학원 극동지소 역사학고고학민족학연구소 문서보관소).

Болдин В.И., Шавкунов В.Э., 1997, Предметы вооружения с селища Константиновское-1 // Вестник №1. ДВО РАН.. (볼딘 V.I., 샤브꾸노프. E.V., 1997, 「꼰스딴띠노브까-1 주거유적 출토 무기」, 『통보』 №1, 러시아 과학원 극동지소).

Бродянский Д.Л., Соболева М.В., 2008, Средневековые комплексы Рудановского городища // Столетие великого АПЭ к юбилею академика Алексея Павловича Окладникова., Тихоокеанская археология, выпуск 16, Владивосток, (브로댠스끼 D.L., 소볼레바 M.V., 2008, 「루다노브까 성 중세 복합체」, 『아카데믹 A.P.오끌라드니꼬프 기념 위대한 APE 100주년, 태평양고고학』, 16호, 블라디보스톡).

Галактионов О.С., Шавкунов Э.В. и др., (1972), Отчет об археологичемких исследованиях на территории Приморского и Хабаровского краев в 1971 году // Архив ИИАЭ ДВО РАН. (갈락띠오노프 O.S., 샤브꾸노프 E.V. 외, (1972), 『1971년도 연해주와 하바롭스크 지역에

서의 고고학조사 보고서』, 러시아과학원 극동지소 역사학고고학민족학연구소 문서보관소).

Гельман Е.И., 1998, Керамика Марьяновского городища // Археология и этнология Дальнего-Востока и Центральной Азии. Владивосток. (겔만 Е.I., 1998, 「마리야노브까성 출토 토기」, 『극동과 중앙 아시아의 고고학과 인종학』, 블라디보스톡.).

Гельмаи Е.И., (2002), Отчет об археологических исследованиях в Михайловском районе Приморского края в 2001 году // Архив ИИАЭ ДВО РАН. (겔만 Е.I., (2002), 『2001년도 연해주 미하일로브까 지구의 고고학조사 보고서』, 러시아 과학원 극동지부 역사학고고학민속학연구소 문서보관소).

Гельмаи Е.И., (2004), Отчет об археологических исследованиях на городище Горобатка в михайловском районе Приморского края в 2003 году // Архив ИИАЭ ДВО РАН. (겔만 Е.I., (2004), 『2003년도 연해주 미하일로브까 지구 고르바뜨까 평지성의 고고연구 보고서』, 러시아 과학원 극동지부 역사학고고학민속학연구소 문서보관소).

Гельман Е.И., (2005), Археологические исследования на городище Горбатка в Михайловском районе Приморского края в 2004 году // Архив ИИАЭ ДВО РАН (겔만 Е.I., 『2004년도 연해주 미하일로브까 지구 고르바뜨까성 고고학조사』, 러시아과학원 고고학연구소 문서보관소).

Гельман Е.И., 2005, Взаимодействие центра и периферии в Бохае (на примере некоторых аспектов материальной культуры) // Российский Дальний Восток в древности и средневековье. Открытия, проблемы, гипотезы. Владивосток. (겔만 Е.I., 2005, 「발해에서의 중앙과 지방의 상호작용 물질문화의 몇몇 측면을 통해 -」, 『고대와 중세의 러시아 극동 - 발견들, 문제들, 가설들』, 블라디보스톡).

Гельман Е.И., Болдин В.И., Ивлиев А.Л., 2000, Раскопки колодца Краскинского городища// История и археология дальнего востока. (겔만 Е.I., 볼딘 V.I., 이블리예프 A.L., 2000, 「끄라스끼노성의 우물 조사」, 『극동의 역사와 고고학』, 블라디보스톡.).

Горский В., 1852, Начало и первые дела Манчжурского дома // Тр. членов Российской духовной миссии в Пекине, Спб. Т. 1 (고르스끼 V., 1852, 「만주왕조의 시작과 첫 일들」, 『북경 러시아 영적 선교단 회원들의 저작들』, 권 1. 상트뻬떼르부르그).

Дьякова О.В., 1998, Мохэские памятники Приморья, Владивосток. (디야꼬바 O.V., 1998, 『연해주의 말갈 유적들』, 블라디보스톡).

Дьякова О.В., 2009, Военное зодчество Центрального Сихотэ-Алиня, Москва. (디야꼬바 O.V., 2009, 『중부 시호테-알린의 군사건축』, 모스크바).

Дьякова О.В., 2014, Государство Бохай: археология, история, политика, Москва. (디야꼬바 O.V., 2014, 『발해국: 고고학, 역사, 정치』, 모스크바).

Дьякова О.В., Болдин В.И., 1979, Классификация орнаментов гончарной керамики городища

Николаевское-II // Сибирь в древности. Новосибирск. (디야꼬바 O.V. · 볼딘 V.I., 1979, 「니꼴라예브까-2 성 출토 토기 문양 분류」, 『고대의 시베리아』, 노보시비르스크.).

Ермаков В.Е., 1990, Изделие из бронзы на памятниках ольгинской археологической культуры в Приморье. Препринт. Владивосток: ДВО АН СССР. (예르마꼬프 V.E., 1990, 『연해주 올가 고고학문화 유적 출토 청동유물』, 예비출간본, 블라디보스톡: 소련과학원 극동지소).

Ивлиев А.Л., 2005, Очерк истории Бохая // Российский Дальний Восток в древности и средневековье. Открытия, проблемы, гипотезы. Владивосток. (이블리예프 A.L., 2005, 「발해역사개관」, 『고대와 중세의 러시아 극동 -발견들, 문제들, 가설들』, 블라디보스톡).

Ивлиев А.Л., Болдин В.И., Никитин Ю.Г., 1998, Новые сведения о фортификации бохайских городищ // Археология и этнология Дальнего Востока и Центаральной Азии, Владивосток. (이블리예프 A.L., 볼딘 V.I., 니끼띤 Yu.G., 1998, 「발해성의 축성에 대한 새로운 정보들」, 『극동과 중부아시아의 고고학과 민족지학』, 블라디보스톡).

Клюев Н.А., Ивлиев А.Л., 2013, Уникальный архитектурный комплекс на городище Кокшаровка-1 в Приморье // Россия и АТР, №3. (끌류예프 N.A., 이블리예프 A.L., 「꼭샤로브까 1성의 희귀한 건축복합체」, 『러시아와 아시아태평양지역』, № 3).

Крадин Н.Н., 2011, Киданъский город Чинтолгой-балгас, Издательская фирма 《Восточная литература》 РАН, Москва ; 끄라딘 N.N., 2011, 『친톨고이 발가스 거란성』, 러시아과학원 동방 문헌출판사, 모스크바.

Крадин Н.Н. и др., 2018, Города средневековых империй Дальнего Востока, Изд-во восточной литературы, Москва. (끄라딘 N.N. 외, 2018, 『중세 제국의 도시들』, 동방 문헌 출판사, 모스크바).

Леньков В.Д., Шавкунов В.Э., 1993, Железные наконечники стрел бохайцев Приморья. // Военное дело населения юга Сибири и дальнего Востока. Новосибирск: Наука. (렌꼬프 V.D., 샤브꾸노프 E.V., 1993, 「연해주 발해인들의 철제 화살촉」, 『시베리아 남부와 극동 주민들의 군사물품』.

Матвеев З.Н., 1929, Бохай (渤海), Владивосток. (마드베예프 Z.N., 1929, 『발해』, 블라디보스톡).

Медведев В.Е., 1986, Приамурье в конце I - начале II тысячелетия (чжурчжэньская эпоха), Новосибирск. (메드베데프 V.E., 1986, 『1천년기 말~2천년기 초(여진시대)의 아무르강 유역』, 노보시비르스크).

Нестеров С.П., 1998, Народы Приамурья в эпоху раннего средневековья, Новосибирск, 1998. (네스떼로프 S.P., 1998, 『중세 이른 시기 아무르 유역의 제민족들』, 노보시비르스크).

Никитин Ю.Г., (1989), Отчет об археологических исследованиях на территории Красноармейского и Хасанского районов Приморского края в 1988 году // Архив ИА РАН Р-1. №.15520. (니끼띤 Yu.G., (1989), 『1988년 연해주 끄라스노아르메이스끼 지구와 하산 지구에서

의 고고학조사보고서』, 러시아과학원 고고학연구소 문서보관서 P-1. №15520).

Никитин Ю.Г., (1997), О результатах археологических исследований в Октябрьском районе и на Николаевском городище в Партизанском районе Приморского края в 1997 году // Архив ИА РАН. Р-1, №. 21377. (니키띤 Yu.G., 1997, 『1997년도 연해주 옥탸브리스끼 지구와 빠르띠잔스크 지구의 니꼴라예브까 평지성 고고발굴 조사』, 러시아 과학원 모스크바 고고학연구소 문서보관소).

Никитин Ю.Г., (1998), Отчет о разультатах археологических исследований н поселении Чернятино 2 в Октябрьском районе Приморского краяв 1998 году // Архив ИИАЭ ДВО РАН. (니키띤 Yu.G., (1998), 『1998년도 연해주 옥탸브리스끼 지구 체르냐찌노 2 유적의 고고연구 보고서』).

Никитин Ю.Г., 2005, Тан, Бохай и 'Восточные варвары' (Восточная периперия Бохая) // Российский Дальний Восток в древности и средневековье. Открытия, проблемы, гипотезы. Владивосток. (니끼띤 Yu.G., 2005, 「당, 발해 그리고 '동이들' (발해의 동쪽 변두리)」, 『고대와 중세의 러시아 극동 –발견들, 문제들, 가설들』, 블라디보스톡, 2005).

Никитин Ю.Г., Гельман Е.И., 2002, Некоторые результаты исследования раннестредневекового могильника Чернятино–5 в бассейне р. Суйфун // Археология и культурная антропология Дальнего Востока, Владивосток. (니끼띤 Yu.G., 겔만 E.I., 2002, 「수이푼 강 유역 중세 초기 체르냐찌노5고분군 조사의 몇몇 결과들」, 『극동의 고고학과 형질인류학』, 블라디보스톡).

Никитин Ю.Г., Клюев Н.А., Мерзляков А.В, 1998, Средневековый могильник у с. Рощино // Россия и АТР, №. 4. (니끼띤 Yu.G., 끌류예프 N.A., 메르즐랴꼬프 A.V., 1998, 「로쉬노 마을 부근의 중세 고분군」, 『러시아와 아시아태평양지역』 №. 4).

Пискарева Я.Е., 2005, Локальные группы мохэских памятников в Приморье // Российский Дальний Восток в древности и средневековье. Открытия, проблемы, гипотезы. Владивосток. (삐스까료바 Ya.E., 2005, 「연해주 말갈유적들의 국지적 그룹들」, 『고대와 중세의 러시아 극동. 발견들, 문제들, 가설들』, 블라디보스톡).

Пискарева Я.Е., 2014, К вопросу о хоронологии мохэских памятников Приморья // Мультидисциплинарные исследования в археологии, Владивосток. (삐스까료바 Ya.E., 2014, 「연해주 말갈유적들의 연대문제에 대해」, 『고고학에서의 융합연구』, 블라디보스톡).

Российский Дальний Восток, 2005, Владивосток. (『고대와 중세의 러시아 극동 발견들, 문제들, 가설들』, 2005, 블르디보스톡).

Семениченко Л.Е., (1974), Отчет об археологических исследованиях на Круглой сопке и Новогордеевском поселении в Анучинском районе Приморского края 1973 г. // Архив Института археологии РАН. Р-1, №5040. (세메니첸꼬 L.E., (1974), 『1973년도 연해주 아

누치노 지구 끄루글라야 소쁘까 및 노보고르데예브까 마을유적 고고학조사보고서』, 러시아과학원 고고학연구소 문서보관소, Р-1, №5040).

Семениченко Л.Е., 1981. Материальная культура населения Приморья впериод осударства Бохай (8-10 вв.). 07.00.06 - археология. Диссертацияна соискание ученой степеникандидата исторических наук. Владивосток. (세메니첸꼬 L.Ye., 1981., 발해국 시기(8~10세기) 연해주 주민들의 물질문화 07.00.06. - 고고학 · 역사학박사학위논문, 블라디보스톡).

Семениченко Л.Е., (1983), Отчет об археологических исследованиях на Старореченском городище в Приморском крае в 1982 году // Архив ИИАЭ ДВО РАН. Ф. 1, оп. 2, д. 189. (세메니첸꼬 L.E., (1983), 『1982년도 연해주 스따로레첸스꼬예성 고고학조사 보고서』, 러시아과학원 극동지소 역사학고고학민족학연구소 문서보관소, 폰드 1, 오삐시 2, 델로 189).

Хорев В.А., (1976), Отчет об археологической разведке в Лазовском, Ольгинском, Михайловском и Октябрьском районах Приморского края в 1975 году, Владивосток. (호레프 V.A., (1976), 『1975년도 라조 지구, 올가 지구, 미하일로브까 지구에서의 고고학 지표조사보고서』, 블라디보스톡).

Шавкунов В.Э., Гельман Е.И., 2002, Многослойный памятник Ауровское городище // Актуальные проблемы дальневосточной археологии. Владивосток. (샤브꾸노프 E.V. · 겔만 E.I., 2002, 「다층위 유적 아우로브까 성」, 『극동 고고학의 당면 문제들』 №2, 러시아 과학원 역사학고고학민족학 연구소.).

Шавкунов Э.В., (1959), Отчет об археологических раскопках Дальневосточного филиала АН СССР в 1958 году // Архив ИА РАН. Р-1, №. 1719. (샤브꾸노프 E.V., (1959), 『1958년도 소련과학원 극동분소 고고학발굴조사보고서』, 러시아과학원 고고학연구소 문서보관소, Р-1, №. 1719).

Шавкунов Э.В., (1960), Отчет о результатах археологических исследований в 1959 году // Архив ИА РАН. Р-1, №. 1877. (샤브꾸노프 E.V., (1960), 『1959년도 고고학조사 결과보고서』, 러시아과학원 고고학연구소 문서보관소, Р-1, №. 1877).

Шавкунов Э.В., (1961), Археологические раскопки в долинах реки Чапигоу (в 1960 году) // Архив ИА РАН. Р-1, №. 2230. (샤브꾸노프 E.V., (1961), 『1960년도 차피고우강 유역 고고학 발굴조사보고서』, 러시아과학원 고고학연구소 문서보관소, Р-1, №. 2230).

Шавкунов Э.В., 1964, Бохайские памятники Приморья (по исследованиям 1960 г.) // Археология и этнография Дальнего Востока. Новосибирск. (샤브꾸노프 E.V., 1964, 「연해주의 발해 유적들 (1960년도 조사 자료를 통해)」, 『극동의 고고학과 민족지학』, 노보시비르스크).

Шавкунов Э.В., (1966), Отчет об археологических исследованиях на территории Приморского края в 1965 г. // Архив ИА АН СССР, Р-1, №. 3050. (샤브꾸노프 E.V., (1966), 『1965년도 연해주 지역에서의 고고학 조사보고서』, 소련과학원 고고학연구소 문서보관소, Р-1, №3050).

Шавкунов Э.В., 1968, Государство Бохай и памятники его культуры в Приморье, Ленинград. (샤브꾸노프 E.V., 1968, 『발해국과 연해주의 발해문화유적』, 레닌그라드).

Шавкунов Э.В., (1994), Отчет об археологических исследованиях в Уссурийском районе Приморского края в 1993 году (Раскопки двора Копытинской кумирни) // Архив ИИАЭ ДВО РАН (샤브꾸노프 E.V., (1994), 『1993년도 연해주 우쑤리스크 지구 고고학조사보고서 (꼬쁘이또절터 마당 발굴)』, 러시아과학원 극동지소 역사학고고학민족학연구소 문서보관소).

Шавкунов Э.В., 1994, Государство БОХАЙ (698-926 гг.) и племена Дальнего Востока России. Наука, М. : 샤브꾸노프 E.V. 책임 감수, 1994, 『발해(698~926년)와 러시아 극동의 종족들』, 러시아과학원 극동지부 극동민족 역사학·고고학·민족학연구소, 과학출판사, 모스크바.

Шавкунов Э.В., 1995, Раскопки на сопке Копыто // Вестник № 2. ДВО РАН. (샤브꾸노프 E.V., 1995, 「꼬쁘이또 산의 발굴 조사」, 『베스뜨닉』 №2, 러시아 과학원 극동지소).

Шавкунов Э.В., (1995), Отчет о раскопках на сопке Копыто в Приморском крае, 1994 год. // Архив ИА РАН. Р-1, №. 18648. (샤브꾸노프 E.V., (1995), 『1994년도 연해주 꼬쁘이또 산 발굴조사보고서』, 러시아과학원 고고학연구소 문서보관소, Р-1, №. 18648).

Шавкунов Э.В., (1996), Отчет об археологических исследованиях на территории Приморского края в 1995 году // Архив ИИАЭ ДВО РАН (샤브꾸노프 E.V., 『1995년도 연해주지역 고고학조사보고서』, 러시아과학원 극동지소 역사학고고학민족학연구소 문서보관소).

Шавкунов Э.В., (1997), Отчет об археологических раскопках на Абрикосовском селище в Приморском крае в 1996 году // Архив ИИАЭ ДВО РАН. (샤브꾸노프 E.V., (1997), 『1996년도 연해주 아브리꼬스 마을유적 고고학 발굴조사보고서』, 러시아과학원 극동지소 역사학고고학민족학연구소 문서보관소).

Шавкунов Э.В., (1998), Отчет о раскопках Ауровского городища и об археологической разведкев Партизанском районе Приморского края в 1997 году // Архив ИА РАН. (샤브꾸노프 E.V., (1998), 『1997년 아우로브까 성 발굴조사 및 연해주 빠르띠잔스크 지구 지표조사보고서』, 블라디보스톡, 러시아과학원 고고학연구소 문서보관소).

Шавкунов Э.В., 1998, Наконечники стрел Марьяновского городища // Россия иАТР., №. 3. (샤브꾸노프 E.V., 1998, 「마리야노브까성터에서 출토된 화살촉」, 『러시아와 아시아태평양지역』 №3).

Шавкунов Э.В., (1999), Отчет о раскопках двора Абрикосовской кумирни в Уссурийском районе Приморского края в 1998 году // Архив ИА РАН, ф. 1, №. 21886. (샤브꾸노프 E.V., 『1998년도 연해주 우쑤리스크 지구 아브리꼬스절터 마당 발굴조사보고』, 러시아과학원 고고학연구소 문서보관소, Р-1, №. 21886).

Шавкунов Э.В., (2000), Отчет о раскопках Ауровского городища и археологической разведке в Анучинском районе Приморского края в 1999 г. // Архив ИИАЭ ДВО РАН. (샤프쿠노프 E.V., (2000), 『1999년 아우로브까 성 발굴조사 및 연해주 아누치노 지구 지표조사 보고

서』, 블라디보스톡, 러시아과학원 고고학연구소 문서보관소).

Шавкунов Э.В., (2000), Отчет об археологических исследованиях в Уссурийском районе Приморского края в 1999 году // Архив ИИАЭ ДВО РАН (샤브꾸노프 E.V., (2000), 『1999년도 연해주 우쑤리스크 지구 고고학조사보고서』, 러시아과학원 극동지소 역사학고고학민족학연구소 문서보관소).

Шавкунов Э.В., Артемьева Н.Г., Васильева Т.А., Гельман Е.И., Тупикина С.М., 1994, Отчет об археологических исследованиях в Уссурийском районе Приморского края в 1993 году // Россия 연해주의 발해 유적, 대륙연구소, 1994. (샤브꾸노프 E.V., 아르떼미예바 N.G., 바실리예바 T.A., 겔만 E.I., 뚜삐끼나 S.M., 「1993년도 연해주 우쑤리스크 지구 고고학조사보고서」, 『러시아 연해주의 발해 유적』, 대륙연구소, 1994).

Шавкунов Э.В., Леньков В.Д., Галактионов О.С., (1970), Археологические исследования на территории Приморского и Хабаровского краё в в 1969 году // Архив Института археологии РАН, Р–1, № 3950. (샤브꾸노프 E.V., 렌꼬프 V.D., 갈락띠오노프 O.S., (1970), 『1969년도 연해주와 하바롭스크 주의 고고학 조사들』, 러시아고학원 고고학연구소 문서보관소. Р–1, № 3950).

Шавкунов Э.В., Шавкунов В.Э., (1998), Отчет об археологических исследованиях в Уссурийском и Анучинском районах Приморского края в 1997 году // Архив ИИАЭ ДВО РАН, Ф. 1, оп. 2, № 414. (샤브꾸노프 E.V., 샤브꾸노프 V.E., (1998), 『1997년도 연해주 우쑤리스크 지구와 아누치노 지구 고고학조사보고서』, 러시아과학원 극동지소 역사학고고학민족학연구소 문서보관소, 폰드 1, 오삐시 2, № 414).

Шумкова А.Л., (2004), Отчет о разведочных работах в Ольгинском и Чугуевском районах Приморского края в 2003 г. // Архив ИИАЭ ДВО РАН. (슘꼬바 A.L., (2004), 『2003년도 연해주 올가 지구와 추구예브까 지구에서의 지표조사보고서』, 러시아과학원 극동지소 역사학고고학민족학연구소 문서보관소).

일문

駒井和愛, 1960, 「渤海東京龍原府宮城址考」, 『慶祝董作賓先生六十五歲論文集』.

東亞考古學會, 1939, 『東京城-渤海國上京龍泉府址の發掘報告』.

北海道開拓記念館, 1994, 『第40回特別展 ロシア極東諸民族の歷史と文化 -ロシア科學アカデミ-極東支部所藏資料-』.

三上次男, 1961, 「渤海の押字瓦とその歷史的性格」, 『和田博士古稀記念東洋史論總』, 講談社.

石川縣立歷史博物館, 1990, 『魅惑の日本海文化』.

石川縣立歷史博物館, 1996, 『波濤をこえて -古代・中世のアジア交流-』.

二等玄蔘, 1997, 「勃海時代の鑄帶金具」, 『法政史學』40, 法政大學史學會.

齋藤甚兵衛, 1942, 『牛拉城: 渤海の遺蹟調査』, 琿春縣公署.

齋藤優, 1978, 『牛拉城と他の史蹟』, 牛拉城址刊行會.

田中広明, 2016, 「渤海からの帯金具」, 『日本古代考古学論集』, 同成社.

田村晃一, 1998, 「ロシア沿海州における渤海時代遺跡の調査概報 -平成9年度調査-」, 『北方ユーラシア學會會報』10, 北方ユーラシア學會.

田村晃一, 1999a, 『古代國家渤海と日本の交流に關する考古學的調査』, 平成8年度-平成10年度科學研究費補助金(海外學術調査)研究成果報告書.

田村晃一, 1999b, 「ロシア沿海州における渤海時代遺跡の調査(第二次)」, 『青山史學』16.

田村晃一, 2001, 「渤海の瓦當文様に關する若干の考察」, 『青山史學』19.

田村晃一, 2005, 「渤海上京龍泉府址の考古學的檢討」, 『東アジア都城と渤海』, 東洋文庫.

田村晃一, 2011, 『クラスキノ(ロシア・クラスキノ村における一古城跡の發掘調査)』, 渤海文化研究中心.

田村晃一 외, 1997, 「ロシア沿海州における渤海時代遺跡の調査概報(1)」, 『青山考古』14.

田村晃一 외, 2001, 『「日本道」關連渤海遺跡の考古學的調査』, 平成11・12年度科學研究費補助金研究成果報告書.

田村晃一 외, 2002, 「2001年度ロシア・クラスキノ土城發掘調査概要報告」, 『青山史學』20.

鳥居龍藏, 1928, 「渤海王城」, 『滿蒙の探査』.

鳥山喜一, 1929, 『渤海の上京龍泉府に就いて』.

鳥山喜一, 1935, 『北滿の二大古都址-東京城と白城』, 京城帝國大學滿蒙文化研究會報告(二).

鳥山喜一, 1938, 「渤海東京考」, 『史學論叢』7, 京城帝國大學文學會論纂.

鳥山喜一, 1943, 「東京城寺址調査略報告」, 『東京城』, 滿洲古蹟古物名勝天然紀念物保存協會誌6.

鳥山喜一, 1944, 「渤海中京考」, 『考古學雜誌』34-1.

鳥山喜一, 1968, 「渤海文化の跡を求めて」, 『渤海史上の諸問題』, 風間書房.

鳥山喜一・藤田亮策, 1942, 『間島省古迹調査報告』, 滿洲國古蹟古物調査報告 第三, 滿洲國 民生部.

酒寄雅志, 2001, 「「唐碑亭」, すなわち「鴻臚井の碑」をめぐって」, 『渤海と古代の日本』, 校倉書房.

秋山進午, 1986, 「渤海塔基"壁畵"墓の發見と研究」, 『大鏡』10, 富山考古學會.

クラスキノ土城發掘調査團, 2003, 「2002年度ロシア・クラスキノ土城發掘調査概要報告」, 『青山考古』21.